위 　건국대 부설 농촌문제연구소의 농촌사회경제조사 결과 발표회(1973.2.26)

아래 　농촌사회경제조사 결과를 청취하고 있는 원주교구 지학순주교와 수원교구 윤공희 주교, 두 교구장은 관할 교구에서 전개된 민간주도 협동조합운동과 민주화운동의 핵심적인 후원자였다.

제4차 재해대책사업위원회의 중앙위원회에서 고려대 부설 노동문제연구소가 광부실태조사를 보고하였다.(1973.4.2)

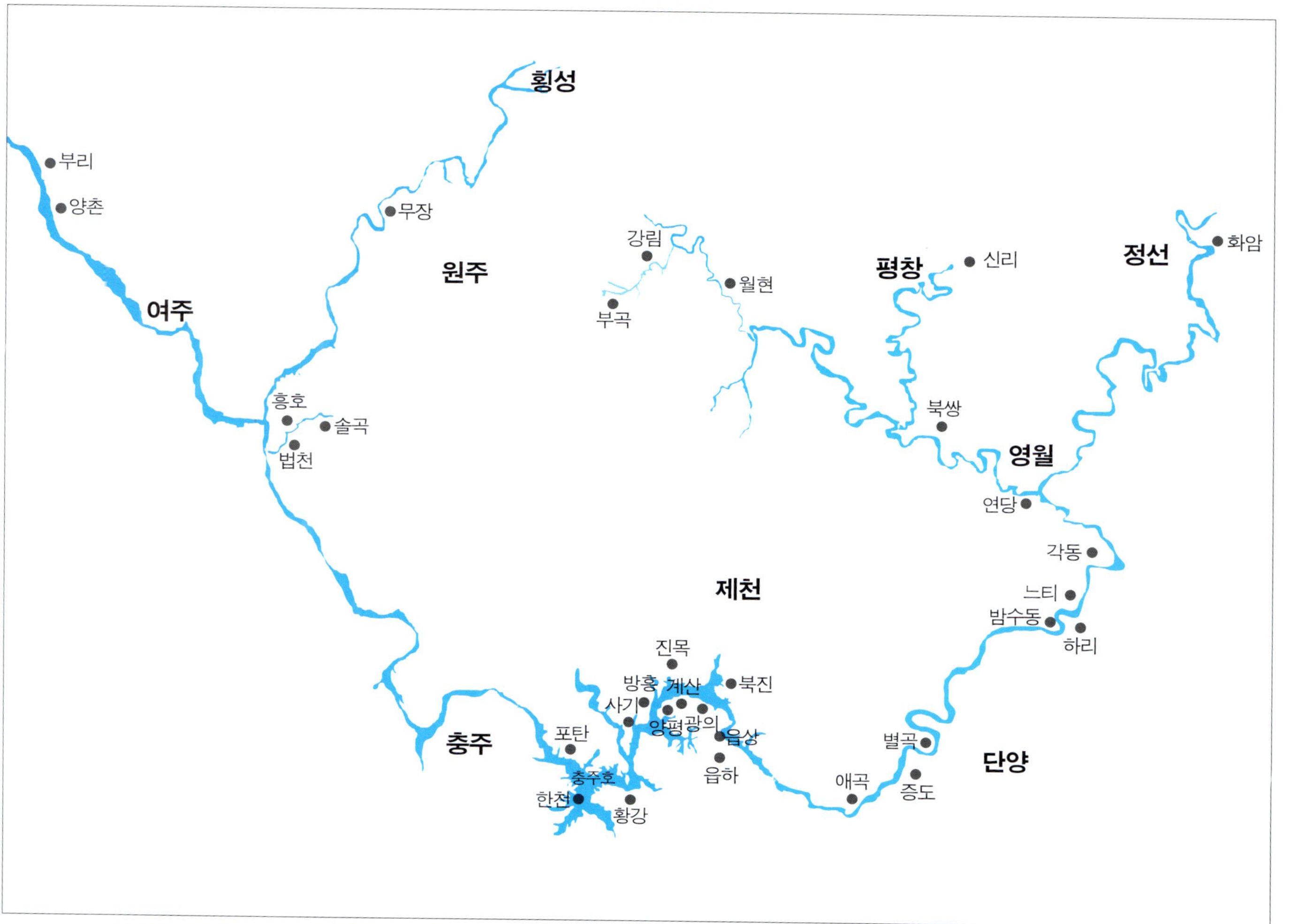

남한강유역수해복구사업 중 부락개발사업이 실시된 농촌부락들은 대부분 남한강의 수로를 따라 형성된 마을이었다.

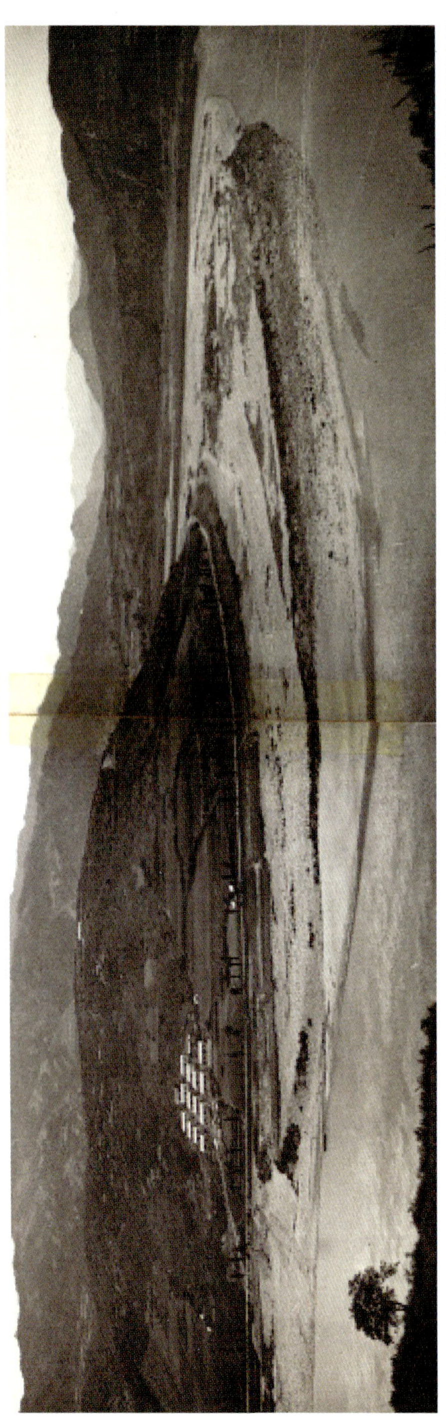

1972년 8월 남한강유역의 대홍수와 단양 영춘면 밤수동부락

당시 남한강유역수해복구사업이 전개된 농촌부락은 밤수동부락과 같이 남한강유역에 소재한 마을이 대부분이었다.
위는 수해 당시 광경이며, 아래는 전답복구사업이 실시된 이후의 모습이다.

제1차 농촌지도자교육(上)(1973.3.22~24)과 광산지도자교육(下)(1973.7.24~26)

이들 교육은 1973년도 남한강유역수해복구사업에 의한 농촌과 광산지역 지도자들이 참여한 제반 교육의 시초였다.

제1차 농촌부락대표자간담회(上)(1974.2.2~4)와 광산지역간담회(下)(1974.3.3)

이들 간담회에 참여한 농촌·광산지도자들은 1970~80년대 원주그룹이 추동한 민간 주도의 부락개발운동과 협동조합운동을 전개한 주역이었다.

1970년대 후반 추진된 제1차 농촌부녀자교육과 어룡탄광지부에서 개최된 현장교육

위   제1차 농촌부녀자교육(1976.2.26~28)에 참여한 영월 남면 연당부락의 여성농민지도자 김순옥이 제2분단 대표로 '부락의 문제 및 해결'을 주제로 분단 내 논의사항 발표 모습

아래   어룡노조의 조합원과 가족들을 대상으로 진행된 신협·소비조합교육(1978.7.24)

제1차 쌀생산비조사교육(1976.3.31~4.1)과 이에 참여한 농민지도자들

당시 원주그룹은 한국가톨릭농민회가 주도한 쌀생산비조사교육에 적극적으로 참여하여 관할 농촌부락에서 이를 추동하였다. 이를 통해 1970년대 중·후반 강원지역 농민지도자들에 의해 쌀생산비조사는 활발하게 전개되었다.

1970년대 재해대책사업위원회 관할 농촌신협과 협동조합 지도자
당시 농촌신협은 부락단위로 설립 운영되면서 영세한 것이 특징이었다. 농촌신협 사무실은 주로 이사장과 회계이사의 자택 내에 소재하였다.
위　　횡성 강림신협의 사무실과 신협 임원들
아래　　원성 학곡신협의 모습

1970년대 광산신협은 유신체제하 '광부자치기구'로서의 역할을 활발히 수행하였으며, 광산지역의 협동조합운동과 노동운동을 추동한 핵심적 조직체였다.

위 함태신협 창립총회(1977.10.14)

아래 광전신협 창립총회(1977.10.28)

1970년대 후반 광산지역 소비조합운동은 광산신협의 부대사업으로 활발하게 전개되었다.
위　태영사택부인회의 임원들이 소비조합 창립 시 간판을 달고 있다.
아래　어룡신협의 구판장 전경

1960~80년대 원주그룹은 원주지역을 중심으로 '생명협동운동'을 주도하였다.

위   1970년대 후반 재해대책사업위원회의 상담원들을 중심으로 한 자체연수회

아래   1980년 봄 충청 보은의 법주사에서 개최된 자체연수회

1970년대 서독 미제레오의 지원자금 등 외원에 기반한 제반 사업이 재해대책사업위원회에 의해 활발하게 전개되었다. 당시 서독의 관계자들이 수시로 원주를 내방하여 제반 협동운동의 전개과정을 시찰하였다.

위　1976년 3월 미제레오의 동아시아 담당자(Knumman)가 횡성 강림신협을 방문(3.12)하였다.

아래　1978년 서독의 한국 담당관이 원성의 대덕과 횡성의 강림·월현, 정선 고한의 동고신협을 방문(4.21~22)하였다.

1970년대 말~1980년대 초 원주그룹은 생명운동으로의 전환을 모색하였으며, 그 과정에서 대만과 홍콩, 일본 등의 제반 협동조합을 시찰하는 해외연수를 추진하였다.

위 1981년 6월 원주그룹의 핵심인물들이 대만협동생활촌 현지를 방문(6.3~8)하였다.

아래 일본 사이타마현 생협을 방문(6.10~20)하여 시찰하던 중 일본생협 지도자들과 함께한 모습이다.

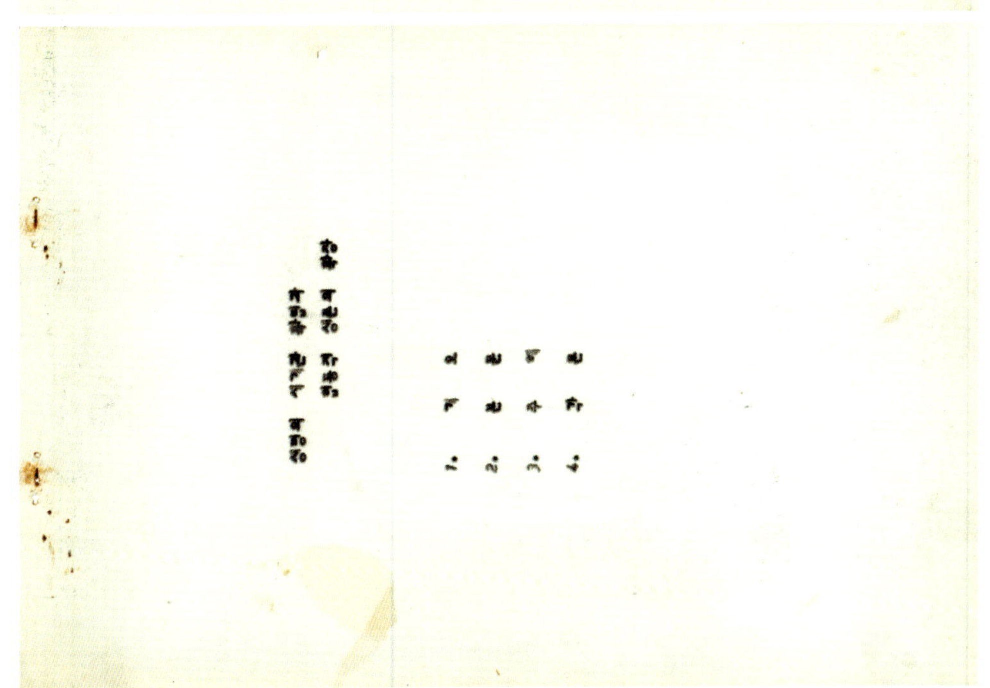

1970년대 말부터 원주그룹은 생명운동으로의 전환을 모색하였다. 1982년 초 1년여의 내부논의와 회람을 통해『생명의 세계관 확립과 협동적 생존의 확장』이라는 일명 '원주보고서'를 세상에 내놓았다. 이 원주보고서는 1989년 한살림모임이 주도한 '한살림선언'의 모태가 되는 중요한 자료이다.

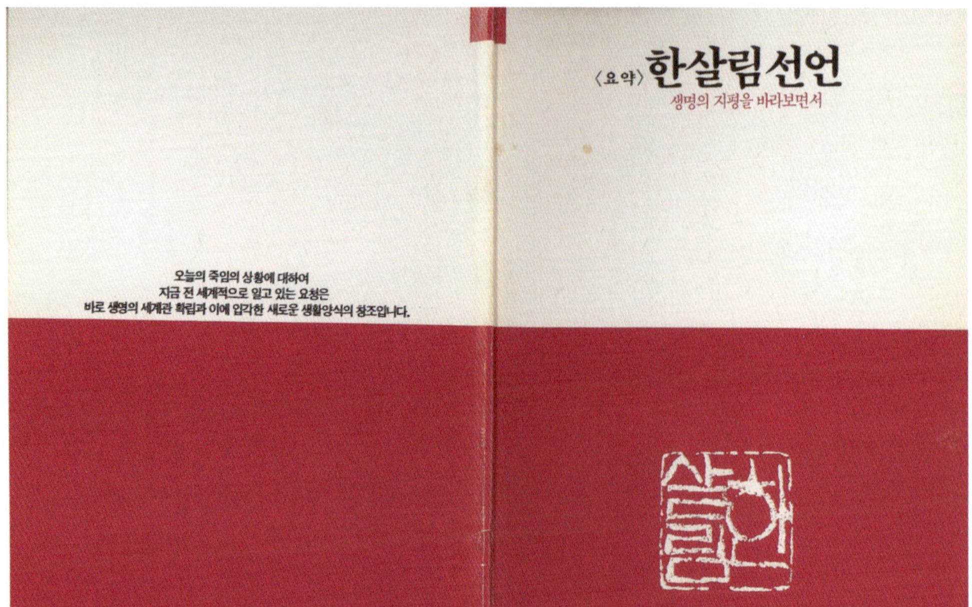

1989년 10월 한살림모임 창립총회에서 제창된 '한살림선언'

위 한살림선언문은 생명운동과 실천방향을 확립하기 위해 가진 10여 차례의 공부모임과 토론회에서 합의된 내용을 장일순, 박재일, 최혜성, 김지하가 정리하고 최혜성이 대표 집필을 통해 세상에 나왔다.

아래 한살림모임 창립총회 후 기념사진

위 1984년 12월 원주그룹은 한가농의 주요 농민지도자들을 추동하여 일본연수(11.30~12.13)를 추진하였다. 한가농 박재일 회장이 단장을 맡았던 일본연수시찰단은 고베청년학생센터를 방문(12.11~12)하였다.

아래 1990년 6월 한국가톨릭농민회 주요 농민지도자들이 일본 효고현 이치지마 유기농업 연구회와 잇씨키[一色作郎] 3대 회장댁을 방문하였다. 1984년 12월 일본연수 이후 한국과 일본의 농민지도자들은 격년제로 상호 방문을 통해 교류를 지속시켜 나갔으며, 이를 통해 생명협동운동의 흐름을 확장시켜 나갔다.

1993년 12월 천주교 원주교구 사회개발사업 종료식(12.9)

20여 년에 걸친 원주그룹의 제반 협동운동은 지학순주교를 중심으로 한 원주교구의 전폭적인 지원을 통해 전개될 수 있었으며, 1993년 12월 사회개발사업 종료식을 통해 공식적으로 마무리되었다.

The History of the Cooperative and Life Movements
: Village Developments, Credit Union Movements, and Life Movements in Wonju Area

협동조합과 생명운동의 역사

원주지역의 부락개발, 신협, 생명운동

김소남

소명출판

　이 책은 1960년대부터 1980년대까지 원주지역에서 전개되었던 민간 주도 '협동조합'과 '생명운동'의 배경과 전개과정, 그 성격과 의미에 대해 연구한 결과물이다. 1919년 3·1운동의 흐름 속에서 배태된 민간 주도의 협동조합운동이 원주지역에서 지학순 주교와 장일순의 만남 이후 민간 주도의 협동조합운동과 '부락개발운동', 한국적 생명운동인 '한살림운동'으로 나아간 과정과 의미를 밝히고자 한 것이다.

　한국의 현대농업사 연구에서 3가지 핵심주제는 바로 '농지개혁', '양곡정책', '협동조합'이라고 할 수 있다. 한국현대사 중 농업사(경제사)를 전공하면서 일제강점기 이래 인구의 다수를 차지하면서도 궁핍한 상황에 놓인 농민의 역사적 삶과 현실, 더 나아가 분단시대 한반도민의 삶과 현실을 극복하기 위한 방안을 찾는 것이 소박한 저자의 화두였다. 특히, 앞서 좌우의 극단적인 대립이 되풀이되어 온 한국 근현대사 내면의 본질적인 구조를 밝히고자 고군분투한 선배 연구자들의 연구에 기초해 중도와 평화의 발자취를 찾아간 흐름과 활동을 쫓으면서 한국사회의 대안적 흐름을 간취해 내고자 했다.

　저자는 일찌기 1950년대 농민에게 커다란 영향을 미쳤던 양곡의 현물납제에 대한 연구를 진행한 바 있다. 이의 연장선상에서 농지개혁기 양곡정책의 연구를 통해 저자의 문제의식을 펼쳐 보고자 하였으나 결국 그에 미치지 못한 바 있었다. 그러던 중 연구의 불모지였던 협동조합에 대한 접근과 연구를 통해 연구의 문제의식을 의외로 풀어낼 수 있는 중요한 계기를 마련하였다.

저자는 원주지역의 협동조합에 대한 연구를 통해 상호대립과 갈등, 분단과 전쟁, 독재 등으로 점철된 한국 근현대사에서 지역에 기반한 민(民)의 자발적·자주적인 조직의 결성과 협동조합운동을 전개하였던 중도파세력의 활동상을 재조명할 수 있었다. 또한 박정희정권에서 관 주도 농촌개발운동이 전개되던 시기에 이와 질적으로 상이한 민간 주도 부락개발운동이 협동조합운동에 기반해 광범하게 전개되었던 양상을 밝힐 수 있었다. 아울러 원주지역에서 전개된 제반 협동운동과 반독재투쟁에 대한 비판적 성찰과 노선 전환의 과정을 거쳐 '원주그룹'의 생명운동이 태동하고 전개될 수 있는 양상을 밝힐 수 있었다. 원주그룹의 협동조합과 생명운동을 통해 한국사회와 앞으로 다가올 '통일한국'에서 국가사회주의와 신자유주의 등 양극단의 사회와 체제를 넘어서서 현실적인 대안사회로서의 역할과 가능성을 내다볼 수 있었다. 현재 시민사회 내 대안적 사회운동으로 전개되고 있는 협동조합과 생명운동의 원류로서 원주그룹의 '생명협동운동'이 태동·형성되는 과정과 의미를 살펴보고, 이를 통해 한국 근현대사를 새로운 시각에서 바라보고 연구할 수 있는 계기를 마련할 수 있었다.

학위논문을 완성한 이후 주위로부터 자주 들었던 질문은 원주그룹의 '협동조합과 생명운동'이라는 것이 개량적인 성격을 지니고 있는 것이 아니냐? 원주지역의 '생명협동운동'이라는 것이 과연 한반도에서 사회주의와 자본주의를 넘어서서 대안사회의 모델이 될 수 있는가? 등이었다. 주지하다시피 협동조합은 하나의 '그릇'이라고 할 수 있다. 그 자체로 대안사회를 향한 우리의 염원이 담긴 운동성을 가지지 않는다. 그것이 어떠한 정치사회의 구조적 환경 속에서 어떠한 내용물이 채워지느냐에 따라 체제지향일 수도, 미래를 향한 대안사회의 모델이 될 수도 있다. 원주그룹의 협동조합운동은 남북 공히 관주도 농촌개발운동이 전개되던 시기, 자치운동조차 탄압되었던 박정희 군사정권에서 민간 주도로 '협동'과 '호혜', '지역자치' 등에 기반해 전개되었다. 원주그룹은 유신체제에서 지역자치운동에 기초한 협동조합운동을 전개하는 한편, 이에 대한 비판적 성찰과 전환의 과정을 거쳐 협동조합이라는 그릇 안에 '생명운동'이라는 내용을 채워 나갔다.

원주그룹의 생명운동은 평화운동이었다. 원주그룹의 사상적 지향은 해방 후 좌우대립을 넘어 평화 공존을 모색한 여운형과 평화통일론을 지향한 조봉암 등의 평화사상과 맞닿아 있었다. 그러나 원주그룹의 생명운동은 그 차원을 넘어선 지점에 가 있었다. 원주그룹은 경천(敬天)·경인(敬人)·경물(敬物)에 기반한 '생명의 세계관의 확립'과 '협동적 생존의 확장'으로 나아가자는 생명운동으로의 전환을 한국사회에 제창하였다는 점에서, '인간사회'의 차원을 넘어서서 물질세계까지 포함한 '근원적'이고 '혁명적'인 평화사상에 입각해 있었다. 이들은 자본주의와 사회주의라는 양 체제를 넘어서 제3의 흐름과 중도파적 지향을 보여주면서도 이에 머물지 않았다. 원주그룹의 생명운동은 '문명사적 통찰'을 통해 근대 산업문명에 기반한 자본주의·사회주의를 넘어서서 인간과 자연이 공생하는 '생명평화공동체'라는 원대한 대안적 사회상을 '생활공동체운동'과 '생명문화운동'을 통해 실현하고자 하였다. 그들은 사회혁명이라는 것이 새로운 삶과 변화를 전제하되, 혁명대상 조

차도 '때리는 것'이 아니라 '따듯하게 보듬어 안는 것'이라는 긴 안목의
통찰 속에서 국가주의를 넘어선 민초(民草)들의 자립과 자치를 지향하
였다. 그러한 측면에서 원주그룹의 생명운동은 한국사회와 근대 산업
문명에 대한 근본적이고 의미심장한 문제제기를 통해 새로운 문명에
대한 비전과 대안사회의 꿈을 꾸면서 이를 실현코자 하였다.

현재 한국사회는 중요한 전환의 분기점에 서 있다. 한국전쟁 이후 남
북 공히 관주도의 근대화·산업화를 질주하는 가운데 한반도에서 '반
생명적 질서'가 강화되어 왔다. 분단시대 남북 간 대립이 극심하게 전
개되는 양상 속에서 평화사상에 기반한 남북통일과 동북아시아의 평화
질서 구축 등의 현실적 과제가 우리 앞에 놓여 있다. 원주그룹의 생명
운동은 한국사회 내에서 새로운 대안적 사회운동의 길을 열어주었으
며, 현재 생명공동체운동, 생명평화운동, 생명살림운동 등 각기 다른
이름을 가진 생명운동을 전개할 수 있는 사상적·운동적 기반을 제공
하였다. 또한 생명의 세계관에 입각한 '호혜'와 '연대', '협동'과 '살림',
'공존'과 '평화'의 지향 속에서 국가주의의 틀을 넘어 동아시아와 전 지
구적인 관점에서 '평화적·생명적 질서'를 마련해 나갈 수 있는 사상적
토대를 일정하게 제시해 주었다.

한편, 원주지역의 생명협동운동이라는 것이 우리사회에 중요한 문
제의식과 시사점을 제시하고 있음에도 이에 기반한 현재의 생명운동이
시대변화 속에서 앞으로 풀어나가야 할 과제들이 있다. 현재의 생명운
동 진영이 '원주보고서'를 통해 '생명운동'을 제창한 지 35년이 지나감
에도 시민사회 내 크지 않은 위치와 역량의 한계를 보여주고 있다. 또
한 중요한 전환기에 들어선 한반도와 동북아시아 내 국가와 시장, 사회

라는 3자간의 역학 관계 속에서 생명가치, 생명의 관점에서 전체적인 사회적 전망을 충분히 내용적으로 구체화하지 못하고 있다. 즉, '생명정치', '생명경제', '생명문화', '생명통일', '생명농업', '생명교육' 등 각 부문별 구체적인 청사진과 내용의 부족, 더 나아가 이들을 기반으로 한 종합적인 사회적 전망의 구체성이 아직 미완의 영역으로 남아 있다는 점에서 앞으로 더욱 노력해서 풀어가야 할 과제라 하겠다.

연구가 일정한 결실을 맺고 책을 펴내면서 많은 분들의 가르침과 도움을 받았음을 느낀다. 먼저 역사를 전공하면서 같은 길을 걸어가며 함께 고민을 나누었던 한국역사연구회와 현대사반에서의 활동은 한국 근현대사를 연구하는 기본자세를 다듬어갈 수 있는 소중한 공간이자 시간이었다. 일일이 인사드리지 못하지만 함께 했던 선후배 선생님들께 감사한 마음을 전한다. 또한 박사과정에 들어가면서 만나 뵌 고(故) 방기중 선생님은 한국 근현대사를 연구하면서 가져야 하는 연구자의 정체성과 통일사학의 지향성을 일깨워주셨다. 이 글을 통해 늘 뵙고 싶은 마음을 전한다.

연구주제를 선정하고 논문이 완결될 때까지 자질이 부족한 저자를 채찍질하되 늘 따듯하게 지켜봐주시면서 본 연구가 이루어지도록 꼼꼼히 살펴봐 주셨던 김성보 지도교수님께 마음을 담아 감사말씀 드린다. 아울러 균형된 시각을 지니고 연구가 진행되도록 독려해 주신 김도형 선생님, 논문의 문제점들을 세세히 지적하시면서 부족하였던 연구가 현재와 같은 체계를 가질 수 있도록 바로잡아 주신 홍선찬 최윤오 선생님, 협동조합사의 관점에서 부족한 문제점을 꼼꼼히 지적하고 다듬어 주셨던 장종익 선생님께 감사를 드린다. 아울러 논문에 부족함이 많

음에도 '제8회 강만길연구지원금'을 받도록 선정해 주시고 지속적으로
연구에 매진토록 격려해 주셨던 강만길 선생님과 조광 선생님을 비롯
한 심사위원회의 여러 선생님들께 감사말씀 드린다. 논문과 책을 완성
해 가면서 받았던 선생님들의 학은(學恩)과 격려는 앞으로의 지속적인
연구성과를 통해 조금이나마 보답코자 노력하겠다는 말씀을 드리면서
이를 대신하고자 한다.

이 연구는 1960~80년대 원주·괴산지역에서 생명협동운동을 전개하셨
던 김영주·이경국·정인재·김상범·홍고광·김헌일·박양혁·조희
부·손영배 선생님과 원주교구의 최기식 신부님, 농민·광산 지도자셨던
윤석주·경근호·김순옥·남원식·정현수·이재화·강희균·남해득
선생님, 저자와 함께 구술작업을 한 김용우·정규호·하만조 선생님 등
많은 분들의 협조와 격려 속에서 결실을 맺을 수 있었다. 특히, 이 분들과의
만남 속에서 원주그룹이 생산한 사료에서 볼 수 없었던 역사적 사실들과
맥락 등을 밝힐 수 있었다. 또한 이러한 운동이 원주그룹을 넘어서 3개 도
138개 농촌부락과 19개 탄광지부 단체(1984년 기준) 등을 무대로 수천 수만의
농민·광부들이 주도해서 전개한 '생명협동운동'이었음을 밝힐 수 있었다.

이 연구는 국사편찬위원회에 재직하는 동안 이루어졌다. 저자는 방
대한 사료를 직접 조사 수집할 수 있었으며, 국편 '근현대 지역사 연구
지원사업'과 '구술사 연구지원사업' 등을 통해 수집되고 채록된 사료들
을 연구에 활용할 수 있었다. 이 과정에서 저자의 연구는 국편 선생님
들의 적극적인 협조와 격려 속에서 이루어졌다. 특히, 숱한 밤 소주를
함께 기울이며 연구방향을 고민하고 격려해 준 후배이자 친우인 이상
록 선생을 포함해서 저자의 연구로 인해 소홀해질 수밖에 없었던 업무

의 빈 영역을 채워준 편사회(編史會) 선생님들께 미안한 마음을 담아 감사말씀을 드린다.

연구 진행과정에서 불행히도 어머님과 아버님께서 10여 차례의 고통스런 수술과 장기간의 투병생활 끝에 돌아가셨다. 한없이 뵙고 싶은 부모님, 두 분의 고통과 마지막 삶을 곁에서 함께 하셨던 누님과 아우님, 저자가 연구에 매진할 수 있도록 곁에서 묵묵히 내조해 준 사랑하는 아내 이민경과 건강하고 밝게 자라준 수인·수현에게 이 책을 헌정한다. 끝으로 부족한 책을 선뜻 출간하여 준 소명출판에 고마움을 표한다. 특히, 번잡한 교정과 편집일을 도맡아준 편집부에 감사한 마음을 전한다.

2017년 5월

과천 관악산자락에서 저자 쓰다

차례

제1부
원주 지역사회의 전통과 협동조합운동의 개시

제1장 원주의 지역사회와 사회운동

제2장 원주그룹의 형성과 협동조합운동의 개시

지도 차례

서론

1. 한국사회와 협동조합

21세기에 접어들면서 한국사회에서 협동조합은 크게 주목받고 있다. 특히, 2009년 말 유엔에서 2012년도를 '세계협동조합의 해'로 지정하고, 한국에서 2012년 1월 '협동조합기본법'이 제정되는 과정을 통해 한국사회는 상당히 짧은 시간에 협동조합이 사회의 보편적인 대안모델의 하나로써 주목·인식되어 가는 전례 없는 현상을 경험하고 있다. 이는 20세기 말 동구권 사회주의의 몰락으로 대표되는 사회주의 실험의 실패와 21세기를 전후한 동남아의 외환위기와 전세계적인 금융위기를 통해 나타난 신자유주의의 범람 및 그 부작용에 따른 사회경제적 갈등의 첨예화라는 한국사회의 시대적 상황을 배경으로 한 것이다. 아울러 우리사회가 지나온 압축적인 산업화과정과 전면화된 신자유주의에 의한 사회적 양극화의 심화 속에서 더 이상 인간과 인간, 자연과 인간관계 속에서 '경쟁'과 '탐욕'이 아닌 '협동'과 '공존', '나눔'의 방식으로 함께 살아가고자 하는 바람과 지향이 급격히 분출되는 현상인 것이다. 한국사회에서 협동조합은 시장자본주의나 국가사회주의가 아닌 새로운 경제모델이자 대안모델의 하나로써 새롭게 주목되고 있다.[1]

근대 자본주의의 산물이자 역사적 협동조직으로의 협동조합은 공동으로 소유되고 민주적으로 운영되는 사업체를 통하여 공동의 경제·사회·문화적 필요와 욕구를 충족시키고자 하는 사람들이 자발적으로 결성한 자율적·민주적·자주적인 조직이다. 협동조합의 주체는 다름 아닌 조합원 자신이고, 조합원은 협동조합에 자발적으로 참여해서 긴밀히 결합되는 것으로 협동조합은 조합원에 의한, 조합원을 위한, 조합원의 자율적 결사체인 것이다.[2] 협동조합운동은 각양각색의 다양한 협동조합이 본래 가지는 목적과 원칙, 지향점을 소속 조합원의 주체적이고 자율적인 활동을 통해 실현해 나가는 것을 뜻한다.

한국사회에서 협동조합은 각 시기마다 특징을 가지면서 관 주도 또는 민간 주도의 형태로 나타났다. 대한제국기·통감기 정부의 주도적 정책기구로써 소농민 금융을 완화할 목적으로 금융조합이 설립되면서 한반도에서 최초로 협동조합이라는 형식이 나타났다.[3] 일제통치를 경

---

1   모심과살림연구소, 『모심의 눈, 살림의 눈』 제5호, 2012, 1~6쪽.
2   김기섭, 『깨어나라 협동조합』, 들녘, 2012, 105쪽.

험하고 한국전쟁과 분단구조의 고착화, 박정희정권의 산업화 등을 경험했던 한국 근현대사에서 협동조합은 일정하게 굴절·왜곡되어 관 주도의 협동조합적 성격이 강한 특징을 가지며 전개되었다. 반면, 1919년 3·1운동의 영향을 받아 목포와 서울 등에서 소비조합이 설립됨을 계기로 민간 주도의 협동조합운동이 본격적으로 추진되었으며, 1920년대 중반 이후 일본 동경유학생들이 중심이 된 협동조합운동사,[4] 기독교 YMCA계열의 농촌협동조합,[5] 천도교의 조선농민사[6] 등을 통해 1930년대 중반까지 커다란 흐름을 가지며 당시의 민족해방운동과 결합되어 전개될 수 있었다.

한국전쟁 후 남과 북은 공히 가난과 빈곤에서 벗어나는 것이 지상과제였다. 남한은 1960~70년대 박정희정권에 의한 개발독재의 흐름 속에서 한국 자본주의는 유례없는 성장을 할 수 있었으며, 이 과정에서 한국사회는 엄청난 정치·경제·사회적 후유증을 유발하면서 현재까지도 이를 극복하는데 많은 어려움을 겪고 있다. 그러나 당시 위로부터의 개발독재와 상당히 다른 방향에서, 단순한 경제성장 또는 착취성 경제의 차원이 아니라 지역을 중심으로 민간이 주체가 되어 인간이 살아갈 수 있는 협동, 공존, 나눔, 더 나아가 사람들 간의 관계가 좀 더 신뢰

---

3 금융조합과 관련해서는 다음의 연구를 참조(이경란, 『일제하 금융조합 연구』, 혜안, 2002; 최재성, 『식민지 조선의 사회경제와 금융조합』, 경인문화사, 2006).

4 조형렬, 「협동조합운동사의 조직과정과 주도층의 현실인식(1926~1928), 『한국사학보』 34, 2009.

5 일제시기 기독교의 농촌협동조합과 관련해서는 다음의 연구 참조(한규무, 『일제하 한국기독교 농촌운동(1925~1937)』, 한국기독교역사연구소, 1997; 장규식, 『일제하 한국기독교 민족주의 연구』, 혜안, 2001).

6 일제시기 조선농민사의 조선농민공생조합과 관련해서는 다음의 연구 참조(조성운, 「일제하 조선농민공생조합의 조직과 활동」, 『동학연구』 제13호, 2003).

적이고 지속가능한 경제개발을 추진하는 흐름이 있었다. 이러한 흐름은 여러 가지가 있겠으나 당시 지역에서 전개된 민간 주도의 협동조합운동에서 잘 나타나고 있었으며, 이러한 민간 주도의 협동조합운동은 일제하 이래 한국사회에서 중요한 의미를 가지면서 전개되었다.

이 시기 협동조합운동은 크게 두 가지 흐름으로 전개되었다. 즉, 위로부터의 개발독재 하에서 농협과 수협, 새마을금고 등 관 주도 협동조합운동의 전개와 밑으로부터의 자발적인 민간 주도 협동조합운동이 그것이다. 당시 관 주도의 협동조합은 박정희정권의 산업화정책의 일환으로 추진되었고, 한국사회에서 만연한 고리대 청산의 수단으로 활용되면서 나름대로 일정한 협동조합의 역할과 의미를 지니고 있었으나 그 자체는 협동조합 원칙에 기반한 조합원의 자율성과 주체성, 민주성 등을 크게 훼손하는 한계가 명백히 있었다. 반면, 박정희정권 하 관제 협동조합에 대항해서 지역단위를 중심으로 민간 주도로 자발·자율·민주성을 지니면서 협동조합운동이 전개되었다. 이러한 흐름은 개발독재에 의한 압축성장의 폐해와 세계적인 금융위기를 통해 급격히 확산된 신자유주의의 범람 및 그 부작용을 극복하고자 전개되는 오늘날의 협동조합운동과도 연결되면서 면면히 이어져 오고 있다.

협동조합이 가지는 본래의 가치와 원칙을 잘 반영하고 있는 민간 주도의 협동조합운동을 중심으로 한국 근현대사를 재구성하는 것은 중요한 역사적 의미를 가지고 있다. 첫째, 한국의 근현대 협동조합운동사에서 상당히 강한 관 주도의 협동조합운동이 전개되었던 시대적 상황에서 면면히 흘렀던 민간 주도의 협동조합운동을 재구성·재조명한다는 점이다. 둘째, 위로부터의 개발독재를 통해 '착취성 경제'에 기반한 경제성장과 한국 자본주의의 발전과정에서 이의 기반이 된 관제협동조합과 질적으로 다른 '협동', '공존', '나눔', '신뢰' 등을 통해 지역에서 전개된 민간의 자발적·자율적·민주적인 협동조합운동을 주목할 수 있다. 셋째, 일제시기부터 상이한 국가건설운동으로 인해 정치세력들의 상호 갈등과 대립, 분단과 전쟁, 독재 등으로 점철된 한국 근현대사에서 지역에 기반한 민(民)의 자발적·자주적인 조직의 결성과 협동운동의 전개를 통해 양극단의 정치세력을 아우르며 통합적·평화적인 길을 모색하였을 뿐만 아니라 한국사회의 민주화운동에 있어 중요한 역할을 했던 제3의 흐름이자 중도파세력을 중심으로 다시 재조명할 수 있다. 넷째, 조만간 현실로 다가올 통일 한국의 미래에서 양극단의 사회와 체제가 아니라 민(民)이 자발적으로 결성한 민주적·자주적인 협동조합을 통해 사회를 재구성할 수 있다는 현실적인 대안체제로서 그 역할이 주목될 수 있다.

그동안 한국 근현대사에서 협동조합의 역사에 관한 연구는 일제하의 관 주도 금융조합과 민간 주도 협동조합에 대한 전체적인 개관에서 각 시기의 사회운동 등에 참여한 각 세력들의 운동론과 협동조합의 전개 과정을 중심으로 이루어졌으며,[7] 해방 후~1960년대 초 종합농협의 창설로 대표되는 관제협동조합과 신협으로 대표되는 민간 주도 협동조합의 역사를 개관하는 수준에서 검토되었다.[8] 또한 1960~80년대

---

[7] 김현숙, 「일제하 민간협동조합운동에 관한 연구」, 서울대 석사논문, 1987; 오미일, 「1920년대 부르주아민족주의계열의 협동조합론」, 『역사학보』 제169호, 2001; 조형렬, 앞의 글; 이경란, 「한국 근현대 협동운동의 역사와 생활협동조합」, 『역사비평』 제102호, 역사비평사, 2013; 조형렬, 「1920년대 후반~1930년대 전반 민족주의 계열의 농촌협동조합론」, 『한국사학보』 61, 2015.

[8] 농업협동조합중앙회, 『한국농협10년사』, 1971; 협동교육연구원, 『협동교육연구원 10년의 역사』, 1972; 신협연합회, 『신용협동조합 사료집』, 1973; 신협연합회, 『신협운동 20년사』, 1980; 농업협동조합중앙회, 『한국농협20년사』, 1982; 신협중앙회, 『신협운

활성화된 신용협동조합[9]과 소비자협동조합[10]의 역사를 개관하는 연구
도 이루어지면서 민간 주도 협동조합운동의 역사를 이해하는데 크게
기여하였다. 아울러 1980년대 중반 유기농업운동에 기반한 소비조합
운동이 활발해지면서 이들을 중심으로 조망하는 연구가 최근 점차 나
타나고 있으며, 이를 통해 한국 근현대사에서 민간 주도의 협동조합운
동과 그 의미 등이 새롭게 주목받고 있다.[11] 그러나 이들 연구들은 최
근 일부 연구를 제외하고는 대체적으로 한국 근현대사에서 민간 주도
협동조합운동이 차지하는 위치와 역할, 의미 등에 충분히 주목하지 않
은 채 조합단위의 개관 수준에서 이루어지고 있을 뿐만 아니라 박정희
정권기 신협과 소비조합을 중심으로 활발하게 전개된 민간 주도 협동

동30년사』, 1991; 농업협동조합중앙회, 『한국농협50년사』, 2011; 신협중앙회, 『한국
신협운동50년사』, 2011.

9   송보경, 『한국신용협동조합운동에 관한 연구』, 협동교육연구원 조사부, 1976; 임진창,
『신용협동조합론』, 신협중앙회 연수원, 1989; 문철상, 「신협조직의 목표와 조합원 욕구
의 통합방안에 관한 연구—전북지역 조합원의 의식실태를 중심으로」, 전주대 석사논문,
1990; 신협중앙회, 『신협운동30년사』, 1991; 임진창, 「한국신용협동조합에 관한 연구」,
『논문집』 제6호, 대구산업정보대학, 1992.

10 송보경 · 김재옥, 『소비자를 위한 협동사회』, 한국소비자연맹, 1981; 유태춘, 「소비자협
동조합운동의 현황과 그 발전방향」, 『경북대 논문집』 제38호, 1984; 이한옥, 『한국 소
비협동조합운동의 이론과 실제』, 자유문고, 1986; 곽창렬, 『소비자협동조합운동』, 협동
교육연구원, 1989; 박현주, 「우리나라 소비자협동조합과 그 운동에 관한 연구」, 숙명여
대 석사논문, 1991; 곽창렬, 『만인을 위하여 만년을 향하여』, 협동교육연구원, 1999.

11 성희승, 「우리나라의 생활협동조합에 관한 연구」, 서울여대 석사논문, 1995; 정은미,
「산지 생활협동조합의 유통활동 분석—풀무생협과 호저생협을 중심으로」, 고려대 석사
논문, 1995; 정은미, 「우리나라 친환경농업정책의 전개과정과 성격」, 『한국유기농업학
회지』 제14권 2호, 2006; 정은미, 「한국 생활협동조합의 특성」, 『농촌경제』 제29권 제3
호, 한국농촌경제연구원, 2006; 정은미, 「친환경농산물 시장의 유통주체와 경쟁구조」,
『한국유기농업학회지』 제15권 2호, 한국유기농학회, 2007; 우춘희, 「살림여성주의로
본 먹거리 노동에 대한 연구—안양의 A생활협동조합과 B일공동체 사례를 중심으로」,
이화여대 석사논문, 2010; 김형미 외, 『한국 생활협동조합운동의 기원과 전개』, 푸른나
무, 2012; 이경란, 앞의 글.

조합운동과 이를 통해 지역단위에서 민간 주도로 농촌개발운동이 전개되었던 역사적 특징에 주목하지 못한다는 한계를 가지고 있다. 향후 1960~80년대 군사정권 하에서 전국적으로 추진된 신협운동과 소비조합운동이 지역단위에서 어떻게 전개되었는지, 당시 위로부터의 농촌개발운동과 관제협동조합운동에 맞서 민이 어떻게 대응하면서 민간 주도의 농촌개발운동과 협동조합운동을 전개해 나갔는지, 더 나아가 '생명운동'인 한살림운동이 어떠한 과정을 거쳐 전개되었는지, 그 성격과 의미가 무엇인지 등에 주목하면서 연구할 필요가 있다.

2. 원주지역과 민간 주도 협동조합운동

최근 원주지역은 민간이 주도하는 협동조합운동이 활성화된 지역으로 각계의 조명을 받고 있으며, 협동조합에 관심이 많은 청년들이 날마다 원주를 방문하도록 만드는 협동조합의 성지라고 할 수 있다.[12] 해방 이후 민간 주도의 협동조합운동[13]은 1950년대 후반 준비기를 거쳐

---

[12] 2012년 한 해 동안 원주의 협동조합운동의 내용과 방식을 배우기 위해 원주를 방문한 사람들이 92개 단체 2,760명, 개별방문까지 포함하면 198개 단체 약 5,000여 명에 이른다는 사실에서도 잘 나타나 있다. 또한 원주는 전체 인구의 약 11%에 해당되는 사람들이 금융·소비·생산·교육·의료·문화 등 다양한 영역의 협동조합에 조합원으로 참여하고 있는 곳으로, 다양한 영역을 아우르는 '협동조합 긴 협동'의 사례가 많은 곳이다(정규호, 「노시공동체운동과 협동조합지역사회 만들기—원주 협동조합운동과 네트워크의 역할」, 『정신문화연구』 제36권 제4호, 한국학중앙연구원, 2013, 15쪽).

[13] 이 글에서 '민간 주도의 협동조합운동'은 1960~80년대 정부 주도 하향식의 농협·수

1960년 '4·19시기'에 가톨릭 내 신용협동조합운동(이하 신협운동으로
약칭)의 태동에서 큰 줄기로 시작된다고 볼 수 있다. 현재 한살림 등 생
명운동과 유기농업운동에 기반하여 전개되는 '생활협동조합운동'(이하
생협운동으로 약칭)이라는 것이 1960~70년대 신협의 부대사업으로 운
영되었던 구판사업과 소비자협동조합운동(이하 소비조합운동으로 약칭)에
서 연유된다는 점에서 신협운동의 출범이 가지는 역사적 의미는 한국
현대사의 민간 주도 협동조합운동에 있어 결정적이라고 할 수 있다.[14]
이러한 초기 협동조합운동의 흐름과 직결되어 신협운동의 특징을 잘
보여주는 곳이 원주지역이다. 원주지역은 강원도 태백의 장성과 철암
등 일부 가톨릭교회를 중심으로 1960년대 초 신협운동이 전개되는 가
운데 1965년 가톨릭 원주교구 설정을 계기로 신협운동이 본격적으로
개시되었고, 1970~80년대 신협운동과 소비조합운동 등 부락개발운
동을 통한 협동조합운동이 활발하게 전개돼 왔던 곳이다. 현재 원주지
역에서 '생명운동'에 기반을 둔 도농농산물직거래운동인 생협운동과
협동조합운동이 각 분야별로 활발하게 전개되고 있는 것은 이와 같은
역사적 뿌리와 경험에 기반을 둔 것이다.

1960~70년대 원주지역을 중심으로 전개되었던 민간 주도 협동조
합운동의 핵심은 신협운동이다. 1970년대 유신체제 하 원주지역에서
설립된 재해대책사업위원회(이하 재해위로 약칭)에 의해 전개된 신협운

<hr>

협·새마을금고 등의 관제협동조합과 대비되는 용어로서 민간 주도 상향식의 협동조합
운동을 일컬으며, 이에 한정해서 사용하고자 한다.

14 신협법은 1972년 8월에 제정되었고, 신협은 이러한 법적 기반을 가지고 활동을 전개할
수 있었다. 이에 반해 소비조합법은 1983년 10월 한국소비자협동조합이 창립되었음에
도 불구하고 1998년도에 이르러서야 비로소 제정되었다. 그 결과 현재 생협의 전신인 구
판사업과 소비조합은 신협법에 기반한 신협의 부대사업으로 설립·운영되었다.

동은 관제농협의 민주화를 추동했을 뿐만 아니라 부락단위에서 관 주도의 부락정치구조가 신협을 중심으로 하는 민간 주도의 정치구조로 일종의 권력구조가 바뀌는 '혁명적 상황'을 만들었다는 점에서 중요하다. 특히, 유신체제 하 부락단위에서 신협운동을 전개한다는 것은 농협의 민주화를 추동해 내면서 그 기능과 역할을 대신 수행한다는 점과 새마을운동의 전개에 따라 농촌부락 내 위계화된 권력질서를 신협중심의 권력구조로 변화시켜 나가는 것이었다. 이는 관 주도 새마을운동의 전개에 따라 '마을회의'나 대동계, 마을금고 등을 중심으로 부락 내 권력을 유지·행사하던 기존 권력구조가 부락개발운동과 신협운동의 전개에 따라 부락회의를 신협임원들이 주도하고, 대동계의 고리대 활동 해소와 신협으로 마을금고가 흡수되는 과정을 거쳐 부락민들은 마을의 주도권이 바뀌는 일종의 '혁명적 경험'을 하였음을 의미하였다.[15]

　　1970년대 농촌부락에서 신협과 소비조합을 통해 협동조합운동을 전개한다는 것은 정부 주도의 새마을운동이 전개되는 기반위에서 부락단위에 기반한 농민 주도의 농촌개발운동을 추진해 나갈 수 있는 핵심체였다. 그리고 소비조합운동을 통해 부락단위에서 더 넓은 범위의 지역으로 연합조직을 결성해 나갈 수 있는 계기가 마련되었다는 점에서 1960~80년대 원주지역을 중심으로 전개된 신협과 소비조합운동은 역사적으로 중요한 의미를 가진다. 아울러 이러한 협동조합운동의 전개 과정에서 그 성찰과 전환을 거쳐 생명운동에 기반한 한살림운동을 창출해 내면서 한국형 협동조합운동의 전형을 만들어냈다는 점에서 준

15　2013년 4월 29일, 현 눈비산마을 전무 조희부 구술(충북 괴산 소수면 눈비산마을 사무실).

요한 의미를 지닌다.

1960~80년대 원주지역의 협동조합운동은 원주그룹[16]이 주도하였다. 원주그룹은 1950~60년대 전반 장일순을 중심으로 한 일단의 원주지역 사회운동가들이 1965년 가톨릭 원주교구 설정 및 지학순 주교의 부임을 계기로 1960년대 후반 '평신도운동'을 중심으로 한 교회혁신운동과 신협운동의 전개 과정에서, 그리고 1972년 8월 남한강유역의 대홍수를 통해 재해위가 조직되고 남한강유역수해복구사업(이하 남한강사업으로 약칭)이 추진되면서 형성되었다. 재해위를 중심으로 한 원주그룹은 1973년도 남한강사업과 한우지원사업, 1976년도 원주원성수해복구사업(이하 원주원성사업으로 약칭) 등의 추진을 통해 긴급구호적 사업의 틀을 벗어나 장기적인 부락개발사업에 기반한 농촌개발운동을 적극적으로 전개하였다. 특히, 1973년 1월 착수된 남한강사업은 사업 초기부터 건국대 부설 농업문제종합연구소(이하 농문연으로 약칭)와 고려대 부설 노동문제연구소(이하 노연으로 약칭), 한국가톨릭농민회(이하 한가농 또는 가농으로 약칭) 본부 등 각계 전문기관이 공동으로 종합적인 농촌개발의 계획을 세우는 등 직간접적으로 참여하였다. 이를 통해 원주

---

[16] 1960년대 중반~1970년대 반 박정희정권 운동을 전개하면서 형성된 원주지역의 사회 활동가들을 1980년대 전반 외부에서 이른바 '원주캠프'라고 불렀다. 1970년대에 박정희정권과 정치적으로 예각을 세웠던 원주캠프는 원주지역 출신과 학생운동 출신이 중심인 비원주출신 등으로 구성되었다. 이들은 정치·경제·사회 등 다양한 분야에서 사회운동을 전개하였다. 그러나 이 글에서 '원주그룹'이라고 함은 1972년 8월 남한강유역 대홍수를 계기로 1973년 1월 재해위가 중심이 되어, 부락개발사업을 기반으로 협동조합운동을 전개하였던 인물들에 한정해서 지칭하고자 한다. 이들은 1970년대 초 재해위라는 조직체의 구성을 통해 부락개발운동과 협동조합운동을 전개하였으며, 1980년대에는 '생명운동'에 기반하여 도농농산물직거래운동이자 한살림운동이라는 독특한 '생명협동운동론'을 창출해 내었다.

그룹은 1970년대 박정희정권이 추진한 정부 주도의 새마을운동과 대비되는 민간 주도의 부락개발운동을 전개하였다.

원주지역의 부락개발운동에 기초한 협동조합운동은 1960년대 가톨릭 원주교구의 창설과 제2차 바티칸공의회의 기본정신에 따른 교회혁신운동, 19세기 이후 형성된 강원도지역의 강한 가톨릭의 전통과 조직기반을 바탕으로 전개되었다. 원주그룹이 주도한 협동조합운동은 원주교구의 지학순 주교가 직접적으로 참여하고 있었으며, 재해위라는 조직 자체가 원주교구의 소속으로 활동이 이루어졌다. 또한 원주교구 내 제반 조직의 협조와 교구 관할 농촌·광산공소 등 70~80여 개의 공소조직이 원주그룹의 부락개발운동에 기반한 협동조합운동을 전개하는 데 상당한 역할을 하였다.[17] 한편, 지학순 주교를 중심으로 한 원주교구의 역할은 절대적인 것이었으나 이러한 조건과 상황은 1970년대 말~1980년대 전반 원주그룹의 '생명협동운동'을 추진함에 있어 일정하게 질곡으로 작용하게 되는 요인의 하나가 되기도 하였다.

해방 후 민간 주도의 협동조합운동은 대체로 신협운동에서 출발해

17　원주지역을 중심으로 한 천주교의 전통과 조직기반 등에 대해서는 다음의 연구를 참조(김정호, 「영동지역 천주교 수용에 관한 연구」, 『영동문화』 5, 관동대 영동문화연구소, 1994; 여진천, 「천주교의 원주지역 정착과 발전 연구(1888년~1909년)를 중심으로」, 『원주학연구』 2, 연세대 매지학술연구소, 2001; 이원회, 「원주·횡성지역의 천주교 전래와 정착 연구」, 강원대 석사논문, 2002; 추교윤, 「한국 민주화 과정에서의 천주교회의 역할—천주교회의 도덕적 권위를 중심으로」, 고려대 박사논문, 2004; 이경국, 「원주교구의 정의평화 운동사적 의미」, 『고 지학순(다니엘)주교 정의평화운동(교구설정40주년 기념세미나)』, 2005; 황종렬, 「지학순 주교의 인권과 민주화운동에 대한 신학적 성찰—제2차 바티칸공의회의 영향 관계를 중심으로」, 『고 지학순(다니엘)주교 정의평화운동(교구설정40주년 기념세미나)』, 2005(a); 황종렬, 「한국교회의 전통종교 이해와 제2차 바티칸공의회」, 『교회사연구』 제25권, 한국교회사연구소, 2005(b); 이원회, 「강원지역 천주교사 연구」, 강원대 박사논문, 2011).

소비조합운동으로 나아갔다. 1960~80년대 원주지역을 중심으로 한 협동조합운동도 1960년대 중후반 원주신협과 밝음신협 등의 설립을 필두로 1970년대에 걸쳐 농촌부락과 광산지역에서 신협운동이 본격적으로 전개되었다. 소비조합운동은 부락개발사업의 하나이자 신협의 부대사업으로 구판장 운영에서 출발해서 1970년대 말 점차로 소비조합의 설립과 운영, 1980년대 중반 유기농업운동에 기반한 도농농산물직거래운동인 생협운동으로 넘어갔다. 이러한 점은 일제시기 민간 주도의 협동조합운동이 소비조합운동을 중심으로 전개되었던 것과 대비되는 것이며, 해방 이후 협동조합운동의 주요한 특징이다. 아울러 원주지역을 중심으로 한 1970~80년대의 신협운동과 소비조합운동은 대체로 강한 협동조합적 정체성과 운동성에 기반해서 활발하게 전개되었다. 그러나 1980~1990년대를 거치며 농촌신협과 광산신협은 농협의 민주화과정과 슈퍼마켓의 등장, 석탄합리화정책의 추진 등 다양한 내외적 요인에 의해 발전이 정체·침체되면서 일부 지역조합을 제외하고 점차로 해체되어 갔다.

한편, 1970~80년대 원주그룹은 독일 천주교의 외원기관인 미제레오(MISEREOR)[18]와 카리타스(CARITAS), 네덜란드 카리타스인 세베모(CEBEMO), 아시아인성회인 아세아인간발전협력체(Asia Partnership for Human Development), 일본 카리타스에서 제공한 20여 차례의 대규모 자금지원을 기반으로 〈표-1〉과 같이 15개 사업의 추진을 통해 부락개발운동과 협동조합운동을 전개하였다. 즉, 원주교구는 자체 재정이 빈약한

---

18 미제레오(MISEREOR)는 미세레올, 미세레오르, 미제레올, 미제레오 등 다양하게 쓰이고 있으나 이 글에서는 독일어 본음에 가까운 미제레오로 쓰기로 한다.

〈표-1〉 원주그룹의 15개 사업명과 외원기관 지원내역 현황

연번	사업명	지원기관	지원금액(원)	외화	사업연도
1	남한강사업(농촌)	미제레오	316,691,498	DM 2,288,200.96	1973
	남한강사업(광산)	까리따스	63,142,080	DM 510,000	1973
2	한우지원사업	미제레오	29,234,080	DM 180,000	1973
3	원주원성수해복구사업(긴급)	까리따스	65,662,280	DM 228,000	1976
	원주원성수해복구사업(장기)	미제레오	109,940,730	DM 500,000	1977
4	광산소비조합육성사업	미제레오	78,311,774	DM 300,000	1977
5	농촌여성지도자교육사업	아세아기금	10,419,993	A$ 19,210	1978
6	농촌청소년계도사업	미제레오	46,641,147	DM 154,000	1978
7	마을건강사업	아세아기금	20,417,876	A$ 30,730	1979
8	농촌소비조합육성사업	세베모	147,762,498	NF 511,934	1980
9	우박피해농가지원사업	까리따스	22,503,900	DM 70,000	1980
연장	광산소비조합육성사업(속)	미제레오	29,109,300	DM 95,000	1981
10	광산소비조합 해외연수교육	미제레오	5,513,400	DM 18,000	1982
연장	농촌여성지도자교육(속)	아세아기금	23,865,445	A$ 33,695	1981
연장	농촌청소년계도사업(속)	미제레오	44,060,374	DM 148,221.77	1982
11	농촌현장지도자활용사업	아세아기금	21,256,443	A$ 34,277.11	1983
연장	광산소비조합육성사업(3년)	미제레오	42,634,482	DM 147,097.11	1983
12	광산소비조합협의회육성	일본까리따스	19,401,600	￥ 6,000,000	1983
연장	농촌소비조합육성계속사업	세베모	101,688,928	NF 393,357	1983
13	농촌소비조합지속사업	미제레오	53,302,500	DM 125,000	1986
14	농산물직거래 및 직판장 운영사업	미제레오	127,575,000	DM 315,000	1986
15	농촌소비조합확장사업	세베모	119,780,784	NF 293,489	1986
연장	농산물직거래확장사업	미제레오	172,225,000	DM 415,000	1990
연장	농촌소비조합확장사업(종료)	세베모	94,748,978	NF 253,600	1990
합계	미제레오 12건		1,055,239,285	DM 4,685,519.84	59.75%
	까리따스 3건		151,308,260	DM 808,000	8.56%
	아세아기금 4건		75,959,757	A$ 117,912.11	4.3%
	세베모 4건		463,981,188	NF 1,452,380	26.67%
	일본까리따스 1건		19,401,600	￥ 6,000,000	1.09%
총액			1,765,890,090		100%

출전 : 사회개발부, 『현황』, 1985; 사회개발부, 『농촌소비조합육성계속사업』, 1985; 사회개발부, 『도농소비조합육성지원사업』, 1987; 사회선교국, 『농산물직거래직판장운영사업』, 1991; 사회선교국, 『농촌소비조합확장사업(1021A)』, 1991; 사회선교국, 『농촌소비조합확장사업(1021B)』, 1993; 사회선교국, 『농산물직거래확장사업』, 1995.

관계로 대규모 재정이 필요한 이러한 활동에 같은 계통의 천주교 외원기관
으로부터 대규모 자금을 지원받아 원주그룹의 활동을 가능케 했던 것이다.
이는 1950년대 후반 이후 북미신협운동의 영향과 지원을 받아 한국의
신협운동이 태동·확산될 수 있었던 것과 같이 당시 협동조합운동이 활발
하게 전개되었던 독일과 네덜란드, 일본의 협동조합운동이 가톨릭이라는
국제적 종교기관의 연결망을 타고 한국의 협동조합운동을 지원하고 교류
한 것임을 의미하였다. 즉, 당시 협동조합운동이 상당 수준에 이르렀던
유럽과 일본의 가톨릭 기관에서 관 주도의 협동조합적 성격이 강한 제3세계
의 한국이 원주교구를 통해 민간 주도의 협동조합운동을 추진할 수 있도록
재정·이론적 측면을 지원한 것이다. 이를 통해 당시 유럽과 미주, 아시아의
세계적 협동조합운동과 원주지역의 협동조합운동은 일정한 연결과 교류,
협력관계를 가지며 전개될 수 있었다.

이 글에서는 이 시기 원주그룹에 의해 주도된 부락개발운동에 기반한
협동조합운동에 대해 살펴보고자 하는데, 이는 몇 가지 주목해야 할 중
요한 의미와 특징들이 있기 때문이다. 첫째, 원주그룹에 의해 주도된
1960~70년대 협동조합운동은 1960년대 전반 조직된 신협연합회와
협동교육연구원으로부터 협동조합의 사상과 이론, 교과 과정과 교육 내
용 등에서 크게 영향을 받으며 전개되었다. 그러나 원주그룹은 1970~
80년대 '생명운동'의 태동과 형성 과정에서 생명운동에 기반한 도농농
산물직거래운동인 제3세대적 협동조합론[19]을 보여주는 원주소비조합

19　한살림모임 역, 『제3세대 협동조합과 사회운동』(모심과살림연구소 자료집), 1989. 제1
　　세대 협동조합운동이란 17~18세기 아메리카대륙에 이주한 청교도가 각지에서 건설한
　　종교적 공산촌을 발단으로 한 '협동촌'이라는 개척공동체건설운동의 모습을 띠며, 프랑
　　스의 푸리에, 영국의 로버트 오웬 등 유토피아 사회주의자들이 산업혁명기 기업자본에

과 한살림농산의 설립·활동을 통해 한살림운동으로 나아가는 독창적인 협동조합운동론을 발전시켰다. 1980년대 전반 형성된 생명운동에 기반한 원주그룹의 협동조합운동론은 한살림으로 대표되는 생협운동을 한국에서 개시하였다는 점에서 이론적 의미가 상당히 크다. 요컨대 이 글을 통해 원주지역의 협동조합운동은 협동교육연구원의 협동조합론에 기반을 두고 개시되었으나 1970~80년대 부락개발운동과 협동조합운동에 대한 비판적 성찰 속에서 생명운동에 기반한 독자적인 협동조합운동론을 창출하는 과정을 살펴볼 수 있다.

두 번째로 원주지역의 민간 주도 협동조합운동은 1960년대 중반 원주그룹에 의해 개시되면서 1970년대 3개 도 13개 시·군 90여 개의 농촌부락과 10여 개의 탄광지부를 중심으로 광범위하게 전개되었다. 원주그룹은 이러한 민간 주도의 협동조합운동을 추진하기 위해 진광중학교 부설기관인 협동교육연구소와 신협 강원지구평의회, 1973년 1월 재해위의 조직 등 협동조합운동을 추진할 수 있는 조직기반을 마련하

대항하는 노동자와 수공업자의 협동촌건설운동으로 발전한 것을 의미한다. 제2세대 협동조합운동은 19세기 중엽 로치데일 공정개척자가 점포를 연 것을 계기로 시작되었다. 주요 특징은 제1세대와 같이 참여자의 전체생활을 공동화하는 것이 아니라 주로 시장경제에 관련된 부분만을 대중적으로 조직하면서 자본주의 시장경제 안에서 불이익 당하는 것을 방지하는데 목적이 있다. 그 결과 자본주의체제에 순응하게 되어 변혁의 에너지가 퇴화해 버린 것을 특징으로 한다. 제3세대 협동조합운동은 1980년 캐나다협동조합중앙회 회장이었던 A. F. 레이드로우가 1970년대 국제적으로 등장하였던 생태주의운동·대안기술운동·여성자립운동·평화운동·차별반대운동·유토피아운동 등 다양한 사조의 폭넓은 시아에 입각해서 세계협동조합운동의 문제와 해결방안을 제시한 『서기 2000의 협동조합』에서 담고 있는 새로운 문제의식을 특징으로 한다. 대체로 이 운동은 사상적으로는 제1세대를 계승하고 기능적으로는 제2세대의 기술로부터 출발한다. 또한 조합원이 직접 참여하고 자주관리가 가능한 규모를 목표로 하니, 소압원의 직접적인 참여를 중시하는 지방분권적인 것을 특징으로 한다. 또한 인간소외에 관해 자본주의를 근본적으로 비판하고, 기존 현실사회주의에 대해서도 지극히 회의적인 경향이 크다는 특징을 가지고 있다.

였다. 또한 협동조합 관련 제반 교육사업의 활발한 추진을 통해 농촌과 광산촌의 신협지도자 등 지역에서 협동조합운동을 이끌어갈 협동조합운동가들을 양성하였다. 이들 협동조합 지도자가 조직한 광산소비조합협의회(이하 광소협으로 약칭)와 농촌소비조합협의회(이하 농소협으로 약칭) 등이 자체적으로 활발한 활동을 통해 수만 명에 달하는 농민과 광산노동자들의 참여를 끌어내면서 명실 공히 민간 주도의 협동조합운동이 폭넓게 전개되었다. 요컨대 원주그룹과 농촌·광산지역의 협동조합 지도자들이 전개한 협동조합운동은 한국 근현대사에서 하나의 모범적인 민간 주도 협동조합운동의 중요한 사례로서 위치 지워지며, 이에 대한 연구를 통해 지역에 기반을 두고 광범위하게 전개된 민간 주도 협동조합운동의 주요한 사례를 제시할 수 있다.

셋째, 1970년대는 박정희정권의 새마을운동을 통한 농촌개발운동이 전개되던 시기였다. 전국적인 규모로 '근면, 자조, 협동'이라는 농촌주민의 자조성, 주체성, 자발성을 표방하면서 실시된 새마을운동은 정부 주도의 권위주의적 대중동원 방식의 농촌개발운동으로 추진되었다. 그런데 같은 시기 남한강사업과 한우지원사업, 원주원성사업 등을 통해 원주그룹에 의해 농촌·농민 지향의 부락개발운동이 전개되었다. 아울러 재해위는 남한강사업 중 4단계인 지역개발사업을 통해 농촌수공업공장을 설치하여 농민의 항구적인 생산기반과 소득기반을 조성하고자 하였다. 이는 비록 실패로 끝났으나 당시 농촌새마을운동의 전개 과정에서 나타났던 농촌새마을공장사업과도 유사하게 비교될 수 있다는 점에서 주목된다. 요컨대 원주그룹의 부락개발운동에 대한 연구를 통해 정부 주도의 새마을운동과 질적으로 성격이 다른 민간 주도의 농촌개발운동의 실제 모형을 제시할 수 있다는 점에서 중요한 연구사적 의미가 있으며, 이를 통해 1970년대 관과 민에 의해 전개된 농촌개발운동에 대한 기존 연구의 구도와 외연을 크게 넓힐 수 있다.[20]

1960~80년대 원주지역에서 전개된 민간 주도의 협동조합운동에 대한 연구는 초기 지역에서 협동조합운동에 참여하던 일부 연구자에 의해 시도되었다.[21] 이를 기초로 2000년대 후반부터 역사학계의 일부 연구자에 의해 원주그룹이 주도한 부락개발운동과 협동조합운동에 대해 본격적인 연구 성과가 소수 제출되었으나[22] 정부 주도의 새마을운동과 크게 대비될 수 있는 원주그룹에 의한 민간 주도의 부락개발운동과 협동조합운동, 그리고 이를 추동한 원주그룹의 형성과 활동에 대한

---

20 최근 새마을운동과 관련한 기존 연구사 정리는 다음의 연구 참조(하재훈, 「박정희체제의 대중통치―새마을운동의 구조·행위자 상호작용을 중심으로」, 경북대 박사논문, 2006; 황병주, 「박정희체제의 지배담론―근대화담론을 중심으로」, 한양대 박사논문, 2008; 김영미, 『그들의 새마을운동』, 푸른역사, 2009; 이환병, 「모범농민·마을의 성장과 농촌새마을운동」, 성균관대 박사논문, 2011).
21 한경호, 「원주지역환경농업과 생활협동조합운동」, 『무위당7주기세미나자료집』, 2001; 김용우, 「생명운동 및 협동조합운동과 원주지역사회」, 『평론원주』 제8호, 2002; 이경국, 앞의 글.
22 제현수, 「1970년대 원주지역 협동조합운동의 전개―천주교 원주교구의 재해대책사업을 중심으로」, 연세대 석사논문, 2008; 김소남, 「1970년대 원주지역의 부락개발사업 연구―재해대책사업위원회의 초기 활동을 중심으로」, 『역사와 현실』 제82집, 한국역사연구회, 2011(a); 김소남, 「1970년대 원주지역 사회개발위원회의 원주원성수해복구사업」, 『사학연구』 제104호, 한국사학회, 2011(b); 김소남, 「1970년대 원주지역 사회개발위원회의 광산지역 장기구호사업 연구―신협운동을 중심으로」, 『동방학지』 제158집, 연세대 국학연구원, 2012(a); 김소남, 「1970~80년대 원주지역 재해대책사업위원회의 소비조합운동 연구」, 『사학연구』 108호, 한국사학회, 2012(b); 김소남, 「1970년대 원주그룹의 농촌소비조합운동 연구―災害委의 구판사업을 중심으로」, 『사학연구』 제114호, 2014(a); 김소남, 「1970년대 재해대책사업위원회의 농촌신협운동 연구」, 『동방학지』 제16호, 2014(b); 김소남, 「1970년대 원주그룹의 전담복구사업과 협업농장 사례 연구」, 『한국 근현대사연구』 제72호, 2015(a); 김소남, 「1970년대 원주그룹의 부락개발운동 연구―새마을운동과의 비교를 중심으로」, 『역사문제연구』 제33호, 2015(b).

연구가 좀 더 심도 있게 이루어져야 할 필요성이 있다. 아울러 생명운동의 태동과 전환과정, 내용과 의미 등에 대한 연구가 본격적으로 이루어질 필요가 있다.[23] 마지막으로 원주그룹의 제반 활동과 운동을 가능하게 하도록 막대한 자금 지원을 하였던 외국 가톨릭 외원기관들과 이들의 성격, 원주그룹과 외원기관의 관계 및 사업내용, 원주그룹이 전개한 부락개발운동과 협동조합운동에 국내 제반 전문기관이 참여하였던 과정은 거의 주목되지 않은 상태라고 할 수 있다.[24]

3. 연구 내용과 사료

이 글은 이상의 문제의식과 지향점을 가지고 1960년대 중반부터 1980년대까지 원주그룹이 전개했던 민간 주도의 협동조합운동을 중심으로 살펴보고자 한다. 이 글의 구성은 다음과 같다.

제2부에서는 일제하~1960년대 원주 지역사회의 전통과 민간 주도 협동조합운동의 형성 과정을 살펴보고자 한다. 먼저 일제하~해방 후

23　김용우, 「생명사상 및 운동의 초기 형성과 전개－원주를 중심으로」, 『생명운동 워크숍』 1, 2011; 김재겸, 「생명운동과 생활협동운동」, 『생명운동 워크숍』 2, 2011; 김용우, 「생명운동과 탈근대 협동운동」, 『모심과 살림－생명운동이론지』, 모심과살림연구소, 2012; 김소남, 「1970~80년대 원주그룹의 생명운동 연구」, 『동방학지』 178(2017.3), 2017.

24　장정란, 「한국전쟁과 외국 가톨릭교회의 전재복구활동에 관한 연구」, 『한국천주교회사의 성찰과 전망』 2, 한국천주교중앙협의회, 2000; 김소남, 앞의 글, 2011(a); 김소남, 앞의 글, 2011(b); 김소남, 앞의 글, 2012(a); 김소남, 앞의 글, 2012(b).

원주지역에서 전개된 사회운동과 좌우대립, 한국전쟁을 통해 좌익세력의 붕괴와 우익 중심으로 지역질서가 잡혀 나갔던 과정을 살펴보고자 한다. 다음으로 1950~60년대 초 원주그룹의 핵심적 인물이었던 장일순의 세계연방정부운동과 대성고등학교를 중심으로 한 교육운동, 1960년을 전후하여 민의원 출마를 계기로 한 정치운동과 혁신계열인 진보당·사회대중당의 이념에 기반을 둔 '평화통일론', '중립화통일론'을 통해 분단구조를 지양하고자 하였던 장일순의 사상과 활동상을 살펴보고자 한다. 이를 통해 우익 주도인 원주지역에서 장일순을 중심으로 점차 중도파이자 혁신계열이 형성되는 과정을 살펴보고자 한다. 또한 1960년대 전반 제2차 바티칸공의회의 전개와 세계교회혁신운동을 살펴보면서 1965년 원주교구의 설정과 지학순 주교의 부임, 지학순 주교와 장일순의 만남을 계기로 가톨릭 내의 혁신계열과 원주지역의 혁신세력이 결합되어 1960년대 중반 이후 원주교구를 중심으로 한 평신도운동과 신협운동 등의 전개를 통해 원주그룹이 형성되는 과정과 관계망, 그들이 공유했던 지향점과 협동조합론 등을 살펴보고자 한다. 아울러 1950년대 말 서울과 부산의 가톨릭계를 중심으로 민간 주도의 신협운동이 태동되는 과정에서 강원도 태백지역에서 신협운동이 전개되고, 1960년대 중후반 원주교구를 기반으로 원주신협과 협동교육연구소의 설립, 1970년대 초 밝음신협과 신협 강원지구평의회의 창설로 이어지는 과정에 대해 살펴보고자 한다.

제3부에서는 1970년대 초 정부가 주도한 새마을운동이 전개 과정에서 원주그룹이 추진한 부락개발운동에 대해 살펴보고자 한다. 우선 1970년대 전반 박정희정권에 의해 농촌부흥정책의 일환이었던 마을가

꾸기운동과 농촌새마을운동의 추진 과정에서 1972년 8월 남한강유역 대홍수를 계기로 서독 가톨릭 외원기관의 원조에 의해 재해위가 출범하는 과정을 살펴보겠다. 또한 재해위가 조직되면서 제2차 원주그룹이 형성되고, '뻥땅사건' 등을 통해 민중의 기본적 자유권과 생존권 실현에 한정된 '생명' 인식이 태동되는 과정과 제2차 원주그룹의 협동조합론을 살펴보겠다. 특히, 생명운동은 1970년대 후반에 모색되면서 나타난 것이 아니라 1970년 초 '뻥땅사건' 등을 통해 원주그룹 내 민중의 생존권 실현이라는 '생명'의 인식 속에서 그 맹아가 형성되면서 재해위의 부락개발운동과 협동조합운동에 일정한 영향을 끼치고 있었으며, 1970년대 후반 여러 요인에 의한 인식의 전환과정을 거쳐 1980년대 초 '생명의 세계관 확립과 협동적 생존의 확장'이라는 생명운동으로 체계화된 특징이 있었다.[25] 본 장에서는 이러한 '생명'의 인식에 기반한 '생명운동'의 태동과 재해위의 부락개발운동과 협동조합운동에 영향을 주었던 측면을 중심으로 살펴보고자 한다. 아울러 농촌·광산촌의 농민과 광부들을 중심으로 재해위가 추진한 제반 교육의 내용과 특징, 이로 인해 농촌·광산지역에서 농민지도자와 광산지도자 등 민간 주도의 협동조합운동을 전개한 지역의 주도층이 형성되는 과정을 살펴보겠다. 다음으로 1970~80년대 원주그룹의 부락개발운동과 협동조합운

---

25 주지하다시피 어떤 인물이나 단체가 가지고 있는 고유의 사상이라는 것이 하나의 생명체로써 씨 없이 꽃피는 법이 없고 꽃 없이 열매 맺지 않는 것과 같이 여러 단계의 계기를 통해 형성 발전된다고 볼 수 있다. 이 글에서는 원주그룹의 생명운동이 1960~80년대 장일순의 사상적 궤적과 직접적으로 연결되면서 나타나고 있다는 점에 기반하여 생명운동으로의 씨앗이라는 것이 일찍부터 나타나고 있으며, 1960년대 후반 신협을 중심으로 한 협동조합운동의 전개 속에서 1970년대 초 민중의 기본적 생존권에 기반한 '생명' 인식을 통해 발아하기 시작했다는 관점을 취하고 있다.

동은 외원기관의 대규모 자금지원을 기반으로 제반 '사업'의 추진을 통해 '운동'으로 발전해 나갔을 뿐만 아니라 사업 자체가 초기부터 원주그룹에 의해 장기적인 '운동'에 기반해서 계획·신청되고 추진되었다는 특징이 있었다. 이 중 재해위가 서독 가톨릭 외원기관인 미제레오의 대규모 지원자금에 기초해서 전개된 남한강사업과 한우지원사업, 원주 원성사업 등 3가지 사업을 중심으로 그 전개 과정을 통해 부락개발운동을 살펴보고자 한다. 특히, 농촌지역에서 전개된 부락개발운동은 1970년대 초 한가농의 농민·농촌문제에 대한 지향점이자 이의 실천이었을 뿐만 아니라 1956년 주석균을 중심으로 설립된 '한국농업문제연구회'[26]가 지향하였던 영세한 한국농촌의 구조를 극복하기 위한 방안으로 내세웠던 '농업의 협업화'의 지향과 이념이 일정하게 실현된 것이었다. 이 글에서는 이러한 지향점이 실현되는 과정에서 당시의 전문기관이 참여하게 되는 과정과 내용을 단양 영춘하리의 '밤수동협업농장'의 설립과 운영과정 등을 통해 살펴보고자 한다. 이를 통해 재해위가 전개한 부락개발운동의 성격과 특징을 당시 정부에 의해 주도되었던 농촌새마을운동과의 비교를 통해 살펴보고자 한다.

제4부에서는 1970년대 농촌과 광산지역에서 재해위가 전개한 신협운동과 부대사업으로 전개된 구판장을 중심으로 한 소비조합운동에 대해 살펴보고자 한다. 원주그룹의 협동조합운동은 초기 부락개발사업의 일환으로 신협과 구판장이 설립·운영되었다가 1970년대 중후반을 거

---

[26] 1950년대 후반 한국농업문제연구회에는 주석균을 비롯, 유인호·박현채·김낙중·김명태·이우재 등 당대 학계의 진보적 인사들이 다수 참여하였다. 1950년대 후반 이후 주석균은 '농업의 협업화'와 '자주적 경공업에 기반한 경제개발론'을 주창하였다(김소남, 앞의 글, 2015(a)).

치며 점차 부락개발운동의 중심체로 전환되어 갔다. 이 과정에서 제반 사업과 운동의 중심이 부락개발운동에서 협동조합운동으로 전환되어 가는 특징을 보였다. 또한 이 시기 재해위의 협동조합운동은 광소협과 농소협 등 농촌·광산지역의 협동조합 지도자들에 의해 수많은 농민과 광산노동자들이 조합원으로 참여하여 광범위하게 전개되었다. 원주그룹은 어떠한 지향점을 가지고 협동조합운동을 추진하였는지, 어떻게 부락단위와 탄광지부단위, 더 나아가서 도 단위의 협동조합 지도자들을 조직해 내었는지, 이렇게 조직된 지역의 협동조합 지도자들은 어떠한 지향과 방식으로 지역단위에서 수많은 농민과 광산노동자들을 조합원으로 조직해 내면서 민간 주도의 협동조합운동을 전개하였는지 등을 살펴보고자 한다. 이를 위해 먼저 살펴보았던 협동조합교육의 실시를 기반으로 남한강사업과 한우지원사업, 원주원성사업의 전개 과정에서 농촌신협의 설립·운영과 부대사업인 구판장·소비조합의 내용과 특징, 농촌지역에서 이들 운동이 가졌던 의미 등을 살펴보겠다. 그리고 1970년대 광산지역을 중심으로 전개된 장기구호사업을 통해 광산지역에서 노동금고와 광산신협이 활발하게 설립·운영되는 과정, 1977년도 광산소비조합육성사업을 통해 광산신협의 부대사업으로 광산소비조합이 설립·운영되는 과정, 광소협의 창립을 통해 광산소비조합운동이 활발하게 전개되면서 1979년 농소협과 농촌소비조합이 본격적으로 육성될 수 있는 기반 역할을 하였던 측면을 살펴보고자 한다. 아울러 재해위는 '노동조합과 협동조합운동의 병행 발전'의 이상을 가진 일부 탄광노조 지도자들과 함께 광산지역에서 협동조합운동을 통해 탄광노조의 민주화와 노동운동을 추동하였던 과정, 탄광지역에서의 협동조합운동과 노동운동의 상관관계에 대해 살펴보고자 한다.

제5부에서는 1970년대 말부터 1980년대 '생명운동'으로의 전환과 소비조합운동에 대해 살펴보고자 한다. 먼저 1979년 말 유신체제의 해체와 제5공화국이 출범하는 가운데 재해위가 사회개발위원회(이하 사개위로 약칭)로 개편되고, 1983년 11월 사개위가 사회사업국 사회개발부(이하 사회개발부로 약칭)로 개편되는 과정에서 원주그룹이 동요하는 과정을 살펴보겠다. 그리고 1980년대 초 '생명의 세계관 확립과 협동적 생존의 확장'으로 대표되는 원주그룹의 '생명운동'으로의 전환과정과 협동조합론, 사개위·사회개발부가 주도하였던 제반 교육사업과 일본연수 등을 살펴보겠다. 다음으로 1980년대 전반 사개위의 농촌소비조합운동은 농소협을 중심으로 전개된 특징이 있었다. 농소협은 1980년대 전반 자립성에 기반해 독자적 사업추진이 가능하였던 광산지구협의회에 비해 자립성을 가지지 못하면서 운영되었다. 그 결과 농촌지역 단위조합의 소비조합을 대상으로 한 제반 지도와 교육사업을 원활하게 추진하지 못하였으며, 사개위가 직접 운영에 참여하여 그 역할을 일부 대신하면서 농소협은 독자적 운영에 있어 어려움을 겪었다. 이 글에서는 농소협의 독자적 역할과 운영이 이루어지지 못한 점과 사개위가 농소협의 운영에 참여하게 되는 과정 등을 살펴보고자 한다. 그리고 1983년 한국소비자협동조합중앙회(이하 소협중앙회로 약칭)의 창설에 사개위의 소비조합운동이 크게 기여하였던 점과 1985년 신협 부대사업에서 농촌·광산소비조합이 독립하는 과정을 살펴보겠다.

다음으로 1980년대 전반 광산지역에서의 소비조합운동을 1979년 광산지구협의회의 구성과 활동을 통해 살펴보겠다. 특히, 광산지구협

의회를 중심으로 광산소비조합운동이 활성화되었던 과정과 1981년 한
국노총 협동사업부가 출범한 후 한국노총 내에서의 소비조합운동에 광
산소비조합이 크게 기여했던 측면, 1985년 신협 부대사업으로 운영되
었던 광산소비조합이 독립을 추진하였으나 결국 한국노총소비조합연
합회로 귀속되면서 좌절되었던 과정을 살펴보겠다. 아울러 당시의 협
동조합운동이 탄광지역의 노동운동에 미친 영향을 살펴보고자 한다.
마지막으로 1970년대 후반 농촌신협과 광산신협 간의 농산물직거래
시도와 1980년대 전반 사개위, 원주교구, 가톨릭농민회 등을 중심으로
추진된 도농농산물직거래운동의 전개 과정을 살펴보겠다. 또한 1970
년대 말부터 원주그룹에 의해 시도된 효소농법과 유기농법의 강좌 개
설 등을 통해 원주지역을 중심으로 점차 유기농업운동이 확산되어 가
는 과정과 1980년대 전반 농촌 · 광산지도자와 한가농의 농민지도자들
이 참여한 일본유기농업 및 일본생협 연수의 경험이 결합되는 과정, 그
결과 1985년 6월 생명운동에 기반한 도농농산물직거래운동인 원주소
비조합의 창립과 1986년 12월 한살림농산의 개설, 1980년대 후반 한
살림모임의 구성과 한살림선언 등 한살림운동으로 나아가는 과정을 살
펴보고자 한다. 1980년대 중후반 원주그룹이 미제레오와 세베모의 대
규모 지원자금에 기반하여 원주와 서울지역을 중심으로 전개된 한살림
운동을 주도하였음을 살펴보고자 한다.

　이 책에서 활용된 자료는 크게 3가지이다. 첫째, 원주가톨릭사회복지
회가 소장하고 있던 재해위, 사개위, 사회개발부, 사회선교국 등이 생산
한 사료들이다.[27] 둘째, 신협중앙회 · 신협 강원도지부 · 진광중학교 부
설 협동교육연구소 · 원주 밝음신협 · 태백 한마음신협 · 원주한살림생

협·벽지보건사업팀 등이 소장하고 있는 자료와 1970~80년대 농촌부락에서 신협과 소비조합운동을 활발하게 펼쳤던 농민지도자들이 소장하고 있는 자료이다. 경근호가 소장한 여주 대신신협 관련 자료, 윤석주가 소장한 평창 대신신협 관련 자료, 재해위의 상담원이었던 김상범·정인재·박양혁이 소장한 자료 등을 중요하게 보았다. 셋째, 재해위에 주도적으로 참여했던 원주그룹의 인사들과 농촌 및 광산지역에서 협동조합운동에 적극 참여했던 농민·광산지도자, 1960~70년대 신협연합회 초기 주요 인사 등의 구술자료이다.[28]

이들 구술자료는 두 가지로 분류할 수 있다. 하나는 (사)모심과살림연구소 및 (사)무위당사람들과 저자가 공동 추진한 2011년도 국사편찬위원회 구술사 연구지원사업 '원주지역 협동운동과 민주화운동', 2012년도 국사편찬위원회 구술사 연구지원사업 '원주지역의 협동운동과 생명운동(1960~80년대)'이다. 그리고 (사)모심과살림연구소와 저자가 공동으로 추진한 2013년도 국사편찬위원회 구술사 연구지원사업 '충북농촌개발회의 경험을 통해 본 충북지역 협동운동의 뿌리와 확산 경로'이다. 다른 하나는 저자가 개별로 진행한 구술자료로 1970~80년대 신협운동과 소비조합운동에 참여한 농민·광산지도자, 1970년대 후반~1980년대 초 강원도 횡성 강림·금대·영월 연당 등지에서 벽지보건사업을 추진하였던 파독간호사, 1960~70년대 신협연합회의 주요지도

27　이들 사료는 원주교구 원주가톨릭사회복지회 소장자료들이다. 이들 자료는 현재 (사)무위당사람들 정인재 전 이시장의 협고를 통해 2010년 국사편찬위원회에 의해 수집되었으며, 목록작업과 이미지스캔작업 등을 거친 후 현재 원본사료들은 제천 베론성지 문서고에 소장되어 있다.

28　이들 구술자료의 구체적 현황은 참고문헌의 구술목록을 참조하기 바란다.

자, 한살림모임의 주요회원 등을 면담한 것이다. 이들 구술자료를 통해 협동조합과 관련된 문헌자료의 결핍이 보완되었고, 당시의 구체적인 상황을 반영할 수 있었다.

황을 반영할 수 있었다.

제1부

—

원주 지역사회의 전통과
협동조합운동의 개시

—

제1장

원주의 지역사회와 사회운동

1. 일제하~한국전쟁기 원주지역의 사회운동

1) 일제하 원주지역의 사회운동과 원주부인소비조합

일제하 원주지역 경제의 중추는 다른 지역과 마찬가지로 농업이었다. 1926년 당시 원주군의 인구는 68,591명으로 추산되었다. 그 중 약 90%가 농민이었으며, 이들의 80%가 소작농이었으므로 원주지역 농민들의 사회경제적 상황은 극히 열악하였다.[1] 원주는 양잠업과 가마니

---

[1] 1919년경 조선총독부의 임필지조사에 의하면 원주군의 지주 수는 13,925명이었으며, 평균 농지보유 면적은 1.17정보로서 강원도 평균면적인 1.46정보보다 하회하였다. 논

제조업, 직물업과 축산업 등 상공업이 일부 발달하였다. 당시 양잠업은 원주지역의 농가 4,200여 호, 상전(桑田) 320여 정보에서 누에고치 생산량 1,500석을 기반으로 이루어졌다. 또한 잠업조합전습소(蠶業組合傳習所)를 중심으로 상전(桑田)이 있었던 각 리동(里洞)의 농가에 대해 기술지도가 이루어지면서 매년 양잠업은 발전하였다. 가마니제조업은 문막 검사소가 개시된 후 원주군의 주선으로 가마니 짜는 기계가 대량 들어오면서 크게 확장되었으며, 매년 460여 대의 가마니 기계로 5만여 매의 가마니를 생산하였다. 축산업은 1915년 이후 축산조합을 중심으로 각 리동(里洞)에 식우계(殖牛契)와 적빈계(積牝契)를 조직하면서 그 증식을 도모한 바, 1925년 당시 축우의 수는 농가 100호당 65두, 경지 100정보당 45두였다. 이를 통해 우시장에서의 소 매매와 우피의 생산 등 원주지역의 축산업은 일정하게 발전하였다.

원주지역에는 월 6회의 정기시장이 3개소가 있었다. 대개 매매되는 상품은 농산물 및 축산물과 관련된 것이 대부분이었고, 그 외 가마니, 신탄, 도기, 직물, 약간의 금은제품 등 일부가 거래되었다. 당시 원주시내 상인들은 소매식 잡화상이 대부분이었고, 거상이라고 부를 만한 것은 없었다. 원주시내 상권은 소수의 일본인이 장악하였으며, 일부 조선인 상인이 상업조합을 설립하여 상권회복을 도모하였다.[2] 요컨대

(畓)보다 밭(田) 위주인 원주지역의 열악한 농업사정은 평균 보유면적이 매우 영세했던 강원도 영동지방과 비교해서도 영서지방이 더 열악하였다(원주시사편찬위원회, 『原州市史』 제1권(역사편), 2000, 534~550쪽; 장명민, 『원주역사를 찾아서』, 경인문화사, 2004, 213쪽).

2 1926년경 원주군의 인구 68,591명 중 외국인은 일본인 325명을 포함하여 1,233명이었다. 당시 원주군내 경지면적을 살펴보면 답 6,634정보, 전 9,432정보, 화전 361정보에 이르렀으며, 생산된 곡물은 쌀(米) 56,200석, 맥류(麥類) 23,300석, 속(粟) 4,700석, 잡곡(雜穀) 5,700석, 대두(大豆) 21,000석, 소두(小豆) 2,900석이었다. 이들 생산량은 원

1920~1930년대 원주지역의 사회경제적 사정은 일부 양잠업과 가마니제조업, 축산업 등이 발전되어 있었다. 그러나 대체로 그 수준은 낮았으며, 1차 산업인 농업 위주로 전개되었다. 원주군 내 인구구성에서 농민이 차지하는 비율은 압도적이었으며, 그 중 소작농이 절대적인 수를 차지하는 등 농민들의 사회경제적 현실은 조선의 다른 지역과 크게 다를 바 없는 열악한 수준이었다.

1920~30년대 원주에서는 지역의 사회경제적 현실을 반영하여 원주청년회, 원주형평사, 우리구락부, 원주노동회, 신간회 원주지회 등의 청년단체와 사회단체들이 활발하게 활동하였다. 먼저 3·1운동의 영향을 받아 1922년 6월 18일 안윤옥과 배경윤, 원규식 등을 중심으로 112명이 참여하여 원주청년회가 창립되었다. 이들은 원주지역 대중들의 이해와 요구에 부합해서 수해구제활동과 원주고보기성회의 참여, 각종 강연회 및 연구회의 개최를 통한 신사조의 소개와 민족의식 각성 등 원주지역의 발전을 위한 다양한 활동을 전개하였다. 민족주의 계열이 주도하였던 원주청년회의 임원과 회원들은 이후 설립되는 우리구락부와 원주노동회, 신간회 원주지회 등의 회원으로 활동하였다. 당시 원주청년회는 원주지역의 민족해방운동을 이끌어간 인사들을 배출해낸 저수지와 같은 역할을 하였다. 1924년 12월 권면수와 서병인, 이선기 등이 중심이 되어 창립된 우리구락부는 일제의 민족차별에 대한 대중선전과 사회주의 사상의 연구 및 기관지 『회보』 발간을 통해 활동을 하

주군민의 수요에 충분한 양이나 문막검사소를 통해 경성지역으로 다량 유출됨으로 공급이 부족한 상황이었으며, 속(粟)은 만주지역에서 공급되고 있었다(「前日은 觀察府 道內를 管轄 (1)－原州地方 昨今(巡廻探訪 86)」, 『동아일보』, 1926.9.25).

였던 사회주의 계열의 청년단체였다. 우리구락부는 원주지역 청년운동을 연합하기 위해 형평사 원주지사와 신진청년회, 적호소년회 등의 대표들과 논의하여 별도로 북원동맹(北原同盟)을 조직하였고, 강원도지역 청년운동을 연합하기 위해 1925년 10월 25일 강원청년연맹을 창립하면서 원주와 강원도지역의 청년연합운동에서 주도적으로 활동하였다. 아울러 강원도에서 제일 먼저 신간회 원주지회가 설립될 수 있는 토대를 마련하기도 하는 등 원주청년회와 함께 1920년대 중후반 원주지역의 사회운동에 큰 영향을 미쳤다.[3]

1926년 5월 원주지역 노동자들의 단체 설립 요구를 지역의 사회운동가들이 받아들임으로써 원주에서 노동단체를 설립하려는 움직임이 나타났다. 당시 원주지역의 주요 사회운동가였던 이동수와 원주목, 정진영과 원택 등이 중심이 되어 원주노동회 발기회(5.25)를 개최하였으며, 1927년 7월 창립(7.1)되었다. 원주노동회는 당시 원주지역에서 유일한 사회단체라고 할 정도로 활발하게 활동한 단체였는데, 그 회원들은 일반적 의미의 공장노동자들만으로 구성된 것은 아니었다. 대체적으로 원주청년회와 우리구락부, 신간회 원주지회 등의 사회운동단체 회원들과 각 신문사의 원주지국 기자 등 일부 지식인이 중심이 되어 원주읍내 일용노동자와 상업·서비스업·수공업 노동자들이 참여하였다.[4] 원주노동회는 강연회와 노동야학의 개설 등 계몽활동과 회원 및

---

3 오영교·왕현종, 『원주독립운동사』(원주학술총서 제2권), 원주시, 2005, 278~293쪽.

4 이동수, 원주목, 박수홍, 조하만, 박용희, 길만학 등을 비롯한 다수의 핵심간부들은 원주
   노동회뿐만 아니라 원주지역 다른 단체들에서도 중추적인 활동을 하였다. 이동수는 초
   기 원주노동회 위원장직을 수행하면서 우리구락부 집행위원과 신간회 원주지회의 설립
   준비위원 등을 겸임하였고, 『동아일보』 원주지국과 횡성지국의 총무와 기자로 활동하였
   다. 1929년 6월부터 위원장을 맡았던 원주목도 『중외일보』 원주지국 기자로 신간회 원

지역민을 위한 공제사업에 주력하였다. 1929년 6월 원주노동회는 제2차 정기대회 이후 서무부, 교양부, 조사선전부 등 6개부 25개 집행위원을 두었으며, '호상친목과 공제환란'이 명시된 강령에 따라 공제사업부에만 10명의 집행위원을 둘만큼 공제사업 추진에 역점을 두었다.

한편, 원주노동회는 1928년 1월부터 소비조합의 창립을 논의하였다. 당시 소비조합 육성 건은 회의 때마다 안건으로 상정되었으나 실제 추진되지 못하였다. 그러나 1930년 12월 열린 임시총회에서 여성을 중심으로 한 소비조합을 결성키로 한 결과 원주노동회 회원들의 부인을 중심으로 한 원주부인소비조합이 창립되었다.

1931년 원주노동회는 원주지역 사회운동에서 차지하는 비중이 커졌으며, 강원도 남부에서 유일한 노동운동단체로 성장하였다. 이 과정에서 원주노동회의 성격도 점차 변하였다. 이 시기의 원주노동회는 노동야학 등을 통해 계급의식을 고취시키는 장으로 활용되는 한편, 조선노동총동맹에도 가입하였다. 또한 비밀리에 전개되던 혁명적 노동조합 건설을 통한 조선공산당 재건운동을 공개적으로 지지하는 등 사회주의적 지향을 명확히 하였다. 1930년대 중반 원주노동회는 일제의 탄압이 가중되는 와중에도 활동을 지속하다가 1935년 8월 일제에 의해 강제적으로 해산되었다.[5] 원주노동회는 대체적으로 '사회의식'을 지녔던 청년들이 다수 참여하면서 조직기반이 탄탄했으며, 우리구락부 등 사

주지회의 설립 때부터 준비위원과 간사로서 활동하였으며, 박수홍과 조하만도 우리구락부 집행위원과 신간회 원주지회의 간사를 맡고 있었다. 바용희는 『조신일모』 원주지국 기자였으며, 길민희은 빙빙사 원주지부의 간부였다. 원주청년회의 회원이었던 박용희는 원주노동회 검사부원이었다(위의 책, 305쪽).
5   위의 책, 300~342쪽.

회주의자로 활동했던 인물들도 있었으나 전체적으로 특정한 정치노선이 주도한 것은 아니었다. 비록 우리구락부의 핵심임원과 1930년대 초 일제의 탄압 속에서 원주노동회가 좌파적 성향을 가지며 활동을 전개하였으나 대체적으로 원주지역에서의 청년운동과 사회단체운동은 민족주의 계열이 주도하였다.[6]

이러한 일제하 사회경제적 현실과 사회운동을 기반으로 원주지역에서는 민간 주도의 협동조합운동이 전개되었다. 1920년대 초 3·1운동의 영향으로 전국적으로 소비조합이 다수 설립되었는데, 원주지역은 1922년 3월 부론면에서 구매조합이 설립·운영되었다. 부론면의 구매조합은 당시 원주면장이었던 정규현이 자신의 3년치 봉급 전부를 출연해 면내 각 리의 빈민이 내는 호세를 보조할 목적으로 각 리에 호세계(戶稅契)를 설치하여 운영하였는데, 이 시기에 와서 구매조합이라고 명칭을 변경하고 일반 면민의 이익을 도모하였다.[7] 이러한 호세계에서 구매조합으로의 천이(遷移)는 당시 계에서 협동조합으로 옮겨가는 과정의 일단을 보여주며, 구매조합의 운영과정에서 호세계에 참여한 영세농민들이 필요로 하는 물품을 취급하면서 참여농민들의 경제적 이익을 도모하였다.

한편, 1928년 '원주노동회'는 공제사업부에서 회원을 중심으로 한 소비조합의 설립을 추진하였다. 1930년 12월 개최된 임시총회에서 기존 방침을 변경하여 부녀자들이 중심이 된 소비조합을 결성키로 하였

---

6   장명민, 앞의 책, 190쪽.
7   「원주군 부론면 소식―구매조합을 설립하여 일반 면민의 이익을 도모」, 『동아일보』, 1922.3.4.

고, 1931년 1월 소속 회원 부인과 인근 지역의 일반 부녀자까지 포함하여 원주읍내 정신유치원에서 '원주부인소비조합'을 창립(1.13)하였다. 당시 여성이 주체가 된 원주부인소비조합은 1920년대 후반 창립된 근우회가 조직한 경성여자소비조합(1929)을 시초로 여성들의 교양교육과 생계마련을 위한 공동생산조직을 통해 조선여자소비조합의 설립(1933)으로 발전되어 갔던 흐름 속에서 설립되었다.[8] 원주부인소비조합은 창립 시 조합장 김쾌례(金快禮), 이사장 노순렬(盧順烈), 이사 이미리암(李美利岩)과 박정만(朴貞晩) 등 15명이 선출되었고, 원인숙(元仁淑) 등이 감사위원으로 피임되었다.[9] 당시 원주읍내에서만 200여 명의 부녀조합원이 참여하였으며, 인근 촌락에서도 신청자가 쇄도하였다. 이는 원주노동회뿐만 아니라 원주청년회와 우리구락부, 신간회 원주지회와 형평사 원주지사 등 원주지역 사회단체들의 적극적인 지지 속에서 각 단체의 회원부인들이 주도적으로 참여했기 때문이었다.

원주부인소비조합의 운영과정을 살펴보면 출자방식은 백미 1두를 1구좌로 하였으며, 취급물품은 가정에 필요한 일용품을 중심으로 하였다. 그러나 원주부인소비조합의 활동은 1년도 채 되지 않아 침체상태에 빠졌다.[10] 이는 원주노동회 등 원주지역 사회운동단체들의 활동이 일제의 탄압으로 위축되는 상황이 원주부인소비조합의 운영에도 영향을 미쳤기 때문이었다. 또한 소비조합의 운영과정에서 외상판매 등의

---

8   이경란, 「한국 근현대 협동운동의 역사와 생활협동조합」, 『역사비평』 제102호, 역사비평사, 2013, 47~48쪽.
9   「원주부인 소소 딸기」, 『동아일보』, 1930.12.17; 「창립대회 마친 부인소비조합―지난 13일에 성대히 거행, 원주부인들의 활동」, 『동아일보』, 1931.1.20.
10 오영교·왕현종, 앞의 책, 312쪽.

문제로 전국적으로 많은 수의 조합이 문을 닫게 되었다. 이러한 실정에 비추어 원주부인소비조합도 외상액의 급증 등으로 인해 그 운영이 침체에 빠졌던 것으로 보인다. 이후 원주부인소비조합은 원주노동회가 해산되는 시점에서 활동을 중단하였으며, 원주지역의 민간 주도 협동조합운동은 8·15해방 이전까지 나타나지 않았다.

2) 해방 후~1950년대 원주지역의 사회운동과 한국전쟁

해방 직후 원주는 미·소의 주둔과 좌우대립의 심화 속에서 각 정치세력의 국가건설운동이 전개되었던 전국적인 상황과 결부되어 다양한 정치지향을 가진 사회운동단체들이 족출하였다. 원주지역은 해방 직후 우익이 먼저 인민위원회와 자치위원회를 결성함에 따라 주도권을 잡았지만 좌익도 중앙의 사회주의정당·단체와 연대해 조직적인 활동을 전개하면서 자연스럽게 좌익과 우익으로 분립되어 활동하는 구도가 형성되었다. 1945년 12월 말 모스크바 삼상회의 결과에 따른 반탁·찬탁 운동 속에서 1946년 봄을 거치면서 우익세력이 확실히 주도권을 쥐었으며, 단독정부의 수립과정에서 시종 압도적 우익 주도의 지역이 되었다. 당시 강원도의 미군정 내무담당 장교도 원주가 포함된 영서지역의 각 군을 한국에서 가장 보수적인 지역으로 규정하였다.[11]

한국전쟁 이전 원주지역에는 조선공산당 원주군지부와 민주주의민족전선의 가입단체인 자유노동자사회조합, 원주농민조합, 원주민주주

---

11 장영민, 앞의 책, 187쪽.

의인민전선, 조선민주청년동맹 원주지부, 문막농민조합, 문막인민위원회, 문막민주주의인민전선, 조선민주청년동맹 문막지부, 문막청년동맹, 문막자유청년회, 문막전위대, 해방일보 지국, 문막청년동맹, 부론인민전선, 부론농민조합, 조선민주청년동맹 부론지부 등 많은 좌익계열의 사회단체들이 활동하였다. 반면, 우익계열에서도 학성의열청년대와 원주청년대가 통합된 원주청년회, 원주군청년총연맹, 대한독립촉성국민회 원주지부, 조선민족청년단 원주군단부 등이 활동하였다.[12]

　1945년 11월 우익이 다소 우세하였던 원주지역의 특성을 반영하여 우익청년단체인 정의단(正義團) 200여 명이 소작료 3·7제 실시운동의 일환으로 식량영단 소속 공장의 파업사건을 지도·활동 중이었던 원주노동조합·원주농민조합을 공격하면서 좌우익이 격렬하게 충돌하는 양상으로 발전하였다. 1945년 12월 말 모스크바 삼상회의에 따른 찬탁·반탁정국을 거치며 우익청년대에 의해 공격을 받은 좌익청년단은 원주읍내에서 더 이상 활동을 할 수가 없었으며, 활동중심지를 문막지역으로 옮겼다. 그러나 1946년 2월 문막청년회 김대봉의 주도로 문막초등학교에서 민주주의민족전선 결성대회 개최 시 트럭 2대에 나눠 타고 온 원주의 우익청년대에 의해 집회가 해산되었으며, 미군 6명이 문막자유청년회 회원 15명을 체포하고 원주경찰대가 문막농민조합·조

12　문막지역이 사회주의운동이 강했던 요인은 먼저 문막뜰이 원주 근방에서는 보기 드문 넓은 경지로 이미 1920년에 수리조합이 설립되었으며, 그 운영과정에서 과중한 물세가 문제가 되어 지주와 소작인의 관계가 악화되고 계급적 모순을 심화시켰기 때문이다. 당시 원주 문막과 평창 대화지역은 근방에서 농민조합의 활동이 활발하였던 지역으로 유명하였다. 또한 서울 등지로 유학하는 학생의 수가 많았으며, 이 속에서 사회주의자가 많이 나왔다. 부론지역에서도 좌익세력이 형성되었는데, 이는 핵심세력 상호 간의 혈연관계라는 요인이 작용한 것이었다(위의 책, 193·200·213쪽).

선민주청년동맹 문막지부의 간부들을 검거하는 등 조직적인 탄압이 연이어 일어났다. 당시 집중적으로 탄압을 받은 사회주의 세력은 이후 활발한 활동을 하지 못하였다. 1949년 2~3월 원주경찰서는 좌익세력 사건에 가담한 학성초등학교와 원주여자중학교, 주천중학교와 원주농고의 교원·학생 등 20여 명을 검거하여 조사하였으며, 지정면에 근거를 둔 남로당 원주군 단부를 조사하여 등사판과 북로당 지령서 등을 압수하였다. 1949년 12월 문막에 거주하던 안택순을 중심으로 원주군 유격중대가 조직된 것으로 보아 좌익세력은 물밑에서 비공개적인 활동을 지속한 것으로 보인다.[13]

한국전쟁의 발발은 문막·부론지역을 중심으로 한 사회주의 세력이 붕괴되고, 중요인물들이 완전히 흩어져 파편화되는 계기가 되었다. 한국전쟁의 치열한 격전장이었던 원주는 많은 피해를 입었다. 1953년 원주에서 한국군 최초로 창설된 제1군사령부는 지역의 전후복구를 주도하였으며, 각종 반공교육을 통한 반공이데올로기와 냉전의식을 강화시켜 나가면서 원주는 '신흥군사도시'라는 명성을 얻어갔다.[14] 그 결과 원주지역에서 일제하~한국전쟁기 면면히 이어온 사회운동과 운동세력은 단절되고 분단구조의 고착화 속에서 압도적인 우익주도의 사회로 변모되었다. 사회주의 세력이 거의 궤멸되거나 파편화된 기반 위에서 중도파계열인 장일순을 중심으로 원주지역의 혁신세력이 점차적으로 새롭게 규합되고 활동해 나갈 수 있는 계기가 되었다.

---

13 위의 책, 195~212쪽.
14 위의 책, 227~248쪽.

2. 1950~60년대 초 장일순의 활동과 사상

1) 1940년대 장일순의 활동과 사회의식

1960~80년대 원주지역을 중심으로 민간 주도의 협동조합운동이 광범위하게 전개되었다. 이러한 협동조합운동을 주도하였던 핵심인물은 선대부터 수백 년간 원주지역을 근거지로 살아온 장일순이었다. 그는 당시 일반적인 동양의 지성인이 갖는 유교와 불교, 노장과 동학 등에 친밀성을 가지고 있었다. 그는 유교적 소양과 도덕적 품성을 강하게 지닌 유생이었다.[15] 조부 장경호로부터 유교적 소양과 도덕성을 지니도록 교육받으면서 성장하였던 그는 강원도지역에서 주된 활동의 근거지로 삼았던 동학의 해월사상과 일찍부터 인연이 있었다.

> 우리 집 바로 앞에 천도교 포교소가 있었습니다. 그래서 동학을 알게 됐습니다. 46년에 수운 최제우와 해월을 알게 되었지요. 영원한 세계, 이 땅에서 살 수 있는 말씀들을 다 가지고 있더라고요. 그렇게 되니까 이 쑥배기가 함부로 갈지자를 못하겠더군요.[16]

---

[15] "장 선생님의 경우는 선대부터 쭉 원주에 사셨던 분이고 유생이었죠. 유학적인 수양으로 몸을 다지신 분이고, 마치 금강석처럼 부서지지 않는 도덕을 실현한 분이죠. 그렇게 봐야 돼요. 그래서 유학과의 관계를 밝혀야 그분이 보입니다. 어떤 경우에도, 어떤 쓰라린 일들이 생겨도 절대 흔들리지 않는 금강석과 같은 도덕을 체현하고 있었다. 이렇게 봐야 됩니다"(최종덕, 「도덕과 정치―김지하 시인에게서 듣는 위당 장일순의 사상」, 『너를 보고 나는 부끄러웠네』, 녹색평론사, 2004, 186~187쪽).

[16] 여운연, 「겨레의 가능성은 대중속에」, 『나락 한알 속의 우주』, 녹색평론사, 1997, 124쪽.

1946년부터 그는 이웃집에서 천도교 포교소를 운영하였던 5년 연상의 면 친척인 오창세를 통해 최제우와 최시형의 동학을 접하였으며 '인내천(人乃天)', '이천식천(以天食天)', '경물(敬物)', '경인(敬人)', '경천(敬天)' 등 최제우와 최시형의 동학사상으로부터 깊고 넓은 영향을 받았다.[17] 그는 일찍부터 가톨릭과도 밀접하게 관련을 맺고 있었다.

> 1940년에 가톨릭에 입신했습니다. 그러나 가톨릭에는 한국인의 생활에 맞지 않는 부분이 있습니다. 그때는 가톨릭에는 조상에 제사를 지내는 것을 금하고 있었던 것입니다. 할아버지가 그러한 것은 안 된다라고 해서 신부와 약속하고 조상께 제사 드리기를 계속했습니다. 그래서 집안 분위기에는 유교도 있고, 도교도 있고, 불교도 있고, 그리스도교도 있는 셈이지요.[18]

15세에 병으로 세상을 뜬 형 장철순의 유언에 따라 불교신자였던 어머니를 포함하여 집안 모두가 가톨릭에 입교했다. 이것이 고난과 희생의 삶을 살았던 '예수'를 만나는 계기가 되었다. 한편, 장일순은 구한말 우국지사이자 독립운동을 하였던 차강 박기정[19]으로부터 글씨와 서예

---

17 "돌아가신 분 가운데서는 오창세 선생이 있죠. 6·25 당시 원주군청에 다녔어요. 부력을 다니신거죠. 이분은 원일로에서 서점도 했고 다방도 아마 처음 했지요. 저도 농고 다닐 때 이분 서점에서 신간을 보곤 했지요"(2002년 12월 8일, 전 진광고등학교 교장 장화순 구술(이인재·백길남, 연세대학교 세연학사 1348호)). 오창세는 원주 읍내에 처음으로 책방을 낸 인물로, 당시 책방 옆에는 음악과 그림을 감상할 수 있는 공간이 있어 청년들이 자주 드나들었다. 장일순은 그의 형인 장철순이 요절한 뒤로 오창세를 친형처럼 따르며 동학의 민족적·민중적·반외세적 사상에 깊은 영향을 받았다(이용포, 『무위당 장일순—생명사상의 큰 스승』, 작은씨앗, 2011, 45~46쪽).

18 최성현, 「풀 한포기도 공경으로」, 『나락 한알 속의 우주』, 녹색평론사, 1997, 114쪽.

19 차강 박기정(1874~1949)은 20세 때 유인석 장군 밑에서 의병투쟁을 하였으나 일제 치하로 접어들면서 강원도 평창군 도암에 낙향한 뒤 대관령의 서쪽과 동쪽, 경기도 여주와

를 배우는 한편, 그로부터 사물과 현상, 역사와 현실을 올바르게 읽어 낼 수 있는 안목을 배웠다.[20] 해방공간에서 장일순은 유교와 도교, 불교와 기독교, 동학 등을 접하면서 유불선사상과 동학사상에 기초해서 자신의 도덕적·지성적·사회적 세계관을 키워나갔다.[21]

한편, 해방 당시 경성공업전문학교에 재학 중이던 장일순은 '국립대학설립안'에 반대하는 운동에 앞장섰다가 주요인물로 지목되어 제적을 당하였다.[22] 당시 그는 미국과 소련의 진주로 인한 한반도의 분할통치가 가시화되고, 자주적 통일국가 수립이 아닌 분단을 추구하는 남북의 정치세력에 대한 강한 비판의식을 가지고 있었다.

그때 이박사가 권력을 잡기 위해 친일파들과 야합을 하고 더더군다나 일제하에서 독립투사들을 전부 잡아다 가두고 죽이려 했던 고등계 출신들하고 손을 잡았죠. 북의 공산당 쪽에서는 소련과 야합이 돼서 소련이 조국이니 이따위 소리나 하면서 몰고 가고. 물론 남한의 남로당도 거기서 예외가 아닙니다만. 그러니까 공산당도 인도주의적인 것에 입각해서 이야기하는 것을 들을 수가 없더라고요. 이렇게 되다보니까 어디 발을 들여놓을 수가

이천, 충청도 제천 등지를 주유하는 한편, 임시정부에 군자금을 보내기도 하였다(이용포, 앞의 책, 33~34쪽).

20　김원, 「장일순, 원주에 살다」, 『고대문화』 3월호, 2009.

21　"우연히 소시 때 책을 들여다보니까, 좋은 말씀이 많이 있고 문제를 보는 근원적인 시각이 있구나 하는 생각을 했었죠. 유교계통에서 보면 입신이 축이 되는데, 노자는 일체 존재의 근원서부터 자연에 축을 두고서 말씀을 하고 있더라 이 말씀이야. 그런 점이 좋더군요"(최준석, 「민주의 길에서 생명의 길로─장일순 선생님과의 이야기」, 『너를 보고 나는 부끄러웠네』, 녹색평론사, 2004, 129쪽).

22　대학에서 제적된 장일순은 고향인 원주로 돌아왔으나 주위의 권유로 다시 서울대 미학과에 입학하였다(이영화, 「무위당 장일순(1928~1994)의 사상과 활동」, 강원대 석사논문, 2006, 6쪽; 이용포, 앞의 책, 42~49쪽).

없더라고. 나이 어린 사람이 뭐 정치를 할 바도 아니지만 태도는 정해야 할 때거든. 그런데 어디 태도를 정할 수가 있어야 말이지요. (…중략…) 외세에 등대고 한반도의 분단과 내부의 횡포를 자행하던 세력들, 그것들하고 함께 못했다는 얘기죠. 현실적인 활동과 현실적인 힘은 전부 그 사람들에게 있었으니까.[23]

장일순은 남한의 이승만정권, 북한의 김일성정권과 남한 내 남로당 등의 계급투쟁에 기반한 혁명운동 등에 대해 비판적이었다. 그 결과 그는 해방공간에서 자주적 통일국가건설을 주도하였던 여운형의 활동과 정치이념에 공감했다. 당시 그는 여운형을 통해 사회주의 사상을 처음 접하였다고 한다.[24] 장일순은 근로인민당에서 문화와 교육 분야에서 중요 역할을 담당한 원주 지정면 출신인 이만규를 통해 여운형과 그의 사상을 접한 것으로 보인다.[25] 장일순의 스승이었던 차강 박기정은 여운형과 친밀한 관계를 맺고 있었으므로 그는 스승을 통해서도 여운형에 대해 익히 들었던 것으로 보인다.[26] 요컨대 해방공간에서 장일순은

---

23 최준석, 앞의 글, 122쪽.
24 김성동, 「우리 시대의 마지막 도덕정치가」, 『너를 보고 나는 부끄러웠네』, 녹색평론사, 2004, 30쪽.
25 이만규는 원주 지정면 간현리 출신으로 여운형과 사돈지간이었다. 1914년 개성에서 첫 만남을 시작으로 1947년 여운형이 타계할 때까지 긴밀한 관계를 맺었다. 그는 진보적 민족주의자이자 일제하 민족교육과 독립운동에 커다란 역할을 한 인물로 한국인에 의해 최초로 쓰여진 『조선교육사』의 저자이기도 하였다. 1948년 4월 통일정부 수립을 위한 남·북정당의 마지막 노력이었던 남북조선제정당사회단체지도자협의회에 근로인민당 대표로 김구와 김규식 등과 함께 평양에 갔다가 남게 되었다(오영교·왕현종, 앞의 책, 348~351쪽).
26 의병운동과 독립운동에도 참여하고 있었던 박기정의 서궤에 김구와 이승만을 포함해서 여운형에게서 온 서찰이 수백 통씩 보존돼 있는 점으로 볼 때 박기정과 여운형은 밀접한 관계를 맺고 있었다.

유교집안에서 성장하면서 유교적 소양을 가진 유생이자 형의 유언으로 인해 가톨릭에 입교하는 한편, 오창세를 통해 동학사상을 접하면서 유불선사상과 동학사상에 친화성을 가졌다. 또한 장일순은 미군정과 소군정 하 한반도 분단에 책임을 가졌던 정치세력에 대한 강한 비판적 인식과 자주적 국가건설운동을 지향하였던 여운형의 정치사상에 커다란 영향을 받았다.

2) 세계연방정부운동과 교육운동

1950년대 장일순의 활동과 관련해서 주목되는 점은 1947년부터 스위스에서 전개된 '세계연방정부를 위한 세계운동(One World Movement)'에 1951년부터 동참한 것이다. 1952년을 전후로 하여 그는 이 운동을 주도한 아인슈타인과 서신을 여러 차례 주고받으면서 자칫 핵전쟁으로 전화될 수 있고, 제3차 세계대전으로 확대될 수 있는 한국전쟁을 종식시키도록 세계적인 관심을 촉구하는 등 제반 활동을 하였다.

나는 해방 직후에 '원월드운동'을 했었어요. 그것은 아인슈타인이나 세계 과학자들이 먼저 시작했지요. 히로시마와 나가사키에 원폭이 투하된 뒤로 아인슈타인이 반성을 많이 하지 않았습니까. 세상에 못할 짓을 했다고요. 그러면서 세계는 하나의 연립정부를 만들어야 한다는 얘기를 했었죠. 남북이 분난이 되었는데 보니까 미국도 소련을 감당 못하고, 소련도 미국을 감당 못하니까 거기서 그냥 꽉 막히더라고요. 어느 한쪽의 힘이 우세했다면 일방적인 통일이 이루어졌겠죠. 그게 안 되니까 통일을 못했어요. 그 때 이 바닥에 살고 있었던 우리들이 어떻게든 통일을 해야겠다고 정신을 차렸더라면 양군이 점령해 있었다고 해도 우리 나름의 통일국가를 이룰 수 있었겠죠.[27]

장일순은 한반도를 둘러싼 미소 등 외세의 세력균형으로 인한 분단 구조의 지속과 한국전쟁의 발발로 이어졌던 정세에 대한 비판적 인식 속에서 이를 지양하고자 핵반대운동을 전개하면서 세계를 하나의 연립 정부로 건설하기 위한 아인슈타인의 '원월드운동'에 1951년부터 참여하였다.[28] 이를 통해 아인슈타인과 한국전쟁의 참상과 이를 종식시키도록 세계적인 관심을 환기시켜 줄 것을 요청한 서신을 주고받았다.

한편, 한국전쟁 당시 원주는 치열한 격전장이었던 만큼 피해가 막심하였는데, 시가지에는 성한 모습으로 남아 있는 건물이 별로 없었다. 아울러 강원도 북부지역인 미수복지구를 비롯해서 전국 각지에서 온 6만 명이나 되는 피난민들로 북적거렸던 1950년대 초 원주지역의 교육환경은 원주농업고등학교를 제외하고는 인문계 고등학교가 전무한 상황이었다. 당시 장일순은 분단과 한국전쟁의 외중에서 통일국가를 이

---

27 정현경, 「새로운 문화와 공동체운동」, 『나락 한알 속의 우주』, 녹색평론사, 1997, 134쪽.
28 세계연방정부를 처음으로 주장한 사람은 알베르트 아인슈타인(Albert Einstein)이었다. 그는 다가올 핵전쟁의 위협에서 전 세계를 구원하고, 국가 간의 평화를 유지하기 위해서는 초국가적인 행정체계, 즉 세계정부가 세워져야 한다고 주장하였다. 1946년 9월 룩셈부르크에서 영국의 연방동맹과 기타 각국의 세계연방주의자 단체가 세계정부의 필요성을 토의하기 위해 회합을 요청하였으며, 그 결과 1947년 스위스 몽트뢰에서 '세계연방정부를 위한 세계운동(World Movement for World Federal Government)'이 결성되었다. 이 대회에는 14개 국가대표들이 참석하였고, 이때부터 세계 연방을 수립하기 위한 운동은 전 세계로 확산되었다(이용포, 앞의 책, 57~62쪽).

룩할 만한 능력이 부족했던 우리민족의 현실에 대한 반성과 일제 통치로 인해 '민주가 뭔지, 민족공동체가 뭔지 잘 모르고 지내왔던 조선민중의 현실'에 대한 자성에서 이를 타개하고자 교육운동에 뜻을 두었다.

　　그때 1953년 무렵 향교 주변에 피난민들로 북적거리고 아이들도 아주 많았어요. 그 아이들을 형편 되는 대로 모아서 향교에서 공부를 했지요. 향교가 성육고등공민학교가 되었던 거죠. 운영이 어려웠기 때문에 당시 미군 사원조단의 원조를 받아서 공부를 할 수 있었던 시절이에요. 그러다 장일순 선생님이 성육고등공민학교를 운영하게 되었지요. (…중략…) 원주에 고등학교가 여의치 않아서 우수한 인재를 진학시키려면 검정고시를 봐야 했는데, 춘천고등학교가 원주에 피난 와 있다가 다시 돌아가고는 인문계 학교가 없다보니 춘천으로 고등학교를 보내야 하는 상황이었어요. 전쟁 탓도 있지만 원주엔 학교가 너무 부족했었어요. 그래서 장일순 선생님이 우수한 인재들이 걸림돌 없이 학교에 가고 사회에 진출할 수 있는 교육환경을 만들고자 하셨어요. 안창호나 이승훈의 영향을 많이 받으셨지요.[29]

　　1952년 장일순은 원주로 내려온 후 성육고등공민학교에서 학생들을 가르치는 한편, 1953년 경영이 어려웠던 성육학교를 인수하여 교장에 취임하였다. 또한 전쟁 직후 인문계 고등학교가 없어 춘천으로 고등학교를 보내야 했던 실정에서 우수한 인재들이 교육을 받고 사회에 진출할 수 있는 교육환경을 만들고자 1954년 3월 김재옥, 김종호, 이종

29　장일순의 제자였던 정수일의 구술(이영화, 앞의 글, 34쪽에서 재인용).

덕, 장윤, 한명희 등과 함께 '대성고등학교'를 설립하였다. 당시 그가 학교명을 '대성'이라고 하고, 교훈을 '참되자'라고 한 것은 도산 안창호가 평양에서 설립하였던 '대성학교'의 정신을 이어받고자 함이었다.[30]

교육의 본질은 인간다운 삶을 함께 배우고 느끼는, 하나의 공간에서 동시에 이루어지는 의식의 상호공유 작용이라고 볼 수 있는 거지. 또 전쟁의 예를 들자면 장수 혼자 잘나서 전쟁에서 이기는 것이 아니라 많은 병사들이 함께 힘을 합쳐 잘 싸워주기 때문에 이길 수 있는 거라. 그 공을 장수 한 사람에게 돌려서는 안 되는 거지. 우리 교육이 특별히 뛰어나거나 잘난 몇 사람 길러내는 것이 아니라, 사람들 한 사람 한 사람이 다 서로 존중받고 주체적으로, 인간적으로 살아갈 수 있는 마음가짐과 인격을 키우는 교육, 서로 협동해서 잘 살아갈 수 있는, 나만 잘사는 것이 아니라 서로가 인간답게 살아갈 수 있는, 그런 능력을 키울 수 있는 교육이 되어야지.[31]

장일순은 당시 안창호와 이승훈의 교육사상에 커다란 영향을 받아 교육을 '의식의 상호공유 작용'이라고 인식하고, 자유롭고 평등하며 정의로운 사회를 만들기 위해 공동체의식과 민주적 사고 함양에 진력을 다하였다.[32] 아울러 원주에 귀향한 후 그는 원주지역에 정착해서 전개한 교육운동을 통해 원주사회의 변화를 주도할 인물들을 규합하거나

---

30 당시 장일순이 안창호를 존경하게 된 배경에는 그가 배재 중·고등학교를 다닌 영향이 있었기 때문이었다(2015년 10월 23일, 전 재해위 중앙위원이자 진광중고교 교장 장화순 구술(원주 봉산동 자택)).
31 윤형근, 「언제나 생명 가진 모든 존재와 함께―박재일 선생님이 들려주는 무위당 이야기」, 『너를 보고 나는 부끄러웠네』, 녹색평론사, 2004, 166쪽.
32 이영화, 앞의 글, 39쪽.

배출하고자 하였다. 즉, 대성고에서의 교육활동을 통해 김영주·김용연 등과 같이 지역사회의 변화를 주도적으로 개척할 수 있는 인물들을 규합하는 한편, 교육운동의 전개를 통해 지역사회를 일으키고 지역공동체에 기반해서 원주사회의 민주적·혁신적 변화를 일으킬 수 있는 후학들을 배출하고자 하였다.

3) 정치운동과 중립화통일론

1950년대 장일순은 대성고의 이사장으로 재직하면서 교육활동을 전개하는 한편, 분단과 외세에 기대어 민의를 저버리고 독재정치를 행했던 이승만정권에 대한 강한 비판적 인식을 가졌다. 더 나아가 원주지역에서 자유당에 협조를 거부하였던 그는 일종의 '요시찰인물'로 낙인찍히며 주목받았다.

> 난 해방 당시부터 이승만이를 좋아하지 않았어요. 자유당정권이 들어섰지만 이승만에게 협력을 안 하니까 그때부터 '요시찰인물'이 됐습니다. 이승만이 망가지기 직전에는 미국과 소련이 한반도에서 나가고 중립화통일이 돼야 한다고 주장했지요.[33]

한편, 1950년대 중반 조봉암은 해방공간에서 여운형과 함께 중도좌파에 속했던 인물들을 중심으로 노동자·농민을 위한 대중정당을 표방

---

33 여운연, 앞의 글, 122~123쪽.

하고, 근로 대중을 대표하는 혁명적 세력에 의한 복지국가 건설과 평화
적 통일안을 주장했던 진보당을 결성하였다. 그러나 이승만정권 하에
서 진보당의 평화통일론이 대한민국의 국시와 어긋난다며 진보당을 탄
압하고 조봉암을 간첩 혐의로 사형시킨 정치현실에 장일순은 크게 분
노하고 안타까워하면서 이를 변화시키고자 직접 정치운동에 나섰다.[34]

『택리지』에 보면 원주라는 도시는 항상 서울을 넘보고 반역하는 곳으로
표현되어 있지요. 장 선생님은 원주라는 도시하고 비상하게 맞아떨어지는
양반입니다. 그분이 몽양 제자로서 몽양의 정치적 도덕성을 흡수하여 '4·
19혁명' 전에 재야정치가로 발언을 하는데, 당시에 그분은 굉장히 강성의
발언을 했지요. 그래서 오히려 신익희, 조병옥계열 사람들이 저 사람 강연
못하게 하라고 말할 정도로 장 선생님이 강했다는 말입니다. 거기에 이승
만정권 밑에서 죽산 조봉암 선생과의 관련이 있었지요. 그 후, 즉 '4·19'
이후 윤길중 씨와 사회대중당 혁신계로서 민족통일운동도 하고 복지사회
건설운동도 하고 그랬지요. 그러다가 '5·16' 나고 반혁명 분자로 잡혀갔
고, 그러다가 3년 만에 출옥했어요. 그러니까 강성 이미지가 강하다는 말입
니다.[35]

---

34 "죽산 조봉암 선생님의 죽음을 말씀하시던 선생님께서 먼저 흐느껴 우셨고, 뒤를 이어
철수와 저도 흐느껴 울다가 바야흐로 소리를 내어 한바탕 통곡을 했지요. 그 울음 마당을
잊을 수 없습니다. 그리고 저는 바로 그 눈물에 사회운동가와 도인의 합일을 비춰보는
것입니다. 내가 또는 우리가 살기 위해서는 네가 죽어줘야겠다는 사이비혁명이 아니라
우리 모두 살기 위하여 필요하다면 내가 죽겠다는 참 혁명을 꿈꾸면서"(최성현, 『좁쌀
한 알』, 도솔, 2004, 160~161쪽).
35 최종덕, 앞의 글, 188쪽.

　　장일순은 정치현실의 모순을 개혁하기 위해 1958년 민의원 선거에 무소속으로 출마하는 한편, 1960년 '4·19' 직후 혁신정당으로 창당된 사회대중당 후보로 원성군의 윤길중과 함께 국회의원에 출마하면서 정치운동의 포부를 펼치고자 하였다.[36] 아울러 1961년 사회대중당이 대거 참여한 통일사회당 준비위원회에 강원도 총책으로 활동하였다.[37] 당시 그는 원주지역의 혁신계열인 성문현[38]과 윤길중의 아우였던 윤권중, 장동호[39] 등과 교유하면서 지역에서 혁신세력을 형성하였으며, 진보당과 사회대중당의 정치노선에 입각해서 정치적 활동을 하면서 반민주적·반민족적인 이승만정권에 대해 공식적 석상에서 강한 비판적 발언을 하였다. 특히, 4·19시기 사회대중당 후보로의 출마와 조봉암의

36　원주는 해방 직후 잠시 좌익이 주도권을 잡은 이후로는 1946년 봄부터 우익계열이 주도하였던 지역이었다. 그러나 민간독재인 이승만정권과 자유당정권의 정치행태에 강한 비판적 여론이 원주 읍내를 중심으로 전개되면서 야당적 정치성향을 나타내었다. 1948년 제헌의원 선거에서 무소속의 홍범희가 선출되었으며, 1950년 제2대 국회의원 선거에서 무소속 윤길중이 선출되면서 원주지역에서는 야당 성향의 정치세력을 형성하였다. 그러나 1954년 부정선거 논란이 컸던 제3대 민의원 선거에서 자유당의 함재훈이 당선되었고, 1958년 원주시와 원주군으로 분리되어 실시된 제4대 민의원 선거에서 도시는 민주당의 박충모, 원주군은 자유당의 홍범희가 당선되면서 당시 여촌야도의 모습을 보여주었다. 1960년 제5대 국회의원 선거에서 원주시와 원성군에서는 민주당의 박충모와 혁신정당인 사회대중당의 윤길중이 당선되었으며, 1961년 실시된 민선 도지사선거에서 신민당의 박영록이 당선되었다(원주시사편찬위원회, 앞의 책, 788쪽).

37　정태영, 『한국사회민주주의정당사』, 세명서관, 1995, 596쪽.

38　성문현은 1916년생. 그는 함남 신흥 출신으로 신흥보통학교를 졸업하였다. 1951년 1·4후퇴 때 피난을 위해 서울로 내려왔다가 원주로 와서 정착하였다. 그는 원주에서 동갑인 윤길중을 만나면서 사회현실에 눈을 떴으며, 그와 함께 진보당에서 활동하였다. 1958년 진보당사건으로 조봉암이 사형당한 이후 현실정치에서 한발 물러났다가 1960년 '4·19' 시기 혁신계열인 사회대중당에서 장일순, 장동호 등과 함께 활동하였다. 그러나 5·16군사쿠테타 이후 장일순이 체포될 때 피신하면서 혁신운동의 활동에서 물러났다(2016년 5월 27일, 현 무위당사람들 이사장 성낙철 구술(원주 무위당만인회 사무실)).

39　장동호는 『한국일보』 장기영의 사촌동생으로 원주지역에서 혁신계열로 활동하였다. 1956년 진보당 결성 당시 재정위원회의 위원이자 강원총책으로 활동하였다(정태영, 앞의 책, 453쪽).

선거사무장을 지냈던 사회대중당 간사장 윤길중의 원성군 선거과정에서 그의 찬조연설을 맡아 하였던 점은 그동안 견지해 오던 자주적 평화통일론과 자립적인 국가운영에 대한 그의 정치적 신념을 실현코자 한 것이었다.

당시 혁신세력은 남한에 있어서 자본주의와 현존의 사회·경제 질서가 경제적 불평등을 야기하고 있되, 그 불평등은 궁극적으로 분단에 기인하며 미국이 남한을 식민지화하고 있기 때문에 통일에 장애가 된다고 인식하였다. 따라서 이러한 모순과 불평등의 해결을 위해 '민주사회주의체제 지향', '북한과의 경제교류', '미국과의 불평등 경제관계 시정' 등을 주장하였다. 이들은 통일문제와 한미관계, 반공법 및 집회·시위 규제 입법문제 등 3가지 현안을 놓고 대중정치를 전개하였고, 장면정권의 '선건설·후통일론'은 '통일을 하지 않겠다'는 주장이라고 비판하면서 '중립화통일안'을 제시하였다. 이러한 일련의 정치활동과 정치적 신념은 해방 후 중도파 정치세력의 인식 및 활동과도 일맥상통하는 바가 많았다. 나아가 해방 이후 여운형에서 조봉암으로 이어진 통일방안과 사상지향점이 그에게 크게 작용한 것이라고 볼 수 있었다. 당시 장일순은 정치적으로 통일된 자주국가의 건설을 추구하였으며, 경제적으로 외세로부터의 자립을 강조하였다.[40]

한반도 중립화통일론은 한국전쟁 직후 외국의 망명인사 김용중과 김삼규 등이 처음으로 주장하였다. 중립화통일론의 기본적 시각은 분

---

40 이영화, 앞의 글, 41~51쪽. 한편, '4·19공간'에서 혁신계는 김달호를 중심으로 한 사회대중당과 최근우의 사회당, 중도 혁신계인 민혁당계의 서상일, 진보당계의 윤길중, 사회혁신당의 고정훈 등이 주축이 된 통일사회당, 우파 혁신계인 민족통일당 등으로 나뉘어져서 활동하였다.

단구조의 중요 원인을 한반도를 둘러싼 미·소의 군사적 패권으로 보면서 한반도의 영세중립화가 분단을 초래한 미소의 군사적 패권·대립을 해소하고 한반도 통일을 이끌어낼 수 있는 현실적인 방안이라고 보았다. 이러한 중립화통일론은 '4·19공간'에서 각종 매체를 통해 소개되었다. 특히 1960년 10월 미국 맨스필드 상원의원이 상원 외교위원회에 제출한 미국의 극동정책에 관한 보고서에서 한국의 오스트리아식 영세중립화 가능성을 언급하면서 더욱 그 반항이 커졌다. 당시 중립화통일론은 지식인과 학생층으로부터 상당한 주목을 끌어내면서 지지를 받았다. 그러나 중립화통일론에 대한 혁신세력 내의 의견차이가 심화되고 중립화통일론의 당위성을 홍보하는 차원에서만 그쳤던 요인 등이 결합되면서 '4·19공간'에서의 통일운동론에서 실제 주도권을 가지고 영향력을 발휘하지 못하였다.

1961년 '5·16군사쿠테타' 직후 장일순은 중립화통일론을 주장하였다는 이유로 강원도에서 유일하게 구속되어 7년형을 받았으며, 3년간을 복역하고 1964년 후반 출소하였다. 장일순은 출옥 후 대성고등학교의 이사장으로 복귀하여 교육운동에 전념하였다. 그러나 1965년 4월 대성고 학생들이 중심이 된 전국 최초의 고교생 '한일회담반대시위'가 벌어졌고, 그 결과 장일순은 대성고 이사장직을 박탈당하였다.[41] 당시 장일순은 대성고 학생들에게 월간지 『사상계』를 소개하기도 하고, 함석헌을 강사로 초빙하여 특강 형식으로 전교생에게 강의를 하도록 하는 등 당시 대성고생들의 사회의식에 일정한 영향을 끼치고 있었다.

---

41 박순금, 「장일순 생명사상의 생태유아교육적 함의」, 부산대 석사논문, 2003, 13쪽.

장일순은 이사장직이 박탈된 1960년대 중반 이후 정치활동정화법에 묶여 모든 활동에 철저한 감시를 받게 되었으며, 이 과정에서 정치운동의 뜻을 접고 칩거에 들어갔다. 그러나 1965년 원주교구 설정과 지학순 주교의 부임 이후 그는 원주교구를 배경으로 한 교회혁신운동과 신협운동의 길로 들어섰으며, 제2차 바티칸공의회의 정신을 구현하고 지역사회의 변화를 도모할 동지들을 규합하는 활동을 전개할 수 있었다.

3. 1950년대 말~60년대 전반 신협운동과 협동조합교도봉사회

한국전쟁과 분단구조의 고착화 속에서 1950~60년대에 걸쳐 농어업분야에서 협동조합이 관제화되는 한편, 민간 주도의 협동조합운동이 크게 위축되고 있던 시점에서 자발적인 신용협동조합의 설립운동이 부산과 서울지역의 가톨릭계를 중심으로 태동하기 시작하였다. 1950년대 후반 가톨릭의 일부 사제들은 전쟁으로 피폐화된 한국민을 구제하기 위한 효과적인 길로 단순한 무상구호의 차원이 아닌 '자조'와 '자립'할 수 있는 방안을 강구하였다. 그 결과 신협운동의 중요성에 주목하면서 점차 민간 주도의 자발적인 협동조합운동이 싹트기 시작하였다. 대표적인 인물이 캐나다 세인트 프란시스 세비어대학에서 수학한 후 서울대교구에서 신협운동을 전개한 장대익 신부와 협동경제연구회의 회원들,[42] 부산의 메리놀병원과 주한외국원조단체협의회(KAVA)를 중심으로 구호사업과 선교활동을 전개하고 있었던 메리 가브리엘라 수녀(Sister Mary Gabriella Mulherin)와 그 동료들이었다.[43]

1950년대 중반 장대익 신부는 보좌신부로 있었던 장호원성당에서 탈곡기 1대를 구입·설치하고 마을주민들이 추수한 쌀을 탈곡해서 이익을 나눌 수 있는 '생산자협동조합'을 설립·운영한 바 있었다. 이 조합은 초기 운영상의 시행착오를 겪으며 조기에 활동이 중단되었으나, 한국농촌 현실에 맞는 방안을 찾고자 하였던 장대익 신부의 시도는 충북 감목의 파디주교(James V. Pardy)[44]의 주목을 받았다. 그는 파디주교

---

42 협동경제연구회는 장대익 신부와 만나기 전 가톨릭 내 평양교구 월남민 속에서 주로 활동하면서 신협운동을 연구하였으며, 회장에 김동호, 회원으로 남진흡·김두만·엄익채·이경주 등이 중심이었다.

43 메리 가브리엘라 수녀는 1900년 미국 펜실베니아주에서 광산노동조합 지도자의 딸로 태어났다. 그는 아버지의 영향을 받아 어려서부터 사회운동에 대한 깊은 의식을 지니며 자랐다. 1930년에 메리놀수녀회 소속의 수녀로서 천주교 평양교구에 부임하였으며, 주로 신의주와 평양 근처의 명주지방에서 선교활동을 하였다. 1952년 부산에 돌아온 그는 메리놀병원에서 근무하는 동안 전쟁미망인을 위한 복지활동에 전념하였고, 주한외국원조단체협의회의 이사를 지내면서 구호사업을 전개하였다. 1957년 6월 그는 뉴욕에 있는 메리놀수녀회 본부에 돌아가게 되었고, 11월 뉴욕에서 열렸던 KAVA의 참석을 계기로 캐나다 노바스코시아주의 프란시스세비어대학에서 안티고니쉬운동을 접하였다(신협연합회, 『신협운동20년사』, 1980, 131~134쪽).

44 제임스 V. 파디 주교는 1898년 미국 뉴욕 브루클린 태생이다. 1918년 뉴욕시립고등학교를 졸업하고 메리놀외방전교회에 입회하였으며, 1927년 뉴욕의 세인트 프랜시스대학을 거쳐 1930년 1월 워싱턴 가톨릭대학원을 졸업하면서 사제서품(1.26)을 받았다. 1932년 한국선교사로 임명되었으며, 평양교구 비현본당 보좌신부, 의주본당 주임신부를 지내다가 1941년 12월 태평양전쟁 발발 후 일제에 의해 투옥·추방당하였다. 한국전쟁이 일어나자 다시 한국에 입국한 파디 주교는 거제도와 마산의 포로수용소에서 미군과 포로들을 위한 사목을 담당하였으며, 1953년 9월 장호원본당 주임신부로 부임했다가 충청북도의 초대 감목대리로 임명되었다. 메리놀회 한국지부장 겸 청주감목대리로 활동하는 한편, 1953년 9월부터 1958년 7월까지 감곡성당 주임신부를 역임하였다. 1956년 8월 메리놀회 부총장에 선출되어 미국으로 돌아갔다가 1958년 9월 초대 청주

로부터 협동조합운동으로 세계적인 명성을 얻고 있었던 캐나다의 안티고니쉬운동[45]을 소개받고 전문적으로 이를 공부할 것을 제안받았다. 1957년 장대익 신부는 안티고니쉬운동의 중심지인 세인트 프란시스 세비어대학으로 유학길에 올랐다. 장대익 신부는 2년의 유학생활을 마치고 1959년 8월 귀국하였으며, 서울교구장 노기남주교의 후원 하에 경제사회복지 전담신부로서 신협운동의 구상을 다듬어 갔다. 10월 그는 신자들로 구성된 협동경제연구회의 회원들과 만나 신협운동을 태동시키기 위한 협력방안을 논의하였다. 당시 장대익 신부는 서울과 인천, 대구 등 전국 각 지역의 본당과 서강대·효성여대 등 전국의 대학을 순회하면서 신협운동을 소개하고 그 필요성을 역설하였다. 그는 노동부에서 일하던 박희섭, 서강대의 임진창과 곽창렬 등을 세인트 프란시스 세비어대학 코디국제연구원의 사회지도자 양성과정에 보내는 일을 알선하는 등 신협운동을 이끌어 나갈 지도자를 발굴·양성하는 일에 주력하였다. 1960년 6월 26일 4·19라는 시대적 흐름 속에서 장대익 신부와 협동경제연구회는 서울지역의 각 본당을 공동유대지역으로 한 '가톨릭중앙신용협동조합'을 창설하였다.[46]

1930년 메리 가브리엘라 수녀는 메리놀수녀회 소속으로 천주교 평양교구에 부임한 후 한국에서 선교활동을 하였으며, 1957년 6월 뉴욕에서 개최된 외국원조자원봉사단 미국협의회의 참석을 계기로 캐나다

대목구장 임명(7.19)되었다. 1969년 6월 청주교구장에서 사퇴(6.28)한 후 성심양로원 원장을 역임하다가 미국으로 돌아간 후 1983년 선종하였다(청주교 청주교구, 『청주교구50년사─1958~2008』, 2013, 383~385·445~447·496~497쪽).

45 M. M. 코디, 유영 역, 『안티고니쉬운동』, 문왕사, 1968.

46 장대익, 『남은 것은 당신뿐입니다─장대익 신부 회고록』, 기쁜소식, 2001, 89~128쪽.

〈그림 I-1〉 최초로 설립된 성가신협의 창립총회(1960.5.1)

의 안티고니쉬운동을 접하였다. 1957년 12월 초 가브리엘라 수녀는 안티고니쉬운동을 주도한 세인트 프란시스 세비어대학의 코디(M. Coady) 박사와 탐킨스(James Tompkins)박사에 의해 특별 초청되어 2달간 집중적인 협동조합교육을 받았다. 1958년 1월 한국으로 돌아온 가브리엘라 수녀는 캐나다 코디국제연구원과 미국신협연합회(CUNA)의 협조를 얻어 한국에 안티고니쉬운동을 소개하였다. 1959년 2월 그녀는 주한 외국원조단체협의회를 중심으로 협동조합에 관한 연구회를 조직하였으며, 1960년 초 연구회의 활동을 메리놀병원과 성베네딕트병원, 가톨릭구제회의 임직원으로 확대하면서 자체 학습을 진행하였다. 1960년 3월 공개모집을 통해 7주간 강습회를 개최하였으며, 5월 1일 성가신용조합이 창립되었다.[47]

1960년 5월과 6월 성가신협과 가톨릭중앙신협이 부산과 서울에서 각각 창립되면서 한국에서 신협운동이 본격적으로 전개될 수 있는 조직기반이 마련되었다. 1960년대 초 신협운동의 확산을 위하여 두 신협의 지도자들에게 주어진 중요 현안은 향후 신협운동의 전개에 따른 다수의 강습회와 신협 임원·조합원을 대상으로 한 지속적인 제반 교육을 지도할 강사진을 어떻게 확보할 것인가였다.[48] 당시 이를 주도적으로 해결해 나가면서 한국의 신협운동을 이끌었던 것은 성가신협의 지도자들이었다.[49] 성가신협이 확보한 강사진은 주로 협동조합교도봉사회의 회원들과 이들로부터 특별교육을 받은 초기의 신협임원 및 조합원, 각 조합의 교도위원회를 중심으로 한 자원봉사자들이었다. 1962년 2월 성가신협 지도자들은 신협운동을 조직적으로 보급하기 위해 협동교육연구원의 전신인 협동조합교도봉사회를 조직하였으며, 본격적인 신협운동의 확산을 위해 박희섭과 이상호, 박성호 등을 전임교도원으로 두었다.[50]

---

47 신협연합회, 앞의 책, 129~152쪽.

48 1960~61년에는 전적으로 교육을 주도할 전문 강사가 없었기 때문에 신규조합의 조합원교육 이외에는 교육사업을 적극적으로 전개할 수 없었다.

49 1962년도까지 한국에서 27개 신협이 설립되었는데, 서울지역에서는 가톨릭중앙신협을 포함하여 인천 답동신협(이사장 박만수), 서울양친회신협(최명실), 신당동신협(엄익채), 협동신협(박용원), 태화신협(김선심) 등 6개에 불과하였다(신협중앙회, 「신용협동조합소식(1965년 7월호)」, 『한국신협운동사자료집』, 1989, 18쪽).

50 박희섭은 농림부장관 비서를 하다가 장대익 신부의 주선으로 ILO장학금을 통해 코디국제연구원의 사회지도자과정을 수료하였고, 그 과정에서 가브리엘라 수녀와 몇 차례 서신을 주고받으면서 신협운동에 참여하였다. 이상호는 농업은행 조사부에서 근무(1957~1961)하였다가 주한 유솜(USOM)에서 파견한 농협의 고문관이었던 가버 씨의 소개로 가브리엘라 수녀를 만나면서 협동조합교도봉사회에 참여하였다. 농업은행 조사부 근무 당시인 1958년 실시한 전국농어촌고리채 조사결과를 토대로 "농가고리채 정리를 위한 근본대책의 방향"이라는 논문을 쓰는 등 고리채문제 해결과 저축을 통한 민족자본 육성에 큰 관심을 가지면서 자연스럽게 신협운동에 참여하였다. 박성호는 1960년 12월 초량 성당에서 창립된 성우조합의 조합원이자 전직교사였다. 그는 1962년 여름부터 협동조합교도봉사회의 자원봉사자로 참여하기 시작한 후 1963년 7월 봉사회가 부산에서 서울

1962~63년 협동조합교도봉사회는 신협운동의 전국적 확산을 위해 3회의 신협지도자교육과 1회의 신규조합 임원강습회를 개최하였으며, 이 과정을 통해 신협운동은 전국적으로 크게 확산되었다. 1963년 7월 장대익 신부가 주도한 서울지역의 신협운동이 침체에 빠지자 협동조합교도봉사회는 부산과 경상도지역을 벗어나 전국적인 협동조합운동을 적극적으로 전개하기 위해 서울로 본부를 옮기고, 명칭도 협동교육연구원으로 변경하였다.[51] 1964년 4월 협동교육연구원은 전국적으로 확산되어 가던 신협운동을 지도하는 한편, 법적 기반의 마련과 중요 현안의 처리 등을 담당할 새로운 기구의 필요성을 느꼈다. 그리하여 성가신협의 이사장이었던 강정렬을 회장으로 한 신협연합회가 창립(4.26)되었다. 1960년대 중후반 신협연합회는 자체 재정 마련의 어려움과 전국의 단위조합에 대한 지도권을 둘러싼 가브리엘라 수녀가 주도하는 협동교육연구원과의 대립·갈등문제를 점차 극복해 나가면서 각도 지구평의회의 설립·운영을 통해 전국적인 신협운동을 이끌어 나갔다.

한편, 신협운동은 1960년대 초 협동조합교도봉사회의 적극적인 활동으로 부산을 중심으로 경남지역과 강원도를 비롯해 전국적으로 확산과정에 있었다. 강원도지역의 경우, 1962년 8월 협동조합교도봉사회의 박희섭과 이상호 전임교도원에 의해 태백신협(이사장 조성두, 창립조합원 33명), 철암 요셉신협(최명섭, 40명), 황지신협(19명) 등 3개의 광산신협이 지도·

로 옮긴 직후부터 정식교도원으로 활동하였다(신협연합회, 앞의 책, 153~160쪽; 이상호, 『참된 용기는 희망을 낳고―신협운동 40년 회고록』, 더산기획, 2003, 19~33쪽).

[51] 협동교육연구원은 장대익 신부가 서울교구장 노기남 주교의 편지를 가지고 홍콩 미제레오 지부를 찾아가 한국신협운동의 발전을 위한 교육기관 설립의 필요성을 역설한 결과 미제레오의 자금지원을 통해서 건립되었다(장대익, 앞의 책, 127쪽).

설립되었다.[52] 1960년대 초 광산지역의 사회경제적 여건은 빈곤과 지리·경제·사회·문화·환경 등의 낙후함을 면치 못하였으며, 이런 틈을 타 고리대 등 사금융이 만연되어 심각한 사회문제로 대두되었다.[53] 당시 춘천교구 소속의 장성성당 이영섭 신부는 사목현장에서 이러한 현실을 목도하면서 가난 추방과 인간성 회복을 위한 방법의 하나로 서울과 부산 등지에서 태동한 신협운동에 주목하였고, 협동조합교도봉사회의 지원을 받아 협동조합교육을 받고 광산신협을 조직하였다.[54]

당시 협동조합교도봉사회의 전임교도원 이상호와 박희섭이 이영섭 신부의 초청에 의해 장성, 철암, 황지에 3개 조합을 창립·지도하기 위해 파견되었다. 이들 교도원들은 며칠에 걸쳐 오전과 오후, 저녁에 3번의 강습회를 가졌다. 장성의 경우, 교대시간으로 인해 신협교육을 받지 못한 탄광 광부들을 위해 갱(坑) 안으로 들어가 신협강습을 실시하는 등 지난한 과정을 거쳐 신협이 설립되었다.[55] 당시 이들 조합의 주요임원인 조성두와 최명섭 등은 부산에서 진행된 지도자강습회를 이수한 후 광산지역에서 공동유대지역의 천주교신자를 대상으로 조합설립을

---

52 신협중앙회, 「신용협동조합소식(1965년 7월호)」, 『한국신협운동사자료집』, 1989, 18 쪽; 이상호, 앞의 책, 39쪽; 신협중앙회, 『한국신협운동50년사』, 2011, 113쪽. 당시 장성본당을 중심으로 광산공소였던 철암·황지공소의 신자를 대상으로 신협이 설립되었다. 조합원수는 1962년 9월 말 기준이다. 한편, 1962년 10월 현재 전국적으로 17개의 신협이 설립되었는데, 부산에 9개 조합, 서울에 2개 조합, 강원도에 3개 조합, 전남 광주에 1개 조합, 제주도에 1개 조합, 경북 대구시에 1개 조합 등이 조직되었다.

53 원주시사편찬위원회, 앞의 책, 731~732쪽.

54 천주교 원주교구, 『원주교구30년사』, 1995, 576~578쪽. 이영섭 신부는 강원도 최초로 신협을 설립하였으며, 가톨릭노동청년회(JOC)를 조직하였다. 1965년 원주교구 설정 이후 그는 제2차 바티칸공의회의 정신을 계승한 교회혁신운동과 교회일치운동 등에 앞장서서 활동하였다(2016년 5월 20일, 전 원주교구 원동성당 최기식 주임신부 구술(원주 행구동 효성백년가약아파트 자택)).

55 이상호, 앞의 책, 39쪽.

추진하였다. 이후 전임교도원이 파견되어 며칠간의 조합원강습회를 거친 후 조합이 창립되었다. 이들 조합은 초기 3년간 협동교육연구원의 통신을 통한 재무제표와 장부기입 등의 지도를 통해 운영되었다.[56] 이들 3개 조합은 1964년 4월 서강대학에서 개최된 신협연합회 창립대회(4.26)에 대의원들이 참석하는 등 1960년대 전반까지 활동하였다. 그러나 태백지역이라는 거리상에 따른 협동교육연구원의 지속적인 지도활동의 부재와 신협운동에 대한 광산노동자들의 낮은 이해수준, 자산의 영세성에 따른 조합운영의 미비 등이 나타나면서 이들 신협은 운영이 침체되거나 교회 안에서 겨우 명맥만 유지하는 처지로 전락하였다.

한편, 1960년 중반 부산과 서울에서 신협이 창립되었으나 1960∼70년대 한국의 신협운동은 실제적으로 메리 가브리엘라 수녀가 주도한 성가신협과 협동조합교도봉사회를 중심으로 전개되었다. 서울대교구를 기반으로 장대익 신부와 협동경제연구회가 중심이 되어 전개된 신협운동은 공동유대지역이 너무 넓었으며, 신협임원과 조합원에 대한 협동조합교육이 활발하게 실시되지 못하면서 협동조합의 원리와 이념

---

56 2013년 3월 17일, 이상호 전 신협중앙회 제6∼11대·16대 회장 구술(용인 기흥구 보정동 지젤커피숍). 당시 협동조합교도봉사회는 장차 신협임원이 될 신협지도자를 대상으로 부산으로 초청하여 지도자교육을 이수케 하였으며, 이 지도자들이 현지에서 신용조합을 설립하도록 추동하였다. 당시 지역에서 신협이 설립되면 전임교도원이 현지에 가서 조합원강습회를 1일 2시간씩 5일 동안 진행하였으며, 6일째에 창립총회를 거쳐 신협이 설립되면 3일간 임원교육을 실시하였다고 한다. 첫째 날, 조합원강습회의 주제는 '신용조합이 무엇인가'였다. 당시 계가 많았는데 계와 신협이 어떻게 다른가 등을 중심으로 분단토론이 진행되었다. 2일째는 신용조합의 역사를 주제로 독일의 라이파이젠의 역사를 가지고 조합원교육이 이루어졌으며, 3일째는 여신과 대부, 특히 대부를 어떻게 빌는 것인가 능을 주제로 다루었다고 한다. 이들 조합원강습회는 기본적으로 안티고니쉬운동의 방식을 따라 조합원 스스로 협동조합에 눈을 뜨고 스스로 운영하도록 하는 방향으로 이루어졌다.

등에 대한 인식이 높지 않았다. 또한 신협운동을 조직·확산할 수 있는 별도의 교도원이나 자원봉사자가 확보되지 못하면서 가톨릭중앙신협을 중심으로 한 신협운동은 침체되었다.[57] 서울과 경기지역을 중심으로 한 중앙의 신협운동은 협동조합교도봉사회가 서울로 이주한 후 부산 신협지도자들이 중심이 된 협동교육연구원과 신협연합회에 의해 이루어졌다. 1960년대 강원지역의 신협운동은 협동교육연구원의 영향 하에서 안타고나쉬운동에 기반한 제반 교육사업을 활발히 추진해 가면서 전개되었다.

소비조합운동을 중심으로 전개된 일제하 민간 주도의 협동조합운동과 달리 1950년대 말부터 신협운동을 중심으로 한 민간 주도의 협동조합운동이 전국적으로 큰 흐름을 가지고 전개된 것에는 여러 가지 요인이 있다. 이는 한국전쟁과 전후 복구과정을 거치면서 한국 민중의 피폐상과 사회적 혼란상, 전통적 협동조직인 계가 시대적인 변화에 적응하지 못하고 사회문제로 크게 부각되었기 때문이었다. 그 결과 민간 주도 협동조합운동을 추진하고자 하는 초기 지도자들은 당시 계가 족출할 수밖에 없었던 사회현실에서 이의 근대적 형식이라고 할 수 있는 신용

---

57 이상호, 앞의 책, 41~47쪽. 한편, 장대익 신부가 주도한 서울지역의 신협운동이 실패로 돌아가고 가브리엘라 수녀가 주도한 신협운동을 중심으로 전국적으로 협동조합운동이 전개된 주요한 요인의 하나는 협동경제연구회와 협동조합교도봉사회의 주도인물에서도 찾아볼 수가 있다. 당시 협동경제연구회의 주요 인물들은 대다수가 50~60대였다. 이들은 장대익 신부가 주도하는 신협운동에 적극적으로 참여할 수 있는 나이대가 아니었으며, 앞장서서 주도하고 있는 장대익 신부와 달리 적극적인 활동을 보여주지 못하였다. 그러나 협동조합교도봉사회의 전임교도관이었던 박희섭과 이상호, 박성호는 30대 초반으로 가브리엘라 수녀가 주도한 신협운동에 전적으로 참여할 수 있었다. 이러한 점이 양 지역의 신협운동을 전개하는데 커다란 차이로 나타났다(2013년 3월 17일, 이상호 전 신협중앙회 제6~11대·16대 회장 구술(용인 기흥구 보정동 지젤커피숍)).

조합으로 쉽게 대치할 수 있음에 주목하였다. 신협은 다른 부문의 협동 조합보다 설립함에 있어 설립자금과 운영자금 등 초기자본이 크게 들 지 않았으며, 일정한 지역과 직장, 교회 등을 공동유대 범위로 하여 상 호 신뢰에 기반한 조합 활동을 할 수 있게 되면서 다른 협동조합의 조 직보다 쉽게 설립될 수 있었기 때문이었다.

둘째, 초기 신협운동을 주도하였던 장대익 신부와 가브리엘라 수녀 는 모두 캐나다의 안티고니쉬운동에 기반해서 협동조합운동을 전개하 였다. 그들은 제반 교육의 실시를 통해 조합원들이 협동조합의 민주적 원리와 협동의식을 명확히 인식한 후 신협을 설립토록 하였으며, 조직 과정도 조합원에 의해 상향식으로 이루어지도록 하였다. 셋째, 초창기 협동교육연구원과 신협연합회는 세계신협연합회의 계통기구로써 이 론적 · 교육적 · 재정적 측면에서 일정하게 지원을 받았으며, 이를 통해 초기의 어려움을 딛고 전국적으로 신협운동을 확산할 수 있었다.[58] 이 는 가톨릭이라는 종교계의 지원과 보호 속에서 군사정권 하 민간 주도 의 협동조합운동이 활발하게 전개되는 주요 요인이 되었다. 넷째, 협동 조합 원칙에 기반한 자조 · 자립을 지향하는 신협운동은 일제하 민간 주도 협동조합운동의 흐름과 연장선상에 있는 것이었으며, 이러한 역 사적 경험은 이 시기의 신협운동을 활성화할 수 있는 역사적 기반이 되 었다. 1960년대 전반 민간 주도의 신협운동은 이와 같은 제반 요인들

---

58 성가신협과 가톨릭중앙신협, 협동조합교도봉사회(협동교육연구원), 신협연합회 등은 국내적으로는 부산교구 최재선 주교와 서울대교구 노기남 주교의 적극적인 지원을 받았 다. 국외적으로 미국신협연합회를 중심으로 한 세계신협연합회와 개발도상국 신협교육 을 지원하기 위한 AID당국을 비롯한 미국정부의 지원, 캐나다의 성프란시스세비어대학 과 코디국제연구원, 서독 가톨릭 외원단체인 미제레오의 지원 등 전 세계 민간 주도의 협동조합운동을 추동하였던 제반 국제기구의 지원과 원조가 큰 역할을 하였다.

에 의해 커다란 흐름을 형성하며 장족의 발전을 할 수 있었으며, 1972
년 신협법 제정을 통해 법적 기반 위에서 강원도의 농촌·광산지역에
도 광범위하게 확산될 수 있었다.

제2장

원주그룹의 형성과 협동조합운동의 개시

1. 제2차 바티칸공의회와 천주교 원주교구의 창설

1) 제2차 바티칸공의회의 전개와 세계교회혁신운동

교황 요한 23세(1958~1963)가 공의회 개최를 공식적으로 선언한 것
은 1959년 1월이었다.[1] 현대 세계 안에서 살아가는 교회를 개혁하고

---

1 교황 요한 23세(1881~1963)는 이탈리아 북부 소토 일 몬테 태생이며, 본명은 안젤로
주세페 론칼리이다. 1904년 사제로 서품을 받은 후 1925년 주교가 되었으며, 1944년
프랑스 교황대사로 임명되었다. 1953년 추기경이자 베네치아의 대주교가 되었으며,
1958년 교황에 선출되었다(크리스티안 펠트만, 신동환 역, 『요한 23세—그의 사랑, 그
의 삶』, 분도출판사, 2004, 193~194쪽).

쇄신하는 것, 교회의 현대화가 공의회의 목적이었다. 1789년 프랑스혁명 등 근대 이후로 제2차 바티칸공의회에 이르기까지 세계 가톨릭교회는 교황과 주교, 일반 성직자들이 대체로 인류사의 진보와 발전에 기여한 것이 아니라 극히 보수적 입장에서 거스르는 역사를 보여주었다. 즉, 천주교회는 역사의 진보와 혁명으로 말미암아 교회가 가지고 있는 특권과 재산을 빼앗길 우려가 있다고 판단하면서 역사의 진보 편에 선 것이 아니라 그 반대편에 서왔던 것이다. 가톨릭 성직계급은 가난한 계층의 소망과 자유에의 염원을 알 수가 없었으며, 설사 알고 있다고 하더라도 국가 단위와 지역단위에서 지배계급과의 이해관계가 너무나 밀착되어 있었으므로 민중의 편에 설 수 없었다.[2]

교황 요한 23세는 "실로 교회 2천년사에 있어서 획기적인 대사건이었고, 교회혁신의 위대한 진보"[3]이자 "그리스도교 역사에서 근본적인 전환점"[4]이었던 공의회의 개최를 공식적으로 선포한지 3년 9개월만인 1962년 10월 제2차 바티칸공의회를 개최하였다.[5] 요한 23세가 1번의

---

2 지학순, 「교회사의 반성」, 『정의가 강물처럼―지학순 주교 강론집』, 형성사, 1983, 126
   ~132쪽.
3 루터의 종교개혁은 봉건사회의 교회로부터 시민계급사회의 교회로 변환시킨 것이었다
   면, 제2차 바티칸공의회는 그보다 더욱 발전적이며 혁신적인 종교개혁이라고 할 수 있
   다. 즉, 루터의 종교개혁은 그들 세력이 교회 밖으로 떨어져 나가는 것으로 끝났기 때문
   에 부분적인 것으로 범교회적인 종교개혁이 되지는 못했다. 그러나 제2차 바티칸공의회
   는 교회 내부의 자기각성에 의해 교회의 분열이 없이 이루어졌다는 점에서, 더 나아가
   그 각성이 교회에 국한한 것이 아니라 전 인류적이었다는 점에서 훨씬 더 큰 의의를 부여
   할 수 있었다(위의 책, 134쪽).
4 크리스티안 펠트만, 앞의 책, 220쪽.
5 공의회는 교황의 직권과 결합되어 가톨릭교회의 최고 권위를 이루는 회합을 말한다. 공
   의회에서는 세계 가톨릭교회의 교도권(敎導權)을 가진 주교 등이 모여 교리와 도덕, 교회
   행정상의 중요한 문제들을 토의하고 결정하는 회합이다. 공의회는 교황만이 소집・해산
   할 수 있으며, 공의회에서 결정된 문제는 교황의 확인을 얻어야 비로소 공의회에서 통과
   된 안건으로 효력을 가지며 교회 내의 모든 면에 있어 실제적으로 반영된다. 그리스도

회기를 마치고 1963년 6월 선종하자, 그 뒤를 이은 바오로 6세는 공의회의 속개를 선포하면서 3번의 회기에 걸쳐 공의회를 주관하였다. 공의회에서 교회의 쇄신과 현대 세계의 제반 사회문제에 대한 참여 등을 논의한 결과 '거룩한 전례에 관한 헌장' 등 4개의 헌장과 '사회매체에 관한 교령' 등 9개의 교령, '그리스도인 교육에 관한 선언' 등 3개의 선언을 채택하고 1965년 12월 폐막하였다.[6] 제2차 바티칸공의회의 목적은 사목헌장에서 "구제해야 할 것은 인간이며, 개혁해야 할 것은 인간 사회"라고 밝혔듯 당시 핵병기를 보유한 인류 상호간의 영속적인 '지상의 평화'를 가져오는 것, 빈부의 차가 극심한 국제사회에 정의에 합당한 질서를 실현하는 것, 분열된 교회 내의 일치를 가져온다는 등 세 가지 점에 있었다.[7]

당시 세계 천주교회는 화해와 쇄신을 통한 인류의 복지와 평화, 구원을 촉진시킬 수 있는 교회로 변화하기 위해 세계적인 진보학자들과 성직자들을 중심으로 '제2차 바티칸공의회'를 개최하였다. '성직자보다는 평신도 중심의 교회', '교회 안의 구원보다는 현대사회의 제 문제 해결에 동참하는 교회', '교회일치운동' 등을 주창하는 등 자체 혁신을 도모하였다. 세계 천주교회는 제2차 바티칸공의회를 통해 세상의 변화에 무관심

사후 당시까지 역사적으로 공의회는 20회가 개최되었으며, 제2차 바티칸공의회는 21차 공의회가 된다. 제2차 바티칸공의회라고 불리는 것은 1869년부터 1870년에 열렸던 제 20차 공의회가 바티칸 시에서 개최되었고, 이번 공의회가 두 번째로 바티칸 시에서 열렸으므로 당시의 공의회를 제2차 바티칸공의회라고 불렀던 것이다. 이번 공의회의 특징은 과거의 공의회와 달리 가톨릭교회만이 아니라 다른 그리스도교 대표들과 평신도 대표들이 많이 참석하였던 점이었다(지학순, 앞의 책, 121~125쪽).

6   최종철, 「한국교회의 전통종교 이해와 제2차 바티칸공의회」, 『교회사연구』 제25권, 한국교회사연구소, 2005(b), 177쪽; 한국천주교중앙협의회, 『제2차 바티칸공의회 문헌』, 2002.
7   지학순, 앞의 책, 157쪽.

하고 전통만을 고집함으로써 세상으로부터 고립되었던 태도에서 벗어나 현대사회와의 대화와 적응을 적극화하며, 교회의 역사에서 스스로의 과오를 인정·반성·쇄신할 것을 표명하였다. 또한 가톨릭만이 유일한 종교라는 확신을 버리고 세상의 다양한 종교와 사상들도 고유하고 유익한 가치를 가지고 있다는 점, 성직자들이 권위주의를 버리고 봉사자로서의 자세를 갖추어야 하다는 점, 종교행사를 거행함에 있어 신부 1인 중심에서 공동체의 모든 참여자가 함께 예배하도록 할 점 등을 표명하였다. 아울러 평신도는 단순히 사목의 대상이 아니라 사제·수도자와 함께 인류 구원을 위한 고유한 사명을 가지고 있으므로 평신도에게 적극적인 역할을 수행토록 하였으며, 분열된 기독교 내 제 교파들이 서로간의 반목을 버리고 교회일치를 이루도록 제안하였다.[8]

제2차 바티칸공의회가 채택한 혁신적인 헌장과 교령, 선언은 세계교회를 소용돌이로 몰아넣었으며, 중장기적으로 전 세계의 교회개혁에 커다란 영향을 끼쳤다. 공의회에 참가한 전 세계의 주교들은 그들 나라의 교구로 돌아가 각 교구 내 평신도운동과 교회일치운동, 교구가 소재했던 지역과 국가를 둘러싸고 직면했던 사회적 현실문제들에 적극적으로 참여하는 흐름을 만들어 나갔다. 특히, 라틴 아메리카를 비롯하여 아프리카와 아시아의 주교들이 앞장 선 천주교회의 혁신운동·쇄신운동은 활발하게 전개되었다.[9] 1970년 필리핀 주교회의의 정치와 사회문제에 대해 적극적인 참여를 주창하는 공동성명서, 1971년 개최된 세

---

8   전광진, 「제2차 바티칸공의회(1962~1965), 가톨릭교회를 구하다」, 『사목정보』 제2권 제7호, 2009, 58~61쪽; 위의 책, 133~139쪽.
9   지학순, 위의 책, 150~151쪽.

계주교대의원회의(Synod of Bishopo)에서 공포된 문건인 '세계의 정의',
1973년 돔 헬더 까라마 대주교가 주도한 브라질 주교단의 인권선언,
1974년 제3차 세계주교대의원회의에서 '인권과 화해' 등 전 세계의 주
교들이 제2차 바티칸공의회의 정신을 기반으로 교회의 혁신과 빈부의
차 등 사회문제에 적극적인 참여를 주장한 것이 바로 그것이었다.[10]

1960~70년대 전 세계 천주교회는 이러한 과정을 통해 공의회 이전
의 폐쇄적·권위주의적인 교회상에서 벗어나 평신도들이 적극적으로
활동하면서 사제와 함께 교회의 혁신과 사회문제에 적극 나서는 교회
상으로 변화되어 갔다. 이러한 제2차 바티칸공의회의 결과는 한국 천
주교회를 큰 변화의 소용돌이로 몰아넣었는데, 이 과정에서 중심적인
역할을 한 것은 공의회의 정신에 따라 창설된 천주교 원주교구와 지학
순 주교였다.

2) 천주교 원주교구의 설정과 지학순 주교의 공의회 정신 실현

1965년 3월 천주교 원주교구가 설정되었고, 6월 말 지학순은 초대
주교로 부임(6.29)하였다.[11] 교황 요한 23세와 제2차 바티칸공의회는

---

10 위의 책, 136~151쪽.
11 지학순 주교(1921~1993)는 1921년 평남 중화에서 출생하였다. 1943년 함남 덕원신
    학교에 입학하였으나 1949년 김일성정권이 덕원신학교를 폐쇄하자 윤공희와 함께 남한
    에 내려왔으며, 가톨릭대 신학부의 전신인 성신대학에 편입하였다. 한국전쟁 당시 입대
    하였다가 1952년 사제로 서품되었다. 1956년 10월 그는 윤공희·이영섭 신부와 함께
    로마 프로파간다대학에 유학해서 교회법 박사학위를 취득하고 1959년에 귀국하였다.
    그는 1959년 청주교구장 비서신부, 1962년 부산 초장동성당 주임신부를 거쳐 1965년 원
    주교구 초대 교구장으로 부임하였다.

원주교구 설정과 지학순 주교의 선임에 직접적인 영향을 주었다.[12] 먼저 교황 요한 23세는 1962년 3월 한국 천주교회가 자립교회로 성장하였다고 판단하고 한국교회에 교계제도를 수립한다는 교서를 반포하였다. 이러한 교계제도의 설정은 서울, 대구, 광주대목구가 대교구로 승격되는 한편, 1963년 수원교구에 이어 원주교구가 설정될 수 있는 기반이었을 뿐만 아니라 1966년 마산교구, 1969년 안동교구, 1971년 제주교구 등이 연이어 창설될 수 있는 계기가 되었다. 아울러 로마의 교황청은 당시 40대 중반이었던 젊은 신부 지학순을 제2차 바티칸공의회의 정신을 가장 잘 실현시킬 수 있는 인물이라고 판단하여 주교로 선임하였다.

당시 지학순 주교가 관할한 원주교구는 강원도의 원주시와 원성군을 포함하여 영월, 삼척, 정선, 경북의 울진군 등 교통이 매우 불편한 산간벽지의 소도시와 광산촌·농어촌으로 이루어졌으며, 대부분이 사회적, 경제적, 문화적으로 상당히 낙후된 지역이었다. 또한 신부가 주도하는 예배형식이 라틴어 경문을 통해 미사가 진행되는 등 교회의 모든 제도와 예식이 서양 것이었고, 교회의 재정 역시 외국에 의존해 오

---

12 원주교구 설정 당시 춘천교구는 골롬바노회(Columban Farthers) 소속 토마스 주교가 이끌고 있었고, 원주교구 설정 직전 춘천교구 골롬바노회의 유력한 신부가 주교로 선임될 것으로 예상하고 있었다. 지학순은 1956년 로바 프로파간다대학에서 교회법을 전공하여 박사학위를 받았는데, 프로파간다대학과 교회법 전공은 주교로 나아가는 필수적 코스였다. 당시 지학순은 성 베드로 칼리지 기숙사에서 지냈는데, 그곳은 세계 각 나라에서 온 유학생들이 교황청 관리들과 사귈 수 있는 장이 마련되었던 곳으로 '세계교회의 주교를 만드는 공장'이라고 불리었다(지학순정의평화기금, 『그이는 나무를 심었다』, 공동선, 2000, 66~67쪽). 1950년대 후반 지학순은 로마에서 요한 23세에 의해 추진되는 교회혁신 움직임을 현장에서 보았고, 신병으로 1959년 6월 귀국한 후 1960년 가톨릭신학대학 신학부 교회법 교수와 1962년 2월부터 부산 초장동교회 주임신부로 사목활동을 하는 와중에도 제2차 바티칸공의회의 동향에 큰 관심을 갖고 지켜보았다.

〈그림 I-2〉 1965년 원주교구 설정과 원동성당에서 거행된 지학순 주교 착좌식

던 실정이었다. 특히, 원주교구 내 천주교회는 골롬바노회의 외국인 신부들이 수적 우세를 보였고, 교구 내 재정 중 외국에서 원조하는 자금이 97.5%에 달하였다.[13] 초대 교구장으로 부임하였던 지학순 주교 앞에는 여러 분야에서 낙후되고 지극히 고식적·보수적이었던 원주교구 내 천주교회를 제2차 바티칸공의회의 정신에 따라 교회혁신운동을 전

---

13 1970년경 원주교구는 강원도지역의 1개 시와 5개 군 지역을 관할하였으며, 그 면적과 인구는 5,805km²과 722,349명이었다. 교세와 신자 수는 13개 본당과 13,390명에 이르렀으며, 교구 성직자는 방한사제 9명과 골롬바노회 신부 11명 등 20명의 사제가 본당 및 특수사목을 담당하였다. 당시 원주교구는 한국 교구 중 가장 교세가 취약하고 낙후된 곳으로 주교관조차 자체적으로 준비할 수 있는 형편이 못되었으며, 부산교구장 최재선 주교의 기증으로 원동성당 인근인 낙원여관을 매입하여 주교관 겸 교구청으로써 첫 사무를 보았다(천주교 원주교구, 『원주교구30년사』, 1995, 142~144쪽; 천주교 원주교구, 「1967년도 사목교서」, 『초대 교구장 지학순 주교님 말씀』, 2003, 23쪽).

개하면서 새로운 교회상을 만들어가야 할 중요 과제가 놓여 있었다.

1965년 9월 초 지학순 주교는 공의회의 마지막 회기인 제4차 회기에 참여하기 위해 한국인 주교 6명과 함께 로마를 방문하여 마지막 폐회식까지 전 과정을 둘러보았으며, 제2차 바티칸공의회의 정신과 가르침을 철저히 수용하였다. 그는 귀국한 후 본격적으로 원주교구가 그 정신과 가르침에 기반한 평신도 중심의 교구가 되도록 하기 위해 제반 활동을 적극적으로 추진해 나갔다.[14]

이를 위해 먼저 지학순 주교는 자신을 대신해서 공의회의 정신에 따른 주교의 구상을 추진할 인물과 조직기반 마련에 나섰다. 이 과정에서 지역유지이자 혁신계열의 지도자였던 장일순과 만나게 되었고, 그를 통해 원주교구가 평신도 중심의 교구가 될 수 있는 조직기반이 마련되도록 추동하였다. 지학순 주교는 정치활동정화법에 의해 활동을 제약받았던 장일순을 원주교구 사도회 회장에 임명함으로써 그가 원주교구를 배경으로 활동할 수 있게 하였고, 1966년 5월 교구 신부들의 반대에도 불구하고 신자도 아닌 김영주를 주교 비서실장이자 기획실장에 임명하였다. 이러한 과정을 통해 1960년대 중후반 지학순과 장일순을 중심으로 김영주, 김영일, 장상순, 박재일 등 1차 원주그룹이 형성될 수 있는 계기가 되었다.

---

14 공의회가 폐막된 직후인 1966년 정초에 『가톨릭시보』에 실린 "교회 현대화 대열에 어떻게 참여할 것인가?"라는 지학순 주교의 공의회 참관기는 그의 향후 사목방향을 가늠할 수 있는 것이었다. 그는 참관기에서 무엇보다 먼저 교회가 새로워져야 한다는 공의회의 주장에 공감하면서 독선적 태도를 버리고 만민을 교회 품에 안아야 하며, 과거와 같이 하느님의 백성(신자)을 다스리는 성직자들의 교회가 아니라 하느님의 백성에 봉사하는 교회여야 한다고 하였다. 즉, 신자들 역시 교회 안에서 성직자들의 지배를 받는 집단이 아니라 자기들이 바로 교회 구성의 중요한 요소라는 것을 깨닫고 교회에 봉사해야 한다는 것이었다(지학순정의평화기금, 앞의 책, 76~77쪽).

한편, 지학순 주교는 원주교구 관내를 순방한 후 "사회 전반적인 면에서 적극 참여하여 정신적인 지도적 위치를 갖자", "대중의 편에 서서 그들을 이해하고 협조해 줄 수 있는 그들의 어버이가 되자" 등 사목치침 5개항을 내세웠다. 이를 실현하기 위해 사목목표로써 그는 사제연수의 실시와 교회운영의 자립화, 평신도 지도자 양성과 평신도단체 조직 등을 설정하고 이를 사제와 수도자, 평신도들이 함께 실행토록 하였다. 1965년 10월 지학순 주교는 왜관 김영근 신부의 지도로 원동 주교관에서 사제 피정(10.8~12)과 1966년 4월 지구 사제회의(4.17)를 시작으로 수차례의 사제연수 실시를 통해 사제들의 결속을 다지는 한편, 사제들이 공의회의 정신에 기초한 교회의 쇄신에 나설 수 있도록 자극하였다.[15] 이 과정에서 교구 내 방한사제들이 적극적으로 교구 내 교회혁신운동에 참여하였다.

당시에 JOC운동을 펴주고 원동성당에서도 했던 이영섭 신부님이 가장 많이. 그 당시 최창규 신부, 이영섭 신부, 양대석 신부 그 세 사람이 같은 연배잖아요. 의식적인 면에서 이영섭 신부님이 로마에서 같이 공부를 했으니까. 같은 동료로서 기숙을 같이 하고 공부를 같이 한 사람이고, 북한에서 같이 내려온 사람이고 하니까 굉장히 친했죠. (…중략…) 사회적으로 가장 눈뜬 분이라고 나는 봐요. 그리고 최창규 신부도 도와서 일을 하려고 무진히 노력했어요. 최창규 신부가 평신도들과 같이 교회 안에서 혁신운동이라든지 강의를 하면서 자립을 위한 운동을 한다든지 그럴 때는. 그 양반이 말

---

15 이경국, 「원주교구의 정의평화 운동사적 의미」, 『고 지학순(다니엘) 주교 정의평화운동 (교구설정40주년 기념세미나)』, 2005, 9~11쪽.

을 잘하고 강연을 잘하니까 굉장히 많이 노력을 많이 했고 또 효과적으로 도왔죠. (…중략…) 사회적으로는 이영섭 신부라고 볼 수 있지만은, 교회 내에 강의를 하고 활동을 하는 거는 그분들 세 분이 다 관련이 있지요. 처음 에는 다. 나머지 분들은 뭐, 이학근신부도 지주교가 오던 해에 받았고, 노세 현신부도 1960년대 후반에 된 사람들이니까, 애숭이였지 뭐. 그 당시에는. 지 주교님이 와서 평신도와 함께 일을 할 때 뒷전에서 보기나 했지. 또 이학 근신부님도 나중에 활동을 할 때는 평협운동을 할 때에는 아주 협조적이었 고 굉장히 열심히 하셨다고 봐요.[16]

1970년대 원주교구 원동성당 주임신부이자 전국정의구현사제단의 창설에 주도적인 역할을 하였던 최기식 신부의 구술과 같이 원주교구 창설 시 방한사제였던 이학근, 최창규, 양대섭 신부와 1960년대 후반 사제로 부임하였던 이학근, 노세현 신부 등이 지학순 주교가 주도한 공 의회의 정신에 따라 교회 내 자립운동과 꾸르실료에 기반한 평신도운 동 등 교회혁신운동에 적극 참여하였다.

한편, 지학순 주교는 천주교회 내 성직자 중심의 전통적 교회관에 젖 어 있는 사제와 신자들의 의식구조를 변화시키기 위해 '평신도운동'이 자 '평신도와 성직자의 협력형 신심운동'이었던 꾸르실료운동에 기반 을 둔 평신도교육의 실시와 단체 조직에 적극적으로 나섰다.[17]

---

16 2016년 5월 20일, 전 원주교구 원동성당 최기식 주임신부 구술(원주 행구동 효성백년 가약아파트 자택).
17 꾸르실료(Cursillo)는 스페인어로 영어의 'a little course'라는 뜻이다. 꾸르실료는 3박 4일간의 교육을 말한다. 꾸르실료운동은 신자들이 크리스천으로서 살아가고 함께 생활할 수 있도록 하는 교회의 운동으로, 그들 각자의 소명을 인식하고 완수하도록 도와주며, 그들의 환경을 누룩처럼 변화시킬 핵심적인 크리스천 그룹의 탄생을 촉진하는 운동을 일

장일순 선생이 얼마나 설득력이 많은 사람이에요. (…중략…) 그분이 제일 주교님이 믿으니까는 '너 평협 회장 해', 평협 회장을 해놓고 꾸르실료 교육이라는 신자들, 그 스파르타식 교육이 있어요. 정말 열성을 내게 하는 교육이 있는데, 그 꾸르실료 교육을 서울에 1차로다 (…중략…) 보내놓고, 그래놓고 그분을 사도회장으로 맨들어 놓고는 그 주변 인물들을 갖다가 끼워놓고 '너희들이 좀 교육 좀 해'. 그리고는 본당에 다니면서 신자들을 교육하라 그러니 이 신부들 배알이 들어맞겠어요? (…중략…) 그러니까 교회를 쇄신시키는 거를 뭐 그런 평신도들을 이용해서 아 이제 해야겠다. 왜 그러냐면 공의회정신이 평신도의 위상을 많이 올려놓고, 주교의 위상을 많이 올려놓고, 신부들만, 신부들만 봉사해라 이렇게 그게 된 거나 마찬가지야. 공의회 그 문헌이 그래요. (…중략…) 주교님은 그거를 자꾸만 강조하는거지. 신자들이 해야 한다. 그래서 우리 교구가 어떻게 보면 평신도들의 활동이 다른 교구보다 먼저 앞섰던 거는 아마 그 주교님의 영향 때문이다.[18]

위의 구술과 같이 지학순 주교는 1967년 8월 서울에서 개최된 제2

컫는다. 꾸르실료운동은 성직자와 평신도의 일치사상을 강조하여 교회공동체의 확립에 역점을 두는 운동으로써 1940년대 스페인에서 시작되었으며, 제2차 바티칸공의회에 적극적으로 참여하면서 '평신도와 성직자의 협력형 신심운동'으로의 전환점을 마련하였다. 한국에서의 꾸르실료운동은 1966년 9월 필리핀의 꾸르실료운동이 소개되면서 시작되었다. 1967년 5월 제1차 꾸르실료 교육이 필리핀의 꾸르실료 관계자의 협조 하에 실시되었고, 1967년 8월 제2차 꾸르실료(8.17~20)는 서울 정동 명도원에서 외국인을 위해 실시되었다. 당시 장일순은 제2차 꾸르실료 교육에 참여하였고, 필리핀 임원들을 도우면서 1주일 후 개최 예정인 한국인 주도의 꾸르실료 준비에 적극적으로 나섰다. 1967년 8월 24일 제3차 꾸르실료(8.24~27)는 명도원에서 개최되었으며, 당시 원동성당 최창규신부가 참여하였다(꾸르실료한국협의회, 『한국꾸르실료30년사』, 1998, 19~37쪽).
[18] 2011년 7월 22일, 전 원주교구 원동성당 최기식 주임신부 구술(원주 봉산동 천사들의 집 사제관).

차 꾸르실료에 장일순을 참석토록 추동하였고, 제3차 꾸르실료에 최창규 원동성당 주임신부를 파견함으로써 평신도에 입각한 교구상의 정립을 위한 꾸르실료운동을 대대적으로 전개하였다.[19]

원주에서 꾸르실료에 기반한 평신도운동은 크게 3단계로 진행되었다. 먼저 1967년부터 1969년 초까지 본당 지도자교육을 실시하였으며, 그 결과 1969년 본당 사목위원회와 교구 사목위원회를 구성하였다. 2단계는 1970년부터 1972년 중반까지 전 교우들을 대상으로 본당과 교구 사목위원회가 주축이 되어 공소에까지 파견되어 1박 2일의 '전체교육'이 실시되었다. 마지막 단계로 1972년 7월 말부터 청년과 부녀, 농민과 노동자 등이 참여하는 '계층별교육'이 실시되었으며, 그 결과 각 본당에 청년회와 부녀회가 조직되면서 교구 내 가톨릭노동청년회와 가톨릭농민회 등이 활동할 수 있는 기반이 되었다.[20] 꾸르실료의 활성화는 그 특성상 사제와 평신도가 차별 없이 사도직을 행한다는 의미에서 평신도 중심의 교회로 가는데 크게 기여하였다. 특히, 이를 통해 원주교구는 장일순·김영주·장상순·박재일 등 평신도 중심의 원주그룹이 주도적으로 활동할 수 있는 기반을 마련하였으며, 원주그룹을 중심으로 광범위하고 열성적인 청년들이 다수 포진되면서 1970년대 민주화운동과 제반 협동운동을 전개할 수 있는 역사적 배경이 되었다.

---

19 이후 서울 제4차 꾸르실료 교육에 장화순, 신동익, 조태원, 김정하, 인천 2차에 노세현신부, 서울 5차에 김용연, 조필환, 인천 3차에 이계열, 서울 6차에 신균섭, 황운집, 백성권, 서울 8차에 유호, 황주익, 최병완, 최규창 등을 수강토록 하였다. 1970년 신년모임에서 원주교구 꾸르실료 개최를 결정하면서 장일순과 김용연을 중심으로 같은 해 7월 말부터 원주교구 신부와 신자들을 대상으로 꾸르실료를 실시하였으며, 원주교구 차원에서 공의회의 정신에 기반한 교회의 혁신과 평신도운동을 활발하게 전개하였다(이경국, 앞의 글, 15쪽).

20 위의 글, 11~12쪽; 천주교 원주교구, 『원주교구30년사』, 1995, 155쪽.

지학순 주교는 부임 초기 원주교구가 관할하고 있었던 농촌과 광산촌, 어촌 등의 지역을 둘러보면서 대부분의 농민과 광산노동자, 서민 등이 어려운 사회경제적, 문화적, 지리적 조건 하에서 곤궁하게 살아가는 현실을 보았다.

65년도 그때 오셔가지고 그때도 또 힘들 때죠. 광산촌에 뭐 막장인생들 간다, 그럴 때 광산에 사람 제일 많이 모일 때예요. 그때가 거기 가면은 그래도 광부들이 일을 하고서는 먹을 거를 구하니까 많이 모여 들어갈 때죠. 젊은이들이 거기 그랬을 때 거기 가서 보고 이 사람들은 주교님은 공의회 정신 아니었으면 사람들이 사는 문제하고 교회하고 (…중략…) 현실 속에서, 현장 속에서 그리스도를 찾자. 그리스도를 우리가 뭐 마음에서만 만난다. 교회 안에서 만난다. 뭐 이러는 거보다도 사람들이 사는 현장 속에서 만나자. (…중략…) 그게 그러니까는 사람들 사는 문제하고 교회하고 결국 떠날 수가 없다 이게 그러고. 사람들 사는 문제하고 교회 사랑이라는 그런 말하고는 떠날 수가 없다. 굶어죽는 사람보고 돕지 않고서 어떻게 사랑이라고 얘기를 하냐? 그 사람한테 난 그게 확실하다고 생각을 해요.[21]

위의 구술과 같이 지학순 주교는 전교도 중요하지만 '현실 속에서 그리스도를 찾자'는 인식하에서 먹고사는 문제부터 해결하는 것이 급선무라는 생각을 하였으며, 고리채에 시달리던 지역주민들을 위한 해결방안을 강구하였다. 당시 지학순 주교는 1962년 부산 초당동성당에서 주임

21　2011년 7월 22일, 전 원주교구 원동성당 최기식 주임신부 구술(원주 봉산동 천사들의 집 사제관).

신부로 봉직하면서 보았던 부산지역의 신협운동을 교구 차원에서 지원하기로 하였으며, 그 결과 1960년대 중후반 원동성당 내 신협의 창립을 필두로 황지신협(1966.11), 문막신협(1966.12), 단구동신협(1968.2), 삼척신협(1969.10) 등이 설립되도록 추동하였다. 아울러 1960년대 후반 침체에 빠졌던 신협운동을 본격적으로 활성화하기 위한 조직으로 교구 내 진광중학교 부설 '협동교육연구소'를 설립하도록 하는 한편, 1972년 신협 강원지구평의회의 창립을 지원하면서 향후 원주그룹이 이들 조직들을 기초로 원주를 넘어 강원도지역의 신협운동을 전개할 수 있는 기반을 마련토록 하였다.[22]

2. 제1차 원주그룹의 형성과 신협운동의 개시

1961년 5월 16일 군사쿠테타를 통해 등장한 박정희정권은 혁명공약에서 "첫째, 반공을 국시(國是)의 제일의(第一義)로 삼고 지금까지 형식적이고 구호에만 그친 반공체제를 재정비 강화할 것입니다"라고 밝힌 바와 같이 4월혁명으로 이완된 반공체제를 강화하고자 하였다. 박정희정권은 '용공분자'를 일제히 체포하였고, 통일운동 등 민족주의적 진보적 활동을 한 혁신계와 학생, 피학살자 유족회 관계자들을 '특수반

22　지학순정의평화기금, 앞의 책, 89~91쪽.

국가행위'로 탄압했다. 또한 '반공법'을 제정하고 중앙정보부라는 막강한 권부를 만들어 국민을 감시하였으며, 정보정치와 행정부 독주의 행정 독재를 펴나갔다. 박정희정권은 '혁명공약'을 통해 민정이양을 약속하였으나 1963년 '3·16성명'을 통해 이를 번의(翻意)하면서 민정참여를 공식화하였다. 1963년 10월과 11월 진행된 대통령선거와 국회의원선거를 통해 박정희군사정권은 삼분폭리사건(三粉暴利事件, 양대 선거를 앞두고 민주공화당이 설탕·밀가루·시멘트산업의 재벌로부터 불법이득을 취하게 해주는 대가로 3,800만달러 상당의 뇌물을 받은 사건) 등을 통해 조달한 군정·공화당의 막강한 자금력과 조직력으로 탄생할 수 있었다. 박정희정권은 막강한 조직력과 강력한 억압기구·제도, 민족주의와 구악일소라는 이데올로기 등의 통치수단을 통해 정치적 자유와 대중의 참여를 억압하면서 국익과 개발의 명분으로 위로부터의 국민동원과 통합을 도모하는 '개발독재'로 나아갔다. 박정희정권의 개발독재와 권위주의 통치에 맞서 비판적 학생과 진보적 지식인, 야당세력의 민주화운동도 그만큼 치열하게 전개되었다.[23]

　1964년 들어서서 박정희정권이 한일회담 타결을 서두르자 대학생들이 주도하는 시위가 격렬히 전개되었다. 3월 24일 대학생 데모는 1960년 '4.26시위' 이후 최대 규모의 학생시위였다. 5월 20일 박정희정권이 주장한 민족적 민주주의에 대한 성토대회와 장례식이 열렸으며, 5월 30일부터 서울대 문리대생들이 단식에 들어갔다. 6월 3일에는 서울에서 대규모 학생시위가 벌어졌으며, 미국의 강력한 지지 속에서 박정희정권

23　민주화운동기념사업회 연구소 엮음, 『한국민주화운동사』 1, 돌베개, 2008, 351～389쪽.

은 계엄령의 선포와 학원·언론을 대대적으로 탄압해 나갔다. 동시에 박정희정권은 경제개발에 필요한 자금 마련과 주한미군의 베트남 파병을 차단하기 위해 9월부터 한국군의 베트남 파병을 적극 추진하였다.

1965년 2월 한일기본조약이 가조인되고 3월에 청구권자금 규모에 양국이 합의를 보자 학생들은 다시 시위를 전개하였다. 6월 22일 한일협정이 조인되자 학생과 야당뿐만 아니라 대학교수, 개신교 목사, 예비역 장성, 법조인, 여성계 인사 등이 참여하는 대대적인 한일회담반대투쟁이 전개되었다. 8월 14일 비준동의안이 야당의 반대를 무릅쓰고 여당 단독으로 통과되는 날, 박정희정권은 도예종과 양춘우 등 41명의 체포를 통해 중앙정보부가 조작한 인민혁명당사건을 발표하였다. 1965년 8월 서울 일원에 위수령을 발동하면서 고려대·연세대에 무장 군인의 난입, 예비역 장성의 구속, 교수 21명의 학원 추방, 서울대 학생 서클 '민족주의비교연구회'의 해체 등이 연이어 일어났다.

1967년 5월 대통령선거에서 야당의 윤보선 후보를 누르고 대통령에 당선된 박정희는 6월 8일 치러지는 총선에서 영구집권을 위한 개헌선을 확보하기 위해 앞장서서 선거운동을 전개하였다. 1969년부터 박정희정권은 3선개헌 추진에 본격적으로 들어갔으며, 이에 6월부터 학생들은 3선개헌반대투쟁을 전개하였다. 9월 여당은 야당 몰래 새벽에 국회 제3별관에 들어가 개헌안을 날치기로 통과시켰다.

1970년 김지하는 박정희정권의 독재체제에 맞서 부정부패의 주범들을 '오적'이라 규정하고 이들의 행태를 통쾌하게 풍자한 담시 「오적」을 『사상계』 5월호에 게재하고, 이를 신민당 기관지인 『민주전선』에 재차 게재하면서 '오적필화사건'이 발생하였다. 11월 서울 평화시장

노동자 전태일이 근로기준법 준수를 요구하면서 분신 항거한 '전태일 분신사건'이 일어나면서 노동운동이 새롭게 펼쳐졌다. 1971년 사법부 파동과 대학교수의 자율 선언을 통해 사법부와 대학의 민주화 요구가 이어졌으며, 학생들은 학원병영화반대투쟁과 대선에서 공명선거운동을 전개하였다. 1971년 4월과 5월 대선과 총선에서 반공·냉전의 벽을 뛰어넘는 선거공약으로 신선한 바람을 일으킨 김대중과 사상 최초로 균형 국회가 출현되면서 박정희정권은 한층 위기에 놓였다. 더구나 8월 빈민들을 대책없이 집단적으로 이주시키면서 대규모 생존권투쟁인 '광주대단지사건'이 발생하면서 사회문제로 크게 부각되었다. 10월 박정희정권은 위수령 발동, 학생들의 대량 제적과 군 강제 입대, 서울대 내란예비음모사건 등을 조성해 나갔으며, 1972년 자유민주주의의 외피조차 벗어던진 '유신체제'의 구축으로 나아갔다.[24]

한국전쟁을 통해 고착된 남북분단 속에서 민중 지향적이고 반외세적인 진보세력은 조봉암·진보당사건, 근민당재건사건 등을 통해 커다란 타격을 받았다. 5·16군사쿠테타로 등장한 박정희군사정권의 혹독한 탄압으로 그나마 4·19공간에서 활동할 수 있었던 혁신운동세력은 크게 위축되었으며, 비판적 학생운동세력과 일부 재야인사들을 중심으로 민주화운동이 전개될 수 있었다. 이러한 상황에서 1965년 가톨릭 원주교구 설정을 계기로 원주에서 지학순 주교와 장일순이 의기투합하면서 점차 원주그룹이 형성되어 갔으며, 1972년 8월 남한강유역 대홍수가 발생하고 재해위가 조직되었다. 이 과정에서 1960년대 6·3운동

---

24 민주화운동기념사업회 연구소 엮음, 『한국민주화운동사』 1, 돌베개, 2008, 16~29쪽.

과 한일회담반대투쟁, 3선개헌반대투쟁 등에 적극 참여하였던 김지하, 박재일, 김현식, 홍고광, 정인재, 김헌일 등이 원주그룹에 합류하면서 1970년대 원주지역에서 반독재투쟁과 제반 협동운동이 대대적으로 전개될 수 있었다.

1) 제1차 원주그룹의 형성과 협동조합론

(1) 제1차 원주그룹의 형성과 사상

1965년 원주교구가 창설되고 지학순 주교가 부임한 후 원주지역에서 장일순을 중심으로 한 사회운동가들과 학생운동을 주도하였던 김영일·박재일 등이 결합되면서 원주그룹은 형성되었다. 당시 원주그룹의 중심에는 장일순이 있었다. 장일순은 '5·16군사쿠데타' 직후 중립화통일론 주장으로 인해 3년간의 옥살이를 하고 정치정화법에 의해 정치적 활동이 제약된 상황에서 원주지역의 활동가들과 종교를 배경으로 군사정권에 대응하기 위한 일련의 지역사회공동체운동을 모색하였다.

60년대 중반이 좀 넘어 옥살이를 하고 나와서, 군사정권의 횡포를 상대해서 그것을 대적할 힘을 어떻게 구축해 내야 할까를 가만히 생각을 해보니까, 불교는 회중이 자주 모이지 못하고, 천주교나 개신교나 이런 예수를 믿는 교파들은 일주일에 한 번씩 모이니까 예수의 건전한 말씀의 뜻을 따르는 생활 유도를 하면 삶의 에너지가 되지 않겠는가 하는 생각이 들었어요. 물론 그것이 삶 자체나 믿음의 기초가 되는 것은 말할 것도 없지만 그것

뿐만이 아니라 사회생활 전반에서, 처처에 그 뜻에 의해서 새겨진다고 할 것 같으면 이것이 힘이 되지 않겠는가 하고 말이지요. 그런 생각을 하고 있는데 마침 그 무렵에 천주교 원주교구가 준비 중이었고, 지학순 주교가 사람을 만나고 싶어 하던 와중에 물색하고 물색하다가 나를 만나게 된 거죠. 그때 지학순 주교가 교회를 제 모습대로 이끌어가야 할텐데 어떻게 하는 것이 좋겠냐고 그러데요. (…중략…) 그래서 이제는 교회가 하느님을 믿는, 예수를 믿는 사람 모두의 교회가 되어야 하지 않겠냐고, 그러려면 교육이 선행되어야 할 것이고 또 하나는 교회 자체가 자치의 틀로 질서가 바뀌어야 될 것이라고. 그렇게 말씀드렸습니다.[25]

당시 장일순은 지역에 기반한 사회운동을 불교나 천주교, 개신교 등 종교를 기반으로 모색하였으며, 자주 신자들이 모일 수 있는 기독교에 주목하였다. 그러던 중에 제2차 바티칸공의회의 정신을 기반으로 가톨릭교회의 자체 혁신운동을 도모하였던 지학순 주교와 지역자치에 기반한 사회운동을 모색하였던 장일순이 만나 의기투합을 하면서 원주교구를 중심으로 한 지역사회운동이 본격적으로 전개되기 시작하였다. 원주교구 초기 사목활동에 전념할 수밖에 없었던 지학순 주교는 교구 내 평신도운동과 신협운동 등을 장일순을 중심으로 전개토록 추동하면서 원주지역 사회운동가들이 자연스럽게 결합되었다.

장일순은 먼저 김영주를 결합시켰다.[26] 김영주는 장일순이 이사장으

---

25 최준석, 「민주의 길에서 생명의 길로―장일순 선생님과의 이야기」, 『나를 모고 나는 부끄러웠네』, 녹색평론사, 2004, 114~115쪽.
26 김영주는 1934년생으로 양구농업고등학교 교사(1955~56), 원주 대성중학교 교사(1956~57), 세계일보사 기자(1957~61), 원성군 공보실장(1961~63)과 춘천시 공보

로 있었던 대성고에서 교사로 강의를 한 바 있었으며, 1960년 장일순의
국회의원 후보시절 선거사무장을 맡았던 원주지역 출신이었다. 당시 장
일순은 그를 지학순 주교에게 추천하여 원주교구 기획실장과 비서실장
을 맡도록 하였으며, 그 결과 김영주는 원주그룹의 중요한 일원이 되었
다. 김영일은 김영주가 원주교구 기획실장에 임명될 때 기획위원으로
임명되면서 원주그룹의 일원이 되어 활동하였다.[27] 장상순은 원래 연극
영화계에서 활동을 하다가 1960년대 후반 형인 장일순의 부름을 받고
협동교육연구원의 지도자강습회 등을 이수한 후 진광중학교 협동교육
연구소의 간사를 맡아 강원도 일대의 신협운동을 주도하면서 원주그룹
의 일원이 되었다.[28] 박재일은 김영일의 소개로 1969년 원주에 내려왔

실장(1963~66)을 역임하였으며, 1966년 5월부터 천주교 원주교구 기획실장으로 근무하였다. 1973년 1월부터 재해위 집행위원회 위원장, 1979년 조직개편 후 사개위 사무국장으로 활동하였으며, 한국소협중앙회 고문(1984.6~1986)과 신협연합회 연수원장(1986)을 역임하였다.

27 김영일(1941년생)의 필명은 김지하다. 1956년 원주중학교 졸업, 1959년 중동고 졸업, 1966년 서울대 미학과 졸업. 1971년 10월 '원주시위'를 주도하였으며, 1973년 재해위 구성시 지학순 주교의 배려로 다른 상담원과 같이 이에 해당되는 급여를 1980년대 초까지 받았다(재해위, 「직원명부」, 『인사관계철』, 1979). 1974년 민청학련사건으로 구속되었으며, 사형선고에서 무기징역으로 감형된 후 1980년 12월 형집행정지로 풀려났다. 그는 출소 후 '생명운동'으로의 전환을 모색하였던 장일순의 권유에 따라 이 시기 사개위의 주요 회의에 참석하였으며, 1980년대 초 원주그룹의 '생명의 세계관 확립과 협동적 생존의 확장'이라는 문건을 기초하는데 주요한 역할을 하였다.

28 장상순(1936년생)은 1956년 원주대성고, 1958년 서라벌 예술대학 연극영화과를 졸업하였다. 그는 신상옥 감독 밑에서 조감독으로 일을 하였고, 1962년 귀향하여 원주지역을 중심으로 한 연극활동에 전념하다가 1969년 지학순 주교와 장일순의 요청을 받고 신협운동에 뛰어들었다. 1969년 9월 그는 제23차 신협지도자강습회(9.1~20)와 제2차 한국-이스라엘 공동 협동조합 및 노동조합에 관한 연찬회 수료(9.22~10.4), 1969년 10월 진광중학교 부설 협동교육연구소 간사, 1970년 신협연합회 자원지도역, 1971년 10월 GRI지도자훈련과정(10.15~27) 등을 수료하였다. 장상순은 1973년 8월 한우지원사업 지도요원, 1974년 원주밝음신협 이사장, 1977년 신협 강원지구평의회 회장 등을 역임하였다.

〈표 I-1〉 제1차 원주그룹의 분류별 현황

구분	성명	출생연도	학력	활동연도	직책
원주 출신	장일순	1928	서울대 미학과	1965	원주교구 사도회 회장
	김영주	1934		1966	주교 비서실장
	장상순	1937	서라벌 예술대학 연극영화과	1969	협동교육연구소
비원주 출신	지학순	1921	로마 푸로파간다대학(교회법)	1965	원주교구 주교
	김영일	1941	서울대 미술대학 미학과	1966	원주교구 기획위원
	박재일	1938	서울대 문리대 지리학과	1970	협동교육연구소

고, 진광중학교의 영어교사로 재직하다가 1970년부터 협동교육연구소를 중심으로 한 신협운동에 본격적으로 참여하면서 원주그룹의 일원이 되었다.[29]

요컨대 이 시기 원주그룹은 1950년대 장일순의 대성고 설립(1954)과 교육운동, 1960년 사회대중당 국회의원 출마, 1960년대 전반 중립화통일론 주장으로 인한 3년간의 투옥, 1965~72년까지 천주교 원주교구 설정 이후 평신도운동과 신협운동 등을 통해 점진적으로 형성된 것이다. 즉, 장일순의 정치활동에 참여하였던 원주지역 활동가들과 원주교구 창설을 계기로 전개된 교회혁신운동 및 신협운동을 통해 학생운동 계열의 인사들이 결합되면서 초기 원주그룹이 형성되었다. 이들은 〈표 I-1〉과 같이 주로 지학순과 장일순을 중심으로 김영주, 김영일, 장상순, 박재일 등이었다.

---

29 박재일은 1938년생으로 경북고를 졸업하고, 1960년 서울대 문리대 지리학과에 입학했다. 1968년 장일순의 권유로 원주로 내려왔다. 1970년 장상순과 함께 협동교육연구소에서 신협운동을 전개하였으며, 1973년 초 재해위 구성시 집행위원회 집행위원이자 지도부장으로 참여하였다. 1975년 사업2부장, 1979년 사업부장으로 활동하였다. 1985년 6월 원주소비조합 이사장, 1986년 12월 한살림농산 대표 등을 거치며 1980년대 후반 원주그룹을 중심으로 한 한살림운동의 전개에 주도적으로 활약하였다.

〈표 I-2〉 신우회 회원 현황

성명	소속	비고	성명	소속	비고	성명	소속	비고
강준희	진광고교		박재일	사개위		이창복	가톨릭노동청년회	원주고
강태용			선종원	천하태평		이환승	원일주류	
고재복	진광고교	원주농고	신현구	진광고교	대성고	임득종		
김상범	사개위		손상훈	가톨릭센터	원농고	장병욱	단구동 총무	대성고
김선국	삼화인쇄	원주농고	이경국	사개위		장예순	MBC	대성고
김성만	진광고교		이계열	진광고교	원농고	정병한	형제부력	원주고
김영일	사개위		이금래	덕수칼국수		정준교	대호용달	대성고
김헌일	사개위		이병주	선아아파트	원농고	최규택	샛별사진관	대성고
박광석	KBS		이상욱	장성강원은행	원주고	최기식	천주교 교육원	사회개발부

출전: 「신우회 회원 명단」(김상범 소장자료)
비고: 1. 원주농고는 원주농업고등학교, 원주고는 원주고등학교, 대성고는 대성고등학교를 의미함.
　　　2. 소속은 1980년대 초의 상황을 나타냄.

　　당시 원주그룹은 지학순 주교를 중심으로 한 원주교구를 배경으로 활동하였다. 특히, 지학순 주교의 권유에 따라 원주교구 사도회 회장직을 맡았던 장일순은 1960년대 후반~1970년대 초 교구 내 평신도운동과 꾸르실료 교육 등을 주도하면서 교구청년연합회와 본당별 청년회를 조직해 나갔다. 이 과정에서 장일순은 〈표 I-2〉의 신우회 회원과 같이 1950년대 대성고 이사장으로 활동하면서 맺은 인맥과 대성고 졸업생 등을 교구 산하 청년회로 끌어들였으며, 청년회를 통해 원주농업고등학교와 원주고등학교 등 원주지역의 유망한 청년들과 일정한 관계망을 가지면서 영향력을 행사할 수 있었다.[30] 그는 혁신계열의 전도유망한 지역유지로서 선대로부터 내려온 지역기반과 명망, 평신도 회장직을

---

[30] 1970년대 신우회원들은 원주교구를 배경으로 '원주캠프'가 주도하는 민주화운동의 전개에 있어 핵심적 역할을 한 전위적 청년조직이었다.

통한 교구조직의 활용을 통해 원주신협과 협동교육연구소, 밝음신협과 신협 강원지구평의회의 창설을 주도해 나가면서 조직기반과 네트워크를 형성하였다.[31] 아울러 원주교구 내 평신도운동과 신협운동, 꾸르실료 교육의 추진과정에서 서울의 진보적 학자들을 초청하게 되면서 자연스럽게 전국 유수의 학자들과의 연결망을 형성해 나갈 수 있었다. 이것은 1970년대 협동운동의 추진에 커다란 인적·지적·이념적 기반이 되었다.

당시 원주그룹의 사상적 지향과 협동운동론에 대해 살펴보면 우선 해방 직후부터 1960년대 전반까지 분단구조에 기반한 남북 정권에 대한 강한 비판적 인식과 이를 극복하기 위한 방안인 평화통일론 및 중립화통일론을 주장하였던 장일순의 '정치사상'과 '통일사상', 그리고 민중의 기본적 자유권에 기반한 반독재투쟁 등을 공통적으로 보여주었다. 그러나 당시 원주그룹은 뚜렷한 정치사상과 경제사상 등을 보여주는 것은 아니었다. 원주그룹을 주도하였던 장일순 조차도 해방공간에서 여운형의 자주적 국가건설운동과 1950년대 조봉암의 사회민주주의 및 평화통일론, 1960년대 초 혁신계열의 중립화통일론 등에 기반해서 정치사상과 통일사상 등을 주창하였으나 이러한 논리가 뚜렷하게 체계화되어 정리된 것은 아니었다.

한편, 장일순은 몇 가지 사상적 특징을 가지고 원주그룹을 이끌었다.

---

31 당시 원주교구를 통한 장일순의 활동에는 인동 장씨 형제들이 모두 참여하였다. 장화순은 원주교구 소속 진광고등학교 교장이자 1970년대 개헌위 중앙위원으로 역할을 하였다. 동생인 장상순은 협동교육연구소 실무자, 재해위 상담원, 밝음신협 이사장, 신협 강원지구평의회 회장 등을 역임하였다. 막내동생 장예순은 대성고 출신으로 원주교구의 원주문화방송 설립 때부터 참여하였으며, 신우회의 회원이었다.

장일순은 먼저 간디와 비노바 바베의 '비폭력운동'과 '종교우회론'에 입각해서 사회운동을 전개하였다.[32] 그는 계급혁명론에 입각한 사회운동이 아닌 비폭력운동론을 통해 지역운동을 전개하고자 하였다. 이러한 인식은 1950년대로 거슬러 올라가며,[33] 당시 민중을 폭압적으로 탄압하는 군사정권과는 전면적으로 투쟁해야 한다는 학생운동론과는 결이 다른 것이었다. 그는 지역에 거점을 둔 일종의 '소도시거점론'에 기초해서 지역자치에 기반한 지역사회운동을 오랫동안 추진해 왔다.

지역에 거점을 둔 운동이 바로 동학이지요. 내가 지역자치에 관심을 두면서 터득한 것이 바로, 동학이란 결국 지역의 반란에서 시작됐다는 사실입니다. (…중략…) 그래서 원주의 지역운동을 새롭게 봐야 한다는 거지요. 지역의 거점 또는 전국적인 일종의 저항운동으로, '소도시거점론(작은 지역운동에서 시작하여 넓게 펼쳐간다는 생각을 담은 것)'이라는 것이 바로 그것이오.[34]

선생님 개인적으로는 여러 가지 제약이 있었지요. 우선 선생님이 적극적

---

32 이용포, 『무위당 장일순—생명사상의 큰 스승』, 작은씨앗, 2011, 105쪽.
33 '4·19혁명기'에 서울로 유학중인 원주지역 출신의 학생운동가들이 원주로 내려와 경찰서에 불을 지르는 등의 방법으로 4·19운동을 확산시키고자 할 때 장일순은 "절대적으로 비폭력으로 해야지, 폭력을 써서는 안 된다. 민주주의의 성공이라는 건 비폭력이지, 절대 너희들도 여기 언제 와서 어디 공공장소에 불 지르거나 데모해도 조용히 하고, 그리고 아주 질서를 잡아주고, 너희들이 파괴된 것들이 있으면 너희들이 재건할 생각을 해야지, 너희들이 그래선 안 된다"라고 만류하면서 간디의 비폭력운동에 기반해서 학생들을 이끌었다(2011년 6월 13일, 이경국 무위당사람들 이사장 구술(밝음신협 4층 무위당기념관)).
34 최종덕, 「도덕과 정치—김지하 시인에게서 듣는 위당 장일순의 사상」, 『너를 보고 나는 부끄러웠네』, 녹색평론사, 2004, 189쪽.

으로 활동을 하지 않으신 것은 사회안전법이라는 정치적 제약이 있었고, 두 번째로는 정당정치 면에서는 진보나 새로운 세력이 발붙일 수 있는 상황이 아니었거든요. 그리고 가장 중요한 것은 새로운 세상을 만드는 일이 몇 사람 앞장서서 되는 일이 아니라는 거였어요. '뿌리를 박고 사는 생활인들이 하는 삶의 운동이 돼야 하지 않겠느냐. 이게 아니고는 길이 없다'라고 선생님은 보신 것 같아요.[35]

1952년 귀향한 이후 장일순은 한 번도 원주를 떠난 적이 없었으며,[36] 원주를 중심으로 '소도시거점론'에 기반해서 지역운동을 추진해 왔다. 이러한 지역운동론은 도산 안창호의 교육사상에 입각해 1954년 대성고등학교를 설립하여 교육운동을 전개한 것과 밀접한 관계를 가졌다. 즉, 대성고를 통해 지역자치공동체에 기반한 미래의 지역사회 운동가를 양성하고자 했던 것이다. 그는 세상을 변화시키는 정치운동과 사회운동은 몇 사람이 앞장서서 이룰 수 있는 것이 아니라 지역에 뿌리를 박고 사는 사람들이 지역과 자신의 삶 속에서 행하는 지역자치공동체 운동을 통해 이룰 수 있다고 보았다. 1960년대 중반 그의 지역사회운동은 계급운동이 아닌 협동운동에 기반을 두고 전개되었다.[37]

---

35 윤형근, 「언제나 생명 가진 모든 존재와 함께—박재일 선생님이 들려주는 무위당 이야기」, 『너를 보고 나는 부끄러웠네』, 녹색평론사, 2004, 182쪽.
36 "자기 고향을 무시하고 자기 겨레를 무시하는 것은 어려서부터 마뜩잖데요. 원주는 치악산이 막혀서 사람이 나지 않는다는 옛 이야기가 도무지 내 마음에 들지 않았죠. 착하고 진실하고 성실하게 사는 게 가장 보배로운 삶이 아니겠는가? 그렇게 생각하다 보니 그냥 고향에 남게 되데요"(여운연, 「겨레의 가능성은 대중속에」, 『나락 한알 속의 우주』, 녹색평론사, 1997, 104~105쪽).
37 위의 글, 115~116쪽.

박재일 의장도 일생 농민들을 위해 살겠다면서 66년 원주에 왔습니다. 그때 '계급운동이 아니라 협동운동 속에서야말로 미래가 있는 것이 아닐까'라는 이야기를 함께 나눴습니다. 그것도 계산된 협동은 안 됩니다. 성서에도 나오지요. 하루 포도밭에서 일하면 한 데나리온 준다. 아침부터 온 사람에게도, 저녁에 와서 간 사람에게도 한 데나리온이므로 아침부터 일한 사람은 더 많이 받아야 한다고 생각합니다. 실제 상식적으로는 아침부터 10배일을 하였다면 그만큼 더 돈을 주어야 하겠지요. 그러나 자연의 나라, 자유의 나라에서는 그렇지 않은 것입니다. 일찍 온 사람도 한 데나리온, 저녁 때 온 사람도 한 데나리온, 그러한 협동으로 좋지 않겠습니까?[38]

이러한 인식은 1960년대 후반 원주신협을 설립하면서 본격적으로 신협운동에 나섰던 장일순과 장상순 등 원주그룹의 인식을 잘 보여주는 것이다. 또한 1965년 9월 이른바 제2차 민비연사건으로 구속되었거나 피신했던 박재일과 김영일 등 학생운동 출신의 초기 인식과는 다른 것이었다.[39] 박재일의 경우, 1968년 원주에 내려온 후 장일순과 깊은 교유를 하였으며, 1970년 협동교육연구원의 지도자강습회를 다녀온 후 협동운동에 주목하게 되었다. 그는 장상순과 함께 협동교육연구소를 조직기반으로 원주지역을 중심으로 강원도지역의 신협운동을 주도해 나가는 등 같은 학생운동 출신인 김영일과 다소 다른 인식을 가지

---

38 위의 글, 116쪽.
39 제2차 민비연사건은 1963년 10월 서울대 문리대강당에서 사회학과 황성모를 지도교수로 하는 '민족주의비교연구회'가 발족된 이후 박정희정권이 이 단체를 데모의 주동세력으로 간주하여 간첩 혐의로 그 회원들을 연행 조사한 사건을 말한다. 이 사건을 통해 박재일·김중태·최혜성·이수용·송철원·진치남 등이 구속되고 김영일은 피신하였다(민주화운동기념사업회 연구소 편, 『한국민주화운동사』 1, 돌베개, 2008, 509~513쪽).

고 협동조합운동을 전개하였다.

　요컨대 이 시기 원주그룹은 분단구조 하 남북정권에 비판적이었으며, 자주적 통일국가건설론과 평화통일론을 주장한 조봉암의 진보당·사회대중당의 혁신계열과 밀접한 관련을 가지면서 중도파적 지향성을 갖는 정치사상과 통일사상 등을 보여주었다. 또한 장일순은 유불선사상과 동학사상, 간디와 비노바 바베의 비폭력운동론 등을 섭렵하고, 안창호의 교육사상에 기초해서 자치에 기반한 지역사회운동을 전개하는 한편, 계급운동보다는 협동운동을 통해 지역사회운동을 추진해 나가고자 하였다. 이러한 인식을 통해 1960년대 중후반 민간 주도의 신협운동은 자치에 기반한 지역사회운동의 핵심으로서 전개될 수 있었다.

(2) 원주그룹의 협동조합론

　강원도는 태백산맥을 사이에 두고 영동과 영서로 나뉘어져 몇몇 소도시의 평야를 제외하고는 산악지방이 많아 사회·경제·문화면으로 뒤떨어져 있었으며, 휴전선 근방의 수복지역은 여러 가지 측면에서 취약성을 안고 있었다. 이러한 약점을 이용하여 시장이 서는 면단위 지역까지 사금융이 창궐하면서 서민들의 경제적 피해는 물론 사회적 인간관계의 불신과 빈곤을 초래하였으며, 심각한 사회문제로까지 번지고 있었다.[40] 1960년대 초 사목현장에서 이러한 현상을 목격한 이영섭 신부가 서울과 부산 등지에서 전개되는 신협운동에 주목하였고, 그 결과 태백지역의 천주교회를 중심으로 3개의 광산신협이 설립되었다. 그러

40　신협연합회, 『신협운동20년사』, 1980, 478쪽.

나 강원도 광산지역을 중심으로 한 초창기 신협운동은 1960년대 중반 운영부실과 지도 결여 등 침체를 겪으며 교회 안의 미약한 활동으로 남게 되었다.[41]

1965년 지학순 주교가 부임한 후 원주그룹에 의해 신협운동이 전개되면서 강원도 신협운동은 일대 발전의 전기를 맞이하였다. 1966년 11월 장일순은 원주신협을 설립하면서 원주지역에서의 신협운동을 개시하였고, 1969년 조합원강습회와 임원강습회의 개최, 진광중학교 부설 협동교육연구소의 창설, 1972년 신협 강원지구평의회를 창설하는 데 주도적인 역할을 하였다.

이 시기 장일순을 중심으로 한 원주그룹의 협동조합론은 1960년대 전국 각 지역의 신협운동이 협동교육연구원의 출신들에 의해 주도되었던 것과 같이 대체로 협동교육연구원의 신용조합론에 기반하였다.

어느 날, 신용협동조합 교육이 있다고 남으라고 하셔서 저도 다른 50여 분과 함께 그 교육을 받게 되었습니다. (…중략…) 무위당 선생님 주관으로 서울에서 강사가 두 분 오셔서 교육이 진행되었습니다. 협동조합의 역사적 전개과정에 대해 교육을 받으면서 생소하기는 했지만 신선한 점을 발견할 수 있었습니다. (…중략…) 무위당 선생님도 강의를 하셨습니다. 선생님은 우리 조상들의 전통문화인 두레, 계, 품앗이 등 다양한 협동의 문화를 소개하시고 돈이 중심이 되는 자본주의 모순을 해결하고, 더불어 함께 사람답게 살려면 협동운동을 펴 나가야 한다. 더구나 이농현상이 점점 가

---

41 장성본당의 신협은 1965년 말까지도 교회 안에서 미미한 활동으로 존속하였으나 광산 공소를 바탕으로 설립된 철암요셉신협과 황지신협은 그 활동이 중단되었다.

속화되고 은행 문턱이 높아 돈을 필요로 하는 사람들이 많아지다 보니 일
수놀이나 사채시장에 매달려 허덕이는 중소상인을 위해서도 신용협동조합
조직을 키워내어 땀 흘려 노력하는 민중이 대접받는 사회를 만들어 가자고
말씀하셨습니다.[42]

1966년 11월 원주신협의 설립과정에서 조합원강습회에 참여하였던
이경국의 언급과 같이 당시 교육에서는 영국 로치데일의 협동조합운동
과 그 지향점, 독일의 농촌과 도시를 기반으로 발전하였던 라이파이젠
신용조합과 슐체-데리취 신용조합, 더 나아가 20세기 초 캐나다와 미
국에서 전개되었던 신용조합 등 신협운동과 관련한 협동조합의 역사를
주로 다루었다. 당시 신협연합회와 협동교육연구원의 이념적 기반이
캐나다 안티고니쉬운동이었고, 원주그룹은 이에 기초해서 신협을 조직
하고 교육사업을 실시하였다. 안티고니쉬운동의 핵심은 지역민들이 교
육과 자체 공부 모임의 활동을 통해 지역문제의 현안을 인식하고 지역
사회개발을 위한 조직기반과 계기를 마련하며, 신협의 설립·운영을
통해 지역민의 협동 활동과 경제적 지위 향상, 그리고 지역사회개발운
동을 전개하는 것이었다. 즉, 안티고니쉬운동에 기반한 신협운동은 조
합원들 자체만의 협동 활동이 아니라 지역사회개발을 위한 참여와 이
를 주도할 수 있는 협동운동의 논리와 경험이 결합되어 있었다.[43]

당시 장일순은 신협연합회와 협동교육연구원에서 실시했던 협동조

---

42 이경국, 「무위당의 사상과 협동운동」, 『너를 보고 나는 부끄러웠네』, 녹색평론사, 2004,
    50~51쪽.
43 M. M. 코디, 유영 역, 『안티고니쉬운동』, 문왕사, 1968.

합의 교육 내용과 안티고니쉬운동에 기반해서 협동조합론을 전개하였다. 더 나아가서 한국의 전통적 협동조직인 두레와 계, 품앗이와 향약 등 다양한 한국의 협동문화를 바탕으로 돈이 중심인 자본주의의 모순을 극복하고 땀 흘려 일하는 민이 대접받는 사회를 만들기 위한 신협운동을 전개하고자 하는 협동조합론을 보여주었다. 이러한 장일순의 지향점과 협동조합론은 1960년대 후반에 원주그룹에 참여한 박재일에게도 커다란 영향을 끼쳤다.

원주에 오기 전까지는 협동적인 삶에 대해서 관심은 있었지만, 협동조합운동에 대해 문외한이었어요. 당시 가톨릭센터에서 무위당 선생님께서 '협동조합강좌'를 열고 계셨는데, 학교가 끝난 후 자연스럽게 참가하게 되었어요. 이 강좌에 참여하면서 자연스럽게 협동조합운동에 관심과 매력을 느끼게 되었고, 민의 자발적 협동조합운동의 일환으로 '신용협동조합운동'에 참여하게 되었습니다. 그 당시는 농촌에서 부락공동기금의 부정한 사용, 장리쌀, 고리사채 등이 성행하던 시절이라 서민들의 삶이 피폐하고 어려웠는데, 불신도 극심했습니다. 이런 분위기 속에서 어려운 사람들끼리 십시일반으로 서로 돕고 자립하는 길을 모색하여 함께 살아보자는 이 신협의 정신에 큰 매력을 느끼게 된 거죠.[44]

1970년 1월 박재일은 장일순이 주도한 '협동조합강좌'에 참여한 후 민간 주도의 자발적 신협운동에 매력을 느꼈으며, 장리쌀과 고리채문

---

[44] 윤형근, 앞의 글, 164쪽.

제의 극복 방안이자 농민들이 상부상조할 수 있는 방안으로서 신협운동에 주목하였다. 그 결과 박재일은 장일순의 협동조합론에 기초해서 협동조합을 인식하고 신협운동에 적극 나섰던 것이다.

원주그룹은 강원도지역의 농민들이 그들 스스로의 노력을 통해 고리채 등 사금융의 폐해와 근대화되지 못한 계의 폐해를 극복할 수 있는 유효한 경제적 협동조직으로 신협에 주목하였다.[45] 금융과 관련된 전통적 협동조직인 계가 신협조합과 유사한 측면이 많았으므로 고리대적 성격과 영리 위주의 계가 가지는 성격을 협동조합의 원칙과 협동운동에 기반한 신협으로 전환될 수 있도록 유도하면서 농민들의 경제적 지위 향상을 도모하였다.

한편, 이 시기 원주그룹의 협동조합론은 협동조합운동 중심적인 세계관과 인식론을 가졌던 것은 아니었다. 당시 신협운동을 주도한 원주그룹이 전적으로 협동조합적인 인식론과 세계관을 가지고 강원도지역에서 협동조합운동을 전개했던 것은 아니었으며, 사회운동과 협동운동의 일환으로 신협운동에 주목한 것이었다. 이는 원주그룹의 협동조합론이 갖는 초기적 성격을 보여주는 것이다. 1970년대 초 재해위를 조직한 후 부락개발운동에 기반한 협동조합운동을 본격적으로 주도하면서 점차 협동조합적인 인식론에 기초해서 협동조합론을 심화시켜 나갔고, 이를 통해 초기적 성격에서 벗어나 자체적인 협동조합론을 가지고 협동조합운동을 전개할 수 있었다.

---

[45] 「곗돈 떼어먹은 두 여신을 구속」, 『동아일보』, 1959.5.28. 이 기사에서 400여 명의 계원으로부터 2,000여만 환의 곗돈을 떼어먹고 행방을 감추었다가 경찰의 수배를 받았던 원주읍 평원동 김채봉(41)과 함영억(35)씨 등 두 여인은 검거되었다.

2) 1960년대 후반 원주신협과 협동교육연구소의 설립

(1) 원주신협의 창립과 운영

원주교구 창설 직후인 1966년 말부터 원주교구 내에서 원주신협의 창립을 비롯해 황지신협(1966.11.17), 문막신협(1966.12.19, 이사장 남 미카엘신부), 단구동신협(1968.2.25, 이사장 송형관), 삼척신협(1969.10.25, 이사장 홍종기) 등이 천주교회를 공동유대로 하여 사제들과 협동교육연구원의 수료생의 협조를 받아 설립되었다.[46] 1966년 11월 장일순은 원동성당 내에 원주신협을 설립하면서 신협운동을 본격적으로 개시하였다.

지학순 주교님께서도 신협이 처음 시작되었던 부산에서 사목하신 적이 있어서 원주교구에 신협조직이 필요하다는 생각에는 무위당 선생님과 의견이 다르지 않으셨습니다. 총회를 열어 무위당 선생님께서 이사장을 맡으시고, 저희들은 조합원으로 참여하여 가입금, 출자금을 내고 원동성당에서 신협조직을 태동시켰습니다. 매주 미사 후 출자금 증좌운동을 펴 많은 분들이 가입하고 참여하면서 신협은 원활히 운영되기 시작했습니다. 그 당시는 경제적 여건이 어렵고 삶이 각박하여 조합 출자금을 늘리는 것이 쉽지 않을 때였습니다. 그런데 처음 시작한 지 6개월도 안되어 무위당 선생님은 큰 시련을 겪게 됩니다. 실무를 보던 분이 출자금을 몽땅 털어서 행방불명이 되었기 때문에 많은 분들이 소요를 일으키게 된 것입니다. 당시 그 액수

---

46 천주교 원주교구, 『원주교구30년사』, 1995, 148쪽.

는 대단한 것이었습니다. 하지만 무위당 선생님은 주위 분들에게 돈을 꾸어 조합원의 피해를 막고 일을 조용히 수습하셨습니다.[47]

당시 원주신협은 신협연합회의 곽창렬과 신석호의 지도하에 3일간의 조합원강습회(11.9~11)를 거쳐 조합원 56명으로 창립(11.12)되었으며, 이사장과 회계이사에 이경식과 윤주학이 선출되었다.[48] 원주신협은 장일순의 주도에 의해 설립되었으며, 이경국·이경식·윤주학·조태원·박토마 등 원동성당 신자 56명이 가입금과 출자금을 내고서 참여하였다. 당시 신협에 참여한 조합원의 경제적 수준이 높지 않았으나 주일마다 조합원 증가운동과 출자금 증좌운동이 전개되면서 조합원의 수와 출자금은 1967년 5월 81명과 5만 원으로 증가되었다.[49] 그러나 원주신협은 창립된 지 6개월 만에 경리담당자의 회계부정으로 운영이 중단되었다. 당시 원주신협의 운영을 주도하였던 장일순은 피해를 입은 조합원들의 항의가 빗발치자 자신이 마련한 자금으로 조기에 사태를 수습하였다. 원주지역 신협운동 초기에 벌어진 이 사건으로 인해 장일순은 신협운동에 있어서 교육의 중요성을 절실히 깨닫게 되었다. 이

47　이경국, 앞의 책, 51쪽.
48　조합번호 136번이었던 원주신협은 지학순 주교의 적극적인 후원과 원동성당 최창규신부의 지도아래 조태원·박도마 등 두 조합원의 추진력으로 창립되었다(신협중앙회, 「신용조합신문 제5호(1966.11.27)」, 『한국신협운동사자료집』, 1989, 61쪽). 한편, 다른 자료에서 창립시 조합원수와 출자금은 35명과 64,190원이었으며, 이사장은 장일순이었다고 한다(신협연합회, 앞의 책, 478쪽).
49　1967년 5월 원주신협을 비롯해서 7개 조합이 신협연합회에 가입신청서를 제출하였는데, 당시 자료에 의하면 원주신협의 이사장은 이경식이었으며, 조합원수와 출자금은 각각 81명과 5만 원이었다(신협중앙회, 「신용협동조합 소식 제4권 제2호(1967.15.25)」, 『한국신협운동사자료집』, 1989, 65쪽).

는 향후 신협운동을 전개하면서 교육사업을 활발하게 추진하게 되는 주요 배경이 되었다.

한편, 원주신협 외에 협동교육연구원의 지원과 지도자강습회의 이수자들을 중심으로 원주교구 내에 설립되었던 신협들은 1960년대 후반 임원들의 경영 미숙과 신협연합회의 지도 미비로 인해 활성화되지 못하였다. 이에 따라 무보수로 신협의 설립을 주도한 신협지도자들은 생활상의 문제로 이농하게 되었고, 이들 지역의 신협운동은 전체적으로 정체되었다. 당시 원주그룹은 원주교구 내 침체된 신협운동을 활성화시킬 수 있는 방안을 모색했다.

(2) 협동교육연구소의 설립과 활동

원주그룹은 원주지역 신협운동의 발전적 전기를 마련하고자 1969년 1월 곽창렬·박현길·박정남 등 신협연합회의 지원하에 원주 가톨릭센터에서 조합원강습회와 임원강습회를 4일간(1.15~18) 개최하였다. 원주그룹은 이 강습회를 통해 강원도만이 강원지구평의회와 주재지도역이 부재하면서 강원도지역의 신협운동이 발전적으로 이루어지지 못한다는 인식을 갖게 되었다. 그 결과 강원도지역의 신협운동을 주도할 조직의 설립을 적극적으로 추진하였다. 1969년 10월 원주그룹은 원주교구 내 진광학교의 협동교육연구소 설립을 추진하였다. 협동교육연구소의 소장과 부소장은 진광중학교의 교장 장화순과 교감 김용연이었으며, 실무를 주도한 상임간사는 장상순이었다. 협동교육연구소의 설립목적은 학생들에게 협동교육을 실시하고 강원도 지역사회개발에 역점을 두는 신협운동의 보급과 조직 육성이었다.

그 후 선생님은 교회 안에서 조합을 하는 것보다 교회 밖에서 운동을 해 나가는 것이 바람직하다고 말씀하시고, 지 주교님과 상의하셔서 당시 진광학원에 '협동교육연구소'를 설립합니다. 협동조합운동은 오로지 교육을 통한 깨달음이 있어야 성공한다는 확신을 가지고 노력하셨습니다. 서울의 협동교육연구원에도 사람들을 파견하여 한 달간 교육을 받게 하여 강원도 전역에 신협운동을 확산하는데 큰 역할을 하셨습니다. 선생님 둘째 동생인 장상순선배가 자원봉사로 교육을 전담하는 일을 하셔서 '진광신협'이 설립되고, 선생님께서 설립하신 대성중고등학교 제자들과 뜻을 함께 하는 동지들이 '밝음신협'을 태동시키기에 이르렀습니다.[50]

당시 협동교육연구소는 협동교육연구원과 신협연합회의 신협지도자강습회를 수료한 장상순이 상임연구사를 맡았다. 협동교육연구소는 강원지구 신협 교도업무를 담당하면서 진광중학교의 학생들을 대상으로 한 학생교육과 성인교육을 병행하였으며, 가톨릭센터와 원주문화방송국을 이용하여 대중교육 활동을 실시하였다.[51] 1970년 5월 장상순은 신협연합회의 자원지도역에 임명되었으며, 진광중학교의 학생·교직원 238명이 참여한 진광신협의 창립(5.15)을 주도하였다.[52] 당시 진광신협은 설립된 지 1년 6개월 만에 250만 원의 자산을 확보하면서 수업료를 내지 못하는 학생들과 교직원의 고리대문제를 해결해 나가는

---

50 이경국, 앞의 책, 51~52쪽.
51 신협중앙회, 「신용협동조합소식 제36호(1971.11.30)」, 『한국신협운동사자료집』, 1989, 143쪽.
52 창립 당시 이사장은 김용연이었으며, 총자산은 47,070원이었다(신협중앙회, 「신용협동조합소식 제18호(1970.5.25)」, 『한국신협운동사자료집』, 1989, 97쪽).

등 착실하게 성장해 나갔다.[53]

　한편, 1970년 2월 협동교육연구원이 주최한 3주간의 지도자강습회 (2.2~21)를 수료[54]한 박재일은 협동교육연구소의 신협운동에 참여함으로써 강원지역의 교회와 농촌부락에 신협을 조직하고 지도해 나갔다.[55] 당시 진광중학교의 영어교사로 재직 중이었던 박재일은 협동교육연구원의 지도자강습회를 수료하고, 장일순이 개최한 세 차례의 협동교육 세미나(1970.2~1970.4)에 참석한 후 민의 자발적인 신협운동에 관심을 가지면서 협동교육연구소에서 활동하게 되었다.

　협동교육연구원에서 실시하는 21일간의 단기 지도자교육을 받았어요. 교육을 받고 자격을 얻어 장상순 씨를 따라 활동을 하게 되었고, 그때 지금 관설동에 있는 '세교신협'을 창립하게 되었지요. 다 농민들이라 낮에는 일하고 밤에는 그들과 같이 공부하고 하면서 신협을 준비했습니다. 그리고 호저면 영산에서도 신협을 만들기도 했고. 그 무렵에 진광학교에 협동교육연구소가 생기고 장상순 선생이 소장으로 혼자서 그 일을 맡게 되었는데, 이때 내가 자청을 했어요. 교단에 계속 있는 것보다 신협 일이 내 일이라고 생각한 거야. (…중략…) 아침에 도시락 하나 싸가지고 나가면, 대중교육

53　신협중앙회, 「신용협동조합소식 제36호(1971.11.30)」, 『한국신협운동사자료집』, 1989, 143쪽.
54　박재일은 1969년 9월 교육을 받았던 장상순의 뒤를 이어 협동조합연구원에서 교육을 수료한 것으로 보인다. 이 시기 협동교육연구원에서 3주간의 교육이 실시된 것은 1969년 12월과 1970년 2월뿐이었다. 12월 교육의 경우, 교육장소가 부산이고 대상자가 경상도민이었다. 그러므로 박재일은 서울에서 전국자원지도자들을 대상으로 개최된 2월교육을 수료하였던 것이다(협동교육연구원, 『협동교육연구원 10년의 역사』, 1972, 26쪽).
55　신협중앙회, 「신용협동조합소식 제19호(1970.6.25)」, 『한국신협운동사자료집』, 1989, 99쪽.

인 시내버스 타고 우선 종점까지 가서 다시 시내 쪽으로 걸어내려 오면서 모내기도 거들고 하면서 사람들을 만나 얼굴을 익히고, 새참 나눠먹고 막 걸리도 얻어먹고 하면서 자연스럽게 협동적인 삶과 협동조합의 필요성 같은 것에 대해 이야기를 나누고 하면서 홍보도 하고 그랬어요.[56]

위의 언급과 같이 1970년 8월 박재일은 장상순과 함께 원성 호저면의 영산신협(이사장 이상근)과 원성 판부면의 세교신협(이사장 이용열)의 창립을 주도하였다. 창립 당시 영산신협은 가톨릭신자 39명이 조합원으로 참여하였고, 세교신협은 세교동 부락민 38명을 공동유대로 하여 창립되었다.[57] 요컨대 장상순과 박재일에 의해 주도된 협동교육연구소는 1972년 6월 신협 강원지구평의회가 설립되기 전 강원도지역에서 일종의 신협연합회의 계통기구로서 중요한 역할을 수행하였다.[58] 또한 1970년대 재해위가 주도했던 강원도지역의 협동조합운동이 전개되기 이전에 이미 원주지역에서 이를 추진하기 위한 구상과 활동이 있었음을 보여주었다.

---

56 윤형근, 앞의 글, 164~165쪽.

57 영산신협(8.23)은 창립 당시 가톨릭 신자를 공동유대로 하여 조합원 39명과 출자금 6,600원으로 설립되었으며, 세교신협(8.25)은 조합원 38명과 출자금 4,300원으로 창립되었다(신협중앙회, 「신용협동조합소식 제21호(1970.8.25)」, 『한국신협운동사자료집』, 1989, 109쪽).

58 천주교 춘천교구는 1969년 9월 협동교육연구원의 신협 지도자강습회를 이수한 후 신협연합회로부터 지원지도역으로 임명된 정의석을 중심으로 춘천교구 관내인 강원도 북부지역의 신협운동을 담당케 하였다. 그러나 1973년 중반 개인적 사정으로 정의석이 사퇴하면서 1970년대 강원도지역의 신협운동은 협동교육연구소와 재해위에서 주도하였다(신협연합회, 앞의 책, 479쪽).

3) 1970대 초 밝음신협과 신협 강원지구평의회의 창립

(1) 밝음신협의 창립

협동교육연구소를 중심으로 신협운동이 전개되었던 1971년 5월, 장일순의 대성고 제자들은 원주지역을 공동유대로 하는 도시신협의 설립을 추진하였다.[59] 1971년 6월 이들은 2차 모임(6.27)을 갖고 신협의 목적을 상부상조·생활개선·경제자립에 두면서 설립준비위원에 김태환·라영수·홍고광·이대성·최희웅을 선임하였다. 1971년 8월 장상순의 지도를 통해 조합원강습회(8.8)를 받았으며, 8월 말 5차 모임(15명)에서 협동조합교육(8.25)이 이루어졌다. 당시 설립준비위가 구성되었으며, 준비위원장과 부위원장에 김태환과 손창성이 선임되었다. 8월 31일 밝음신협은 원주 가톨릭센터에서 창립총회(32명)를 통해 설립되었다. 창립 당시 이사장 박일송, 부이사장·교도위원장 장상순, 서기이사 김태환, 회계이사 신재욱, 평이사 손창성 등이 선출되었다.[60]

그 밝음신협이 인제 구성원들은 밝음신협 팀으로서 구성은 됐지만은, 초창기에는 그 재해대책사업위원회 사람들이 깊이 관여를 했어요. 임원으로도 관여를 하고, 또 실지 그 거래관계에서도 조합원으로서도 관여하고. 그러고 제일 중요한 게 이제 무위당 장일순 선생님이 밝음신용협동조합 하게 되면 협동조합의 어떤 근본적인 정신을 제대로 유지해서 가도록 조언을 많

---

59 원주밝음신용협동조합, 『더불어 살아온 밝음 30년』, 2001, 13~14쪽.
60 그 외 여신위원장 최규택, 여신위원 김청조·김동문, 감사위원장 이대성, 감사위원 김성근·최재하가 선출되었다(밝음신협, 「창립총회(1971.8.31)」, 『제1~7차 정기총회의사록』, 1980).

이 해준 덕이죠. 그리고 또 대성학교 출신들이 주축이 되다 보니까 장일순 선생이 그냥 사회적으로만 그냥 관계가 있는 게 아니라 학교 다닐 때부터 사제지간 관계가 있었으니까 아무래도 영향이 깊죠.[61]

당시 밝음신협의 창립은 대성고 4회와 5회 출신이 주도하였다. 창립 시 초대 이사장에 장일순을 추대하려는 움직임이 있었으나 공식적으로 박일송이 이사장에 올랐다.[62] 1972~73년 밝음신협의 제2차, 제3차 총회에서 원주그룹의 장상순과 김인성이 각각 이사장에 오르면서 1970년대 전반 밝음신협의 토대 마련과 발전에 크게 기여하였다.[63] 밝음신협의 창립은 장일순, 장상순, 홍고광 등 원주그룹의 주도하에 이루어졌다. 이후 김영주, 이경국, 김상범, 정인재, 박재일 등이 조합원으로 가입하면서 단순히 금융기관 차원이 아닌 신협운동에 기반한 운영과 지역개발사업을 활발히 전개하도록 하는데 커다란 영향을 끼쳤다.[64] 아울러 밝음신협은 1970년대 신협 강원지구평의회의 조직과 운영에 영향을 미쳤으며, 1970년대 말~1980년대 전반 사개위가 주도하였던 농촌지역의 소비조합운동과도 밀접한 관련을 가졌다. 요컨대 밝음신협 의 창립과 활동은 1967년 원주신협의 실패 이후 원주그룹에 의해 주도된 신협운동의 일환이었으며, 1970년대 초 강원지구평의회의 조직과

---

61 2011년 7월 3일, 김상범 (주)살림농산 대표 구술(원주 밝음신협 4층 무위당기념관).
62 2011년 7월 3일, 김상범 (주)살림농산 대표 구술(원주 밝음신협 4층 무위당기념관).
63 밝음신협, 「1972년도 정기총회(1972.2.4)」, 『정기총회 의사록(1차~7차)』, 1980; 밝음신협, 「협의회(1973.10.20)」, 『정기총회 의사록(1차~7차)』, 1980.
64 1970년대 원주에는 중소상인을 공동유대로 하여 창립된 '원주신협'(1973.3.9)이 별도로 있었다. 밝음신협이 대체로 중소상인 이하 영세서민들을 조합원으로 하여 운영되었던 것에 비해 원주신협은 지역의 유력상인을 중심으로 중소상인들이 결합된 형태였으며, 단순한 금융기관적인 성격을 가지고 운영되었다.

활동, 1980년대 전반 사개위가 주도한 농촌지역 소비조합운동과 밀접한 관련을 가지며 전개되었다.

(2) 신협 강원지구평의회의 창설

1969년 1월 조합원과 임원강습회를 개최한 결과 원주그룹은 강원도 지역의 신협운동 활성화와 발전을 위해서 이를 주도할 신협연합회의 계통기구인 강원지구평의회의 설립이 시급하다는 인식을 갖게 되었다. 그 결과 1969년 협동교육연구소를 설립하여 강원지구의 제반 현안들을 해결하도록 하였으며, 1970년 협동교육연구소의 장상순과 박재일의 주도로 진광신협·영산신협·세교신협의 설립을 추동하면서 강원지구평의회의 창립을 위한 기반을 마련해 나갔다.

〈표I-3〉 전국 지구평의회 설립 현황(1972.12)

지구별	설립일	소재지	간사장
부산지구평의회	1962.9.7	부산시 서구 동대신동 418	김정배
서울지구평의회	1963.10.3	서울 중구 을지로2가 삼화인쇄	이주식
거제지구평의회	1964.12.5	경남 거제군 동부면	옥치섭
제주지구평의회	1964.3.10	제주도 북제주군 한림읍 이시돌센터	김정민
충북지구평의회	1964.3.22	충북 청주시 서운동 91	이호진
인천지구평의회	1965.3.3	경기도 인천시 도화동 박문여고	노병건
경북지구평의회	1966.12.18	경북 대구시 중구 동성로2가 174	최치규
남해지구평의회	1968.7.6	경남 남해군 남해읍	곽봉렬
충남지구평의회	1969.5.24	충남 대전시 은행동 상공회의소 2층	오덕균
전북지구평의회	1969.5.24	전북 전주시 서노송동 601	이용호
전남지구평의회	1970.5.8	전남 광주시 금남로 YMCA회관	박재봉
경남(서부)지구평의회	1971.9.17	경남 진주시 옥봉동	이원갑
강원지구평의회	1972.6.17	강원도 원주시 단구동 진광중학교	김용연

출전: 신협연합회, 『신용협동조합사료집』, 1973; 신협중앙회, 『한국신협운동사자료집』, 1989; 신협중앙회, 『신협운동30년사』, 1991.

<표I-4> 신협 강원지구평의회 창립시 임원 현황

직책	성명	소속(신협)	창립연월일	소속
간사장	김용연	진광신협	1970.5.15	진광중학교 교감
교도간사	남미카엘	문막신협	1971.12.31	문막천주교회 신부
회계간사	김태환	밝음신협	1971.8.31	대성중학교 교사
홍보간사	최규택	영랑신협		영랑학원 교장
평간사	김영복	원주신협	1966.11.12	상업
	최복규	신림신협	1970.2.22	농업
	원용옥	세교신협	1970.8.25	농업
감사	백종석	청파신협	1972.10.14	춘천체신노조 분회장
	이우현	평창신협	1971.8.31	주유소 경영
	신동익	원주신협	1966.11.12	천주교 원주교구청 근무

출전 : 신협연합회, 『신협운동20년사』, 1980; 신협중앙회, 『한국신협운동사자료집』, 1989.

1972년 4월 협동교육연구소가 주도한 원주원성지구 신협임원 강습회(4.26)가 25명이 참가한 가운데 실시되면서 발전의 계기가 마련되었다. 그 결과 1972년 6월 12개 단위조합 중심으로 〈표 I-3〉과 같이 전국에서 13번째로 신협연합회 강원지구평의회가 창립되면서 강원지역의 신협운동을 획기적으로 발전시킬 수 있는 조직기반이 마련되었다. 〈표 I-4〉와 같이 당시 간사장은 협동교육연구소의 부소장이었던 김용연이 맡았으며, 강원지구평의회의 사무실을 협동교육연구소에 두고서 자원지도역인 장상순이 평의회의 업무를 집행토록 하였다.

한편, 1972년 8월 신용협동조합법이 공포되면서 단위조합은 신협법에 의거, 재무부의 인가와 법원등기를 마쳐야 했다. 1972년 10월 12개 조합이 모여 법인설립 지도강습회를 개최하였으며, 1972년 12월 9개 조합과 1973년 3월 8개의 조합이 차례로 재무부인가를 받았다.[65] 1973

65　당시 원주신협·단구동신협·영랑신협은 법인설립 인가과정에서 원주밝음신협에 합병되었다.

〈그림 I-3〉 제1차 강원지구평의회 신협 단기지도자교육에 참여한 연수생

년 10월 인가를 받은 단위조합들이 모여 임원강습회와 강원지구평의회의 개편총회(10.27~28)를 갖고 회장과 간사에 각각 김인성과 장상순이 선임되면서 신협 강원지구평의회의 조직과 활동은 본궤도에 오를 수 있었다.[66]

강원지구평의회는 신협연합회의 계통기구로써 단위조합의 이사장들이 모여 조합 간의 정보교류와 유대·협력을 추구하는 기구이자 강원도지역의 신협운동을 주도적으로 이끌어 나갈 조직이었다. 장일순과 장상순, 박재일 등 원주그룹은 강원도지역의 신협운동을 추동하기 위

---

[66] 1975년 1월 7일 신협연합회는 강원지구평의회의 지도역에 밝음신협 전무였던 이병욱을 임명하였고, 1975년 5월 10일 강원지구평의회의 사무실을 진광중학교 내 협동교육연구소에서 원주교구 교육원으로 이전하였다(신협연합회, 앞의 책, 479~480쪽).

〈그림 I-4〉 1970년대 후반 신협 강원지구평의회(회장 장상순)의 운영위원회 회의 광경

해 강원지구평의회의 설립을 추진하였다. 그러나 1972년 8월 남한강 유역 대홍수가 발생하면서 원주그룹이 주도하는 재해위가 설립되었고, 원주그룹이 주도하는 신협운동의 중심축은 재해위에 의한 협동조합운동으로 이동하였다. 그 결과 강원지구평의회의 조직과 역할은 1970년대 말 신협 강원도지부로 개편되면서 신협연합회로부터 신용사업과 지도사업 등의 업무를 이전받기 전까지는 실제 강원도지역의 신협운동을 주도할 조직적 기반과 재정적 기반을 갖추지 못하였다. 재해위의 김인성과 장상순 등이 1970년대 강원지구평의회의 회장직을 수행하게 되면서 강원도지역의 신협운동은 재해위를 중심으로 한 원주그룹에 의해 주도되었다.

제2부

—

수해복구사업과 부락개발운동

—

제1장

새마을운동과 제2차 원주그룹

1. 박정희정권의 농촌부흥정책과 새마을운동

1970년대 한국 농촌사회는 커다란 변화의 시기였다. 1960년대 초 군사쿠테타로 정권을 잡은 박정희정권은 초기부터 농촌근대화를 역설하였다.[1] 또한 1960년대 본격적인 경제개발계획의 추진에 따른 도농 간 소득격차문제의 심화와 농업부문의 정체에 따른 수출지향적 산업화의 한계, 정권의 실정에 따른 농민의 지지 이반 등을 타개하고자 1967

---

[1] 박정희정권은 '5·16군사쿠테타' 이후 농촌근대화를 정부의 시급한 과제로 인식하였다. 이러한 인식은 경제개발계획 초기 내포적 공업화로 연결되었으며, 구체적으로 1960년대 재건국민운동과 제1차 농어민소득증대특별사업 등으로 나타났다(이환병, 「모범농민·마을의 성장과 농촌새마을운동」, 성균관대 박사논문, 2011, 142~143쪽).

년 제2차 경제개발5개년계획을 통해 농공병진정책을 표방하면서 다양한 농촌부흥정책을 추진하였다. 1960년대 후반 박정희정권은 제1차 농어촌소득증대특별사업과 양곡증산을 위한 고미가정책의 추진, 1970년대 전반 통일벼의 보급과 이중곡가제의 실시 등을 통해 국가가 농업생산기반의 확충과 생산과정에 개입하고, 마을가꾸기사업과 새마을운동의 추진을 통해 농업근대화를 실현시키고자 하였다.

이 시기 박정희정권이 추진한 일련의 농촌부흥정책은 1960년대 후반 3선개헌의 추진과 점차적인 농민의 이반, 연이은 선거와 농민지지의 확보라는 정치적 요인,[2] 제2차 경제개발5개년계획을 추진하면서 1960년대 농업부문의 정체와 농가경제의 악화가 한국 자본주의 성장의 장애로 작용하여 농업부문에 대한 일정한 지원이 불가피하다는 인식의 소산이었다. 특히, 1960년대 후반 양곡생산력의 저위와 양곡생산의 정체는 1967년부터 외곡도입의 급증에 따른 국제수지 악화로 나타났다.[3] 당시 정책당국뿐만 아니라 국내자본도 농업부문에 대한 식량증산을 통해 국제수지상 부담을 완화시켜 줄 것을 요구하였으며, 공산품에 대한 농촌구매력의 저위 문제 타개와 농촌시장 확대를 위한 제반 정책의 실시를 요청하였다.[4] 이러

---

2   당시 농가경제의 악화는 사회불안을 가중시키는 사회적 문제로 인식되면서 중요한 정치적 쟁점이 되었다. 1967년 대통령선거에서 신민당은 이중곡가제와 비료가격 반감을 선거공약으로 내걸었으며, 1969년 4월 '이중곡가제 실시에 관한 임시조치법'을 제안하였다. 당시 공화당과 농림부 내에서도 곡가지지에 대한 필요성을 언급하고 신문과 사회여론도 그러한 방향으로 움직였으며, 1969년 3선개헌을 추진한 박정희정권은 이를 도외시할 수 없었다(조영탁, 「1960년대 이후 양곡관리정책의 변화와 그 성격에 관한 연구―국가개입방식의 변화와 그 효과를 중심으로」, 서울대 박사논문, 1993, 61쪽).

3   1970년대 초 외곡도입액은 한국 총수입액의 10%가 넘는 2억 달러에 달하였을 뿐만 아니라 총수출액에서 양곡도입액이 차지하는 비율은 1969~71년경 20%에 달하였다(위의 글, 57~58쪽).

4   1970년 경제기획원은 1960년대 한국경제를 평가함에 있어 "산업간 불균형성장이 공업

한 상황 하에서 박정희정권은 1968년 제1차 농어민소득증대정책과 고미가정책의 실시, 1970~72년 새마을가꾸기사업과 새마을운동의 전개, 다수확품종인 통일벼 보급, 1973년 이중곡가제 등을 실시해 나갈 수 있었다.

1970년대 새마을운동은 1970년 4월 22일 한해대책 지방장관회의에서 제창된 '새마을가꾸기운동'에서 착수되었다. 당시 정부는 새마을가꾸기사업의 방안으로 마을안길 넓히기, 소하천 가꾸기, 공동우물 설치, 지붕 개량 등 10종의 예시사업을 계획하였다. 1970년 10월부터 1971년 6월까지 전국 33,267개 마을을 대상으로 마을당 시멘트 335포씩을 무상제공하는 한편, 마을의 숙원사업을 주민들의 결정으로 추진토록 하면서 마을가꾸기사업은 전국적으로 일시에 확산되었다.[5] 마을가꾸기사업은 개인적이고 개별적인 성격이 아닌 마을단위의 공동체적 성격의 사업이었으며, 대다수 마을주민들의 공동노동에 의해 이루어질 수 있도록 추동되었다.[6] 당시 전국적으로 추진된 이 사업은 박정희정권이 1960년대부터 추진한 일련의 농촌부흥정책의 연장선상에서 농민의 일정한 지지 속에서 시행되었으며, 1961년 재건국민운동, 1964년 자조근로사업, 1968년 농어촌소득증대특별사업 등의 정책추진을 통해 실패를 경험했던 박

추진 자체를 위협하는 문제로 대두되었고, 도농간 소득격차로 사회적 문제의 야기가 우려"된다고 하면서 농업의 정체가 도농간 소득격차문제와 공업품에 대한 농촌구매력의 저위문제, 외곡도입 문제가 한국경제의 고도성장에 장애가 됨을 언급하였다. 한편, 1971년 전국경제인연합회는 '고미가 건의'를 제기하였으며, 대한상공회의소(1971)와 전국경제인연합회 경제·기술조사센터(1974)에서도 '해외시장 의존적 개발방식의 한계'라는 논지 하에서 농업개발을 기초로 하는 내포적 산업전략으로서의 성장전략 전환 혹은 해외경제 여건의 쿠션역할로써 농공간 상호개발에 의한 내포적 공업화를 언급하였다(위의 글, 62~64쪽).

5 손종호, 『한국농정의 발전사』, 민성출판사, 1980, 251~252쪽.

6 하재훈, 「박정희체제의 대중통치새마을운동의 구조·행위자 상호작용을 중심으로」, 경북대 박사논문, 2006, 110쪽.

정희정권에게 '최초의 성공'이자 새로운 동원을 위한 계기가 되었다.[7] 당시 전국적으로 추진된 새마을가꾸기사업은 '농촌부흥운동' 또는 '마을가꾸기사업'의 성격을 가지는 것으로 범국민적인 동원을 통한 운동은 아니었다.[8] 그러나 1972년을 전후한 일련의 과정을 거쳐 새마을가꾸기사업은 1971~72년 지붕 개량, 우수마을 중심의 자재공급계획 등과 같은 세부사업들이 확정되면서 새마을운동으로 전환되어 갔다.

이 시기 새마을운동이 추진된 주요 배경은 크게 농촌 내부의 사정, 경제상황과 경제정책의 변화, 박정희 대통령을 중심으로 한 중앙정부 및 지방정부의 영향력 확충, 1972년을 전후한 시기의 대내외적 상황, 유신체제의 성립 등으로 살펴볼 수 있다. 1960년대 후반~1970년대 초 새마을운동이 개시될 수 있는 조건이 성숙되어 있었다. 첫째, 농촌 사회 내부의 변화가 나타났다. 이의 대표적인 것이 바로 1960년대 성장한 '모범농민'과 '모범마을'의 출현, 마을 내 다양한 자치기구 등의 존재였으며, 이를 통해 새마을운동은 초기 농민의 일정한 지지 속에서 추진될 수 있었다. 둘째, 모범마을·모범농민을 중앙정부와 연결시키는 '모범공무원'이 존재했는데, 이들은 모범부락에 주목하고 이를 중앙정부와 연결하면서 농민들을 동원할 수 있는 기술적인 능력을 가지고 있었다. 셋째, 시멘트, 슬레이트, 철근 등 환경개선에 필요한 각종 자재의 공급체계 확립과 비닐하우스, 농약, 비료 등의 농자재 공급능력의 확립도 중요한 요인이었다. 넷째, 새마을가꾸기사업이 성공적으로 추

---

7   박진도·한도현, 「새마을운동과 유신체제─박정희정권의 농촌새마을운동을 중심으로」, 『역사비평』, 역사비평사, 1999 여름, 46~47쪽; 위의 글, 104~108쪽.
8   하재훈, 위의 글, 109쪽.

진되고, 예상 외로 농민의 지지를 결집시킬 수 있는 계기가 마련되면서 새마을운동으로의 발전을 추동하였다. 다섯째, 1969년 삼선개헌, 1971년 4~5월 대통령선거와 총선에서의 고전, 1971년 12월 국가비상사태 선포 등에 따른 농촌에서의 지지기반 상실과 교련반대운동, 부정선거를 막기 위한 선거참관운동, 언론인들의 언론자유수호선언, 대학교수들의 대학자주화선언 등 학생과 지식인의 저항이 현실화되었다.[9] 박정희정권은 이러한 대내외적 위기를 타개하기 위해 유신체제의 수립을 준비해 나가는 한편, 농민들이 일정하게 지지를 나타낸 새마을가꾸기사업을 새마을운동으로 전환을 추진하였다.[10]

1972년 박정희정권은 34,665개 자연부락 중 사업성과가 좋은 16,600개 부락을 선정하여 마을당 시멘트 500포와 철근 1톤씩을 나누어 주되, 우수마을부터 우선적으로 지원한다는 원칙하에 자립마을 2,307개, 자조마을 13,943개, 기초마을 1,845개 등 3단계의 분류를 통해 차등지원 하면서 새마을운동을 본격적으로 추진해 나갔다. 정부는 이를 통해 모든 마을이 기초마을에서 자조마을로, 자조마을에서 자립마을로 발전해 나가도록 하였다.[11]

1972년 정부는 새마을운동이 정신계발과 환경개선, 소득증대 등 삼위

---

9 위의 글, 109쪽.
10 이환병, 앞의 글, 139~148쪽.
11 당시 마을분류의 내용을 살펴보면 기초마을은 새마을사업이 이제 막 시작된 마을로 주로 농로확장과 지붕 개량, 소하천보수, 공동빨래터 만들기 등 새마을가꾸기사업을 실시하는 마을이었으며, 정부로부터 시멘트 500포와 철근 1톤이 지급되었다. 자조마을은 소하천가꾸기, 다목적소류지 등의 사업을 추진하는 한편, 노외사업과 공동묘장, 공동농상을 통해 마을공동기금 50만 원의 조성을 목표로 하였다. 자립마을은 공동소득사업과 생산기반시설, 문화복지사업과 생산협동사업 등을 추진하며, 마을공동기금 100만 원 이상을 목표로 하였다(내무부, 『새마을운동10년사』, 1980, 208~213쪽).

일체가 되는 방향으로 전개되도록 하였다. 먼저 1972년 1월 정부는 농협을 통해 독농가연수원을 설치하면서 새마을지도자와 독농가를 대상으로 새마을정신의 지속적인 계발과 새마을운동 선도요원의 양성을 위한 새마을교육사업을 중점적으로 추진하였다. 또한 새마을생산소득증대운동으로서 농협 주도하의 협동회, 작목반, 부녀회, 일조금고 등을 조직하여 생산증대와 저축활동 등의 사업을 본격적으로 추진하였다.[12] 소득증대사업의 추진을 통해 내무부 주도의 환경개선10대사업과 기존 농림부가 추진한 식량증산 및 소득증대특별사업과의 연관성이 중시되었다. 1973년 이후 새마을운동에서 소득증대사업이 중요해지면서 환경개선사업에 대한 정부의 지원은 점차 감소되고 소득증대사업에 대한 지원이 늘어났으며, 각종 사업의 성격에 따라 정부부서에 배정되기 시작하였다. 그 결과 기존 내무부가 담당한 환경개선사업 외에 소득증대사업은 농수산부와 상공부, 정신계발사업은 내무·문교·문화공보부, 복지환경부문은 보건사회부가 담당하는 방향으로 변화되었다. 당시 소득증대사업이 새마을운동의 핵심이 되면서 새마을운동의 중심부서는 점차 농수산부와 농협 등 농업 관련 부서로 이동하였다. 이 과정에서 새마을운동과 농수산부가 추진 중이었던 소득증대사업과의 통합이 모색되었으며, 1972년부터 실시된 제2차(복차) 소득증대특별사업이 1974년부터 새마을소득증대특별사업으로 명칭이 변경되고 통합되었다. 당시 새마을소득증대사업은 주로 겸업, 증산장려를 위한 이중곡가제, 통일벼 보급을 통한 주곡자급, 복차소득증대사업의 실시 등으로 추진되었다.

---

12 손종호, 앞의 책, 253~254쪽.

한편, 새마을운동 시기 정부에 의해 농촌부락 단위를 중심으로 추진
된 협업이나 협동노동은 크게 8가지로 분류될 수 있었다. 구체적인 협
업이나 협동방식은 농가생산, 부업을 위한 공동노동, 농업용 기계 및 자
재의 공동구입·이용·관리, 농촌생활필수품의 공동구입, 공동기금의
마련, 공동이용시설의 건립, 농산물의 공동출하, 소비구매를 위한 협동
조합의 설립 등이었다.[13] 당시 농촌부락에서 소득증대사업의 주도적 역
할은 농협이 담당하였다. 농협이 주로 추진한 협업사업은 협업생산을
위한 공동축산, 작목반의 운영, 마을양묘, 집단조림 등이 대표적이었다.
협업이 성공하기 위해서는 농협이 농산물의 생산과 판매를 부락단위로
통합해야 했으나 당시 농협은 공동소비나 상부상조를 위해 구판장과 마
을금고 설치, 모내기철 협업노동 등에 치중하고 농산물의 공동매입·판
매는 추진하지 않았다.[14]

　새마을운동은 초기 근면·자조·협동정신에 기초한 주민의 자발적 참
여를 중시하였으나 1972년부터 마을가꾸기사업에 정신계발·소득증대
사업 등이 추가·확대되고, 이를 수행하기 위해 정부 차원의 추진협의회
가 조직되면서 관 주도의 운동으로 급속히 변화되어 갔다. 1972년 3월
중앙에는 내무부장관을 위원장으로 하여 관계부처의 차관급으로 구성되
는 새마을운동중앙협의회가 구성되었으며, 각 도·시·군단위에서 도지
사와 시장·군수를 위원장으로 하는 새마을운영협의회, 각 읍·면단위
에서 읍·면장을 위원장으로 하는 새마을추진위원회, 각 리·동단위에
서 리동개발위원회가 구성되었다. 리동개발위원회는 부락단위의 각종

13　이환병, 앞의 글, 262쪽.
14　위의 글, 218~219쪽.

조직과 자생조직의 실질적 대표자를 망라하여 15명 내외로 구성되었다. 리동개발위원회의 위원장은 새마을지도자 또는 이장이 맡도록 하였으며, 그 밑에 농사개량구락부 · 생활개선구락부 · 새마을청소년회 · 부녀교실 · 마을금고 등을 두도록 하였다.[15]

농촌부락의 단위조직은 각 급 행정기관장이 위원장으로 임명되었으며, 위원회의 위원에는 유관기관 관계자들이 중심적으로 참여하였다. 이 과정에서 농촌부락 내 최고의사결정기구이며 부락민의 자치조직이었던 '마을회의'가 공식적인 새마을운동조직으로 편입되었다. 당시 마을 전 주민의 의사결정기구이자 생활공동체였던 마을회의를 새마을운동조직 내로 편입시켰다는 것은 국가통치기구의 구조적 확장을 의미하는 것이었다.[16] 그 결과 새마을운동은 "중앙→시 · 도→시 · 군→읍 · 면→마을"에 이르기까지 일사불란한 조직체계를 갖추었으며, 그 정점에서 대통령이 직접 챙기는 형태로 추진되었다.[17] 1972년 '10월유신'의 대통령 특별선언을 통해 "새마을운동을 국가시책의 최우선 과업으로 추진한다"고 명시하면서 중앙부처와 각급 협동조합 중앙회, 그리고 도 · 시 · 군 · 구에 새마을운동을 전담하는 공식적 행정조직체인 새마을담당관과 마을지도과 등이 생겨났다. 1973년 11월 제1차 새마을지도자대회에서 새마을운동이 '유신의 실천도장'으로 강조되면서 유신체제와 밀착된 새마을운동은 초기의 농촌개발운동에서 벗어나 정치적인 국민운동으로 변모 · 확산되었다.[18]

15　내무부, 앞의 책, 164~166쪽.

16　하재훈, 앞의 글, 120~122쪽.

17　이러한 조직체계는 1960년대 박정희정권에 의해 주도된 국가재건운동이 비록 실패하였음에도 불구하고 새마을운동의 조직화에 그대로 적용되었다. 즉, '위로부터의 조직화'라는 측면에서 국가통치기구와의 조직적 연계 속에서 마을단위까지 중앙집권적 조직체계가 구축될 수 있었으며, 마을단위의 조직활동가까지도 포섭하였다(위의 글, 105쪽).

한편, 1975년 새마을운동중앙협의회의 참여 부서가 15개 부처에서 22개 부처로 확대되었으며, 마을단위의 모든 조직들이 새마을협의회에 흡수·통합되었다. 이후 농촌을 대상으로 하는 모든 사업이 새마을운동 이라는 이름으로 추진되었다. 농림부의 농업정책, 보건사회부의 여성정 책 등도 모두 새마을운동이라는 이름으로 추진되었다.[19] 이들 사업의 추 진은 대체로 환경개선사업과 소득증대사업을 중심으로 전개되었으나 1974~75년을 기점으로 현저히 감소되었다. 이것은 본질적으로 새마을 운동의 무게중심이 도시부문운동으로 전환되었기 때문이었으며, 농촌새 마을운동에서 전개된 공동체중심의 사업이 한계에 도달하였고 새로운 방향으로의 전환이 이루어지지 못하였음을 의미하였다.[20]

2. 남한강 대홍수와 재해대책사업위원회

1) 남한강 대홍수의 발생과 서독 가톨릭 외원기관의 원조

1972년 8월 19일 중부지역을 중심으로 남한 전역에 집중호우가 내려 남한강유역에 대홍수가 발생하는 등 전국적으로 큰 수해를 당하였다. 8

---

18 막신노·한도현, 앞의 글, 48~49쪽.
19 하재훈, 앞의 글, 152쪽.
20 위의 글, 187쪽.

〈표 II-1〉 전국 대홍수 피해 현황(1972.8.19) (단위 : 1,000

구분		서울	부산	경기	강원	충북	충남	전북	전남	경북	경남
이재민		230,938	38	53,551	47,617	37,617	257	295	10,310	5,724	2
인명 (인)	사망	213	1	104	43	25			2	10	
	실종	65		14	23	19				9	
	부상	153	2	100	37	94			3	16	
건물 (동)	유실	37		192	1,092	653			9	151	
	전파	487	2	957	766	3,108	39	48	72	381	
	반파	972	3	783	1,246	693	36	5	59	277	
	침수	21,810		8,405	3,398	2,985			441	692	
	부속			19	30	99	11	5	4	121	
농경지 (정보)	전	108		662.8	1,186.50	70.7	5.9	0.8	14.2	216.3	
	답	13		1,301.20	706.7	122.05	54.2	2.6	50.9	463.7	3
농작물 (정보)	전작	553		1,347.60	5,233.70		97	0.8	741.6	1,989.20	564
	답작	335		8,786	3,330	3,626	4,045.90	36.6	1,666.20	2,833.80	2,190.2
피해액		1,516,900	1,034	3,843,836	3,548,138	1,636,710	576,479	21,911	569,423	986,647	307,58

월 22일자 전국재해대책본부가 집계한 서울과 중부 일원의 집중호우로 인한 총 피해상황은 〈표 II-1〉과 같이 이재민 386,268명, 인명피해는 사망 398명과 실종 130명, 부상 405명을 포함하여 933명에 달했으며, 재산피해는 132.7억 원으로 추계되었다. 재산피해는 건물피해가 유실 2,134동, 전파 5,882동, 반파 4,075동, 소파 811동, 침수 37,756동으로 도합 50,955동에 달했으며, 농작물 피해 37,571톤, 농경지 4,984정보가 유실 또는 매몰된 것으로 파악되었다. 지역별 피해액은 경기도 38억 원, 강원도 35억 원, 충북 16억 원, 서울 15억 원 등이며, 인명피해는 서울 431명, 경기 218명, 충북 138명, 강원 103명 등이었다.[21]

당시 남한강유역의 집중호우로 인한 대홍수로 원주교구 관내 9개

---

21 「人命被害 933人 災害 最終集計 罹災民 38萬 · 財産132億」, 『每日經濟新聞』, 1972.8.22.

<표II-2> 원주교구 관내 9개 시·군 남한강유역 대홍수 피해 현황

구분	피해액 (억원)	가옥피해(동)			인명피해(명)			농지유실 ·매몰(정보)	이재민 (명)
		유실 전파	반파 침수	소계	사망 실종	부상	소계		
원주시	1.5	39	1,550	1,589		4	4	33.5	8,117
원성군	16.6	401	637	1,038	18	22	40	1,137	21,435
횡성군	5.5	32	82	114	3	3	6	309	684
평창군	7.2	145	1,068	1,213	5	1	6	573.5	4,249
정선군	9.8	1,166	726	1,892	9	1	10	651	7,141
영월군	18	1,061	2,065	3,126	11	5	16	853.7	27,788
삼척군	10	487	951	1,438	6		6	140.9	15,558
단양군	44.7	1,634	1,599	3,233	9	291	300	272.3	15,404
제천군	22	1,030	377	1,407	5	3	8	936.7	8,353
총계	135.3	5,995	9,055	15,050	66	330	396	4907.6	108,729

비고: 1. 원 자료의 피해액 총계는 135.4억 원, 농지유실 매몰은 4,927.6정보로 되어 있음.

시·군과 인접 4개 시·군이 집중적인 피해를 입었다. 당시 정부기관에서 집계한 기록에 의해 원주교구 관내 강원도와 충청북도의 9개 시·군에 대한 대홍수 피해의 상황을 살펴보면 <표II-2>와 같다. 당시 대홍수로 인한 이재민은 108,729명, 전답의 피해면적은 4,907.6정보, 주택피해가 15,050동, 사망·실종자는 66명에 달하였다.[22]

원주교구 관내에서 10만의 이재민과 60여 명의 인명피해가 발생하는 등 대홍수로 인해 극심한 피해가 집중적으로 나타나자 지학순 주교는 즉각적으로 긴급구호 활동을 전개하여 식량과 의류, 천막 등 1천만 원에 상당하는 물품을 수해지역에 보냈으며, 대규모 수해복구사업을 위해서 세계 각국의 가톨릭 구호기관에 지원을 호소하였다. 특히 지학

---

22 이경국, 「원주교구의 정의평화 운동사적 의미」, 『고 지학순(다니엘)주교 정의평화운동 (교구설정40주년 기념세미나)』, 2005, 23쪽.

순 주교는 수해 직후 직접 독일 가톨릭 주교회의 자선기구인 미제레오
와 카리타스를 방문하여 자금지원을 요청하였다.[23] 1972년 9월 미제
레오의 관계자 3명이 구호자금 지원 협의차 원주교구를 직접 방문하면
서 지원은 구체화되었다. 미제레오 관계자 3명은 수해 현장을 방문하
였다. 그들은 참혹한 수해현장을 둘러보면서 대대적인 지원의 필요성
에 공감하였으며, 원주교구 관계자들과 대규모 자금지원을 위한 구체
적 협의를 진행하였다. 그 결과 서독 주교단의 주선으로 서독정부가
240만 마르크, 국제카리타스의 주선으로 유럽카리타스가 51만 마르
크, 도합 291만 마르크를 지원해 주기로 합의를 보았다.[24]

　당시 원주교구와 미제레오는 추후 지학순 주교가 직접 서독을 방문
하여 수해 원조자금 최종 합의와 긴급구호사업의 구체적 방안을 확정
짓기로 결정하였다. 그러나 10월 17일 계엄령이 선포되고, 10월 26일

23　미제레오(Misereor)는 독일 가톨릭 주교회의 자선기구이며, 카리타스(Caritas)는 독일
　　사회복지 전담기구이다. 미제레오는 독일의 주교들이 아시아, 아프리카, 남아메리카, 오
　　세아니아 등 제3세계 국가들을 돕기 위하여 1958년에 설립한 독일 주교회의 산하 국제
　　개발 원조기구로써 독일 아헨(Aachen)에 본부를 두고 있다. 설립 당시에는 일시적 이웃
　　돕기운동의 성격이 강했으나 1967년 이후 지속적인 개발원조기구로 발전하였다. 활동
　　목적은 복음과 그리스도교 사회론에 기초한 개발원조로서 사회정의와 이웃사랑을 실천
　　하는데 두었다. 재원은 주로 독일 가톨릭 신자들의 사순시기 특별헌금과 독일교회 개발
　　원조지원금, 독일정부의 개발원조금을 그 원천으로 하였다. 1960년 3월 독일의 다니엘
　　스 주교가 원조를 효과적으로 실행하기 위한 차원에서 내한하면서 한국에 대한 지원사
　　업은 본격화되었다(장정란, 「한국전쟁과 외국 가톨릭교회의 전재복구활동에 관한 연
　　구」, 『한국천주교회사의 성찰과 전망』 2, 한국천주교중앙협의회, 2000). 한편, 독일 카
　　리타스는 1897년 독일 프라이부르크에서 설립되면서 이후 유럽 각국에 카리타스가 설
　　립하게 되는 계기가 되었다. 기본적으로 세계 각처에서 발생하고 있는 기아, 내전, 자연
　　재해 이재민에 대한 구호적 차원에서 지원사업을 진행하였으며, 패전 후 미국의 마셜플
　　랜으로 경제성장을 이룬 독일이 국외로 눈을 돌리기 시작한 1950년대 말부터 세계 각국
　　의 재해에 대해 지원하여 왔다.
24　이경국, 앞의 글, 23~24쪽; 2011년 10월 20일, 전 가톨릭농민회 국제부장·여성부장
　　한마리아 구술(원주 밝음신협 4층 무위당기념관).

독일로 출국하려던 지학순 주교가 김포공항에서 계엄령사령부에 의해 연행·연금상태에 놓이게 되면서 긴급구호사업의 추진은 커다란 차질을 빚었다. 지학순 주교는 11월 26일에야 연금상태에서 벗어나 출국하였으며, 12월 22일 귀국할 때까지 서독과 스위스에 머물면서 서독 주교단과 국제카리타스의 주선으로 미제레오·유럽카리타스와 대규모 구호자금 지원에 관해 구체적인 협의를 진행하였다. 1972년 12월 말 미제레오와 카리타스는 이전 시기 소규모로 진행된 구호자금 지원의 관행을 깨고 291만 마르크(약 3억 6천만 원)라는 당시로서는 상당히 큰 규모의 긴급구호자금을 원주교구에 지원하기로 결정하였다.[25] 이에 따라 1973년 1월 지학순 주교는 남한강사업을 추진할 재해위 중앙위원회와 집행위원회를 창설했으며, 이를 통해 원주교구 관할 수해지역에서 본격적인 긴급구호사업과 부락개발사업 등을 실시할 수 있는 조직적 기반과 환경을 마련해 나갈 수 있었다.

---

[25] 1972년 9월 지학순 주교가 미제레오를 방문하여 대홍수의 참상과 이를 위한 구호자금 지원을 한국주교의 자격으로 요청하였을 때 미제레오 관계자의 반응은 상당히 부정적이었다. 그러나 귀국 직전 서독 언론을 대상으로 한 긴급기자회견을 통해 지학순 주교가 미제레오의 외국원조 자금지원이 한국과 같이 현실적으로 가난한 사람들이 스스로 자립해서 살아가는데 제대로 쓰이지 못하고 있다는 내용의 비판적 성명을 발표하였고, 이것이 서독 언론에 의해 대서특필 되면서 서독 내의 분위기는 반전되었다. 당시 비판적 언론의 영향을 받은 서독정부의 압력에 따라 미제레오의 고위관세사를 포함한 3명이 원주교구를 방문하였고, 참혹한 수해지역을 답사하게 되면서 대규모 자금지원을 위한 협의가 이루어질 수 있었다(2011년 7월 2일, 김영주 무위당만인회 상임대표 구술).

2) 재해대책사업위원회의 창설과 활동

1973년 1월 14일 지학순 주교는 〈표 II-3〉과 같이 재해위 중앙위원회를 구성하였다. 중앙위원회는 위원장에 지학순 주교와 소속 신부 2명, 개신교 목사 1명, 원주교구 소속 방송사 1명, 원주교구 소속 중고교 교장 1명, 원주교구 기획실장 1명, 수해를 입은 2개 도인 강원도·충청북도의 기획관리실장 2명 등 9명으로 구성되었다.[26] 중앙위원회는 대체로 제2차 바티칸공의회의 정신에 따른 교회일치운동과 평신도운동에 기반을 둔 원주교구 소속의 신부와 평신도 등이 중심을 이루고 있었고, 남한강사업의 추진을 위해 지방행정기관과의 유기적 협조가 필요한 측면에서 강원도와 충청북도의 실장급 공무원을 위원으로 참여시켰다. 1973년 1월 22일 지학순 주교는 중앙위원회의 논의와 결정사항을 집행할 집행위원회를 구성하였다. 당시 집행위원장은 김영주 중앙위원회 위원, 상임집행위원으로 총무부장 이우근, 사업부장 김인성, 지도부장 박재일 등이 임명되었다. 아울러 비상임집행위원으로 강원도·충청

〈표 II-3〉 재해위 중앙위원회 현황(1973.1)

직책	성명	소속/직위	직책	성명	소속/직위
위원장	지학순	원주교구 교구장		엄한준	원주문화방송주식회사 사장
위원	양대석	원주교구 상서국장	위원	김영주	원주교구청 기획실장
	오미카엘	원주교구 문막본당 주임신부		전영춘	강원도 기획관리실장
	이기준	원주연합기독병원장		유용기	충청북도 기획관리실장
	장화순	진광중고교 교장			

출전: 재해위, 「제1차 경과보고(1.4~3.6)」, 『1973년도 MISEREOR』, 1973.

---

[26] 재해위, 「Progress Report」, 『1973년도 MISEREOR』, 1973.

<표II-4> 상담원 구성 및 담당사업(1973~1979)

상담원	활동개시	활동종료	학력	담당사업
박재일	1973.1.22	계속	서울대 지리학과	농촌사업, 원주원성사업
김인성	1973.1.22	1977.12.31	대구 한남신학대학	농촌사업, 교육원, 원주원성사업
이우근	1973.1.22	1974.1	국학대학 법률학과	농촌사업, 한우지원사업
이한규	1973.3.12	계속	국민대 경제과	농촌사업, 원주원성사업
김현식	1973.3.12	1975.7.31	서울대 대학원	농촌사업
홍고광	1973.5.1	1979.3.31	서울농대 임학과	농촌사업, 원주원성사업
이경국	1973.5.21	계속	중앙대 사회과 2년 중퇴	광산사업, 광산소비조합
정인재	1973.6.14	계속	고대 농업경제학과	농촌사업, 원주원성사업
장상순	1973.9.10	1977.2.28	서라별예술대학 연극영화과	한우지원사업
김헌일	1973.5.12	계속	서울대 상대	교육원, 공소사목부, 농촌사업
김상범	1974.11.29	계속	원주대성고등학교	한우지원사업, 원주원성사업
박양혁	1975.7.1	계속	단국대 법대 1년 중퇴	4단계사업, 원주원성사업
엄규환	1974.10.16	1977.10.31	원주농업고등학교	4단계사업, 원주원성사업

출전 : 밝음신협, 『밝음신협인가서류철』, 1972; 재해위, 『한우사업관계철』, 1976; 재해위, 『인사관계철』, 1979.

북도·경기도 3개 도의 과장급 공무원들이 선임되었다.[27]

집행위원회는 대홍수의 피해를 입은 3개 도 13개 시·군 내 수십여 개의 농촌부락을 대상으로 남한강사업을 추진하기 위한 실무요원을 필요로 하였다. 또한 1973년 8월부터 원주교구 자체 대민사업으로 미제레오의 자금지원을 받아 원주시와 원성군 내 공소가 있는 농촌부락을 중심으로 한우지원사업을 전개하면서 지도요원이 필요하였다. 이에 따

---

27 재해위, 「회의서류」, 『1972~1973년도 재해대책사업』, 1973. 한편, 정부 측 집행위원은 사업 초기 확정된 명단으로 존재한 것이 아니었다. 당시 강원도·충청북도·경기도의 사회과 과장이나 계장 등이 번갈아 가며 참석하였으며, 광산지원사업의 경우 삼척군·정선군의 사회계장 등이 참석하였다. 그러므로 집행위원회는 상임인 4명을 중심으로 지방행정기관의 관계 공무원들이 비상이므로 현안에 따라 유동적으로 참석하였다. 그러나 1973년 하반기 상담원 구성이 완료된 후 집행위원과 상담원 중심으로 제반 사업들이 전개되면서 정부 측 위원들이 참석하는 집행위원회는 더 이상 열리지 않았다.

라 1973년 3월부터 농촌사회운동의 경험이 있는 인물과 본 사업을 이
해하고 봉사·희생정신으로 적극 참여할 수 있는 인물 등의 선발기준
을 통해 상담원 구성에 들어갔다.[28] 또한 1973년 7월 원주교구 한우지
원사업에 대한 미제레오의 지원 결정 직후 본 사업을 수행할 수 있는
수의사 1명과 지원대상 부락을 중심으로 협동조합운동을 전개해 나갈
수 있는 지도요원 1명을 추가로 선발하였다.

〈표 II-4〉는 재해위가 존속했던 1973~79년간 상담원 구성 및 담당사
업의 현황이다. 1970년대 재해위는 남한강사업과 한우지원사업, 원주원
성사업과 광산소비조합육성사업 등을 전개하였으며, 이에 따라 각 사업이
추진될 때마다 상담원을 선발하거나 재배치하여 사업을 추진해 나갔다.
집행위원회의 박재일과 김인성, 이우근을 중심으로 이한규·김현식·홍
고광·이경국·정인재·장상순·김상범·박양혁·김헌일 등이 각 사업
대상인 농촌과 광산지역을 무대로 상담원으로 활동하였다.

한편, 1970년대 재해위의 제반 사업은 집행위원과 상담원들이 참여
한 부락개발협의회와 전체협의회를 중심으로 추진되었다.[29] 중앙위원

---

28 집행위원회는 부락지도자 또는 지도원 등의 명칭이 일방적으로 가르치는 자세로 오해받
을 수 있는 용어라고 보면서 농민과 함께 한다는 자세를 보이고 의논의 대상으로 다가가
기 위해 그 명칭을 상담원으로 정했다. 상담원의 역할은 ① 부락문제를 제기하는 자 ②
부락문제를 종합하고 분석하는 자 ③ 지도자의 발굴 역할 ④ 운영의 지도 협력 ⑤ 정보제
공자라고 정의되었다(재해위, 『간담회(1975.7.7.~7.8)』, 1975). 한편, 1973년 3월 12
일 상담원은 이한규와 김현식, 정연석(1942년생, 서울대학교 농과대학) 등이 채용되어
활동하였으나 정연석은 1973년 5월 29일자로 사임하였다. 1973년 5월과 6월 홍고광,
이경국, 황민영(1943년생, 고려대 농업경제학과 졸업). 정인재가 채용되어 활동하였으
나 황민영은 6월 11일부로 사임하였다. 그 결과 1973년도 상담원은 이한규, 김현식, 홍
고광, 이경국, 정인재 등 5명으로 구성되어 활동하였다(재해위, 『인사관계철』, 1979).
29 상담원이 참여하는 부락개발협의회는 남한강사업 중 농촌지역의 부락개발사업을 추진
하기 위한 것이었다. 1973년 4월 제1차 협의회(4.14~15)를 시작으로 1974년 12월 31
일까지 개최되었다. 초기에는 상담원 중심으로 운영되었으나 1973년 하반기 집행위원

회는 1973년 9차례 회의 소집을 끝으로 1979년 9월 사개위로 전환될 때 소집되기까지는 개최되지 않았다. 1973년 9월의 제6차 회의를 끝으로 집행위원회도 더 이상 열리지 않았다.[30] 당시 지방행정기관의 실장급과 과장급 인사가 참여한 중앙위원회와 집행위원회는 1973년 하반기 남한강사업의 핵심적 사업방향과 원칙 등이 마련되고, 지방행정기관과의 긴밀한 협조가 필요하였던 긴급구호사업이 대체적으로 마무리단계에 들어서면서 더 이상 개최되지 않았다. 당시 중앙위원회 위원장인 지학순 주교는 남한강사업 등 제반 사업을 부락개발협의회와 전체협의회의 주도 하에 시행되도록 하였으며, 김영주 집행위원장이 이들 회의에서 논의된 핵심적인 사항을 필요시 지학순 주교에게 보고·추인받는 형식으로 체계가 잡혀갔다.

3) 집행위원회의 기구개편과 상담원의 활동

1970년대 재해위가 주관하던 남한강사업과 한우지원사업, 원주원성사업, 광산소비조합육성사업 등을 실질적으로 추진하였던 상담원의 조직구성은 크게 세 차례 변화했다. 먼저 1975년 8월 김현식 상담원의

회와의 긴밀한 협의 필요성으로 집행위원들도 참여하였다. 1974년 말 부락개발협의회는 38차 회의를 끝으로 해체되었고, 1975년 1월부터 남한강사업·한우지원사업의 상담원과 원주교구 교육원 관계자가 참석하게 되는 전체협의회가 구성되어 1979년 말까지 운영되었다.

30 1973년 중앙위원회는 1차(1.20), 2차(2.1), 3차(3.2), 4차(4.2), 5차(5.1), 6차(5.16), 7차(6.8), 8차(7.13), 9차(10.2) 등으로 열렸다. 집행위원회의 경우, 1차(1.24), 2차(2.14), 3차(3.6), 4차(6.15), 5차(7.31), 6차(9.27) 등으로 개최되었다(재해위, 『1973년도 MISEREOR』, 1973; 재해위, 『집행위원회 회의록』, 1973).

사직과 기존 2부체제에서 3부체제로의 기구개편으로 인해 상담원의 담당사업과 대상지역의 조정이 이루어졌다. 둘째, 1976년 말 원주원성사업이 전개되면서 상담원의 퇴직과 충원, 재배치와 담당지역의 조정 등이 이루어졌다. 마지막으로 1978년 1월 원주교구 공소사목부가 출범하면서 상담원 중 일부가 이동하고, 1978년 말 공소사목부가 주관하던 한우지원사업 등이 재해위로 재이관되면서 상담원 변경 및 충원이 이루어졌다.

먼저 1975년 8월의 기구개편은 서무와 경리, 지역개발사업을 주관하던 총무부와 남한강사업·한우지원사업 등을 총괄하던 지도부 등의 2부체제에서 기존 총무부, 농촌지역의 부락개발사업을 담당하는 사업1부, 광산지역의 장기구호사업·한우지원사업을 담당한 사업2부 등 3부체제로의 변경이었다. 그 결과 사업1부는 상담원 중 부장 김인성을 중심으로 정인재, 이한규, 홍고광, 김상범, 사업2부는 부장 박재일을 중심으로 이경국, 장상순으로 구성되었다. 1976년 11월의 기구개편은 원주원성사업이 본격화되면서 기존 3부체제 중 사업1부와 2부의 업무를 조정한 것이었다. 그 결과 사업1부는 한우지원사업과 원주원성사업을 전담하며, 사업2부는 남한강사업과 광산소비조합육성사업을 맡게 되었다.

한편, 1970년대 후반 사업1부와 사업2부의 업무조정을 계기로 김인성과 박재일 부장도 각각 단위업무를 총괄하면서 다른 상담원과 함께 담당부락을 맡았다. 김인성 부장은 원주원성사업의 사업대상 부락을 소속 상담원과 함께 나누어 맡았으며, 박재일 부장은 사업2부를 총괄하면서 횡성·정선·여주지역의 10개 농촌부락을 담당하였다. 이는

〈그림 II-1〉 1970년대 후반 재해위 상담원과 자체 연수회
좌로부터 장상순, 박재일, 이한규, 이경국, 김인성, 홍고광, 정인재, 손택규, 김상범

1970년대 후반 원주원성사업의 추진이 본격화하면서 사업 관할 농촌 부락이 급증한 것에 반해 상담원의 충원이 제대로 이루어지지 못함을 반영한 것이었다. 또한 1977년 2월 상담원 장상순의 사직과 1977년 12월 김인성 사업1부장이 원주교구 공소사목부로 옮기면서 상담원의 업무 과중은 더욱 큰 현안으로 떠올랐다. 이에 따라 1977년 4월 박양 혁이 상담원으로 활동하게 되었다.[31]

한편, 1978년 1월 직접선교를 목적으로 출범하였던 공소사목부가 재해위로부터 한우지원사업 등을 이관받아 직접 부락개발사업을 전개

---

[31] 재해위, 「광산사업 보조상담원 채용 결의(1977.3.1)」, 『인사관계철』, 1979. 1977년 3월부터 엄규환은 원주원성사업의 보조 상담원으로 활동하였으나 10월 말 사직하였다(재해위, 「보조상담원 채용 결의(1977.3.1)」, 『인사관계철』, 1979).

하였다. 당시 전체협의회에 참여하였던 김인성과 김헌일 등이 공소사
목부로 옮기면서 1978년도 재해위의 남한강사업과 한우지원사업, 원
주원성사업 등은 혼란과 차질을 빚었다. 더 나아가 공소사목부의 부락
개발사업이 1년도 채 되지 않아 중단되고, 다시 재해위로 관련 업무를
이관시키면서 집행위원회와 상담원의 활동은 동요 속에서 전개되었다.
1979년 3월 공소사목부에서 활동하였던 김헌일이 상담원으로 활동하
게 되면서 재해위는 활기를 띠면서 활동을 전개할 수 있었다. 그러나
1978년 공소사목부의 출범과 활동, 업무의 재이관 등으로 야기된 당시
의 논란은 재해위가 주관하던 각종 사업에 상당한 차질을 빚었을 뿐만
아니라 원주그룹이 주도한 부락개발운동에 기반을 둔 협동조합운동에
도 영향을 미쳤다.

3. 제2차 원주그룹과 협동조합론

1) 초기 '생명' 인식의 태동과 제2차 원주그룹의 형성

(1) '뻥땅사건'과 초기 '생명' 인식의 태동

1970년 초 원주그룹의 운동방향에 일대 변화를 준 사건이 일어났다.
그것은 1970년 봄 서울 시내버스 여차장이 제기한 '뻥땅사건'과 이로
인한 '뻥땅심포지엄'의 개최였다. 당시 안젤라라고 알려진 시내버스 여

차장은 한국노사문제연구소를 찾아와 시내버스 차장 일을 보면서 '뼁땅'을 하지 않으면 생활을 할 수 없는 자신의 처지와 이로 인해 가톨릭신자로서 죄의식을 가질 수밖에 없는 입장을 호소하면서 뼁땅이라는 것이 사회적으로, 종교적으로 죄가 되는 것인지를 묻고 그 해결책을 구하였다.

> 회장님, 저는 버스 차장 일을 하면서 어머니의 병 치료비와 동생의 학비 때문에 하루에 300원씩 뼁땅을 하고 있습니다. 그런데 저는 가톨릭신자입니다. 양심의 가책을 받아 저는 교회에 나가지 못하고 있습니다. 제가 저지른 뼁땅이 죄가 되는지 여쭈어 보고 싶어서 찾아뵈었습니다.[32]

당시 박청산 한국노사문제연구소장은 이 문제를 제일교회의 박형규 목사와 원주교구 지학순 주교에게 그 죄의 유무에 관해 문의하였다. 당시 지학순 주교는 당연한 자기권리의 주장이라는 입장에서 여차장은 죄가 없다고 보았고, 원주그룹은 이 문제를 사회적으로 환기시키기 위해 4월 28일 서울YMCA 대강당에서 '뼁땅심포지엄'을 개최하였다. 당시 심포지엄에서는 전국적으로 2만 명에 달하는 시내버스 여차장의 근무여건과 사회적 현실, 이들이 최저임금도 받을 수 없게 만드는 운수업계의 착취실태와 구조적 현실을 고발하였다. 또한 제반 해결책들에 대한 논의가 이루어지면서 혹사당하는 여차장들의 현실을 사회적으로 환기시켰다.[33]

---

[32] 지학순정의평화기금, 『그이는 나무를 심었다―지학순 주교의 삶과 사랑』, 공동선, 2000, 99쪽.

이러한 시내버스 여차장의 삥땅사건과 삥땅심포지엄의 개최를 계기로 새로운 방향에서 운동을 전개하고자 하는 원주그룹의 논의가 이루어졌다.

원주 내부에서는 뭐 데모하고 뭐 이거 해가지고는 이 교회가 하는 목적 자체도 그렇고 질 낮은 운동이다, 말하자면. 그 생각하는 수준이 낮은 수준 이다 이거야. 그래 생명을 위주로 해야 되겠다 하는 게 70년도 4월 달에 '삥땅 심포지엄'이라는 게 있었어. '삥땅 사건'이라는 게. 그게 생존권에 대 한 심포지엄이야. (…중략…) 그 삥땅사건이 날 때 주장을 한 게 있어. 뭐냐 하면 생존권. 그때 까지는 자유권만 가지고 박정희한테 대들었거든. 민청 학련 사건 때도 대학생들이 하느님의 모습을 따라서 태어난 인간을 짓밟으 면 어떡하느냐, 이게 기독교에서 주장하는 논리 아니야? 그래 그것만 가지 고는 안 된다 이거야. 먹고 살아야 되지 않느냐 이거지. 생존권을, 자유권과 생존권이 같이 있을 때 사람이 사람다운 대접을 받는다. 이같이 있는 걸 뭐 라고 표현해야 되느냐. 그걸 생명이라고 표현하자. 그래서 그때부터 생명 이라는 가치관 속에서 모든 일 해야 되겠다 생각을 했는데 그런 걸 그렇게 표현하고 일을 하기 전에 자꾸 박정희가 건드리고 싸우고 그렇게 되니까 그쪽으로만 자꾸 이미지가 커진 거지. 그러면서 70년대 초부터 원주는 방 향이 내용적으로는 바뀌고 있는 거야.[34]

---

33 당시 전국의 여차장 수는 약 2만 명이었으며, 이중 서울 시내에만 약 9천여 명이 있었다. 이들은 대부분 17~19세의 사춘기 소녀들로 70%가 지방에서 상경하였다. 여차장들의 월급은 하루 540원씩으로 사흘에 하루씩 쉬는 비번 날을 제하고 나면 한 달 월급은 총 10,800원이었다. 한 끼에 50원씩 하는 식대를 빼고 나면 손에 남아 쥐어지는 것이 4,000여원이 안되었다. 그 결과 생계는 물론 대부분이 동생들의 학비까지 대면서 가장 노릇을 해야 되는 이들의 처지로서는 가혹하리만큼 적은 보수였다. 그나마 대부분의 버 스회사가 1~2개월씩 월급이 밀려있는 상태였다(「여차장의 부수입 "삥땅"−심포지엄 에서 제기된 문제점과 대책」, 『경향신문』, 1970.4.29; 위의 책, 98~102쪽).

당시 제1차 원주그룹은 이전까지 민중의 기본적 자유권에 입각한 관점을 가지고 반박정희운동을 전개해 나가고 있었으나 뼁땅사건을 계기로 박정희정권 하에서 민중의 기본적 생존권에 대한 인식을 본격적으로 갖게 되었다.[35] 아울러 뼁땅사건 직후 청계천 노동자들의 생존권을 비롯한 노동자들의 제반 권리를 사회전면에 부각시켰던 1970년 11월 전태일분신사건, 산업화·도시화과정에서 급격히 생성된 도시빈민들의 불만과 생존권이 사회적으로 크게 환기된 1971년 8월 광주대단지사건 등이 연이어 지면서 제1차 원주그룹은 1960년대 후반~1970년대 초 신협을 중심으로 한 협동조합운동의 추진과 제2차 바티칸공의회의 교회혁신운동에 기반한 생명담론 속에서 민중의 기본적 생존권에 대한 인식과 문제의식을 더욱 심화시켜 나갔다. 이 과정에서 제1차 원주그룹 내에서는 민중의 기본적 자유권과 생존권에 입각해서 향후의 민중운동을 전개해 나가되 이를 '생명'이라고 명명하면서 이에 입각해서 운동을 펼쳐 나가기로 논의가 모아졌다.[36] 이러한 민중의 생존권 실

---

34 2011년 7월 2일, 김영주 무위당만인회 상임대표 구술(원주 무위당만인회 사무실).

35 1970년 5월 김지하는 『사상계』에 「오적(五賊)」을 발표하였고, 6월 20일 풍자극 〈나폴레옹 꼬냐〉의 연출을 맡아 무대에 오르기 전 박정희정권에 의해 체포되어 7월부터 '오적 필화사건'으로 재판을 받던 시기였다. 그에 따라 당시 김지하는 뼁땅심포지움을 계기로 새로운 방향에서 운동을 전개하려는 논의에 참여하지 못하였다(2016년 11월 15일, 전 원주교구 기획위원이자 원주보고서 집필자 김지하 구술(원주 토지문화관 사무실)). 당시 민중의 기본적 생존권에 기반한 '생명' 인식과 관련한 주요 논의는 주로 지학순, 장일순, 김영주를 중심으로 이루어졌다.

36 당시 '전태일분신사건'과 '광주대단지사건' 등을 거치며 민중의 생존권에 대한 관심이 비판적 학생층과 진보적 지식인 내에서 급격히 커져갔고, 그 결과 이들 내에서 민중의 기본적 생존권이라는 문제의식이 두루 나타난 바 있었다. 다만, 1차 원주그룹에서 나타났던 '생명' 논의가 1960년대 신협을 중심으로 한 협동조합운동의 전개 속에서 나타났던 점과 제2차 바티칸공의회의 기본정신에 입각한 가톨릭의 생명론에 기반을 둔 섬, 남한강유역의 대홍수를 계기로 형성된 제2차 원주그룹과 '협동적 생존의 확장'이라고 할 수 있는 제반 협동운동을 전개해 나간 점, 더 나아가 1980년대 초 '생명의 세계관 확립과

현을 위한 생명에 대한 일련의 인식변화와 모색은 원주교구 지학순 주교의 '1971년 성탄절 및 1972년도 사목교서'로 나타났다

당시 원주그룹은 지학순 주교의 사목교서를 통해 "오늘의 한국사회는 바야흐로 극도에 달한 불평등과 부자유, 억압과 빈곤으로 말미암아 전 민중이 무서운 절망 속에 빠져 있으며, 소수 특권층의 끝을 모를 부정과 부패, 대중억압이 인간의 양심과 도덕을 송두리째 앗아가고 있는 현실을 직시하고 이러한 위기를 더 이상 좌시할 수 없어 분연히 일어나 사회정의 실현을 위해 나서고자 한다"고 하였다. 아울러 한국사회 위기의 원인은 "기본적으로 국민에게 있는 것이 아니라 현 정권 자체에 있음을 엄숙히 지적하는 바이며, 구체적으로 그것은 현 정권의 정보통치, 부정부패특권, 외세의존에 있음을 확언한다"고 하였다. 이에 따라 원주그룹은 "사회정의 실현을 위한 운동에 앞장설 것을 다짐하는 동시에 그 목표를 국민의 기본적 자유권과 기본적 생존권을 쟁취하는 데 두는 바이다"라고 선언하였다.

원주그룹은 민중의 기본적 자유권을 쟁취할 방안으로 언론 출판의 자유, 학원의 자유, 신체의 자유, 집회 결사의 자유, 종교의 자유 등을 찾자고 하였으며, 민중의 기본적 생존권을 쟁취할 방도로 실업자의 근로의 권리, 노동자의 생존권, 농민의 생존권, 영세상인의 생존권, 중소기업가의 활로 모색 등을 내세웠다. 이를 실현하기 위해 원주그룹은 "그릇된 권력에 저항하여 민중의 기본권을 쟁취하는 데에 앞장설 것이며, 이 땅에서 부정, 불의, 불신을 몰아내고 올바른 양심을 각 사람의 마음에 재건하는데 전심

협동적 생존의 확장'이라는 생명운동으로의 전환을 주도해 나갔다는 점 등에서 이들과 원주그룹 간에는 차별성이 있다고 본다.

전력을 다할 것"과 "국민의 기본적 자유권을 쟁취하기 위해서는 정보통치를 종식시켜야 하며, 국민의 기본적 생존권을 쟁취하기 위해서는 부정부패 특권을 척결해야 하며, 희망에 찬 평화사회를 구현하기 위해서는 외세의존을 단절시켜야 한다는 것을 다시 한번 강조한다"고 하였다.[37]

1972년 사목교서와 사목지침에서 민중의 기본적 생존권에 입각해서 간접선교의 방법을 통한 사회적 활동을 위해 협동조합을 설립해 나가고자 하는 원주그룹의 문제의식과 지향점은 지학순 주교의 사목지침 '생활 속에서 그리스도를 찾자'(1973.3)라는 슬로건에서 더 구체적인 내용으로 나타났다. 당시 김영일이 작성한 사목지침에서 1973년도 활동목표를 "새로운 신학의 토대 위에서 사회정의의 구체적 실천을 조직 전개하고, 저소득층 근로계층에 속하는 절대다수의 가난한 대중 속에 들어가 그들이 바로 이 세상에 주인임을 깨닫고 자기의 마땅한 권리를 되찾아 생활과 현실을 항상 개선하도록 복음을 전하며, 실제에 있어 그들을 협동생활에로 조직 교양하여 구체적인 생활의 진보 속에서 그리스도를 육신화시키는 곳에 있다"라고 하였다. 또한 이를 실현할 구체적인 지침으로 '사제들의 활동', '복음 간추림과 테제', '특수사목', '협동조직 활동', '교육', '활동원칙' 등의 항목을 설정하여 제시하였다.[38]

지학순 주교는 '사제들의 활동'에서 사제들은 제2차 바티칸공의회의 기본정신과 모든 사회회칙을 깊이 학습하고 그 가르침을 구체적으로 실천하도록 하되, 각 본당 내 저소득층과 근로계층의 교우들과 일반 민

---

37 전주교 원주교구, 「1971년 성탄절 및 1972년도 사목교서(1971.12.5)」, 『초대교구장 지학순 주교님 말씀』, 2003, 32~41쪽.

38 천주교 원주교구, 「1973년도 사목지침-생활속에서 그리스도를 찾자(1973.3.1)」, 『초대교구장 지학순 주교님 말씀』, 2003, 67~79쪽.

중들의 생활실태조사, 활동일꾼들의 조직화와 활동화에 우선적으로 힘써야 한다고 하였다. '협동조직 활동'에서는 "원칙적으로 노동자들의 공제조합, 농어민의 협동적 조합, 영세상인의 각종 협정, 빈민들의 계의 형식에 준해야 하"되, 구체적으로 "노동자들의 경우 기성조합에 들어 있지 않은 비조직적 노동자, 기성조합에 냉담한 노동자, 기성조합에 반발하고 있는 단위조합 등을 대상으로 하여 우선 공제조합의 형태로 묶어야 하며, 농어민의 경우 농협에 들어 있다 하더라도 신용조합을 포함한 협동적 조합의 여러 형태로 묶어야 한다"고 하였다.

지학순 주교는 이를 위한 세부지침에서 "과제의 이해와 학습 및 협동 활동을 위한 준비단계", "민중 속에 들어가 협동조직 활동을 전면적으로 전개하는 단계", "그 활동을 보다 높은 차원으로 이끌어 올리며 모범을 창조하는 단계" 등 3단계로 진행하도록 하였다. 또한 "재해대책사업에 대한 교회의 원칙적 태도"와 "사제와 평신도 사이의 문제" 등에 대해 유념하도록 하였다. 원주교구로서는 재해대책사업이 매우 중요한 사업임에도 불구하고 당시 이를 위한 현지 실태조사 결과 '민중의 교회에 대한 불신', '교회의 민중에 대한 무관심', '교회는 협동사업을 주도할 능력이 전무하다는 사실' 등 중대한 문제가 드러났다고 보면서 교회를 반민중적이고 이해에 얽힌 교회로부터 참된 민중의 정신적 공동체로 바꾸도록 노력해야 한다고 하였다. '사제와 평신도 사이의 문제'에서 사제의 맡은 바는 원칙적으로 성직 임무이자 영신적 지도자이고, 평신도 지도자의 맡은 바는 사회적 활동이므로 각자 맡은 바를 잘 분별해서 수행토록 하였다. 사제는 사회적 활동을 하도록 노력해야 하며, 이를 위해 평신도 지도자의 경험과 지식을 존중하고 겸허한 자세로 배워야 한다고 하였다.[39] 지학순 주교는 이와 같이 1973년도 "생활속에서 그리스도를 찾자"라는 사목지침을 원주교구 활동목표로 설정하면서 1975년도까지 계속적으로 추진해 나갔다.[40]

위와 같이 지학순 주교는 민중의 기본적 생존권에 입각한 사회활동을 위해 협동조합을 설립하도록 하였다. 1973년 재해위가 조직된 후 노동자, 농어민, 영세상인, 빈민 등에 대한 다양하고 보다 강력한 협동조직 활동을 일으키도록 하되, 구체적으로 기성조합에 냉담한 노동자나 기성조합에 반발하고 있는 단위조합 등을 대상으로 우선 공제조합의 형태로 묶도록 하며, 농어민은 신용조합을 포함한 협동적 조합의 여러 형태로 묶도록 하였다. 아울러 제2차 바티칸공의회의 정신에 따라 사제와 평신도의 각자 역할에 충실하면서 사제들은 평신도를 기반으로 하는 재해위의 활동에 초연하면서도 개별적으로 적극 협조하도록 하였다.

한편, 제1차 원주그룹은 이러한 민중의 기본적 자유권과 생존권에 기반해서 향후 운동을 전개하되 이를 '생명'으로 명명하였고, 이러한 '생명' 인식을 토대로 협동운동의 가능성과 '생명운동'으로의 전환을 모색하였다. 그러나 1971년 11월의 원주교구 부정부패추방운동 등 박정희정권과 정치적인 대립각이 점자 확대되면서 제1차 원주그룹의 '생명'론은 1973년 형성된 제2차 원주그룹으로 이어져 심도있게 논의되거나 '생명운동'의 내용과 인식의 확장이 전혀 이루어지지 못하였다. 다만, 제한적인 형태로 '협동적 생존의 확장'이라고 할 수 있는 제반 협

---

39 천주교 원주교구, 「1973년도 사목세부지침─과제를 연구하고 선린적 협동 활동을 걷게 하자(1973.3.1)」, 『초대교구장 지학순 주교님 말씀』, 2003, 80~87쪽.
40 천주교 원주교구, 「1975년도 사목지침」, 『초대교구장 지학순 주교님 말씀』, 2003, 121쪽.

동운동의 추진으로 나타났다.[41]

제1차 원주그룹을 중심으로 한 '생명'론은 1960년대 후반 신협을 중심으로 한 협동조합운동의 전개 속에서 민중의 기본적 생존권에 대한 인식에 기초한 것이었다. 이는 당시 '전태일분신사건'과 '광주대단지사건' 등을 거치며 비판적 학생과 지식인 사이에서 공유된 민중의 생존권이라는 문제의식과 유사한 것이었다. 당시 원주그룹의 '생명' 인식은 1960년대 후반의 협동조합운동론과 제2차 바티칸공의회의 가톨릭적 생명론에 기반한 것이었으며, 민주화운동과 제반 협동운동의 전개에 있어 원주그룹의 주요 민중운동론 중 하나의 위치를 점한 것이었다. 이러한 민중의 기본적 생존권에 기반한 '생명'론은 1972년 8월 남한강유역 대홍수를 계기로 재해위가 조직되고 남한강사업 등 제반 사업을 통해 부락개발운동과 협동조합운동을 전개할 때 그 기반이 되었다. 1970년대 초 원주그룹의 '생명'론은 1982년 원주보고서에서 '협동적 생존의 확장'이라는 내용으로 정리·수렴되면서 부분적으로 이어졌다.

요컨대 1970년대 초 원주그룹의 '생명'론이 민중의 기본적 자유권과 생존권에 기반해서 '협동적 생존의 확장'이라는 제반 협동운동의 전개를 통해 박정희군사정권의 군사적 폭력과 정치적 탄압, 민중생존권과 인간의 존엄성 훼손·으로부터 저항하는 제한적인 의미의 '생명운동'이었다. 그러나 원주보고서에서 제창하는 생명운동은 직접적인 군

---

41 1973년부터 농촌상담원으로 활동하였던 정인재와 홍고광, 김상범 등 제2차 원주그룹의 활동가들은 1970년 제1차 원주그룹을 중심으로 한 '생명' 논의를 인식하지 못하고 있었다. 1970년 초 제1차 원주그룹의 '생명' 논의의 구체상과 이러한 점이 제2차 원주그룹으로 이어져 심도있게 논의되지 못한 요인이 무엇인지, 1차·2차 원주그룹 간의 심층적인 논의구조와 중층성, 실행과정은 어떠한지 등에 대해서는 추후 연구를 요한다.

<표II-5> 원주그룹의 분류별 현황

구분	성명	출생년도	학력	활동일	직책
원주 출신	장일순	1928	서울대 미학과	1972.8	원주교구 사도회 회장
	김영주	1934		1972.8	집행위원회 위원장
	장상순	1937	서라벌예술대학 연영과	1973.11	한우지원사업 상담원
	이한규	1932	국민대 경제과 졸업	1973.3	상담원
	이경국	1939	중앙대 사회학과	1973.5	상담원
	김상범	1939	원주대성고	1974.11	한우지원사업, 상담원
	박양혁	1943	단국대 법과	1975.7	상담원
	임광호	1957	경북대 영어교육과	1983.3	상담원
	최기식	1943	가톨릭대학교 신학과	1983.11	사회개발부 국장
비 원주 출신	지학순	1921	로마 푸로파간다대학	1972.8	중앙위원회 위원장
	김영일	1941	서울대 미술대학 미학과		원주교구 기획위원
	박재일	1938	서울대 문리대 지리학과	1973.1	지도부장, 사업2부장
	김인성	1934	대구 한남신학대학	1973.1	사업1부장, 공소사목부
	한마리아	1939		1972.9	집행위원회 집행위원
	김현식	1939	서울대 대학원	1973.3	상담원
	홍고광	1940	서울농대 임학과	1973.5	상담원
	김헌일	1943	서울대 상대	1973.5	원주교구 교육원, 상담원
	정인재	1943	고려대 농업경제과	1973.6	상담원
	유재동	1954	파독간호사	1979.10	벽지보건사업 담당, 상담원

비고 : 1. 활동일은 재해위와 관련한 '활동개시 연월'을 뜻함.

사적 폭력과 민중의 생존권 위협이라는 차원을 넘어 산업문명의 반생
태성과 하늘·땅·사람이 한 생명공동체라는 자각, 인간정신의 근원으
로서의 영성에 대한 자각 등을 통해 근대 산업문명 자체가 가지고 있는
포괄적인 반생명적 폭력으로부터, 더 나아가 물질과 뭇 생명까지도 포
괄하는 전생명계의 협동적 생존의 확장을 제창하는 보다 차원 높고 근
원적인 운동이라는 점에서 대별되었다.

(2) 제2차 원주그룹의 형성

1973년 1월 재해위가 조직되면서 이전 시기부터 형성되었던 원주그룹은 〈표 II-5〉와 같이 그 조직과 범주가 확대되었으며, 이를 통해 1970년대 본격적으로 부락개발운동과 협동조합운동 등 제반 협동운동을 전개할 수 있었다. 원주그룹은 재해위가 출범하면서 상담원으로 선발된 학생운동가들이 참여하면서 그 외연이 점차적으로 넓어졌다. 당시 비 원주 출신으로 한마리아 · 김인성 · 김현식 · 김헌일 · 정인재 · 홍고광 · 유재동 등이 참여하였으며, 원주 출신의 경우 이한규 · 이경국 · 김상범 · 박양혁 · 임광호 · 최기식 등이 시간차를 두고서 참여하였다.

이 시기의 원주그룹은 기본적으로 제1차 원주그룹의 사상과 현실인식을 공유하고 있는 한편, 1970년대 전반 재해위의 활동에 적극적으로 참여한 농문연과 노연, 한가농, 신협연합회 등 전문기관의 영향을 크게 받았다. 또한 1960년대부터 박정희정권이 추진하였던 농업 근대화정책에 내재한 농촌 · 농민정책과 주유종탄(注油從炭, 석탄 위주에서 유류 중심으로 전환한 에너지)정책으로 대표되는 광산지역의 탄광정책에 대해 강한 비판의식을 가졌으며, '협동이념', '농업의 협업화', '노동조합과 협동조합운동의 병행 발전' 등의 인식을 공유하였다. 원주그룹은 농민과 광부들이 부락개발운동과 협동조합운동의 적극적 참여를 통해 자립기반 마련과 지역공동체운동을 추진하도록 하는 한편, 이들이 농민운동과 노동운동으로 나가도록 추동하였다.

2) 제2차 원주그룹의 협동조합론

재해위를 중심으로 활동한 원주그룹은 1973년 남한강사업과 한우지원사업, 1976년 원주원성사업과 1977년 광산소비조합육성사업을 통해 수해를 입은 농민과 광부를 위한 긴급구호사업을 추진하는 한편, 농촌 부락단위의 협동 활동을 통한 부락개발운동과 신협운동을 통한 협동조합운동을 3개 도 13개 시·군, 90여 개 농촌부락과 10여 개의 탄광지부에서 광범위하게 전개하였다.

이 시기 원주그룹의 협동조합운동은 시기와 사업별로 다르게 나타났다. 먼저 1973년부터 착수된 남한강사업과 한우지원사업의 관할 부락에서 농촌신협이 다수 설립되었다. 1960년대 후반~1970년대 초 신협운동을 이끌었던 원주그룹의 장상순이 이 시기 한우지원사업을 담당하고, 강원도 일대의 신협운동을 주도하였다. 이들 사업을 통해 농촌부락에서 상당수의 신협이 설립되었으나 1974년 말까지 재해위는 수해를 입은 농촌과 탄광지역의 농민·광부들을 대상으로 한 긴급구호사업적 성격을 갖는 활동에 주력하였다. 또한 1970년대 중반까지 원주그룹의 활동은 부락별 협동조직체인 작목반과 부락총회를 부락민 스스로 구성하고 운영하도록 하는 제반 교육과 지도에 주력하였다. 그러므로 농촌과 탄광지부에서 설립된 신협에 대한 집중적인 지도와 활성화 등 신협운동을 본격적으로 추진할 수 있는 상황은 아니었다.

1975년 9월 재해위의 상담원들이 협동교육연구원의 신협지도자교육을 이수하면서 농촌과 광산지역의 신협운농은 석극직으로 추진될 수 있었다.[42] 특히, 1970년대 중반 제1차 석유파동으로 인한 경제위기와 이농의 심화 속에서 작목반·부락총회를 중심으로 한 부락개발운동이 한계에 부딪치고, 이에 타개책으로 신협을 중심으로 한 부락개발운동이 적극적으로 추진되면서 협동조합운동은 활성화되었다. 그 결과 1970년대 후반 재해위 관할 농촌·탄광지역에서 54개의 농촌신협과 14개의 광산신협이 설립·운영될 수 있었고, 농촌과 광산지역에서 재무부의 인가를 받은 신협이 각각 14개와 10개에 이를 정도로 활발하게 설립·운영될 수 있었다.[43]

원주그룹의 광산지역 소비조합운동은 1977년 재해위의 광산소비조합육성사업의 추진을 통해 본격화되었다. 원래 원주그룹의 소비조합운동은 1970년대 전반 제반 사업의 추진과정에서 구판장과 소비조합의 설립·운영을 통해 부분적으로 전개되었다. 그러나 부락개발운동과 신협운동을 전개하는 과정에서 농촌과 광산지역의 지도자들에 의해 소비조합 설립에 대한 논의와 지원요청이 현안으로 부상되면서 1970년대 후반 광산지역부터 소비조합 육성을 위한 별도의 사업을 추진하였다. 광산지역에서의 소비조합운동은 탄광지부의 신협지도자들이 중심이 된 광소협이 주도하여 1970년대 말 성공적으로 그 추진이 이루어졌고, 이것이 농촌지역 소비조합운동의 본격적인 추진에 직접적으로 영향을 미쳤다. 그 결과 1979년 3월 농소협이 결성되었으며, 1980년대 전반 농촌지역 소비조합운동이 활발히 전개될 수 있었다. 이를 통해 원주그룹을 중심으로 부락개발운동과 협동조합운동이 전개되면서 관할 농촌

---

42 당시 신협지도자교육에 참여한 상담원은 김인성·이한규·홍고광·김상범·정인재였다(재해위, 「제16차 경과보고(9.1~12.31)」, 『1975년도 MISEREOR』, 1975).
43 재해위, 「평가회의(1978.12.8)」, 『전체회의록(1978.10.4~1979.2.19)』, 1979.

부락과 탄광지부에서 농촌·광산지도자들이 배출되었고, 이들을 중심으로 3개 도 13개 시·군의 90여 개 농촌부락과 15개 탄광지부에서 수천·수만 명의 농민과 광산노동자들이 참여하는 민간 주도의 협동조합운동이 광범위하게 전개될 수 있었다.

이 시기 원주그룹의 협동조합운동은 몇 가지 특징을 가지고 있었다. 먼저 이들의 협동조합운동은 논리가 정연한 사상이나 협동조합 이론에 기반을 두고 전개된 것은 아니었다. 그것보다는 오히려 남한강사업과 원주원성사업 등 제반 사업들을 추진해 나가고, 농문연과 노연, 한가농 등의 참여와 교류 속에서 사상과 이론이 심화되었다. 또한 사업대상 농촌부락과 탄광지부의 농민·광부들을 대상으로 부락개발운동에 기초한 협동조합운동을 전개하면서 민중 지향적이고 풀뿌리 지향적인 접근을 통해 이들과 긴밀히 밀착되면서 그 사상과 이론은 넓어지고 심화되었다.

1970년대 원주그룹의 협동조합운동은 캐나다 안티고니쉬운동의 이론과 조직론에서 커다란 영향을 받았다. 협동교육연구원과 신협연합회가 창립 초기부터 안티고니쉬운동에서 커다란 영향을 받았고, 원주그룹의 상담원들은 이들 기관의 신협지도자교육 등을 이수하면서 신협운동을 접하였으므로 자연스럽게 이 운동에 기반해서 협동조합운동을 전개했다. 원주그룹은 이전 시기 사상과 이론 측면에서 접근했던 것에서 더 나아가 실제적으로 안티고니쉬운동에 기반해 협동운동을 추진하였다. 협동조직체인 작목반과 신협의 월례회를 학습반 모임으로 만들고 이를 통해 지역의 현안을 인식하고 논의토록 운영하였으며, 신협과 그 부대사업인 구판장과 부락상비약의 운영을 통해 지역사회개발운농을 전개하였다.

1960~70년대 전국적 신협운동의 발전에 신협연합회와 협동교육연구원의 교육사업이 크게 기여했던 것과 같이 농촌지도자교육과 신협실무자교육·임원교육, 소비조합 임원·실무자교육 등 원주그룹의 활발한 교육운동의 전개는 농촌과 광산지역의 협동조합운동을 크게 활성화하는 계기가 되었다. 원주그룹은 제반 교육을 추진하면서 농촌과 광산지역의 신협지도자들을 양성하였으며, 이들이 신협임원이 되어 부락과 탄광지부의 농민과 광부들을 대상으로 협동조합운동을 전개하면서 다수의 참여자를 조직해 내는 중요한 역할을 하였다. 특히, 신협지도자들은 매년 개최된 농촌·광산지역 간담회를 각자의 협동조합운동을 상호 공유·교류하는 계기로 삼았다. 이를 기초로 지역단위에서 지역협의체를 구성하였을 뿐만 아니라 광산·농촌지역에서 광소협과 농소협을 결성하였다. 이들 협의회는 원주그룹과 연관되면서도 자체적인 조직기반에 기초해서 협동조합운동을 주도해 나갔다. 이 과정을 통해 이들 지역에서의 민간 주도 협동조합운동은 크게 확장되고 발전적으로 전개될 수 있었다.

원주그룹은 협동조합운동을 전개하면서 농촌과 광산지역의 각 단위 신협이 경제적 차원에서 금융기관화 될 수 있는 가능성을 방지하기 위해 1970년대 후반 농민운동과 노동운동을 결합시키고 있었다. 신협의 운영에 운동성을 부여하고 협동조합 원칙에 기반을 두고 충실히 운영되도록 하면서 지역사회의 현안에 신협이 지속적으로 관심을 가지고 목소리를 내도록 추동하였다. 그 결과 원주그룹이 관할하던 지역의 신협은 다른 지역보다 한층 더 운동성과 협동조합적인 내용을 가지고 운영되었고, 이를 통해 협동조합운동이 발전적으로 전개되었다.

4. 재해대책사업위원회의 협동조합교육과 주도층 형성

1970년대 재해위는 1973년도 남한강사업과 한우지원사업, 1976년도 원주원성사업, 1977년도 광산소비조합육성사업, 1978년도 농촌청소년계도사업 등 제반 사업을 원주교구 관할지역 내 농촌과 광산촌을 중심으로 추진하면서 부락개발운동과 협동조합운동을 전개하였다. 재해위는 이들 사업의 추진과정에서 농민과 광부들을 중심으로 제반 교육사업을 실시하였다. 당시 재해위가 추진했던 교육사업의 핵심은 사업대상 지역의 농민과 광부들을 협동운동의 지도자로 세우는 과정이었으며, 이들 지도자들이 중심이 되어 농촌과 광산지역에서 민간 주도의 자주적·민주적인 협동운동을 전개하도록 하는 것이었다.

재해위가 추진했던 교육사업은 지역에 따라 농촌지역과 광산지역으로 나눌 수 있으며, 그 내용과 성격에 따라 크게 1970년대 전반기와 후반기로 나누어 살펴볼 수 있다. 1970년대 전반기는 주로 농촌부락 내 생산협동체인 작목반의 구성과 부락총회의 운영, 광산지역 탄광지부 내 생산협동체의 조직과 노동금고·신용조합의 설립·운영 등을 전개할 수 있도록 하는 부락개발운동 중심의 교육사업이 전개되었다.

1970년대 후반기는 1975년도 사업방침을 통해 신협운동을 본격적으로 추진하면서 협동조합운동 중심의 교육이 강화된 특징이 있었다. 1976년부터 신협임원교육이 시작되었으며, 1977년 광산소비조합육성사업이 전개됨에 따라 광산지역에서 소비조합의 설립·운영을 위한 소비조합 임원교육·회계교육 등의 제반 교육이 활발히 추진되었다.

이 시기는 신협과 소비조합의 활성화를 위한 농촌·광산부녀자에 대한 교육과 상담원에 의한 현장교육이 활발하게 전개되었다. 1970년대 후반기 원주그룹은 전체사업의 중심을 협동조합운동의 추진과 확산에 두고 적극적으로 활동하였으며, 이에 따라 협동조합 관련 교육이 집중적으로 실시되었다.

1) 농촌지역의 교육운동과 협동조합 주도층의 형성

(1) 1970년대 전반기 교육운동(1973~1976)

1970년대 농촌지역의 교육사업은 1973년 남한강사업과 한우지원사업, 1976년 원주원성사업, 1978년 농촌청소년계도사업의 전개를 통해 지속적으로 추진되었다. 이 시기 교육사업은 그 내용과 성격에 따라 크게 부락개발사업을 중심으로 전개된 1970년대 전반기와 신협운동 등 협동조합운동에 중점을 두고 추진된 1970년대 후반기로 나누어 살펴볼 수 있다.

농촌지역 교육운동의 가장 중요한 모체는 남한강사업 중에서 부락개발사업을 위한 교육이었다. 당시 원주그룹은 농문연과 노연, 한가농 등 전문기관과의 협의를 거쳐 장기적인 부락개발운동을 위한 교육사업의 핵심적 내용과 방향 등을 만들었다. 그 요지는 극심한 수해를 입은 농촌지역의 농민들이 서로 협동해서 생산협동체인 작목반의 조직과 협동조직체인 신협과 구판장 등을 설립·운영할 수 있도록 추동하되, 농촌지역의 사회경제적 현실위에서 농민 주도의 농촌개발운동을 추진해 나가도록 하는 것이었다.

1972년 말 유신체제 성립 이후 한국사회에서는 민주적인 절차에 의한 민간단체의 설립과 자율적·민주적인 모임과 회의 등이 이루어지기가 극히 어려웠다. 이러한 시대적 상황 속에서 재해위는 수해농민들이 그들 스스로 생산협동체인 작목반과 부락총회를 구성하고 활동할 수 있도록 추동하였으며, 농촌부락에서 이를 주도해 나갈 수 있는 농민지도자를 육성하고자 하였다. 재해위는 수해를 입은 농촌부락에 대한 사회경제적 실태조사를 진행하면서 부락개발사업을 위한 협동 활동을 전개할 수 있는 농촌부락을 선정하였다. 재해위는 선정된 농촌부락의 농민지도자들을 선발하면서 이들이 자율적·자발적인 협동조직체를 설립·운영할 수 있는 제반 교육을 받도록 하였다. 재해위가 가장 먼저 실시한 교육은 농촌지도자교육이었다.

그 조사하고 난 다음에 맨 끄트머리에 아주 희한한 질문이 있어요. 그게 뭐냐면, '당신이 위급한 상황에 처하면 이 동네 누구하고 상의합니까?'(… 중략…) 다 조사한 걸 다 이렇게 모아보면 새마을지도자나 이장이 아닌 사람인데 그 동네에서 딱 지도자가 있어. 그럼 거기에 이름이 제일 많이 나온 사람이 실질적으로 지도자야. 그 사람은 겉으로는 아무것도 아니지. '이번에 우리 교육이 있는데, 좀 오셨으면 좋겠다고, 당신이 좀 와야 이 마을에서 좀 말이 통할 거 아니겠나' 이렇게 해서 그 마을 대표들을 이제 여섯이면 여섯, 일곱이면 일곱 불러다가 다른 마을하고 다 같이 해서 교육하고. 한 2박 3일 교육해.[44]

차수	교육일정	A	B	차수	교육일정	A	B	차수	교육일정	A	B
1차	1973.3.22~24	6	39	11차	1974.3.18~20	20	39	21차	1976.11.22~24	9	37
2차	1973.3.29~31	7	44	12차	1974.7.18~20	17	41	22차	1976.11.25~27	16	29
3차	1973.4.5~7	5	32	13차	1974.11.21~23	26	30	23차	1977.5.2~4	9	45
4차	1973.5.10~12	12	35	14차	1974.11.26~28	26	31	24차	1977.5.6~8	8	41
5차	1973.6.28~30	10	43	15차	1975.3.24~26	17	27	25차	1977.11.14~16	10	35
6차	1973.7.5~7	8	29	16차	1975.3.28~30	14	21	26차	1978.3.29~31	12	27
7차	1973.7.13~15	7	33	17차	1975.4.8~10	15	39	27차	1978.8.28~30	13	35
8차	1973.9.14~16	14	36	18차	1975.9.29~10.1	10	33	28차	1978.12.4~6	14	60
9차	1973.11.28~30	16	31	19차	1975.11.26~28	6	40				
10차	1974.2.8~10	7	10	20차	1976.4.6~8	11	24				

출전 : 사회선교국, 『부락별 교육 현황』, 1991.
비고 : A와 B는 각각 농촌부락수와 참여자수를 의미함.

당시 재해대책사업을 총괄했던 집행위원회 위원장 김영주의 언급처럼 농촌지도자교육은 사업 초기 개황조사 및 상담원의 정밀조사를 통해 약 4~7명을 부락지도자들을 선정하여 2박 3일 교육을 실시하는 것이었다. 원주교구 교육원에서는 그 부락의 실질적인 지도자라고 할 수 있는 농민들을 중심으로 부락지도자인 이장·새마을지도자 등을 포함하여 초청교육이 이루어졌다.

〈표Ⅱ-6〉은 1973~79년간에 실시된 농촌지도자교육의 현황을 보여준다. 1973년도의 농촌지도자교육은 부락의 농민지도자들을 원주교구 교육원으로 초청하여 9차례에 걸쳐 실시되었다. 대체로 식량지원사업과 전답복구사업을 통해 파악된 부락과 부락개발사업을 위한 상담원의 정밀조사에 의해 선발된 농촌부락의 농민지도자들이 교육에 참여하

---

44 2011년 7월 2일, 김영주 무위당만인회 상임대표 구술(원주 밝음신협 4층 무위당기념관).

<표II-7> 농촌지도자교육의 과목과 강사 현황

1973년 농촌지도자교육(1차, 2차)		1975년 농촌지도자교육(15차, 16차)	
교육과목	강사	교육과목	강사
정부농촌시책	3개 도 농림담당관	농촌문제	홍고광, 김현식, 김헌일
회의, 토의진행법	박재일	부락개발	김현식, 이한규, 김영주
사업진행계획 설명	김영주	회의진행	김상범, 김정하, 김인성
농협활동	3개 도 농협관계관	학습회	정인재, 장상순
협동조합	신협연합회 곽창렬, 장상순	협동조합	김상범, 박재일, 장상순, 이경국
지도자	장일순	협동 활동	이한규, 홍고광
부락개발	김병태	지도자	장일순, 박재일
농촌문제	이우재	한우사육	최규창

출전 : 재해위, 「2차 경과보고(1973.3.12~3.27)」, 『1973년도 MISEREOR』, 1973; 재해위, 「제3차 전체협의회 회의록(1975.3.3)」, 『1975년도 전체회의록』, 1975.
비고 : 1. 15차(1975.3.24.~26), 16차(1975.3.28~30)임.

였다. 당시 부락개발사업에 참여한 36개 농촌부락은 농촌지도자교육을 이수한 후 협동조직체인 작목반과 부락총회의 구성으로 나아갔다.[45]

〈표II-7〉과 같이 교육 내용은 부락개발사업의 추진원칙과 성격, 정부 농업시책, 농협 소개, 농촌문제, 부락개발, 지도자론 등이었다. 요점은 농촌·농민을 둘러싼 사회경제적 현실과 농민 주도 부락개발운동의 필요성 및 방법, 부락개발의 유효한 방식으로써 협동조합의 중요성과 부락에서의 지도자가 갖추어야 할 품성 등이었다. 강사는 원주그룹과 농문연의 인사들이었으며, 남한강사업이 초기 관민합동으로 진행되어야 하는 현실 속에서 정부농촌시책과 농협활동 등의 과목은 정부 측 인사가 맡아 진행되었다.

---

[45] 당시 부락개발 대상부락은 총 38개 부락이었다. 정선 임계면 용산부락과 제천 한수면 황강부락은 1974년 3월 제27차 부락개발협의회(3.18~21)를 통해 추가로 선정되었다(재해위, 『강원도지역 부락개발사업 보고서』, 1975).

〈그림 II-2〉 제1차 한우지원사업 대상부락 농촌지도자교육(1973.12.13~15)

1974~76년 시기 농촌지도자교육은 제10차에서 제22차까지 401 명의 농민지도자들이 참여하여 진행되었다. 이 시기에는 교과과목과 강사진의 변화가 있었다. 1973년도의 정부농촌시책이나 사업설명, 농협활동 등의 교육과목은 협동 활동, 학습회, 한우사육 등으로 변경되었다. 1975년도 교육의 핵심내용은 농촌·농민현실에 대한 문제인식의 심화, 자율적인 농민 주도 부락개발운동과 협동조합운동의 중요성, 이를 위한 부락 내 작목반 및 부락총회, 신협과 구판장·소비조합의 민주적인 운영방안, 농민 주도의 부락개발운동에서 지도자의 역할 등이었다. 강사진의 경우, 사업 초기 관민협조 차원에서 지방행정기관 인사들과 농문연의 김병태·이우재 등이 참여하였으나 1974년 이후 원주그룹이 주도하는 방향으로 나아갔다.

〈표 II-8〉 한우지원사업 초청교육 현황(1973~1976)　　　　　　　　　　　　　　　　　　　　　　(단위 : 명)

제1차년도(1973)			제2차년도(1974)			제3차년도(1975)			
부락명	1차	2차	부락명	3차	4차	부락명	5차	6차	7차
세교	7	7	영산	6	2	신촌	5	1	2
영랑	7	7	간무곡	6		대안3	7		1
대안1	7	7	황골	4	3	백동	7		
월송	7	7	백교	5	6	하궁2	7		
성남2	6	7	매지	6	4	현천1	7	2	1
풍수원	7	6	후리사	6	5	창촌1	7		1
			학산	6	2				
합계	41	41		39	22		40	3	5

출전 : 재해위, 『한우사업등록부(1973~1977)』, 1977; 사회선교국, 『부락별 교육 현황』, 1991.
비고 : 1. 1~3차 교육은 한우지원사업에 따른 자체 교육으로 이루어짐.
　　　 2. 4~7차는 각각 농촌지도자교육 제17차, 19차, 20차, 22차에 병합되어 교육이 실시됨.
　　　 3. 차수일정은 1차('73.12.13~15), 2차('74.2.23~25), 3차('74.12.2~4), 4차('75.4.8~10),
　　　　 5차('75.11.26~28), 6차('76.4.6~7), 7차('76.11.25~27)등이었다.

　한편, 1973년 말부터 원주교구 주관 하에 농촌공소 부락의 무축농가 인 영세소농들을 대상으로 한우지원사업이 추진되었다. 당시 한우지원 사업은 사업대상 부락의 선정과 한우작목반의 구성이 완료되면 이들을 대상으로 농촌지도자교육을 실시하였다. 이러한 농촌지도자교육은 농 민의 의식계발과 한우작목반의 자율적·민주적인 운영 및 활성화를 위 해서도 중요하였다. 당시 농촌지도자교육은 작목반원 모두를 원주교구 교육원으로 초청하여 2회로 나누어 2박 3일간 교육을 받도록 하였다. 이는 〈표 II-8〉을 통해 살펴볼 수 있다.

　농촌지도자교육을 이수한 부락지도자들을 중심으로 대상부락 내에 작 목반이 구성되었으며, 활동은 모두 협동적 경영방법에 의해 운영되어야 했다. 그러나 부락농민들과 영세소농민들은 협농적 운영경험이 많지 않 았기 때문에 운영에 어려움을 겪었다. 과거 부락 내 리행정 및 제반 조직체

〈표 II-9〉 회계실무자교육 현황(1973~1976)

차수	일정	부락수	이수자	차수	일정	부락수	이수자
제1차	'73.7.30~31	18	43	제6차	'75.8.12~16	22	38
제2차	'73.8.29~31	19	42	제7차	'75.12.15~19	13	27
제3차	'73.12.16~20	19	41	제8차	'75.12.20~22	13	22
제4차	'73.12.21~23	17	31	제9차	'76.2.9~12	16	25
제5차	'74.12.20~24	26	35	제10차	'76.2.22~25	18	30
광산2차	'75.4.21~25	8	10	제11차	'76.9.20~24	17	26
합계						206	370

출전 : 재해위, 『1973년도 MISEREOR』, 1973; 사회선교국, 『부락별 교육 현황』, 1991.

가 그 구성체의 자금을 불명확하게 집행함으로써 부정과 부실을 초래하였으며, 그 결과 조직 자체가 와해된 사례가 많았던 것이 농촌부락 내의 일반적인 현실이었다. 부락개발사업의 경우, 구성원의 회비 납부 및 출자 등이 정관에 명시되었고, 협동조직체의 운영을 통해 발생한 총 이익금은 출자에 따른 배당을 하게 돼 있었다. 더 나아가 사업의 추진에 따라 신협이 조직되고 구판장이 운영됨으로써 복식부기교육의 필요성이 점증되었다. 그러나 당시 한국농촌에는 부락개발사업의 운영에 필요한 복식부기를 할 수 있는 능력을 가진 사람은 매우 드물었다.

재해위는 이를 위해 부락개발사업에 참여하는 부락 내 작목반과 부락총회의 총무 및 회계를 담당하고 있는 실무자를 대상으로 회계실무자교육을 실시하였다. 〈표 II-9〉와 같이 광산2차 실무자교육에 참여한 8개 부락의 농민 10명을 포함 11차례에 걸쳐 연 206개 부락, 연 370명의 농민이 교육을 이수하였다. 당시 교육에는 각 농촌부락 내 회계실무를 담당하고 있는 약 2명의 농민이 참가하였다. 교육 내용은 주로 협업경영, 부기개론, 회계규정 해설, 부기실무(실습) 등이었다. 이러한 교육

〈그림 II-3〉 제1차 회계실무자교육(1973.7.30~31)에 참여한 18개 농촌부락의 농촌청년

을 통해 재해위는 협동조직체의 실무를 원활하게 처리할 수 있도록 하였으며, 부락 내의 청년을 조직하면서 이들이 부락개발사업의 중추가 될 수 있도록 하였다.

이 시기 교육사업과 관련해 주목되는 것은 부락대표자간담회였다. 이는 〈표 II-10〉과 같이 1974년부터 3개 도 13개 시·군에 걸쳐 흩어져 있던 부락개발사업 관할 농촌부락의 농민지도자들을 중심으로 개최된 것이었다. 1974년 2월 개최된 제1차 부락대표자간담회는 29개 농촌부락의 농민지도자 36명이 참석하여 각 부락별 사업의 추진과정에 대한 발표와 부락개발종합계획의 필요성 및 방법에 대한 강의, 부락발전을 위한 방안에 관한 그룹별 토론·발표 등이 진행되었다.[46] 1975년 제3차 부락대표자간담회의 경우, 관수지원사업 대상부락을 포함하여 39개 부

---

[46] 재해위, 「10차 경과보고(1974.2.1~3.31)」, 『1974년도 MISEREOR』, 1974.

<표 II-10> 부락대표자간담회 개최 현황(1973~1979)

부락대표자간담회				한우사업간담회			
차수	기간	부락수	이수자	차수	기간	부락수	이수자
1차	'74.2.2~4	27	32	1차	1974.7.22	6	12
2차	'74.10.4~5	28	30	2차	1975.2.27~3.1	10	10
3차	1975.2.26~28	39	39	3차	1977.1.13~14	20	41
4-1차	1975.12.26~28	23	40	4차	1977.11.8	19	51
4-2차	1975.12.28~30	28	50	5차	1978.12.15	21	83
5차	1977.1.16~18	29	48	6차	1979.11.16	6	23
6차	1978.3.1~2	18	45	7차	1979.11.27	16	49
7차	1978.3.3~5	24	49				
8차	1979.2.17~19	47	80				

출전: 사회선교국, 『부락별 교육 현황』, 1991.

락 39명의 농민지도자가 참여하였다. 당시 농민지도자들의 공동토의 의제는 농촌신협의 육성방안, 사업 참여자와 비참여자의 조화방안, 구판사업 운영방안, 실패사업에 대한 해결방안, 부락공동기금 조성방안, 농산물의 효율적 출하방안, 부락조직의 강화와 효과적인 운영방안, 부락대표자간담회 운영방안 등이었다.[47] 부락대표자간담회는 각 부락의 농민지도자들이 상호 인적유대의 강화와 협력을 통해 농민주도의 부락개발운동과 협동조합운동을 전개할 수 있는 기반과 계기가 되었다.

한우지원사업의 경우, 1974년부터 사업대상 부락의 농민지도자들이 참석하는 간담회가 매년 개최되었다. 한우작목반의 반장과 부반장 등이 참여한 한우간담회에서는 주로 각 작목반별 운영 현황이 발표되었다. 또한 '한우사육의 문제점'과 '협동조합 조직 운영'을 주제로 한 강의가 이루어지면서 한우작목반의 운영 경험을 상호 공유하였다. 아

---

47 재해위, 「경과보고(1975.1.1~3.31)」, 『1975년도 MISEREOR』, 1975.

<〈그림 II-4〉 제1차 한우지원사업 농촌대표자간담회(1974.2.2~4)에 참여한 농민지도자

울러 부락개발운동의 주요 방안으로 농촌신협의 설립과 운영 등이 논의되었다.

(2) 1970년대 후반기 교육사업(1977~1979)

1976~77년은 재해위가 부락개발사업과 협동조합운동을 전개하는 데 일종의 전환기였다. 작목반과 부락총회 등의 운영을 통해 추진된 부락개발사업은 1974년도 제1차 오일쇼크에 따른 국내외 경제상황의 악화로 인한 다수의 작목반·부락총회의 침체, 소수의 상담원이 80~90여 개의 농촌부락과 10여 개의 탄광지부를 순회하면서 '상담'해야 하는 등 어려운 상황에 처해 있었다.

원주그룹은 이를 타개하기 위해 부락대표자간남회와 신협임원교육 등 제반 교육을 실시하면서 부락과의 관계를 지속시켜 나갔으며, 신협

<표II-11> 신협임원교육 현황(1976.9~1979.7)

차수	교육기간	부락수	이수자	차수	교육기간	부락수	이수자
1차	'76.9.25~27	21	29	5차	'78.11.6~8	12	18
2차	'77.8.29~31	23	41	6차	'79.4.7~9	8	11
3차	'77.12.19~21	33	52	7차	'79.7.25~27	14	31
4차	'78.9.5~7	17	26	합계		128	208

출전 : 사회선교국, 『부락별 교육 현황』, 1991.

을 중심으로 협동조합운동을 강화해 나가는 방향전환을 모색하였다.[48] 그 결과 재해위가 주도하는 교육사업은 부락개발사업과 한우지원사업, 원주원성사업의 추진을 통해 관할 농촌부락의 농촌개발운동을 지속시켜 나가되, 신협임원교육·신협실무자교육 등을 통해 협동조합교육을 강화하는 방향으로 나아갔다.

당시 신협을 중심으로 한 대표적인 협동조합교육은 신협임원교육과 신협회계실무자교육, 현장교육을 통해 부락민을 대상으로 한 신협 소개교육·재교육의 실시로 나타났다. 1976년 9월 신협임원교육이 처음으로 실시되었는데, 신협 창립과정에서 선임된 이사장과 부이사장, 이사와 감사들의 임원진을 초청한 2박 3일의 일정이었다. 신협임원교육의 강의주제는 주로 '농촌의 현실', '부락개발 및 신협의 역할', '이사회 운영 및 업무 운영관리', '신협사례 발표 및 신협 육성방안에 대한 토론', '농협민주화', '지도자의 자세' 등이었다.[49] 교육의 초점은 오늘날의 농촌현실 속에서 농민 주도 부락개발의 필요성과 이를 위한 신협의

---

[48] 재해위, 「제24차 전체협의회 회의록(1977.5.13)」, 『전체협의회 회의록(1976.12.1~1979.4.11)』, 1979; 재해위, 「임시전체회의(1977.9.29)」, 『전체협의회 회의록(1976.12.1~1979.4.11)』, 1979.

[49] 재해위, 「제39차 전체협의회 회의록(1978.8.31)」, 『1978년도 전체협의회 회의록』, 1978.

〈그림 II-5〉 제1차 신협임원교육(1976.9.25~27)과 연수생

중요성, 조합원의 의사에 기초한 신협의 민주적인 운영방안과 활성화 방안 논의에 맞추어져 있었다.[50] 〈표 II-11〉의 임원교육 현황을 보면 이수자 수는 총 208명으로 부락개발사업과 한우지원사업, 원주원성사업을 통해 조직된 부락의 농촌신협과 그 주요 임원들이 참여하였다.

재해위는 1976년 9월부터 7차례에 걸친 신협회계실무자교육을 〈표 II-12〉와 같이 실시하였다. 당시 신협회계교육을 통해 연 198개 부락에서 305명의 회계실무자를 배출하였으며, 이를 통해 신협의 민주적인 운영능력 및 실무능력의 향상이 이루어지도록 추동하였다. 교육의 강의 주

---

50 제4차 신협임원교육의 교육과목과 강사진을 살펴보면 농촌현실(이한규), 신협과 부락개발(김상범), 이사회운영(홍고광), 업무운영관리와 감사방법(강원지구평의회), 신협발전단계(김인성), 농협민주화(정인재), 지도자의 자세(장일순), 이사회 운영사례(정도웅), 신협사례(유석주), 총회보고서 작성 및 사업계획(이재호), 토론평가(김상범, 홍고광) 등이었다. 대체로 강사진은 상담원과 강원지구평의회, 부락의 신협임원들이 참여되었다(재해위, 「제38차 부별협의회 — 회의 속개(1978.8.2)」, 『1978년도 전체협의회 회의록』, 1978).

<표Ⅱ-12> 신협회계실무자교육 현황(1976.9~1979.4)

차수	교육기간	합 계		부락개발사업		한우지원사업		원주원성사업	
		부락수	이수자	부락수	이수자	부락수	이수자	부락수	이수자
11차	1976.9.20~24	25	35	9	14	10	11	6	10
12차	1977.4.6~9	23	32	10	12	7	11	6	9
13차	1977.7.18~21	21	43	0	0	5	6	16	37
14차	1977.12.12~16	40	58	4	4	6	11	30	43
15차	1978.4.25~29	25	34	8	11	9	13	8	10
16차	1978.11.26~30	35	56	9	12	16	27	10	17
17차	1979.3.31~4.3	29	47	9	15	12	21	8	11
합계		198	305	49	68	65	100	84	137

출전 : 사회선교국, 『부락별 교육 현황』, 1991.

제는 주로 부기실습과 부기개론, 신협론과 소비조합론, 신협임원의 기능과 감사방법, 사례발표 및 좌담 등이었으며, 3박 4일 또는 4박 5일 일정으로 진행되었다. 당시의 교육은 이전 시기와 다소 다르게 신협론과 소비조합론, 신협임원의 기능과 감사방법 등이 강조되었다.[51]

한편, 이 시기 농촌지도자교육은 원주원성사업이 본격화되면서 사업대상 농촌부락과 한우지원사업의 농민지도자들을 중심으로 실시되었다. <표Ⅱ-6>과 같이 1977년 5월 개최된 제23~24차의 초청교육은 원주원성사업이 전개되던 부락만을 대상으로 이루어졌다. 25~28차까지는 한우지원사업의 대상부락을 포함하여 초청교육이 이루어졌다.

1977년 초 원주원성사업이 본격적으로 추진된 이후 부락대표자간 담회는 <표Ⅱ-10>과 같이 네 차례에 걸쳐 실시되었으며, 한우사업간

---

[51] 이들 이수자들 중 적은 수의 농촌청년들이 신협의 실무 일에 투신하는 것이 당시 실정이었다. 당시 신협의 무보수 원칙에 의해 자산이 증가하여 보수를 지불할 수 있을 때까지 무보수로 봉사해야만 하였으며, 의식적인 노력만으로 실무 일을 맡는 것이 쉬운 일은 아니었다. 그럼에도 불구하고 주로 부락 내에서 형편이 낮고 고등교육을 받지 못한 농촌청년들이 교육과 신협의 운영과정에서 적극적으로 활동하는 경향이 많았다.

담회도 별도로 5차례에 걸쳐 실시되었다. 간담회의 주된 내용은 사업 추진 경험의 교환과 문제점 상호 토론, 신협운영과 상비약·구판사업의 추진문제, 지역협의체 구성문제, 쌀생산비조사 경험 교환 등이었다. 이 시기 간담회가 가지는 중요한 의미는 재해위를 중심으로 연결된 사업대상 농촌부락들이 간담회를 통해 부락 간의 연계망을 형성한 점이다. 1976년도부터 부락개발운동과 협동조합운동을 전개하던 농촌부락들은 이를 통해 횡성, 영월, 평창 등의 지역에서 지역협의체를 구성할 수 있었으며, 1979년 3월 농소협이 설립될 수 있는 조직적 기반이 되었다. 이러한 농촌부락의 연결망과 지역단위 농민지도자들의 협의체 구성 및 활동은 1970년대 후반 농촌지역의 협동운동이 활발하게 전개될 수 있는 중요한 기반이 되었다.

한편, 협동조합교육은 이 시기 재해위가 역점을 두고 실시한 현장교육을 통해서도 이루어졌다. 당시 제반 초청교육은 지원대상 부락의 일부 농민지도자와 신협지도자들을 대상으로 한 교육이었고, 이들을 통해 부락 내에서 '전달교육'의 효과를 얻을 수 있었다. 신협운동이 활발하게 전개되었던 농촌신협의 지도자들은 소속 조합원과 부락민, 더 나아가 인근부락의 농민들까지 신협 관련 교육을 자체적으로 실시해 나갈 수 있었던 것에 반해, 그렇지 않은 부락은 신협교육의 자체적 실시가 어려운 경우가 많았다. 그 결과 당시 상담원들은 농촌부락의 요청에 따라 직접 현지를 방문하여 부락의 신협임원과 소속 조합원 및 부락민을 대상으로 신협교육 등을 실시하였다.

현장교육은 대체로 부락의 요구에 의해 일정과 내용 등이 사선에 협의된 후 실시되었다. 현장교육의 주된 내용은 농촌의 현실과 부락개발

<표Ⅱ-13> 현장교육 현황(1976.12~1979.12)

군	면	리	A	B	C	D	E	참석자수	군	면	리	A	B	C	D	E	참석자수
원성	부론	홍호2		3			3	99	횡성	둔내	현천2	1				1	2:
		손곡3	1	1	1		3	150		서원	매호	2	2			4	20:
		정산2	1				1	43			금대	1	1	1		3	11:
		단강1		1			1	50			유현	1				1	3:
		법천1	1				1	32			창촌				1	1	2:
	소초	학곡1	2	6	2		10	405			석화2		1			1	39
		홍양3		5	1		6	246			돌고지			1		1	1:
		둔둔1	2				2	28		우천	정금2	3		2		5	210
		하초구	3				3	123			부곡2	4	5	4		13	47:
	지정	신평2	1				1	30		안흥	강림2		6	2		8	632
	흥업	대안3	1				1	47			상안1	2		4		6	130
		매지2	1				1	32			월현1		1			1	1:
		대안1	1	4	1		6	542			월현2	1	5	1		7	444
		사제2		1			1	23	평창	대화	신1		3	2		5	200
	판부	서곡4	1	1	2		4	113			신4			2		2	5:
	문막	궁촌1	2	4			6	150			신6			1		1	27
		동화2	1	3	2		6	228			신7			1		1	43
		비두2	3	1			4	166		봉평	백옥포	2				2	70
		후용2	1		1		2	59	영월	남	연당1	1	1	2		4	201
	신림	신림2	1	3			5	173			북쌍3	1				1	1:
		성남1	3	1			4	127			창원1	2				2	67
		황둔1	1		1		2	100		영월	방절	1				1	12
		송계1			1		1	106	정선	임계	낙천3	2		1		3	93
	호저	대덕2	2	2	1		5	144	제천	청풍	북진		1			1	47
		무장2	1				1	34			광의	1		1		2	305
		광격		2			2	112	단양	적성	수양포		1			1	63
		생담		1			1	34		단양	증도리		1			1	50
	귀래	용암			1		1	20		영춘	하리			2		2	220
		귀래1	1	1	1		3	113	여주	대신	보통3		5	2		7	466
		운계1	2		2		4	120		능서	내양1	1	6			7	238
		운계2	1				1	17			백석	1				1	23
횡성	둔내	현천1	1	1			2	49	홍천	남	유목정				1	1	26
총계												62	80	47	2	191	8,303

출전: 재해위, 『1977~1978년 현장교육보고서(사업1부)』, 1978; 재해위, 『1977~1978년도 현장교육보고서(사업2부)』, 1978; 재해위, 『1979년 현장교육보고서』, 1979.

비고: 1. A는 신협소개 및 신협창립, B는 신협재교육, C는 부락개발, D는 농민회소개, E는 부락의 교육 횟수를 뜻함.
2. 학곡1리의 경우, 백동·백교·토정부락을 합한 수치임.

〈그림 II-6〉 제1차 농촌부녀자교육(1976.2.26~28)에 참여한 여성농민지도자

의 방법, 신협의 필요성과 창립 지도, 다소 침체에 빠진 신협의 조합원들을 대상으로 한 신협재교육, 부녀회의 구판사업 및 보건위생 교육 등이었다. 이 시기 실시되었던 현장교육의 현황은 〈표 II-13〉과 같다. 당시 현장교육은 부락개발사업과 한우지원사업, 원주원성사업, 농촌청소년계도사업 등을 통해 9개 군 25개 면 66개 부락을 대상으로 191회에 걸쳐 농민 8,303명이 참여한 가운데 실시되었다. 이를 교육의 주제별로 분류해서 살펴보면, 신협소개와 신협창립을 중심으로 이루어진 현장교육은 62회이며, 기존 신협을 대상으로 증모교육과 회계결산 교육, 정기총회 등을 통해 진행된 신협재교육이 80회였다. 신협과 소비조합, 부녀교육과 보건교육 등을 포함한 부락개발을 숭심으로 실시된 현장교육은 47회였다. 전체적으로 현장교육에서 신협교육과 부락개발이 차

<표II-14> 부녀자교육 현황(1976.9~1979.3)

차수	교육기간	부락수	참석수	차수	교육기간	부락수	참석수
1차	1976.2.26~28	13	37	10차	1978.8.7~9	9	18
2차	1976.4.3~5	14	34	11차	1978.8.10~11	6	35
3차	1976.9.28~30	16	32	12차	1978.9.9~11	8	22
4차	1977.8.11~13	15	31	13차	1978.12.27~29	23	87
5차	1978.4.1~3	9	38	14차	1979.2.24~26	18	60
6차	1978.4.7~9	8	32	15차	1979.3.3~5	10	50
7차	1978.5.6~8	8	35	16차	1979.3.7~9	15	54
8차	1978.7.24~26	10	29	17차	1979.3.7~10	7	20
9차	1978.7.27~29	6	27	18차	1979.3.7~11	8	36
합계						203	677

출전 : 사회선교국, 『부락별 교육 현황』, 1991.

지하는 비율은 74.34% 대 24.6%였으며,[52] 이를 통해 이 시기 현장교육이 신협교육을 중심으로 이루어졌음을 알 수 있다.

한편, 1970년대 후반기 재해위가 실시했던 교육사업의 중요한 특징은 1976년 초부터 부녀자교육이 본격적으로 실시되었다는 점이다. 원래 재해위는 제반 교육을 실시하면서 부락개발과 협동조합의 운영주체로서 부녀자들의 역할을 강조하였으며, 이들의 참여를 중시하였다. 그러나 실제 교육은 농촌의 남성지도자들을 중심으로 이루어졌으며, 제반 초청교육에서 여성은 손에 꼽을 정도였다. 1975년 원주그룹은 부락 내 남성들만의 활동으로 농촌사회를 변화시키는데 한계가 있다는 견지에서 부녀자교육의 필요성을 꾸준히 논의하였다. 그 결과 1976년 2월

---

[52] 1978년부터 미제레오의 자금 154,000마르크를 지원받아 농촌지역의 청소년을 대상으로 한우와 양돈 등을 지원하는 사업을 전개하였던 농촌청소년계도사업을 통해 1979년 6월부터 학곡1리와 송계2리, 금대리, 신7리, 신6리, 신4리(2회), 연당1리, 학곡1리(백교), 부곡 등의 9개 부락에서 10회에 걸쳐 부락개발을 중심 주제로 현장교육이 실시되었다.

제1차로 부녀자교육이 실시되었다. 〈표 II-14〉는 1970년대 하반기 부녀자교육의 현황을 보여준다. 부녀자교육은 18차에 걸쳐 연 203개 부락에서 677명의 부녀자들이 참여한 가운데 실시되었다. 교육 내용은 주로 농촌의 현실, 신협소개, 구판장 사례발표, 회의진행법, 올바로 사는 방법(지도자) 등이었다. 교육의 주요점은 주로 농촌 내 봉건성을 부녀자 스스로 극복하게 하면서 기존의 수동적 부녀회를 자율적으로 운영할 수 있도록 하며, 부락개발운동의 주역으로서 부락 내의 농촌신협과 구판장 운영에 적극적으로 참여·활동하는 운영능력 등을 키워 주는 것이었다. 그 결과 교육을 이수한 일부 부녀자들은 농촌현실에 대한 각성과 부락 내 신협과 구판사업의 지도자 및 실무자로서 그 역량을 키워나갈 수 있었다.

운계1리 부녀회의 경우, 1978년 이후 3차례에 걸쳐 진행된 현장교육과 부녀회 주축의 구판사업 추진 및 신협창립에 있어 중요한 역할을 하였다. 1977년 7월과 1978년 3월 부락 내의 요청에 따라 실시된 신협소개와 부녀의식 계발 등을 위한 현장교육, 1978년 8월 신협재교육의 현장교육을 거치면서 동화2리 부녀회는 부락 내에서 활발한 활동을 해 나갔다.[53] 대체적으로 부녀자교육의 대상은 농촌처녀가 많았는데, 이농이나 결혼 등의 사유로 부락을 떠나는 경우가 많았으므로 교육을 이수한 부녀자들의 부락 내 활동은 상당히 제한적이었다. 재해위의 부녀자교육은 1978년 1월 창립된 한가농 부녀부가 실시한 농촌여성지도자 세미나 등의 여성교육에 앞서 실시된 것이었다.[54]

---

[53] 재해위, 『1977~1978년 현장교육보고서(사업1부)』, 1978.
[54] 1979년 재해위는 가톨릭농민회 부녀부가 원주교구 농촌여성을 대상으로 실시한 현장교

2) 광산지역 교육사업의 실시와 주도층 형성

(1) 1970년대 전반기 교육사업

1970년대 재해위는 광산지역에서 남한강사업의 세부사업인 광산지역 장기구호사업과 1977년 광산소비조합육성사업을 전개하였다. 재해위는 이들 사업을 효과적으로 추진하기 위해 광산지역에서 탄광지부의 노조지도자와 광부들을 대상으로 양돈반과 산양반 등 생산협동체의 구성과 활동, 노동금고와 신협, 구판장과 소비조합 등 협동조직체의 설립과 활성화를 위한 제반 교육사업을 활발히 전개하였다.

1973년 남한강사업이 전개되면서 광산지역에서도 노연의 실태조사가 이루어졌고, 상담원 이경국의 정밀조사를 바탕으로 선정된 탄광지부의 노조지도자들을 대상으로 광산지도자교육이 실시되었다. 1973∼76년 광산지역 교육사업의 현황은 〈표 II−15〉와 같다. 1973년 광산지도자교육의 경우, 미온적이었던 장성과 태영탄광지부를 제외하고 3회에 걸쳐 2개 단체와 2개 지역지부, 13개 탄광지부의 광산지도자 66명이 참여한 가운데 실시되었다. 교육의 주요내용은 정부노동정책, 장기구호사업 설명, 광산노동조합운동의 방향, 노동운동, 노동복지, 협동조합 등에 관한 것이었다. 당시 교육의 실시는 재해위에서 주관하는 장기구호사업에 대한 이해도를 높이고, 자율적·민주적인 협동조직체의 운영과 의식제고 등을 목적으로 하였다. 또한 광산노동자의 경제적, 사회

육 2회와 농촌여성연합회의 초청교육 1회 등 상호 유대관계 속에서 실시토록 협조하면서 1970년대 후반기 여성운동을 추동하였다(엄영애, 『한국여성농민운동사』, 나무와숲, 2007, 338∼341쪽).

<표 II-15> 광산지도자교육 및 광산신협실무자교육 현황(1973~1976)　　　　　　　　(단위 : 명)

단체명	광산지도자교육			광산신협실무자교육			신협단기교육
	1차	2차	3차	1차	2차	기타	'74.4.22~27
절골청년회	3			2	1		
황지재건중학교	3			1	2		
한성탄광지부		5		2			최광식
광전탄광지부		4		1	1		정석의
어룡탄광지부		5			2	1	인명수
유창황지탄광지부	4						
함태탄광지부		3		1			주응환
동해탄광지부	5			1		1	이경만
태영탄광지부					3		김기섭
장원탄광지부	4						
장성탄광지부				1	3		
강원탄광지부			5	2	2		김정순, 안기현
도계지역지부	5			1	1		
백운지역지부			4	1	1		
삼척탄광지부			6	1	5	1	권병균, 김창기
동고탄광지부			4	1	1		김순태, 김영택
동원탄광지부			6	2	2		이병황, 최금자
합계	24	17	25	17	24	3	14

출전 : 재해위, 『광산교육자 등록부』, 1976; 사회선교국, 『부락별 교육 현황』, 1991.
비고 : 광산지도자교육의 차수 일정은 1차('73.7.26~28), 2차('73.8.20~23), 3차('73.11.5~7)이다. 광산실
　　협 실무자교육의 경우, 1차('74.2.13~16), 2차('75.4.21~25), 기타('75.8.12~16)

적 지위향상에 노조활동이 기여하도록 추동하였으며, 노조를 중심으로 광산노동자들이 협동운동을 전개할 수 있도록 유도하였다. 당시 강사진은 원주그룹을 중심으로 한 노연과 전국광산노동조합, 신협연합회, 신협 강원지구평의회의 간부들이었다.

1973년 말까지 광산지역의 15개 탄광지부 및 단체들에 대한 자금지원이 마무리되었고, 이 협동조직체들은 본격적인 사업에 착수할 수 있

〈그림 II-7〉 1977년 10월 황지지역 신협임원교육(10.13)

었다. 그러나 사업에 참여한 광산지도자들은 협동조직체의 회계운영이
미숙하였다. 그러므로 회계실무자의 능력을 높이기 위하여 〈표 II-15〉
와 같이 13개 사업장 17명을 대상으로 1974년 2월 13일부터 3박 4일
간 광산신협실무자교육을 실시하였다. 당시 실시된 교육의 내용은 회
계취급방법, 회계실습, 신용조합론, 소비조합론 등이었다.[55] 이와 같은
광산신협실무자교육은 1975년 들어 한 차례 더 실시되었으며, 12개
지부와 단체의 광산지도자 24명이 참여하였다. 1975년 8월 제6차 농
촌신협실무자교육에 어룡·동해·삼탄의 3개 탄광지부 노조지도자 3
명이 참여하여 교육을 이수하였다.

---

55 재해위, 「제8차 카리타스 경과보고」, 『1974년도 부락개발협의회 회의록』, 1974.

한편, 재해위는 광산지역에서 탄광노동자들을 가장 괴롭혔던 사회문제 중 하나인 광산고리채문제를 해결하기 위한 방안으로 일찍부터 노동금고 또는 신협의 설립을 추동하였다. 당시 재해위는 광산지도자교육 및 실무자교육을 통해 당시 탄광노조 지도자들이 생소하였던 신협의 소개·설립을 추동하였으며, 신협의 설립이 어려운 탄광지부의 경우 노동금고를 중심으로 설치하도록 하였다. 아울러 1974년 3월 장기구호사업 대상 16개 탄광지부와 단체가 참여한 광산지역간담회가 최초로 개최되었으며, 이를 통해 탄광지부마다 운영되고 있는 사업의 내용과 노동금고 등의 설립·운영 경험 등을 공유하였다. 또한 1974년 4월에는 주로 노동금고를 운영 중인 탄광지부와 신협이 설립된 탄광지부의 노조지도자들을 초청해서 신협단기교육을 실시하였다. 이러한 제반 교육과 간담회의 실시를 통해 1970년대 전반기 노동금고와 신협이 탄광지부마다 설립·운영될 수 있었다.

(2) 1970년대 후반기 교육사업

이 시기 재해위의 교육사업은 신협운동을 농촌과 광산지역에 적극적으로 확산시키고자 한 1975년도 사업방침에 따라 탄광지부들이 운영 중이었던 노동금고를 신협의 설립·운영으로 전환하도록 추동하였다. 또한 1970년대 후반 광산지역에서의 협동조합운동이 활발히 전개될 수 있도록 신협과 그 부대사업의 하나로 소비조합의 설립을 추진하였다. 이 시기 광산지역의 협동조합교육은 각 탄광지부의 노조 및 협동조합지도자를 대상으로 한 신협임원·감사교육과 광산신협실무사교육·광소협 임원교육·소비조합회계교육·광산부녀교육 등의 초청교육과 탄광

구분	신협임원교육				감사교육	광산신협실무자교육					
	1차	2차	3차	4차	1차	12차	13차	14차	15차	16차	17차
유창황지탄광지부		2	2								
동해탄광지부		5	3	2					1	1	1
한성탄광지부		4									
광전탄광지부		10	4	2	3			1	1	2	
어룡탄광지부		4	5	4	2			3			3
함태탄광지부		5			3		2			2	
태영탄광지부		5	4	7	1				1		1
장원탄광지부		7	1	2	1				1	1	1
장성탄광지부		4	5		3	2					
강원탄광지부		5	3	3	1	2			1	1	
삼척탄좌지부	9				2	1				1	
동원탄좌지부	12				1	2		2		2	
동고탄광지부	10		1			1		2			
백운지역지부	5										
강릉탄광지부						1	1		1		
영월지역지부						1					
합계	36	54	35	20	17	10	3	8	6	10	6

출전 : 사개위, 『광산소비조합 관련 문서철』, 1982; 사회선교국, 『부락별 교육 현황』, 1991.
비고 : 1. 신협임원교육 일정은 1차('77.10.11), 2차('77.10.13), 3차('78.10.20~22), 4차('79.5.28~30)임.
　　　 2. 감사교육 일정은 1차('78.10.23~25)임.
　　　 3. 광산신협실무자교육 일정은 12차('77.4.6~9), 13차('77.7.18~21), 14차('77.12.12~16), 15차('78.4.25~29), 16차('78.11.26~30), 17차('79.3.31~4.3)임.
　　　 4. 광산부녀자교육 일정은 1차('76.10.22~24), 2차('77.5.9~11)임.

지역 협동조합운동의 저변 확산을 위해 탄광노동자들과 그 가족들을 대상으로 실시된 현장교육이었다.

먼저 이 시기 신협임원교육은 〈표 II-16〉과 같이 감사교육 1회를 포함하여 5차례 실시되었다. 신협임원교육은 1970년대 후반기 협동조합운동의 활성화를 위한 협동조합교육이 강화되면서 이전 시기의 광산지도자교육이 신협임원교육으로 대체된 것이었다. 1977년 10월 신협임원교육 1차와 2차는 사북과 황지에서 현장교육의 형태로 실시되었으며, 각각 4개 광산노조의 36명과 10개 노조의 54명을 대상으로 실시되었다.[56] 14개 노조간부와 신협이사들이 참여한 두 차례의 임원교육을 통해 광산지역에서의 신협운동과 역할, 신협과 소비조합의 사례발표, 이사회 운영과 여신위원회의 역할 등이 강조되면서 협동조합 의식의 재고와 신협의 민주적 운영, 소비조합의 필요성을 크게 인식하는 계기가 되었다.[57]

1978년 10월 3차 신협임원교육과 1차 감사교육, 1979년 5월 4차 신협임원교육은 초청교육을 통해 실시되었다. 당시 임원교육은 주로 광산지역의 현실과 신협운동의 필요성, 신협기능과 역할, 임원의 이사회운영과 감사방법, 협동조합운동에서 임원진의 자세 등을 중심으로 이루어졌다.[58] 이러한 교육 내용은 이전 시기 광산지도자교육이 정부의 노동정책과 광산노동조합 및 노동운동의 방향, 장기구호사업의 이해, 협동조합의 역사와 내용 등 개괄적 소개에 머물던 것과는 크게 다른 것으로 신협을 중심으로 한 협동조합교육이 크게 강화되었음을 보

---

56 당시 광산지역 탄광지부의 노조지도자들은 재해위가 주관한 교육뿐만 아니라 정부에서 실시하는 새마을운동 관련 교육과 한국노총에서 주관하는 교육 등에 참여하였다. 또한 서강대 부설 산업문제연구소가 주관한 노동문제특별교육과정과 크리스천아카데미에서 실시하는 노동교육 등에도 초청되어 교육을 받았다.

57 1차 및 2차의 강의주제와 강사를 살펴보면 신협운동과 역할(장상순), 이사회 운영과 여신위원회의 역할(박재일), 신협사례 발표(이경만), 업무운영관리(홍고광), 소비조합 사례발표(강희균), 감사방법(김상범), 진행과 토론(이경국) 등이었다(재해위, 『광산현장교육보고서(1977~1979)』, 1979).

58 당시 신협임원교육은 광산지역 현실(이경국), 신협발전단계(김인성), 신협기능과 역할(바재일), 이사회 유영(김상범), 이사회 운영사례(최희웅), 감사방법(장상순), 신협사례·복지대책·신협운동과 광산지역(광산노동조합), 지도자의 사세(상일순), 업무 운영관리(홍고광) 등으로 진행되었다(재해위, 「제39차 협의회-회의속개(1978.9.2)」, 『1978년도 전체협의회 회의록』, 1978).

여준다. 당시 임원교육은 1~2차에서 강릉과 영월지역 지부를 제외하고 모두 참여한 형태였으나 3차부터 주로 황지에 소재한 탄광지부를 중심으로 교육이 이루어졌다. 이는 광산지역의 협동조합운동이 주로 황지지역을 중심으로 활발히 전개된 것과 연관된 것이었다. 5차례에 걸친 임원교육에는 주로 원주그룹의 구성원과 전국광산노동조합총연맹 소속 광산노조 지도자, 탄광지부 신협임원 등이 강사진으로 참여하였다.[59]

광산신협실무자교육은 당시 노동금고와 신협을 운영하는 실무자들을 대상으로 실시되었다. 이 교육은 당시 소비조합의 설립·운영과 관련하여 실시된 소비조합회계교육과 연관되었으며, 〈표Ⅱ-16〉과 같이 6차례에 걸쳐 연 인원 43명이 참여한 가운데 농촌지역의 신협실무자들도 참여했다. 교육 내용은 주로 부기개론과 부기실습, 신협론과 소비조합론, 신협임원의 기능과 감사방법, 사례발표·좌담 등으로 구성되었으며, 신협·소비조합의 실무능력을 향상시키는데 그 목적을 두었다. 당시 유창황지와 한성, 백운지역 지부를 제외하고 모두 신협실무자교육에 참여하였다. 2회 이상 참여한 탄광지부는 동해·광전·어룡·함태·태영·장원·강원·삼

59　당시 재해위에서 실시한 광산지역 교육은 전국광산노동조합총연맹과 한국노총태백삼척협의회의 협조를 기반으로 하였다. 특히, 한국노총 태백삼척협의회는 광산지역에서 재해위의 장기구호사업과 신협운동이 본격적으로 추진되면서 탄광지부 지부장들 중심으로 설립되어 활동하였다. 1970년대 광산지역 노동운동이 활성화되지 않았던 시기였으므로 탄광지부 노조지도자와 광부들을 대상으로 한 제반 교육의 실시는 태백삼척협의회의 협조와 원만한 관계가 중요하였다. 1970년대 말 크리스천아카데미교육의 경우, 강한 노동운동성을 가지고 실시되었으므로 태백삼척협의회는 이의 참여를 금지시켰던 반면, 신협과 소비조합 등 경제사업을 중심으로 협동조합운동을 전개하였던 재해위의 제반 사업에는 일정한 긴장관계를 가지면서도 협조적이었다(2012년 4월 29일, 남해득 전 한마음신협 이사장(태백 황지 메르디앙호텔); 2012년 8월 8일, 이경국 전 무위당사람들 이사장 구술(원주 밝음신협 이사장실)).

〈그림 II-8〉 제1차 광산부녀자교육(1976.10.22~24)에 참여 중인 광산여성지도자

탄·동원·강릉 등 10개 지부로 당시 신협·소비조합 등의 협동조합운동
이 활발하게 추진되던 곳들이었다.

한편, 1970년대 후반 광산지역 교육사업의 중요한 특징 하나는 광산
소비조합육성사업이 추진되면서 소비조합교육이 집중적으로 실시된
것이었다. 소비조합교육은 소비조합 임원교육과 소비조합 회계실무자
교육, 광산부녀교육 등이 있었다. 소비조합 임원교육은 1977년 8월 광
소협이 결성된 이후 협의회에 속한 소비조합 임원들을 대상으로 4차례
에 걸쳐 1박 2일의 일정으로 진행되었다. 당시 소비조합 임원교육은
협동조합 원칙에 입각한 소비조합의 운영과 임원들의 의식계발 향상,
기초단계의 소비조합을 발전단계로 끌어올리기 위한 목적을 가지고 추
진되었다.[60]

구분	소비조합 회계실무자교육				광산부녀교육	
	1차 ('77.9.12~16)	2차 ('78.5.23~26)	3차 ('78.12.18~22)	4차 ('79.4.24~27)	1차	2차
유창황지탄광지부	2				3	
동해탄광지부	3	3	3	1	3	5
한성탄광지부	1				3	
광전탄광지부	1	2	3	1	3	
어룡탄광지부	2	3	3	2	4	
함태탄광지부	2	2			5	9
태영탄광지부	2	3	2	1	5	4
장원탄광지부	1	2	1	1	2	
장성탄광지부	2		2	2		6
강원탄광지부	1	3	2	3	3	5
삼척탄좌지부	1				5	
동원탄좌지부					3	6
동고탄광지부		4	3		5	3
백운지역지부	1					
도계지역지부	2					
영월지역지부	1					
소비조합협의회			1	1		
합계	22	22	20		44	38

출전 : 재해위, 『광산부녀자교육 등록부』, 1977; 재해위, 『광산소비조합 등록부』, 1978; 사회선교국, 『부락별 교육 현황』, 1991.

소비조합 회계교육은 〈표 II-17〉과 같이 광소협 소속의 소비조합 실무자를 대상으로 4박 5일의 일정으로 4차례 실시되었다.[61] 주로 황지지역에 소재한 탄광지부의 소비조합 실무자들이 적극적으로 참여하였다. 특히

---

60 제1차 소비조합 임원교육('78.3.17~18)은 10개 탄광지부의 노조지도자 38명, 2차교육('78.7.23~24)은 11개 지부의 39명, 3차교육('78.8.28~29)은 13개지부의 28명, 4차교육('79.5.28~30)은 13개지부의 49명이 이수하였다(사개위, 『광산소비조합 관련 문서철』, 1982).

61 사개위, 『광산소비조합 관련 문서철』, 1982.

신협과 소비조합이 설립되어 협동조합운동이 활발하게 추진된 동해·광전·어룡·태영·장원·강원·함태 등에서 적극적으로 참여하였다.[62] 교육 내용은 소비조합론, 신협론, 상업부기개론, 부가가치세, 신협사례, 소비조합사례, 특강 등으로 이루어졌다.

이 시기 광산부녀교육은 신협과 소비조합의 설립·운영에 광산부녀자들이 적극 참여하도록 추동하기 위해 〈표Ⅱ-17〉과 같이 원주교육원에서 실시되었다. 넓은 유대지역을 가지고 있었던 지역지부와 강릉탄광지부를 제외하고 소비조합을 운영 중이었던 황지의 동해·함태·태영·강원탄광지부, 사북·고한의 동원·동고탄광지부에서 적극적으로 참여하였다. 교육 내용은 주로 오늘의 현실, 소아위생, 신협론, 소비조합론, 신협·소비조합 사례 발표, 가정영양, 회의진행법, 올바르게 사는 길 등이었다. 광산지역의 부녀자교육은 소비조합사업에 필요한 저변확대와 부녀활동 활성화를 위해 그 필요성과 의미 등이 강조되면서 실시되었다. 그러나 며칠씩 집을 떠나 교육에 참가하기 어려운 광산부녀자들의 현실을 감안하여 초청교육 대신 현장교육이 이루어졌다.[63]

1970년대 후반기 본격적으로 도입된 현장교육은 〈표Ⅱ-18〉과 같이 1977년 4월부터 1979년 10월까지 99회에 걸쳐 17개 지역지부의 조합원과 그 가족 10,618명을 대상으로 실시되었다. 현장교육이 활발하게 이루어진 탄광지부는 동해·광전·어룡·함태·태백·장원·장성·강원·동원 등이었다. 당시 현장교육은 신협소개·창립지도교육 12회, 신협·소비

---

62 당시 회계실무자교육에 적극적으로 참여한 7개 지부 소비조합 실무자는 사개위 출범 직후 5차로 실시된 교육('79.12.3~7)에도 모두 참여하였다(사회선교국, 『부락별 교육 현황』, 1991).

63 사회개발부, 「1978년도 사업평가 및 1979년도 사업계획(1979.2)」, 『참고철』 2, 1984.

탄광지부	A	B	C	D	탄광지부	A	B	C	D
유창황지탄광지부	2	260	2	260	동원탄좌지부	14	380		
동해탄광지부	9	1,483	7	1140	동고탄광지부	3	244	1	180
광전탄광지부	7	662	3	475	백운지역지부	1	32		
어룡탄광지부	12	1,610	9	1485	강릉탄광지부	2	89		
함태탄광지부	11	1,075	4	730	영월지역지부	1	25		
태영탄광지부	9	1,044	6	940	도계지역지부	3	115		
장원탄광지부	6	824	4	705	황지탄광노조	1	48		
장성탄광지부	6	974	4	895	정동탄광지부	2	186	1	150
강원탄광지부	10	1,567	6	1410	합계	99	10,618	47	8,370

출전 : 재해위, 『광산지역 교육보고서(1977~1979)』, 1979.
비고 : 1. A와 B는 현장교육 회수와 참가자 수이며 C와 D는 가족이 포함된 현장교육 횟수와 참가자 수임.

조합 소개교육 79회, 신협재교육 3회 등으로 대다수가 신협·소비조합의 소개·사례 발표 등이었다. 현장교육은 노조·신협간부들과 조합원 및 가족들이 거주하고 있는 사택지역을 중심으로 실시되었다.[64]

　현장교육은 초청교육이 주로 탄광지부의 노조간부이자 신협·소비조합 임원들을 대상으로 한 것과 달리, 일반 조합원과 그 가족까지 대상을 확대하여 실시하고 광산지역의 신협·소비조합의 설립과 활발한 운영에 커다란 기여를 했다는 점에서 중요하였다. 이러한 현장교육은 1970년대 유신체제 말기로 갈수록 확대되었다. 이는 정보기관의 감시와 탄압이 가중되면서 재해위의 초청교육 실시가 쉽지 않았던 사회적 상황과 협동조합운동의 저변과 기반을 확대하기 위한 현장교육의 필요

64　현장교육은 주로 상담원 이경국과 신협 강원지구평의회 회장 장상순, 광소협 임원들에 의해 실시되었다. 신협과 소비조합의 교육(사례)은 이경만(동해)·강희균(태영)·정구욱(어룡)·홍재수(동해)·이호진(광전) 등이 참여하였다(재해위, 『광산지역 교육보고서(1977~1979)』, 1979).

〈그림 II-9〉 태영광업소 사택에서 개최된 현장교육

성이 맞물린 결과였다.

이러한 교육의 결과 신협·소비조합의 설립·운영 등 광산지역의 민간 주도 협동조합운동은 크게 활성화되었다. 특히 이러한 교육은 당시의 협동조합운동이 경제주의에 빠지지 않도록 하는 역할을 하였다는 점에서 중요하였다. 즉, 신협의 설립 및 민주적 운영을 통해 일반 금융기관으로 전락되는 것을 막고 조합원의 고리채를 해소하였으며, 소비조합의 설립·운영을 통해 광산지역 소상인들의 횡포와 높은 지역물가를 조절하는 역할을 할 수 있도록 하였다. 이에 따라 신협과 소비조합은 유신체제하에서 광업소와 정부기관의 지속적인 압력·탄압에도 불구하고 협동조합 본연의 기능을 발휘하며 발전할 수 있는 기반이 되었다. 또한 조합원들은 민주적인 협동조합의 운영을 막는 제반 사회적 현실에 대한 각성을 통해 의식화되었다.

<표II-19> 1970년대 원주그룹의 협동조합 교육사업 현황

구분	교육별	지도자		회계		부녀자		청소년		기타		간담회		계	
농촌	1973	10	361	4	157									14	518
	1974	7	236	1	37							2	62	10	335
	1975	5	160	3	99							3	129	11	388
	1976	3	90	3	107	3	103			2	65			11	365
	1977	3	121	3	133	1	31			3	115	3	140	13	540
	1978	3	124	2	90	9	323			2	44	3	177	19	758
	1979			2	81	6	244	3	102	2	42	4	188	17	657
	계	31	1,092	18	704	19	701	3	102	9	266	15	696	95	3,561
광산	1973	3	66											3	66
	1974			1	43							1	43	2	86
	1975			1	45									1	45
	1976					1	44					1	31	2	75
	1977	2	90	1	22	1	38							4	150
	1978	2	52	2	48									4	100
	1979	1	20	2	77									3	97
	계	8	228	7	235	2	82					2	74	19	619
합계		39	1,320	25	939	21	783	3	102	9	266	17	770	114	4,180

출전: 사회개발부, 「교육회수 및 참가인원표(1984.3.31)」, 『사업현황』, 1985.
비고: 1. 기타는 견학, 세무, 감사, 쌀 생산비 관련 교육을 뜻함.

　　지금까지 1970년대 재해위가 추진했던 농촌과 광산지역의 교육사업과 내용을 구체적으로 살펴보았는데, 이를 요약하면 〈표II-19〉와 같다. 전체적인 농촌지역 교육사업의 현황을 살펴보면 농촌지도자교육은 31회에 걸쳐 1,092명의 부락지도자가 교육을 이수하였으며, 신협 회계교육은 18회에 걸쳐 작목반·부락총회와 신협의 실무자 704명이 참여하였다. 농촌지역 간담회는 15회에 걸쳐 696명의 농민지도자가 참여하였으며, 1970년대 후반의 농촌부녀자교육은 19회에 걸쳐 701명의 농촌부녀들이 교육을 이수하였다. 그 외 쌀생산비교육과 세무교

〈그림 II-10〉 함태탄광지부 내에서 실시된 현장교육

육, 견학교육 등이 9회에 걸쳐 266명의 농민이 참여하였다. 1970년대 후반 현장교육은 9개 군 25개 면 66개 부락에서 191회에 걸쳐 8,303명의 부락농민이 참여하였다.

광산지역의 경우, 1970년대 전반기의 광산지도자교육과 1970년대 후반기의 신협임원교육은 8회에 걸쳐 228명, 광산지역간담회가 2회에 걸쳐 74명 등 모두 10회에 걸쳐 연 302명의 노조간부·협동조합 지도자가 교육을 이수하였다. 신협회계교육은 7회에 걸쳐 235명의 노동금고 및 신협과 235명의 소비조합 실무자가, 부녀자교육은 2회에 걸쳐 탄광지부의 부녀자 82명이 참여하였다. 전체적으로 재해위가 농촌지역과 광산지역에서 실시한 지도자교육은 39회에 걸쳐 1,320명, 17회의 간담회에서 770명 등 총 56회에 걸쳐 2,090명의 협동조합 지도자들이 참여하였다. 회계실무자교육은 총 25회에 걸쳐 939명의 농민과 광산노동자들이, 부녀자교육은 총 21회에 걸쳐 783명의 부녀자들이 참여하였다.

재해위의 교육 내용은 원주그룹을 중심으로 농문연과 노연, 한가농, 신협연합회의 참여와 협조를 통해 만들어진 것이었다. 재해위의 부락개발 사업 추진 시 실시된 교육과정의 과목은 주로 협동교육연구원과 신협연합 회가 1960~70년대 초 실시했던 교육과정의 틀을 상당 부분 원용한 것이었 다. 1970년대 초 협동교육연구원은 교육과정에 신협지도자교육과 협동조 합지도자교육 등을 두었으며, 교육과목 중에는 '협동조합론', '협동조합조 직관리론', '세계협동조합 비교연구', '지도자론', '지역사회개발론', '회 의진행법', '분단토론법', '소비자보호', '일선조합 견학', '기타 교양과목 및 오락' 등이 있었다.[65] 이들 과목 중에서 협동조합론과 지도자론, 회의진 행법과 분단토론법 등은 재해위가 주도한 제반 교육과정에 필수적으로 들어가는 과목이었다. 1970년대 전반 재해위의 교육사업 추진 시 1960년 대 후반부터 신협운동을 이끌었던 장일순과 장상순, 박재일 등을 중심으로 적극적으로 협동교육연구원의 교육 내용을 원용·활용하였다.

한편, 원주그룹은 제 전문기관의 참여와 협조를 받아 교육사업을 추 진하면서 점차 자신들만의 교육 내용을 갖추어 나갔다. 1970년대에 걸 쳐 원주그룹은 부락개발운동과 협동조합운동을 적극적으로 추진하면 서 이를 위해 초청교육과 현장교육을 활발히 전개했다. 이 과정에서 원 주그룹은 농촌과 광산지역의 사회경제적 현실에 기초하여 농민과 탄광

---

65 어수일, 『협동조합론』, 광림사, 1968, 396쪽; 협동교육연구원, 『협동교육연구원 10년의 역사』, 1972, 34쪽.

노동자의 눈높이에 맞는 교안을 발전시켰으며, 부락개발운동과 협동조합운동을 전개하면서 쌓은 운동경험과 지역현실을 기반으로 한 독자적인 교과과정의 교안과 내용을 만들어 나갔다. 1970년대 전반 파울루 프레이리의 『페다고지』 등을 자체적으로 번역하여[66] 제반 교과과정에 적극적으로 활용하면서 농민과 광산노동자의 의식화에 역점을 둔 교안을 만들어 갔다. 이러한 과정을 통해 원주그룹은 강한 운동성에 기반한 독자적인 교과과정과 교안을 갖추어 나갔으며, 당시 운동성을 지니며 교육사업을 전개하였던 크리스천아카데미[67]와도 견줄 수 있었다. 이를 통해 농촌개발운동의 선구적 사례로 1970년대의 크리스천아카데미 뿐만 아니라 YMCA농촌사업부와 충북육우개발협회의 교육운동에도 일정한 영향을 줄 수 있었다.[68]

---

66 파울루 프레이리의 『페다고지』는 장일순의 요청에 의해 김헌일이 번역하였으며, 홍고광·정인재·김상범 등 원주그룹에서 등사판으로 찍어 비밀리에 돌려 보았다(2011년 5월 30일, 정인재 사회적기업 (주)노나메기 대표 구술(원주 밝음신협 4층 무위당기념관)).
67 이우재, 「농촌사회 발전을 위한 아카데미 농민운동」, 『한국농민운동사연구』, 한울, 1991.
68 대한YMCA연맹 편, 『한국YMCA운동사(1895~1985)』, 路出版, 1986; 윤호창, 「1970·80년대 YMCA농촌운동의 전개와 성격」, 서울YMCA(미발표문); 허신행, 「충북육우개발협회의 축산 및 부락개발사업 평가분석」, 한국농촌경제연구원, 1979.

제2장

농촌지역의 수해복구사업과 부락개발운동

1. 남한강유역수해복구사업

1) 원주교구 재건계획과 수정계획

1972년 8월 남한강유역 대홍수를 계기로 서독 가톨릭 외원기관의 대규모 자금지원과 재해위의 창설을 통해 1973년 남한강사업이 착수되었다. 남한강사업은 네 단계의 준비과정을 거쳐 추진될 수 있는 기반이 마련되었다. 첫 단계는 1972년 8월 남한강유역의 대홍수 직후부터 12월 말까지 원주교구를 중심으로 세계 각국의 천주교 종교기관에 구호요청을 보내고 이에 호응을 한 서독 미제레오의 관계자와 협의과정을 거쳐 남한강사업의 초기 계획안 마련과 지원승인 통보를 받는 시기

<표II-20> 원계획과 수정계획 　　　　　　　　　　　　　　　　　　(1DM=124.22원)

원 계획(1972.9)		수정계획(1973.4.23)		수정계획(2) 및 예산	
제목	예산(DM)	제목	예산(DM)	예산(DM)	예산(원)
식량공급비	384,000	식량지원사업	384,000	345,000	42,876,000
가옥재건비	1,600,000	전답복구사업	403,000	403,000	50,000,000
농토복구비	160,000	부락개발사업	849,000	977,000	121,370,000
		지역개발사업	508,000	531,000	66,000,000
농기구	128,000	농기구	128,000		
차량비	12,000	차량비	12,000	12,000	1,490,700
행정비	65,000	행정비	65,000	104,000	12,933,600
예비비	51,000	예비비	51,000	28,000	3,457,700
합계	2,400,000		2,400,000	2,400,000	298,128,000

출전 : 재해위, 『1972~73년도 MISEREOR』, 1973.

이다. 둘째 단계는 1972년 12월 22일 수해복구사업에 대한 미제레오의 지원자금 승인 이후 1973년 4월까지 재해위의 조직구성 완료 및 농문연의 실태조사에 따른 농민지원사업의 수정안이 마련되었던 시기이다. 셋째 단계는 노연에 의한 광산지역의 실태조사와 6~7월에 걸친 지역별 협의회의 개최 및 정밀조사를 통해 광부지원사업의 대강(大綱)이 마련된 시기이다. 넷째 단계는 1973년 8월 건국후생산업연구소에 의해 지역개발사업의 구체적인 계획안이 작성되고, 11월 미제레오에 의해 이 계획안이 승인된 시기이다.

남한강사업의 계획안은 대홍수 직후인 1972년 9월~1973년 초 원주그룹을 중심으로 원주교구를 방문한 미제레오 관계자, 원주그룹이 초빙한 농문연(김병태 · 이우재)과 노연(이문영 · 김금수), 한가농(이길재 · 장연석 · 한마리아) 등과의 단계적 협의과정을 거쳐 준비되었다.[1] 우선, 1972년 9월에

1　한가농의 주요 인사가 참여한 사실은 한마리아와의 인터뷰에 의한 것이다. 한마리아는

작성된 것으로 보이는 초기의 복구사업 계획안은 〈표 II-20〉을 통해 살펴볼 수 있다. 초기 계획안의 주요 내용은 수해지역의 부락민에 대한 긴급구호와 전파·반파된 수해민 가옥의 건축, 수해로 인해 매몰·파괴된 부락의 전답 복구 등이었다. 이를 위한 지원금으로 가옥건축계획 1,600,000마르크, 긴급구호 384,000마르크, 전답복구 및 농기구구입 288,000마르크, 기타 운영비 128,000마르크 등 총 240만 마르크가 책정되었다. 이러한 긴급구호적인 사업계획안이 작성되었던 것은 수해 직후 시급히 재해민을 구호해야 할 필요성과 미제레오와 카리타스로부터 긴급히 구호자금을 수령해야 할 필요성, 짧은 일정 속에서 전문가들과 충분한 장기적 구상을 논의하기는 어려웠던 당시의 현실, 구호자금 수령 후 장기적인 부락개발사업의 계획과 추진 등 수정안의 마련이 가능하다는 판단 때문이었다.

원주교구 재건계획에 따른 미제레오와의 최종 합의를 위한 지학순 주교의 출국은 10월 17일 계엄령 선포와 계엄사령부에 의한 가택연금 조치로 상당기간 지연되었다.[2] 11월 28일 지학순 주교는 우여곡절 끝에 독일과 로마 등을 방문하였다. 미제레오와의 최종 협의 및 지원 결정은 12월 22일에 이루어졌으며, 유럽카리타스도 159,000달러의 구호자금 지원을 결정하였다. 당시 미제레오와 카리타스는 원주교구의

1965년 한국에 와서 1994년 귀국할 때까지 30년간 한국에서 활동한 독일 출신의 여성이다. 본명은 마리아 세일러(Maria Sailer, 한국명은 한애라)이며, 1960년대 중반 구미에서 시작한 한가농에 참여하여 활동하면서 1980년대 초까지 한가농의 국제부장·여성부장 등을 역임한 중요 인물이다. 대홍수 직후인 1972년 9월 원주지역에 미제레오 관계자 3명이 방문했을 때 통역자로 활동하였으며, 이후 재해위와 미제레오와의 사이에 오고간 각종 보고서와 서신 등을 번역하는 역할을 하면서 재해위의 활동에 참여하였다 (2011년 10월 20일, 한마리아 구술, 원주 밝음신협 4층 무위당기념관).

2   재해위, 「원주교구 지학순 주교가 미제레오의 Mr. Linden에게 보내는 서신(1972.10. 26)」, 『1973년도 MISEREOR』, 1973.

〈그림 II-11〉 제천 청풍면 양평부락에서 농문연의 수해 실태조사 광경

재건계획에서 필요한 총 240만 마르크에 대해 미제레오에서 180만 마르크, 카리타스에서 60만 마르크를 지원하기로 하는 등 총 240만 마르크(약 3억 원)의 대규모 자금을 지원하기로 결정하였다. 1973년 1월 말 재해위는 농민지원사업과 광부지원사업을 구분하여 각각 독립회계를 실시한다는 회계규정을 마련하여 서독의 미제레오와 카리타스에서 지원하는 240만 마르크는 농촌지역 수해복구사업에, 유럽카리타스에서 지원하는 159,000달러는 광산지역의 수해복구사업에 사용키로 결정하였다.[3]

한편, 12월 말에 서독의 미제레오와 카리타스의 지원 결정이 이루어

---

3   독립회계의 실시는 1973년 1월 24일부터 시행한다고 하였다(재해위, 「회계규정」, 『1972 ~1973년도 MISEREOR』, 1973). 한편, 서독 가톨릭 외원기관과 맺은 계약에 의해 실제 지원키로 한 자금액수는 카리타스 605,300마르크, 미세레오 1,800,000마르크 등 총 2,405,300마르크였다(재해위, 「미제레오에서 원주교구에 보내는 서신(11.6)」, 『1974 년도 MISEREOR』, 1974).

지면서 농촌지역의 구호사업을 위한 원래의 계획은 변화할 수밖에 없었다. 즉, 1972년 9월 재건계획 수립 시 즉시 긴급구호사업을 추진하고자 하였으나 12월 말 미제레오의 자금지원 결정으로 적기를 놓쳤기 때문이다. 또한 서독의 대규모 지원자금에 기반한 수해복구사업을 통해 농촌·농민 지향의 장기적인 농촌개발운동을 추진하고자 한 원주그룹의 기본적인 인식이 크게 반영되었다.[4]

1973년 2월 14일 재해위는 원주교구 재건계획 수정안 마련을 위해 수해지역인 농촌지역의 실태 파악을 농문연에 의뢰하였고, 이 조사에 따른 분석결과를 토대로 사업의 변경을 추진하기로 하였다. 2월 28일 농문연의 사회조사보고서를 토대로 구체적인 사업의 수정안이 마련되었다.[5] 당시의 수정안은 수해를 입은 농촌지역에서 부락개발사업을 추

---

[4] 1972년 9월 방한한 미제레오 관계자와 자금지원 방안 협의 직후 김영주 기획실장은 마산요양원에 있는 기획실원인 김지하를 만나 미제레오의 지원자금 사용방안에 대해 협의한 바 있다. 당시 두 사람은 미제레오의 요구대로 일종의 자선행위처럼 단순한 피해보상금만으로 소진할 것인지, 아니면 이를 원주그룹이 주체적으로 운용하여 장기적으로 새롭고 근본적인 민중운동을 도모할 것인가를 논의하였다. 이 논의에서 두 사람은 후자로 결정하였으며, 이를 기초로 김영주 기획실장은 미제레오와의 지난한 협의과정을 거쳐 관철시켰다(김지하, 『흰 그늘의 길』 2(김지하 회고록), 학고재, 2003, 221~222쪽; 2016년 11월 15일, 전 원주교구 기획위원·전 한살림모임 연구위원장 김지하 구술(원주 토지문화관)). 이는 1972년 9월 미제레오 관계자와의 협의를 전후하여 원주그룹 내에서 수해를 입은 농촌과 광산지역에서 협동운동에 기반한 장기적인 민중운동을 도모하는 논의가 있었음을 보여준다. 이러한 방침에 기반하여 원주그룹은 미제레오와 제반 전문기관과의 협의를 거쳐 남한강사업의 구체적 방안을 마련하였다.

[5] 당시 김병태·이우재의 주도하에 진행된 수해지구 농촌사회조사는 2월 16일부터 25일까지 현지에서 진행되었으며, 2월 26일부터 28일까지 평가회가 개최되었다. 조사지역은 강원도에서 법천·예미·증산·봉양·와룡·영흥 등 6개 부락, 충청북도에서 복탄·읍상·읍하·광의·황강·양평·북진·한천·영춘하리·느티·상진·증도·조동 등 13개 부락, 경기도에서 신촌·보통 2개 부락 등 21개 부락이었다. 조사대상은 주로 해당지역의 군수·면장·이장·부락민들과의 만남을 통해 이루어졌다. 당시 조사원은 김준영·권오봉·이보근·엄영애·박창순·정연석·조종학·임승택·김윤식·박재일 등 10명이었다(재해위, 「농촌사회경제조사보고」, 『남한강사업 종합계획』, 1973). 한편,

〈그림 II-12〉 여주 대신면 보통부락에서의 실태조사 광경

진함에 있어 '식량지원사업', '전답복구사업', '부락개발사업', '지역개발사업' 등 4단계로 실시하는 것이었다. 이러한 조사결과를 기초로 재해위는 미제레오 측에 구체적인 사업변경을 요청하였다. 〈표 II-20〉과 같이 수정계획에서 가장 큰 변화는 농토복구비 항목의 예산이 약 2.5배 증액된 전답복구사업으로 전환된 점과 가옥재건비의 항목·예산이 부락개발사업과 지역개발사업으로 신설된 점이다.

전답복구사업비 증액은 행정기관의 전답복구사업에서 제외된 1정보 미만 영세농가의 수해전답에 대해 지원하고자 하나 초기 계획의 자금으로는 턱없이 부족한 실정을 반영한 것이었다. 부락개발사업의 경우,

평가회와 종합토의에는 농업문제연구소의 김병태·이우재, 집행위원회의 김영주·김인성·이우근·박재일, 원주교구 사목회장 장일순과 기획위원 김영일이 참여하였다.

극심한 수해를 당한 궁핍한 농민들을 위해 항구적인 생활대책으로 부락 내 농가에 계층별, 능력별로 협동조직체를 편성해 생계를 유지할 수 있는 방안 마련이 필요하다고 보았기 때문이었다. 또한 수해를 입은 각 농촌부락마다 작목별로 협동조직체를 편성하여 협동화시키되, 농촌지도자들에 대한 교육의 실시를 통해 협동정신의 제고와 의식계발을 추동하며, 상담원의 배치를 통해 협동조직체에 편성된 부락의 농민들을 지도할 필요성이 있다는 것이었다. 지역개발사업의 경우, 수해를 입은 농촌지역에서 몇 개의 부락이 협동 활동을 통해 가내수공업적인 '협동작업장'을 만들되, 지역별로 5개의 협동작업장을 만들어 해당 부락농민들의 농업소득을 높이기 위한 방안 마련이 필요하다고 보았다.[6]

이러한 수정계획은 농촌개발사업이 본격화되면서 일시적인 긴급구호사업 보다는 장기적인 영세농민의 생계대책을 마련하고 협동 활동을 활성화하는 방향으로 나아갔다. 〈표 II-20〉의 수정계획(2)과 같이 세부적인 항목과 예산의 재조정이 이루어지면서 최종적인 사업계획이 마련되었다. 당시 최종계획안의 주요 변경내용을 살펴보면 먼저 부락개발사업과 지역개발사업의 예산이 추가로 증액되고, 농기구 항목과 예산이 없어지면서 행정 예산이 크게 증액되었다. 구체적으로 살펴보면 식량지원사업에서 감소된 예산이 실태조사와 사업평가, 회계감사 용역비 등 행정비로 이동하였으며, 농기구 예산과 예비비의 일부 예산이 부락개발사업과 지역개발사업의 예산증액으로 변경되었다.[7] 이에 따라

---

6   재해위, 「지학순 주교가 미제레오에 보내는 서신―사업변경 및 계획사업 설명(4.23)」, 『1973년도 MISEREOR』, 1973.
7   재해위, 「농민지원사업 일부 변경 신청」, 『종합계획(농)』, 1973.

남한강사업 중 농촌지역 수해복구사업의 예산항목과 예산안이 확정되면서 이를 통해 본격적인 농촌개발사업을 추진해 나갈 수 있었다.

한편, 1973년 초 재해위는 농촌지역 수해복구사업의 추진방안을 구체화해 나간 반면, 광산지역의 수해복구사업은 1973년 중반까지도 수해의 실태조사를 기초로 구체적인 사업의 내용을 마련하지 못하였다. 1972년 9월 수립된 초기계획에서 수해를 당한 광산촌의 8,000세대에 대한 긴급구호사업을 중심으로 추진한다는 것 외에 1973년 초까지 구체적인 사업추진 방안이 마련되지 못하였다.

그때 당시는 광산에 대한 수해가 그렇게 많지 않다고 봤어요. 광산지역에 수해가. 영월 저 남한강 유역의 수해라는 게 경기도 저기 이천까지 수해가 났거든. 그니까 충청북도, 경기도, 강원도 이렇게 수해지역이 굉장히 넓었다고. 그러니까 농촌 위주로만 생각했지, 농촌지역에 상담역을 하는 사람은 여섯 명인가. 인제 박재일이서부터 다 정했는데. 광산은 그때 수해지역도 잘 몰랐어. 그러니까 그냥 날 보고 한 번 가서 보고, 수해가 어떻게 났는지 보면서 그 지역을 점검해서 해봐라, 그렇게 된 거야. 그리고 나 혼자만 뽑은 거지. 그 막상 내가 72년도 수해 나가지고 그 나 혼자 이제 개보따리 들고 수해지역을 광산지역을 찾아가 보니까 광산은 전부 지하 500미터, 300미터, 800미터 갱 아니요, 갱. 광산 전역이 다 수몰지구여. 그니까 태백탄전지대가 가니까 다 수해를 받은 지역이라고. 아 그러니 조사를 다해보니까 엄청난 지역이여. (…중략…) 그때 인제 김금수 형이나 저 천영세, 민노당에서 일했던 천영세 그 아우 뭐 조사 같이 나 했지.[8]

당시 광산지역을 담당했던 상담원 이경국의 구술과 같이 재해위는 농촌지역을 중심으로 구체적인 사업안을 마련했던 것에 비해 광산지역에 대한 관심은 상대적으로 크지 않았으며, 탄광지역이라는 특성상 그 피해가 광범위하게 나타날 수 있다는 인식을 하지 못하였다.

1970년대 중반 광산지역의 수해에 대한 구체적인 실태조사를 통해 사업추진 방안이 마련되었다. 1973년 2월 재해위는 제1차(2.7)와 제2차 집행위원회(2.14)에서의 논의를 통해 광산지역에 대한 실태조사를 진행하기로 하고 이를 노연에 의뢰하였다. 3월 말 조사보고서가 제출되어 이를 기초로 광부지원사업의 추진원칙을 결정하였다. 6~7월경 광산지역 상담원의 주도로 광산지역에 대한 제1차(6.3~5), 제2차 지역별 협의회(6.18~22)가 개최되었으며, 2차 정밀조사(7.1~8)와 제8차 중앙위원회의 개최를 통해 재해위는 광부지원사업의 대강(大綱)과 구체적 예산안을 마련하였다.[9]

당시 광산지역 수해복구사업의 큰 줄기는 유럽카리타스가 지원해준 구호자금을 기반으로 수해를 입은 광부들의 생계대책 마련과 숙원사업의 지원, 협동운동을 통해 광부들이 자립할 수 있도록 지원하는 것이었다. 재해위는 이를 긴급구호사업과 간접구호사업, 장기구호사업 등 3단계의 세부사업을 통해 추진하고자 하였다. 세부적 예산안은 긴급구호사업비 2,700만 원, 간접구호사업비 300만 원, 장기구호사업비 4,000만 원이었으며, 장기구호사업을 중심으로 추진하고자 하였다.[10]

8　2011년 9월 3일, 이경국 전 무위당사람들 이사장 구술(원주 밝음신협 4층 무위당기념관).

9　재해위, 『집행위원회 회의록(1973)』, 1973; 재해위, 「제8차 회의서류」, 『부락개발협의회 회의록(1973)』, 1973.

10　유럽카리타스의 구호자금 지원과 관련된 자료가 거의 없으므로 구체적인 신청과정과 지

이로써 1972년 남한강유역 대홍수 이후 수해를 입은 농촌과 광산지역에 대한 초기 구호계획의 수립과 협의, 서독 외원기관과 유럽카리타스의 대규모 구호자금 지원 결정, 1973년 상반기 농촌과 광산지역에 대한 전문기관의 실태조사 및 수정계획안 제출, 1973년 7월 광산지역 광부지원사업의 대강 및 예산안 확정 등이 이루어졌다. 이를 통해 재해위는 농촌과 광산지역에 대한 남한강사업을 추진할 수 있는 기반과 체계를 마련하였으며, 광산지역의 긴급구호사업과 간접구호사업, 장기구호사업의 추진과 함께 농촌지역에서의 식량지원사업과 전답복구사업, 부락개발사업과 지역개발사업 등 세부사업들이 본격적으로 전개될 수 있었다.

2) 사업의 추진과정

재해위는 긴급구호사업 뿐만 아니라 장기적 농촌개발사업을 내용으로 하는 남한강사업을 본격적으로 추진하기 위해 수해를 입은 농촌지역의 실태조사를 농문연에 의뢰하였고, 이 결과보고서를 토대로 구체적인 세부사업을 확정하였다. 그 결과 농민을 위한 지원사업을 식량지원사업과 전답복구사업, 부락개발사업과 지역개발사업 등으로 구분하여 실시하기로 결정하였다. 이중 식량지원사업은 행정기관의 협조를

원 격정, 자금의 송금과 보고서 제출 등을 확인할 수 없었다. 아마도 서독카리타스와 마찬가지로 유럽카리타스의 경우도 재해지역과 재해민에 대한 긴급구호지금을 무상으로 지원한 성격으로 인해 미제레오와 같이 구체적인 협정이나 보고서 제출 등의 의무가 없었던 것으로 보인다.

기반으로 민관합동으로 추진되었고, 1973년 9월경 조기에 완료되었다. 전답복구사업과 부락개발사업, 지역개발사업은 재해위의 집행위원회가 중심이 되어 장기적인 계획을 가지고 추진되었다. 지역개발사업은 1974년 제1차 오일쇼크 등의 대내외적인 요인들에 의해 1976년 전반기까지 추진되었으며, 전답복구사업과 부락개발사업은 1970년대 말까지 전개되었다. 한편, 정부기관의 협조를 기반으로 추진된 식량지원사업은 이후 부락개발사업의 대상부락 선정 및 추진에 있어 일정한 영향을 주었으며, 1976년도 원주원성사업의 추진에 있어서도 경험적 기반이 되었다.

(1) 식량지원사업

1972년 8월 남한강유역의 대홍수 이후 수해농민들은 농산물 수확을 전혀 하지 못한 실정이었으며, 정부에서 실시한 양곡지원사업도 11월 말로 종료되면서 12월 이후 상당수가 절량농가의 처지에 놓였다. 이에 따라 재해위는 미제레오의 자금지원 결정 직후 긴급하게 식량지원사업을 추진하였다.[11] 1973년 1월 말 재해위는 남한강유역 수해지역에 해당하는 3개 도의 지방행정기관 공무원과 함께 식량지원사업의 추진방안을 논의하였으며, 기본적으로 수재민에게 무상이 아닌 취로사업을 통해 양곡을 지원해 주도록 하였다.[12] 제2차 집행위원회(2.14)에서는 이를 기초로 식량지원방안을 구체적으로 논의하였다. 그 결과 사업 추진을 위한 행정처리는 각 도청을 통해 하되 사업장별 사업의 추진은 당

---

11 재해위, 「농촌사회경제조사보고」, 『종합계획(농)』, 1973.
12 재해위, 「재해대책추진위원회 협의내용」, 『1973년도 MISEREOR』, 1973.

해 읍면장이 책임지게 되었다. 아울러 지원될 양곡은 농림부 식량관리
국과 협의를 통해 공급하며, 취로를 위한 작업장 선정은 군단위의 지구
위원회에 일임되면서 사업이 추진되었다.[13]

1973년 2월 구성된 11개 지구위원회는 3~4월경 영세민을 대상으
로 취로사업을 위한 작업장을 선정하였으며, 그 후 이들 작업장은 당해
지역 읍면장의 책임하에 운영되었다. 당시 운영 중이던 작업장은 158
개소였으며, 사업의 종류는 도수로 보수, 하천정리, 농경지정리, 제방
보수, 절개지공사 등 12개였다. 당시 취로연인원은 80,753명, 수재민
에게 지급된 양곡은 총 403.765톤이었다. 아울러 생활보호대상자
4,999명에게 양곡 24,995kg을 무상으로 지급하면서 춘궁기의 긴박한
수재민의 식량문제를 해결토록 하였다.[14]

1973년 6월 제7차 중앙위원회(6.8)에서 수해가 극심한 3개 도 내 초등
학교 아동 중 수해민 및 영세민 자녀 5,208명에게 3개월의 아동급식비
와 농번기에 운영되고 있는 수해지역 탁아소의 아동간식비를 지원하기
로 결정하였다.[15] 제4차 집행위원회(6.15)는 7차 중앙위원회의 결정에
따라 수해아동과 탁아소 아동에 대한 급식제공 문제를 협의하였다.[16]

13　당시 양곡은 백미 7kg과 압맥 3kg를 혼합한 정부미를 구입해서 공급하되 2일에 1포를
　　지급하도록 하였으며, 1세대당 1일 5kg씩 36일분을 지원토록 하고 있었다(재해위, 「제
　　1차 경과보고(2.14~3.6)」, 『1973년도 MISEREOR』, 1973).

14　재해위, 「제7차 경과보고(8.8~9.30)」, 『1973년도 MISEREOR』, 1973. 당시 집행위원
　　회는 행정부 담당기관으로부터 양곡을 매입하여 13개 시·군 87개 면에 수송을 완료하
　　였다. 면단위까지 수송을 마친 양곡은 해당면장이 관리책임자가 되어 수재민에게 지급
　　토록 하였다(재해위, 「제2차 경과보고(4.24)」, 『1973년도 MISEREOR』, 1973).

15　재해위, 「제8차 부락개발협의회 회의록(6.11)」, 『1973년도 부락개발협의회 회의록』,
　　1973.

16　당시 중앙위원회는 식량지원사업 예산 중 500만 원을 수해아동급식지원 및 탁아소급식
　　비로 지원하기로 결정하였다(재해위, 「제8차 부락개발협의회(6.11)」, 『1973년도 부락

수해아동 급식비 제공은 9월 말 대체적으로 완료되었는데, 대홍수의 피해가 극심했던 강원지역의 7개 시·군 내 20개 초등학교 아동 3,034명에게 3개월간 급식비가 지급되었다. 충북의 경우, 4개 시·군 내 45개 초등학교 아동 1,503명, 경기도의 경우 2개 군 내 10개 초등학교 아동 655명에게 급식비를 지원하였다. 전체적으로 3개 도 13개 시·군 내 75개 초등학교 아동 5,192명에게 3개월간의 급식비가 제공되었다. 3개 도의 탁아소 원아를 대상으로 한 지원은 9월 말 완료되었다. 당시 강원도 7개 시·군 내 82개 탁아소 원아 3,404명, 충북도에서 4개 시·군의 46개 탁아소 내 원아 1,770명, 경기도 2개 군 내 20개 탁아소의 아동 656명에게 급식비가 지원되었다. 전체적으로 13개 시·군 내 농한기에 운영 중이었던 탁아소 156개소의 원아 5,830명에게 급식비가 제공되었다.[17]

식량지원사업은 수해를 입은 3개 도 13개 시·군 87개 읍·면지역 내 수해를 입은 영세민을 대상으로 취로사업장 158개소를 개설하여 2,382세대, 연인원 85,752명에게 긴급한 식량문제를 해결토록 하였다. 또한 75개 초등학교 아동 5,192여 명에게 3개월간의 급식비를 제공하고, 농번기에 운영 중인 156개 탁아소 원아 5,830명에게 급식비를 제공하였다.[18] 식량지원사업은 수해를 입었던 3개 도의 행정기관이 주도하여 민관합동으로 추진되었다. 이는 수해를 입은 영세농민에 대한 식량지원을 시급히 해야 했던 실정과 정부의 긴급구호사업의 경험

개발협의회 회의록』, 1973).

17 재해위, 「경과보고(.8.8~9.30)」, 『1973년도 MISEREOR』, 1973.

18 식량지원사업이 실시된 87개 읍·면 현황은 다음의 자료 참조(재해위, 「농민지원사업계획」, 『종합계획(농)』, 1973).

및 수해 관련 자료 등을 활용할 필요성 때문이었다. 이러한 민관합동의 사업추진 방식은 1976년도 원주원성사업의 전개에도 다시 나타났다는 점에서 의미가 있으며, 식량지원사업의 추진은 재해위가 부락개발사업의 추진을 위한 기반을 마련해 나갈 수 있는 계기가 되었다.

(2) 전답복구사업

전답복구사업은 1972년 말 정부가 실시한 농토복구지원사업이 예산 부족으로 1정보 이상의 수해를 입은 전답의 복구에 집중되면서 대부분이 영세농민들의 소유였던 1정보 미만의 전답에 대한 복구는 전혀 이루어지지 않았던 실정에 기초해서 추진되었다. 1973년 2월 농문연의 조사에 의하면 1정보 미만의 수해를 입은 농토소유자인 영세농민들은 시급히 농토가 복구되지 않으면 영농을 할 수 없는 처지였을 뿐만 아니라 또다시 수해를 입을 가능성이 컸다. 재해위는 확보된 사업비로 해당 수해 전답 중 1/4~1/5만을 복구할 수 있는 실정을 감안하여 스스로 자율적인 협동조직체를 구성하고 협동 활동을 할 수 있는 부락의 농민들을 선정하여 전답복구사업을 추진하고자 하였다.[19]

1973년 3월 제3차 중앙위원회(3.2)는 전답복구사업을 행정기관에서 책임지고 추진하기로 결정했다. 당시 집행위원회는 사업의 집행원칙을 정하였는데, 대부자금의 상환조건은 무이자 1년 거치 4년 균등분할 상환을 원칙으로 하였다. 대부금은 화폐의 가치 보존을 위하여 융자 당시의 2등품 벼의 정부수매가격으로 환산하여 대부하되, 상환 당시의 수

---

19 재해위, 「농촌사회경제조사보고」, 『종합계획(농)』, 1973.

매가격으로 환산하여 현금으로 상환토록 되었다.[20] 그러나 5월 중순까지 행정기관의 사업대상 지역과 사업장 관련 자료가 제출되지 못하면서 전담복구사업은 진척되지 못하였으며, 강원도와 충청북도는 전담복구사업을 추진할 수 없다는 의사를 집행위원회에 전달하였다.[21] 이는 전담복구사업 자체가 내용과 추진에 있어 한계점을 가지고 있었기 때문이었다. 정부지원에 의한 전담복구사업이 1정보 이상의 농토소유자가 개인부채를 지지 않도록 한 것과 달리, 본 사업으로 자금지원을 받은 농민들은 채무를 지게 되었으며, 당시 연평균 미가상승률이 두 자리 숫자로 인상되면서 수해농민들은 동자금의 사용을 원치 않았다. 또한 본 사업자금의 대부 및 상환에 있어 행정기관이 책임을 지게 되어 있기 때문에 일선공무원들은 사업 추진에 소극적이었다.[22] 이에 따라 제5차 부락개발협의회(5.12)는 행정기관에서 전담복구사업의 추진을 하지 않을 경우, 직접 본 사업을 집행한다는 방침 속에서 농업의 협업화를 통한 부락개발의 가능성을 모색해 나갔다. 제6차 중앙위원회(5.16)는 5월 20일까지 3개 도에서 농토복구 대상지역의 자료를 제공받아 그 가능성 및 경제성의 타당 여부를 고려하여 선정하도록 하되, 부락개발사업의 방식과 복차투자방법을 활용하여 직접 추진하기로 결정하였다.[23]

1973년 6월 초까지 집행위원회는 3개 도 행정기관에서 추천한 전담

20　재해위, 「제2차 경과보고(4.24)」, 『1973년도 MISEREOR』, 1973.
21　재해위, 「지학순 주교가 미제레오에 보내는 서신(6.6)」, 『1973년도 MISEREOR』, 1973.
22　재해위, 「제3차 경과보고(4.18~5.16)」, 『1973년도 MISEREOR』, 1973.
23　재해위, 「제5차 부락개발협의회(5.12)」, 『1973년도 부락개발협의회 회의록』, 1973. 복차투자방법은 지원자금 중 50%는 노임으로 지급하고, 50%는 부락공동기금화 하여 부락공동사업에 투자를 하면서 이를 계속 확대 재생산시키는 것으로 부락개발을 추진해 나가는 방법이었다(재해위, 「제6차 부락개발협의회(5.21~22)」, 『1973년도 부락개발협의회 회의록』, 1973).

<표 II-21> 전답복구사업 대상지역(1973.6)

도	군	면	리	소요액(원)	몽리면적(정보)	몽리호수
강원	원성	지정	보통	1,600,000	10	4
		신림	황둔	1,500,000	6	220
	영월	남	연당	1,000,000	6.3	28
	횡성	갑천	포동	1,000,000	10	15
		청일	유동	900,000	4.3	11
		안흥	강림1	7,000,000	50	108
			강림2	1,400,000	8	22
	정선	남	유평	2,400,000	4	37
		신동	예미	550,000	1.5	6
		임계	낙천1	8,000,000	26	41
	소계			25,350,000	126.1	492
충북	제천	봉양	공전	3,000,000	30	50
	단양	적성	애곡	800,000	10	25
		영춘	하리	1,800,000	20	59
			용진	700,000	6.6	14
		가곡	향산	3,000,000	40	104
	소계			9,300,000	106.6	252
경기	여주			9,850,000	18.4	119
	양평			5,800,000	56.7	105
	소계			15,650,000	75.1	224
총 계				50,300,000	307.8	968

출전: 재해위, 「제4차 경과보고(5.17~6.6)」, 『1973년도 MISEREOR』, 1973.

복구 대상지역을 중심으로 현지조사를 하여 1차적으로 <표 II-21>과 같이 전답복구사업의 대상지역을 잠정 결정하면서 정밀조사에 들어가는 한편, 5월 말부터 양평·여주 등 최종 지원 결정이 된 지역의 사업장부터 자금이 지원되었다. 당시 결정된 전답복구의 대상지역과 사업장을 분석하면 다음과 같다. 강원도는 4개 군 9개 면 10개 리에 사업자금 2,535만 원을 투입하여 농가 492호, 126.1정보의 농토를 복구하였다. 충청북도의 경우, 2개 군 4개 면 5개 리에서 사업자금 930만 원으로 농가 252호 106.6정보의 농토를 복구하였다. 경기도는 2개 군에서 사업자금 1,565만 원으로 농가 224호 75.1정보를 복구하였다. 전체적으로 8개 군 15개 사업장에서 총 5,030만 원의 지원자금 투입으로 농가 968호의 전답 307.8정보를 복구하였다.[24]

전답복구사업의 대상지역과 사업장은 상담원의 정밀조사에 의해 일부 지역의 사업장이 최종적으로 제외되었으며, 부락개발사업의 추진과정에서 수해를 입은 일부 지역의 사업장이 조사 보고되면서 사업대상 지역으로 새롭게 선정되었다. 당시 그 변동 상황을 살펴보면 6월의 사업대상 지역에서 정선 남면의 유평과 신동면의 예미부락, 단양 가곡면의 향산부락 등 3개 부락이 사업대상에서 제외되었다.[25]

반면, 횡성의 횡성면 교항리와 우천면 추동리, 정선 임계면 용산리, 단양 영춘면 하리의 밤수동부락과 매포면 별곡리가 최종적으로 사업대상 지역으로 추가되었다. 특히, 용산과 밤수동부락은 1973년 11월과 1974년 10월에 자금지원 결정이 이루어졌다. 농토복구를 위한 자율적인 협동조직체를 구성하고 농업의 협업화를 통해 협동 활동을 해 나갈 수 있다는 판단에서 뒤늦게 사업대상으로 선정되었다. 1975년 7월 말까지 전답복구사업의 대상지역과 사업내역은 〈표Ⅱ-22〉와 같다. 전체적으로 행정기관에서 전답복구를 추진했던 여주와 양주를 제외하고 재해위는 강원도 4개 군 11개 부락, 충청북도 2개 군 6개 부락의 제방과

---

24 당시 사업계획에 의하면 도별 자금배정 비율은 강원도 56.8%(28,400,000원), 충북도 11.9%(5,950,000원), 경기도 31.2%(15,650,000원)이었다(재해위, 「전답복구사업 추진요령(3.28)」, 『종합계획(농)』, 1973).
25 재해위, 「제9차 부락개발협의회(6.22)」, 『1973년도 부락개발협의회 회의록』, 1973.

<표II-22> 전담복구사업 총괄표(1975.7.31)

도	군	면	리	부락명	사업내용	지원일자	지원금액	사업량	수혜자	대표자
강원	원성	흥업	사제		제방	1973.6	1,600,000	10	4	원유화
		신림	황둔		제방	1973.6	1,500,000	6	220	경천원
	횡성	안흥	강림1	새들	취입보	1973.8.14	3,000,000	50	108	지영식
			강림2		취입보	1973.5.30	1,400,000	8	22	이총승
		횡성	교항		농경지 복구	1973	1,000,000	5	9	노진섭
		청일	유동	농거리	제방	1973.6	900,000	4.3	10	권기완
		갑천	포동	휘암	제방	1973.7.4	1,000,000	10	10	박순갑
		우천	추동			1973.9	1,000,000	49	46	
	영월	남	연당	와룡	제방석축 200m	1973.6.11	980,000	6.3	28	엄대순
	정선	임계	낙천	혈천	전답복구	1973.6.4	8,100,000	26	41	황남수
			용산	월탄	개답	1973.11.1	4,400,000	5	12	박종순
	소계				11		24,880,000	179.6	510	
충북	단양	영춘	하리	새마을	수리시설복구	1973.5.14	1,800,000	20	59	김봉운
				밤수동	전답복구	1974.10.24	6,500,000	6.2	19	김기현
			용진		농경지 복구	1973.6	830,000	6.6	14	한순학
		매포	별곡		농경지 복구	1973.8.19	350,000	1.4	5	장기인
		적성	애곡	수양포	농경지 복구	1973.6	650,000	1.5	6	김상진
	제천	봉양	공전		제방	1973.6	3,000,000	30	51	고영규
	소계				6		12,830,000	65.7	154	
경기	양평				전답복구, 도수로	1973.5.23	5,800,000	56.7	105	양평군수
	여주				전답복구	1973.5.28	9,850,000	18.4	119	여주군수
	소계						15,650,000	75.1	224	
총계					17		53,360,000	320.4	888	

출전: 재해위, 『종합계획(농)』, 1973; 재해위, 『1973년도 MISEREOR』, 1973; 재해위, 『1974년도 부락개발협의회 회의록』, 1974; 재해위, 『1974년도 정선지역 부락개발사업 보고서』, 1974; 재해위, 『1974년도 강원지역 부락개발사업 보고서』, 1974; 재해위, 『자금대부 관련 문서철(1973~1976)』, 1976; 사개위, 『제2차 부락개발사업 평가보고서(밤수동협업농장)』, 1981; 사회개발부, 『자금대부 관련 문서철(1973~1987)』, 1987.
비고: 1. 사업량은 복구면적 정보(ha)를 뜻하며, 수혜자 수는 몽리자 호수를 뜻함.
　　 2. 지원일자에서 명확하지 않은 사업장은 1973년 6월과 9월의 자료에 근거해서 그 시점으로 표시를 함.

전답복구 등을 위한 사업장에 자금지원을 하였다.

당시 전담복구사업은 몇 가지 특징을 가지고 추진되었다. 첫째, 전답

복구사업은 농경지 복구뿐만 아니라 사제·황둔·강림부락과 같이 무

너진 제방과 취입보를 다시 쌓거나 영춘하리와 같이 피해를 입은 수리 시설을 복구하거나 용산과 같이 밭을 논으로 개답하는 사업 등 다양하게 추진되었다. 둘째, 전답복구사업의 추진은 크게 두 가지의 형태로 전개되었다. 즉, 수해를 당한 전답을 단순히 복구해 주는 차원으로 진행된 경우와 수해를 입은 농민들이 자율적으로 농토복구를 위한 협동조직체를 구성하고 스스로 전답복구를 추진해 가는 한편, 작목반의 구성과 신협의 설립 등 부락개발사업과의 연결을 모색하면서 추진된 경우였다. 특히, 후자의 경우는 재해위가 본 사업을 직접 추진하기로 결정하고, 1973년 11월 제20차 부락개발협의회에서 기존 전답복구사업이 추진된 일부 부락을 중심으로 부락개발사업과 연결시켜 그 가능성을 모색하면서 본격화되었다.[26] 아울러 전답복구사업을 통해 구성된 협동조직체를 중심으로 농업의 전면적 협동화를 모색하기 위한 협동농장을 설립·운영하고자 하는 시도로까지 나아갔다. 이와 같이 부락개발사업과 연결되었거나 협업농장의 설립·운영으로 나아간 경우를 보여주는 부락을 살펴보면 횡성 강림과 영월 연당, 정선 낙천과 용산, 단양 밤수동 등의 농촌부락이 있다.[27]

세 번째로 전답복구를 위한 사업기간은 상환조건이 1년 거치 4년 분할상환 등 5년간으로 되어 있었다. 단순히 농토복구만을 위한 차원의 경우, 상환문제만이 남았을 뿐 사업의 추진은 몇 달 지속되지 않았다. 양평과 여주와 같이 전답복구를 위한 사업기간은 채 한 달이 걸리지 않

---

26 재해위, 「제20차 부락개발협의회(11.13)」, 『1973년도 부락개발협의회 회의록』, 1973.
27 이외 횡성 청일면의 농거리, 단양의 영춘하리와 매포면 별곡, 적성면 수양포 등이 부락개발사업과 연결되어 추진되었다.

았으며, 1973년 말이면 대략 종료되었다. 그러나 대상부락이 부락개발사업과 연결된 경우, 재해위는 자금상환 기간인 5년 동안 다른 부락개발사업의 대상부락과 같이 상담원을 중심으로 일정한 관계를 맺으면서 부락개발운동과 협동조합운동이 전개되도록 추동하였다. 이에 따라 강림과 낙천, 용산과 밤수동부락 등은 지속적으로 재해위와 연계되어 전답복구사업을 위한 추가적인 자금지원이 이루어졌으며, 종종 운영자금 등 단기자금이 부락 협동조직체의 요청에 의해 지원되었다.

전답복구사업은 초기 행정기관에서 수행된 복구사업의 연장선상에서 추진토록 합의되었다. 그러나 1973년 6월 재해위가 직접 나서면서 17개 부락의 협동조직체를 중심으로 전답복구사업이 추진되었다. 이를 통해 정부에 의해 복구가 이루어지지 않았던 1정보 미만의 수해를 당한 농민들의 농토와 제방 등을 복구하면서 800여 농가의 영농이 지속되고 그들의 생활안정에 기여하였다. 재해위가 직접 집행하기로 하고 부락개발사업과 연계되면서 전답복구사업은 부락개발에 기초한 협동조합운동으로 연결되었으며, 이러한 측면에서 본 사업은 중요한 의미를 가졌다. 그러므로 전답복구사업이 추진된 부락 중 강림, 낙천, 밤수동 등 일부 부락의 협동조직체를 중심으로 설립과 운영, 농토복구과정을 구체적으로 살펴보면서 전답복구사업이 어떻게 부락개발사업으로 연결되었으며, 농업의 협업화를 위한 협동농장의 설립과 운영으로 나아갔는지, 더 나아가 협동조합운동으로 발전되어 나갔는가를 살펴보고자 한다. 그 과정에서 전답복구사업이 가지는 구체적 내용과 성과, 한계를 살펴보고자 한다.

① 강림부락

강림부락은 치악산 북쪽 산밑에 있는 산골짜기 부락으로 1971년 3월 행정조직 개편으로 영월군 수주면에 속해 있다가 횡성군 안흥면에 편입된 부락이었으며, 국도변에서 멀리 떨어진 산간지역임에도 광대한 답작지대를 형성하고 있는 지역이었다. 1973년 전답복구사업 추진 당시 강림부락은 삼봉과 말치, 태종대(보건너)와 노고소 등 4개 자연부락으로 구성되었다. 그 중 답작지역인 노고소가 생활정도나 교육, 문화에 있어서 단연 우세하였고, 부락의 지도적 인물들이 대부분 이곳에 거주하는 등 4개 부락의 거점이 되었다. 전체호수 80호 중 농가는 76호였으며, 전체 농지 소유면적은 논 83,927평, 산전·화전 등 밭이 157,690평이었다. 강림부락의 부락조직으로는 대동계와 혼상계, 1971년 2월 구판사업과 절미운동을 하고 있는 부인회(회원 74명), 1972년 8월 청년회(25~35세 회원 22명)와 그 보조역할 등을 하는 4-H반(반원 26명) 등이 있었다. 대체로 이 조직들은 전근대적 형태이거나 새마을운동의 전개에 따라 구성된 관제조직으로 목적의식과 이에 따른 실천이 거의 없어 형해화되어 있었으며, 이들 조직 간의 유대나 부락 전체사업에 대한 유기적 조화 등은 이루어지지 않고 있었다.[28]

강림부락은 다른 부락개발사업 대상부락과 같이 전답의 유실·매몰이나 가옥의 붕괴피해를 크게 입은 부락이 아니었다. 다만, 1972년 8월 대홍수에 의해 강림2리의 '새들보'와 강림1리의 '큰들보' 등 원시적 형태의 보가 유실되면서 이를 근대적인 견고한 시설로 복구하는 것이 부

---

[28]　재해위, 「강림2리(횡성군 안흥면)」, 『1974년도 강원도지역 부락개발사업 보고서』, 1975.

락의 숙원사업이었다. 당시 새들보는 약 24,000평의 몽리면적을 가진 원시적인 형태의 보였으며, 약 1km에 달한 수로도 허술하여 항상 물이 부족한 실정이었다. 홍수로 유실된 원시적인 보를 튼튼한 시멘트 보로 설치한다면 수리안전답으로 만들 수 있고 개답도 가능하므로 부락민에게는 중요한 현안이었다.[29] 강림부락민들은 이 취입보를 복구하기 위해 행정기관에 수차례에 걸쳐 지원요청을 하였으나 예산상의 문제를 들면서 거듭 묵살되었다. 그러던 중 1973년 5월 재해위에 의해 전담복구사업의 대상부락으로 강림부락이 선정되고, 새들보 복구를 위한 공사비 140만 원을 융자로 지원(5.30)받으면서 공사에 착수하였다.[30] 강림2리의 '새들보추진위원회(회장 지영식)'는 예산 1,080,048원으로 직접 취입보 복구사업을 진행하여 6월 말에 완료하였으며, 남은 잔액 319,952원으로는 도수로 보수공사를 추진했다. 새들보의 완성에 따라 원시적인 취입보를 갖고 있던 강림1리 큰들보의 몽리자들도 이를 개조하기로 결의하면서 공사비 700만 원에 대한 자금지원을 재해위와 행정기관에 각각 요청하였다.[31]

1973년 8월 재해위는 제2차 큰들보공사에 대한 정관 및 사업계획서가 완성된 강림1리 '큰들보추진위원회'의 자금지원 요청에 따라 상담원의 현장답사와 조사를 통해 최종적으로 공사비 400만 원을 지원키로 결정하였다.[32] 그런데 10월 강림부락의 보공사 지원요청에 묵묵부

---

29 재해위, 『제1차 부락개발사업 평가보고서』, 1975, 123~125쪽.
30 당시 강림부락의 전담복구사업은 보 설치사업이면서 이에 참여한 농민들이 수리계를 조직하여 설립된 보른 관리하는 형태였다.
31 큰들보 공사는 몽리면적이 112,500평이었으며, 몽리자 63녕 중 56명이 지원요청한 것이었다(재해위, 「제9차 부락개발협의회(6.22)」, 『1973년도 부락개발협의회 회의록』, 1973; 재해위, 「제13차 부락개발협의회(8.1)」, 『1973년도 부락개발협의회 회의록』, 1973).

〈그림 II-13〉 강림2리 큰들보 공사

답이던 횡성군에서 300만 원의 지원자금 배정을 통고하였다. 횡성군 청에서는 군에서 작성한 설계도대로 큰들보공사를 진행하도록 요구하였으며, 강림부락의 몽리자총회에서 이를 받아들이고, 사업을 변경해 보공사를 추진키로 하였다.[33] 이에 따라 횡성군의 자금지원과 개입 속에 강림부락의 큰들보공사는 추진되었고, 12월 보는 완공되었다. 그런데 1974년 4월 실시된 큰들보공사 결산총회에서 자금운영에 있어 증빙서의 구비가 제대로 이루어지지 않고 접대비 과다와 지출내역 명세의 불분명 등 결산서의 불명확한 점이 밝혀졌다.[34] 또한 완공된 큰들보

32　당시 큰들보추진위원회의 주요 임원은 김영환, 이충승, 김인덕 등이었다(재해위, 「제14차 부락개발협의회(8.14)」, 『1973년도 부락개발협의회 회의록』, 1973).

33　당시 몽리자총회에서 횡성군청의 요구대로 사업을 추진키로 결정하자 재해위는 주민 자부담 부분인 300만 원만 지원하기로 결정하였다(재해위, 「제18차 부락개발협의회(10. 16)」, 『1973년도 부락개발협의회 회의록』, 1973; 재해위, 「제19차 부락개발협의회(11. 1)」, 『1973년도 부락개발협의회 회의록』, 1973).

가 갈수기에 그 기능을 제대로 발휘할 수 있을 것인가에 대해 일부 몽리자들은 회의적으로 바라보았다.[35]

1973년 말 강림2리와 강림1리의 새들보와 큰들보는 전답복구사업의 자금지원에 의해 완성되었다. 이 중 강림2리의 새들보 공사는 처음으로 자발적이고 주체적인 강림부락민에 의해 추진된 것으로 보의 성공적인 완공으로 강림부락에 끼친 영향이 상당히 컸다. 새들보 공사과정에서 자체 수립한 계획과 사업추진을 통해 보사업을 성공적으로 완수하면서 강림부락은 자신감을 가지게 되었다. 그리고 처음으로 근대화된 수리시설을 갖추었으며, 기존 답 3만평에 대한 몽리효과 뿐만 아니라 1974년 후반 4,500평의 밭을 개답할 수 있는 계기도 되었다. 보설치사업은 경제적으로나 정신적으로나 부락민과 부락의 발전에 준 이익이 상당히 컸다. 그러나 수리조건이 개선된 것을 계기로 수도작 부분에 대한 경영상의 변화, 즉 수리계를 중심으로 한 수도작 부분협업을 추진할 여지가 있었음에도 이를 추진하지 않은 점은 한계점으로 지적될 수 있었다.[36]

---

34 당시 지원된 자금에 대한 지출명세와 금전출납부가 제대로 정리되어 있지 않았으며, 보공사의 책임을 맡았던 추진위원회의 김영환과 이총승 등이 명확한 이유 없이 결산을 미룸에 따라 재해위는 보공사에 대한 감사를 추진하였다(재해위, 「제25차 부락개발협의회(2.11)」, 『1974년도 부락개발협의회 회의록』, 1974).

35 재해위, 「강림2리(횡성군 안흥면)」, 『1974년도 강원도지역 부락개발사업 보고서』, 1975. 당시 결산총회에는 40명이 참가하였고, 일부 몽리자가 의혹을 제기하였다. 결산보고에서 횡성군이 지원하기로 한 300만 원의 자금명세는 현금 95만 원, 철근 6,146kg(504,000원), 시멘트 3,765포(1,110,000원), 수송비 304,000원 등 합계 2,868,000원으로 나타났으나 다소 모호하게 처리되면서 의혹의 대상이 되었다(재해위, 「제29차 부락개발협의회(4.16)」, 『1974년도 부락개발협의회 회의록』, 1974).

36 당시 종래부터 내려오며 운영되었던 두레는 모심을 때만 한시적으로 이루어졌다(재해위, 『제1차 부락개발사업 평가보고서』, 1975, 132쪽).

한편, 재해위는 새들보 공사과정에서 보여준 강림부락의 협동 활동을 높이 평가하면서 부락개발사업의 대상부락으로 선정하였으며, 낙천부락은 부락민 주도의 부락개발을 추진할 수 있는 계기를 마련하였다. 1973년 6월 재해위는 강림2리에 대한 개황조사를 마친 후 부락개발사업의 추진원칙에 따라 부락민 스스로 회의를 개최하여 부락개발을 위한 제반 사업을 모색하고 작목반을 조직하도록 추동하였다. 6차례에 걸친 회의 결과 8월 10일 강림부락은 최종적으로 한우사업과 구판사업, 도정공장사업의 추진을 결정하였고, 부락총회인 '강림2리개발위원회'가 조직되면서 강림부락에서의 부락개발사업이 본격적으로 전개되었다. 이러한 부락개발사업의 결과로 1974년 11월 강림신협이 설립될 수 있었으며, 강림부락을 중심으로 월현과 부곡 등 인근부락들에 대한 협동조합운동의 추진과 확산에 크게 기여하게 되었다.

② 낙천부락

낙천3리가 소재한 정선 임계면은 위치상 강릉지역과 가까운 험준한 산악지대이나 분지였기에 군 내 유일하게 넓은 답작지대를 보유한 지역이었다. 1974년 7월 낙천부락은 전체 76호 중 농가호수는 68호였으며, 논과 밭이 각각 9만평과 75만평으로 조사되었다.[37] 당시 부락조직으로는 새마을운동에 의해 관 주도로 조직된 농지개량조합과 부녀회, 청년회, 4-H 등이 있었으나 청년회만이 농한기 부업으로 고공품생산

---

[37] 1974년 7월 1일 행정구역 개편으로 낙천3리와 낙천1리로 분리되었다. 분리되기 전 전체호수는 138호였으며, 분리된 후에는 낙천3리와 낙천1리의 호수는 각각 76호와 62호였다.

〈그림 II-14〉 정선 임계면 낙천1리 전답복구사업
위▶ 1972년 8월 정선 임계면 낙천1리 수해 광경
아래▶ 2차에 걸친 전답복구사업의 지원에 따라 낙천부락민의 주도하에 복구된 개답지역

을 시도한 경험이 있을 뿐 자생적인 조직은 전혀 없었다.

낙천부락에는 이전 시기 큰 수해로 인해 경작하던 논 5만평이 대부분 황폐화되면서 수차에 걸친 개답 시도가 있었으나 이뤄지지 못했다. 1972년 이장 황남수는 마을회의를 통해 개답문제를 제기하였으며, 1973년 4월 지주 27호를 중심으로 개답공사를 추진하였다. 5월 27일 재해위는 강원도로부터 전답복구사업의 대상으로 낙천부락이 추천되자 현장답사를 통해 긴급지원의 필요성과 주 작물의 전면적 협업이 가능하다는 판단 하에 총공사비 520만 원 중 320만 원의 자금지원을 결성하였다.[38] 한편, 낙천부락의 2차 개답사업은 1차 전답복구사업이 완

---

38 당시 추진된 제1차 농토복구사업(4.21~6.30)은 공사비와 공사규모가 각각 520만 원

료된 직후 추진되었다. 1973년 7월 2차 전답복구사업은 사업예산 440
만 원과 몽리자 13호를 중심으로 19,458평의 개답을 내용으로 추진되
었으며, 1974년 7월 완료되었다.[39]

1974년 5월 제2차 개답사업이 완료되면서 정선군청과의 사전협의
에 따라 군청의 예산지원으로 1차·2차 개답면적을 합한 6만여 평에
대한 수리시설의 완비를 위해 보를 축조키로 하였다. 그러나 정선군청
은 2,000만 원이 소요되는 공사비의 과다문제와 인근 용산부락의 답에
피해를 줄 수 있다는 점을 들면서 보의 축조를 양수장의 설치로 변경하
고자 하였다. 또한 군청이 550만 원의 양수기 설치 비용 부담을 부락인
에게 전가하자 부락민의 불만은 크게 증폭하였다.[40] 그럼에도 낙천부
락민은 양수장 설치에 필요한 동력선을 확보하기 위해 소요경비 중 외
선비와 내선공사비를 각각 농어촌전화사업과 농협의 단기자금 융자를
통해 마련하는 등 군청의 일방적인 일처리에 따를 수밖에 없었다. 양수
기의 설치는 1974년 7월 말 완료되었다.[41]

한편, 낙천부락의 개답사업은 재해위의 1차 자금지원 시 이에 참여
한 농민들을 중심으로 주 작물의 전면협업의 가능성을 모색하고자 추

과 37,978평이었으며, 몽리자수는 27호였다. 또한 농협의 융자를 통해 320만 원을 확보
키로 합의되었으나 단위농협에서 끝내 이를 지키지 않으면서 낙천부락의 개답사업은 난
관에 봉착하였다(재해위, 「낙천3리」, 『1974년도 정선지역 부락개발사업 보고서』,
1974).

39 당시 공사의 지연에 따라 50만 원의 추가부담이 이루어지면서 총공사비는 490만 원이
되었다. 1973년 8월부터 공사의 진척도에 따라 7차례에 걸쳐 재해위에 의해 자금이 지
원되었다(재해위, 「제14차 부락개발협의회(8.15)」, 『1973년도 부락개발협의회 회의
록』, 1973; 재해위, 「낙천3리」, 『1974년도 정선지역 부락개발사업 보고서』, 1974).

40 재해위, 「낙천3리」, 『1974년도 정선지역 부락개발사업 보고서』, 1974.

41 재해위, 「제31차 부락개발협의회(5.21)」, 『1974년도 부락개발협의회 회의록』, 1974;
재해위, 「제33차 부락개발협의회(7.22)」, 『1974년도 부락개발협의회 회의록』, 1974.

<표 II-23> 낙천3리 초청교육 참여자 현황(1973~1974)

성명	나이	학력	지도자교육	실무자교육	몽리면적(평)	개답사업
이철재	25	국졸	6차			
박광규	30	국졸	6차		1,078	1차
이포림	24	국졸	6차	1차	2,205	
오봉림	19	중졸	7차			
김영태	31	국졸	7차	3차	2,739	1차
김춘복	36	국졸	7차		5,765	2차
김범태	21	중졸	7차		838	1차
김해기	50	국졸	7차	3차	1,224	2차
김형규	26	국졸	7차	1차	2,133	1차, 2차
김동호	27	국졸	11차	3차		
남부기	27	국졸	11차			

출전 : 사회선교국, 「낙천3리」, 『부락별 교육 현황』, 1991; 재해위, 「낙천3리」, 『1974년도 정선지역 부락개발사업 보고서』, 1974.

진되었다. 이에 따라 개답추진 조직을 '낙천협업농장'으로 변경하였으며, 농장장과 총무에 황남수와 김영태가 선임되면서 개답 이후 벼농사의 전면협업을 추진하였다. 그러나 6월 농장민을 대상으로 실시한 상담원의 협업교육(6.5~7)에서 재해위는 이들이 협업화에 대한 인식이 부족하며, 곧바로 협업운영으로 나아갈 수 없다고 판단하였다. 그래서 1974년부터 전작을 포함한 농장의 협업화를 추진하고자 하였다.[42]

재해위는 2차례에 걸친 부락민 주도의 전답복구사업의 추진과 낙천협업농장의 협업화를 추동하기 위해 이에 참여한 농민들이 농촌지도자교육과 신협실무자교육을 받도록 하였다. 1974년 말까지 원주교구 교육원에서 실시된 농민교육을 받은 낙천부락민은 <표 II-23>과 같다.

42　재해위, 「제8차 부락개발협의회(6.11)」, 『1973년도 부락개발협의회 회의록』, 1973; 재해위, 「제16차 부락개발협의회(9.9)」, 『1973년도 부락개발협의회 회의록』, 1973.

1973년 7월 제6차 농촌지도자교육(7.5~8)에 3명, 7차교육(7.13~15)에 6명, 1974년 3월 11차교육(3.18~20)에 2명이 참여하였다. 또한 1973년 7월 제1차 신협실무자교육(7.30~31)에 2명, 12월 3차교육(12.16~20)에 1명, 1974년 12월 7차교육(12.15~19)에 2명이 참여하였다. 이들 농민은 대부분 20~30대 청년들로 협업농장의 운영에 중추적인 역할을 담당하던 농민지도자였다.[43]

1974년 4월 낙천협업농장의 회의에서 결정된 운영사항을 통해 협업화 내용의 일단을 살펴보면 다음과 같다. 먼저 출력규정을 통해 농장원은 130평당 품 1개씩을 출역하되 작업시간은 오전 9시부터 오후 6시까지로 하며, 성년(21~60세)은 일당 800원, 부녀자와 미성년자(17~20세)는 600원으로 하였다. 또한 노동능력이 있으나 공동작업에 출역하지 않을시 벌과금으로 1,500원을 총무에게 납부하되, 기일 경과시 논물을 공급해주지 않기로 되었다.

1974년도 낙천협업농장의 협업화는 제대로 이루어지지 못하였다. 이는 협업농장의 전체회의를 통해 결정된 사항이 종종 이행되지 못하였고, 협업영농을 위한 막대한 운영자금 마련의 어려움과 농장에 참여한 대농들의 소극적인 자세 및 방해로 인한 것이었다. 당시 송계리 단위농협 조합장이었던 강응출은 농장의 협업화를 좌초시킨 핵심인물이었다. 그는 토지 6,788평을 소유하고 있던 대농으로 이전에 임계면장을 역임한 바 있었다. 그는 영농기간 중 협업농장의 운영규정을 지키지 않았다. 즉, 협업농장을 공동작업 하기로 한 방침과 달리 개인소유별로

---

43 재해위, 「낙천3리」, 『1974년도 정선지역 부락개발사업 보고서』, 1974.

농지를 분할하여 모내기작업을 하도록 주도하였고, 자기 소유농지를 부락 내 영세농민 6명에게 소작을 주면서 협업농장의 협업화가 제대로 추진되지 못하도록 방해하였다.[44]

재해위는 낙천협업농장의 협업화가 위기에 처하자 그 원인을 대농인 강을출의 방해와 양수기의 설치문제로 인한 1차 개답자들의 반발, 협업경영 자체의 인식부족과 경험부족, 협업농장의 조직과 토지소유의 편중 등으로 파악하였다. 이에 따라 재해위는 수도작 협업경영을 위한 해결방안으로 농지매매 및 소작의 금지, 협업경영에 대한 지속적인 교육의 추진, 협업농장의 경영원칙 마련, 농지소유면적의 격차에서 야기되는 문제의 해결 등을 제시하면서 협업농장에 그 해결방안을 마련하도록 촉구하였다.[45] 그 후 낙천협업농장은 여러 차례에 걸쳐 회의를 진행하였으나 내부적인 논란과 갈등 속에서 개별경영으로 귀결되어 추진되었다.

낙천협업농장의 협업화가 내부적인 요인에 의해 교착상태에 이른 상황에서 재해위와 협업농장 내 농민지도자를 중심으로 이를 극복하고자 하는 많은 노력들이 추진되었으나 이를 타개하지 못한 외부적 요인이 또 있었다. 1973년부터 구체화되었던 임계댐 공사계획이 지질조사의 완료에 따라 대체적인 윤곽이 드러나면서 이에 대한 우려가 증폭되었다. 당시 임계댐이 완공되면 낙천1~2리와 용산1~2리를 포함하여

---

44 재해위, 「낙천3리」, 『1974년도 정선지역 부락개발사업 보고서』, 1974.
45 당시 재해위는 만약 낙천부락민이 개별경영을 할 경우, 사업철수 등 강경한 조치를 취하며, 협업경영시 조직의 강화와 협업에 대한 재교육, 노동배분과 자금 활용계획의 수립 등 협업경영 기술의 제고 등을 추진하고자 하였다(재해위, 「제32차 부락개발협의회(6.21~22)」, 『1974년도 부락개발협의회 회의록』, 1974).

임계면 내 22개 리 중 13개 리가 수몰되고 14,000여 명의 주민이 이주할 예정이었다.[46] 1974년 6월 이후 수몰예정지역에 대한 행정사업도 점차 중단되었는데, 농장원들의 수몰지구에 대한 심리적인 불안감은 협업농장의 협업화를 어렵게 하는 주요 요인이 되었다. 당시 재해위도 용산부락과 함께 낙천부락이 지속적인 부락개발사업의 추진이 어렵다는 판단에 따라 부락농민들이 정당한 이주보상을 받도록 지도하고 있었다.[47] 그러나 임계댐 건설 착공 시기는 계속 늦추어졌다.[48] 1978년 재해위는 용산부락과 함께 낙천부락의 전담복구사업을 종료시키는 한편, 행정기관에 의해 새마을금고를 설치하려는 시도[49]에 맞서 낙천협업농장에 참여한 농민들을 중심으로 낙천신협의 설립을 지원하면서 이 지역에서의 협동조합운동이 전개되도록 추동하였다.[50]

한편, 재해위의 자금지원을 받아 1·2차의 개답자들을 중심으로 추진된 전담복구사업을 통해 낙천부락은 언론을 통해 대외적으로 크게 조명받았다. 1974년 3월 춘천KBS에서 낙천부락의 개답사업을 소개하였고,[51] 1974년 말 강원도와 정선군에서도 새마을운동의 주요 치적으

---

46 재해위, 「제36차 부락개발협의회(10.25)」, 『1974년도 부락개발협의회 회의록』, 1974.
47 재해위, 「제3차 협의회(1975.11.3)」, 『1975~1976년도 사업1부 협의회 회의록』, 1976.
48 임계댐 건설은 계속 지연되다가 1980년에 들어서서 결국 백지화되었다.
49 재해위, 「낙천부락」, 『1976년도 강원도지역 부락개발사업 보고서』, 1976.
50 1978년 5월 11일 창립된 낙천신협은 협업농장 설립 당시 참여인원 42명 중에서 32명이 조합원으로 가입하였다. 5월 10일 발기인을 대상으로 교육(강사 이재호-신협사례)이 사전에 이루어졌으며, 창립총회 후 임원을 대상으로 임원교육이 이루어졌다(강사 이병욱). 당시 낙천신협 이사장은 황남수, 부이사장은 김영태, 이사는 김광태·남홍기·이성희·김동찬·강홍구·강성두·김응태, 감사는 김종하·김형중, 회계는 강성두·김동호였다. 낙천협업농장의 핵심적인 인물들이 낙천신협의 주요 임원으로 선출되었음을 알 수 있다(재해위, 「제36차 전체협의회 회의록-회의 속개(1978.5.12)」, 『1978년도 전체협의회 회의록』, 1978).
51 재해위, 「제27차 부락개발협의회(3.18)」, 『1974년도 부락개발협의회 회의록』, 1974.

로써 낙천부락의 개답사업과 행정기관의 역할을 내세웠다. 낙천협업농장의 대표였던 황남수는 그 공로로 새마을훈장을 수여받게 되었다. 낙천부락은 한우입식자금 300만 원을 농협에서 융자받고 가정용전화사업이 우선적으로 시행되었으며, 100만 원의 상금 수여와 한우 30두를 공동 사육하는 조건으로 252만 원의 보조를 받아 한우공동축사를 2차 개답지역에 건립할 수 있었다.[52]

당시 낙천부락은 언론과 행정기관을 통해 새마을운동의 차원에서 조명받으며 과대선전 되었다. 두 차례에 걸친 개답사업에서 부단한 낙천농민들의 노력에 실질적 지원과 협력보다는 갈등을 빚었던 정선군청과 단위농협이 사후적으로 이를 이용하는 방향으로 나아갔다. 이를 통해 두 차례의 개답사업과 양수기 설치 등을 둘러싸고 농민 주도의 부락개발운동과 관 주도의 새마을운동이 갈등을 빚으면서도 낙천부락의 차원에서 상호 결합되는 양상, 더 나아가 농민 주도의 부락개발운동이 새마을운동의 주요 치적으로 활용되는 실정이 나타났다.

③ 밤수동

밤수동부락은 단양군 영춘면 하리의 자연부락으로 호수 23호, 인구 126명으로 구성되었다. 1972년도 대홍수의 피해로 마을의 가옥과 전답이 유실되자 정부 지원으로 원위치에서 500m 떨어진 높은 지대로 집단이주 하였다. 1973년 6월 제2차 재해대책사업 확충 시 밤수동부락은 부락개발사업의 대상부락으로 선정된 마을이었다. 이 부락은 전

---

52 재해위, 「낙천3리」, 『1974년도 정선지역 부락개발사업 보고서』, 1974.

농경지가 유실·매몰된 농가 13호를 포함하여 부락 내 농경지 중 상당수가 유실·매몰되었다. 그럼에도 수해상습지라는 이유로 농경지 복구에 필요한 장비지원이나 노임보조를 받지 못하면서 농토복구가 이루어지지 못하였다.[53]

1973년 6월 밤수동부락은 김기현, 허종, 윤성득, 남원식 등이 중심이 되어 농토복구를 위한 자금지원을 신청하였다. 그러나 이미 부락개발사업 대상부락으로 한우작목반과 양잠작목반이 구성되어 자금이 지원되었던 상황에서 막대한 농토복구자금을 밤수동부락에 추가로 지원하기 어려웠다. 당시 밤수동부락은 몽리자 호수가 적으면서 공사액수가 막대한 점, 몽리자 중 생활정도가 중농 이상인 부락민이 7명이나 있는 점, 국유지를 매입해야 하는 점, 상당량의 타 부락민 토지가 있는 점, 양수기 설치로 인한 과대한 공사비문제 등 재해위의 자금지원 원칙에 맞지 않은 부분이 있었다. 또한 부락개발사업 초기 밤수동부락은 그 호수가 적어 구호적 측면 외 부락개발운동의 성과가 크게 기대되지 않았다. 그러나 밤수동부락은 농경지 복구를 중심으로 자활을 위한 간절한 소망과 이를 위한 지원을 지속적으로 재해위에 요청하였다.

그때 당시는 뭐 어쨌든 뭐 수해가 나니까 우선 뭐 농토도 있던 게 다 없어지고 뭐 집도 저 겨우 집만 갖다 해놓으니까 이 부락 사람들 다 막막했죠. 그래서 뭐 어떻게 하든지 이 다시 농토가 다시 이제 있어야 농사짓는 사람들 사니까 농토를 어떻게 좀 복구하는 방법이 없겠느냐는 상의를 드렸는데,

---

53 재해위, 『제1차 부락개발사업 평가보고서』, 1975, 72~73쪽.

뭐 원체 돌밭이고 또 그리고 뭐 농토를 만들어도 그때 당시에는 밭농사 가지고는 그 뭐 돈이 안 되고. 지금도 뭐 그렇겠지만. 그런데 그래도 먹고 사는데 쌀이 제일 우선이니까, 우리는 논을 좀 해보면 안 되겠느냐 그런 생각이 들더라고요. 그래서 이걸 개답을 해 달라 부탁을 드렸죠. 그래 이제 하다 보니까 이우재 선생, 지금 생각하면 그래요. 김병태 선생님하고 이제 생각을 아예 그렇게 하신 거라고, 아예 이걸 하면서 어차피 공동작업을 하는 모델을 한번 만들어 보자는 이 생각에서 하셨는가 봐요.[54]

당시 밤수동부락에서 개답사업을 가장 앞장서 추진했던 남원식의 구술과 같이 매몰된 농토의 개답을 추진해 나가되 재해위가 요청하는 제반 사항을 부락회의를 통해 수용하면서 적극적으로 농토복구를 위한 부락민의 의지를 전달하였다. 그 결과 1974년 2월 재해위는 농문연의 김병태·이우재가 참여한 가운데 전답복구사업의 대상부락으로 밤수동을 선정키 위한 제반 논의를 실시하였다.[55] 1974년 3월 재해위는 단양 영춘면 일대 부락개발사업 추진이 잘 되지 않은 상황에서 밤수동부락의 제반 사업 및 성과가 타 부락들에 미치는 영향이 크다는 점, 농토복구사업 이후 수도작 전면협업의 가능성과 이를 통해 주 작물의 협업화를 중요 모델을 만들어 갈 수 있다는 점, 전답복구비를 지원하지 않으면 밤수동의 부락개발사업의 추진이 어려워진다는 점으로 인해 현실적으로 자금지원이 필요하다는 쪽으로 의견을 모았다. 아울러 밤수동 부락민이 양수기문제와 토지매입 등을 자체적으로 해결한다는 전제조

---

54 2012년 10월 10일, 남원식 전 밤수동협업농장 총무 구술(단양 영춘 하리 밤수동 자택).
55 재해위, 「제26차 부락개발협의회(2.26)」, 『1974년도 부락개발협의회 회의록』, 1974.

건과 개답사업을 단순한 농토복구의 차원이 아닌 수도작 전면협업화를 지향하면서 한국사회의 중요한 협업화모델을 만들어 간다는 견지에서 전답복구사업을 추진키로 결정이 내려졌다.[56]

밤수동부락민은 재해위가 제안하는 전답복구사업의 전제조건이자 수도작 협업경영의 추진을 위해 수차례에 걸친 부락회의를 통해 협업 농장의 구성과 운영을 위한 제반 조건들을 갖추어 나갔다.

어떻든 개답만 좀 하면 안 되겠냐 이런 생각이 있었는데 그래 하다보니까 또 준비를 하고 뭐 하고 서류를 만들고 뭐 이래 했는데도 또 보면 이 아니란 거고. 자꾸 얘기가 그래 되다 보니까 나중에는 이제 또 협동으로 해야 된다. 근데 이게 지금도 마찬가지지만 과거에도 보면 그 우리나라 사람은 우선 자기가 먼저지 협동이라는 게 참 힘들더라고. 잘 이루어지기 힘든 건데. 그 조건이 그러니까, 그 어쩔 수 없이 그러면 마을회의를 하고 해가지고는 그 뭐 그렇게 한번 해보자 하는 의견이 모아졌죠. (…중략…) 제가 가지고 있던 토지가 한 천여 평 되는 걸 내가 내놨어요. 그러니까 인제 다른 분들은 인제 조금씩 내놓기 시작하고, 조금 조금 가지고 있는 사람, 이 마을에 있는 분들은. 그리고 또 객지에 있는 외지의 분들 거는 매입을 했어요.[57]

위의 구술과 같이 밤수동부락은 마을회의를 통해 개답사업에 참여한 부락민의 토지를 각자 출자형식과 매입 등으로 공동소유 형태로 만들었

56　당시 논의된 밤수동 개답사업 건은 문제가 많은 타 부락민의 토지를 뺀 28,385평을 개답 하겠다는 것이었다(재해위, 「제27차 부락개발협의회(3.18)」, 『1974년도 부락개발협 의회 회의록』, 1974).
57　2012년 10월 10일, 남원식 전 밤수동협업농장 총무(단양 영춘 하리 밤수동 자택).

으며, 1974년 3월 '밤수동협업농장'의 결성을 통해 개답사업의 추진을 위한 기반을 마련해 나갔다. 당시 밤수동부락민은 부락총회를 통해 이러한 구상을 점차적으로 수용하면서 농민 주도의 개답사업과 협업농장의 운영을 위한 기반을 마련해 나갔다. 그 결과 1974년 10월 밤수동협업농장은 유실·매몰지 18,500평의 개답공사 추진과 30마력 발동기·양수기의 설치, 참여농가 19호의 협업조직을 편성·운영하면서 1975년부터 벼농사를 시작한다는 내용의 '개답사업 및 벼농사 협업경영'을 위한 제안서를 제출하였다. 이에 대해 재해위는 전답복구자금 620만 원을 지원하되 무이자 현물상환, 1년 거치 4년 분할상환을 내용으로 하는 자금지원을 결정하였다.[58]

　밤수동부락의 개답사업은 그 자체보다는 밤수동협업농장의 구성과 운영, 밤수동신협의 설립으로 나아갔다는 점에 중요한 의미가 있다.[59] 당시 개답사업과 밤수동협업농장의 설립을 통한 수도작 협업화를 위한 기본구상은 앞의 구술과 같이 애초에 부락민으로부터 나온 것은 아니었다. 이는 재해위가 수도작 협업화의 모델을 만들고자 주도한 것이었으며, 농문연이 지향했던 농업의 협업화 구상이 밤수동협업농장을 통

58　재해위, 「제35차 부락개발협의회─회의속개(10.5)」, 『1974년도 부락개발협의회 회의록』, 1974.

59　당시 재해위는 밤수동부락에 대한 제반 사업을 추진하면서 시급한 생활문제 해결과 누적된 고리채에 의한 고통에서 벗어나도록 하면서 장기적으로 주민의 소득증진에 초점을 맞추었다. 밤수동의 소득증대사업은 크게 두 가지 방향으로 전개되었다. 하나는 주민의 개별사업을 원칙으로 하되 연대책임을 통해 상호 독려하면서 이익금의 일부를 신용사업 기금으로 저립해 가는 방향과 부락민의 자발적 참여를 토대로 한 협업경영에 의하여 추진하는 방향이었다. 전자는 한우작목반과 양잠작목반의 구성·활동, 후자는 빔니무 씌제 사업과 신협, 전답복구사업과 밤수동협업농장, 교육사업 등이 해당되었다(재해위, 『제1차 부락개발사업 평가보고서』, 1974, 73~74쪽).

<표II-24> 개답지 내 밤수동부락민의 토지소유 현황   (단위 : 田/坪)

성명	가경지	불가경지	소계	성명	가경지	불가경지	소계
황명하	2,274	172	2,446	남원식		4,830	4,830
김기현	631	119	750	박경원		2,220	2,220
유임순	572	2,104	2,676	윤성득		1,231	1,231
합계					3,477	10,676	14,153

출전 : 재해위, 「밤수동」, 『1975년도 단양지역 부락개발사업 보고서』, 1976.

해 현실화된 것이었다. 밤수동협업농장은 설립 당시 제정된 정관에서 "본 협업농장은 생산과정에서만 협업경영하고, 생활은 개별적으로 하는 전면 협업형태이다"라고 성격을 규정하면서 수도작의 전면적 협업화를 내걸었다.[60]

당시 밤수동협업농장은 개답사업에 참여한 부락민 소유 토지를 농장에서 매입하여 공동소유로 만드는 일부터 시작하였다. 밤수동협업농장 설립 당시 협업농장에 참여한 밤수동부락민 6인의 소유 토지 현황은 <표II-24>와 같다. 농사지을 수 있는 토지는 3,477평이었으며, 수해로 매몰·유실되어 농사지을 수 없는 토지가 10,676평이었다. 이중 협업농장에 적극적으로 참여한 남원식과 박경원, 윤성득의 경우, 불가경지는 약 78%인 8,281평에 이르렀다. 협업농장은 이들 토지에 대해 가경지는 평당 300원, 불가경지는 평당 30원 등 총 비용 1,363,380원에 매입하였다. 그 외 4,350여 평의 군유지와 타 부락민 소유 토지 등을 차례로 매입하면서 개답 후의 토지분배는 구성원 1인당 924평씩 균등 분할하되 관리운영은 공동협업화를 통해 하고자 하였다.

---

60 사개위, 『제2차 부락개발사업 평가보고서(밤수동협업농장)』, 1981, 6~7쪽.

<표Ⅱ-25> 밤수동협업농장 임원 현황(1975~1976)

부서명	임기(년)	1975년	1976년	역할
대표	2	김기현	김기현	농장 대표, 농장의 업무집행 총괄
부대표	2	박경원		
총무	2	남원식	남원식	회계 및 기록 담당, 재산관리 담당
생산부	2	허종(김진택)	안성국, 김만수	영농에 대한 지도 및 계획, 작업조절
기계부	1		남원식, 박경락	양수기, 경운기, 탈곡기 등의 관리·운영
평가위원	1	윤성득, 김정용, 박경락	안성국, 박경락, 남형식, 윤성득, 김종만	농장의 관리 및 구성원의 노력평가 (6개월 1회→매월1회)
감사	1	김영경, 지형모		

출전: 재해위, 『1975년도 단양지역 부락개발사업 보고서』, 1976; 재해위, 『1976년도 단양지역 부락개발사업 보고서』, 1977.

밤수동협업농장의 운영을 주도한 임원명단 현황을 살펴보면 〈표 Ⅱ-25〉와 같다. 밤수동협업농장은 설립 당시 농장대표와 부대표, 총무, 생산부와 기계부, 평가위원, 감사 등으로 구성되었다. 농장대표는 초기 김기현이 맡아 농장의 업무집행을 총괄하였으며, 농장부대표는 박경원이 맡아서 대표를 보좌하였다. 총무는 줄곧 남원식이 담당하였는데, 농장의 재산 및 회계를 책임지면서 기록도 담당하였다. 1975년까지 허종이 담당했던 생산부는 안성국과 김만수가 맡았으며, 영농에 대한 지도 및 계획 등을 담당하였다. 1976년에 새로 설립된 기계부는 남원식과 박경락이 맡아 농장이 소유한 제반 기계의 관리와 운영을 담당하였다. 평가위원은 초기 3명을 선임토록 규정되었으나 1976년도 정관 변경을 통해 5명이 맡아 수도작의 협업화 과정에서 투여된 노동력을 평가하는 일을 담당하였다.

1974년 3월 설립 당시 19호가 밤수동협업농장에 참여하였다. 농장 구성원은 시기에 따라 탈퇴자가 생기면서 바뀌었다. 이는 〈표Ⅱ-26〉

<표II-26> 밤수동협업농장 구성원 현황(1974~1990)

1974.3~1975.5		1975.6~1979		1979~1980	1980~1990
농장원(연령)	농장원(연령)	농장원	농지면적(田)	농장원	농장원
김기현(32)	윤성득(30)	김기현	750	김기현	김기현
김만수(52)	이남석(51)	김만수	0	김만수	김정용
김순재	지달재	김정용	1,017	김정용	남원식
김영경(41)	지형모	김종만	4,000	남원식	남형식
김정용(65)	허종(35)	남원식	2,102	남형식	변동준
남원식(25)	홍봉선(32)	유임순	0	변동준	유임순
남형식(45)	황명하(25)	남형식	0	유임순	윤성득
박경락(32)	황인성(48)	박경락	4,000	윤성득	
박경원(19)		변동준	0		
변동준(55)		안성국	1,000		
유임순(41)		윤성득	2,299		

출전 : 재해위, 『1975년도 단양지역 부락개발사업 보고서』, 1976; 재해위, 『1976년도 단양지역 부락개발사업보고서』, 1977; 사개위, 「제4차 월례회(5.6)」, 『1979~1980년도 월례회 회의록』, 1980; 사회선교국, 『부락별 교육 현황』, 1991.

을 통해 살펴볼 수 있다. 밤수동협업농장의 구성원은 1975년 5월 8호가 탈퇴하면서 1979년까지 11호 체제로 운영되었다. 이 시기 농장 구성원의 토지소유 현황을 살펴보면 4,000평의 밭을 소유한 김종만과 박경락이 중농이었으며, 남원식과 윤성득을 포함하여 김정용, 안성국, 김기현은 영세소농에 속하였다. 그 외는 별도로 농지를 전혀 가지지 못한 극빈농층이었다. 그런데 1979년 말 농장구성원 중 김종만, 박경락, 안성국이 추가로 탈퇴하면서 밤수동협업농장은 8호로 줄어들었다가 1년 만인 1980년도에 극빈농이었던 김만수가 추가로 탈퇴하면서 1990년도 수해로 협업농장이 문을 닫을 때까지 '7호체제'로 운영되었다.

1975년 3월부터 밤수동협업농장에 의해 시도된 1차년도 수도작의 전면 협업경영은 농장원의 피나는 노력으로 성과가 나타났다. 그러나

1975년 5월 농장원 중 8명이 협업농장을 탈퇴[61]하면서 협업경영의 제반 문제점들이 현실화되자 협업농장의 조직·운영의 변경을 위한 정관 개정작업의 필요성이 제기되었다. 1976년 3월 밤수동협업농장은 정관 수정작업을 진행하였다. 이는 협업농장의 운영과 진로를 크게 바꾸는 것이었다. 당시 변경된 사항을 살펴보면, 먼저 제6조 농장의 성격규정에서 "본 협업농장은 생산과정에서만 협업경영하고, 생활은 개별적으로 하는 전면 협업형태이다"를 부분 협업형태로 수정하면서 협업화 추진에 있어 후퇴의 모습을 보였다. 또한 제20조 탈퇴자에 대한 지분환불 조항에서 구성원의 탈퇴 시 토지 및 각자의 지분을 현금 또는 현물로 환불한다는 조항에 대해 탈퇴자에 대한 지분환불은 총유화(總有化)한 재산이므로 지분환불은 할 수 없으며, 공사비 상환이 끝나기 이전에 탈퇴하는 자는 아무런 대가도 받을 수 없도록 규정을 변경하였다.[62]

이와 같이 정관 개정작업을 통해 전면 협업형태를 부분 협업형태로 수정하고 추가적인 탈퇴 방지를 위한 조항의 변경 등 협업화 추진에 있어 일정한 후퇴가 나타난 것은 전면 협업경영을 위한 기반마련의 불비와 협업경영에 대한 구성원의 이해부족 등에 의한 것이었다.

그래 인제 그 막연했었죠. 뭐 그게 어떻게 해야 되는지. 그래 일단은 생산

---

[61] 상담원에 의하면 8명 중 4명은 개별영농 때문에 협업영농을 전혀 하지 않았으며, 영농경험이 전혀 없고 영농능력이 부족한 구성원이 각각 1명씩이었다. 그 외 2명은 협업영농에 소극적으로 참여한 사람들로 파악되었다(재해위, 「제6차 전체협의회(6.9)」, 『제6차 전체협의회 회의록』 2, 1975).

[62] 그 외 제43조 연간의무노동일수 조항에서 기존 80일을 90일로, 제68조 노동전수익 평가 조항에서 6개월의 1회를 1개월에 1회로 개정하였다(재해위, 「밤수동」, 『1976년도 단양지역 부락개발사업 보고서』, 1977).

은 공동으로 하고 인제 그 나중에 수확한 거를 모든 걸 경비는 제하고. 나머지는 노동량에 의해서 분배를 하고. 그러니까 모든 비용을 다 제하고 남은 걸 가지고 분배를 하니까 노동량에 분배를 할 수밖에 없더라고. 그래서 그 일부씩 인제 매년 또 상환을 해야 되고. 그건 내 생각에 인제 만족을 하시는 분들도 있고 그렇지 못한 분도 있어요. (…중략…) 아, 난 이거 못하겠다고 그러고 나가더라고. 그러다 보니까 열한 명이 되고. 그러고 또 막연하잖아요. 이 농지가 언젠가 내 거가 된다는 생각을 자꾸 하고 있는 거예요. (…중략…) 근데 소유가, 자기 소유가 개별소유가 안 된다는 그런 것 때문에 인제 그만둔 분들이 주로 많아요.[63]

위의 구술과 같이 탈퇴자의 상당 부분은 대부자금 상환의무와 농장에서의 영농과정에 노동일수 80일을 채워야 하는 의무 등이 있었고, 농장의 농지는 총유로 되어 있어 개인지분화가 되지 않았던 것에 대한 불만이 탈퇴의 주요 원인이었다. 또한 자신이 소유하고 있는 토지에 대한 개별영농 외에 농장에 소속되어 의무적으로 노동일수를 채우면서 협업영농을 병행해야 하는 점에 대한 불만이 원인이었다. 당시 재해위와 농문연, 협업농장 집행부는 협업경영에 대해 불만이 있거나 그 인식이 부족한 농장원을 지속적으로 설득하고 현장교육 등을 통해 협업농장에 참여토록 노력하였다.

인제 기어이 한 분이 협동을 안 하겠다고. 그 사람이 제일 지주였는데, 그

---

63 2012년 10월 10일, 남원식 전 밤수동협업농장 총무 구술(단양 영춘 하리 밤수동 자택).

사람이 측량기사 대 가지고 자기 땅 다시 찾고. 근데 사실은 그것을 완전히 기를 할려면 할 수 있지. 보이콧 시켜 가지고 완전히 쫓겨 내던지 굴복 시켜 버리던지. 그렇게 하면 안 되잖아요. 방법은 있지마는 그건 딴 데 그렇게 하면 안 되는 경우고. 그분만 남겨놓고. 그분이 도와달라는 경우에 도와준다. 도와주면서 같이 해야 되겠다는 것을 그분에게 인식을 심어주어야 돼. 그래야지 이렇게 해서 강제로 하는 것은 뒤가 좋지 않을 뿐만 아니라 이것은 안 된다.[64]

위의 구술과 같이 원주그룹과 농문연은 밤수동협업농장의 운영에 있어 불만을 품은 구성원들을 배제하거나 탈퇴시키는 방향으로 협업운동을 하도록 한 것이 아니라 협업경영에 참여하도록 지속적으로 설득하였으며, 협업영농과 개인영농이 상호 보완관계에 이르도록 추동하였다. 한편, 협업농장 운영에 대한 불만은 부락민의 인식부족과 맞물리는 문제였다. 애초 밤수동부락은 중졸 학력인 부락민 일부를 제외하고는 대부분이 국졸이거나 무학이었던 실정이었다. 이런 상황에서 협업농장의 설립과 개답과정, 농장의 협업경영 과정에서 지속적으로 실시되어야 할 협업교육이 이루어지지 않은 점도 인식부족의 주요 요인이었다.

교육은 뭐 사회개발에서 원래 그 할 때부터 이 하여튼 이 구상을 참 잘하신 것 같아요. 우선 지역 사람들 의식부터 이렇게 바꿔가면서 이런 지원사업을 벌였으니까. 그 의식개발을 위한 교육은 뭐 수차 받았어요, 저도. 인제

---

64 2014년 7월 18일, 김병태 전 농문연 연구간사·상임이사 구술(하남시 자택).

받고 그리고 지역주민들도 아주 연세 높은 분 빼고는 그 뭐 한, 한 50프로
는 거의 다 받았어요. 거기 이 재해대책에서 참 여러 가지 했잖아요. 그 신
용협동조합운동에 대한 교육 또 회계에 대한 교육, 이런 것까지도 그쪽에
서 다 인제 했죠. 그래서 저도 뭐 회계고 뭐 이런 거 전혀 몰랐는데 그 사회
개발교육을 통해서 인제 그 회계도 좀 뭐, 어차피 이 운영을 또 해야 되니
까. (…중략…) 그때 당시만 해도 뭐 먹고 사는 생각밖에 몰랐고. 그래 인제
가보면 거기서는 그 한 게 참. 아, 이게 참, 사람 사는 모습이 아닌가 하는
그런 그 교육을 시키더라고요.[65]

위의 구술과 같이 1970년대 전반기 밤수동부락민은 재해위에 의해
추진된 농촌지도자교육과 회계실무자교육에 각각 13명과 3명이 참여
하였다. 농민대표자간담회에도 농촌지도자교육을 이수한 3명이 참여
하는 등 의식화에 초점을 둔 농민교육을 통해 밤수동의 부락민은 자체
적으로 부락개발운동을 추진할 수 있었다. 그러나 전면 협업경영을 내
세운 밤수동협업농장의 설립과 운영과정에서 이를 효과적으로 실현하
기 위해서는 재해위에 의해 별도로 협업교육과 영농기술교육이 지속적
으로 단계를 거쳐 실시되어야 했다. 그러나 1975년 상반기까지 이것이
실현되지 못하면서 농장 구성원의 협업의식은 고양될 수가 없었다. 또
한 전작 위주였던 밤수동부락에서 벼농사 협업경영을 시도하면서도 우
수한 영농기술자가 확보되지 못하였으며, 벼농사를 위한 제반 기술교
육도 뒤따르지 못하였다.

65　2012년 10월 10일, 남원식 전 밤수동협업농장 총무 구술(단양 영춘 하리 밤수동 자택).

아울러 농장 설립 당시 전면 협업경영을 내세우면서 농장의 토지를 총유화한다는 것은 협업 고도화 단계에서나 가능한 것이었으며, 개별 영농이 가능하고 사유가 큰 범위를 차지하는 환경에서 수도작 전면 협업경영을 한다는 것은 상당히 어려운 일이었다. 이는 남원식의 구술과 같이 1975년도 협업영농 과정에서 자기 소유농지가 있는 구성원들이 농장의 협업영농보다 개별영농을 우선시하는 문제점으로 나타났다. 그 결과 협업의식이 약한 일부 부락민을 중심으로 탈퇴자가 나타났으며, 전면적 협업경영은 부분협업으로 전환하게 되었다.[66]

밤수동협업농장은 초기 전면 협업경영에서 부분 협업경영으로 전환되었으나 1975년도부터 수도작 협업영농은 지속적으로 추진되었으며, 행정기관과의 긴장관계 속에서도 일정한 협력관계를 가지면서 생산량 증대를 위한 제반 노력을 적극적으로 추진해 나갔다.

행정기관하고는 첨에도 마찰이 심했어요. 그게 왜 그러냐 하면은 그 협력 기관들이 왜 그랬는지 몰라도 천주교에서 하는 단체에서 하는 이런 거를 좋아 안하더라고요. 그러니깐 그러다 보니까 이 개답하는 것도 완전히 일절, 뭐 도움 줄 생각도 안하고. 또 우리가 도움을 받을래야 받을 수도 없고. 그래서 와가지고는 허가니 뭐니 하고 좀 말썽이 있었어요. 근데 막 그냥 밀고 나갔어요, 제가. 그러니까 결국은 뭐 그 제지를 못하고 진행이 됐어요. 그러니까 그 사람들 보기에는 저게 될까 말까 하는 생각도 있었다고. 첫 해

---

66 당시 협업농장은 개채위의 지원자금 외에 별도의 운영비조차 마련하기 어려웠다. 농장에서 일을 하던 극빈농은 연말결산 후에야 노동분에 대한 수확의 결과물을 받을 수 있게 되면서 당장의 끼니를 해결하기 위해 농장에서 일을 할 수 없었으며, 그 결과 농장에서 탈퇴하게 되었다.

에 모를 심는 걸 봤단 말이에요. 보니까 인제 좀 다르게 생각을 하더라고요. 근데 뭐 지원이나 이런 거는 뭐 없는데도. (…중략…) 당시에는 퇴비 같은 거를 그 행정기관에서 공동퇴비 하라 뭐 하라 뭐 이랬는데 그 작업이 잘 안 이루어지잖아요. 우리는 스스로 그러니까 자기네 앞가림을 우리가 다 해준 거예요. 그러니까 그때부터 행정기관이 손을 잡더라고요.[67]

위의 언급과 같이 밤수동협업농장은 초기 행정기관과 일정한 갈등 관계를 가지면서 수도작 협업경영을 추진해 나갔다. 1975년 밤수동협 업농장은 행정기관과의 갈등 속에서 일반품종을 심었으며, 이로 인해 영농비와 비료 등 행정기관과 단위농협의 지원을 받기 어려웠다. 1976 년도부터 소득증대를 위한 차원에서 생산증대가 가능하고 행정기관이 수매하는 통일계 품종을 심는 한편, 생산증대를 위한 공동퇴비 마련을 적극적으로 추진하면서 행정기관과의 일정한 협력관계 속에서 협업경 영을 추진해 나갔다. 〈표 II-27〉은 1970년대 후반기 밤수동협업농장 의 벼 생산량 현황을 보여준다. 첫 해인 1975년의 경우, 일반품종을 심 어 320가마를 생산하였으며, 1976년부터는 다수확품종인 통일벼를 심어 419가마를 생산하는 등 생산량이 크게 늘었다. 특히, 1977년도 통일벼계통의 밀양21호를 심었을 때 역대 최고생산량인 501가마를 생 산할 수 있었으며, 제반 영농비를 제외하고 251만여 원의 이익을 보았 다. 당시 농장에서 생산한 벼의 상품화량은 농장 구성원이 소비하는 양 을 제외하고 1976년도와 1978년도를 기준으로 평균 85%에 이르렀다.

---

67 2012년 10월 10일, 남원식 전 밤수동협업농장 총무 구술(단양 영춘 하리 밤수동 자택).

<표II-27> 밤수동협업농장 수도작 생산량 현황(1975~1979)

연도	품종	생산량(가마)	상품화량(가마)	생산금액(원)	수지(원)
1975년	일반품종	320		3,508,410	812,250(-)
1976년	통일계품종	419	377	4,273,720	
1977년	밀양21호	501		6,342,667	2,518,657(+)
1978년	밀양21호, 노풍(이리237호)	440	350		
1979년	노풍(이리237호)	337			

출전 : 재해위, 『1975년도 단양지역 부락개발사업 보고서』, 1976; 재해위, 『1976년도 단양지역 부락개발사업 보고서』, 1977; 사개위, 「제45차 전체협의회(1979.4.11)」, 『1979~1980년도 전체협의회 및 월례회회의록』, 1980; 사개위, 『제2차 부락개발사업 평가보고서(밤수동협업농장)』, 1981.

1970년대 중·후반 농장의 운영은 제반 영농비와 지원자금 상환이 빠듯한 상황이었으며, 노동력 평가에 의한 수확물 배분이 보릿고개를 겨우 면할 수 있는 정도에 불과하였다. 그 결과 재해위의 지원자금 상환은 계속적으로 미루어질 수밖에 없었다. 그러나 1981년도를 기준으로 협업농장의 자산은 크게 늘어나 있었다. 즉, 황무지였던 밭을 논으로 개답하여 개답 총공사비의 4배가 넘는 평당 2,000원 이상의 농지로 만들어 놓았을 뿐만 아니라 동력경운기 2대, 이앙기 1대, 동력분무기 2대, 양수기·발동기(30마력) 1대, 간이제재기 1대, 18평의 창고가 건립되었다.[68] 이러한 물적 기반을 통해 1980년대 협업농장에 참여한 7호는 1990년 수해로 농장을 폐쇄할 때까지 수도작 협업경영을 지속해 나갈 수 있었다.

밤수동협업농장은 한국사회에서 수도작 협업경영을 위한 하나의 새로운 시도였다. 1970년대 농장의 협업영농은 부락민의 자조·자립을 위한 끊임없는 노력과 지향 속에서 추진되었으며, 이 과정에서 협업농장에 대

---

68 사개위, 『제2차 부락개발사업 평가보고서(밤수동협업농장)』, 1981, 16쪽.

한 세론은 많이 바뀌었다. 초기 협업경영을 반대하고 비방하던 사람, 의문을 표했던 사람들은 1970년대 후반 협조적으로 바뀌었다. 영춘면의 행정기관과 단위농협, 농촌지도소에서 초기 냉소적·비판적이었던 인식은 지원·격려하는 분위기로 변화되었다. 먼저 극빈농이 많았던 농장구성원은 협업경영을 통해 절량상태를 극복하였으며, 협업농장의 구성원들이 중심이 되어 설립한 농촌신협을 통해 당시 성행하던 장리쌀 등 고리채를 청산해 나갔다. 어느 지역보다 농장원 스스로 협업경영을 통해 생산증대를 위한 퇴비증산을 앞장서 추진해 나가면서 행정기관의 협조를 이끌어 내었다. 이를 통해 1979년 단양군지역에서 최초로 일제의 최신식 이앙기를 들여와 영농을 할 수 있게 되면서 충청북도 농촌진흥원에 의해 기계이앙 모범사례가 되었다. 또한 1980년 단위농협으로부터 과거 개별영농 시에는 생각할 수 없었던 거액의 중장기 영농자금의 대부를 받아 농기계 일습을 갖출 수 있었으며, 영춘면의 주선에 의한 1981년도 새마을취로지원사업 등이 이루어지면서 충북지역뿐만 아니라 전국적으로도 유명한 협업농장이자 보기 드문 성공사례의 하나가 될 수 있었다.[69]

④ 협업농장의 의의와 한계

1970년대 전반 원주그룹은 19개 농촌부락을 중심으로 전답복구사업을 전개하였으며, 이 과정에서 수해를 입은 농촌지역의 1정보 미만 소유농민의 농경지 복구, 농촌부락의 제방과 수리시설 등을 설치하면서 800여 농가의 생활안정에 기여하였다. 또한 정선의 낙천과 용산부

---

69 사개위, 『제2차 부락개발사업 평가보고서(밤수동협업농장)』, 1981, 23~24쪽.

락, 단양의 밤수동과 횡성의 강림부락 등 다수의 농촌부락에서 전개된
전답복구사업이 부락개발사업과 연계되면서 부락개발운동이 전개될
수 있는 계기가 되었다. 더 나아가 농문연과 원주그룹의 한국농업 협업
화론에 기반하여 낙천과 용산, 밤수동 등 일부 농촌부락을 중심으로 주
작물의 전면협업을 위한 협동농장 설립·운영의 시도로까지 나아갔다.
낙천부락은 협업농장의 설립을 통해 주 작물의 전면협업을 위한 시도
와 노력이 있었으나 실제 실행되지 못하였다. 밤수동협업농장은 수도
작의 전면협업화를 시도하였으나 1년여 만에 부분협업화로 변경되고,
1980년대 말까지 '7호체제'로 운영되면서 초기의 구상과 달리 '절반의
성공'에 머물고 말았다.

　1970년대 원주그룹과 농문연이 전답복구사업의 추진을 통해 초기
주 작물의 전면협업화라는 구상을 실제 이루지 못하고 유일하게 밤수
동협업농장을 통해 그 일단이 실현되었다는 점에서 전답복구사업을 통
한 농업협업화의 시도는 그리 성공적인 결과를 낳은 것은 아니었다. 이
는 몇 가지 농촌부락의 내외적 요인과 특징에 기인한다. 먼저 유신체제
하 국가에 의해 새마을운동이 전개되었던 1970년대는 농업협업화의
이론과 협동운동 경험이 일천한 시대였다. 농문연 조차도 1960~70년
대 초 산악농장과 증평협업농장 등의 설립과정에 참여하고 한국농업
협업화론을 구체화시켜 나갔으나 그 경험과 이론적 수준이 높은 것은
아니었다. 그런 상황에서 낙천과 밤수동부락 등 협업농장을 설립·운
영하였던 농민들은 협업운동의 경험이 일천한 기반 위에서 재해위의
추동을 받아 협동운동을 전개하면서 관 주도의 새마을사업과 연결된
농장 내부 구성원의 협업영농 반대시도에 맞서 이를 관철시킨다는 것

은 부락자체의 힘으로는 쉽지 않았다. 특히, 농지를 총유화한다거나 협업영농을 중심으로 협업농장을 운영한다는 것은 그 자체로 무척 어려운 일이었다.

둘째, 한국농업 협업화론에 기반한 협업농장의 구상과 청사진을 제시하였던 농문연이 초기 적극 참여하였으나 실제 농민들에 의한 협업농장의 운영과정에서 지속적인 참여와 노력이 거의 나타나지 않았다. 또한 재해위도 수도작 전면협업화를 통한 협업농장의 구상을 일부 농촌부락민을 대상으로 실현코자 하면서도 지속적인 협업경영을 위한 제반 교육의 실시와 지도 상담을 통해 농촌부락이 협업농장의 운영과정에서 나타나는 현실적 제반 문제들을 해결할 방안 마련을 위한 적극적인 추진력을 앞서서 보여주지 못하였다.[70] 이는 당시 남한강사업을 추진하면서 농촌상담원들이 농촌부락의 협동운동을 위한 기반마련에 주도적으로 나서면서도 실제 협동체의 운영에 전혀 개입하지 않고 농민들의 자율적인 운영이 이루어지도록 한 사업방침과도 맞물린 문제였다. 그래서 협업운동의 경험이 일천한 시대적 조건 하에서 초기 구상을 실현키 위한 재해위의 적극적인 노력이 이루어지지 않은 채 협업농장을 설립한 농민들이 여러 가지 시행착오를 거치며 협업농장을 운영토록 하는 결과로 나타났다.

---

70 "밤수동의 역사를 보면 세워진 플랜을 실천해 나가는 것보다는 오히려 발생하는 문제의 뒷바라지로 끝나는 경향이 있는데, 그러면서도 계속 사업이 된다면 지도에 있어서 문제가 생긴다"(상담원 김현식의 발언)(재해위, 「제5차 전체협의회(5.1)」, 『제3차~제5차 전체협의회 회의록』, 1975. 한편, 당시 농문연은 밤수동부락의 개답사업 및 협업농장에 대한 재해위의 활동에 대해 다소 비판적이었다. 즉, 밤수동부락의 제반 조직은 극단적으로 말하면 재해대책사업자금의 자금조직이자 이의 상환을 위한 상호연대 책임조직이며, 상담원의 활동은 지원자금의 채권보전을 위한 자금관리원인 부분이 있다고 지적하였다(재해위, 『제1차 부락개발사업 평가보고서』, 1974, 93~94쪽).

셋째, 1970년대는 유신체제 하에서 국가가 추진하는 새마을운동 외에 민간 주도로 나타나는 자율적이고 민주적인 제반 협동조직체의 협동운동은 전개되기가 어려운 시기였다. 특히, 1974년 민청학련사건을 계기로 원주그룹의 지학순 주교가 구속되면서 재해위의 남한강사업과 한우지원사업 등을 통한 부락개발운동은 감시와 탄압국면에 들어갔으며, 부락단위에서 전개되었던 농민 주도의 협동운동은 해당지역 행정기관의 감시와 비협조 속에서 전개되었다. 1974년 원주그룹은 농촌부락 내 부락개발사업의 추진과정에서 관민협조 하에 부락개발운동을 전개하고자 하였던 '부락종합개발사업'도 지학순 주교의 구속을 계기로 좌절되었다. 또한 원주그룹은 1974년부터 토지·쌀값·농협문제를 중심으로 본격적인 농업·농민문제를 제기하였던 한가농과 연계되면서 가농 강원지구연합회의 창설 및 활발한 농민운동, 쌀생산비조사사업과 농협민주화운동 등을 전개하였다. 재해위 관할 농촌부락에서 추진된 협업운동은 행정기관과의 관계에 있어 '협조관계'보다는 '긴장·대립관계'를 통해 전개되었다.

넷째, 실제 유일하게 협업농장을 운영하면서 장기간에 걸쳐 농민 주도의 협동운동을 전개하였던 밤수동협업농장은 협동조합에 기반한 부락개발운동을 전개하는 한편, 1970년대 후반 행정기관과의 협조관계 속에서 협업농장을 운영해 나간 특징이 있었다. 이는 밤수동협업농장이 가졌던 내부의 현실적인 문제와도 관련된 것이었다. 즉, 밤수동협업농장은 재해위로부터 어느 농촌부락보다도 많은 지원자금을 무이자 장기상환 조건으로 받았고, 협업농장의 생산소득사업을 통해 농상원의 생계뿐만 아니라 이를 상환해야 하는 자체적 압박이 컸다.[71] 1970년대 전반 밤수동부락이 추진하였던 한우작목반과 양잠작목반, 밤나무식재사업 등이 유효한 생산소득사업으로 연결되지 못한 가운데 이 시기 주된 협업농장의 소득원은 수도작 경영을 통한 조수익이었다. 그 결과 1976년부터 밤수동협업농장은 소득증대를 위한 통일계 품종의 도입과 생산증대를 위한 공동퇴비 마련을 적극 추진해 나갔다. 또한 가농 밤수동분회의 조직·활동을 통해 해당지역의 행정기관 및 농협과 일정한 '긴장관계'를 가지면서도 생산증대·소득증대를 위한 활동을 통해 행정기관의 협력과 지원을 일정하게 이끌어내면서 농민 주도의 협업경영을 지속적으로 추진해 나갈 수 있었다.

재해위의 전답복구사업을 통해 일부 농촌부락에서 추진된 한국농업 협업화론에 기반을 둔 협업농장의 설립 시도와 운영은 한계점이 많았지만 중요한 의미를 가졌다. 먼저 낙천협업농장은 주 작물의 전면협업화에 기반한 협업농장의 운영을 통해 협업화를 시도했으나 실제 운영과정에서 이를 보여주지 못하였다는 점에서 개답을 중심으로 한 재해복구사업의 측면이 강하였다. 그러나 낙천협업농장은 1974년부터 구체화된 임계댐 공사계획에 큰 영향을 받으면서도 행정기관 및 농협과 밀접한 관계를 맺었던 농장 내 일부 부농층을 중심으로 한 협업운동의 좌절시도에 맞서 농민지도자를 중심으로 이를 관철시키고자 지속적인 시도를 했다.[72] 그 결과 1978년 새마을운동의 일환인 관 주도의 마을

---

71 1970년대 밤수동부락과 밤수동협업농장은 전답복구사업을 위한 지원자금 650만 원을 포함하여 재해위로부터 총 1,554만 원을 지원받았다(사회선교국, 『부락별 사업지원 현황』, 1991).

72 전답복구사업의 추진을 통한 협업농장의 설립·운영 시도, 더 나아가 농촌신협의 설립을 통해 협동조합에 기반한 부락개발운동으로까지 연결된 대표적 농촌부락은 낙천과 용산, 강림과 밤수동부락 등이었다.

금고 설립 움직임에 맞서 농민지도자들이 낙천신협의 설립·운영을 통해 농민 주도의 부락개발운동을 지속적으로 전개해 나갔다는 점에서 중요한 의미를 지녔다.

밤수동협업농장은 수도작 전면협업화의 가능성과 농업협업화의 모델을 만들어가고자 하였던 재해위와 농문연의 초기 구상이 부락민에 의해 부분적 협업화로 변경되어 운영되었다는 점에서 부분적으로 실현되지 못하였다. 그러나 1960~70년대 체제변혁 문제를 건드리지 않은 상태에서 농업협업화가 유일한 대안이라고 본 협업농에 기반한 농문연과 원주그룹의 한국농업 협업화론이 실제 밤수동협업농장의 운영을 통해 부분적으로 실현되었다는 점에서 의미가 컸다. 특히, 1970년대 유신체제 하 국가에 의해 새마을운동이 전개되는 기반 위에서 이러한 농민 주도 협업농장의 설립·운영을 통해 한국농업 협업화론의 중요 사례가 만들어졌다는 점에서 중요한 의미를 가졌다.

(3) 부락개발사업

남한강사업 중 제3단계인 부락개발사업은 재해위가 가장 중점을 둔 사업으로 농민 주도의 농촌개발을 추진하였을 뿐만 아니라 원주지역을 중심으로 한 협동조합운동의 전개에 있어 중요한 초석을 닦은 사업이었다. 부락개발사업은 농민 주도의 농촌개발을 추진하였으되, 사업에서 부락개발운동과 협동조합운동으로 전환·발전되어 가는 모습을 잘 보여준다는 점에서 중요한 의미가 있었다.

이러한 부락개발사업은 1973년 초 재해위의 창립을 선후하여 원주그룹과 농문연 및 노연, 한가농 본부 등 전문기관 소속 인사들의 참여

와 제반 논의과정을 통해 초기 구상이 마련되었다. 1973년 2월 재해위
로부터 의뢰를 받은 농문연을 중심으로 수해지역 30호 이상의 이주부
락에 대한 사회조사 실시와 상담원의 구성, 6월 상담원이 주도한 수해
지역 농촌부락에 대한 정밀조사를 통해 부락개발 대상지역을 2차·3
차로 확대 선정해 나가면서 구상은 구체화되었다. 이를 통해 부락개발
사업을 추진할 수 있는 조직기반과 체계가 마련되었다.

① 사업원칙과 착수과정

재해위는 몇 가지 사업원칙을 가지고 부락개발사업을 추진하였다.
먼저 지원자금 배정에 있어 부락 내 수해를 가장 많이 입은 영세농민에
게 경제적 혜택이 돌아가도록 하였다. 또한 부락 내 사업의 선정은 가
능한 한 생산적이고 지속적인 소득을 올릴 수 있으며, 부락민의 협동
활동을 통해 추진할 수 있는 사업을 선정하도록 하였다. 부락 내 소득
증대사업이 선정되면 이에 참여할 농민을 선정하여 협동조직체를 구성
하도록 하며, 이들이 자주적·민주적인 방법에 의해 협동적 경영을 하
도록 하였다. 이에 따라 한 부락당 약 4~5개의 협동조직체가 구성되
어 독립적으로 운영되도록 하는 한편, '부락총회'라는 부락전체의 조직
을 결성하도록 하여 이의 관리와 통제를 받도록 하였다.[73]

부락개발사업은 위의 사업원칙에 입각해서 여러 단계의 과정을 거치
면서 착수되었다. 먼저 사업대상 부락에 대한 개황조사가 진행되었으
며, 이를 통해 대상부락을 확정해 나갔다.[74] 둘째, 사업대상이 확정된

---

[73] 재해위, 『제1차 부락개발사업 평가보고서』, 1975, 7~8쪽.
[74] 개황조사의 내용은 대체로 부락 내 수해실태, 농가호수와 농경지 현황, 부락의 조직체와

부락에는 농민 한 사람씩 면담하면서 정밀조사가 이루어졌다.[75] 사업이 확정된 부락 내 농민지도자들을 선정하여 농촌지도자교육과 신협실무자교육 등을 원주교구 교육원에서 실시하였다. 교육을 이수한 농민지도자들은 한국농촌·농민문제에 대한 심화된 인식을 가질 수 있게 되었고, 이를 통해 농민이 주도하는 부락개발운동의 추진을 위한 기초가 마련되었다. 교육을 이수한 농민지도자들은 부락 내 적정사업을 찾는 과정을 거쳤으며, 재해위에서 정한 사업추진의 원칙을 지키면서 부락회의를 통해 사업의 선정과 참여자를 결정하였다. 아울러 부락회의에서 사업별 참여자가 결정되면 이들을 중심으로 하나의 협동조직체를 구성하여 자금의 대부와 상환 등을 연대보증에 의해 책임지도록 하였다.

마지막으로 부락 내 협동조직체가 구성되면 모든 사업이 협동적 경영방법에 의해 추진되도록 협동운영의 방안을 작성하도록 하였다. 당시 한우, 양돈, 기계, 묘목, 약초, 구판, 신용 등 부락 내 각종 사업은 모두 협동조합의 원리에 의해 운영되도록 하였으며, 협동조합에 기초한 정관을 작성하도록 하였다. 이와 같은 과정을 거쳐 부락개발사업은 각 부락마다 본격적으로 착수될 수 있었다.[76]

부채 현황, 가축과 농기구 현황 등이었으며, 개발이 가능한 부락 내의 자원과 부락민에게 도움이 될 만한 사업, 부락 내 각종 조직체의 현황과 지도층 등을 중점 조사하였다.

[75] 정밀조사 내용을 살펴보면 인적사항은 부락민의 연령과 학력, 가족 수와 노동력 수, 직업과 부락 내 단체가입 여부, 토지 관련 사항은 농지소유 및 영농면적, 수해로 인한 유실 및 매몰실태, 화전과 상전의 현황 등을 조사하였다. 영농사항에 대해서는 각종 작물의 식부면적과 생산량, 자가소비량과 판매량, 농기구 및 가축의 보유, 공공부채 현황 등을 조사하였다.

[76] 새해위, 『제1차 부락개발사업 평가보고서』, 1975, 8~13쪽. 본 글에서 '부락총회'란 기존의 마을마다 존재한 마을총회를 의미하는 것이 아니라 부락개발사업의 추진에 따라 구성된 협동조직체의 회원들을 중심으로 구성된 조직을 뜻한다. 당시 부락개발사업이 활발히 추진되면서 이들 부락총회는 마을총회로 발전될 수 있었다.

② 작목반과 부락총회의 구성

부락개발사업은 먼저 수해를 입은 사업대상 부락을 선정하고 이들 부락의 농민지도자들에 대한 농민교육을 실시하면서 시작되었다. 교육에 참여한 각 부락 농민지도자들은 상담원의 지도 속에서 협동 활동을 통해 소득증대와 부락개발을 해 나갈 수 있는 적정 생산소득사업을 부락회의 과정에서 모색하였으며, 그 결과 부락민이 주도하는 생산협동체인 작목반의 구성과 이를 총괄할 수 있는 부락총회를 조직하는 과정으로 나아갔다.

> 부락개발사업을 선정하기 위해서 상담원들이 어느 부락을 선정을 하게 되면 그 부락에 대한 조사사업을 하는데, (…중략…) 그 부락 내 종래의 이장, 반장 그 체제가 아닌 새로운 인물들을 찾아내서 그 새로운 인물들 하고 이 부락개발사업에 대해 논의를 하고 그럽니다. (…중략…) 한우사업반을 구성한다던가 아니면 농기계를 공동으로 운영하는 반을 구성한다던가 이런 형태의 반을 구성을 한다 그러면 그 반에서 자기들끼리 모여가지고 회의를 하도록 하고, 그래서 민주적인 훈련과정의 한 방법으로 그렇게 회의를 하도록 유도해서 이분들이 낮에는 농사짓고 밤에는 모여가지고 그 작목반 운영을 위한 각종 회의들을 하고 토론들을 합니다.[77]

당시 상담원으로 활동하였던 정인재의 구술처럼 부락개발사업의 대상부락이 선정되면 부락개황조사를 통해 이장이나 반장, 새마을지도자

〈그림 II-15〉 1973년 영월 남면 연당부락의 한우반에서 한우를 구입해 오는 광경

등 기존의 행정기관과 밀접한 인물 외에 부락 내에서 중요한 역할을 하는 농민지도자를 물색한 후 이들을 대상으로 농민교육을 실시하였다. 또한 부락개발사업의 기본원칙을 지키면서 부락 내 수해를 입은 농민들이 스스로 회의를 조직하고 소득증대 및 부락개발이 가능한 사업을 선정해 나갔다. 부락회의를 통해 협동조직체와 구성원이 결정되면 이들을 중심으로 사업운영을 위한 정관을 작성하면서 대부받은 사업자금의 운영과 상환, 사업추진을 책임지도록 하였으며, 이들 작목반을 총괄할 수 있는 부락총회를 결성하여 서로 긴밀한 관계 속에서 부락개발사업을 추진토록 하였다.

구체적으로 작목반 및 부락총회가 부락에서 구성되는 상황을 영월

<표 II-28> 부락개발사업 4개 부락 작목반 구성 현황(1975.6)

부락명	호수	농가수	인구수	사업명	사업량	지원액(원)	수혜자수	지원일시	상환조건
연당	73	62	359 (男179, 女180)	한우반	9두	900,000	9	1973.5.24	2년/4년
					6두	500,000	6	1973.10.18	2년/3년
				구판사업	구판장	100,000	18	1973.6.11	2년/4년
				기계반	경운기 1대	1,536,000	8	1973.5.24	2년/5년
				약초	1,000평	1,200,000	9	1973.6.11	4년/2년
				신용사업	전 부락	1,000,000	47	1974.4.3	단기자금
소계						5,236,000			
포탄	49	48	284 (男159, 女125)	한우	18두	2,280,000	18	1973.8.9	2년/3년
				돼지	30두	660,000	6	1973.9.7	2년/3년
				소비조합	전 부락	500,000	49	1974.5.24	1년/4년
					전 부락	500,000	49	1975.3.26	단기자금
소계						3,940,000			
대평촌	60		343 (男176, 女167)	한우	14두	1,400,000	14	1973.5.24	1년/4년
				양돈	60두	600,000	17	1973.5.24	1년/4년
				소비조합	전 부락	400,000	58	1974.2.8	1년/4년
				신협		0	58		
소계						2,400,000			
신1리	85	74	467 (男236, 女231)	한우	15두	1,950,000	15	1973.10.18	1년/4년
				경운기		550,000	4	1973.10.18	1년/4년
				신용사업	전 부락	600,000	18	1974.4.4	단기자금
				농산물구판	97호(156명)	3,400,000	82	1974.12.24	단기자금
소계						6,500,000			

출전: 재해위, 『1974년도 영월지역 부락개발사업 보고서』, 1974; 재해위, 『1974년도 제천지역 부락개발사업 보고서』 1, 1974; 재해위, 『1974년도 여주·원성·중원지역 부락개발사업 보고서』, 1974; 재해위, 『제1차 부락개발사업평가보고서』, 1975; 사회선교국, 『부락별 사업지원 현황』, 1991.
비고: 1. 상환조건 항목에서 '1년/4년'의 의미는 1년 거치 4년 분할상환을 의미함.

남면 연당부락과 제천 한수면 포탄부락, 중원 앙성면 대평촌부락, 평창
대화면 신리부락의 사례를 통해 살펴보고자 한다.[78] <표 II-28>과 같이

---

78 이들 부락은 1974년 1월 부락순방평가회(1.12~15)에서 대평부락은 단순부락, 연당은
   복합부락, 신리와 포탄부락은 협동부락으로 평가받았다(재해위, 「평가회(1.13)」, 『1973

연당의 경우, 복합적인 주민구성으로 인해 사업착수를 위한 기반구축에 4개월이 걸렸다. 연당부락은 10여 회에 걸친 회의 끝에 한우반·경운기반·약초반, 부녀구판반 등의 작목반과 부락의 개발핵심체이자 이들 작업반을 총괄하는 부락총회인 '협산회(協産會)'를 구성하였다. 당시 협산회는 사업 참여자 32명(한우반, 기계반, 약초반)과 기타 15명, 합계 47명으로 구성되었다. 회장은 엄대순, 부회장 이현기, 총무 최인호, 서기 지달용, 한우반장 이현기, 경운기반장 김성규, 약초부장 원용복 등이 임원으로 참여하였다. 협산회는 필요시 개최되었으며, 각 작목반 내에서 중요하게 제기된 현안문제와 해당 작목반의 운영이 기본원칙에 어긋나는지 등 제반 문제들을 토의하였다.[79] 이들 작목반과 협산회는 재해위로부터 5,236,000원을 지원받아 본격적인 작목반활동을 진행하였다. 대부조건은 연당부락의 경우, 대체로 2년 거치 3~5년 분할 상환이었으며, 신용사업의 경우 단기자금의 조건으로 지원받았다. 상환조건은 대부 당시 지원금액을 벼 정부매상 2등품 가격으로 환산하여 지급하되, 상환 시에도 대부 당시의 벼 2등품의 양을 현금으로 환산하여 상환하는 방식이었다.[80]

포탄부락의 경우, 수해로 인한 가옥전파가 21호로 1차 사업대상에서 제외되었던 곳이었다.[81] 이 부락은 이웃부락인 한천과 황강의 부락

년도 집행위원회 회의록』, 1974). 한편, 1974년 9월 제2차 부락개발사업 간담회에서는 신리는 협업부락, 연당은 협동부락으로 재평가되었다(재해위, 「제2차 부락개발사업 간담회(9.27)」, 『제2차 부락개발사업 간담회』, 1974).

79   재해위, 「연당1리」, 『1974년도 영월지역 부락개발사업 보고서』, 1974.
80   재해위, 『제1차 부락개발사업평가보고서』, 1975, 18~24쪽.
81   포탄부락의 홍수피해는 48호 중 전파가옥이 21호와 총 경지면적 38.5정보 중 15.4정보가 매몰되었다. 농지의 경우, 부락민의 자력에 의해 모두 복구되었다.

개발사업 추진에 상당한 관심을 보였고, 부락을 재건하려는 청년층 10
명이 자력으로 부락개발의 추진을 시도하면서 1973년 6월 2차 사업확
장기에 대상부락으로 선정되었다. 포탄부락은 초자원이 풍부한 자연입
지 속에서 생산협동체인 한우반과 양돈반이 조직되었으며, 부락총회인
'신생개발회'는 사업 참여자 24명(한우반과 양돈반)으로 구성되었다. 신
생개발회는 회장에 송영호, 서기 어광, 총무 장형구, 한우반장 강동화,
양돈반장 이만용이 임원진으로 구성되어 있었다. 초대회장 송영호는
부락총회의 회의와 학습회를 제도화시키고 정관 엄수의 기틀을 닦는
한편, 두 작목반과의 긴밀한 관계 속에서 중요한 현안이 총회에서 논의
되도록 하였다.[82]

　　신생개발회는 두 작목반을 토대로 포탄부락 내 부락개발을 적극 추
진하였다. 그러나 이에 참여하지 못한 부락민과의 갈등으로 부락 내 내
분이 생기면서 이를 해결하기 위한 방안으로 전 부락민의 참여가 가능
한 소비조합과 신용조합의 설립이 이루어졌다. 전 부락민의 참여에 기
반을 둔 이 협동조합들의 설립·운영으로 부락 내 갈등과 대립을 해소
시키면서 협동조합운동을 전개할 수 있는 계기가 되었다.[83] 포탄부락
은 2개의 생산협동체와 2개의 협동조합, 부락총회인 신생개발회로 구

82　한편, 가정형편이 극히 어려워 송영호는 1974년 중반 광산노동자로 부락을 떠나면서 후임으로
　　최강천이 선임되었다(재해위, 「포탄리」, 『1974년도 제천지역 부락개발사업 보고서』 1,
　　1974).
83　포탄소비조합은 원래 1973년 1월 부녀회에 의해 착수된 소규모의 구판장을 1974년 10월
　　24명의 조합원이 출자금 5천 원씩을 내어 인수하면서 개점한 것이었다. 1973년 12월 포탄신
　　협은 두 작목반과 신생개발회를 중심으로 한 부락개발사업의 추진을 계기로 24명의 구성원
　　이 1좌 500원씩을 출자하면서 설립되었다. 즉, 재해위의 지원에 의해 설립된 것이 아니라
　　자금지원과 부락개발 주체의 핵심역량을 기른다는 목적을 가지고 부락 자체의 노력으로
　　창립된 것이었다(재해위, 『제1차 부락개발사업평가보고서』, 1975, 49~51쪽).

성되어 있었으며, 이들 협동조직체들은 자체자금과 재해위로부터 394
만 원의 자금지원을 받아 활동에 나서게 되면서 부락개발의 핵심을 구
축하였다. 대부조건은 대체로 무이자 2년 거치 3년 분할상환이었으며,
소비조합의 경우 1년 거치 4년 분할상환이었다.

신리부락은 대홍수의 피해가 적었던 부락으로 3차 사업확충기인 1973
년 7월 개황조사와 8월 정밀조사를 통해 부락의 협동적 능력과 지역적
특성, 부락개발의 가능성과 확산효과 등이 검토된 결과 대상부락으로 선
정되었다. 신리부락은 과거부터 행정기관의 지원이 지속적으로 이루어
지는 행정기관의 영향력이 강한 부락이었으며, 새마을운동의 전개에 따
라 하향식으로 조직된 '농사개량구락부'와 '대신4-H', '부인회', '마을금
고' 등을 운영 중이었다. 당시 재해위가 부락개발사업의 대상부락으로
선정하였으나 사업 취지와 목적 등에 대한 부락민들의 인식 부족과 부락
내 일부 지도급 인사들이 지원자금에 사적 이해관계를 드러내면서 신리
부락의 부락개발사업은 제대로 추진되지 못하였다. 그러나 부락민들은
재해위의 협조 속에서 지속적인 회의를 통해 한우·약초·양잠·표고·
경운기반 등의 부락개발사업을 검토하였으며, 3개월여 걸린 끝에 최종적
으로 한우반과 경운기반의 설립·운영을 확정하였다.

당시 이들 작목반을 통괄할 수 있는 부락총회인 '협신회'가 구성되었으
며, 회장 강태중, 부회장 최두순, 총무 윤석주, 한우반장 윤윤철, 경운기반장
윤석주 등이 임원으로 참여하였다. 과거 이동조합 운영 시 자금을 유용하고
부락재산을 횡령한 적이 있었던 강태중과 공화당 책임자였던 최두순이
협신회의 회장과 부회장에 선출된 것은 신리부락에서 행정기관의 영향력
이 강했음을 의미한다. 한편, 1974년에 4월 재해위가 주도한 '부락종합개

발계획'에 신리부락이 선정되면서 이를 위한 농산물구판장이 설립되었으며, 부락의 요청으로 신용자금 60만 원이 지원되면서 신리부락은 4개의 협동조직체를 구성해 부락개발사업을 전개해 나갈 수 있었다.[84]

대평촌은 남한강변에서 33호가 가옥이 전파당하는 수해를 당하면서 1차시기에 대상부락으로 선정되었으며, 1973년 5월에 생산협동체인 한우반과 양돈반이 조직되었다.[85] 한우작목반 14명과 양돈작목반 12명 등 26명이 참여한 부락총회인 '복지회'가 구성되었다. 복지회에는 회장 박영만, 부회장 안희철, 총무 최근웅, 한우반장 강창원, 양돈반장 윤교철 등이 임원으로 있었다.[86] 사업 초기 가옥전파 농가 33호만을 대상으로 두 작목반을 조직·운영하면서 부락 내 비참여자의 반발로 인한 내분이 생겼다. 그래서 이를 해소하고 전 부락민이 참여할 수 있는 사업이 모색되었다. 그 결과 1974년 2월 재해위의 자금지원을 받아 기존 부락의 부녀자들이 중심이 되어 운영하였던 구판장을 전 부락을 대상으로 하는 소비조합으로 발전시켰다. 또한 1974년 12월 재해위의 초청교육 이수와 부락 자체의 힘으로 출자금을 조성하여 전 부락민을 대상으로 하는 신협이 창립되면서 대평부락은 4개의 협동조직체를 조직하였으며, 부락개발사업은 수해를 입은 부락호수만이 아니라 전 부

---

84 재해위, 「신리」, 『1974년도 강원도지역 부락개발사업 보고서』, 1975.
85 14명으로 구성된 한우작목반은 사육은 개별적으로 하되, 한우의 구입과 판매, 개우, 상환은 협동체에서 공동책임 관리하에 운영되었다. 12명으로 구성된 양돈반의 경우, 1가구당 5마리씩을 개별사육하면서 새끼돼지의 구입과 성돈의 판매, 사료의 재배 및 구입, 대부자금의 상환 등은 공동으로 하는 협업경영체였다.
86 1974년도 복지회의 임원은 회장 최근웅, 부회장 안희철, 총무 이종국·조성근, 축우반장 강창원, 양돈반장 윤교철이었다. 1975년도의 경우, 회장 최근완, 부회장 최근웅, 총무 윤교철, 축우반장 강창원, 양돈반장 윤교철 등이었다(재해위, 「대평」, 『1973~1974년도 여주·원성·중원지역 부락개발사업 보고서』, 1974).

표 II-29〉 작목반 구성 현황(1973~1976)

도	군	면	리	부락명	A	부락총회명	도	군	면	리	부락명	A	부락총회명
강원	원성	부론	손곡1		5	평촌부락개발회	충북	중원	양성	능암	대평촌	4	복지회
			흥호2	대흥	7				소태	복탄1		7	오복회
			법천1	비덩	3	신흥회		제천	청풍	계산		1	개발회
			정산1	솔미	4					읍상		3	협업경영체
		호저	무장2	생담	5					읍하		2	개발위원회
	횡성	안흥	강림2		3					광의		5	개발회
			부곡2		1					양평		4	자활부흥회
			월현		1	부락개발위원회				북진		5	북진개발회
		청일	유동3	농거리	1	농거리향토개발회				진목		4	개척자립회
	영월	하동	각동		3					방흥		2	건흥개발회
		남	연당1	와룡	5	협산회			한수	사기		3	신풍개발회
			연당2	아연	1	협심회				한천	참수께	4	개발위원회
			북쌍3	후포	3	협심회				포탄		4	신생개발회
	평창	대화	신1		4	협신회				황강		2	협진회
		평창	후평		3	협동개발위원회		단양	단양	증도		3	
	정선	동	화암	천포	5	정명회			매포	별곡	별곡	2	
소계	5	9	16		54				영춘	하	새마을	6	일심회
경기	여주	대신	보통		4	개발위원회					밤수동	4	
		능서	내양		3	부흥회				상2	느티	5	
	양평	개군	부	신촌	1				적성	애곡	수양포	3	
소계	2	3	3		8		소계	3	8	20		73	
합계								10	20	39		135	

출전 : 사회선교국, 『부락별 사업지원 현황』, 1991.
비고 : A는 작목반 수를 의미함.

락민을 대상으로 하는 사업으로 발전되었다. 대평부락은 전체적으로 240만 원의 자금지원을 받아 사업을 전개하였으며, 상환조건은 모두 1년 거치 4년 분할상환이었다.[87]

---

[87] 재해위, 『제1차 부락개발사업평가보고서』, 1975, 98~108쪽.

〈표 II-29〉와 같이 부락개발사업의 전 대상지역에서 협동조직체인 작목반과 부락총회가 구성되었다. 재해위의 부락개발사업은 3개 도 10개 군 20개 면 39개 리의 농촌부락에서 협동조직체인 135개 작목반이 구성되었으며, 부락 내 작목반들을 총괄할 부락총회도 대부분 설립·운영되었다.[88] 영월의 연당·야연·후포부락과 같이 협산회와 협심회 등으로 불리거나 여주의 보통부락과 제천의 농촌부락들과 같이 개발위원회, 자활부흥회, 개척자립회, 협진회 등 다양한 이름으로 활동하였다.[89]

한편, 작목반의 구성을 도별로 살펴보면, 강원도는 16개 리의 농촌부락에서 54개 작목반, 충청북도는 20개 리의 농촌부락에서 73개 작목반, 경기도는 3개 리의 농촌부락에서 8개의 작목반이 설립되었다. 각 부락별 작목반 수는 1~7개로 다양하였으나 전체의 66.7%에 해당되는 26개 농촌부락에서 3~5개의 작목반 수가 설립되었으며, 2개 이하의 작목반은 25.6%인 10개 농촌부락에서 나타났다. 이를 통해 충청북도의 부락개발사업이 부락 수나 작목반의 수에서 54%에 해당될 정도로 가장 활성화되었고, 그 다음으로 강원도가 뒤를 잇고 있음을 알 수 있다. 이는 강원도와 충청북도의 수해가 극심하다는 것을 반영하기도 하지만 제천에서 2개 면 12개 리의 39개 작목반과 단양에서 4개 면 5개 리 6개 부락에서 23개의 작목반이 설립되었던 것은 초기 이들 지역의 담당 상담원의 활동이 활발하였음을 의미한다. 부락개발 대상지역에서 각 부락별 작목반의 구성은 부락 내 자연지리적 특성과 생산작

---

88 부락개발사업 대상부락 수와 작목반 수는 시기에 따라 다소 차이를 나타내고 있다. 본 글에서는 1973~76년을 기준으로 해서 분석하였다.
89 자료상으로 확인되는 각 부락별 부락총회의 명칭은 표와 같다. 부락총회가 구성되었으나 명칭이 확인되지 않은 부락은 대체적으로 부락총회, 총회 등으로 불리고 있었다.

<표II-30> 작목반의 유형별 분류 현황

연번	작목반명	A	B	지원금(원)	부락
1	한우반	34	485	56,310,000	부곡, 월현, 야연, 계산, 황강 등을 제외한 전 부락
2	양돈반	11	132	6,300,000	손곡, 홍호, 천포, 대평, 복탄, 읍상, 포탄, 황강, 느티, 대평
3	산양반	4	71	3,630,000	복탄, 진목, 북진
4	양어장반	5	54	2,410,000	야연, 복탄, 사기
5	농기계기구반	16	149	11,736,000	손곡, 홍호, 정산, 무장, 읍하, 광의, 법천, 연당, 신리, 양평, 북진, 진목, 한천, 새마을, 내양, 후평, 강림
6	약초반	7	60	5,174,000	손곡, 생담, 연당, 후포, 천포, 진목, 하리
7	양잠반(묘포)	10	79	7,090,000	홍호, 생담, 각동, 방홍, 증도, 새마을, 밤수동, 수양포, 느티, 내양
8	마늘반	3	31	1,470,000	홍호, 솔미, 천포
9	고추건조기(엽연초)	9	112	7,260,000	홍호, 각동, 계산, 읍상, 광의, 양평, 북진, 한천
10	구판	17	612	11,760,000	법천, 솔미, 강림, 연당, 신리, 대평, 복탄, 북진, 한천, 포탄, 황강, 증도, 별곡, 느티, 수양포, 월현, 부곡
11	신용	7	154	3,620,000	홍호, 연당, 신리, 후평, 새마을, 밤수동, 느티
12	기타	12	267	20,580,000	손곡, 법천, 강림, 대평, 광의, 양평, 새마을, 밤수동, 보통
합계	12	135	2,206	137,340,000	

출전 : 사회선교국, 『부락별 사업지원 현황』, 1991.
비고 : 1. A는 작목반 수, B는 수혜자수를 의미함.

물의 상황에 따라 다르게 나타났다.

〈표II-30〉은 135개의 작목반을 12개의 유형별로 나타낸 것이다. 대체적으로 부락마다 생산협동체인 한우반과 양돈반, 산양반, 양어반, 약초반, 양잠반, 마늘반, 이용협동체인 농기계기구반과 고추건조반, 소비조합 예비형태인 부녀구판반과 농산물구판매반, 부락 내의 신협 등으로 구성되었다. 대부분의 부락에서 조직되었던 한우반을 비롯하여 생산작목반은 74개에 달했으며, 구판·신용 형태의 협동조직체는 24개가 있었다. 한우작목반은 농촌지역에서 특별한 기술이 필요 없고 사료로 쓸 수 있는 부산물을 쉽게 구할 수 있는 단순한 사업이라는 이유로 횡성의 월현·부곡, 영월의 야연, 제천의 계산·황강부락을 제외하고 대부분의 농촌부락에서 무축농가의 영세소농을 중심으로 조직되었다. 양돈반의 경우도 한우반과 같이 농가에서 쉽게 기를 수 있는 경제사업으로 주로 부산물이 많아 자급사료의 조달이 가능한 전작지대를 중심으로 작목반이 구성되었다.

약초반의 경우, 경제성이 있는 목단·천궁·시호·자약 등의 식재를 중심으로 작목반이 구성되었다. 농기계기구반은 당시 수해로 농가에 있던 대부분의 농기구가 유실된 상황에서 주로 경운기와 탈곡기 등 대농기구를 중심으로 경제적 사업을 위해 구성되었다. 고추건조반은 제천지역 등 고추생산이 많은 부락이면서 수해로 인해 기존 건조시설이 모두 파괴된 곳을 중심으로 주로 구성되었다. 양잠반은 이전부터 뽕을 많이 재배해 오던 원성과 단양지역에서 주로 구성되었다. 기타의 경우, 주로 손곡부락의 파충류, 양평부락의 땅콩생산, 새마을의 흙벽돌기계, 밤수동의 유실수, 강림부락의 도정공장 등이 협동조직체로 구성되었다. 구판반의 경우, 부락 내 부녀회 등을 중심으로 작목반이 구성되었다. 초기에는 주로 소규모 구판장의 형태로 구성된 곳이 많았으며, 1974년 말 이후 신리, 황강, 월현부락 등에서 농산물구판매의 형태로 발전하기도 하였다. 신용반의 경우, 주로 신협을 중심으로 신용사업을 하기 위해 조직되는 경우가 많았다.

위와 같이 3개 도 10개 군 39개 리의 각 농촌부락마다 자연지리적 특징과 농업생산 작물의 특성, 부락민의 존재 양태 등에 따라 다양한 방식으로 작목반이 구성되었다. 이러한 작목반과 부락총회는 설립 후 활동을 시작했으며, 그 성과도 다양하게 나타났다. 부락개발사업 초기 단계에서 구성된 협동조직체가 점차 활발한 활동을 전개함에 따라 부락의 경제질서를 변화시키고 새로운 경제조직의 설립·운영이 현안으로 떠올랐다. 각종 공동기금의 합리적 운영과 고리채의 지양, 농산물판매의 합리화 등 농촌경제의 제반 문제들이 협동조직체의 발전에 따라 불가불 드러나게 되고, 그 해결방안으로 부락 내에서 자체적으로 생산·이용·구판·신용 등의 협동조직체를 설립·운영해 나갔다.

③ 1970년대 전반기 작목반과 부락총회의 활동

부락개발사업 초기 부락마다 3~5개의 작목반과 이를 총괄할 수 있는 부락총회 등이 구성된 후 운영에 들어갔다. 운영방식은 크게 2가지로 나타났다. 즉, 소득증대의 성과를 내기 위한 경제사업의 방향과 부락개발사업의 원칙에 따른 작목반의 학습회 운영과 부락총회 월례회의 개최 등을 통해 협동체적 성격으로 만들어가는 방향이었다. 그런데 주목해야 할 점은 이들 부락의 작목반 및 부락총회의 활동은 당시 1970년대 전반 환경개선10대사업과 생산소득증대사업 등을 내용으로 하는 새마을운동이 박정희정권에 의해 전국적으로 추진된 사회적 현실에 기반해서 이루어진 점이다. 또한 박정희정권의 급격한 산업화정책에 따라 농촌사회의 이농현상이 가속화되고, 낙후된 농촌실정과 봉건성의 온존, 수해로 인한 가재의 파손과 생산기반의 황폐화, 과중한 농가부채 등을 떠안았던 영세소농을 중심으로 사업이 착수되었다는 것이다.

우선, 부락개발사업 초기 부락 내의 제반 상황을 1973~74년 시기 상담원들에 의한 부락평가인 〈표Ⅱ-31〉을 통해 살펴보고자 한다. 상담원들은 1973년 8월, 1974년 1월과 9월 부락개발사업을 전개하면서 부락 내 제반 상황에 따라 농촌부락을 평가하였다. 상담원들은 농촌부

<표II-31> 부락개발평가회 및 부락순방평가회의 부락평가 현황

구분	부락개발평가회(1973.8.15~17)		부락순방평가회(1974.1.12~15)		제2차 부락개발사업 간담회(9.27)	
	A	부락명	A	부락명	A	부락명
복합부락	5	법천, 읍상, 읍하, 한천, 새마을	8	법천, 연당, 후평, 읍상, 읍하, 한천, 새마을, 밤수동	5	법천, 읍상, 읍하, 한천, 새마을
단순부락	14	생담, 강림, 용진, 각동, 대평, 양평, 증도, 별곡, 느티, 수양포, 내양, 신촌, 포동, 농거리	12	생담, 농거리, 각동, 후포, 대평, 양평, 증도, 별곡, 느티, 수양포, 내양, 신촌	12	생담, 각동, 대평, 양평, 증도, 강림, 별곡, 느티, 수양포, 내양, 신촌, 농거리
협동부락	10	손곡, 홍호, 연당, 천포, 복탄, 광의, 북진, 포탄, 밤수동, 보통	14	손곡, 홍호, 강림, 신리, 천포, 복탄, 광의, 북진, 진목, 방흥, 사기, 포탄, 보통	10	손곡, 홍호, 연당, 천포, 복탄, 광의, 북진, 포탄, 밤수동, 보통
협업부락	6	솔미, 신리, 후평, 낙천, 진목, 사기	3	솔미, 낙천, 용산	6	솔미, 신리, 후평, 낙천, 진목, 사기
합계	35		36		33	

출전: 재해위, 「제15차 부락개발사업 회의록(8.31)」, 『1973년도 부락개발협의회 회의록』, 1973; 재해위, 「평가회(1.13)」, 『1973년도 집행위원회 회의록』, 1974; 재해위, 「제2차 부락개발사업간담회(9.27)」, 『제2차 부락개발사업 간담회』, 1974.
비고: 1. A는 부락수를 뜻함.

락의 협동 활동을 위한 제반 상황에 따라 복합부락·단순부락·협동부락·협업부락 등으로 구분하여 평가하였다. 복합부락은 해당지역 행정기관의 영향이 강하고, 주민의 구성이 복잡하여 부락개발사업의 성과를 기대하기 어려운 농촌부락이라는 의미였다. 단순부락은 부락의 조직력이 약하여 경제사업의 성과를 크게 기대하기 어렵고, 부락 내 협동활동을 주도할 지도적 인물이 적은 농촌부락을 의미하였다. 협동부락은 작목반·부락총회의 활동이 안정되고 활발하며, 각종 회의·학습회 등이 잘 이루어지는 농촌부락을 뜻하였으며, 협업부락은 이에 더해 생산협동화를 적극 추진할 수 있는 농촌부락이었다.[90]

1973년 8월 부락개발평가회에 의하면 복합부락은 5개, 단순부락은 14개, 협동부락은 10개, 협업부락은 6개 부락으로 평가되었다. 당시 평

---

[90] 재해위, 「제2차 부락개발사업 간담회(9.27)」, 『제2차 부락개발사업 간담회』, 1974.

가의 특징은 단순부락과 복합부락이 19개 부락으로 전체의 54%가 넘었다는 점이다. 이는 부락개발사업 자체가 초기부터 대홍수의 피해를 극심하게 입은 농촌부락들을 대상으로 한 구호사업적 성격이 강했으며, 협동조직체를 통한 협동 활동이 활발히 추진되기 어려운 부락이 많음을 의미하였다. 즉, 복합부락과 단순부락으로 평가받은 19개의 농촌부락은 이미 부락개발사업의 추진과 성과가 어려울 것임을 내포하는 것이며, 이중 5개 복합부락은 출발부터 협동활동의 전망이 극히 어려움을 의미했다.

한편, 1974년 1월 부락개발사업의 추진과정에서 상담원들이 36개 부락을 평가한 현황을 살펴보면, 복합부락이 7개, 단순부락이 12개, 협동부락이 14개, 협업부락이 3개 부락으로 평가되었다. 당시 평가의 특징을 살펴보면 단순부락에서 용진과 포동이 빠지면서 후포부락이 새로 단순부락으로 평가되었으며, 강림부락이 협동부락으로 재평가되었다. 또한 협동부락으로 평가된 연당과 밤수동부락, 협업부락이었던 후평이 각각 복합부락으로 재평가되었다. 협업부락의 신리, 진목, 사기 등 3개 부락과 단순부락의 강림이 협동부락으로 재평가되었으며, 방흥부락이 새로 협동부락으로 평가되었다. 이에 따라 전체적으로 단순부락과 복합부락이 55.6%를 차지하였으며, 복합부락과 협동부락의 수가 다소 증가한 반면, 협업부락의 수는 줄어들었다. 1974년 9월 상담원들에 의해 재평가된 부락의 현황은 복합부락 5개, 단순부락 5개, 협동부락 10개, 협업부락 6개이다. 당시 평가의 가장 큰 특징은 1973년 8월의 부락개발평가회 때와 거의 같은 평가를 내리고 있다는 점이었으며, 단순부락에서 전담복구사업이 실시된 용진과 포동부락을 제외하고 모두 같은 범주 안에서 평가가 이루어졌다.

이 시기 부락개발사업에 의한 부락 내 작목반과 부락총회의 협동 활동은 부락 자체의 내재적인 성격에 큰 영향을 받으며 이루어졌다고 볼 수 있다. 그런데 이러한 부락 내 작목반·부락총회의 활동은 1974년 후반을 거치며 다소 침체기에 들어간다. 이는 1974년도의 유가파동으로 인한 물가의 급격한 상승, 한우가격의 폭락, 지원자금의 상환조건으로 인한 갈등과 일부 작목반들의 지원자금 조기상환, 한우와 양돈 사료값의 인상, 일본의 한국생사 수입규제로 인한 양잠의 사양화, 1974년 4월 민청학련사건과 7월 지학순 주교의 구속으로 인한 재해위 활동의 제한 등 당시의 정치적·경제적·사회적 요인들이 크게 작용한 결과였다.

먼저 1974년부터 시작된 한우가격의 폭락과 상환조건으로 인한 한우반의 활동이 정체된 곳이 단순부락과 복합부락 등을 중심으로 많아졌다.[91] 당시의 문제는 한우가격이 급격히 하락한 반면, 계약조건에 따른 지원자금 상환의 도래와 곡가의 급격한 앙등에 따른 영세농가의 부담이 커진 점에서 연유되었다.[92] 당시 한우반에 속해 있던 일부 농민은

---

[91] 생후 6개월 120kg 암송아지의 원주 우시장가격으로 한우가격 동향을 살펴보면, 1974년 1월 82,000원, 6월 58,000원, 1975년 1월 45,000원, 6월 45,000원, 1976년 1월 58,000원, 6월 76,000원, 1977년 1월 95,000원, 6월 135,000원 등이었다. 즉, 1976년 말 회복될 때까지 한우가격은 1973년에 비해 크게 떨어져 있었다(사회개발부, 「한우가격현황」, 『사업현황』, 1985).

[92] 대부계약서상 3항에 '대부금은 대부당시의 벼 2등품의 정부수매가격으로 환산하여 대부하며, 상환시에는 상환 당시의 벼 2등품의 정부수매가격으로 환산하여 현금으로 상환한다'라고 되어 있었다. 즉, 사업 착수연도인 1973년에 적용된 1972년 벼 2등품 정부수매가격은 kg당 90원이었고, 1973년도는 kg당 98원, 1974년도는 kg당 132원으로 인상이 되었다. 이를 밤수동부락 한우반원 윤성득의 경우에서 살펴보면, 대부총액은 16만 원(벼 2등품 1,778kg)이었으며, 연차별 상환액은 1974년부터 4만 원씩(444kg) 4년간으로 되어 있었다. 그런데 벼 수매가가 1972년의 kg당 90원에서 1974년 kg당 132원으로 인상됨에 따라 원래 4만 원(444kg*90원)으로 예상된 것이 실제 58,608(444kg*132원)원을 상환해야 하는 실정이었다.

소를 팔아 전액 상환하면서 작목반을 탈퇴하기도 하였으며, 상당수 한우작목반의 학습회 운영도 어려움에 봉착하였다. 당시 한우가격의 하락이 일시적인 현상을 넘어서 1976년 중반까지 지속되자 상당수 농촌부락의 한우작목반은 다른 사업으로의 전환을 모색하였으며, 재해위도 이를 심각하게 고려하면서 제반 논의를 진행하였다.[93] 그러나 집행위원회의 상환조건 변경, 즉 상환이 도래할 시 예정금액에서 대부시의 벼 2등품 가격을 현금으로 상환하되 그 차액을 부락 내의 공동기금으로 적립하여 부락개발사업을 위해 사용한다는 것과 1976년 말부터 한우가격이 상승함에 따라 이러한 갈등과 정체현상은 점차 해소되어 갔다.[94]

1974년도 오일쇼크로 인한 유가상승은 고추건조반과 경운기·탈곡기 등이 중심이 된 농기계기구반에 커다란 타격을 주었다. 당시 고추건조반과 농기계기구반이 있는 대부분의 농촌부락에는 아직 전기가 공급되지 않아 대부분의 기계를 기름으로 가동하였다. 그런데 급격한 유류대의 인상이 현실화되면서 반원들이 열심히 협동 활동을 하더라도 인건비도 건지기 힘든 상황이 지속되었다. 당시 이들 작목반의 운영과정에서 기계조작 및 관리, 경영능력 등의 미숙과 농촌의 기계보급률이 높아지는 상황이 겹치면서 운영의 어려움은 배가되었다. 이에 따라 고추건조반과 농기계기구반은 경제적 측면에서도 부진하였으며, 학습반 운영도 원활히 이루어지지 못하였다.[95]

---

93 재해위, 『제2차 부락개발사업 간담회』, 1974.
94 이러한 방식으로 부락 내에 공제금을 적립하는 것을 두고 당시 집행위원회 및 상담원들은 '재해위의 역할을 부락 내에 심는 것'이라고 하였다. 즉, 부락총회에서 이들 적립금을 부락 내의 경제사업 및 신용대부 등에 사용할 수 있으므로 새해위의 역할이라고 본 것이며, 그 역할을 부락총회가 대신할 수 있다는 것이었다(재해위, 『제2차 부락개발사업 간담회』, 1974).

양돈반의 경우, 값싼 관급사료를 조달받지 못하고 구입사료의 의존도가 높았으며, 구입사료값의 상승에 따라 어려움에 직면하였다. 이들은 지속적으로 축협에 가입해 관급사료를 제공받아 이를 극복하고자 하였으나 당시 보유사료의 부족을 이유로 가입조차 할 수 없는 경우가 많았으므로 자급사료를 확보하는 방향으로 나아갔다. 양잠반의 경우, 1974년 8월부터 시작된 일본의 한국 생사 수입규제가 1976년까지 3차에 걸쳐 계속되면서 생사가격의 하락으로 운영이 정체되었다. 이외 약초반과 산양반, 양어반과 마늘반, 기타의 파충류반 등은 기술 및 경험부족, 유통구조에 관한 정보와 사전 지식 결여 등으로 인해 운영이 정체에 빠졌다. 이들 생산협동체들은 대체로 부진한 상태로 운영되었으며, 부락총회와 작목반의 월례회 및 학습회 운영 등을 통한 협동조직체로서의 기능도 거의 없어졌다. 이중 산양반과 약초반은 완전 정리되는 방향으로 나아갔다.

한편, 작목반과 부락총회와의 관계가 전반적으로 이전보다 이완되는 현상이 나타났다. 이는 재해위와의 대부관계가 실질적으로 작목반과의 관계이기 때문에 나타나는 현상이었다. 일부 부락총회는 형식적인 조직에 불과하여 전체적인 계획 하에 모든 생산협동체를 통제·조정할 수 있는 기능을 상실하였다. 1974년 말 이후 부락 내 공동기금을 조성하지 못한 부락과 부락 내 유력한 농민지도자가 없는 경우 그 현상은 더 커졌다. 이러한 현상은 부락 내 협동 활동의 기반과 유력한 농민

---

95 당시 재해위는 농기구 및 기계류의 경제사업 선정이 농업의 토지 및 노동생산성 제고라는 원칙에서 궁극적으로 이룩되어야 할 것이지만 당시 유휴노동력을 활용할 수 있는 여건이 갖추어지지 않은 실정에서 오히려 역효과를 초래한다고 보았다(재해위, 『제2차 부락개발사업 간담회』, 1974).

지도자의 유무 등이 주요한 영향을 끼치기도 하였으나 농촌 외적인 정치적·경제적·대외적 문제로 인해 발생한 측면도 상당히 컸다. 또한 부락개발사업 초기 협동 활동의 기반이 약하였던 복합·단순부락이 과반이 넘었던 점도 주요 요인이었다. 그러나 1974년 말까지 협동·협업부락을 중심으로 한 상당수의 작목반은 제반 어려운 상황을 극복하며 소득증대사업을 지속시켜 나갔으며, 부락총회의 월례회와 작목반의 학습회 운영을 통한 민주주의적 운영 및 협동 활동의 확대, 농민의 의식 계발이라는 농민운동적 측면의 고양을 통해 농촌현실과 정부의 반농촌·농민정책에 관해 점차적으로 각성해 나갔다.

부락개발사업은 기본적으로 극심한 수해를 입은 농촌지역 수해민 중 집단이주한 부락 및 영세소농들을 중심으로 이루어졌다. 부락개발사업을 추진하면서 부락 내 사업에 참여한 사람과 그렇지 못한 부락민 간의 갈등이 나타났다. 당시 상담원들은 일부 부락 내에 신협과 구판장·소비조합의 설립·운영을 통해 전 부락민을 대상으로 사업을 확대하면서 이를 극복하고자 하였다. 그런데 당시 집행위원회는 좀 더 적극적인 방식으로 부락개발사업의 범위를 전체 부락민으로 확대하는 사업을 추진하고자 하였다. 그 결과 1973년 말부터 재해위는 '부락종합개발사업'의 추진이라는 구상을 갖고 농문연과 협의를 진행하였으며, 1974년 1월부터 이를 본격적으로 추진하였다.

④ 부락종합개발사업의 추진

1973년 초부터 진행된 재해대책사업은 수해를 입은 농촌지역 중 집단이주한 농촌들과 부락 내 생계가 어려운 영세소농을 중심으로 추진되었다. 특히 부락개발사업의 추진과정에서 수해민 중 조금 형편이 나은 농민들은 사업대상에서 제외되면서 부락 내 사업 참여자와 비참여자 간의 갈등이 현실화되었다. 당시 집행위원회는 부락개발사업의 추진과정에서 전 부락의 농민들이 참여할 수 있는 방안을 강구하였다. 또한 부락개발사업을 추진 중인 농촌부락에서 행정기관의 새마을사업이 상호연계와 체계 없이 추진되었는데, 이로 인해 사업의 혼선과 비효율성이 나타난다는 인식 하에서 종합적인 부락개발의 추진 필요성과 이를 위한 유관기관과의 협력방안 등이 모색되었다. 이러한 논의는 1973년 말 집행위원회와 농문연 간의 협의가 연차로 이루어지면서 1974년 초부터 정식 거론되었다. 당시 집행위원회는 이러한 과정을 통해 부락종합개발사업의 계획을 수립하고 농문연과 함께 주도적으로 이를 추진해 나갔다.[96]

당시 농문연은 한국농업이 갖는 농업 내적 문제는 소농경영 양식이 갖는 자가소비를 위한 개별분산적, 가족노작적 경영이라고 보았다. 때문에 이를 극복하기 위해서는 필연적으로 농업의 구조개선을 기본방향으로 삼아야 한다고 보았다. 또한 농촌부락을 하나의 경영단위로 삼아 부락 내의 자연자원과 물적자원을 최대한 활용·개발하고, 부락 내의 유휴노동력을 동원하여 농업경영의 개선 및 새로운 기술의 도입, 협동적 운영을 실현함으로써 농업생산력을 증대시키고 실질소득을 높이는

---

96 재해위, 『제2차 부락개발사업 간담회』, 1974. 당시 간담회에서는 농문연이 중심이 되어 추진된 이러한 계획안에 대해 상담원을 중심으로 부락개발운동의 자주성·주체성이 결여되고 있다는 비판적 논의 속에서 진행되었다. 즉, 부락개발사업의 추진에 있어 부락의 농민이 자율적으로 추진토록 한 사업원칙과 다르게 집행위원회가 직접 나서서 부락종합개발사업을 추진한다는 점에서 비판적이었다.

등 시범적 모형을 제시하는 것을 종합개발의 방법과 목표로 제시하였다.[97] 이를 위해 부락민대표를 중심으로 면장, 농촌지도소장, 단위농협장, 상담원과 농문연 연구원 등으로 구성된 '부락종합개발추진위원회'를 통해 본 사업을 추진토록 하였다. 이를 통해 관 주도 농촌개발의 방법에서 농민 주도 부락개발의 방법으로 농민의 능력을 계발시키고, 행정기관과 부락민의 상호이해 및 협조를 증진시켜 나가면서 부락의 각종 사업과 자금, 기능이 통합되어 궁극적 목적인 농업구조개선의 터전을 닦도록 한다는 것이었다.[98]

당시 작성된 부락종합개발 계획안을 통해 구체적 내용을 살펴보면 다음과 같다. 먼저 부락종합개발을 위한 시범부락으로 4개 농촌부락을 선정하여 이를 중심으로 부락종합개발사업을 추진하며, 이를 기초로 1년에 10개씩 2년간에 걸쳐 20개 농촌부락으로 이를 확대하고자 하였다. 이를 위해 한 부락 당 300만 원씩 총 6,000만 원의 예산이 필요하며, 조사비·교육비·사무관리비 등의 500만 원을 포함하여 총 6,500만 원의 예산이 소요될 것으로 보았다. 이를 위한 재원은 1975년도부터 본격화되는 부락개발사업에 의한 상환자금을 통해 마련하고자 하였다.[99]

부락종합개발사업은 농문연의 계획 시안이 제출된 직후인 1974년 1월 제23차 부락개발협의회에서 정식 거론됨으로써 공식화되었으며, 구체적인 사업의 추진일정표는 〈표 II-32〉에서 볼 수 있다. 1974년 3

---

97 재해위, 『부통리부락 종합개발계획(1974.7)』, 1974, 2쪽.

98 위의 책, 11~12쪽.

99 재해위, 「제1차 종합개발계획수립협의회 속개(3.20)」, 『제2차 부락개발사업 간담회』, 1974.

<표 II-32> 부락종합개발사업 일정 현황

일정	회의	사업내역	비고
1.12	제23차 부락개발협의회(속개)	부락종합개발사업 공식화	
2.11	제25차 부락개발협의회	부락 기초 개황조사, 대상부락 선정	
2.26	제26차 부락개발협의회	보통리, 연당리, 영춘하리, 광의리	
3.6	제26차 부락개발협의회(속개)	보통리, 영춘하리, 광의리	
3.18~20	제1차 부락종합개발계획수립협의회	계획의 필요성, 목표, 기본방향 설정	3자 연석회의
3.3	제2차 부락종합개발계획수립협의회	사업의 추진일정 결정	3자 연석회의
3.30~4.2		조사표 작성	연구소
4.6~27	조사취지 설명 및 간담회 개최	보통리(4.6), 광의리(4.13) 영춘하리(4.20), 신리(4.27)	연구소, 부락민 관계기관
4.10~5.20		자료조사	연구소, 부락민
5.1~6.10		추진체 구성	
5.31~6.3	종합개발계획추진협의회 개최	보통3리 부락종합개발계획 수립	집행위원회, 상담원 부락민, 행정기관 연구소
6.7~10		광의리 부락종합개발계획 수립	
6.14~17		신리 종합개발계획 수립	
7.5~8		영춘하리 부락종합개발계획 수립	
6.1~15	부락총회	부락종합개발계획 확정	부락민
7.27	제3차 부락종합개발계획수립협의회	추진상의 문제점과 추진방법 논의	3자 연석회의
8월 초		부락종합개발계획 유인물 제작	연구소

출전 : 재해위, 『종합개발관계철』, 1974.
비고 : 1. 연구소는 농업문제연구소, 3자연석회의는 집행위원회, 상담원, 농업문제연구소를 뜻함.

월 제1차 부락종합개발 계획수립협의회에서 "종합개발이라는 것이 부락의 인적·물적 및 자연적 자원을 총동원하여 부락민의 경제적 사회적 지위향상을 위한 협동적 방법에 의한 장기종합개발"임을 명확히 하면서 종합개발계획의 필요성과 목표, 기본방향이 설정되었다. 4월 대상부락으로 평창 신리부락, 제천 광의부락, 단양 영춘하리 새마을부락, 여주 보통부락 등 4곳이 최종 선정되었다. 5월~6월 농문연와 부락민이 공동으로 부락에 대한 자료조사를 추진하였고, 부락종합개발추진위원회가 구성되었다. 그 후 7월 초까지 4개 부락에서 부락종합개발계획

<표II-33> 보통리 부락종합개발계획(1974.8) (단위 : 1,000원)

연번	사업명	사업규모	사업자금	자금조달 방법		사업기간	예상수익	추진방법	대상농가
				자부담	외부차입				
1	교량사업	200m*5m	4,000	1,376 (인건비)	2,624 (새마을)	1975.3.1 ~4.30		보통2, 3리 합동 추진	150호
2	비육우	한우231두, 사료분쇄기 1대	64,700	40,800	23,900	1974.9~ 1976.3	16,320	식료공장 직영 작목반 구성	142호
3	땅콩선매 방지사업	탕콩 1,600가마	8,000		8,000 (농협, 재해위)	매년	4,800	부락개발회 공동관리 운영	재배농가
4	메탄까스설치	77개소	3,080	3,080		1974~ 1977		부락회의에서 적임자 선정	138호
5	단무지 공장	탱크 30기, 단무지10만관	2,220	2,220		1974~ 1978	30,000	작목반구성 운영	재배농가
6	밭우물 설치	4개	100	100		1975.3~			전부락
7	싸이로 설치	77동				1974~ 1977		농촌지도소 기술지도, 비육우 작목반 추진	
8	농한기 부업	수수비 6,000개				매년	600	작목반구성 공동판매	20
9	신협운영	1개소	16,380			5년		부락개발회 신협 운영	
	합계		98,480	47,576	34,524		51,720		

출전 : 재해위, 『보통리부락 종합개발계획(1974.7)』, 1974, 13~26쪽.
비고 : 새마을은 새마을사업을 뜻함.

추진협의회가 개최되었으며, 8월 초 농문연에 의해 부락종합개발계획이 최종적으로 작성되었다.

부락종합개발사업이 농촌부락에서 추진된 내용을 〈표II-33〉의 보통리부락을 통해 살펴보고자 한다. 보통리의 종합개발계획을 보면 부락 내 총동원할 수 있는 물적·인적자원을 기초로 교량사업·비육우사업·땅콩선매방지사업과 단무지공장과 신협의 운영 등 9개 단위사업을 추진하고자 했음을 알 수 있다. 이의 재원마련은 부락 내 사제자금과 재해위의 지원자금, 농림부가 추진한 새마을소득증대사업인 농특사

업의 자금이 활용되도록 계획되었다.[100] 자부담의 비율은 전체 소요자
금의 50%가 되도록 하며, 작목반 및 부락총회인 '부락개발회'를 중심
으로 제반 사업을 전 부락민으로 확대하면서 사업기간을 최대 4~5년
으로 잡았다.

이러한 부락종합개발계획은 1975년도부터 본격적으로 추진될 예정
이었다. 그러나 부락종합개발계획은 결과적으로 추진되지 못하였다.
당시 추진을 어렵게 하는 외부적 상황이 발생했기 때문이었다. 민청학
련사건과 이로 인한 지학순 주교의 구속을 통한 박정희정권의 탄압이
그것이었다.

그건 뭐 내가 정책적으로 수정해서 안 해기로 했지. 왜 그러냐 하면. (…
중략…) 그 당시 현장의 실정은 그걸 했으면 그 해기로 선정된 마을은 박살
나. 다시는 그 마을에 거기 지도자들이 저희 집을 다 이사 가야 돼. 그렇게
탄압이 심하단 말이야. 그러니까 그 탄압 정도가 아이 뭐 정부의 정보기관
애들이 저희들 목숨 내걸고 하니까. 거기에 있는 마을의 지도자들이 우리
하고 손잡은 지도자가 있잖아. 걔들은 거기 못하는 거지. 그렇게 되면 이때
까지 해놓은 거 다 박살나니까. 그것보다는 그걸 없애는 대신에 더 크게 어
리부덤하게 이렇게 묶어서 해야지 살아남지 못 살아남는다고. 그 부락개발
한다고 해서 부락에 가서 조사하잖아. 그럼 똑같은 조사를 정보기간 애들
도 한다고. 그럼 못 배기는 거야 그게. 거기에 현장사람들이 있어야 일이 되

---

100 농특사업은 농림부가 주관한 반면에 새마을사업은 내무부가 주도하였다. 당시 농특사업
은 제1차 농어민소득증대특별사업(1968~1971)의 실시에 이어 제2차 농어민소득증대
특별사업(1972~1976)으로 추진되었으며, 1974년부터 새마을소득증대특별사업으로
명칭이 변경되었다.

지. 그 사람들이 있지 못하고 떠나버린다면 일 못하는 거야. 근데 그렇게까지 안했어도 현장에 있던 지도자들이 많이 하도 많이 압박이 심하니까 다 간 애들이 많아. (…중략…) 표시가 안 나게 이렇게 하는 방법을 택해야 되겠다. 내부적으로 그것 땜에 논쟁이 좀 많았는데 아이, 내가 책임질 테니까 내가 못하게 했지.[101]

당시 부락종합개발계획을 주도했던 집행위원회 위원장 김영주의 언급과 같이 1974년 4월의 민청학련사건으로 인한 지학순 주교의 구속으로 대정부 관계가 극도로 악화되었다. 또한 정부의 극심한 감시·탄압 속에서 기존에 추진하고 있던 부락개발사업 자체도 어려운 처지였기에 집행위원회에서 주도한 부락종합개발계획의 추진은 사실상 어려웠다. 아울러 종합개발계획은 사업 자체가 행정기관의 참여와 협조가 필수적이었으므로 당시의 상황 속에서 이러한 사업은 실시될 수가 없었다.[102]

한편, 부락종합개발 추진이 어려웠던 사정은 내부에도 있었다. 종합개발 추진과정에서 부락의 자원에 관한 현지조사가 철저하게 진행되지 못한 실정과 이의 조사자료가 사업 도출에 제대로 활용되지 못한 점, 참여기관 간에 사전협의 부족, 종합개발사업 추진에 관한 부락 내 공감대 형성 부족 등이 나타났던 것이다. 또한 부락개발사업을 추진 중인

---

101 2011년 10월 1일, 김영주 무위당만인회 상임대표 구술(원주 밝음신협 4층 무위당기념관).
102 당시 사업계획서에 나타난 4개 부락의 1974년도 외부차입 소요자금은 보통리 1,630만 원, 광의리 7,301,200원, 신리 8,203,000, 하리 165만 원 능 총 33,454,200원이었다. 각 부락의 농민들이 해당지역의 행정기관 및 농협과의 교섭을 통해 정부의 농특자금 등을 지원받고자 하였던 시도는 당시의 대치정국 상황에서 현실적으로 어려웠다.

부락에 농림부 농특자금 등의 투입으로 농민 주도 부락개발사업의 자율성·자주성이 훼손될 것을 심히 우려한 상담원들의 견해도 일정한 영향을 미쳤다.[103] 아울러 참여부락의 내부적인 복잡한 상황도 추진을 어렵게 하였다.[104]

이러한 상황이 맞물리며 시범 4개 부락과 이를 확대하여 20개 부락으로 연차적으로 추진하고자 하였던 부락종합개발사업은 중단될 수밖에 없었다. 집행위원회와 농문연이 주도한 부락종합개발계획은 당시 농민 주도의 부락개발사업을 관 주도의 새마을운동과 결합시키면서 농민 주도의 부락개발운동을 추진하고자 한다는 점에서 중요한 의미가 있었다. 재해위와 농문연은 사업 초기 부락개발사업의 추진과정에서 사업대상 부락 내 새마을사업과의 혼선과 비효율성을 인식하면서 이를 타개하기 위한 방안으로 부락단위에서 면사무소와 농협, 농촌지도소 등의 행정기관과의 협력 속에서 농민 주도의 부락개발운동을 추진코자 하였다. 이러한 시도는 재해위 위원장인 지학순 주교가 구속되면서 발생한 정부의 탄압과 대치상황으로 인해 실현되기 어려웠다. 다만, 부락 개발사업에 있어 전 부락민의 참여를 끌어내기 위한 방안은 부락 내 농

---

103 당시 농림부의 농특사업 자문의원으로 참여한 농문연의 김병태는 부락종합개발사업에 이의 적용을 주도하였다. 반면, 상담원들은 이를 통해 부락개발사업에 대한 행정기관의 간섭 등이 나타날 수 있고, 부락개발운동의 자율성과 자주성 등이 훼손될까 우려하였다 (재해위, 「제1차 종합개발계획수립협의회 속개(3.20)」, 『제2차 부락개발사업 간담회』, 1974).

104 하리의 경우, 부락 내 갈등의 근원이자 숙원문제인 상수도와 주택문제가 해결되지 않은 상황에서 그 추진력은 떨어졌다. 보통리의 경우, 1973년도 미결산문제로 부락민이 분열 되었으며, 작목반의 활동에 있어 사료·연료비의 상승과 한우가격 하락 등의 현실 등이 맞물리며 추진력이 많이 약화되었다(재해위, 「제35차 부락개발협의회(9.23~10.5)」, 『제2차 부락개발사업 간담회』, 1974).

촌신협과 구판장의 설립·운영으로 연결되면서 본격적인 현안으로 떠올랐다. 1975년부터 재해위는 신협육성사업을 본격적으로 제기하면서 협동조합운동을 강화하는 방향으로의 전환을 점차 추진하였다.

⑤ 1970년대 후반기 작목반의 침체와 전환

1970년대 전반기의 부락개발사업은 중반을 거치면서 상당한 변화가 나타났다. 특히, 부락 내 작목반과 부락총회의 운영 및 협동 활동은 크게 변용되면서 전개되었다. 1970년대 하반기의 특징은 강림·신리·연당부락 등 부락개발이 활성화된 농촌부락을 중심으로 인근 지역의 부락과 연계되어 부락개발사업이 추진되면서 이를 기반으로 지역협의체를 구성하는 단계로 나아간 점에 있었다. 또한 부락총회에 기반하여 농촌부락 내 신협이 설립·운영이 이루어지면서 신협 주도의 부락개발운동이 점차 강화되는 경향을 보여주었다. 그러나 협동·협업부락에 속한 다수의 농촌부락도 작목반·부락총회의 운영이 침체에 빠지면서 정리대상 부락이 확대되었다.[105]

1977년 초 부락개발사업 대상부락의 상당수는 지원자금 상환완료로 인해 활동중지 및 침체에 빠지면서 대부분 정체·중단되어 갔다. 〈표II-34〉와 같이 복합·단순부락뿐만 아니라 1974년도의 8개 협동·협업부락도 침체부락의 범주에 들어갔으며, 단순부락의 5개 부락과 협동·협업부락의 3개 부락이 사업정리 대상이 되었다. 이와 같이

---

[105] 1977년 초 집행위원회는 대부분의 작목반 운영이 중지·정체되면서 내부석으로 실패한 사업으로 평가하였다(재해위, 「전체평가회의−회의속개(2.23)」, 『전체평가회의(1977. 2.14~27)』, 1977).

<표II-34> 부락개발사업 침체부락 현황(1977.2)

구분	침체부락		정리부락	
	부락수	부락명	부락수	부락명
복합부락	3	법천, 읍상, 새마을		
단순부락	7	생담, 각동, 양평, 별곡, 느티, 신촌, 농거리	5	각동, 별곡, 느티, 신촌, 농거리
협동부락	4	손곡, 천포, 복탄, 포탄	1	천포
협업부락	4	낙천, 용산, 진목, 사기	2	진목, 사기
합계	18		8	

출전 : 재해위, 『전체평가회의(1977.2.14~27)』, 1977.
비고 : 1. 부락별 구분은 1974년도 제2차 부락개발사업 간담회의 부락별 평가에 근거하였음.

협동·협업부락을 포함한 상당수의 농촌부락이 침체에 빠진 것은 여러 가지 요인에 의해서였다. 첫째, 박정희정권의 산업화정책에 따른 급격한 농촌 내 이농현상에 따라 부락 내 협동운동을 주도한 농민지도자들이 이주하면서 작목반·부락총회의 활동이 정체되어 갔다. 1970년대 전반 협동부락으로 평가되었던 포탄부락에서 작목반과 부락총회를 주도하였던 송영호·장형구·어광 등 청년지도자들이 구직과 생계차원에서 부락을 떠나면서 급격히 침체되었다. 둘째, 1976년부터 충주댐 건설이 현실화되면서 수몰대상지인 제천·단양·중원지역의 사업대상 농촌부락들이 영향을 강하게 받으면서 작목반을 통한 협동 활동이 크게 침체되었다.[106] 그 결과 황강부락을 제외하고 제천지역의 11개 농촌부락은 모두 침체상태에 놓였으며, 단양지역의 수몰 지역이었던 증도와 수양포 등도 침체에 빠졌다.

---

[106] 제천지역에서 충주댐 건설은 이전부터 이 지역에 유포되었으며, 이것이 구체화된 것은 1976년 10월 9일자 신문보도를 통해서였다. 당시 보도에 따르면 수몰 지역은 제천의 청풍면과 한수면, 단양군에 이르렀으며, 부락개발사업 대상부락 중 12개 부락의 849호는 완전 수몰될 예정이었다(재해위, 『1976년도 제천지역 부락개발사업 보고서』, 1977).

셋째, 각 부락의 작목반을 중심으로 재해위에서 대부받았던 지원자금 상환이 1970년대 중·후반 집중되어야 했으나 대다수 작목반의 소득증대사업이 실패함에 따라 대부자금 상환이 어려워지면서 작목반과 부락총회의 협동 활동이 침체에 빠졌다. 대부자금의 상환은 초기 농민들의 협동운동을 장려할 목적에서 연대책임 하에 이루어지도록 하였다. 그러나 이 시기에 와서 실패한 경제사업의 자금상환 '연대보증' 책임으로 그 취지가 변모되면서 영세농민들을 괴롭히는 주요 요인이 되었다. 또한 원칙적으로 계약에 따라 상환을 받으려는 집행위원회의 방침에 따라 양자 간의 관계 약화가 나타났으며, 그 결과 작목반의 협동 활동은 더욱 어려운 상황으로 나아갔다.[107] 넷째, 당시 부락개발사업은 유신체제라는 시대적 환경 속에서 정부에 의해 하향식으로 추진된 새마을운동의 추진과 병행하면서 전개되었다. 재해위는 정보기관의 감시 속에서 활동을 추진해야 했으며, 부락개발사업이 추진되었던 농촌부락들도 해당지역의 행정기관과 농촌지도소, 단위농협 등의 견제와 갈등 속에서 협동조직체의 활동을 전개하였다. 이러한 갈등관계는 부락 내

---

[107] 당시 집행위원회는 지원한 자금의 상환을 독려하였는데, 이는 두 가지 목적에서였다. 하나는 원칙적으로 지원자금은 계약대로 상환되어야 한다는 것이었다. 이를 통해 자율적으로 추진했던 작목반의 활동과 성과에 대해 책임을 지도록 한 것이었다. 이는 지원자금을 이용하기 위해서 협동조직체를 구성하되, 그 협동 활동과 상환에는 소극적이었던 일부 농민들의 행태에 대해 책임을 묻고자 한 것이었다. 다른 한편으로 상환자금은 기존부락이나 새로 개척된 신규부락에 대한 부락개발운동과 협동조합운동의 지원을 위한 기본자금이 될 수 있는 것이었다. 당시 재해위는 농민 주도 부락개발운동을 위한 자금의 부족에 놓여 있었으며, 상환된 자금은 상당부분 영농자금 등의 형태로 기존 사업대상 부락이나 신규로 개척된 부락에 재차 지원되었다. 한편, 집행위원회는 농민들의 노력에도 불구하고 생산소득증대를 위한 제반 성과가 실패로 귀결된 작목반의 자금상환에는 지속적으로 연기를 해주어 가며 협동 활동을 위한 새로운 사업의 모색을 추동하였다. 그러나 끝내 상환이 불가능한 경우에는 1985년에 일괄적으로 탕감 조치하였다.

정치적·사회경제적 처지에 따른 농민 간의 갈등으로 전이되면서 협동조직체의 활동은 많은 부침 속에서 진행될 수밖에 없었다.

한편, 상당수 농촌부락에서 작목반과 부락총회의 활동이 정체가 된 점은 재해위의 책임이자 한계를 보여주는 것이었다. 당시 집행위원회는 부락개발사업의 추진과정에서 각 부락 내 협동조직체의 협동 활동이 정체에 빠졌을 때 이를 타개할 수 있는 효과적인 지도와 방안 마련이 쉽게 될 수 없는 구조였다. 먼저 침체된 부락에서 실패한 작목반을 해산하고 새로운 작목반을 구성하고자 할 때, 이를 위한 자금지원이 이루어질 수 없는 조건하에서 집행위원회는 이에 효과적으로 대응할 수 없었다. 또한 상담원들도 각자 매달 넓은 범위의 10여 개 농촌부락을 순회·지도해야 하는 상황에서 주로 일부 농민지도자들을 만나 부락의 현안문제와 협동조직체의 활동상황에 대해 점검하는 수준에 머무르는 경우가 많았다. 이에 따라 상담원들은 정체에 빠진 부락과 작목반의 제반 현안문제를 상세하게 파악하지 못하였으며, 이의 활로를 타개할 방안 마련이 어려운 경우가 많았다. 1975년 5월 농문연이 밤수동부락에 대한 부락평가에서 "마을의 사업별 조직은 극단적으로 말하여 재해대책 사업자금의 자금조직이요, 그의 변제를 위한 상호연대 책임조직이라고 할 수 있고, 상담원의 활동은 융자금의 채권보전을 위한 자금관리원이라고 말할 수도 있다"[108]라는 극단적 비판과 같이 당시 침체된 각 부락의 농민 입장에서 상담원들은 지원자금의 상환을 위한 자금관리원으로 여겨질 수 있는 측면도 있었으므로 침체부락의 효과적인 방안 마

---

108 재해위, 『제1차 부락개발사업 평가보고서』, 1975, 93쪽.

련은 더욱 어려웠다.

이러한 점은 재해위의 구조적 문제이자 한계였다. 외원자금에 기초해 제반 협동운동을 추진해야 하는 재해위로서는 사업추진을 위해 지속적으로 대규모자금을 자체적으로 마련하기 어려웠고, 사업의 확대에 따라 상담원의 확충이 필요함에도 제한된 전담 인원으로 사업을 추진할 수밖에 없었다. 사업 초기 정력적으로 부락개발운동에 진력하던 상담원들도 이 시기 침체부락과 실패한 작목반 수가 늘어나면서 활동의 열의와 적극성이 떨어지는 경우가 나타났다. 당시 상담원들은 수시로 자체연수회를 개최하는 등 이를 타개하기 위한 제반 시도를 하였다. 또한 작목반과 부락총회를 중심으로 한 부락개발운동의 방향이 신협과 구판장·소비조합을 중심으로 협동조합운동을 강화하는 방향으로 전환되어 나아갔으며, 부락개발운동이 활성화된 농촌부락을 중심으로 인근 부락을 결합시켜 지역협의체를 구성하도록 추동하였다. 이에 따라 1970년대 후반기 농촌신협을 중심으로 몇 개 농촌부락이 결합된 지역협의체의 구성이 이루어지는 단계로 발전되었다.

(4) 지역개발사업

재해위는 남한강사업을 추진하면서 수해농민들을 중심으로 긴급구호에 나서는 한편, 부락개발사업의 추진과정에서 생산협동체의 조직과 협동 활동을 통해 장기적인 농업의 소득증대방안을 모색하였다. 아울러 재해위는 수해농민들을 대상으로 가내수공업 협동작업장을 설치하여 취업을 통해 소득을 증대하는 방안을 검토·추진하였다. 당시 박정희정권은 '농공병진'의 주요한 수단으로 농촌새마을운동을 통해 농가

소득구조의 개선과 농촌의 산업화를 위해 1973년부터 새마을공장사업을 추진해 나갔다.[109] 재해위의 지역개발사업은 정부 주도의 새마을공장사업과 유사한 구상 속에서 추진되었으며, 민간 주도 농촌공장사업의 일단을 보여주는 것이었다.

지역개발사업은 크게 3단계 과정을 거쳐 추진되었다. 첫째, 1973년 6~11월 건국후생산업연구소가 사업계획안을 마련하고 미제레오의 승인을 받는 시기이다. 둘째, 1973년 12월 지역개발사업이 본격적으로 추진되는 한편, 1974년 6월~1975년 6월 대내외적 상황의 변화에 따른 초기계획의 변경과 특별감사 등을 통해 건국후생산업연구소(이하 건후연으로 약칭)가 주관하던 사업이 철수되고 연구소본부가 해산되는 시기이다. 셋째, 1975년 7월 집행위원회가 직접 원주실습장을 중심으로 일본기업과의 제휴를 통해 돌솥생산과 장갑공장의 설립을 모색하는 한편, 미제레오로부터 사업의 실패에 따른 자금회수의 경고를 받았던 시기다.

① 사업의 계획과 건국후생산업연구소

1973년 5월 재해위는 제6차 중앙위원회(5.16)를 열고 지역개발사업의 필요성과 추진방안 등을 검토하였다. 당시 재해위는 수해를 입은 농민과 광부를 대상으로 장기적인 생산소득증대와 협동운동을 추동하기

---

109 1972년 11월 박정희 대통령은 청와대에서 내무·농림·상공 등 3개 부처 장관을 불러 전 국토의 산업권화 방침에 따라 새마을모범부락에 공장을 건설하여 '농공병진정책'을 더욱 발전시킬 것을 지시하였으며, 그 결과 새마을공장사업은 본격화되었다(하재훈, 「박정희체제의 대중통치―새마을운동의 구조·행위자 상호작용을 중심으로」, 경북대 박사논문, 2006, 212~213쪽).

위한 부락개발사업과 장기구호사업을 전개하는 한편, 몇 개 부락의 협동을 통해 농산물을 원료로 한 가내수공업적인 협동작업장을 설치하여 부락농민들의 소득을 증대시키고자 하였다.[110] 재해위는 전문적 지식과 기술이 있는 전문기관을 통해 지역개발사업의 추진을 모색하였다. 이에 따라 1973년 6월 재해위는 건국대 공과대학 부설 건후연과의 제휴를 통해 지역개발사업의 세부계획안을 마련하고 추진하였다.

> 지역개발사업이라는 게 있어. 이게 뭐냐 하면 몇 개의 마을을 합쳐 가지고 이제 좀 큰, 큰 단위의 그 지역이, 지역을 개발시키는 거야. 그래 처음에 우리가 그 계획을 세울 때 초안 잡을 때는 예를 들면 뭐 그 지역에서 생산되는 물건을 가지고 거기서 뭘 만들어서 거기서 일을 하고, 그래 가지고 좀 이렇게 먹고 살고 말이야 이렇게 하면 좋지 않겠느냐. 그런 소박한 뜻에서 이게 넣은 항목이야. (…중략…) 어떤 사람들이 추천을 해서 어떤 대학에 공대하고, 공과대학하고 손을 잡게 됐어. 이제 그 사업을 이제 지도하는 지도교수라 그럴까. (…중략…) 그 사람은 순전히 공업, 공업만 보는 거지. 거기에 부수된 운동성이나 그런 건 잘 안보는 사람이야. 그러니까 하여튼 그 사람이 그걸 잘 안다고 해서 했는데 그게 뭐냐 하면 피혁사업이야, 피혁. 가죽, 가죽을 이제 가공을 하는 거야.[111]

당시 지역개발사업을 주도하였던 김영주의 구술과 같이 1973년 5월

---

110 재해위, 「제3차 경과보고(4.18~5.16)」, 『1973년도 MISEREOR』, 1973; 재해위, 「제7차 경과보고(8.8~9.30)」, 『1973년도 MISEREOR』, 1973.
111 2011년 10월 1일, 김영주 무위당만인회 상임대표 구술(원주 밝음신협 4층 무위당기념관).

<표 II-35> 지역개발사업 계획 현황(1973.8)   (단위 : 1,000원)

지역	사업내용	금액	지역	사업내용	금액
원성지역	보리, 밀집을 이용한 화장판 가공	12,700	단양지역	실내화, 방한화 가공	15,600
중원지역	무말랭이, 콩기름추출 가공	12,490	기술·경영본부	기술, 경영자문, 훈련	13,500
영월지역	산양, 토끼도살 및 간이육가공	11,000	공동구판센터	생산물판매, 재료구매	3,800
제천지역	산양피, 토모피 추출 가공	14,700	총계		83,790

출전 : 재해위, 「체계적 지역개발을 위한 사업계획」, 『1973년도 MISEREOR』, 1973.

건국대 공과대학의 이득희 교수가 주도하는 건후연을 통해 지역개발사업이 착수되었다.[112]

1973년 6월 집행위원회의 의뢰를 받은 건후연은 시장조사와 분석 등을 통해 지역개발사업을 위한 세부계획을 8월경에 마련하였으며, 구체적인 내용은 〈표 II-35〉와 같다. 당시 건후연은 지리, 지세, 생산물, 인구 등 특성이 다른 각 지역의 여건에 기반하여 잠재된 농촌의 자원과 유휴·농한기 노동력의 지속적인 활용을 통해 농가수입을 얻도록 함으로써 수해농민을 간접적으로 지원할 수 있도록 하였다.

건후연은 5개 지역의 특성을 고려하면서 구체적 사업안을 마련하였다. 원성지역은 평야지대로 벼와 보리, 밀의 주산지이므로 보리와 밀집을 이용한 화장판가공사업이 효과적이며, 중원지역은 무와 콩 등의 주산지로 무말랭이와 콩기름 추출가공사업이 유효하다고 보았다. 영월지역은 초자원이 풍부하므로 산양과 토끼 등 간이육가공사업이 적당하

---

112 이득희는 건후연 소장으로 1973년 당시 건국대 대학원 공업경영학과 교수였다(재해위, 「사업기술지도요원 채용결의(1974.2.7.)」, 『인사관계철』, 1979). 당시 이득희는 가죽을 새로 개발한 것으로 알려졌고, 이 가죽을 원단으로 피혁가공사업을 추진할 수 있다는 판단에서 농문연 김병태 상임위원의 추천을 받아 집행위원회가 그를 지역개발사업의 주요 구상자이자 추진자로 발탁하였다(재해위, 「제2차 부락개발사업 간담회(9.27)」, 『제2차 부락개발사업 간담회』, 1974).

고, 제천지역은 상수리나무가 무성한 숲을 이루고 있는 지역특성을 반영하여 산양피와 토모피추출가공사업이 적절하다고 보았다. 단양지역은 감자·옥수수 재배와 가내공예 수공으로 생계를 의존하는 지역이므로 실내화와 방한화를 가공하는 사업이 효과적이라고 보았다. 건후연은 각 지역 협동작업장의 기술과 훈련, 경영자문 등을 위한 본부와 생산물을 판매하고 소요재료의 구매를 위한 공동구판센터를 서울에 두고자 하였다.[113] 1973년 11월 미제레오는 건후연의 사업계획안을 승인하였고, 본 사업은 본격적으로 착수되었다.[114]

1973년 6월부터 건후연은 피혁가공 실험과 사업대상품의 검토·확정, 5개 부락에서의 상품생산·판매가능성을 파악하기 위한 시장조사를 진행하였다.[115] 1973년 말 건후연은 소장 이득희와 본부장 김시약, 생산부장 이기욱과 실습교육장 책임을 맡은 이한구[116] 등을 포함하여 16명으로 구성되었으며, 지역개발사업이 본격화되면서 점차 기구와 인원이 확대되었다.[117] 당시 건후연에 참여한 주요 구성원들은 대체로

---

113 재해위, 「체계적 지역개발을 위한 사업계획」, 『1973년도 MISEREOR』, 1973.

114 재해위, 「제9차 경과보고(1973.11.11~1974.1.31)」, 『1974년도 MISEREOR』, 1974.

115 당시 건후연은 연구소본부 산하에 피혁가공부와 신발부, 장갑부와 판매부, 실험실 등을 두었다. 당시 건후연은 생산공장을 5개소로 하되, 생산부서의 기술과 경험이 단계적으로 사업대상 부락의 협동작업장으로 이전토록 하였다(재해위, 「4단계사업 보고(1974. 3.27~29)」, 『1974년~1975년도 지역개발사업 관계철』, 1974).

116 이한구(1948년생)는 1973년 10월 건후연에 입사하였다. 1974년 9월 1일 그는 지역개발사업의 사업추진요원으로 선임되었으며, 실습교육장의 운영관리를 맡았다(재해위, 「사업추진요원 채용결의(1974.9.1)」, 『인사관계철』, 1979).

117 김시약(1944년생)은 1973년 6월 건후연에 입사하였다. 1974년 2월 15일 그는 재해위에 의해 지역개발사업의 추진에 있어 기술지도 담당으로 채용되었다(재해위, 「사업추진요원 채용결의(1974.2.15)」, 『인사관계철』, 1979). 한편, 1974년 8월 당시 건후연은 본부 산하에 피혁가공부·신발부·장갑부·판매부·실습교육상·실임실 등을 두었으며, 본부 11명과 천호동 생산부 33명, 원주 생산부 11명, 기타 2명 등 57명으로 급격히 확대되고 있었다.

건국대 공과대학의 학생들이었으며,[118] 농촌관리부장 엄규환[119]과 생산부에 소속된 원주기사 박양혁[120] 등이 참여하였다.

② 초기계획의 수정과 협동작업장의 운영

1974년 초 재해위는 한천과 홍호, 연당과 영춘 등 협동작업장을 설치할 5개 농촌부락을 결정하는 한편, 1974년 2월부터 건후연을 통해 피혁가공과 신발·장갑·바캉스모자 등 대상품목을 결정하고 제품생산을 위한 제반 준비를 하였다. 〈표Ⅱ-36〉과 같이 재해위는 건후연과 선정부락 내 부락민에 대한 적성검사와 기술교육을 실시하였다. 1974년 5월 재해위는 지역개발사업의 추진에 있어 협동작업장의 가공처리와 제품생산, 판매활동을 위한 법인설립을 위해 공익법인 설립허가를 정부에 신청(5.27)하는 한편, 6월 1일부터 실습교육장을 개설하여 운영하였다.[121]

한편, 1974년 상반기 재해위는 대내외적 요인들에 의해 지역개발사

---

118 재해위, 「4단계사업 감사보고 및 협의회(8.15)」, 『1974년도 지역개발사업 관계철』, 1974.
119 엄규환(1944년생)은 1963년 원주고등학교를 졸업하였으며, 1967년 단국대 법학과 1학년 때 중퇴하였다. 지역개발사업이 추진되면서 그는 건후연에 들어가 농촌관리부장으로 활동하였으며, 1974년 10월 16일 집행위원회에 의해 지역개발사업의 사업추진요원으로 선임되었다. 담당업무는 사업현장 상담지도였다. 1977년 2월까지 그는 지역개발요원으로 있었으며, 1977년 3월 원주원성수해지구 긴급구호사업의 보조상담원으로 활동하다가 1977년 11월 사직하였다(재해위, 「사업추진요원 채용결의(1974.10.16)」, 『인사관계철』, 1979; 재해위, 「보조상담원 사임(1977.11.1)」, 『인사관계철』, 1979).
120 박양혁(1944년생)은 1960년 원주중학교와 1963년 원주고등학교를 졸업하였으며, 1967년 단국대 법과 1년을 중퇴하였다. 1966~72년 천주교 원주교구 학성동교회에서 총무로 활동하였다. 1974년 재해위의 지역개발사업에 생산부 원주기사로 참여하면서 지역개발요원이 되었다. 1977년 원주원성사업이 본격화되면서 농촌상담원으로 활동하였으며, 1970년대 후반~1980년대 원주그룹의 일원으로서 활발한 활동을 하였다.
121 재해위, 「지역개발사업 종합보고서(1975.12.31)」, 『1976년도 MISEREOR』, 1978.

<표II-36> 지역개발사업 대상부락 적성검사 및 기술교육 현황

부락명	적성검사 (1974.3.24~26)	기술교육(1974.4.1~)		
		교육명	교육장소	인원
연당리	13명	바캉스모자	부락	16명
영춘하리	32명	바캉스모자	부락	10명
한천리	39명	장갑내피, 장갑등판	부락	20명
법천리	14명	장갑등판, 바캉스모자	실습교육장	3명
홍호리		장갑등판, 바캉스모자	실습교육장	3명
합계	98명			52명

출전 : 재해위, 「지역개발사업」, 『1975년도 MISEREOR』, 1975.

업의 초기계획을 재검토하면서 수정계획안을 마련해 나갔다. 당시 수정계획이 나오게 된 배경에는 먼저 1974년도 제1차 오일쇼크로 인한 물가의 급격한 상승이 있다. 원성지역에서 추진하려던 보리와 밀집을 이용한 화장판가공사업은 석유파동으로 인한 물가상승과 재료구입난으로 그 추진이 어려웠다.[122] 당시 석유파동으로 인해 정부의 적극적인 지원을 받아 새마을운동의 일환으로 농촌지역에 설립된 대부분의 새마을공장들도 폐업·휴업에 직면한 상황이었다. 둘째, 초기계획 중 콩기름추출가공사업과 타닌산추출사업을 충청북도와 강원도가 추진하면서 계획의 수정이 불가피하였다.

재해위는 건후연과 함께 수정계획을 마련해 나갔다. 당시 마련된 수정안의 주요 내용은 부락개발사업 대상부락에서 산양과 토끼를 사육하

---

[122] 1973년 12월 지역개발사업의 추진을 위해 집행위원회는 강원도와 충청북도의 행정기관과 협의를 진행하였다. 당시 주된 논의내용은 사업의 추진에 있어 행정기관의 적극적인 협조방안 마련과 부락에서의 협동작업장의 설립·운영 등과 관련한 것이었다. 이 과정에서 2개 도 행정기관은 지역개발사업의 구체적 내용을 파악하게 되었고, 이후 2개사업을 직접 추진하였다(재해위, 「제9차 경과보고(1973.11.11~1974.1.31)」, 『1974년도 MISEREOR』, 1974).

지역명	책임자	장갑등판			바캉스모자			장갑		신발		봉제품	
		A	B	C(원)	A	B	C(원)	A	B	A	B	A	B
연당리	지달용	30	1,002	80,160	19	6,631	300,665						
한천리	전흥순	16	1,471	117,680									
영춘상리	조기형 처	10	1,240	99,200									
영춘하리	엄은진 모	15	644	51,520	10	1,746	79,465						
홍호리		6	123	9,840									
법천리		6	293	23,440									
실습교육장	이한구	14	560		14	2,500	630,000	20	33,300	20	1,526	20	18
총계		97	5,333	381,840	43	10,877	1,010,130	20	33,300	20	1,526	20	18

출전 : 재해위, 「4단계사업 추진현황 집계표(1974.6~8)」, 『1974년~1975년도 지역개발사업 관계철』, 1975; 재해위, 「지역개발
사업종합보고서(1975.12.31)」, 『1976년도 MISEREOR』, 1978.
비고 : 1. A는 인원, B는 생산량, C는 공임지급액을 뜻함.

　도록 하되, 도살된 산양과 토끼고기는 육가공 하여 시장에 판매하고 피혁은 피혁가공작업장으로 보내도록 하는 것이었다. 또한 피혁가공작업장에서는 피혁을 가공하여 품질 등급에 따라 각각 해당부락의 협동작업장으로 보내며, 부락의 작업장에서는 신발류와 장갑류, 기타 피혁제품을 생산하도록 하는 것이었다. 이들 작업장에서 필요한 자재의 공급과 생산품의 판매를 맡는 판매센터를 설치하고, 작업장 운영에 필요한 기술을 교육하기 위해 실습교육장을 설치하도록 하였다.[123]

　1974년 5월경 연당·한천·영춘부락에 협동작업장이 설치되었으며, 각 부락의 작업장 책임자가 〈표Ⅱ-37〉과 같이 선임되었다. 연당부락은 협산신협의 회계이사인 지달용, 한천부락은 한천신협의 회계실무자인

---

[123] 당시 집행위원회는 이러한 사업내용 중 산양과 토끼의 사육과 도살 및 육가공의 공장은 부락개발사업의 범주에서 추진하고, 그 외의 협동작업장과 실습교육장, 판매센터 등은 지역개발사업에서 추진되도록 하였다(재해위, 「지역개발사업 종합보고서(1975.12.31)」, 『1976년도 MISEREOR』, 1978).

전홍순이 맡았으며, 영춘지역은 영춘상리(느티)와 하리(새마을)로 나뉘어 운영되면서 각각 조기형의 처와 엄은진의 모가 책임자로 선정되었다. 협동작업장은 연당의 경우와 같이 책임자의 집에 작업장을 두었으며,[124] 제품생산은 각자 집에서 생산하는 형태였다. 1974년 4월~1975년 6월 연당과 새마을은 각각 장갑등판과 바캉스모자를 제작하였으며, 한천·흥호·법천부락은 장갑등판만을 생산하였다. 장갑등판의 제작에 6개 부락에서 97명, 바캉스모자의 경우 2개 부락에서 43명이 참여하였다. 장갑등판과 바캉스모자의 생산량은 실습교육장을 포함하여 각각 5,333개와 10,877개였다. 협동작업장에 참여한 부락민이 받은 총 공임지급액은 1,391,970원이었다. 당시 6개 부락의 협동작업장은 그 운영과 수공업적 생산과정에서 많은 시행착오를 겪으며 추진되었다.

농촌에 젊은 청년, 처자들은 한계가 있는 거죠. (…중략…) 봉제하는 사람. 그 다음에 재단사 한 사람. 그 다음에 그걸 총괄하는 사람, 기능사 한 사람. 이런 식으로 해가지고 데려와 가지고 이제 비싼 봉급 주고 비싼 재료 사다가 그런 거 다 테스트시켜서 그 사람네들 일 시켜가지고 그 사람네들 하고 같이 저거를 해도 기능사가 직접 만들어 가지고 이 사람네들이 그냥 손질하라고 그러는 것만 그것만 해서는 가서 팔리는 거 보면은 다른 데서 500족 뭐 1000족 가져오면은 우리는 한 500족 가져 가면은 우리는 3분의 1도 안 팔려요. (…중략…) 우리는 만드는 데도 그 사람들보다 배 이상 걸

---

124 연당부락의 경우, 책임자였던 지달용 집의 큰 방을 작업장으로 삼아 상갑등판과 바캉스 모자 등을 생산토록 하였다(2012년 5월 26일, 김순옥 전 협산신협 회계실무자 구술(원주 밝음신협 4층 무위당기념관)).

리지. 품도 배 이상 들지. 그 다음에 원가도 그 이상 들지. 그러니까 우리는 그걸 싸게 팔수가 없잖아요. 그 사람네들 열 쪽 만들면 우리는 다섯 쪽도 못 만드니까. 그 정도로 만들려면은 굉장한 시간과 들어가는 소요비용이 많이 드는 사업인데.[125]

당시 지역개발사업에 참여하였던 박양혁의 구술과 같이 농촌부락의 청년들을 대상으로 장갑등판과 바캉스모자 등의 제작 기술을 교육하여 생산된 제품의 품질은 높지 않았으며, 판매에 있어서도 저조한 성과를 얻는 등 '고비용 저효율'의 현상을 보였다. 당시 농촌관리부장을 맡았던 엄규환에 의하면 협동작업장의 운영은 생산적인 측면에서 공동생산이 아닌 개별생산이 주였고, 기계고장 시 수리가 어려웠다. 또한 운송 측면에서 버스로 80리를 나와 생산된 물건을 탁송하는 등 경비가 과다하게 지출되었다. 자재조달 측면에서 건후연 본부에서 생산 전에 소요 자재를 확보해 놓지 않아 생산에 차질을 빚었으며, 인력관리 측면에서 협동작업장에 참여한 부락민 중 농사를 지으면서 여가를 이용하여 제품생산을 하는 부락민들이 상당히 많았다는 점에서 생산관리 및 생산량에 있어 많은 문제점이 발생하고 있다고 보았다.[126] 연당부락의 책임자 지달용은 작업장의 일에 맞추어 자재공급이 잘 되지 않는 점, 공급받은 원단의 품질이 일정하지 않아 봉재 중에 애로사항이 많은 점, 제품생산에 대한 기술지도가 부족한 점, 노동시간에 비하여 급료가 적은

---

125 2011년 11월 9일, 박양혁 전 지역개발사업 지도요원·상담원 구술(원주 밝음신협 4층 무위당기념관).
126 재해위, 「현장지도자(엄규환)이 본 문제점」, 『1974년도 지역개발사업 관계철』, 1974.

점, 봉재자의 책임감과 사명감 결여 등을 지적하였다.[127]

이들 부락에서의 협동작업장 운영과 제품생산은 서울 소재 건후연 본부와 직접적으로 연계되어 이루어지면서 각 부락의 부락개발사업과는 직접적인 연관성을 가지고 추진되지 못하였다. 지역개발사업에 의한 협동작업장의 설치와 운영이 6개 부락에서 이루어졌으나 부락개발사업에 의한 부락 내 협동조직체와의 긴밀한 연계성이 없는 상태에서 이루어졌다. 당시 협동작업장의 운영은 몇 달 동안 한시적으로 이루어졌으며, 부락개발사업으로 추진된 산양과 토끼사육 관련 생산협동체의 운영도 실패로 귀결되면서 그 연계망은 이루어지지 못하였다. 심지어 흥호부락을 담당한 상담원도 협동작업장의 운영이나 동향에 대해 제대로 파악하지 못한 실정이었으며, 상담원은 집행위원회에 이에 대한 문제제기를 하고 있었다.[128]

③ 서울사업의 철수와 건후연 본부의 해체

재해위는 농촌부락의 협동작업장에서 생산한 바캉스모자와 피혁가공제품, 신발 등을 1974년 여름철을 전후하여 판매코자 하였다. 그러나 상품들의 판매가 전체적으로 부진하면서 큰 손실을 입었으며, 사업의 계속적인 추진이 어려웠다. 바캉스모자의 경우, 성수기인 7월 중순부터 장기간의 장마로 인해 판매시기를 놓쳤으며, 유가파동으로 인한 해수욕장의 불황으로 상품의 유통이 크게 부진하였다. 피혁가공제품의

---

127 재해위, 「부락대표자(지달용)가 본 문제점」, 『1974년도 지역개발사업 관계철』, 1974.
128 재해위, 「제2차 부락개발사업 간담회-회의속개(9.28)」, 『제2차 부락개발사업 간담회』, 1974.

경우, 미리 확보한 상당량의 원자재와 부자재 등이 유류파동과 이로 인한 원자재의 국제시세 하락 등으로 손익분기점을 맞출 수 없게 되면서 큰 손실을 입었다. 신발의 경우, 판매경쟁으로 인한 외상매출액의 급증이 나타나면서 재정상의 난관에 봉착하였다. 이에 따라 이들 제품의 생산은 일시 중단되었다.[129]

한편, 1974년 8월 재해위는 건후연에 대한 감사결과가 제출되면서 사업의 성격이 불분명한 점과 회계상의 문제점, 경영시스템의 방만성 등이 나타나자 건후연 본부의 사업을 전면 중단시켰으며, 이에 대한 특별감사를 추진하였다. 그 결과 건후연이 지역개발사업이 가지는 농촌·농민사업적 성격에서 벗어나 농촌사업을 추진하였으며, 6,000여 만 원의 지역개발사업자금을 방만하게 운영하였음이 드러났다.[130] 집행위원회는 건후연에 대한 추가적인 사업자금의 공여를 중단하면서 생산부를 제외한 모든 사업의 중지와 유동자산·고정자산의 매각 등을 통해 신속히 자금을 회수토록 조처하였다.[131]

당시 건후연은 보유하고 있던 재산을 처리하면서 8월 31일자로 해산되었고, 당시 엄규환(재산 관리), 정영희·김목원(원단부), 이한구(슈즈부) 등 4명이 중심이 된 생산부가 천호동으로 이전되었다.[132] 10월 중순 생산부는 일부 부원에게 슈즈부와 원단부를 하청주는 등 타개방안

---

129 바캉스모자의 판매부진에 따른 손실금액은 제품비·선전비·업무추진비·인건비 등 1,462만 원으로 조사되었다(재해위, 「지역개발사업 종합보고서(1975.12.31)」, 『1976년도 MISEREOR』, 1978).
130 재해위, 「제4단계사업 감사보고 및 협의회(8.15)」, 『1974년도 지역개발사업 관계철』, 1974; 재해위, 「출장복명서-김정하(11.20~21)」, 『1974년도 지역개발사업 관계철』, 1974.
131 재해위, 『1974~1975년도 지역개발사업 관계철』, 1975.
132 재해위, 「출장복명서-김정하(10.8)」, 『1974년도 지역개발사업 관계철』, 1974.

을 모색하였으나 실패하면서 1975년 1월 완전해체의 길로 나아갔다.[133] 이후 생산부의 모든 원자재와 부자재, 제품과 기계시설 등을 매각한 후 1975년 6월 원주실습교육장으로 통합되면서 서울사업은 완전히 정리되었다.[134]

④ 미제레오의 경고와 새로운 모색

1975년 중반 집행위원회는 원주실습장에 통합된 사업의 추진을 잠시 보류하는 한편, 소규모로 착수할 수 있는 사업을 모색한 결과 1975년 하반기부터 1976년까지 석기생산과 장갑공장 설립계획, 원주실습장의 위탁경영 등을 추진하였다. 1975년 7월 집행위원회는 단양 영춘에서 생산되는 활석을 원료로 가공한 돌그릇의 생산을 모색하였다. 돌그릇은 판로의 안정성이 적음으로 초기부터 일본수출을 염두에 두고 추진되었으며, 수차에 걸쳐 견본품을 일본에 보내서 반응을 살펴보았다. 결국 1975년 9월 전남 장수의 돌솥이 선택되었으며, 1차로 250개의 돌솥을 수출하였다. 그러나 돌솥의 중량으로 인해 포장비·운반비가 많이 들었으며, 무역업체에 대한 수수료 5%가 지출되는 등 돌솥의 원가가 판매가보다 높았다. 집행위원회는 1차 수출결과 일본소비자의 반응이 좋으며, 10명 이하의 소규모 협동작업장으로 운영이 가능하다고 보았으나 손익분기점을 맞추지 못하였다.[135]

---

133 재해위, 「4단계사업 운영계획」, 『1974년도 지역개발사업 관계철』, 1974; 재해위, 「출장복명서-김정하(12.6)」, 『1974년도 지역개발사업 관계철』, 1974; 재해위, 「건국후생연구소본부(2.5)」, 『1975년도 지역개발사업 관계철』, 1975.
134 재해위, 「지역개발사업 종합보고서(1975.12.31)」, 『1976년도 MISEREOR』, 1978.
135 일본과의 거래선은 주로 김영주 집행위원장의 일본 쪽 인맥이 활용되었다. 당시 돌솥 250개를 수출한 결과 개당 단가는 3,840원이었으며, 총 지출금액은 대행료 48,300원을

　1976년 3월 집행위원회는 일본의 '이나이' 장갑회사와의 제휴를 통해 원주실습장을 활용하여 장갑공장의 설립·운영을 추진하였다.[136] 당시 이나이회사는 원주실습장에 최신 일본제 미싱을 제공하고 회사가 지정한 원자재로 생산된 장갑은 전량 인수하겠다는 제안을 하였다. 당시 재해위는 연간 2,000~2,500만 원의 운영비를 쓰고 있었으며, 지속적인 제반 협동운동의 추진을 위해서 이 운영비의 자체마련이 중요하였다. 당시 원주실습장이 정상 가동되면 연간 1,000만 원 이상의 소득이 예상되면서 집행위원회는 이의 추진을 통해 운영비의 상당 부분을 자체 마련코자 하였다. 그러나 당시 장갑공장의 운영계획은 결과적으로 실현되지 못하였다. 이는 이나이회사와 집행위원회 간의 협의과정에 정보기관이 개입하고 압력을 행사하면서 이의 추진을 방해했기 때문이었다.[137]

　집행위원회는 장갑공장의 설립계획이 무산되자 차선의 방안으로 원주실습장에 대한 위탁경영 방안을 모색하였으며, 이를 통해 기 투자된 지역개발사업자금이 회수되도록 하였다. 이에 따라 원주교구 청년연합회장이자 상당한 재산가였던 최규택이 원주실습장의 위탁경영자로 선정되었다.

　　포함하여 1,008,300원이었다. 그러나 총수입액은 917,700원이었다(재해위, 「지역개발사업 종합보고서(1975.12.31)」, 『1976년도 MISEREOR』, 1978).
136 일본의 장갑 전문 메이커로서 일본시장의 95%를 점유하고 있던 이나이회사는 19세기 말 수해가 자주 일어나던 빈곤지역인 시꼬꾸 오가와군에서 한 스님이 미국에 간 기회에 장갑제작 기술을 배우고 돌아와 부녀자들의 참여속에 장갑기술을 보급 생산함으로써 비롯되었다(재해위, 「장갑공장설립계획(1976.3.5)」, 『1975~1976년도 지역개발사업 관계철』, 1976). 이 회사의 기원이 수해와 불교라는 종교단체에 의해 비롯되었다는 점이 남한강유역의 수해와 가톨릭에 기반한 재해위와 유사하다는 점에서 집행위원회는 일본 측의 제안을 긍정적으로 검토하였다.
137 2011년 10월 1일, 김영주 무위당만인회 상임대표 구술(원주 밝음신협 4층 무위당기념관).

이제 주교님이 데려다가 '너 임마, 사업 좀 해봐.' 그러니깐 '전 사업 안 해봤는데요.' 그러니깐 '이놈아 너보고 돈 벌라는 게 아냐. 나 땜에 목 나간 사람 데려다가 밥이나 주면 된다. 그러니까 그걸 해라.' (…중략…) 뭘 첨에 시작하냐면 76년도에 두루마리 화장지, 지금 열 개씩 들어가 있는 두루마리 화장지. (…중략…) 아, 이건 하면은 어쨌든지 밥은 먹을 수 있겠구나. 이런 생각이 들어서 그걸 손을 댔는데 공교롭게도 그 법인에 참여한 그 대표이사가 인제 그 당시에는 이 저 김영주 선생님이었어요, 여기. 그리고 제가 전무이사고, 나머지가 인제 전부 블랙리스트에 올라가 있는 사람들이 이사야. 근데 부가세가 정착이 안 되다보니까 4톤 복사트럭으로 하나 가득 싣고 이 동해안 일대를 다 쑤시고 돌아다녔는데 도매집에서 과표가 잽히니까 무자료로 달라는 거야. 근데 우리는 자료를 가지고 가서 사왔는데 그걸 먹었다 그래요? 어떡해요. 그러니까 못 팔아도 헐 수 없죠. 그런데 그건 잘못되면은 다른 사람이 아마 한 대를 맞으면 그건 백대를 맞을 만큼 그 정보부에서 요시찰 인물들이잖아요, 전부. 그러다보니까 며칠씩 일주일씩 돌아댕겨도 10개, 20개 팔고 들어온다고. 그러니까 밥값도 못하는 거야. (…중략…) 그러니깐 그 돈은 인제 그때부턴 집에 돈을 갖다가 퍼붓기 시작하는 거죠. 그래니깐 견디다, 견디다 할 수 없이 부도를 냈어.[138]

당시 재해위의 요청에 의해 원주실습장을 위탁경영하게 된 최규택의 언급과 같이 두루마리화장지 제작사업을 추진하였으며, 대표이사와 전무이사는 각각 김영주와 최규택이 맡으면서 원주지역 활동가들이 이

---

[138] 2012년 6월 30일, 최규택 전 밝음신협 부이사장, 신협 강원지구평의회 홍보간사 구술 (원주 밝음신협 4층 무위당기념관).

사로 참여하였다. 그러나 당시 유신체제 하에서 최규택에 의한 공장사업은 제반 어려움 속에서 부도로 운영이 중단되었으며, 위탁경영자인 최규택 전무이사도 경제적으로 큰 어려움에 봉착하게 되었다.

1974년 하반기 건후연에 대한 감사와 특별감사를 통해 서울사업을 정리·철수하게 되면서 지역개발사업의 예산은 상당한 손실이 불가피하였다. 집행위원회가 직접 나서 원주실습장을 중심으로 일본과의 제휴를 통한 석기생산과 장갑공장 운영계획 등의 새로운 모색을 통해 농촌공장의 운영을 통한 부락민의 취업기회의 마련과 소득증대, 기 투자된 사업자금의 회수를 위한 제반 노력은 실패로 귀결되었다. 이러한 실패는 여러 가지 문제를 야기하였다. 미제레오는 집행위원회의 사업보고를 통해 서울사업의 철수와 막대한 사업비 손실을 파악하고 추가적인 자금지원을 거부했다.[139] 1976년 3월 미제레오는 재해위가 보고한 지역개발사업 최종보고서에 근거하여 지역개발사업으로 지원된 자금의 회수를 강력히 요청하였다. 당시 미제레오는 본 사업의 추진을 통해 성취하고자 했던 목적을 제대로 이루지 못하였고, 막대한 지원자금의 손실을 입었음을 지적하면서 재해위가 지원자금을 환불하도록 요청하였다.[140]

'너희들 손해난 거 갚아라' 이거지. 그러니 이게 한두 푼이야?(…중략…) 우린 집행하고 이렇게 위원회에서 결정을 하고 그러지만 그 의사를 처음에

---

139 당시 미제레오에서 원주교구에 지원키로 한 180만 마르크 중에서 실제 지원된 금액은 1,688,200마르크였으며, 지역개발사업의 실패로 인해 남은 잔액은 결국 지원되지 않았다. 당시 미제레오는 지역개발사업의 계획변경과 사업실패에 대해 해명과 책임을 묻고 있었다(재해위, 「미제레오에서 원주교구에 보내는 서신(11.6)」, 『1974년도 MISEREOR』, 1974).

140 재해위, 「미제레오에서 원주교구에 보내는 서신(1976.3.23)」, 『1976년도 MISEREOR』, 1978.

제안하고 이렇게 하자고 의사결정을 하는 사업 자체를 의사 결정하는 데는 어디냐 하면 현장, 현장. 그 마을사업 같으면 그 마을사람들이 결정하는 거 아냐? 그걸 우리가 검토를 해서 괜찮겠다 줘라 이렇게 되는 거지, 사업 자체는 거기서 결정하는 거 아냐? 그래 미제레오에다 내가 편지를 했어. 알았다. 갚겠다, 응. 근데 너희들이 이때까지 우리가 다 자세히 해서 아는데 우리가 하는 사업은 단 한 건의 사업도 우리가 이걸 해라 해서 우에서 내려먹힌 게 한 건도 없다. 항상 뭐든지 쪼그맣던 크던 현장에서 좋다 이걸 했으면 좋겠다, 우리가 이걸 해야 되겠다 그렇게 결정을 해서 올라온 걸 우리가 봐서 뭐 그건 괜찮겠다 이렇게 해서 인정해준 것이지, 우리가 이걸 한 건 아니잖냐. 주체가 어디냐면 우리가 아니고 마을이다. (…중략…) 그 사람들한테라도 돈을 걷어보겠다. 그래 갚겠다, 이렇게 딱 했다고. 그래 독일에서 말이야 '무슨 소리를 하는 거냐' 이거야. '너희가 내라' 이거야. '왜 우리가 내냐' 이거야. 그래갖고 관둬라 그랬어. 그래서 내가 참 우리가 시작을 잘했다. 그 우리가 관청에서 하듯이 우리가 탁 이거 해, 저거 해 했으면 우리가 다 물어야지.[141]

당시 재해위는 지역개발사업의 실패와 이의 책임을 인정하면서 수해농민을 좀 더 인간답게 살게 하기 위해 그들 스스로의 역량을 최대한 개발하고자 노력해 왔던 사업의 취지를 재인식시키는 반면, 지원자금의 환수추진은 그동안 원주를 중심으로 한 협동운동을 통해 공들여온 제반 성과들이 무너질 수 있다는 점에서 미제레오의 양해 하에 사태수습을 도모하였다.[142]

---

141 2011년 10월 1일, 김영주 무위당만인회 상임대표 구술(원주 밝음신협 4층 무위당기념관).
142 당시 재해위는 미제레오의 자금환수 추진에 대해 그 인식이 지나치게 사무적이라는 것

남한강사업 중 지역개발사업은 수해복구사업을 추진하면서 수해농민들을 대상으로 가내수공업적인 협동작업장을 설치하여 부락민의 취업을 통해 소득을 증대하는 구상에 의해 추진되었으며, 1973년부터 박정희정권에 의해 추진된 새마을공장사업과 유사한 구상을 가지고 전개되었다. 그러나 지역개발사업의 추진은 1974년 제1차 오일쇼크와 민청학련사건으로 인한 지학순 주교의 구속이라는 대외적 요인, 건후연의 방만한 운영과 농민운동성의 부족, 집행위원회에 의한 새로운 사업의 모색이 활로를 열지 못하였다. 1970년대 전반기 지역개발사업은 농촌지역의 부락개발운동과도 효과적으로 연결되지 못한 가운데 6개 농촌부락에서 추진되었다는 점에서 한계점을 나타내었다.

2. 한우지원사업

1) 사업의 배경과 초기계획안

1972년 말 원주교구 지학순 주교는 남한강사업의 추진과 함께 별도로 원주교구 관할 하에 있었던 원주원성지역의 농민들에 대한 지원사

과 만약 환불해야 한다면 지금까지 협동운동을 통해 공들여온 성과들을 무너트릴 수 있다는 점에서 이해를 구하였다(재해위, 「원주교구에서 미제레오에 보내는 서신 (1976.5.5)」, 『1976년도 MISEREOR』, 1978).

항목	1년차		2년차		3년차		총계
	내역	금액	내역	금액	내역	금액	
한우구입	100두	8,000,000	100두	8,000,000			
수의사수당	1두당	400,000	200마리	800,000	200마리	800,000	
공제금	병사3두	600,000	병사 6두	1,200,000	병사 6두	1,200,000	
교육		1,200,000		1,200,000		1,200,000	
소계		10,200,000		11,200,000		3,200,000	24,600,000

출전 : 재해위, 「미제레오에서 원주교구에 보내는 서신(1973.6.22)」, 『한우사업관계철』, 1976.

업을 모색하였다. 즉, 원주교구가 소재한 원주시와 원성군 내 공소지역의 무축농가를 중심으로 별도의 한우지원사업을 전개하고자 한 것이다. 〈표 II-38〉과 같이 1973년 1월 원주교구는 이러한 한우지원사업의 계획안을 미제레오에 신청하였다.[143] 당시 신청된 사업계획안을 살펴보면 한우지원사업은 강원도지역의 낙후된 농촌부락의 농민들이 한우를 구입하도록 하며, 고식적인 한우육성 방식과 체계를 새롭게 함에 목적을 둔다고 하였다. 대상지역은 주로 원주교구를 중심으로 반경 15km 내의 마을을 중심으로 10~15명의 농민을 선정하고, 한우육성과 관련한 제반 교육을 추진한다는 것이었다. 또한 자금지원을 통해 6개월 된 암송아지를 농가에서 직접 구입하되, 그 소가 2~3년 후 송아지를 낳으면 성우는 농민이 소유하고, 새끼는 다른 영세농가에게 대여한다는 것이었다. 사업예산은 송아지 200마리의 구입과 사업담당 지도요원 2명의 행정비 등 전체적으로 2,460만 원(180,000마르크)이었다.[144]

---

143 재해위, 「미제레오에서 원주교구에 보내는 서신(1973.2.2)」, 『한우사업관계철』, 1976.
144 재해위, 「미제레오에서 원주교구에 보내는 서신(1973.6.22)」, 『한우사업관계철』, 1976.

미제레오는 이러한 사업계획안에 대한 검토를 통해 1973년 6월 말 총 180,000마르크를 지원키로 승인하였으며, 1973년 8월 1차 지원금 74,000마르크를 송금하면서 본 사업은 착수되었다.[145] 한편, 원주교구는 기존 영세한 무축농가를 대상으로 한우를 구입·육성하도록 하였던 초기 계획안에서 한 걸음 더 나아가 한우지원사업을 통해 신협운동을 전개할 수 있도록 하며, 가난한 농민들이 자조·자립과 상부상조의 협동정신을 길러 생산자협동조합으로 발전시키도록 하는 방향으로 사업계획을 수정하였다.

당시 작성된 「소대부사업에 따른 신용협동조합운동」에 의하면 이를 달성하기 위한 사업방침으로 원주교구 관내 농촌지역에 만연해 있던 고리채의 중압에서 벗어나도록 신협운동을 추진하되, 이를 재해위의 농민교육과 진광중학교 부설 협동교육연구소의 신협교육을 통해 전개한다고 하였다. 또한 '협동조합개발부'를 두어 소 대부사업의 운영을 총괄하며, 협동교육을 담당할 요원 1명과 수의진료 담당 요원 1명 등을 둔다고 하였다. 한우지원 대상부락의 선정은 공소부락 1/2과 기존

한우지원사업과 남한강사업 중 3단계인 부락개발사업에서 추진 중인 한우작목반은 다소 차이점이 있었다. 부락개발사업에서 한우작목반은 수해를 입은 영세농민을 대상으로 농기구 대신 암소 또는 수소를 농가실정에 맞게 구입해 주되, 1년 거치 4년 분할상환의 조건으로 대부해 주는 것이었다. 상환조건은 상환 당시 송아지가격에 해당되는 당시의 곡가를 기준으로 하였으며, 사업기간이 5년이었다. 영세농민들이 한우작목반의 활동을 통해 생산기반의 마련과 협동운동을 추동하는 것이 주된 목적이었다. 사업기간이 2년인 한우지원사업은 수해를 입지 않은 무축농가인 원주원성지역의 영세농민에게 6개월 된 새끼 암소를 사서 대여해 주되, 2년간 농가에서 키운 암소가 송아지를 낳으면 이를 상환받도록 하고 장성된 암소를 키운 농가가 소유하도록 하였다. 이를 통해 상환된 송아지는 다른 무축농가에게 재대부 해주는 등 영세 무축농가가 한우를 많이 소유하게 하는 것이 사업의 주목적이었다.

145 재해위, 「미제레오에서 원주교구에 보내는 서신(1973.7.20)」, 『한우사업관계철』, 1976; 재해위, 「미제레오에서 원주교구에 보내는 서신(1973.8.28)」, 『한우사업관계철』, 1976.

신협조직 1/2로 하되, 단위조합의 소대부 두수는 10두 내로 하고 대부기간은 24개월로 하였다. 이를 통해 부락 내 신협운동은 육우생산협동조합의 설립과 판매·구매·이용조합으로 발전되도록 추진한다는 것이 기본방향이었다.[146] 당시 작성된 제1차년도 시행계획표(1973.7~1974.6)에 의하면 한우지원사업은 '대상부락의 정밀조사 → 사육대상자 선정 → 농민교육 실시 → 한우작목반의 조직과 규약 작성 → 자금지원 → 신협 조직과 교육, 순회 진료'의 순서로 추진코자 하였다.[147]

원주교구의 한우지원사업은 미제레오의 지원을 받아 3년 동안 추진될 예정으로 구상·착수된 것이었다. 그러나 2년의 대부기간을 통해 한우의 지원 및 상환과정에서 한우라는 '현물'이 보존될 수 있었으므로 재해위의 존속기간 내내 지속적으로 추진될 수 있었다.

2) 사업의 추진과정

(1) 전반기(1973~1976)

한우지원사업은 미제레오의 지원 결정 이후 작성된 수정계획안에 따라 1차년도인 1973년 후반기 대상부락에 대한 사회경제조사와 이를 통한 대상부락 및 한우작목반원의 선정, 작목반 구성원에 대한 초청교육의 실시와 규약 작성 등을 통해 착수되었다. 2차년도인 1974년 10월 1차년도와 같은 과정을 거쳐 대상부락이 선정되었으며, 3차년도와

---

146 재해위, 「소대부사업에 따른 신용협동조합운동」, 『한우사업관계철』, 1976.
147 재해위, 「사업계획 및 각종 규정」, 『한우사업관계철』, 1976.

4차년도의 경우, 1차년도 상환분과 2차년도 상환분을 기초로 대상부락을 선정하면서 사업을 전개해 나갔다.

1973년 6월 지학순 주교는 미제레오의 한우지원사업 자금지원이 승인되자 이를 수행할 사업추진 요원을 임명하였다. 사업책임자에는 재해위의 김영주 집행위원장, 회계담당자와 사업추진 실무자에는 총무부장 이우근[148]과 장상순, 가축진료 담당으로 수의사 최규창[149]을 임명하였다.[150] 이로써 본격적인 한우지원사업의 추진을 위한 원주교구 내 조직기반이 구축되었다. 당시 한우지원사업은 실무자였던 장상순과 최규창에 의해 한우작목반이 구성된 부락들을 순회하면서 한우의 생육상태와 질병 등을 살피는 한편, 협동조합 원칙에 기반한 신협의 설립과 운영을 추동하는 현장교육 등이 이루어졌다. 당시 한우사육 관련 교육은 최규창 수의사가 담당하였으며, 신협교육은 장상순 지도요원이 담당하였다.

본 사업의 조직구성은 이후 변화과정을 거쳤다. 1973년도에 지원된 7개 부락과 2차년도 6개 부락 선정 등 사업대상 한우작목반이 점증되

---

[148] 1935년생. 이우근은 원주농고 졸업(1953), 국학대학 법률학과 졸업(1957), 지역사회개발요원 훈련과정 4개월 수료(1962), 원성군 농촌지도소 근무(1962.6.8), 평창군 농촌지도소 근무(1964.10.1), 원성군 농촌지도소 지소장 근무(1965.3.1), 원주시 농촌지도소 지역개발계장 근무(1966.4.1~1971.3.10), 원주 가톨릭센터 총무(1971.11.11)로 활동한 바 있었다. 이 시기에 와서 재해위 집행위원회의 총무부장(1973.1)으로 있다가 1974년 1월 원주교구 상서국 총무과장으로 전근되었다(재해위, 「교구 산하기관 인사이동(1974.1.22)」, 『한우사업관계철』, 1976).

[149] 1936년생. 최규창은 원주농고 졸업(1955), 서울대 수의과대학 졸업(1960), 원주제일가축병원 개업(1964), 원주 학성동 성당 사도회장(1964~1977), 원주시·원성군 축산계(1968~1971.9)에서 근무하다가 1971년 10월 원주문화방송 부패추방대회의 참여를 위해 사직하였다.

[150] 재해위, 「사업추진 요원 및 임명 결의(1973.8.25)」, 『한우사업관계철』, 1976.

면서 실무담당자 1명과 비정기적으로 참여하는 수의진료 담당 1명으로는 업무의 과중으로 인해 원만한 사업추진이 될 수 없었다. 집행위원회 박재일 지도부장이 일정하게 사업대상 부락순회에 참여하기도 하였으며, 1974년 11월 김상범이 한우사업 담당자로 임명되었다.[151] 당시 한우지원사업은 신협운동 관련 담당 장상순 지도요원과 사업을 주관하는 김상범 상담원이 실무적으로 책임지는 형태로 변경되었고, 비정기적으로 수의진료 담당인 최창규가 함께 참여하는 형태로 바뀌었다.

한편, 한우지원사업은 원주교구 자체사업으로 출발하였으나 실제 재해위가 주관운영을 맡았으며, 1975년 8월 집행위원회의 기구개편을 통해 이전 지도부에서 담당하던 본 사업을 사업2부에서 맡도록 되었다. 이에 따라 한우지원사업은 사업2부 소속으로 박재일 부장의 지도 하에 장상순·김상범 지도요원 중심으로 운영되었다.[152] 집행위원회는 몇 가지 사업원칙을 가지고 부락을 선정하였다. 우선, 남한강사업과 달리 원주교구 관내 인접지역을 중심으로 지원대상 부락을 선정하였다. 기본적으로 원주시에서 가까운 곳이면서 빈곤한 농촌지역의 공소 부락을 중심으로 선정하였으며, 부락 내 신협이 설립되어 있거나 신협이 설립될 것을 전제로 대상부락을 선정하였다.[153]

---

151 1939년생. 김상범은 진광중고교 행정실에서 근무(1968~74)하다가 재해위 상담원(1974~86)으로 활동하였다. 그는 가농 원주교구연합회 초대회장(1976~77)과 원주밝음신협 이사장(1992~94), 한살림(원주) 이사장(2007~2008), (주)살림농산 대표(2008~현재) 등을 역임하였다(재해위, 「사업추진요원 채용결의(1974.11.21)」, 『인사관계철』, 1979; 2011년 7월 3일, 김상범 (주)살림농산 대표 구술(원주 밝음신협 4층 무위당기념관)).
152 재해위, 「기구개편(1975.8.7)」, 『인사관계철』, 1979.
153 재해위, 「한우사업 대상부락 선정기준」, 『한우사업 참고철』, 1977. 이러한 선정기준은 3차년도부터 읍면별 분포도를 고려하면서 균형 있게 선정되도록 방침이 변경되었다(재

1973~76년간 4차례에 걸친 선정부락 현황은 〈표 II-39〉와 같다. 1차 사업대상 부락 선정 시 공소지역이었던 대안리와 풍수원부락이 선정되었으며, 신협을 토대로 한 세교·성남·영랑 등 3개 부락이 선정되었다. 2차 사업대상 부락의 경우, 공소지역인 영산·후리사·매지·학산 등 4개 부락과 신협을 토대로 한 학산부락이 선정되었다. 3차의 경우도 현천·창촌·대수리 등 3개 부락이 공소지역이었으며, 신촌부락이 신협을 토대로 한 부락이었다.[154]

한우지원사업의 대부기준은 생후 6개월 된 송아지 120kg짜리를 기준한우로 정하고, 그 가격대로 24개월간 대부해 준 후 상환도 기준한우 가격으로 하도록 하였다. 집행위원회는 위의 대부기준을 가지고 1973년도와 1974년도에 각각 100두씩, 1개 부락당 15두 내외로 지원하고자 하였다. 이에 따라 1973년 말 6개 부락 99두, 1974년 말 7개 부락 133두의 소가 대부되었다. 또한 2년마다 상환된 자금으로 다시 부락을 선정하였고, 그 결과 집행위원회는 1975년 말 6개 부락 105두, 1976년 말 9개 부락 129두를 지원할 수 있었다.[155] 당시 지원대상 부락의 한우작목반은 원주교구의 지원자금에 작목반의 자체자금을 더하여 자체적으로 한우를 구입하였으며, 대체로 지원자금과 자체자금의

해위, 「한우반 사업계획서(1974.12~1975.1)」, 『한우사업 참고철』, 1976).

[154] 재해위, 「제1차 경과보고(1974.1.20)」, 『한우사업관계철』, 1976; 재해위, 「제1차 경과보고(1974.1.20)」, 『한우사업관계철』, 1976; 재해위, 「제7차 경과보고(1976.1.23)」, 『한우사업관계철』, 1976.

[155] 매년 한우지원 두수의 증가는 1973년 말부터 한우가격의 폭락으로 인해 기본예산에서 추가적으로 한우를 더 구입할 수 있도록 지원되었기 때문이다. 한편, 1차년도의 영랑부락의 경우, 한우가격 폭락으로 인한 영향에 의해 1년 만(1974.12.20)에 상환하면서 2차년도에 그만큼 추가적으로 지원될 수 있었다(재해위, 「한우사업 회의록(1974.12.6)」, 『한우사업 참고철』, 1977).

비율은 4개년 평균 73.1%대 26.9%였다. 송아지보다 성우일수록 경제적 이득이 컸기 때문에 농민들이 경제적 여유가 있는 경우에 자기자금을 더하여 성우를 구입하였으며, 그 비율은 총 구입자금의 26.9%에 해당하였다. 성남한우작목반은 지원자금 136만 원과 자체자금 382,500원으로 송아지 13두와 성우 4두를 구입하였으며, 풍수원의 한우육성사업회는 지원금 136만 원과 자부담 638,300원으로 송아지 9두와 성우 8두를 구입하였다.[156]

집행위원회는 선정된 부락에 대해 부락 내 신협이나 마을회의의 논의과정을 통해 자체적으로 한우작목반원을 선정하도록 하였다. 작목반원의 선정기준은 초기 가난한 농민과 무축농가를 우선해서 지원한다는 것이었다. 이에 따라 1973년도의 경우, 부락 내 영세한 무축농가를 중심으로 한우작목반이 구성되었다. 그런데 이러한 선정기준은 1974년부터 다소 달라졌다. 가난한 무축농가를 우선으로 지원하되, 사육능력이 있는 유축농가와 부락 내 영향력이 있는 농민도 참여할 수 있도록 한다는 것이었다. 즉, 부락 내 유축농가와 부락지도자도 작목반에 참여하게 하고, 이들을 통해 한우작목반을 넘어 부락전체의 개발을 추진하도록 추동하였던 것이다. 아울러 생산협동체인 한우작목반의 활동을 통해 농민의 의식계발이 이루어지게 하고, 신협과 구판장의 설립·운영을 통해 부락을 협동화하도록 추동하였다.[157]

---

[156] 〈표II-39〉의 자부담액은 부락에서 제출한 사업계획서에 의한 수치로 실제의 자부담액은 세교(925,500원), 염랑(93,900원), 대안1리(578,000원), 월송(476,000원) 등이었다. 그러므로 실제 자부담액의 비율은 더 높았을 것이다(재해위, 「한우지원사업」, 『한우사업 참고철』, 1977).

[157] 재해위, 「제3차 전체협의회 – 회의 속개(3.5)」, 『1975년도 전체협의회 회의록』, 1975.

차수	시군	동면	부락명	작목반명	반장	두수	지원금액	자부담	총액	A	B
1차 (1973)	원주	관설	세교	세교한우작목반	이돈재	16(12)	1,280,000	480,000	1,760,000		0
		행구	영랑	한우사육관리위원회	허만윤	16(1)	1,280,000		1,280,000		0
	원성	흥업	대안1	대안리승안협신회	김종천	17(7)	1,360,000	600,000	1,960,000	0	
		지정	월송	월호한우반	이봉의	16(8)	1,120,000	340,000	1,460,000	0	
		신림	성남2	성남한우사업반	이복흥	17(4)	1,360,000	130,900	1,490,900		0
	횡성	서원	풍수원	한우육성사업회	김동찬	17(8)	1,360,000	460,000	1,820,000	0	
소계			6			99	7,760,000	2,010,900	9,770,900	79.4	20.
2차 (1974)	원성	호저	영산	영산한우반	이동호	17	765,000	395,000	1,160,000	0	
			간무곡	간무곡한우반	이상대	9	405,000	511,500	916,500		
		소초	황골	황곡한우사육반	이충선	22	990,000	0	990,000		
			백교	백교육성한우반	김인수	20	900,000	0	900,000		
		흥업	매지	매지협동한우작목반	박순식	24	1,080,000	0	1,080,000	0	
		판부	후리사	백운한우작콕반	조한수	20	600,000	240,000	840,000	0	
	제천	봉양	학산	학산한우반	김익호	21	630,000	115,000	745,000	0	0
소계			7			133	5,370,000	1,261,500	6,631,500	81	19
3차 (1975)	원주	관설	신촌	신촌작목반	김진하	17	901,000	115,000	1,016,000		0
	원성	흥업	대안3	대송동한우협업작목반	정문선	17	850,000	1,240,000	2,090,000	0	
		소초	백동	희망한우회	김영택	18	969,000	476,000	1,445,000		
		우천	하궁	협동작목반	박광의	20	918,000	356,000	1,274,000		
	횡성	둔내	현천1	황우한우반	김영식	16	864,000	700,000	1,564,000	0	
		서원	창촌	유신한우작목반	권석군	17	918,000	845,000	1,763,000	0	
소계			6			105	5,420,000	3,732,000	9,152,000	59.2	40.
4차 (1976)	원성	호저	광격리	동막한우작목반	고동연	11	1,045,000	100,000	1,145,000		
			샘골	천동한우작목반	원교식	13	1,235,000	985,000	2,220,000		
		흥업	사제	사제협동작목반	김오호	20	1,900,000	560,000	2,460,000		
			하초구	하초구 한우작목반	김원영	17	1,615,000	0	1,615,000		
		소초	학곡1	토정협동작목반	김원극	12	1,140,000	140,000	1,280,000		
			학곡1 4반	광송작목반(칠송)	김영래	10	950,000	1,135,000	2,085,000		
		판부	내동막	동막한우작목반	윤경수	12	1,140,000	510,000	1,650,000		
			외동막	부흥작목반	한상욱	10	950,000	350,000	1,300,000		
		지정	신평2	향평한우협동작목회	최계형	24	2,280,000	770,000	3,050,000		
소계			9			129	12,255,000	4,550,000	16,805,000	72.9	27.1
합계										73.1	26.

출전: 재해위, 『제1차 한우사업부락 사업계획서』, 1973; 재해위, 『제2차 한우사업부락 사업계획서』, 1974; 재해위, 『제3차 한우사업부락 사업계획서』, 1975; 재해위, 『제4차 한우사업부락 사업계획서』, 1976.

비고: 1. A는 농촌지역 공소부락임. B는 신협을 토대로 한 부락임.

    2. (지원)두수 항목의 ( )의 수치는 성우 두수를 의미함.

    3. 자부담액의 경우, 부락에서 제출한 사업계획서에 기초한 수치임.

당시 부락에서 구성된 한우작목반은 〈표 II-39〉와 같이 다양한 이름으로 불렸다. 한우작목반의 조직은 작목반별로 다양하였으며, 대체로 한우반장(회장)·부반장(부회장)·총무(회계)·서기 등을 기본으로 두었다. 한우작목반은 상황에 따라 추가적으로 방역반·사육반·구매반·관리반 등을 두었다. 세교한우작목반과 유신한우작목반은 회장·부회장·총무의 임원과 방역반·관리반·사육반·구매반 등 4개 반을 두었다. 성남한우작목반은 회장·부회장·총무와 방역반·사육반·구매반 등 3개 반을 두었다. 대체로 임원의 임기는 1년이었다.[158] 한우작목반은 재해위의 초청·현장교육 등을 바탕으로 자체적인 모임과 활동을 스스로 전개하였으며, 주로 제반 문제를 협의하기 위한 월례회의 개최와 자체 공제금 조성을 통한 공제사업의 전개, 신협과 구판장을 조직하여 작목반을 넘어 전체 부락민을 대상으로 협동운동의 기풍을 조성해 나갔다. 월례회의 경우, 한우사육 및 관리, 질병과 방역, 공제금 운영과 개우(改牛) 등 한우작목반의 제반 현안문제를 민주적·협동적으로 논의키 위하여 개최되었다.[159] 대체로 월례회는 농한기에 월 1회, 농번기에 2개월에 1회 정도 개최되었다.[160]

한우작목반의 주요 활동은 사업의 착수와 개우 등에 있어 공제금을 거두고, 부락 내 공동작업 등을 통해 공동기금을 형성하면서 사육하던 한우가

---

158 재해위, 『제1차 한우사업부락 사업계획서』, 1973; 재해위, 『제2차 한우사업부락 사업계획서』, 1974.
159 개우라는 것은 당시 농촌에서 봄부터 가을까지 소를 부리다가 농사일이 끝나고 나면 큰 소를 작은 소로 바꾸면서 그 차액을 살림살이에 보탰던 관행을 의미한다.
160 백교부락의 경우, 월례회는 농번기엔 2개월에 1회, 농한기엔 월 1회를 열었다. 임원회는 월 1회 임원 가정을 순회하며 개최되었다(재해위, 『제3차 한우부락대표자간담회(1977. 1.13~14)』, 1977).

병사·폐사할 경우 이를 보상하는 공제제도를 운영하는 것이었다. 또한 공동기금의 확보를 통해 급전이 필요한 작목반원에게 대부하는 신용사업을 추진하고, 부락 내 생필품의 구입을 위한 구판장을 운영하는 것이었다. 공제금은 영랑·대안·풍수원부락과 같이 한우구입시 1인당 4,000~5,000원씩 거출되었다.[161] 1976년 말 공제금을 통해 신용사업을 운영한 부락은 3차년도의 신촌·하궁·현천1리, 4차년도의 토정·칠송·동막·내동막·외동막·사제·하초구·신평 등 12개 부락이었다. 아울러 소비조합을 운영한 부락은 황골·백교·백동·풍수원 등이었다.[162]

한편, 한우작목반의 운영과 활동은 대내외적 여러 문제로 활발히 이루어지지 못하였다. 먼저 한우지원사업이 본격화된 1974년 초부터 한우가격이 크게 하락하였고, 1976년 하반기에 이르러서야 다소 회복되었기 때문이었다. 당시 한우가격이 급격히 하락하면서 한우작목반원들이 의욕을 잃은 나머지 사양관리와 월례회·학습반의 운영 등이 침체에 놓였다. 이에 따라 1차년도의 영랑부락이 대부받은 한우 16두를 예정일보다 1년 앞서 상환하였다.[163] 둘째, 1974년부터 화전이주사업이 추진되면서 지원부락 중 상당수의 부락에서 이주자가 발생하였고, 한우작목반원 중 이주자가 나타나면서 작목반 운영이 타격을 받았다. 1차년도의 성남부락은 반원 중 12호가 이주하였고, 2차년도의 후리사 작목반도 2호가 이주하는 등 한우작목반의 기능이 마비되는 경향이 나타났다. 셋째, 한우작목반의 운영이 공전되는 경우가 다수 있었다. 바

---

161 재해위, 「한우반별 사례발표」, 『한우사업 일지』, 1975.
162 재해위, 『전체평가회의(1977.2.14~15)』, 1977.
163 재해위, 「제7차 경과보고(1975.9.1~12.31)」, 『한우사업관계철』, 1976.

뿐 농번기와 한우가격 하락 속에서 한우반원인 농민들은 소 사육에 흥미를 잃어갔으며, 작목반의 회의도 뚜렷한 현안이 없는 경우가 많았다.[164] 넷째, 사업기간이 2년으로 짧았기 때문에 부락개발사업의 한우작목반과 같이 장기성을 가지고 상담원이 지도할 수 없었으며, 상환이 완료된 후에 신협의 활동조차 없을 경우, 한우작목반 활동도 중지되는 경우가 많았다. 다섯째, 한우지원사업은 영세한 무축농가를 대상으로 사업이 추진되면서 한우사육의 경험이 없던 영세농들이 중심이 된 한우작목반의 운영이 활발하게 이루어지기 어려웠다.

한편, 이 시기 4차례의 지원대상 부락의 선정으로 한우작목반의 수가 급증하는 상황에서 소수의 지도요원 담당자가 이들 한우작목반 운영의 활성화를 위한 집중적인 지도와 협력이 이루어지기 어려웠다. 장상순 지도요원의 경우, 주로 신협운동을 중심으로 활동하였고, 상담원 김상범의 경우, 한우지원사업뿐만 아니라 부락개발사업의 다수 농촌부락을 담당해야 했던 실정이었다.[165]

(2) 후반기(1977~1979)

한우지원사업은 공식적으로 미제레오의 지원 및 협약을 통해 3년간 운영될 예정이었다. 사업기간이 끝나는 1976년 하반기에 추가적인 지원을 위한 신청서 제출 및 활동에도 불구하고 미제레오의 추가지원을 얻지 못하였다. 그 결과 한우지원사업은 재해위에 의해 단순히 기존 대부하였던 한우 200두를 기반으로 매년 상환된 한우자금을 기초로 신

---

164 재해위, 「제2차 협의회(1975.10.6)」, 『1975~1976년도 사업2부 회의록』, 1975.
165 재해위, 「제13차 전체협의회(3.8)」, 『1976년도 전체협의회 회의록』, 1976.

규 지원대상 부락을 선정하여 2년간 재대부하는 형식으로 지속되었다. 그런데 1976년 8월 원주를 중심으로 한 강원도 일대의 대수해로 인해 한우지원사업의 담당조직과 대상지역 선정 등에 큰 변화가 나타났다. 또한 1978년 1월 원주교구 내 공소사목부의 활동이 전개되면서 한우 지원사업의 추진에 있어서도 큰 변화가 있었다.

① 담당부서의 변화와 한우작목반의 구성

이 시기 한우지원사업은 크게 3가지 요인에 의해 크게 영향을 받았다. 즉, 1976년 본 사업의 장기적인 추진을 위한 추가적인 지원을 미제레오로부터 받지 못한 점과 1976년 8월 강원도 일대의 대수해를 계기로 원주원성사업이 추진된 점, 1978년 공소사목부의 창립과 활동 등이 그것이었다. 당시 미제레오의 추가지원을 얻지 못하고 원주원성사업이 전개됨에 따라 한우지원사업을 담당하던 지도요원에 변화가 생겼다. 1976년 11월 기존 사업2부에서 담당하였던 한우지원사업을 사업1부에서 담당하게 되었으며, 사업1부장 김인성을 중심으로 상담원 이한규 · 김상범 · 장상순 등에 의해 추진되는 체제로 변화되었다.[166]

그러나 1977년 2월 한우사업을 담당하던 장상순 상담원이 이직하면서 진광신협과 신협 강원지구평의회의 회장직을 맡게 되었고, 사업1부가 주로 원주원성사업에 집중하게 되자 한우지원사업의 추진은 어려움에 직면하였다. 또한 장상순의 사임에 후 사업1부는 여러 변화를 겪다가 1977년 말 김인성 · 이한규 · 정인재 · 강태용 · 엄규환 등으로 구성

---

166 재해위, 『원주원성사업 종합보고서』, 1978.

되었다.[167] 그런데 1978년 1월 김인성 부장과 강태용이 새로 출범한 공소사목부로 이동하면서 사업1부는 정인재·이한규 중심으로 조직이 축소되었다. 당시 공소사목부의 출범으로 한우지원사업은 관할 농촌부락과 한우작목반이 재해위와 공소사목부로 이원화되어 사업이 진행되었다.[168] 1978년 12월 공소사목부가 재해위에 관할 사업과 자금을 재이관하는 과정을 거치면서 한우지원사업은 본래의 사업 방침대로 전개되지 못하는 등 큰 부침을 겪게 되었다.

한편, 1976년 말 원주원성사업이 전개되면서 1977년도 한우지원사업의 추진과 사업방침에 큰 변화가 생겼다. 원주원성사업이 대체로 대규모 자금지원을 원성지역에 투입하게 됨에 따라 이 지역의 농촌부락들은 상당한 경제적 지원이 예상되면서 더 이상 이 지역에 한우지원사업을 추진하지 않기로 한 것이다. 그 결과 5차년도 사업대상 부락은 주로 횡성지역을 중심으로 선정되었다. 또한 1977~78년 시기 부락개발사업은 생산협동체에 지원된 자금이 속속 상환되면서 마무리단계에 들어갔으며, 제천·단양지역의 충주댐 건설로 인한 동요로 재해위의 활동이 어려워짐에 따라 기존부락의 추가사업 투입 필요성과 신규부락의 개척이 현안으로 떠올랐다. 그 결과 6차년도부터 평창·영월·단양·제천 등 지역을 확대하여 한우지원사업을 하였다.

이 시기는 3차례에 걸쳐 한우지원사업의 부락선정이 있었으며, 〈표 Ⅱ-40〉과 같이 총 20개 부락에 대한 자금지원이 있었다. 재해위는 5차년도 6개 부락, 6차년도 8개 부락, 7차년도 6개 부락에 자금지원을 하

---

167 재해위, 「담당지역 및 업무조정(1976.11.18)」, 『인사관계철』, 1979.
168 재해위, 「제33차 전체협의회 – 회의 속개(1978.2.4)」, 『1978년도 전체협의회 회의록』, 1979.

<표 II-40> 한우지원사업 현황(1977~1979)

차수	군	면	리명	작목반명	반장	지원두수	지원금액	자부담	총액
5차 (1977)	횡성	안흥	월현2	월현한우작목반	김용하	18	2,736,000	350,000	3,086,000
		서원	석화2	석화한우작목반	김금복	17	2,584,000	520,000	3,104,000
		우천	상하가리	삼광한우작목반	김연권	17	2,584,000	2,725,000	5,309,000
		우천	정금2리	정금축우작목반	이철우	20	3,100,000	1,680,000	4,780,000
		둔내	현천2	현천2리한우협동회	배갑순	16	2,464,000	1,776,000	4,240,000
	평창	대화	신4리	신4리한우작목반	최돈기	17	2,635,000	580,000	3,215,000
소계			6			105	13,468,000	7,051,000	20,519,000
6차 (1978)	원성	소초	교항2	독점한우작목반	권대섭	10	2,100,000	0	2,100,000
		귀래	귀래1	귀운한우작목반	전순호	20	4,160,000	1,250,000	5,410,000
		소초	홍양2	상초구작목반	김수길	17	3,485,000	935,000	4,420,000
	횡성	우천	백달리	새힘작목반	김용국	12	2,520,000	1,540,000	4,060,000
		안흥	상안1	상안1리한우작목반	선주형	18	3,690,000	220,000	3,910,000
	평창	봉평	백옥포	육성우작목반발전회	박종우	10	2,050,000	250,000	2,300,000
		대화	신7리	신7리한우작목반	최기영	18	3,690,000	605,000	4,295,000
	영월	남면	창원1	한우사육작목반	고진하	24	4,920,000	3,530,000	8,450,000
소계			8			129	26,615,000	8,330,000	34,945,000
7차 (1979)	원성	신림	용암	용소막한우작목반	권용진	17	1,530,000	1,030,000	2,560,000
	횡성	둔내	둔방1리	둔방1리한우작목반	이창호	20	1,800,000	0	1,800,000
	제천	백운	방학리	중촌한우작목반	박용훈	18	1,620,000	0	1,620,000
		덕산	도기리	도기협동한우반	강기달	17	1,530,000	0	1,530,000
	단양	대강	신구리	신구리작목반	이홍우	16	1,440,000	2,283,000	3,723,000
	평창	대화	신6리	신6리한우작목반	위한주	17	1,530,000	460,000	1,990,000
소계			6			105	6,120,000	2,743,000	8,863,000

출전: 재해위, 『제5차 한우사업부락 사업계획서』, 1977; 재해위, 『제6차 한우사업부락사업계획서』, 1978; 재해위, 『제7차 한우사업부락 사업계획서』, 1979.

였다. 이 시기 지원자금 대 자부담 비율은 5차년도 65.6% 대 34.4%, 6 차년도 76.2% 대 23.8%, 7차년도 69.1% 대 30.9%였으며, 평균은 70.3% 대 29.7%였다. 당시 한우작목반의 구성과정은 ① 신규부락에 서 대상자 선정회의, ② 상담원과 1차 협의(사업계획서 및 정관, 회의록, 대 부계약서 제출), ③ 한우반 구성과 임원선정 및 조 편성, 규약 작성과 공

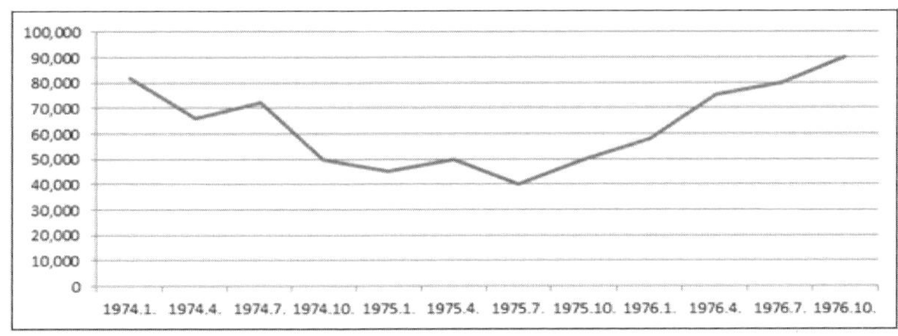

〈그림 II-16〉 한우가격 추이(1974.1~1976.10)(단위 : 원)

제금 조성, ④ 대부계약서 작성 등으로 이루어졌다.[169] 이 시기 한우지원사업은 미제레오의 추가지원을 받지 못함에 따라 부락개발사업에 편입되어 진행되었으며, 이전과 달리 유료에 의해 수의진료를 받게 되면서 작목반원의 부담 증가와 불만이 제기되었다.[170]

한편, 이 시기에는 〈그림 II-16〉과 같이 1975년 하반기에서 저점을 찍은 후부터 1979년도까지 한우가격이 상승기였으므로 4차년도부터 6차년도까지 본 사업에 의해 구성된 한우작목반원이 사육을 계속 하였을 경우, 경제적으로 상당한 이익을 보았다. 그러나 당시 본 사업의 운영에는 몇 가지 문제가 드러났다. 몇몇 부락의 한우작목반이 자금지원을 받은 후 실제 한우를 구입하지 않고 개인생활비로 전용한 경우가 있었다. 4차년도의 동막부락은 실제 한우를 구입하지 않은 작목반원이 약 1/3에 이르렀고, 신평부락의 경우는 3~4명이 구입하지 않았다.[171] 이러한 상황은 농촌부락 자체의 빈곤함을 보여주는 것이며, 한우작목반의 내적 문제를 드러내는 것이었다.

---

169 재해위, 『제4차 한우사업간담회(1977.11.8)』, 1977.
170 재해위, 『제5차 한우사업간담회(1978.12.15)』, 1978.
171 재해위, 『제5차 한우사업간담회(1978.12.15)』, 1978.

② 공소사목부의 창설과 활동

1978년 1월 원주교구 내 공소사목을 전담할 공소사목부가 창설되었다. 신부 1명과 평신도 3명을 조직기반으로 과거 공소신자만을 대상으로 하던 사목에서 벗어나 지역사회를 복음화하기 위한 목적으로 독자적인 사업을 추진하고자 창설된 것이었다. 창립 당시 원주교구는 지학순 주교를 중심으로 방인사제 18명과 외국인 사제 12명, 수녀 34명 등이 1개 시와 8개 군에 이르는 행정구역을 범위로 하여 본당 24개와 공소 92개를 관할하였다. 공소는 농촌공소가 73개, 어촌공소 8개, 광산공소 11개 등으로 구성되었다.[172] 〈표 II-41〉은 당시 재해위가 제반 사업을 통해 주관하던 지원대상 부락의 농촌공소 중 원주원성지역의 현황을 보여준다. 당시 공소사목부에는 신현봉신부를 중심으로 집행위원회의 사업1부장이었던 김인성과 가톨릭농민회 원주지구연합회의 부회장 강태용, 원주교육원 소속의 김헌일이 평신도로서 참여하였다. 공소사목부의 창립은 당시 남한강사업과 한우지원사업, 원주원성사업을 주도하였던 재해위의 사업 추진에 악영향을 끼치는 것이었다. 즉, 재해위의 제반 사업이 원주교구 내 농촌공소가 있는 부락에서 이루어졌던 상황에서 공소사목부는 재해위가 주관하던 한우지원사업과 전담인력을

---

172 공소(公所)는 본당(本堂)보다 작은 교회 단위를 의미하면서 일부 공소 교우들의 모임인 강당(講堂)을 가리키기도 한다. 1977년 당시 전체 신자의 30.4%가 공소신자들이었으며, 나머지 69.6%가 원주시와 그 인근지역에 거주하였다. 한편, 원주교구에서 활동하는 선교사는 골롬바노회 소속 신부들이었다. 1938년 교황청은 강원도지역의 사목을 성 골롬바노 외방전교회에 위임하였고, 1939년 4월 서울교구에서 분리되어 춘천 감목구가 설정되었다. 이후 골롬바노회 성직자들이 강원도 내 본당에서 사목을 하였고, 원주교구 설정 이후 1983년 5월 철수할 때까지 많은 소속 사제들이 사목을 하였다(천주교 원주교구, 「원주교구의 현황」, 『원주교구 소개』, 1978; 천주교 원주교구, 『원주교구30년사』, 1995, 362쪽).

<표Ⅱ-41> 원주·원성지역 사업대상 농촌공소와 관할부락 현황(1977.12)

농촌공소	설립연도	관할부락	농촌공소	설립연도	관할부락
월송	1956	월송	영산	1901	영산, 동막, 샘골
대안	1892	대안, 사제	대송(솔미)	1954	대송
매지	1952	무수막, 미촌, 회촌	후리사	1880	후리사, 내동막, 회동막
소초	1968	수암3	학산	1938	학산
황둔	1958	계야, 도용, 청용	창촌	1952	창촌
새점터	1908	석화2	오상동	1959	오상동
정금	1955	정금, 하궁	현천	1958	현천1, 2
용둔	1973	상하가리	부론	1958	법천

출전 : 재해위, 「제32차 전체협의회(1977.12.29)」, 『1976~1977년도 전체협의회 회의록』, 1977; 한국가톨릭 농민회, 『한국천주교 농촌공소실태조사 연구보고』, 1984, 445~447쪽; 천주교 원주교구, 『원주교구30년사』, 1995, 899~901쪽.

이관받아 자체적으로 사회사업을 전개하고자 하였기 때문이었다.

공소부락이 있으면 공소부락 농민이거나 비교회, 천주신자 아닌 경우에도 추구했다고 맨 처음에 취지는. 근데 나중에 가서 공소는, 공소가 있는 부락은 우리교회 단체다 이거야. 그런 식으로 해서 그 사업을 갖고 왔어. 그래 갖고서는 경쟁관계에, 나 신현봉 신부하고 싸웠잖아. (…중략…) 그때 그 아침에 회의하는데 신현봉 신부님이 김영주 선생이 말이야. 자기 맘대로 할라 그런다 이거야. 아니, 신부님. 우리가 지금 경쟁하고 싸울 때입니까? 아, 누가 하든 하기만 하면 되잖아요. 인성이 형도 듣고 강태용 선생님도 듣고 그랬어요. 그러니까 교회에 성직자는 자기 권리를 뺏긴다. 일은 뒷전이고 이런 식으로 생각했어. (…중략…) 공소사목부라는 게 재해대책에서 일부를 떼어 와가지고 일부를 담당한 것 밖에 더 되요? 아이, 특별하게 개발하고 한 게 없다고요. (…중략…) 신부님 하는 스타일들은 자선사업 위주

<표II-42> 공소사목부 설치 이후 사업지역 조정 현황

군	면	부락수	부락명
공소사목부 (27)			
원성군	판부면	3	서곡4리(후리사, 내동막, 외동막)
	흥업면	6	대안1·3리, 매지1·2·3리(무수막, 미촌, 회촌), 사제리
	부론면	1	법천리
	호저면	3	광격리(영산, 샘골, 동막)
	지정면	1	월송리
	소초면	1	수암3리(암곡)
	신림면	2	황둔2리(청용), 송계2리(계야)
횡성군	서원면	4	창촌리, 석화2리(새점터) 돌고지), 유현2리(오상동)
	우천면	3	정금리, 상하가리, 하궁리
	둔내면	2	현천1·2리
제천군	봉양면	1	학산리
재해위 (26)			
원성군	문막면	4	동화2리, 건등리, 궁촌1리, 비두2리
	귀래면	2	귀래1리, 운계1리
	신림면	2	신림2리(언당), 성남1리(청운)
	호저면	3	무장2리(생담, 장포), 대덕2리
	부론면	6	손곡1·3리, 정산1리(솔미) 정산2리(자작), 단강1(작실), 홍호리
	소초면	8	학곡2리(백교, 칠송, 토정, 백동), 흥양2리(하초구), 흥양3리(황곡), 둔둔1·2리
횡성군	서원면	1	매호리

출전: 재해위, 「제32차 전체협의회(1977.12.20)」,『1976~1977년도 전체협의회 회의록』, 1977; 재해위,『원주원성사업 종합보고서』, 1978.

비슷하거든. 이게 자체로 고기를 지가 잡아서 먹게끔 해주는 게 아니라 뭐 주는 걸로 긍휼히 여기고 뭐 이런 식. (…중략…) 그 우리 송아지 그냥 안 줬어요. 다 갚아.[173]

당시 공소사목부에 참여한 김헌일의 언급과 같이 공소사목부의 출범은 원주교구 소속의 재해위가 간접선교를 목적으로 사회적 활동을

---

[173] 2012년 10월 26일, 전 재해위 상담원 김헌일 구술(원주 반곡동 곰집).

할 수 있도록 한 지학순 주교의 초기 방침과 다른 것으로 사제가 직접 선교를 목적으로 대사회적 활동에 나선 것을 의미하였다. 〈표II-42〉와 같이 신현봉 신부를 중심으로 한우지원사업 중 원주·원성지역의 16개 농촌공소가 관할한 27개 부락을 이관받아 독자적으로 활동을 전개하였다. 당시 한우지원사업의 한우계정 234두 중 재해위의 관할 비공소부락 98두를 제외한 136두가 공소사목부로 이관되었다.[174] 원주원성사업과 한우지원사업의 대상부락 중 절반인 27개 부락이 공소사목부로 이관되면서 이 시기 재해위는 총체적인 농촌지도사업을 통한 협동운동의 기반을 구축함에 있어 커다란 어려움에 직면하였다. 당시 남한강사업과 한우지원사업, 원주원성사업 등을 통해 추진된 부락개발운동에 기초한 재해위의 협동조합운동은 일정한 영향을 받고 위축될 수밖에 없었다.

한편, 재해위에 의해 농민운동성에 기반을 두고 추진되었던 제반 사업을 신부의 주관하에 공소사목부가 주도할 수 있는 것은 아니었다. 비록 평신도 3명이 참여하였으나 사업 그 자체는 전문적인 성격을 가진 것이었고, 공소사목부의 활동에 참여한 구성원조차 동의하지 못하는 상황에서 그 활동은 차질을 빚을 수밖에 없었다. 그 결과 1978년 11월 공소사목부는 별다른 활동을 전개하지 못한 채 사업과 자금, 관할 부락 일체를 재해위에 재차 넘기게 되었다.[175] 1978년도 공소사목부의 창설과 활동은 1970년대 말 재해위의 부락개발운동에 기반한 협동조합

---

174 재해위, 「제32차 전체협의회(1977.12.20)」, 『1976~1977년도 전체협의회 회의록』, 1977; 재해위, 「제33차 전체협의회(1978.2.1)」, 『1978년도 전체협의회 회의록』, 1979
175 재해위, 「임시회의(1978.11.8)」, 『1978년도 전체협의회 회의록』, 1978; 재해위, 「제42차 전체협의회(1978.12.1)」, 『1978년도 전체협의회 회의록』, 1979.

운동에 일정한 영향을 주었다. 이에 따라 재해위는 마을건강봉사연합회의 조직확대 유도, 가톨릭농민회의 보급을 통한 운동조직체의 육성, 농촌신협과 구판장 운영의 활성화를 통한 협동조합운동의 강화 등을 모색하였다.

3. 원주원성수해복구사업

1) 사업의 배경과 지원계획안 수립

1976년 8월 13일과 14일에 걸쳐 원주·원성지역에 내린 집중호우로 지역주민들은 극심한 수해를 당하였다. 당시 이 지역 일대에 2일간 집중호우 438mm(해방 후 최고 기록)가 내리면서 큰 피해를 입었다.[176] 당시 수해에 대한 정부기관의 공식집계에 의하면 사망 및 실종 31명, 이재민 2,028명 발생, 반파·전파주택 1,003동, 유실·매몰된 농경지 616.4정보, 침수 농경지 885.4정보, 파괴된 수리시설 72개소(원주 17, 원성 55) 등 총 피해액이 26억원에 달했다.[177]

---

[176] 「뒤늦은 물난리―수마가 할퀴고 간 현장」, 『강원일보』, 1976.8.13; 「사망5명 등 인명피해 45명―도내 전지역에 폭우계속, 원성서 산사태 25명 매몰」, 『강원일보』, 1976.8.14; 「강원 호우경보, 한강유역에 홍수주의보」, 『동아일보』, 1976.8.14; 「사망·실종 66, 재해민 3800명―강원도 원성군이 11억으로 가장 심해(재해대책본부 집계)」, 『동아일보』, 1976.8.16; 「심야에 덮친 '죽음의 폭우'―치악산 산사태, 급류로 실종자 구조 절망적」, 『조선일보』, 1976.8.15.

재해위는 수해 직후 남한강사업의 부락개발사업과 한우지원사업이 추진 중인 63개 부락 중 53개 부락에 대한 피해조사를 진행하였다. 그 결과 피해가 극심한 원주시와 원성군에 국한하여 긴급구호와 장기구호로 구분해서 사업을 착수하기로 의견을 모았다.[178] 이에 따라 재해위는 미제레오와 카리타스에 각각 '긴급복구'와 '장기복구'를 위한 수해복구계획서를 제출하였다. 당시 수해복구계획의 기본방향은 1973년도 남한강사업의 경험에서 원용키로 하였으며, 수재민을 지원함에 있어 긴급상황에 대처하는 긴급구호사업과 생산기반의 복구를 통해 소득을 증대시키고자 하는 장기복구사업으로 나누어 추진하고자 하였다.[179] 당시 긴급복구사업비 58,500,000원과 장기구호사업비 141,800,000원을 예산으로 한 사업계획안은 다소 수정을 거친 후 미제레오에 의해 최종적인 승인을 받게 되면서 재해위는 원주원성사업을 본격적으로 착수할 수 있었다.[180]

재해위에서는 본 사업을 민관합동으로 추진키로 하면서 11월 19일 원주교구 주교관에서 원주시장 및 원성군수가 참석한 가운데 사업의

---

177 재해위, 「수해복구계획서(1976.8.27)」, 『원주원성사업』, 1978.
178 재해위, 「제18차 전체협의회(8.22)」, 『1976년도 전체협의회 회의록』, 1976. 당시 피해 자연부락 수는 원주시 12개 부락, 원성군 77개 부락, 합계 89개 부락으로 집계되었다 (재해위, 「수해복구계획서(1976.8.27)」, 『원주원성사업』, 1978).
179 재해위, 『원주원성사업 종합보고서』, 1978. 당시 재해위가 카리타스와 미제레오에 신청한 지원자금 액수는 긴급구호사업 307,895마르크, 장기구호사업 814,157마르크 등 총 1,121,052마르크였다.
180 재해위, 「카리타스가 원주교구 지학순 주교에 보내는 편지(1976.12.7)」, 『원주원성수해복구사업(카리타스)』, 1978; 사개위, 「원주교구에서 미제레오에 보내는 편지(1976.11.8)」, 『원주원성수해복구사업(미제레오)』, 1982; 사개위, 「"from Church tax funds"(1977.1.4)」, 『원주원성수해복구사업(미제레오)』, 1982. 재해위가 신청한 원안과 수정안의 내용은 다음의 연구를 참조(김소남, 「1970년대 원주지역 재해위의 원주원성수해복구사업」, 『사학연구』 제104호, 한국사학회, 2011(b), 241~243쪽).

추진에 대한 협력방안을 논의하였으며, 실무담당자들이 수시로 회의
개최를 통해 본 사업을 추진해 나가기로 하였다. 11월 22일 개최된 제
1차 실무자회의에서 식량지원과 농토복구, 수리시설 등의 추진을 위한
관련 자료를 원주시와 원성군에서 제공키로 하였으며, 집행위원회에서
는 이를 기반으로 현장조사를 실시하기로 하였다.[181]

　한편, 1976년 11월 초 집행위원회는 본 사업의 추진을 김인성, 김상
범, 이한규, 장상순 등 사업1부에서 맡도록 하였으며,[182] 1977년 4월
일부 상담원의 전직에 따른 기구개편에 따라 사업1부의 김인성, 이한
규, 정인재, 강태용 등으로 변경되었다. 또한 1978년 1월 공소사목부
가 설치됨을 계기로 원주원성사업은 상담원 이한규와 정인재가 담당하
게 되었다. 이와 같이 담당 상담원의 잦은 교체와 공소사목부의 설립·
활동은 원주원성사업의 본격적인 추진에 상당한 차질을 가져오는 주요
요인이 되었다.[183]

181　당시 주교관에서 열린 협의회의 참석자는 지학순 주교, 양대석 신부, 김지석 신부, 김영
　　주 위원장, 정기훈 원주시장, 최계명 원성군수였다. 당시 행정기관의 실무자로 원주시 박
　　종락 사회과장과 원성군 유실상 내무과장이 선임되었다. 제1차 실무자협의회의 참석자
　　는 김영주 위원장, 김인성 부장, 박종락 사회과장, 유필상 내무과장이었다(재해위, 「원
　　주지역 수해복구대책 협의회 회의록(1976.11.19)」, 『원주지구 수해복구사업 회의록』,
　　1977; 재해위, 「제1차 실무자회의 회의록(1976.11.22)」, 『원주지구 수해복구사업 회의
　　록』, 1977). 한편, 당시 정부에서는 원주·원성지역의 수재민을 위한 수해복구지원사업
　　에 착수하였다. 정부에서 추진한 수해복구사업을 살펴보면 주택복구에 233,100,000원,
　　농경지 복구에 437,600,000원, 수리시설복구비 429,200,000원, 농작물 피해보상비
　　424,070,000원 등 총 1,523,970,000원이 투입되어 사업이 진행되었다(사개위, 「원주
　　교구에서 미제레오에 보내는 편지(1976.11.1)」, 『원주원성수해복구사업(미제레오)』,
　　1982).
182　재해위, 「제20차 전체협의회 속개(11.9)」, 『1976년도 전체협의회 회의록』, 1976.
183　재해위, 『원주원성사업 종합보고서』, 1978.

2) 사업의 전개과정

원주원성사업은 1973년도 남한강사업의 추진방향과 경험을 원용하여 카리타스로부터 지원을 받은 긴급구호사업과 미제레오로부터 지원을 받은 장기복구사업으로 구분되어 추진되었다. 1977년부터 긴급구호사업은 ① 식량지원 ② 구료비지원 ③ 아동급식, 장기복구사업은 ① 농토복구 ② 수해시설복구 ③ 영농자금지원 ④ 협동 활동지원 등으로 실시되었다. 한편, 장기복구사업은 부락의 협동조직체의 구성과 자체회의를 통한 정관 및 사업계획의 수립, 1년 거치 4년 분할상환의 방식 등 부락개발사업과 유사하게 진행하고자 계획되었다.

(1) 구료비지원사업

구료비지원사업은 당시 대부분의 의료시설이 대도시에 편중되어 있고, 그 수가가 매우 높아 대부분의 농민이 병원시설을 이용하지 못하고 각종 질병으로 고통을 당하는 사회적 현실 속에서 구상된 것이었다. 이 사업은 예산 900만 원을 300세대를 대상으로 3만 원씩 지원하는 것이었다. 그러나 이러한 사업예산과 지원방식은 추진과정에서 현실성이 떨어지는 것으로 나타나면서 차선책으로 모색된 것이 '부락상비약지원사업'이었다. 이 사업은 부락개발사업이 추진되고 있는 단양 영춘면 밤수동의 농민지도자 남원식이 군에 있을 때 가져온 의약품이 부락민에게 유용하게 사용되고 있음을 본 상담원에 의해 주민자치제에 의한 공동운영의 방법을 모색하는 과정에서 채택된 것이었다.

인제 군대에서 월남에서부터 인제 1년 동안 있으면서 거기는 그 의약품 공급이 신청을 하면 나왔어요. (…중략…) 그 약이 쌓이면 잔여분들이 이렇게 좀 쌓이더라고요. 한 1년 동안 있으면서. 그래서 그 상비약으로서 쓸 수 있는 것만 내가 좀 모았어요, 거기서. 그 나올 때 인제 그 나올 때 이게 박스가 귀국 박스라고 있어요. 그 상자를 하나를 약을, 약만 한 상자 채워가지고 왔어요. (…중략…) 여기 뭐 상비약을 뭐 급하다고, 뭐 얘기하는 분 오면 내서 주고. 그러니까 약들이 또 참 잘 들어요. 인제 그 약들이. 그래고 또 인제 내가 위생병으로 있으니까 그래도 병원근무도 해보고 이래 가지고 웬만한 그 뭐 봉합 같은 것도 다 했잖아요. 그래서 연장에 다친 분들 있으면 고마. (…중략…) 이제 그런 얘기를 하다보니까 이제 재해대책에서 와 보고 아, 그거 뭐 참 좋겠다! 이런 생각을 하셨는가 봐요. 그래서 한번은 그 각 부락에 이제 자연부락에 있는 대표들 다 모아놓고 그 사업구상을 하고는 이제 회의를 하고 나보고 강의를 하라 그러더라고. (…중략…) 인제. 그래 각 부락별로 약 구입할 수 있는 자금을 지원을 해줬어요.[184]

위에서 남원식의 구술과 같이 약국조차 멀어 다니기 어려웠던 실정에서 월남에서 위생병으로 근무하면서 모았던 약품들이 부락민들에 의해 유용하게 쓰이는 것을 본 상담원에 의해 착안되어 전체부락을 대상으로 한 사업으로 발전하였던 것이다. 당시 농촌부락의 보건실태에 대한 상담원의 조사에 따르면 농촌부락과 그 인근 지역에 약국과 병원이 없어 질병을 예방하거나 치료할 수 없는 경우가 대다수였다. 그 결과

---

[184] 2012년 10월 10일, 남원식 전 밤수동협업농장 총무 구술(단양 영춘 하리 밤수동 자택).

표 II-43〉 지역별 부락상비약 지원 현황(1978.6.15)

시군	동면	리	주관단체	대표자	A	시군	동면	리	주관단체	대표자	A
원주	관설		상비약공동약품관리회	김진하	28	원성	문막	동화2	동화신협	이상철	39
	홍업	사제1	상비약회	김오호	35			궁촌1	성부의료협동회	박진만	16
		대안1	대안신협	김대흠	67			건등2	왕건의료협동회	박달수	19
		매지2	의료친목회	변영옥	14		귀래	운계1	상비약운영회	조덕준	34
		매지3	의료협동회	이창희	33			귀래1	새마을협동의료회	전순호	47
	호저	무장2	무장신협	박흥식	38	횡성	우천	하궁2	하궁신협	이한천	18
		대덕2	의료협동회	이주현	24			정금	장수화	이철우	53
	판부	서곡4	서곡신협	조한수	46		서원	창촌1	창촌신협	권석군	46
	신림	황둔1	청용신협	김성하	35			유현3	건강관리회	이영복	20
		신림2	언당신협	배제호	31			석화2	상비약협동회	이정수	39
		송계2	계야신협	박헌모	34			매호	의료봉사회	이명섭	44
		성남1	청운신협	이화종	33		둔내	현천2	상비약운영회	김재용	25
원성	소초	흥양2	의료협동회	이종면	27	정선	동	화암	정명회	이태호	26
		흥양3	황곡신협	이충선	46	평창	대화	신1리	평창대신신협	곽재근	99
		학곡1	협심신협(백동)	함완호	30			신6리	신지포의료협동회	이기동	38
		학곡1	학곡신협(백교)	김인수	65			신7리	신흥신협	이진재	72
		둔둔2	새싹의료협동회	신재헌	11	중원	앙상	능암	대평의료협동회	최근동	50
		둔둔1	섬강의료협동회	한규택	33		한수	포탄	신생개발회	최강천	41
	부론	흥호	대흥신협	최문환	54	제천	청풍	진목	진목신협	정상열	23
		정산2	의약품협동회	정태화	27			북진	북진신협	정도웅	121
		정산1	솔미신협	권해영	23			방흥	방흥신협	권희성	38
		손곡1	의료협동회	송태창	15			광의	청풍신협	노윤원	72
		손곡3	내신신협	홍순환	47			계산	청풍계산신협	김정석	65
		단강1	통일신협	한명수	41		봉양	학산	학산신협	김동배	68
	문막	후용2	후용신협	곽노식	18	단양	적성	수양포	수양포신협	김상진	38
		비두2	사흥신협	천정록	14		영춘	하리	밤수동의료협동회	허종	17
		반계3	동수동의료협동회	황우정	12	여주	능서	내양	양화신협	김남덕	41
합계									54개 협동체		2,090

출전 : 재해위, 『원주원성사업 종합보고서』, 1978.

비고 : 1. A는 회원수임.

집행위원회는 구료비지원자금을 개별적인 질병치료를 위해 쓰이는 것
보다 상당히 취약한 농촌부락의 보건문제를 해결하기 위한 방안으로
부락 내 협동조직을 통해 그 자금을 지원함이 효과적 이라는 견지에서
이 사업을 추진키로 결정하였다.

1977년 5월 부락상비약지원사업은 상담원협의회에서 지원원칙이
정해졌다. 즉, 지원대상 부락은 운영을 위한 조직체를 자체적으로 구성
하도록 하며, 부락회의를 통해 상비약관리 요령과 운영규약을 정하도
록 하였다. 또한 1개 부락에 15만 원씩 약 60개 부락을 지원하기로 하
였다. 1977년 6월 상담원협의회에서 그 지원대상을 1차로 단양 밤수
동, 원성 부론면의 단강리·손곡3리, 문막면의 동화2리 등 4개 부락을
선정하였으며, 이들 부락의 운영과정을 검토하면서 다른 부락에 보급
할 수 있는 가능성을 타진하였다. 1977년 7월 상담원협의회에서 지원
대상 부락들을 초청하여 간담회를 개최하는 방식으로 본 사업의 자금
을 지원하기로 하였다.[185]

1978년 6월 부락상비약 지원 현황은 〈표Ⅱ-43〉을 통해 살펴볼 수
있다. 부락상비약 지원대상 부락은 부락개발사업을 중심으로 폭넓게
분포하였다. 이는 상비약지원사업이 대부분의 농촌부락에서 호평을 받
았고, 큰 비용이 들지 않는 관계로 그 지원대상 부락들을 확대시킬 수
있었기 때문이었다. 부락상비약사업을 주관하는 협동조직체는 2가지

---

[185] 1977년 하반기 간담회는 9차례에 걸쳐 개최되었다. 당시 간담회에서는 주로 상비약관
리 운영규정 검토, 부락 내 질병조사 발표, 부락상비약 구입방법 논의, 4개 부락의 운영
경험을 다른 부락에 보급시키는 방안, 상비약 운영경험을 통한 문제점과 그 해결방안,
부락상비약 관리상의 문제점과 그 해결책 등을 다루었다. 한편, 1977년 12월 상담원회
의에서는 당시 부락별 상비약지원금 15만 원이 많다는 다수 현지 실무자들의 의견에 따
라 10만 원으로 축소되었다(재해위, 『원주원성수해복구사업(카리타스)』, 1978).

유형이 있었다. 부락 내 상비약 관리만을 목적으로 조직된 의료협동회와 신협이 조직되어 있는 부락에서 그 관리업무를 신협이 주관하고 있는 유형이 그것이었다. 이를 유형별로 살펴보면 의료협동회 수가 26개, 신협 수가 28개로 신협이 주관하는 경우가 다소 많았다.[186]

한편, 1977년 11월 부락상비약지원사업은 커다란 전환점을 맞이하였다. 상비약사업을 운영하고 있는 부락의 농민지도자들이 부락 내 상비약의 관리·운용뿐만 아니라 보다 체계적으로 마을건강 보건문제를 해결키 위한 연합조직의 필요성을 절감하면서 연합조직체를 창립하고자 한 것이다. 또한 약사회를 중심으로 재해위의 부락상비약지원사업에 대한 극심한 반대와 보사부 및 보건소 등을 통해 본 사업의 활동을 크게 제약하고자 하였던 시도들에 맞서 조직적으로 대처하고자 한 의미도 있었다.[187] 1977년 12월 27일 대표자간담회에서 선출된 준비위원회는 '마을건강봉사연합회'를 창립하였으며, 재해위에서 상비약자금을 지원받은 부락 중 31개의 농촌부락들이 그 회원으로 가입하였다. 마을건강봉사연합회의 창설은 부락조직의 연합체가 농민지도자들의 주도하에 결성되었다는 측면에서 발전적인 것이었다. 또한 이를 계기로 신협의

---

186 정선 동면 천포부락의 정명회와 제천 한수면 포탄부락의 신생개발회처럼 부락총회가 그 관리업무를 주관하는 경우도 소수 있었다.
187 당시 원주교구 교육원에서 개최된 부락상비약지원 대표자간담회에는 33개 부락, 36명의 대표들이 참석하였다. 당시 연합회가 조직된 직접적인 동기는 1977년 10월 2일 부락상비약을 지원받아 운영 중이었던 원성군 귀래면 귀래1리가 보건소 약사감시원에 의해 불법이라고 고발을 당할 위기에 처하자 군수에게 진정하여 해결한 일이 있었고, 횡성군 서원면 유현3리의 오상동 부락에서 약사감시원이 주인도 없는 집에 무단 침입해 약품 일체를 압수해 간 사실이 있어 주민대표들이 군수에게 찾아가 항의함으로써 약품을 되찾은 사실 등에서 비롯되었다. 당시 보건행정의 실무자는 본 사업의 녹색과 취시에 진동히고 있었으나 약사들에 유리한 약사법이 개정되지 않은 한 부락상비약의 설치 및 운용은 위법이라는 입장이었다(재해위, 『원주원성사업 종합보고서』, 1978, 43~45쪽).

부대사업으로 상비약사업이 추진되면서 신협운동이 활발하게 전개되었
다는 점에서 의미가 컸다.

3) 장기구호사업

(1) 농토복구사업

1976년 8월 원주원성지역에 내린 집중호우는 많은 재산 피해를 가
져왔으며, 이를 극복하는데 가장 시급한 문제는 유실되거나 매몰된 농
민의 농경지를 복구하여 생활의 터전을 마련하는 것이었다. 1976년
11월 정부는 긴급구호사업에 의한 농경지 복구에 4억 3,760만 원을
들여 복구를 진행하였다.[188] 정부는 수해를 입은 총 피해면적 616정보
중 1정보 이상의 피해를 입은 농경지를 복구 지원하되, 정부가 50%를
지원하고 나머지 50%는 자력부담 하도록 하였다. 당시 정부지원을 받
을 수 있는 농경지는 약 581정보로써 1정보 미만에 해당하는 35정보
의 농경지는 정부지원에서 배제된 상태였다. 재해위는 정부로부터 지
원받지 못한 지역의 부락을 조사하여 그중 10정보의 농토의 복구를 지
원코자 하였다.

1977년 3월 실무자협의회에서 정부지원을 받지 못한 1정보 미만의
유실·매몰된 농가의 소유농지 중 10정보를 2,700만 원을 들여 복구하되
협동조직체를 결성하게 한 후 이를 통해 지원하면서 복구작업의 협동화를

---

188 사개위, 「원주교구에서 미제레오에 보내는 서신(1976.11.1)」, 『원주원성수해복구사업
  (미제레오)』, 1982.

<표Ⅱ-44> 농토복구사업 현황(1978.6.15)　　　　　　　　　　　　　　(단위 : 원)

시군	면	리	부락	수혜자수	평수	융자신청액	자부담	지원액	지원일시
원주	관설		신촌	16	8,531	940,000	910,000	940,000	1977.4.4
			세교	23	18,440	1,980,000	4,798,000	1,980,000	1977.4.6
원성	판부	서곡4	후리사	15	6,060	2,330,000	880,000	1,600,000	1977.3.22
		서곡4	내동막	11	9,753	3,520,000	1,700,000	1,500,000	1977.4.4
		서곡4	내동막	11	9,753	1,000,000	300,000	1,000,000	1978.3.21
	흥업	매지3	회촌	8	3,171	1,120,000	800,000	960,000	1977.3.24
		대안1	승안	25	11,459	2,580,000	1,888,500	2,000,000	1977.3.25
		대안3	대송	51	38,678	8,968,000	1,978,000	3,580,000	1977.3.28
	소초	흥양3	황골	11	2,693	730,000	250,000	700,000	1977.3.25
		학곡1	백교	19	24,197	3,000,000	3,010,000	3,000,000	1977.11.25
		수암3	암곡	13	8,560	2,900,000	4,500,000	2,500,000	1977.11.25
	문막	궁촌1		10	14,454	3,500,000	6,405,660	1,400,000	1977.3.28
		동화2	동화골	18	8,431	2,840,000	0	1,420,000	1977.4.4
		후용2		19	11,633	2,000,000	1,000,000	1,600,000	1978.4.25
	신림	신림2	언당	10	6,031	3,340,000	2,584,500	1,400,000	1977.3.29
	호저	광격	영산	8	4,022	1,060,000	921,460	700,000	1977.3.29
합계	13	16		268	185,866	41,808,000	31,926,120	26,280,000	

출전 : 사개위, 「장기복구사업 종합보고서(1979.3.15)」, 『원주원성수해복구사업(미제레오)』, 1982.

이루도록 기본방침을 정하였다.[189] 1977년 3월 1차로 12개 부락을 지원대상으로 선정하면서 본격적인 농토복구사업에 들어갔으며, 1977년 11월 소초면 백교·암곡부락, 1978년 3월 판부면 서곡4리 내동막, 4월 문막면 후용2리가 선정되면서 종료되었다. 농토복구사업의 현황은 <표Ⅱ-44>와 같이 원주시 2개 부락과 원성군 내 6개 면 13개 리의 14개 부락의 농민 268명에게 융자신청액의 62.9%인 26,280,000원을 지원하였다.

이 사업은 농토복구조합이라는 조직이 자금을 지원받기 위한 형식

---

189 사개위, 「경과보고(1976.11.9~1977.4.30)」, 『원주원성수해복구사업(미제레오)』, 1982.

〈그림 II-17〉 세교휴식소에서 개최된 제1차 농토복구조합의 조합원 모임

적 조직의 성격이 강하였으며, 그 자체로 농민 주도 부락개발을 위한 일정한 역할을 하기에는 미흡한 점이 있었다. 따라서 재해위는 농토복구조합이 신협으로 전환되도록 유도하였다. 그 결과 원성의 대송·언당·궁촌·동화·후용 등 5개 부락에서 농촌신협이 설립되었으며, 본사업자금의 지원을 통해 서곡·대안·황곡·광격·백교 등 기 설립된 농촌신협의 활성화가 이루어졌다.[190] 농토복구사업은 그 자체로서 부락 전체에 미치는 영향이 크지 않은 단순한 경제적 지원이었으나 이를 계기로 농촌신협이 다수 창립될 수 있었고, 기존 신협의 자산규모를 확대시키면서 1970년대 후반기 농촌신협운동의 활성화에 기여하였다는 점에서 의미가 있었다.

---

190 재해위, 『원주원성사업 종합보고서』, 1978.

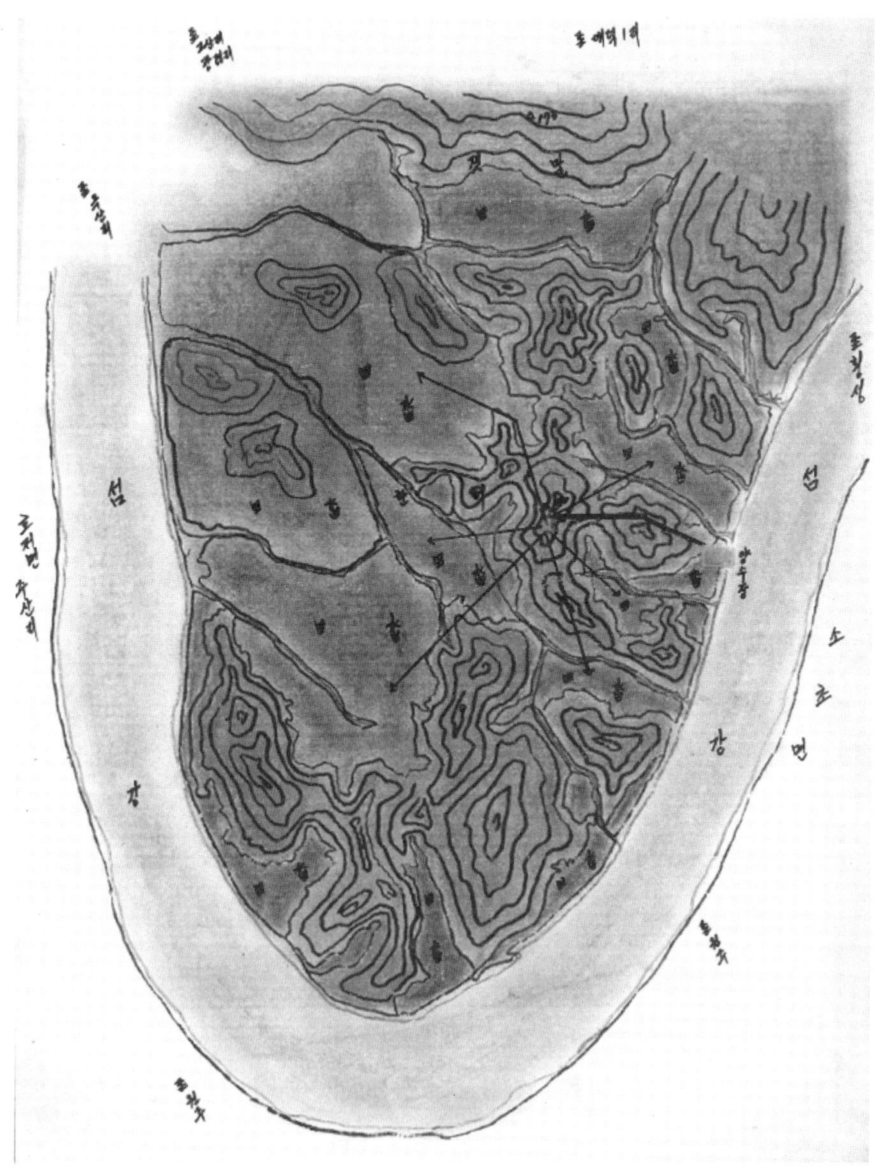

〈그림 II-18〉 원성군 호저면 대덕리 양수장 설치도면

대덕리는 총 65호(한터 31호, 잿말 34호)였으며, 전답의 총면적은 177,520평이었다. 당시 양수장 설치에 따라 혜택
을 입었던 면적은 밭 20.15정보. 논 15.15정보 등 합계 35.3정보였다.

(2) 수리시설복구사업

1976년도의 수해로 원성군은 관내 취입보, 도수로, 방수로 등의 수리시설 72개소, 총연장 11,047m의 피해를 입은 것으로 나타났다. 당시 수해를 당한 수리시설 72개소 중 피해복구비 규모가 100만 원 이상 소요될 것으로 예상되는 곳이 61곳에 달하였다. 당시 정부는 새마을사업의 일환으로 이들 수리시설의 복구에 예산 4억 2,920만 원을 책정하였으며, 공사비 100만 원 이상 소요되는 61개 수리시설만 국고 50%, 지방비 25%, 자력부담 25%의 비율로 자금을 투입하여 복구를 추진하였다. 이에 따라 재해위는 수해로 유실된 원성군 내 도수로와 보, 취입보 등의 복구를 지원하려던 초기계획에 차질을 빚었다.[191]

1977년 4월 집행위원회는 대규모 양수기시설의 설치·운영에 자금을 지원하기로 하면서 호저면 무장2리 장포부락의 양수시설에 200만 원을 지원하였다. 당시 지원사업의 원칙으로 부락 내 협동조직을 구성한 후 복구작업을 협동화하도록 하였는데, 장포부락이 수리계를 조직토록 하고 이 협동체가 수리시설의 운영과 관리를 하도록 하였다.[192] 1977~78년 집행위원회는 호저면 대덕2리의 양수장과 도수로시설의 설치를 위한 자금을 3차례에 걸쳐 지원하였다. 대덕2리 수리계에 대한 자금지원은 대덕2리 산간부락의 한해상습지를 100마력 양수기 설치와 수관 54개의 연결을 통해 강물을 해발 110m의 야산지대에 있는 천수답에 공급하여 수리안전답을 만들도록 한 것이었다. 이 사업은 지하수의

---

191 사개위, 「원주교구에서 미제레오에 보내는 서신(1976.11.1)」, 『원주원성수해복구사업(미제레오)』, 1982.
192 당시 무장2리는 생담, 장포, 살미의 3개 자연부락으로 이루어져 있었으며, 기존 설립된 신협이 장포와 살미부락을 흡수하면서 장포수리계에 자금지원을 한 것이다.

면	리	부락	수혜자수	몽리면적	지원액(원)	지원일시	비고
호저면	무장2	장포	32	15정보	2,000,000	1977.4.6	양수시설 인수
	대덕2		44	32정보	4,000,000	1977.5.27	양수장 설치 추가지원
			추가		500,000	1977.9.9	
			추가	32정보	2,000,000	1978.3.25	도수로 시설
문막면	궁촌1		20	13.5정보	500,000	1978.6.24	
소초면	흥양3	황골	13	5정보	2,000,000	1979.3.6	
합계	4		109	97.5정보	11,000,000		

출전 : 사개위, 1982 「장기복구사업 종합보고서(1979.3.15)」,『원주원성수해복구사업(미제레오)』.

개발에서 운영방식에 이르기까지 협업에 의해 추진되었기 때문에 당시 한해극복의 성공적인 모범으로 언론에 소개되기도 하였다.[193] 그 외 1978년 6월 문막면 궁촌1리와 1979년 3월 소초면 흥양3리 황골부락의 협동조직체에 각각 50만 원과 200만 원을 지원하면서 수리시설복구사업은 마무리되었다. 수리시설사업의 전체적인 추진 현황은 〈표 II-45〉를 통해 살펴볼 수 있다. 몽리면적 97.5정보인 4개 부락의 수리시설과 이에 속하였던 농민 109명에 대해 총 1,100만 원이 지원되었다.

(3) 영농자금 지원사업

1975년부터 재해위는 부락개발사업의 지원대상 부락의 요청에 따라 제한적인 범위 내에서 단기자금을 지원해 왔다. 집행위원회는 원주원성사업이 추진되면서 그 초기계획에서 영농자금의 지원항목을 넣고 있었으며, 1977년도 파종기부터 영농자금 지원에 나섰다. 당시 집행위

---

193 대덕리는 총 65호였으며, 전답의 총면적은 177,520평이었다(사개위, 「경과보고(1977.
　　5.1~10.25)」,『원주원성수해복구사업(미제레오)』, 1982).

원회는 영농자금의 지원을 통해 신협의 설립과 육성, 부락민의 의식계발과 부락조직의 육성 등을 중점적으로 이루고자 하였다. 먼저 원성지역의 한우지원사업이 추진되었던 부락들 중 이미 신협이 설립된 농촌부락부터 먼저 지원하였다. 신규부락이 선정되는 경우, 그 부락의 지도적 인물을 초청하여 농민지도자교육을 이수하게 하고, 부락에서 농촌현실 및 신협소개 등을 내용으로 한 현장교육을 실시한 후 농촌신협을 창립하도록 함으로써 그 지원이 이루어지도록 하였다.

재해위에 의한 영농자금지원사업은 〈표 II-46〉와 같이 추진되었다. 1977~81년 시기 영농자금지원사업은 27차례에 걸쳐 3개 군 8개 면 15개 부락 내 14개 농촌신협과 1개 단체를 통해 2,760만 원이 지원되었으며, 수혜 농민은 1,006명에 이르렀다. 당시 영농자금은 대부분 지원대상 부락의 농촌신협을 통해 지원이 이루어졌다. 2차례에 걸쳐 농촌신협을 통해 영농자금 340만 원을 지원받은 학곡1리의 경우, 백교·백동·토정·칠송 등 4개 자연부락이 공동으로 개별 부락단위의 소요자금을 조사한 후 집행위원회에 지원을 요청하였다. 재해위의 자금지원 결정 후 학곡신협을 중심으로 4개 부락의 농민지도자들이 이를 집행하였다.[194]

당시 영농자금의 지원에 있어 또 하나의 특징은 1970년대 전반 부락개발사업의 추진 시 작목반과 부락총회의 구성과 이를 통해 장기간에 걸쳐 자금을 지원했던 방식을 탈피하여 농촌신협을 통해 단기자금의 형태로 지원한 점이었다.[195] 이는 장기자금의 형태로 부락개발사업이

---

194 재해위, 『원주원성사업 종합보고서』, 1978.
195 재해위, 「제29차 전체협의회 회의록(1977.10)」, 『1976~1977년도 전체협의회 회의록』, 1977.

군	면	리	수혜자수	지원액(원)	지원일시	비고
원성	소초	학곡1	122	3,400,000	1977.4.21, 1978.3.20	학곡신협
		흥양3	93	2,500,000	1977.5.6, 1978.3.16	황곡신협
	호저	광격	75	1,500,000	1977.5.9	영광신협
	부론	단강1	58	1,500,000	1977.7.15, 1977.12.5	통일신협
		손곡3	68	2,500,000	1977.9.21, 11.11, 1978.2.20, 4.13	내신신협
	문막	동화2	72	2,000,000	1977.8.12, 1978.2.20, 1978.3.31	동화신협
		동화3	14	500,000	1981	마현청소년회
		궁촌1	48	1,500,000	1978.3.2, 1978.4.3	명봉신협
		후용2	58	1,000,000	1978.3.6	후용신협
	신림	신림2	83	2,200,000	1977.9.19, 1978.2.17, 1981.3.20	언당신협
		성남1	27	1,000,000	1981.3.4	청운신협
		송계2	50	1,000,000	1981.4.27	계야신협
	귀래	귀래2	46	1,000,000	1981	귀운신협
횡성	서원	매호	142	4,500,000	1977.10.27, 1978.3.8	매호신협
평창	평창	후평	50	1,500,000	1981.3.23	용산신협
합계	8	15	1,006	27,600,000		

출전 : 사개위, 『장기복구사업 종합보고서(1979.3.15)』, 『원주원성수해복구사업(미제레오)』, 1982; 사개위, 『장기복구사업 추가보고서(1981.8.31)』, 『원주원성수해복구사업(미제레오)』, 1982; 사회선교국, 『부락별 사업지원 현황』, 1991.

추진된 결과 부락민과 대차관계가 형성되면서 부락개발운동이 침체에 빠졌던 경험에 대한 비판적 성찰 위에서 집행위원회가 단기자금을 통해 지원함으로써 부락민과의 대차관계가 형성되지 않도록 한 것이었다. 또한 영농자금 지원은 학곡1리와 같이 농촌신협을 통해 지원되도록 함으로써 조합원과 부락민을 민주적으로 훈련시키고 의식의 향상을 도모하도록 하였다. 이 과정에서 부락의 민주화와 협동화 그리고 이 시기 농촌신협운동의 활성화에 크게 기여하였다.

(4) 협동활동지원사업

재해위는 원주원성사업의 초기계획에서 20개 부락을 선정하여 생산
협동체인 작목반을 구성하게 한 후 3명의 상담원이 이를 지원·지도하
면서 협동 활동지원사업을 추진코자 하였다. 1977년 3월 실무자협의
회에서 부락 내 생산소득을 올릴 수 있는 사업을 선정하여 협동조직체
를 구성하게 하고, 생산활동의 협동화를 통해 부락개발을 하도록 결정
하였다.[196] 그러나 이러한 협동 활동지원사업은 당초의 계획대로 추진
되지 못하였다. 이는 재해위 내에서 사업을 통한 운동의 중점이 부락개
발운동에서 협동조합운동으로 넘어가는 내부논의의 결과이자 공소사
목부가 활동하게 되면서 사업이 축소·변형되었기 때문이었다.

1977년 초 부락개발사업에 의한 작목반과 부락총회의 활동이 전반
적으로 침체되었다는 내부의 평가를 기초로 재해위는 이들 지역에서
농촌신협의 조직육성을 강화하고, 부대사업으로 구판사업 등을 추진하
였다. 1970년대 후반기 운동의 중점은 부락개발운동에서 협동조합운
동으로 전환되었다.[197] 또한 재해위는 소수의 상담원이 3개 도 13개
시·군의 90여 개 농촌부락과 10여 개 탄광지부를 매달 순회하면서 부
락의 제반 사업을 지도하고, 초청·현장교육 등을 실시하는 것이 매우
힘들다고 판단했다.[198] 아울러 1978년 공소사목부의 활동은 재해위의

---

196 사개위, 「경과보고(1976.11.9~1977.4.30)」, 『원주원성수해복구사업(미제레오)』, 1982.
197 재해위, 「제24차 전체협의회 회의록(1977.5.13)」, 『1976~1977년도 전체협의회 회의
　　록』, 1977.
198 당시 현장에서 활동하였던 상담원은 8명 내외였다. 이들 상담원은 90여 개 부락과 10여
　　개 탄광지부에서 부락개발운동과 협동조합운동을 추진하였다. 당시 상담원들은 가농 원
　　주교구연합회의 주요 임원으로 활동하였으며, 1970년대 후반 전개되었던 전국적인 농민
　　운동에 적극적으로 참여하였다. 박재일은 1974년 2월 한가농에 가입 후 1975년 1월 제7
　　차 전국대의원 총회에서 부회장에 선출되는 등 활발하게 활동하였다. 김상범은 1976년

<표II-47> 협동 활동지원사업 현황(1979.3.15)

군	면	리	부락	협동체명	대상자	사업명	지원액	지원일시
원성	흥업	대안1		대안신협	128	공동구매사업	2,000,000	1979.2.19
	호저	무장2		무장신협	50	공동구매사업	1,000,000	1978.4.6
		대덕2		대덕수리계	44	수리계운영자금	1,000,000	1978.7.24
	신림	성남1	청운	청운신협	13	공동구매사업	500,000	1978.4.6
	소초	학곡1	백교	학곡신협	83	공동구매사업	2,000,000	1979.2.12
	부론	흥호2		대흥신협	54	구판사업	1,000,000	1978.3.25
		단강1		통일신협	43	공동구매사업	600,000	1978.6.7
	문막	비두2		사흥신협	44	공동구매사업	850,000	1978.4.10
		동화2		동화신협	23	부녀구판사업	400,000	1978.5.19
	귀래	귀래1		귀운신협	37	공동구매사업	1,300,000	1978.3.31
		운계1	유현	협동친목회	21	부녀구판사업	600,000	1978.4.10
		운계1	유현	협동친목회	45	공동구매사업	1,000,000	1979.2.13
횡성	서원	매호		매호신협	63	단무지공장	3,000,000	1978.10.25
여주	대신	보통3		대신신협	85	땅콩입도선매방지	3,000,000	1978.11.14
합계		13			733		18,250,000	

출전 : 사개위, 「장기복구사업 종합보고서(1979.3.15.)」, 『원주원성수해복구사업(미제레오)』, 1982.

한우지원사업과 원주원성사업 등의 추진에 직접적으로 영향을 미치면서 협동 활동지원사업의 당초계획은 크게 수정될 수밖에 없었다.

이 시기 협동 활동지원사업의 현황을 보여주는 <표II-47>과 같이 본 사업은 1978~79년 시기 원성지역의 9개 면 13개 리에 소재한 신협과 협동친목회의 조합원 733명에 단기자금 18,250,000원이 지원되는 형태로 상당히 축소·변경되어 추진되었다. 대체로 농촌신협을 통한 부녀구판사업과 공동구매사업 등에 대한 자금지원이 대부분이었으

2월 결성된 가농 원주교구연합회의 초대회장이었으며, 정인재는 1978년부터 가농의 부회장으로 선출되어 활동하였다. 1978년 당시 김상범·홍고광·정인재·박재일·이경국·박양혁·이한규 등은 가농을 통해 활발한 농민운동을 전개하였다.

며, 일부 부락에서 땅콩입도선매방지나 단무지공장 운영자금, 수리계 운영자금으로 지원이 이루어졌다. 이러한 자금지원이 기존 신협을 통해 지원되도록 함으로써 부락 내 농촌신협의 성장·발전에 기여하였으며, 1970년대 후반기 협동조합운동의 활성화의 기반이 되었다.

4. 농촌새마을운동과 부락개발운동

1970년대 초 박정희정권은 전국적으로 새마을가꾸기사업의 추진을 통해 얻은 성과를 바탕으로 1972년부터 새마을운동을 전개해 나갔다. 박정희정부의 새마을운동은 초기 환경개선사업에서 시작되어 1972년부터 정신계발사업과 소득증대사업을 추진하면서 크게 3가지 영역에서 추진되었다. 1972년부터 중앙단위에서 새마을중앙협의회의 구성을 필두로 각 면과 부락단위에서 새마을추진위원회와 마을개발위원회가 구성·활동하였으며, 내무부와 농림부, 농협 등의 계통조직을 통해 부락 내 청년회와 부인회, 4-H반, 농사개량구락부, 마을금고 등이 설립되었다. 이들 조직들은 전국적으로 기초마을과 자조마을, 자립마을 편재에 따른 차등지원을 통해 행정기관과의 긴밀한 관계 속에서 새마을운동을 마을단위로 전개하였다.

1970년대 초 정부와 재해위가 추진한 새마을운동과 부락개발운동은 비록 규모와 지역범위의 차이는 있었으나 상당히 유사한 방식으로 전개되었다.[199] 먼저 양자는 크게 농촌개발운동을 목표로 이를 한 협동활동에 기반해서 소득증대사업을 전개했다는 측면에서 유사하였다. 특히, 정부와 재해위는 상당한 자금지원을 부락단위로 하였으며, 부락 내 농민지도자의 발굴, 부락공동기금의 조성과 활용 등을 통해 농촌개발운동을 추진했다는 점에서 상당히 유사하였다. 양자는 부락 내 농민지도자의 발굴과 이들을 중심으로 한 농촌개발을 추진하기 위해 제반 교육사업을 추진하였으며, 정부와 재해위가 추진한 제반 교육에 부락의 핵심적인 농민지도자들이 공히 참석하는 경우가 많았다. 재해위는 부락개발사업을 위한 농촌지도자교육을 추진하면서 이장과 새마을지도자 등 행정기관과 밀접한 기존 인물 외의 부락 내 실질적인 지도자를 발굴해서 참여토록 하였다. 그런데 작목반·부락총회를 중심으로 추진된 부락개발사업이 농촌신협과 소비조합의 설립을 통해 전체부락민을 대상으로 전개해 나가는 과정에서 부락의 젊은 청년뿐만 아니라 이장과 새마을지도자 등도 상당수 참여하였다.[200]

1973~74년 시기 재해위의 지원을 받았던 농촌부락에서는 정부의 새마을사업과 재해위의 부락개발사업을 통한 자금지원을 받는데 있어

---

199 새마을운동은 전국적 거대 프로젝트로써 국가에 의해 전국적으로 실시되었던 관제적 농촌개발운동인 반면, 부락개발운동은 남한강유역 수해복구지역을 중심으로 3개 도 13개 시군 90여 개 농촌부락을 대상으로 민간 주도로 전개된 농촌개발운동이었다.

200 이장과 새마을지도자들은 행정기관과 농촌부락의 '경계의 인물'이자 '유기적 통로', 말단 '끄나풀'이라고 할 수 있다. 이들은 행정기관과 마을을 연결시키거나 국가의 지시를 마을에 전달하는 역할을 하였다. 각 마을에 혼재한 농민지도자들은 새마을운동 이전부터 마을의 개발에 참여하는 경우가 많았다(오유석, 「박정희식 근대화전략과 농촌새마을운동—한국의 신업회와 민족경제론」, 『동향과 전망』 제55호, 2002, 174쪽; 윤충로, 「새마을지도자 '만들기'와 '되기' 사이에서—구술을 통해 본 1970년대 새마을운동」, 오유석 편, 『박정희 시대의 새마을운동—근대화, 전통 그리고 주체』, 한울, 2014, 203·227~231쪽).

별 차이와 문제점을 느끼지 못하는 부락이 많았다. 당시 농촌부락 입장
에서 도움이 될 수 있는 외부의 지원자금을 부락별 경쟁관계 속에서 서
로 유치하고자 하였다.

> 사회개발위원회에서는 하나의 프로젝트를 딱 만들어서 이걸 이렇게 하
> 면 요런 방식으로 민주적인 방법으로 잘 운영하면 이게 씨앗이 돼서 좀 번
> 창해 질 것이다. 이런 직접적인 관계가 있고, 정부에서는 대한민국 전체를
> 통틀어 가지고 새마을운동에 얼마 투자하고, 새마을사업에 얼마를 투자를
> 하잖아요. 투자를 하는데 있어서는 괜히 멍청하게 잘못 있다가는 그 많은
> 돈, 우리는 10원도 구경 못 하잖아요. 그러면 우리가 이런 민주화운동에 협
> 동만 잘하면 그 돈을 딴 데보다 더 얻어다가 부락개발을 시킬 수 있잖아요.
> 그런 걸 내가 인식을 먼저 했다고. (…중략…) 정책사업을 절대 반대해서
> 도 안 되고. 그래 전 중간역할에서 적절하게 잘 이렇게 가야지, 우리가 어려
> 운 농촌이 살아갈 수 있지 않는가. (…중략…) 내가 어느 한 쪽으로 치우칠
> 이유도 없잖아요.[201]

당시 재해위로부터 한우반과 경운기반, 신용사업 등의 운영을 위한
상당한 자금지원을 받도록 주도적인 역할을 하였고,[202] 당시 이장이자
새마을지도자를 오랫동안 지냈던 평창 신리부락 윤석주의 구술과 같이

---

[201] 2012년 10월 26일, 윤석주 전 신1리 이장, 마을금고·대신신협 회계이사 구술(평창 대
화 신1리 자택).

[202] 1973~74년 신1리 부락은 15명으로 구성된 한우반에 195만 원(1973.10.18), 4명으로
구성된 경운기반에 55만 원(1973.10.18), 신용사업 대상자 18명에 60만 원(1974.4.4),
농산물구판매사업 대상자 82명에 240만 원(1974.12.24)을 재해위로부터 지원받아 협
동운동을 전개하였다.

재해위의 부락개발사업이 추진 중인 상당수 부락에서는 재해위의 지원자금과 함께 정부의 자금지원을 받기 위해 부락단위의 치열한 노력이 있었다.[203] 이는 당시 대다수 농촌사회가 빈곤하여 외부의 지원을 절실히 받아야 했을 뿐만 아니라 농촌부락의 숙원사업들을 중심으로 부락 전체의 공동체적 성격과 협동 활동을 통해 추진토록 하면서 농민들의 일정한 지지를 받으며 전개되었기 때문이었다.[204]

당시 정부는 새마을운동의 빠른 확산을 위해 농촌부락의 숙원사업이었던 전기나 전화, 교량 건설 등을 새마을가꾸기사업과 연결시켰다. 〈표 II-48〉과 같이 부락개발사업을 추진 중인 농민들이 부락 내 숙원사업을 해결하기 위해 새마을운동에 참여하는 경우가 많았다.[205] 1973년의 경우, 재해위의 지원을 통해 부락개발사업이 추진 중이거나 농촌신협이 설립된 부락을 중심으로 1973년도 새마을사업의 추진에 따라 우수마을특별지원에 의한 새마을사업기금지원을 5개 부락에서 받았다. 또한 정선 낙천부락이 소득증대자립마을로 선정되어 252만 원을 지원받았으며, 소하천과 양묘 등의 복차소득사업이 9개 부락에서 추진되었다. 1974년도의 경우, 새마을사업기금지원은 13개 부락, 복차소

---

203 이러한 양상은 횡성 강림부락, 여주 보통부락, 영월 연당부락 등 대부분의 농촌부락에서 나타났다. 마을에서 인정받는 훌륭한 농촌지도자는 정부의 시책에 적극 협조하면서 다른 마을보다 지원을 더 많이 받아오는 지도자였다(이환병, 「모범농민·마을의 성장과 농촌새마을운동」, 성균관대 박사논문, 2011, 171쪽). 이러한 측면은 재해위의 부락개발사업에 참여하고 있는 농촌부락의 농민지도자들도 예외가 아니었다.
204 위의 글, 133쪽.
205 1970년대 전반기에는 전기, 후반기에는 전화가 농촌마을에 널리 보급되었다. 새마을운동 직전 농촌의 전기보급률은 12%에 불과하였으나 1977년에는 99%에 이르렀다. 전기의 가설은 정부지원이 20%에 불과하고, 나머지는 부락민들의 부담이었으나 그들은 전기가설에 적극적이었다(위의 글, 183쪽).

군	면	리	1973년도	1974년도	1975년도	1976년도	1977년도	1979년도
원성	부론	흥호2						150(우)
		정산1	100(우)			3,365(전)		
	귀래	귀래1	1,352.7(전)	100(우)				
		운계				200(복)	150(우)/196(복)	
	문막	동화2					150(우)	
		궁촌1		100(우)			196(복)	
		학곡1		100(우)				
	신림	신림2		196(복)				
		성남1		100(우)				
		용암	228.2(복)			50(우)		150(우)
	흥업	대안1				183.2(복)	196(복)	
		대안3			1,440(전)			
		매지2	125(복)	100(우)			196(복)	
	호저	광격		100(우)				
	판부	서곡4					276.5(복)	
횡성	서원	창촌1	80(복)					
		매호	100(우)/5.6(복)					
		유현3		70(우)/150(복)				
	우천	정금2						150(우)
		하궁2	양묘 5.6(복)					
	안흥	강림2					150(우)/3,470(전)	150(우)
		월현2					1,230(전)	
		부곡2					1,695(전)	
	청일	유동3					360(전)	
영월	남	연당1				50(우)/199.5(복)		150(우)
		연당2			50(우)			
		북쌍3			950(전)			
	하동	각동	100(우)					150(우)
정선	동	화암	150(복)/4.5(복)	100(우)		118(복)	224(복)	
	임계	낙천	100(우)/100(복)					150(우)
		용산		100(우)				
평창	대화	신1	100(우)				130(복)	
		신6				194.5(복)	1,150(전)	
	평창	후평	양묘 4.3(복)					
	봉평	백옥포		112(복)				
중원	앙성	능암		100(우)			10개 리 1,404(전)	
	소태	복탄1		90(우)			9개 리 456(전)	
제천	청풍	북진	308.6(전)					
	봉양	학산		100(우)				
단양	적성	애곡	양묘 9.4(복)					
	영춘	하		100(우)		120(복)	690(전)	
	단양	증도	34.8(전)					
	매포	별곡				270(전)		

출전 : 내무부, 『새마을운동－시작에서 오늘까지』, 1973~1977・1979.
비고 : 1. (우)는 새마을사업기금지원, (복)은 복차소득사업지원, (전)은 농어촌전화사업지원, (자)는 소득증대자립마을지원임.
　　　2. 전화사업은 인근부락이 결합됨.
　　　3. 낙천은 1973년 252만 원(자)이 지원되었음.

득사업은 3개 부락에서 추진되었다. 1975년도의 경우, 복차소득증대
사업이 2개 부락, 농어촌전화사업은 원성 대안3리와 영월 북쌍3리 등
2개 부락에서 추진되었다. 이와 같이 부락개발사업의 대상 전 농촌부
락에서 〈표Ⅱ-48〉과 같이 새마을사업기금지원과 농어촌전화사업 등
을 통해 행정기관의 새마을사업이 추진되었다.

재해위는 부락개발사업을 추진 중인 농촌부락에서 정부에 의한 새
마을사업 등 제반 사업들이 상호연계와 체계 없이 추진되면서 혼선과
비효율성이 나타난다고 인식하였다. 재해위는 이를 타개하기 위한 방
안으로 면사무소와 농촌지도소, 농협 등과의 협력 속에서 1974년부터
'부락종합개발사업'을 추진했다.[206] 이는 내무부와 농수산부, 농협 등
이 추진한 환경개선사업과 소득증대사업 등이 실로 농민을 위한 농촌
개발이 되도록 적극적으로 끌어들이고자 한 것이다. 1970년대 전반 부
락개발사업이 추진 중인 농촌부락의 농민지도자들은 정부가 추진하고
있는 새마을사업과 교육에 적극적 또는 소극적으로 참여하였다.

72년도부터 75년까지 부락에 이 지붕 개량, 그때, 지금 슬레이트 지붕이
죠. 슬레이트로 지붕 개량, 여기에 거의 다 100% 내가 지붕 개량을 다 해주
고, 이 새마을사업 가꾸기를 참, 내 일 안 하고, 참 지금 생각해도 엄청나게
했어요, 제가 일을 그 당시에. (…중략…) 그때 군 행정으로 전부 행정이 서
류가 됐죠. 그래서 그런 측면에서 전부 다 이렇게 하니까. 면장이나 군수가
인정을 하는 거지. 일단은 인정하고, 모든 새마을지도자 교육은 전부 나를

---

206 재해위, 『제2차 부락개발사업 간담회』, 1974.

차출하는 거야. 참 뭐 제가 그 가나안연수원에서부터 새마을지도자연수원, 하여튼 그 국가가 추진해서 하는 교육은 안 빠진 게 없었어요. 그렇게 하니까 개 중에 나도 배우는 게 있더라고요. 물론 관 주도형이라 하지만, 그래도 내가 거기서 참 배우고, 타당성이 있고 그런 게 많아서 했는데, 그래서 자꾸 하다 보니 욕심 있게 되고, 한 해 한 해 자꾸 동네에서 저를 신임을 해서 이렇게 더 이장으로 추진하는 거죠. (…중략…) 새마을지도자로서 평창군에 두각을 제가, 어디가든지 참, 제가 면장에서부터 대통령에 이르기까지 새마을 관계 표창을 안 타본 게 없어요. 싹 탔어요.[207]

1960년대 후반 원주사령부 부관부에서 행정요원으로 3년간 근무하다가 제대 후인 1972년부터 5년간 이장을 맡았던 윤석주의 구술과 같이, 그는 신리부락에서 재해위의 부락개발사업을 주도하는 핵심적 인물이면서도 당시 국가에서 추진한 새마을사업을 적극적으로 참여한 평창지역의 대표적 새마을지도자였다.[208] 당시 부락개발사업이 추진 중인 상당수의 농촌부락에서 작목반과 부락총회의 주요 임원진이 이장이나 새마을지도자인 경우가 많았으므로 부락의 상황에 따라 다소 차이가 있었으나 이들 지도자들은 국가에서 실시하는 새마을사업 및 교육에 참여하면서 부락과 자신의 입장에서 실리를 얻고자 하였다.[209]

---

207 2012년 10월 26일, 윤석주 전 신1리 이장, 마을금고 · 대신신협 회계이사 구술(평창 대화 신1리 자택).

208 모범농민이나 부락지도자들 중 군 제대 이후 지도자로 활동하는 경우가 많았다. 군대의 경험이 행정기관과의 관계를 풀어가는 측면과 부락지도자로 성장하는데 중요한 역할을 하는 경우가 많았다. 평창 신리부락의 윤석주와 단양 밤수동부락의 남원식 등이 대표적이었다(오유석, 「새마을운동의 군사문화적 특징」, 『박정희 시대 새마을운동과 근대적 국민-주체의 형성』, 성공회대 민주주의연구소, 2011, 74~76쪽).

209 새마을교육과 재해위의 제반 초청교육에 참여한 농민지도자들은 그 등장배경으로 일제

그러나 국가에서 추진하였던 새마을운동과 재해위가 전개하였던 부락개발운동은 근본적인 성격의 차이가 있었다. 1970년대 전반 새마을운동은 새마을가꾸기사업에서 착수되어 발전된 것과 같이 농촌부락의 입장에서 환경개선10대사업이 대부분이었다.[210] 부락개발사업의 경우, 수해를 입은 농촌부락을 선정하여 생산협동체인 작목반과 이를 총괄하는 부락총회를 구성토록 하는 등 부락민의 생산소득증대사업을 중점적으로 추진하며, 신협과 구판장·소비조합의 설립·운영을 통해 농민 주도의 부락개발운동이 이루어지도록 한 것이 핵심이었다.

새마을사업은요, 무슨, 길이 좁다 뭐 한다 확장한다, 이걸 만든다. 이런 데에 전력을 다 했다고 해도 과언이 아니에요. 또 부락에 처음에 길이 좁은 걸 넓혀서 사람이 다니던 거 우마차가 다니게 해서 그 경운기를 다니게 해서 길을 넓히고, 거기에 자갈 갖다 쓸어 넣고, 모래 갖다 쓸어 넣고 해서 움직여 나간 것이 그게 새마을사업이었어요. 그래가지고 부락사람들 총동원 시키는 거지. 다 나와라, 할 수 없이. 집집이 다 나오게끔 해가지고 공동 일을 작업한 것이 새마을사업인거고, 우리 소비조합이니 뭐니 하는 건, 실제 눈에 뜨게 우리가 아끼고 살아갈 수 있는 방향을 만들어 주는 건데, 그것을 남의 일같이 생각했어요, 그 사람들이. 왜냐면 높은 사람들이 뭐 이렇게 하

시기 농촌진흥운동, 중견인물 양성, 보통교육제도의 발달 등의 영향이 컸다. 일제시기 근대적 교육을 받았던 세대들이 1950~60년대에 20~30세가 되며, 이들이 부락발전을 위해 노력하는 과정에서 새로운 농민지도자들로 등장할 수 있었다(김영미, 『그들의 새마을운동』, 푸른역사, 2009; 이환병, 앞의 글, 12쪽).
210 새마을운동 중 농가소득 증대사업이 부진과 한계에 대해서는 다음의 연구 참조(이환병, 「새마을운동 시기 소득증대사업의 전개양상」, 『동국사학』 제55집, 동국사학회, 2013, 295~337쪽; 황병주, 「새마을운동시기 국가와 농민의 정치경제학」, 오유석 편, 『박정희 시대의 새마을운동－근대화, 전통 그리고 주체』, 한울, 2014, 48~58쪽).

는 거다 하면은 어렵게 부지런히 따라가. 따라가고 다 하려고 드는데, 이거
를 하면은, 그런가보다 하고 쫓아가면서, 나중에는 옆으로 가요. 처음에는
따라오는 척 하면서 옆으로 가요. 이것은 새마을사업은 직접 일이거든. 눈
에 해놓으면 길 갖다 번지르르 해지면 길 좋아지잖아. 이 바람에 새마을사
업 했기 때문에 길이 좋았다는 얘기야, 말하자면. 직접 보이는 거 가지고 움
직인 거지. 여기는 사람 만드는 일이고. 거기는 직접 우리가 해놨다 하는 표
시하는 거지.[211]

　　1973년 5월 부락개발사업이 착수된 여주 보통부락에서 당시 이장이
자 새마을지도자였던 경근호의 구술과 같이 부락단위에서 새마을사업
은 대부분 환경개선사업인 것으로 인식하였다. 그런데 정부와 재해위
는 새마을운동과 부락개발운동의 목표를 이루기 위해 가장 중점적으로
추진한 것이 교육사업이었다. 그러나 교육의 접근법과 내용은 근본적
으로 달랐다. 1970년대 전반 부락개발사업에 참여한 농민지도자들은
점차적으로 이를 인식하였다.

　　새마을교육이야 뭐 별거 아니고, 이렇게 원주 사회개발처럼 구체적인 게
아니고, 그저 대중적으로 하나의 타이틀을 해서 같이 가는 거고. 새마을운
동 한다고 해도 자기네들 구호나 외치고, 그저 그런 거지, 이런 사회개발처
럼 사업 추진에 대해서 그렇게 하는 게 없다고. 그래서 우리들은 각 부락에
서 사업 추진해서 문제점 제기해서 안 되면 또 보강하고, 이래서 어떻게 하

---

211 2012년 6월 29일, 전 여주 보통부락 이장이자 대신신협 이사장, 전 제 1~2대 농촌소비
　　조합협의회 회장 경근호 구술(원주 밝음신협 4층 무위당기념관).

면 민주화가 되고, 협동조합을 잘 굴러가게 하느냐 하는 데에 만날 우리가 노심초사 하고, 우리가 토론을 하고, 협의를 하니까 좋은 안이 도출되지만, 새마을운동사업이야 그게 안 되는 거야. 일괄적으로 딱 해가지고, 똑같은 얘기 해가지고, 받아들여서 잘하면 하고, 안 하면 말고. 뭐 그렇게 가는 거고. 그래서 그 뭐 거기에서 뭐 별다른 부락에 가서 부락개발, 이런 게 없어요. 부락에 가서 지도자는 뭐, 사실 어떻게 보면 지금 현실이 그래요. 이장 밑에 새마을지도자가 있다고요. 이장 뽑고 난 다음에 지도자 선임했지. 이게 벌써 틀린 거 아니에요? 새마을지도자는 글자 그대로 부락의 지도자에요. 이장은 하나의 행정 집행관이지, 동네 지도자는 아니잖아요. 지도자가 상위 계급인데, 이거 하위에요. 이장 심부름꾼이 돼요.[212]

새마을운동 초기 새마을가꾸기사업과 환경개선10대사업의 추진을 통해 일종의 농촌근대화적 성격을 가진 교육이 실시되면서 일정한 농민들의 호응을 이끌어냈던 새마을교육이 1972년 말 유신체제의 성립을 전후로 대중지지의 결집을 통한 정권의 안정과 유신체제의 유지에 필요한 이데올로기를 주입하기 위한 범국가적인 정신운동으로 점차 변질되었다.[213] 또한 농촌새마을운동에서 전개된 마을공동체 중심의 사

---

212 2012년 10월 26일, 윤석주 전 신1리 이장, 마을금고·대신신협 회계이사 구술(평창 대화 신1리 자택).
213 새마을운동이 초기 농민들의 일정한 지지와 호응속에서 추진된 배경에는 몇 가지 중요한 요인들이 있었다. 먼저 1960년대 농촌사회에서 성장하였던 모범농민과 모범마을의 존재와 마을 내 다양한 자치기구의 존재, 이들을 중앙정부와 연결시키면서 농민들을 동원할 수 있는 모범공무원 등이 존재하였기 때문이었다(이환병, 「모범농민·마을의 성장과 농촌새마을운동」, 성균관대 박사논문, 2011, 139~148쪽). 특히, 새마을운동 초기 이를 추진될 수 있는 이론적 기반과 청사진을 제공하고, 더 나아가 이를 전국적으로 확산시킬 수 있는 새마을지도자 양성을 위한 제반 교육의 추진에 협업농에 기반한 인물들이 적극적으로 참여

업이 한계에 도달하고 새로운 방향으로 전환되지 못하면서 1974~75
년을 기점으로 그 활동이 현저하게 감소하였다.[214] 아울러 이 시기 새
마을운동의 중점이 점차 농촌에서 도시와 공장으로 옮겨가면서 농촌새
마을운동은 농촌근대화운동이자 농촌개발운동의 성격에서 완전히 벗
어났다. 따라서 1970년대 전반 농가소득증대를 위한 대표적인 정책이
었던 통일벼 보급과 이를 통한 이중곡가제의 실시를 통해 미곡의 상품
화에 직접적인 이해관계를 가진 농민층을 중심으로 정권에 대한 지지
가 나타나면서도 새마을운동은 그 자체가 농촌근대화 또는 전문적인
농민양성의 역할과 기능에서 점차 이탈되어 갔다.[215]

그거는 뭐 인제 저 부락개발위원회하고 새마을운동의 차이가 엄청나는 거
지. 그거는 그 부락개발 저, 저 새마을운동은 억지로 하는 거야, 억지로 하는

하면서 농촌근대화운동이자 농촌개발운동적 성격을 일정하게 지닐 수 있었다. 당시 협업농
자의 대표적인 인물들이 새마을지도자연수원 원장이었던 김준과 가나안농군학교의 김용
기, 안양 농민교육원의 김일주 등이었다. 그러나 1970년대 전반 새마을운동이 유신체제의
성립과 정권의 안정을 위한 범국가적인 정신운동으로 점차 변질되면서 이들은 갈등하거나
비판속에서 그 운동에서 떨어져 나갔다. 1975년 가나안농군학교의 김용기는 새마을운동의
추진방식에 대한 강한 비판적 인식속에서 더 이상 참여치 않았다. 이는 새마을운동이 농촌근
대화운동적 성격에서 완전히 벗어나고 있음을 보여주는 상징적인 것이었다(김용기, 「새마
을운동의 문제-이러면 안된다」, 『운명의 개척자가 되자』, 배영사, 1975, 216~221쪽;
림영철, 『일가 김용기와 가나안이상촌운동』, 재단법인 일가재단, 2009, 645~647쪽).
한편, 1971년 11월 가나안농군학교 내 농민지도자인 김종일(김용기의 子)과 한경원 등에
의해 가나안신협이 설립되었다. 신협의 창립과정에 주도적인 역할을 하였던 김종일은 신협
운동의 선구자들인 임진창, 강정렬, 곽창렬 등과 교유하였으며, 농군학교로 이들을 초빙하
여 수차례 신협교육을 받은 후 가나안신협을 창립하였다. 1970년대 가나안신협은 지속적인
협동조합교육에 기반해서 성공적인 사례로 운영되었다. 당시 가나안신협은 기독교에 기반
한 농민운동을 전개함에 있어 농군학교와 함께 김용기가 이끄는 주요한 양대 조직이었다(가
나안신용협동조합, 『가나안신협의 발자취 35년(1971~2005)』, 2005, 112~157쪽).
[214] 하재훈, 앞의 글, 109~111쪽.
[215] 앞의 글, 147~148쪽.

거지. 뭐 나가기 싫은 거 억지로 뭐 나가고 그래 했고. 그러니까 이게 뭐 사업
은 엉터리지 솔직히. 뭐, 뭐 지붕 벗긴다고 뭐 그래 되는 게 아니잖아요. 근데
이 추진위, 우리 부락개발위원회는 굉장히 적극적이었어요. 그건 뭐 돈 조금
뭐 소 몇 마리 받은 게 이게 아니라 의식적으로 이게 탁 바뀌어져버리는 거야.
야, 세상이 이런 일도 있었구나. 우리가 정말 이거를 모르고 살았구나. 야,
이게 어떻게 바보처럼 이렇게 살았을까 하는 이런 생각들 때문에 그 젊은 몇
몇 친구들은 완전히 뭐 미쳐버린 거지. 그러니까 이게 굉장히 자유적으로 부
락개발위원회는 자유적으로 운영이 됐고요. 그 관에서 하는 뭐 새마을운동
이거는 뭐 아, 하기 싫은걸 뭐 어거지로 하고. 그래 했습니다. 근데 그게 뭐
의미 있는 일이라면은 사람들이 그래 뭐 잘, 만약에 원주에서 하는 부락개발
사업이 없었다면 그 부락도 역시 새마을사업이 좋은 거다라고 갔을 거예요.
(…중략…) 야, 우리가 정말 이거는 우리 사업은 진짜 해야 할 사업이다. 왜
우리가 모르게 이렇게 바보처럼 살았을까. 이게 그 깨우침이 대단했습니다.
그러니까 의식의 변화가 무서운 거예요. 그래서 뭐, 만약에 그 원주 그 사업이
없었으면 새마을운동이 좋다고 생각했겠죠.[216]

1960년대부터 초대회장으로 4-H반을 이끌었으며, 1973년 8~9월
생산작목반인 한우반·양돈반을 구성하고 부락총회인 신생개발회를
조직하였던 제천 포탄부락 송영호의 구술과 같이 원주교육원에서 실시
한 농촌지도자교육 등을 이수한 당시 농촌부락의 청년들은 인식의 변
화를 겪는 경우가 많았다. 특히, 포탄부락은 이장인 장부근을 비롯하여

---

[216] 2013년 5월 27일, 제천 한수면 포탄부락 전 신생개발회 회장 송영호 구술(충북 괴산
(주)한살림축산).

송영호, 장형구, 최강만, 어광 등 20~30대의 청년 10명이 초청교육에 참여한 이후 기존 새마을사업 단체였던 마을금고와 농지개량조합의 활동은 중단되었고, 어광이 회장으로 있었던 4-H반을 중심으로 생산작목반과 부락총회를 구성하였다. 더 나아가 포탄신협과 포탄소비조합을 조합원의 출자만으로 설립·운영하는 등 협동조합에 기반한 부락개발운동을 적극적으로 추진해 나갔다.[217] 이 과정에서 포탄부락의 권력구조는 새마을운동을 통해 구축된 기존 정치질서에서 부락개발운동을 추진하는 이들을 중심으로 점차 재편되었다.

한편, 1970년대 재해위가 실시했던 교육운동에서 중점적인 것은 이에 참가한 부락농민들이 유신체제 하의 사회경제적 농촌·농민현실을 깨닫고, 민주적·자주적 협동조직체의 설립·운영을 기반으로 한 협동운동을 통해 농민 주도의 부락개발운동을 전개해 나가도록 추동하는 것이었다.

이제 그분들 스스로가 주체가 돼서, 스스로 문제를 해결할 수 있게끔 만들어주는 거. 그게 제일 우선이었죠. 하여간 제 입장에서는 그런 방향으로 서로 일을 하고, 모든 결정을 그분들 스스로가 하도록 했었으니깐, 그러고. 쉽게 얘기해서 서로가 힘을 합치지 않으면 할 수 없다는 인식을 그분들한테 심어줬다고 할까요. 그 교육원에서 우리가 여러 가지 형태의 교육을 했잖아요. 그리고 교구에서도 그런 방향으로 우리가 교육을 한 거죠. 자립할 수 있는 그러한 기초를 그런 협동을 통해서 할 수 있게끔 그런 분위기를 계

---

217 재해위, 「포탄리」, 『1974년도 제천지역 부락개발사업 보고서』 1, 1974.

속 만들어나간 셈이죠. 근데 이제 정부에서 그때 지원사업하는 건 일방적인 거 아니예요? 뭐 이거해라, 저거해라 해서 해주는 거뿐인데, 전혀 틀리죠. 그러니깐 이 분들도 사실은 우리가 한 그런 활동형태를 처음에는 이해를 잘 못했어요. 번거롭게 생각하고, 한편에선. 근데 점차로 하다보니깐 '아 이게 좀 옳은 거구나' 하는 스스로 자기네들이 깨닫고 거기에 맞춰간 거죠. 결국 인제 협동이라는 것이, 뭐 협동조합운동이라는 게 사람을 얻는 거라고 생각하는데, 돈이나 이런 걸 얻는 게 아니고 사실은 그게 사람을 얻는 거 인데, 이걸 잘 못 생각하는 사람이 많아요.[218]

당시 재해위 상담원 홍고광의 구술처럼 농촌상담원들은 교육을 통해 부락농민 스스로 작목반과 부락총회, 신협과 소비조합을 구성하도록 추동하는 한편, 장기적으로 그들 스스로의 힘으로 부락개발운동을 인근 부락들과 함께 전개해 나갈 수 있도록 협조하였다. 농촌상담원들은 이들 협동조직체들의 운영에 개입하지 않았으며, 어디까지나 그들 스스로의 활동과 책임하에 운영될 수 있도록 지원하였다. 또한 다른 부락과의 연계 속에서 협동조합에 기반한 부락개발운동이 전개되도록 추동하였다. 그러나 부락 내 작목반과 부락총회, 신협과 소비조합의 운영에 있어 내부의 문제나 외부의 힘에 의해 운영 및 활동이 어려울 경우 '상담'을 통해 이의 해결을 모색하고 추가자금의 지원을 통해 협력하는 방향으로 활동하였다.

1970년대 전반 부락개발사업이 추진 중인 농촌부락의 농민지도자

---

[218] 2012년 5월 7일, 홍고광 전 재해위 상담원, 신협 강원도지부 사무국장 구술(대전 서구 탐방동 자택).

들은 재해위의 자금지원에 의해 생산협동체인 작목반의 구성과 협동
활동을 통해 소득증대사업을 추진해 나갔다. 그러나 작은 규모의 농촌
부락 내 농민들이 스스로 작목반과 부락총회를 운영하는 것은 쉬운 일
이 아니었다. 외부적으로 1974년도 오일쇼크가 강타하였던 한국경제
상황 하에서 부락 내 농민들의 소득증대활동은 성공하기 어려운 경제
조건을 가지고 있었으며, 부락 내부적으로도 그 활동은 쉽지 않았다.
즉, 부락개발사업이 수해를 당한 영세소농 중심으로 이루어졌으며, 부
락 내 이들의 사회경제적, 정치적 위치는 주류가 아니었기 때문이었다.
이들이 구성해서 활동을 시작한 작목반과 부락총회는 부락 내 새마을
운동을 추진 중인 기존 조직체와 다른 것으로써 내부적으로 주시를 받
았으며, 면사무소와 농촌지도소, 농협 등 행정기관의 주목을 받았다.

부락개발사업 초기 이들 농민들이 협동 활동을 지속시켜 나갔던 원
동력은 크게 2가지였다. 하나는 재해위에서 상당한 규모의 자금을 지
원했기 때문이었다. 당시 수해를 입은 농촌부락에 대한 재해위의 자금
지원은 은행이자가 약 30%대였던 실정에서 대체로 무이자 1년 거치 4
년 분할상환이었으며, 부락농민 스스로 생산소득증대를 위한 작목반
및 부락총회를 구성·운영하도록 한 호조건 때문이었다. 또한 1974년
부터 재해위는 점차 전체부락을 대상으로 자금지원과 협동활동을 추동
하면서 부락 내 새마을운동과 긴밀히 연계된 기존 행정조직의 농민지
도자들도 참여하기 시작하였으며, 농민 주도 부락개발운동의 주도자가
되어 갔던 경우가 많았다. 다른 하나는 재해위가 실시한 제반 초청교육
을 이수하면서 부락지도자들이 점차 인식의 변화를 겪어간 점이었다.
특히, 새마을사업을 주도하였던 이장과 새마을지도자 등이 점차 교육

에 참여하고 의식화되면서 부락 내 협동 활동을 위한 기반은 점차 확장되어 갔다. 신리와 연당, 강림, 보통 등 새마을사업을 주도하였던 이장 및 새마을지도자들이 부락개발운동에 주도적으로 참여하면서 이들 농촌부락 내 협동운동은 활성화되었으며, 면사무소와 농협 등 행정기관과 일정한 긴장관계를 가지면서도 부락개발의 추진을 위한 기반을 조성해 나갔다. 이들은 행정기관에서 추진 중이었던 새마을사업에 참여하면서 '일면 긴장, 일면 협조' 관계 속에서 부락개발사업의 의한 작목반의 활동과 신협운동을 전개해 나갔으며, 이를 통해 부락실정에 맞는 농민 주도의 부락개발운동을 추진해 나갈 수 있었다.

한편, 재해위는 관할 농촌부락에서 농민 주도로 신협을 설립·운영하도록 지원하면서 이를 부락개발운동으로 연결시키고자 하였던 것과 달리 정부는 하향식이었던 마을금고의 설치와 운영으로 이를 해결하고자 하였다.[219] 당시 정부는 마을금고의 정상적이고 건전한 운영을 위한 후속조치가 없으면서 대부분의 마을금고는 유명무실한 상태였고, 농협의 '1조금고' 등의 설치 목적에서 보듯 마을금고를 통해 농촌 내의 자금을 정부가 흡수하여 이를 활용하기 위한 성격이 강하였다. 재해위는

---

219 원래 마을금고는 5·16군사쿠테타 직후 조직된 재건국민운동본부의 요청에 의해 그 산하 경남도위원회의 요원 35명을 대상으로 신협에서 주관한 협동조합교도봉사회의 제3차 강습회(1963.4.15~24)를 계기로 설립되고 확산되었다. 초기 '신용조합'의 이름으로 설립되었다가 1964년 '마을금고', 1970년 '재건금고'를 거쳐 1972년 '마을금고', 1982년 '새마을금고' 등으로 불리었다. 1960년대 초 신협운동의 의미와 역할에 대해 주목한 정부의 강력한 지원에 의거 '하향식의 성격'을 가진 조직으로 마을금고는 전국적으로 조직되었다. 1972년 신협법에 의해 재무부 소관으로 되었으나 새마을운동과 연계되면서 1974년 4월 신협법 시행령 개정을 계기로 내무부 소관으로 변경되어 지방자치단체의 관할로 들어갔다(신협연합회, 『신협운동20년사』, 1980, 288~294쪽; 신협중앙회, 『신협운동30년사』, 1991, 122~124쪽; 이상호, 『참된 용기는 희망을 낳고―신협운동 40년 회고록』, 덕산기획, 2003, 224~227쪽).

협동조합 원칙에 근거한 신협과 소비조합의 운영이 가능하도록 하는 제반 교육을 활발하게 실시하였으며, 농촌부락을 단위로 하는 신협의 운영이 조합원들에 의해 자율·자립·민주에 기반하도록 추동하였다. 또한 재해위는 관할 농촌부락을 중심으로 부락 내 농촌신협과 제반 조직이 경제사업의 차원을 넘어 농민의 협동화와 민주화를 이루도록 가농 보급과 농민회원의 조직화를 적극적으로 추동하였다. 재해위는 관할 농촌부락에 농민회를 보급하면서 가농 원주교구연합회 분회의 조직과 회원조직화가 상당수 이루어질 수 있었다. 새마을운동에 적극적으로 참여한 농민들이 정권의 지지기반의 역할을 효과적으로 수행했던 점과 이들이 원주그룹의 제반 활동 및 가농의 농민운동을 탄압하는데 일선에서 활동·협력한 점은 그 성격이 크게 달랐음을 나타낸다.

정부의 새마을운동과 재해위의 부락개발운동은 모두 한국 농촌사회가 붕괴되는 과정, 즉 농민의 소득이 증가하는 가운데 농업을 전업으로 하는 농민이 급속도로 사라지는 산업화의 과정에서 실시되었다는 특징이 있었다. 특히, 1970년대 새마을운동의 추진과 통일벼의 보급, 이중곡가제의 실시 등 '중농정책'이 실시되었음에도 이러한 경향을 막을 수는 없었다. 이는 새마을운동을 추진한 정부의 농업정책 자체가 기본적으로 농민양성정책과는 거리가 멀었기 때문이었다. 즉, 농민의 양성이나 농업의 구조조정과 같은 실질적인 중요한 정책과제는 뒤로 하고 국내자본의 필요와 유신체제의 안정을 위해 농업과 농민을 동원하고 이용하였기 때문이다. 1970년대 박정희정권은 직접적으로 통일벼의 보급과 이중곡가제 등의 실시로 농업의 생산과정에 개입하면서 국가와 농민과의 직접적인 관계망이 형성되었고,[220] 이를 통해 농민들을 새마을운동에 효과적으로 동원하면서 일정한 농민들의 지지를 끌어내고 있었다.[221] 그러나 실질적으로 새마을운동이 환경개선10대사업을 중심으로 추진되었고, 유신체제 안정에 동원되면서 점차 농업근대화를 위한 정책의 진정성은 상실되었다.[222] 비록 1970년대 중반까지 통일벼의 보급과 이중곡가제의 실시로 농민의 지지를 이끌어내었으나 1970년대 말 이중곡가제로 인한 양특적자의 누증과 국내·국제미가의 격차 확대로 인한 외국산 미곡도입으로의 전환 등의 과정으로 나아갔다. 이 과정에서 양곡관리정책상 저곡가 기조로의 선회가 이루어졌으며, 1970년대 급진전된 상품화폐경제라는 매개를 통해 전체농민에게 그 효과가 파급되면서 1980년대 전반 국가권력에 대한 농민의 대중적인

---

220 국가의 농업생산·유통에 대한 개입과정에 대해서는 다음의 연구 참조(황병주, 앞의 글, 29~48쪽).

221 1976년도 이만갑에 의한 농촌조사에 따르면 농촌생활수준 개선여부를 묻는 질문에 '많은 개선'이 있었다고 대답한 농가수가 45.9%, 약간 개선은 36%로 나타났다. 1970년대 생활수준 개선의 주된 이유를 묻는 질문에 '신품종개발'이 전체응답의 50%, '새마을운동'이 24.4%를 차지하였다(이만갑, 『한국농촌사회 연구』, 다락원, 1981, 293쪽). 한편, 1979년도 한가농이 실시한 설문조사에서 '농촌경제사정이 5년 전에 비해 어떻게 달라졌는가' 하는 질문에 '훨씬 나아지다'는 답변이 4.6%, '약간 나아지다'는 답변이 34.7% 등으로 나타났다. '그 이유는 무엇인가'라는 질문에 '신품종개발'이 39.5%, '새마을운동'이 5.8%로 나타났다(조영탁, 「1960년대 이후 양곡관리정책의 변화와 그 성격에 관한 연구─국가개입방식의 변화와 그 효과를 중심으로」, 서울대 박사논문, 1993, 98~100쪽). 이를 통해 보면 1970년대 농민들은 대체로 농촌경제사정의 호전을 통일벼 보급에 의한 이중곡가제 실시를 중심으로 보았으며, 새마을운동의 효과는 제한적으로 답하였다. 그러므로 이 시기 박정희정권의 농촌정책은 양자를 함께 보면서도 새마을운동의 효과와 관련해서는 분리해서 보아야 할 필요성이 있다. 농민에 대한 이중곡가제의 영향과 새마을운동의 성과가 자의적 과장된 측면에 대해서는 다음의 연구 참조(오유석, 「박정희식 근대화전략과 농촌새마을운동─한국의 산업화와 민족경제론」, 『동향과 전망』 제55호, 2002, 168~173쪽; 황병주, 앞의 글, 48~58쪽; 이용기, 「유신이념의 실천도장, 1970년대 새마을운동」, 오유석 편, 『박정희 시대의 새마을운동─근대화, 전통 그리고 주체』, 한울, 2014, 330~335쪽).

222 앞의 글, 272쪽.

저항과 국가권력을 매개로 한 국내자본과 농민간의 갈등·대립이 본격
화되었다.[223]

---

[223] 조영탁, 앞의 글, 106~149쪽.

제3부

—

농촌과 광산지역의 신협운동

—

제1장_ 농촌지역의 신협운동과 구판사업
제2장_ 1970년대 광산지역의 장기구호사업과 신협운동

1. 농촌신협의 설립과 활동

1) 농촌신협의 설립과 구조

재해위는 남한강사업을 통해 부락 내 생산협동체인 작목반과 부락 총회를 구성하여 부락개발사업을 추진해 나갔으며, 이에 따라 부락개발사업은 초기 작목반에 참여한 부락 내 수해를 입은 일부 농민들을 중심으로 전개되었다. 1973년 후반 재해위는 원주시와 원성군 내 무축농가를 중심으로 한우지원사업을 추진하면서 지원대상 농촌부락에서 신협의 설립을 유도하는 한편, 부락개발사업을 통해 일부 부락 내 신협과 소비조합의 결성을 추동하면서 전체 부락민이 참여하는 부락개발운동을 전개토록 하였다.

1973년 재해위는 부락개발사업을 추진하면서 38개 대상부락의 각 작목반에 지원한 자금과 부락 내 각종 조직체 운영자금의 민주적 관리 및 운용, 이들 자금이 부락민 스스로의 결정과 총의에 의해 부락개발이 이루어지도록 추동하였다. 당시 원주그룹은 일찍부터 협동조합 7대원칙에 의거 조합원에 의해 자발적·자립적·자주적으로 운영되었던 신협의 기능과 역할에 주목하였다.[1] 그 결과 1973년 말 재해위는 신협의 설립을 적극적으로 추동하였던 한우지원사업을 전개하는 한편, 부락개발사업에서도 초기부터 신협의 설립 및 민주적인 운영을 위한 제반 교육 및 지도활동을 전개하였다.

부락개발사업에서 신협의 설립과 운영을 추동한 것은 먼저 제반 교육의 실시를 통해 이루어졌다. 1973년 3월부터 부락개발사업 대상부락 내 작목반에 참여한 농민들을 중심으로 협동조합의 역사와 신협 창립의 필요성 등이 농촌지도자교육을 통해 이루어졌다.[2] 또한 1973년 5

---

1   1937년 국제협동조합연맹에서 정한 협동조합의 7대 원칙은 ① 문호개방의 원칙 ② 민주적 관리의 원칙 ③ 판매고에 의한 비례배당 ④ 자본에 대한 이자제한의 원칙 ⑤ 정치적, 종교적 중립의 원칙 ⑥ 현금거래의 원칙 ⑦ 교육의 원칙이며, 필수적인 기본원칙(①~④)과 부수적인 원칙(⑤~⑦) 등 두 부분으로 나뉘어져 있다(송보경, 『한국신용협동조합운동에 관한 연구』, 협동교육연구원 조사부, 1976, 14·21~27쪽). 한편, 1937년도 ICA원칙은 1966년 협동조합 대내외의 여건 변화로 6대원칙으로 1차 개정되었다. 6개 원칙은 ① 공개의 원칙 ② 민주적 관리의 원칙 ③ 출자금 이자 제한의 원칙 ④ 잉여금 분배의 원칙 ⑤ 교육촉진의 원칙 ⑥ 협동조합 간 협동의 원칙 등이었다(김기섭, 『깨어나라 협동조합』, 들녘, 2012, 118~120쪽). 그런데 1960~80년대 원주와 괴산지역 등을 중심으로 전개된 협동조합 교육에서는 6대원칙에 의해서가 아니라 주로 7대원칙에 의거해 이루어졌다(2013년 9월 24일, 손영배 전 신협 충북지구평의회 지도역, 충북도지부장, 청주신협 이사장 구술(청주 상당구 탑동 자택)).

2   재해위, 「제2차 경과보고(3.12~3.27)」, 『1973년도 MISEREOR』, 1973.

월부터 사업대상 부락에서 부락별로 신협교육을 추진하면서 신협을 창립토록 지도하였다. 그 결과 1973년 5월 말 제천 한천, 광의, 여주의 양평 등 3개 부락민 111명을 대상으로 신협교육이 추진되었으며, 7월 여주 양평, 정선 천포, 영월 연당, 여주 보통3리, 단양 영춘하리 등 5개 부락, 10월 무장2리 등의 농촌부락에서 연차적으로 신협교육이 이루어졌다.[3] 이를 통해 1973년 7월부터 제천 양평신협과 한천신협을 필두로 농촌신협이 설립되었다.

한편, 1974년 4월 부락개발사업 대상부락 중 신협이 조직된 부락과 앞으로 조직될 예정인 부락의 농민들을 중심으로 신협연합회와 신협 강원지구평의회가 주관하여 실시하는 신협지도자강습회(4.22~27)가 재해위의 지원 하에 개최되었다. 당시 신협이 설립되었던 양평·한천·북진·포탄 등과 신협이 조직될 예정인 방흥·광의·연당·용산·천포·신리·강림·대평·흥호·보통·솔미 등의 15개 농촌부락이 강습회에 참여하였다.[4] 1974년 말 정선 용산신협, 제천 황강신협·방흥신협·청풍신협·사기신협, 횡성 강림신협, 중원 대평신협, 원성 대흥신협 등 8개 부락의 농촌신협이 설립되었으며, 1975년 초 영월 협산신협과 여주 대신신협이 창립되었다. 평창 대신신협의 경우, 1972년 마을금고로 설립되었으나 1973년 하반기 부락개발사업이 착수되면서 마을금고의 운영은 실제 신협의 내용을 가지고 운영되었으며, 1976년 1

3　당시 실시된 부락민을 대상으로 한 신협교육은 부락개발과 농촌문제, 지도자 등의 내용으로 구성되었으나(새해위, 「제1차 경과보고(5.17~6.6)」, 『1973년도 MISEREOR』, 1973; 재해위, 「제6차 경과보고(1973.7.3~8.7)」, 『1973년도 MISEREOR』, 1973).

4　재해위, 「제28차 부락개발협의회 회의속개(3.31)」, 『1974년도 부락개발협의회 회의록』, 1974; 재해위, 「제11차 경과보고(4.1~5.20)」, 『1974년도 MISEREOR』, 1974.

<표III-1> 1970년대 재해위의 신협자금 지원 현황   (단위:

군	면	리	부락명	사업명	수혜자수	지원금액	상환액	잔액	지원일시	상환일시
단양	영춘	상2	느티	신협	5	100,000	100,000	0	1973.9.17	1977.12.2…
		하	밤수동	신협	5	100,000	100,000	0	1973.9.5	1977.12.2…
			새마을	신협	31	620,000	100,000	520,000	1973.9.5	1977.12.2…
영월	남	연당1	와룡	신용사업	47	1,000,000	1,000,000	0	1974.4.3	1975.12.3…
평창	대화	신1		신용사업	18	600,000	600,000	0	1974.4.4	1975.3.31
	평창	후평		마을금고	20	800,000	800,000	0	1974.4.6	1975.3.31
원성	부론	홍호2	대흥	신용구판	28	400,000	400,000	0	1976.6.2	1976.12.3…
		법천1	비덩	신협자금		700,000	700,000	0	1978.3.25	1978.12.31
합계					154	4,320,000	3,800,000			

출전 : 사회선교국, 『부락별 사업지원 현황』, 1991.
비고 : 1. 상환일시는 완료예정일을 뜻함.
    2. 잔액은 1986년 3월 당시 기준이며, 결손 처리됨.

월 신협으로 전환되었다. 당시 부락개발사업 대상부락에서는 제반 교육을 통해 농촌고리채의 해결을 위한 신협창립의 필요성과 농민지향성, 부락 내 공동기금의 효과적인 관리·운영과 부락개발을 위한 자금의 활용 등을 인식하게 하는 한편, 농민의 이해와 유리된 농협에 대한 비판적 인식 속에서 농민들을 위한 자치조직으로 농촌신협의 설립을 추진하였다.

재해위는 농촌고리채의 해결을 도모하는 부락조직에 신용자금을 지원하여 부락 내 신협설립을 추동하였다. <표III-1>은 부락개발사업 대상부락의 요청에 의해 지원된 신협자금 지원현황을 나타낸다. 1976년까지 단양의 상2리·새마을·밤수동 등 3개 부락과 평창의 신1리·후평, 원성의 홍호, 영월의 연당 등 7개 농촌부락에 신용자금으로 362만 원이 지원되었다. 이러한 자금지원은 실제 수해를 입은 농민에 대한 구호적 성격이 강했다. 그러나 이러한 신용자금의 지원과 함께 38개 부

군	면	리	A	B	신협명	창립일	인가일	C	이사장	D	회계	E	자산	출자금
원성	부론	흥호2	61	55	대흥신협	1974.12.7	1977.12.26	54	최문환	이길섭	우종성	54	845,000	599,000
		법천1	23	11	부천신협	1973		22	박의식	김동춘			135,140	120,500
		정산1	56	56	솔미신협	1976.3		18			손석규	18	368,000	234,000
	호저	무장2	32	28	무장신협	1975.4		35				35	343,928	283,463
횡성	안흥	강림2	87	69	강림신협	1974.11.30	1975.9.1	37	지영식	김영환	(이재호)	208	9,328,000	5,962,000
		부곡2	120	104	부곡신협	1975.9.18		45	김명준			75	530,000	
		월현	22	22	월현신협	1975.12.13	1977.12.26	39	장시종	이수길		101	2,847,905	1,809,241
	청일	유동3	28		유동신협	1975.1.21		29	조영태	염경호		48	410,000	
영월	남	연당1	73	62	협산신협	1975.2.12	1976.12.31	53	원용복	이현기	(지달용)	112	2,083,245	1,024,376
		북쌍3	44	44	후포신협	1976		18	엄두열					
평창	대화	신1	85	74	대신신협	1976.1.20	1977.3.19	44	오윤상	최두순	(윤석주)	92	1,982,000	985,000
		신6	61	54	대성신협	1976.3.23		18	박연동	이상호	이기동	27	166,000	156,000
		신7	73	70	신흥신협	1976.3.22		45	이진재	김상근		50	376,450	360.316
	평창	후평	49	41	용산신협	1977.1.5			이재후	홍경선		32	525,000	456,000
	동	화암	25		천포신협	1976								
정선	임계	용산			용산신협	1974.5.16		40	박용주	이만웅	(김연태)			
		낙천			낙천신협	1978.5.11		35	황남수		김동호	36	36,240	30,550
중원	앙성	능암	60	53	대평신협	1974.12.9		49	최근동	홍서욱	(이종국)	49	2,656,000	
	소태	복탄1	75	70	광명신협	1976.4.15		45	지영달	최만식		45	437,000	289,000
제천	청풍	계산	46	44	계산신협	1976.3		37				63	40만여원	400,623
		광의	62	49	청풍신협	1974.10.30		32	김영하	안영천	(안성천)		1,503,054	324,948
		양평	136	114	양평신협	1973.7.20		33	신동수		(전선해)			
		북진	60	45	북진신협	1973.8.30		31	김윤배	황재홍	최명락	106	3,326,147	1,453,375
		진목	47	46	진목신협	1976.3.27			전상열	전공우	엄재열			
		방홍	36	33	방홍신협	1974.10.20		36	권희성		(이병식)	40	1,085,000	314,796
	한수	사기	54	51	사기신협	1974.10.30			신동명	이순흠	(김윤형)			
		한천	41	41	한천신협	1973.8.27		34	권오선	장재봉	전옥현			
		포탄	49	48	포탄신협	1973.12.17		37	조영환	김한성	최강만			141,932
		황강	218	166	황강신협	1974.9.8		28	이경학		(전근동)	83	129,000	
단양	단양	증도	35	25	증도신협	1975.8.3		20	김현수	최대우		35	85,195	63,500
	영춘	하	23	19	밤수동신협	1976.1.9		16	김기현		남원식		40,000	
	적성	애곡	39	35	수양포신협	1975.5.28			김상진	염태진	주금택	35	129,457	6,965
여주	대신	보통3	74	63	대신신협	1975.4.14	1977.7.9	36	경근호	경은수		47	1,377,662	973,570
	능서	내양	39	39	양화신협	1974.3.26	1977.3.19	35	김남덕	양덕환		38	2,400,000	1,370,000

출전 : 재해위, 『1975년도 제4차 제1회 부락대표자간담회 회의록』, 1975; 재해위, 『1975년도 제4차 제2회 부락대표자간담회 회의록』, 1975; 재해위, 『1976년도 여주·양평·중원·원성지역 부락개발사업 보고서』, 1976; 재해위, 『1976년도 단양지역 부락개발사업 보고서』, 1977; 재해위, 『1976년도 강원도지역 부락개발사업 보고서』, 1977; 재해위, 『전체평가회의(1977.2.14~15)』, 1977; 재해위, 『1977년도 영월·제천지역 부락개발사업 보고서』, 1978; 재해위, 『원주원성수해복구사업 종합보고서』, 1978; 재해위, 『1976~1977년도 신체협의회 회의록』, 1979.

비고 : 1. A와 B는 부락호수와 농가수, C는 창립시 조합원수, D는 부이사장, E는 1976년 12월~1977년 1월의 소합원수글 띳힘.
    2. 자산과 출자금은 1976년 12월~1977년 1월 기준임.
    3. 한천신협 조합원수는 1974년 6월, 용산신협 조합원수는 1974년 11월, 낙천신협의 자산과 출자금은 1978년 6월 기준임.
    4. 회계항목에서 ( )는 신협이사이자 회계업무 담당을 뜻함.

락 130여 개의 협동조직체에 대한 자금지원을 통해 부락 내 농촌신협이 조직될 수 있는 기반이 마련되었다.

〈표 III-2〉는 1970년대 부락개발사업에 의한 농촌신협의 설립 현황을 보여준다. 1974년도까지 사업대상 부락 중 13개 부락에서 신협이 설립되었으며, 1976년 말 현재 총 33개 부락에서 신협이 설립되었다. 이중 강림신협, 협산신협, 평창 대신신협, 여주 양화신협, 여주 대신신협, 원성 대흥신협, 횡성 월현신협 등의 순으로 재무부의 인가를 받았으며, 법적 기반위에서 신협활동을 전개하였다. 대체적으로 부락개발사업에 의해 구성된 작목반들이 중심이 되어 신협이 설립되었으며, 신협 창립시 조합원 수는 10여 명에서 50여 명까지 다양하였다. 1976년 말 현재 조합원 수는 강림신협과 협산신협, 평창 대신신협과 북진신협 등 일부를 제외하고는 50명 내외였으며, 자산 100만 원이 넘는 인가신협을 제외하고 100만 원 미만의 자산을 가지고 운영되는 등 전형적인 농촌신협의 영세성을 보여주었다.

한편, 한우지원사업은 부락개발사업과 비교해서 그 성격이 단순하였다. 부락마다 지원된 한우 두수도 적었으며, 주로 부락 내 무축농가 중 영세소농만이 혜택을 받았으므로 부락 전체의 개발에 미치는 파급효과는 제한적이었다. 한우지원사업은 초기부터 대상부락의 선정과 함께 신협이 조직되도록 하였다. 이는 사업 초기 대상부락의 선정과정에서 중요한 전제조건이었으며, 사업기간이 2년인 한우작목반의 활동이 종료된 후 지속적으로 협동운동이 추진되도록 할 필요성이 있었다. 한우지원사업에 의한 신협의 설립은 한우작목반에 참여한 농민들이 재해위의 초청교육과 현장교육을 받으면서 신협 설립의 필요성과 역할을

차수	시군	면	부락명	A	B	신협명	신협창립	신협인가	조합원수	이사장	구판사업
1차 (1973)	원주	관설	세교	40	35	세교신협	1970.8.25	1972.12.30			0
		행구	영랑	65	55	영랑신협	1972				
	원성	흥업	대안1	73	71	대안신협	1974.3.11	1977.11.16		김대흠	0
		지정	월송	55	50	월송신협	1975.5.26		46	이광제	
		신림	성남2	41	40	성남신협	1973			김주완	
2차 (1974)	원성	호저	영산	44	43	영광신협	1975.2.6	1977.12.26	34	이상근	
			간무곡	21	20	무장신협				이정우	
		소초	황골	49	48	황곡신협	1975.12.9	1978.6.29	33	깅종묵	0
			백교	39	38	학곡신협	1975.8.27	1977.12		김인수	0
		흥업	매지	68	64	매지신협	1977.11			변영옥	
		판부	후리사	40	38	서곡신협	1974.4.26	1977.12	23	조한수	
	제천	봉양	학산	79	78	학산신협	1967.3.10	1973.3.9		장재준	0
3차 (1975)	원주	관설	신촌	32	30	세교신협	1970.8.25	1972.12.30			
	원성	흥업	대안3	44	39	대송신협	1976.1		37	정문선	0
		소초	백동	45	38	협심신협	1977.9			함완호	0
	횡성	우천	하궁	70	67	하궁신협				이한천	
		둔내	현천1	44	43	황우신협	1977.11				
		서원	창촌	29	27	창촌신협	1976.12.5		45		0
4차 (1976)	횡성	소초	흥양2	33		흥양신협	1978.3.25			심상학	
			백교	39	38	백교신협	1975.8.29		36	김인수	0
5차 (1977)	횡성	안흥	월현2	64	61	월현신협	1975.12.13	1977.12.26			
		서원	석화2	61	58	석화신협				송병대	
		우천	정금2	89		정금신협	1978			엄동익	
		둔내	현천2	74	70	현천신협				유장곤	
6차 (1978)	원성	귀래	귀래1	55		귀운신협				전순호	
	횡성	안흥	상안1	79	65	상안신협					
	평창	대화	신7	73	70	신흥신협	1976.3.22			이진재	
7차	평창	대화	신6	61	54	대성신협	1976.3.23			박연동	

출전 : 재해위, 『한우사업관계철』, 1976; 재해위, 『1975년도 전체협의회 회의록』, 1975; 재해위, 『1976년도 전체협의회 회의록』, 1976; 재해위, 『제3차 한우부락대표자간담회(1977.1.13~14)』, 1977; 재해위, 『전체평가회의(1977.2.14~15)』, 1977; 재해위, 『1976년도 강원도지역 부락개발사업 보고서』, 1977; 재해위, 『원주원성사업 종합보고서』, 1978; 재해위, 『1978년도 전체협의회 회의록』, 1979; 사개위, 『1980년도 사업평가회의록』, 1900; 사개위, 『1979~1980년도 월례회 회의록』, 1980; 신협연합회, 『신협20년사』, 1980.

비고 : 1. 항목 중 A와 B는 부락호수와 농가수를 뜻함. 조합원 수는 창립 당시의 수를 뜻함.

인식한 후에 이루어졌다.[5]

1973~79년간 한우지원사업으로 지원된 농촌부락의 신협 설립 현황을 나타낸다. 〈표 III-3〉은 이 시기 한우지원사업 관할 부락에서 세교신협과 학산신협 등 이미 운영 중인 농촌신협을 포함하여 1차년도의 5개 부락, 2차년도 7개 부락, 3차년도 6개 부락, 4차년도 2개 부락, 5차년도 4개 부락, 6차년도 3개 부락 등 총 31개 부락에서 농촌신협이 설립·운영되었다. 당시 한우지원사업 관할 농촌신협은 본 사업이 도입되기 전부터 운영 중이었던 신협과 지원이 이루어진 후 설립된 신협으로 분류될 수 있다. 전자의 경우는 1차년도의 세교신협과 영랑신협, 성남신협, 2차년도의 서곡신협과 학산신협, 3차년도의 세교신협, 4차년도의 영광신협과 백교신협, 5차년도의 월현신협, 6차년도의 흥양신협과 신흥신협, 7차년도의 대성신협 등이었다. 1차년도와 3차년도의 4개 신협은 1960년대 후반부터 원주그룹에 의해 추진된 신협운동에 의해 설립되었으며, 2차년도의 학산신협은 학산부락의 농민지도자에 의해 설립되었다가 이 시기 한우작목반을 구성하면서 신협의 활성화가 이루어졌다. 월현신협과 신흥신협, 대성신협은 부락개발사업에 의해, 흥양신협은 원주원성사업에 의해 창립되었다. 당시 재해위에 의해 설립이 추동된 농촌신협들은 운영과정에서 부락개발사업과 한우지원사업, 원주원성사업 등을 통해 서로 영향을 주고받으며 활성화가 이루어졌다.

1976년 말부터 추진된 원주원성사업을 통해 많은 신협이 설립·운영되었으며, 부락개발사업과 한우지원사업에 의해 설립되었던 기존 신

5 　재해위, 「제3차 전체협의회(3.3)」, 『1975년도 전체협의회 회의록』, 1975; 재해위, 「제13차 전체협의회(3.8)」, 『1976년도 전체협의회 회의록』, 1976.

분	면	리	부락	A	B	신협명	신협창립	신협인가	조합원수	이사장	비고
성	흥업	매지2	미촌	68	63	매지신협				변영옥	한우
		대안3	대송	44	39	대송신협	1976.1		37	정문선	한우
	소초	학곡1	백동	45	38	협심신협	1977.9			함완호	한우
		흥양2	하초구	33		흥양신협	1978.3.25			심상학	한우
	문막	궁촌1				명봉신협		1978	50	박진만	
		비두2				사흥신협	1978			안재홍	
		동화2				동화신협	1978			이상철	
		후용2				후용신협	1978			곽노식	
	부론	손곡3		64	62	내신신협				신동환	
		단강2	작실			통일신협		1978		한명수	
		정산1	솔미	56	56	솔미신협	창립준비		18	천해영	부락
	귀래	귀래1				귀운신협	1978			전순호	
		운계				운계신협	1978				
	신림	신림2	언당			언당신협	1977			배제호	
		성남1	청운			청운신협				이화종	
			본동	41	40	성남신협	1973			김주완	한우
		황둔2	청용			청용신협				김성하	
		송계2	계야			계야신협				박헌모	
	호저	대덕2			22	대덕신협	1979.1.19			이병주	한우
성	우천	정금2			89	정금신협				엄동익	한우
		하궁2		70	67	하궁신협				이한천	한우
	둔내	현천2		74	70	현천신협				유장곤	한우
	서원	유현3	오상동			오상동신협				장재명	
		석화2	새점터	61	58	석화신협				송병대	한우
		매호				매호신협	1978			이명섭	
계	10	24				25					10

출전 : 재해위, 「평가회의-회의 속개(1979.1.5)」, 『1978년도 전체협의회 회의록』, 1979; 재해위, 『원주원성사업 종합보고서』, 1978; 사개위, 『제9차 부락대표자간담회(1980.2.22.~24)』, 1980.
비고 : 1. 항목 중 A와 B는 부락호수와 농가수임. 조합원 수는 창립 당시의 수를 뜻함.
　　　 2. 비고에서 한우는 한우지원사업, 부락은 부락개발사업에 의해 자금지원을 받아 설립된 신협을 뜻함.

협들은 활성화의 계기가 되었다. 원주원성사업을 통해 신협의 설립이

추동된 결과 〈표 III-4〉와 같이 2개 군 10개 면 24개 리에서 25개의 신

협이 설립되거나 활성화되었다. 즉, 15개의 신협이 본 사업에 의해 설립되었으며, 부락개발사업에 의해 기 설립된 솔미신협과 한우지원사업을 통해 설립되었던 매지신협·대송신협·협심신협·흥양신협·성남신협·대덕신협·정금신협·하궁신협·현천신협·석화신협 등 10개의 농촌신협이 이 시기의 자금지원 등을 통해 활성화되었다.

당시 원주원성사업을 통해 신규로 설립된 신협들은 부락개발사업과 한우지원사업의 경우와 같이 100호 미만의 부락단위로 설립되면서 조합원 수가 수십 명이 채 안 경우가 대다수였으며, 자산과 출자금 규모도 100만 원 미만의 전형적인 농촌신협의 특징을 보여주었다.

왜 리 단위로 그렇게 하게 됐나면은(…중략…) 한우반이든 무슨 뭐 다른 뭐 생산작목반이든 이렇게 작목반을 만들어서 하게 되면, 그게 리 단위로 들어가거든. 그 리 단위의 구성원들이 말하자면 팀이 되가지고 그 공동기금도 조성하고 그 운영하게 되면은 상당히 쉬워요. 근데 이게 다른 리나 이런 데하고 같이 하게 되면은 지금이니까 우리나라가 이게 저 폐쇄, 지역적인 폐쇄성이 조금 이렇게 저기 딱지가 떨어졌지. 옛날엔 아주 그게 심했어. 부락별로도 말이여 뭐. 아주 뭐 굉장히 그 저기 내세우고 뭐 서로 간에 배타적으로 생각을 하고. (…중략…) 이런 것들이 심해가지고 그게 면 단위만 해도 그게 잘 안됐었다고. 그 후에 인제 차차 달라진 거지. 그래서 그 리 단위로 많이 했는데. 중요한 거는 신용협동조합 초기에도 그거 또 인가를 내줬어요. 등기 해가지고 인가를 내줬어. 그러면 뭐 법적으로도 그렇게 한계가 지어져 있으니까 그거 뭐. 그 후에 자각을 해가지고 인제 통합을 하기 시작했고, 면 단위들도 나오고 이제 이렇게 된 거지.[6]

〈Ⅱ-5〉 재해위의 농촌신협 단기자금 지원 현황(1975~1979)   (단위 : 10,000원)

군	읍면	리	A	지원내역	지원금	군	읍면	리	A	지원내역	지원금
성	부론	홍호2	2	영농자금, 신용구판	140	횡성	안흥	월현	1	농산물구판매	70
		법천1	4	신협자금, 영농자금 원예작물	293			부곡	1	농산물구판매	100
		정산1	1	구판사업	30	영월	남	연당1	5	영농자금	1,050
	귀래	귀래1	1	영농자금	150			북쌍3	1	약초재배자금	30
		운계	1	부녀구판	50		대화	신1	5	영농자금, 소비조합 농산물구판매	1,000
	문막	동화2	1	영농자금	150	평창	평창	후평	2	영농자금	150
		궁촌1	2	영농자금, 양수기	150		봉평	백옥포	1	영농자금	100
		비두2	1	영농자금	100	삼척	황지	황지	2	식육점	285
	소초	홍양2	1	영농자금	80		원덕	장호	1	양어장	70
	신림	신림2	1	영농자금	100	중원	앙성	능암	1	임야개발사업	330
		성남1	1	영농자금	70		소태	복탄	2	영농자금, 구판사업	150
		송계2	1	영농자금	90	제천	청풍	북진	4	영농자금, 구판사업	365
		용암	1	농토복구	90			광의	1	고추자금	150
	흥업	대안1	2	신협자금	230			계산	2	고추사업자금	350
		매지2	2	신협자금, 영농자금	300			진목	2	영농자금	250
	호저	광격	1	공동구매	200			방홍	1	마늘자금	150
		대덕2	1	수리시설	100		한수	포탄	4	영농자금, 구판사업	400
	판부	서곡4	1	신협자금	124			황강	1	농산물구판매	200
성	서원	매호	1	영농자금	150	단양	적성	애곡	3	영농자금, 부녀구판사업	250
		유현2	1	신협자금	100		영춘	새마을	3	영농자금	500
		석화2	2	신협자금, 영농자금	120		영춘	밤수동	12	영농자금	670
	우천	정금2	2	신협자금, 영농자금	200		단양	증도	3	영농자금	280
		하궁2	2	신협자금, 영농자금	120	여주	능서	내양	3	구판사업, 공동구매	260
	안흥	강림2	4	공동구판매 소비조합, 영농자금	900		대신	율촌	4	소비조합 땅콩입도선매	1,500
계									102		12,697

전 : 재해위, 「수해복구사업 상환금 사용 회계보고(1974.1.9~1977.12.31)」, 『1976년도 MISEREOR』, 1978; 사회개발부, 『1976 1985년도 회계결산 관계철』, 1985 .

고 : 1. A는 사금지원 회수를 뜻함.

---

6   2011년 7월 3일, 김상범 (주)살림농산 대표 구술(밝음신협 4층 무위당기념관).

당시 재해위의 상담원 김상범의 구술과 같이 부락개발사업에 의해 부락마다 설립된 신협은 대체로 한우반과 양돈반 등 생산협동체인 작목반과 이들의 연합체인 부락총회를 기반으로 하였다. 이는 부락개발사업 자체가 부락단위로 지원되고 운영되었던 당시의 현실과 리 단위로 지역적인 폐쇄성이 강했던 당시의 현실을 반영한 것이었다. 당시 신협연합회에서는 신협의 인가규모를 최소 조합원 100명 정도로 보았는데, 설립 초기 농촌신협의 규모는 이에 크게 미치지 못하였다. 재해위도 사업대상 부락 내 신협의 최소규모를 30명으로 보았음에도 부락개발사업의 솔미신협과 대성신협, 증도신협과 밤수동신협과 같이 초기 규모는 극히 작았다.[7] 이러한 신협의 특징은 한우지원사업과 원주원성사업에 의해 설립된 농촌신협에서도 나타났다.

한편, 1970년대 중후반 재해위는 사업대상 부락에서 설립된 농촌신협들에 영농자금과 신협자금, 소비조합자금 등의 형태로 단기자금을 지원하면서 영세한 농촌신협의 자립기반 조성과 활성화에 크게 기여하였다. 당시 농촌지역은 상당히 빈곤한 실정이었으며, 영세한 농민들은 영농기에 비료 등 영농자금의 부족으로 인해 고리채의 악순환에서 벗어나기 어려웠다. 이러한 기반 위에서 농촌신협들은 출자금과 자산의 영세성으로 인해 조합원인 농민들이 필요로 하는 영농자금을 충분하게 대부할 수 없었다. 해위는 이들 농촌신협이 자립기반의 마련과 협동조합운동을 추동하기 위해 1975년도부터 부락개발사업의 상환자금을 기초로 영농자금 등의 형태로 단기자금을 지원하였다.[8]

---

7   재해위, 『제4차 제2회 부락대표자간담회(1975.12.28~30)』, 1975.

8   1974년도부터 남한강사업의 지원자금은 농촌부락에서 상환되기 시작하였다. 1974~80년의 상환금 내역을 살펴보면 1974년 28,826,000원, 1975년 31,888,000원, 1976년 38,281,000원, 1977년 55,838,000원, 1978년 61,198,000원, 1979년 48,107,000원,

이 시기 지원된 단기자금의 현황은 〈표 III-5〉에서 볼 수 있다. 당시 지원자금의 종류는 크게 영농자금, 신협자금, 소비조합자금, 기타자금 등으로 나눌 수 있었다. 영농자금의 횟수는 64회, 신협자금은 9회, 구판자금·농산물구판매자금·공동구판매자금·부녀구판자금·신용구판매자금·소비조합의 소비조합자금 회수는 21회, 식육점·임야개발자금·수리시설의 기타자금 8회 등 총 102회에 걸쳐 126,970,000원이 지원되었다.[9] 이들 자금은 상당 부분 농촌신협을 통해 지원되면서 1970년대 중후반 영세한 농촌신협의 운영자금 마련에 기여하였으며, 단기자금의 상당 부분이 구판장과 소비조합 운영에 지원되면서 신협과 구판장·소비조합의 설립·운영 활성화에 크게 기여하였다.

2) 농촌신협의 운영과 특징

(1) 농촌신협의 운영구조

1970년대 재해위는 부락개발사업과 한우지원사업, 원주원성사업을 통해 사업대상 부락에 농촌신협의 설립을 추동하였다. 그 결과 1978년 말 관할 부락 90여 개 중 54개의 농촌부락에서 신협이 설립·운영되었

1980년 39,023,000원 등 총 303,163,000원이었다. 이 상환금은 1975년부터 재차 농촌신협 등을 통해 영농자금으로 지원되었는데, 1975년 1,283만 원, 1976년 1,265만 원, 1977년 2,260만 원, 1978년 3,209만 원, 1979년 4,680만 원, 1980년 500만 원 등 총 131,970,000원이었다. 1980년 당시 총상환금 중 부락에 지원된 자금은 43.53%에 해당되었으며, 집행위원회의 행정비는 35.21%인 106,767,000원이었다. 그 외 교육비 9,053,000원(2.98%), 지역개발비 397만 원(1.3%), 전출금 2,100만 원(6.92%)이었다 (사회사업국, 1985 「남한강유역수해복구상환금 회계보고(1980.12.31)」 『사업현황』).

9 재해위, 「수해복구사업 상환금 사용 회계보고(1974.1.9~1977.12.31)」, 『1976년도 MISEREOR』, 1978; 사회개발부, 『1976~1985년도 회계결산 관계철』, 1985.

직명	대신신협		대평신협		포탄신협	북진신협		강림신협	협산신협
	1977	1978	1977년	1978.1	1977.2	1973.9	1977.1	1976.12	1973
이사장	오윤상	오윤상	최근완	박영만	송인수	김윤배	정도웅	지영식	
부이사장	최두순	곽재근	최근동	이태규	강동화	황재홍	황재홍	김영환	
이사	최영집	김달명	이종국	안희철	이학문	함창희	김성안	길성일	최인호
	윤윤철	신재명	신승호	최근동	장만근	권용섭	이상근	유창섭	최성호
	안상철	최남규	최근식	최근완	이만용		황재명	이재호	성기운
		강운섭	이태규	최근식	어홍선		이대희	김종택	지달용
				조성근				장태순	한우암
감사	최남규	송종익	박영만	이강오	장부근	정도웅	함재룡	황상설	김성규
	이용욱	김경남	최근웅	김용감	최강천	이영희	전운행	전용일	엄명섭
	김주봉	전기택	조재희	홍서욱	지충호				서정국
회계	윤석주	윤석주	안희철	안희철	조병국	최명락	이광희	이재호	

출전 : 재해위, 『1974년도 제천지역 부락개발사업 보고서』 1, 1975; 재해위, 『1974년도 제천지역 부락개발사업 보고서』 3, 1975; 재해위, 『1976년도 제천지역 부락개발사업 보고서』, 1977; 재해위, 『1977년도 평창·영월·단양지역 부락개발사업 보고서』, 1977.
비고: 1. 포탄신협 회계는 조병국, 출납계는 이영선임. 북진신협 회계는 창립시 최명락→이선숙(1976)→이광희(1977.1)→오희숙(1978.5)임.
    2. 이사장 정도웅은 1975년 임시총회(5.23)에서 선출됨.

다. 이들 농촌신협은 인가의 유무와 신협규모의 크기 등에 따라 운영과 발전단계의 차이를 보였다. 대체로 이들 농촌신협은 재무부의 인가를 받은 신협과 그렇지 못한 예비조합으로 크게 유형화할 수 있다. 재무부의 인가를 얻은 14개 농촌신협은 법적인 기반위에서 운영되었으며, 그 외 40개 농촌신협은 예비조합으로 설립·운영되면서 인가신협으로의 발전을 도모하였다. 이들 신협은 여수신사업을 중심으로 운영 중인 기초단계의 농촌신협과 지역사회개발운동의 기능을 발휘하면서 부대사업으로 구판사업과 상비약사업을 운영하는 등 신협의 종합적 기능을 잘 발휘하였던 농촌신협으로 유형화할 수 있다.

1970년대 재해위 관할 농촌신협의 임원구성은 평창 대신신협과 중원 대평신협의 임원현황을 보여주는 〈표 III-6〉과 같이 대체로 이사장과 부이사장, 회계담당 이사나 총무, 3~6명의 이사와 2~3명의 감사를 두었다. 인가신협의 임원은 정기적인 임원회의와 활동을 통해 조합원의 출자금 수납과 예탁금 등의 여수신업무, 부대사업인 구판사업과 상비약사업의 운영 등을 협의해 나갔으며, 월례회와 정기총회 등의 개최를 통해 제반 운영사항을 결정하면서 협동조합교육의 장으로 삼았다. 예비조합은 출자금에 기반해서 대부사업을 전개해 나가는 한편, 부대사업으로 구판사업과 상비약사업 등을 추진하였다. 그러나 자산의 규모가 작아 신협의 운영은 영세성을 벗어날 수 없었으며, 구판사업의 추진을 통해 이를 타개해 나갔다.

이 시기 협동조합의 원칙에 따라 농촌신협의 임원들은 무보수로 일을 하였다. 총무나 회계 등 실무자는 유급이 가능하였으나 강림신협과 북진신협 등 일부 자산규모가 큰 신협들을 제외한 대부분 농촌신협들은 영세성으로 인해 설립 초기 제대로 월급을 지급하지 못하였다. 영세한 농촌신협은 실무자가 무보수로 일을 하거나 회계실무자 없이 회계이사가 담당하는 경우도 상당수 있었다. 농촌신협은 자산의 영세성으로 일부 인가받은 신협을 제외하고는 별도의 사무실을 가지고 있지 못하였다. 주로 이사장과 회계이사의 집을 근거지로 운영되는 한편, 이사들의 집을 순회하면서 임원회의를 개최하였다.[10]

한국 농촌에는 이전 시기부터 부락 내 많은 경제조직들이 있었으며, 부락공동기금을 운용하면서 경제조직의 임원에 의해 잦은 금융사고가

---

10 재해위, 『제5차 부락개발사업대표자간담회(1977.1.16~18)』, 1977.

빈발했을 뿐만 아니라 신협과 소비조합 등 민간 주도의 협동조합에 대해 농민들은 거의 접하지 못하였다. 그러므로 신협임원들은 조합원에 대한 협동조합교육을 주된 활동으로 하였으며, 신협에 대한 조합원의 이해 및 참여를 위해서도 협동조합 7대원칙에 기반해서 신협자금에 대한 투명한 회계처리와 공개, 연말결산 시 이익금에 대한 배당 등이 이루어지도록 하였다. 당시 농촌신협의 성장은 신협임원들의 협동조합 7대원칙에 기반한 운영과 회계실무자에 의한 회계처리의 정확성, 조합원들의 참여 정도에 따라서 상당히 좌우되었다. 사업 초기 부락개발사업 자체가 수해농민에 대한 구호적 성격이 강하였고, 이러한 기반위에 농촌신협이 설립·운영되었으므로 이 시기의 신협들은 대체로 협동조합 7대원칙에 근거한 신협의 운영과 활발한 이사회의 기능 등이 정상적으로 이루어지지 못하였다.[11] 그러나 구호적 성격을 벗어나 본격적인 협동조합운동이 전개된 1975년 하반기부터 협동조합과 관련한 재해위의 꾸준한 초청·현장교육의 실시, 신협임원들의 운영경험 축적과 조합원의 참여 속에서 1970년대 후반 농촌신협은 점차 정상적으로 운영될 수 있었다.

당시 농촌신협은 창립 시 조합원의 출자와 부락 내 작목반 및 부락총회의 공동자금, 부락 내 존재하던 각종 계 자금의 흡수, 부락공동기금의 예탁 등을 통해 자산을 조성해 나갔다. 이중 농촌신협 창립 초기 가

---

11 1976년 초 단위조합에 대한 재해위의 감사 결과 인가신협의 경우, 자체결산이 가능하나 대부분의 예비조합들은 회계처리의 미숙으로 결산능력이 부족하였으며, 이사회와 감사 기능이 정상적으로 이루어지지 못하고 임원들의 기능이 이사장과 회계실무자에게 집중된 현상이 나타났다. 이에 따라 신협 월례회가 학습기능을 가지고 운영되어야 하며, 교육을 통한 의식제고와 회계실무자 양성이 시급하다고 보았다(재해위, 「제13차 전체협의회 회의록—회의 속개(3.11)」, 『1976년도 전체협의회 회의록』, 1976).

장 큰 비중을 차지했던 것은 조합원이 내는 자발적인 출자금이었다. 농촌신협의 출자금은 500~1,000원이었으며, 월례회 및 정기총회 시 이를 정기적으로 거두었다.[12] 이들 농촌신협은 자산규모의 영세성과 빈곤한 농촌사정을 반영하여 출자금도 현물로 받는 경우가 많았다.

처음에 우리 신협 할 때는 출자가 500원씩이었어요. (…중략…) 특히나 우리 지역은 고추랑 담배농사를 많이 했어요. 담배농사를 많이 하면 지금 같은 경우에 가면 담배 쪄요. 찌면 우리 가가지고 출자 받아 올라면 그걸 종일 그 담배 다 찌어주고. 일해주고. 고추 딸 때는 고추 따고. 그리고서 저녁에 울 때 고추 한 근이고 두 근이고 받아가지고 이고. 혼자 이고 오고. 밤새도록, 그 온도가 있어서 찌는 온도가 있어서 그 온도를 맞추려고 밤을 꼬박 새워요. 그러면 그 신협 이사장님이나 이사님들은 또 가가지고 친구해주는 거야, 같이 인제. 그 조합원들이 밤새면 같이 가서, 진짜 고생 많이 했어요. 정말로 자기가 정말 그런 분들 있어 가지고 신협이(초기에 발전했어요).[13]

영월 협산신협에서 실무자로 활약하였던 김순옥의 구술처럼 1970년

---

[12] 1974년 10월 30일 32명의 조합원에 의해 창립된 제천 광의부락의 청풍신협은 조합원 1인당 가입비 300원과 출자금 1좌당 500원을 갹출하였다(재해위, 「광의리(청풍면)」, 『1974년도 제천지역 부락개발사업 보고서』 1, 1975). 1975년 8월 29일 조합원 36명에 의해 창립된 학곡신협은 조합원 1인당 1,000원씩 출자하였다(사개위, 「부락별 보고-백교(학곡신협 김종인이사)」, 『제9차 부락대표자간담회(1980.2.22.~24)』, 1980).

[13] 2011년 7월 2일, 김순옥 전 협산신협 실무자 및 가농 여성농민지도자 구술(원주 단구동 김순옥 자택). 김순옥은 재해대책사업 초기부터 활동한 새마을지도자이자 협산신협 회계이사였던 지달용의 아내로 남편과 함께 재해위 초기부터 부락개발운동과 협동조합운동에 참여하였다. 특히, 김순옥은 1973년도 남한강사업의 4단계인 '지역개발사업'에도 참여하였으며, 협산신협과 '협산구판장'에서 실무자로서 활동하였다. 또한 가농 원주교구연합회의 여성농민지도자로서 활동하였다.

대 농촌의 빈곤성과 수입의 계절성 등을 반영하여 농촌신협의 조합원인 농민들은 출자금 조성 시 현금보다 현물로 출자하는 경우가 많았다. 따라서 대부분의 농촌신협에서는 출자금을 벼와 고추, 누에와 담배, 옥수수와 감자, 달걀과 절미통에 모아둔 쌀 등의 현물로 거두는 경우가 많았다. 당시 신협의 임원들은 조합원의 집을 방문한 후 현물출자를 받아 다시 시장에서 내다판 돈으로 출자금을 기입하는 경우가 많았다.[14]

대부자금은 대체로 5~6개월의 대부기간을 두고 운용되었다. 신협의 이율은 대체로 월 2%로 운영되었으며, 연체될 때 강림신협의 경우 가산금리 1%를 더하거나 계약된 6개월의 대부기간이 12개월이 되어 연체될 경우, 6개월간의 위약금 5%를 더 받기도 하였다.[15] 당시 은행의 대부이자율이 월 3%대에 이르고 농촌부락에서의 고리채 이율이 연 5~10할에 달했던 실정과 비교하면 신협의 이율은 크게 낮았다. 또한 자금대부의 수속과정도 영세농민에게 문턱이 높았던 농협 등과 비교해서 신협은 조합원의 신용을 기반으로 출자금의 3배 이내에서 간단한 절차과정을 거쳐 대부가 신속히 이루어졌다.

한편, 인가를 받은 농촌신협의 운영이 활발히 전개되면서 점차 조합원의 급증, 보통예탁금과 정기예탁금, 신용적금의 비중이 커져갔다. 1975년 2월 창립된 협산신협의 경우, 조합원 53명의 출자금에 기초해서 대부사업을 전개하다가 1976년 12월 재무부의 인가취득을 통해 예

---

14 당시 농촌신협은 자체적으로 이중기장의 필요성을 논의하였으며, 재해위에서도 이 문제가 논의되었다(재해위, 「제4차 전체협의회−회의속개(4.4)」, 『1975년도 전제협의회 회의록』, 1975).

15 당시 강림신협은 연체이율이 보통대부 24%에서 1%가 더 가산된 25%였다. 그런데 연체이율 가산 1% 문제도 신협 내 임원과 대부자간의 갈등요인이 되었다(사개위, 「부락별 보고−강림(이재호)」, 『제9차 부락대표자간담회(1980.2.22.~24)』, 1980).

<표III-7> 협산신협 대차대조표(1977~1978)　　　　　　　　　　　　　　　　　　　　(단위 : 원)

차변			대변		
과목	1977.12	1978.5	과목	1977.12	1978.5
현금	538,954	989,514	보통예탁금	1,101,188	2,248,165
대부금	6,498,000	11,065,000	정기예탁금	2,104,002	5,200,000
계통출자금	10,000	10,000	신용적금	328,670	602,490
투자금	70,000	300,000	출자금	3,416,948	4,132,641
비품 및 집기	35,840	35,840	법정적립금	2,480	21,230
			특별적립금	3,343	12,718
			임의적립금	2,020	11,395
			미배당이익금	6,572	271
순손실금			순이익금	187,571	171,444
합계	7,152,794	12,400,354	합계	7,152,794	12,400,354

출전 : 재해위, 「영월지역」, 『1977년도 영월·제천지역 부락개발사업 보고서』, 1978.

탁금의 여수신사업이 가능해지면서 예탁금의 비율이 출자금의 비율을 넘어섰다. <표III-7>를 통해 협산신협의 대차대조표를 분석하면, 1977년 12월 협산신협은 자산 대비 출자금의 비율이 50%였으며, 보통예탁금과 정기예탁금, 신용적금이 49.4%였다. 그러나 1978년 5월 출자금 비율은 33.3%, 보통예탁금과 정기예탁금 등은 64.9%로 5개월 만에 거의 반반이었던 출자금의 비율이 1 : 2로 변할 만큼 여수신업무에 의한 예탁금의 비중이 커졌다. 그 결과 1977년 12월 대부금이 6,498,000원에서 1978년 5월 11,065,000원에 이르면서 협산신협의 공동유대지역인 연당1·2리, 북쌍3리 부락민에 대해 긴급자금을 대여할 수 있었으며, 부락민의 고리채 청산에도 크게 기여하였다.[16]

16　재무부 인가를 통한 자산의 급격한 증가에 따라 조합원 1인당 대부금은 1976년 12월 18,600원에서 1977년 12월 34,000원, 1978년 5월 54,000원에 이르렀다(재해위, 「평가회의－회의속개(2.16)」, 『전체평가회의(1977.2.14~15)』, 1977; 재해위, 「영월지역」,

<표 III-8> 강림신협 대차대조표(1976~1978) (단위 : 원)

	차변			대변	
과목	1976.12	1978.5	과목	1976.12	1978.5
현금	1,027,828	1,019,822	보통예탁금	1,050,239	1,580,155
제예금		173,870	정기예탁금	247,919	1,024,914
대부금	7,854,500	11,929,300	신용적금	477,964	1,193,219
매일적금대부금		775,000	차입금	700,000	3,400,000
미수금	10,220	9,055	미지급금	3,276	6,124
계통출자금	10,000	10,000	출자금	5,962,000	7,442,117
투자금	250,000	294,585	법정적립금	128,904	164,695
비품 및 집기	175,940	216,140	특별적립금	24,438	24,438
신용예탁		400,000	임의적립금	15,911	15,911
특별예탁		63,860	배당금		5,920
			시설적립금		29,887
			미배당이익금	682,789	14,887,380
			제세예수금	35,048	
순손실금			순이익금		4,252
합계	9,328,488	14,891,632	합계	9,328,488	14,891,632

출전 : 재해위, 「강림」, 『1977년도 여주·정선·횡성지역 부락개발사업 보고서』, 1978; 재해위, 「1976년도 강림신협 결산서」, 『자료집』 2, 1977.

1974년 11월 창립된 강림신협은 조합원 43명의 출자금에 기초해서 대부사업을 착수한 후 각 작목반의 공제금과 출자금, 부락의 공동기금이 흡수되면서 급성장하였으며,[17] 1975년 9월 부락개발사업에 의한 농촌부락 중 최초로 재무부의 인가를 취득하게 되면서 신협성장의 계기를 마련하였다. 1976년 12월 결산내역을 보여주는 <표 III-8>을 통해 구체적으로 그 운영내용을 살펴보면 출자금과 조합원의 출자좌수는 각각 5,962,000원과 1,192좌(1좌 500원)였으며, 조합원 1인당 평균 출자액은 28,800원이었

『1977년도 영월·제천지역 부락개발사업 보고서』, 1978).

17　재해위, 「강림2리(횡성군 안흥면)」, 『1974년도 강원도지역 부락개발사업 보고서』, 1974.

<표 III-9> 강림신협 대부내역 현황(1975~1976)　　　　　　　　　　　　　　(단위 : 원)

용도별	1975년도 12월			1976년도 12월		
	건수	연간잔액	비율(%)	건수	연간잔액	비율(%)
생산자금	126	4,126,500	40.55	175	7,667,000	34.29
교육비	13	351,000	3.44	40	1,415,000	6.33
고리채정리	75	2,652,900	26.07	87	4,724,000	21.12
상업자금	8	1,145,000	11.25	34	1,990,500	8.92
의료비	36	637,000	6.26	47	1,002,500	4.48
기타	24	927,130	9.11	195	5,563,500	24.88
건축비	6	375,000	3.68			
사업자금	2	50,000	0.49			
합계	295	10,174,530	100	578	22,362,500	100

출전 : 재해위, 『자료집』 1, 1976, 38쪽; 재해위, 『자료집』 2, 1977, 5쪽.
비고 : 1. 1975년도의 건수 및 합계액은 원자료의 수치를 기준으로 하였음.
　　　 2. 1976년도의 기타는 건축·결혼비·잡비 등을 의미함.

다. 당시 강림신협은 인가를 받은 후 조합원으로부터 보통예탁, 정기예탁, 신용적금 등 예금업무를 보았으며, 보통예금의 이자는 연 3.6%, 정기예탁금과 신용적금의 이자는 각각 16.8%와 16%로 운영되었다.[18]

조합원에 대한 대부사업은 활발하게 전개되었는데, 1975~76년 강림신협의 대부현황을 보여주는 <표 III-9>와 같이 대부용도는 생산자금과 고리채정리자금, 상업자금과 교육비, 의료비, 결혼비, 건축비, 사업자금 등이었다. 1975년 12월 대부건수와 대부액은 295건과 10,174,530원이었으며, 1976년 12월 573건과 22,362,500원이었다. 대부용도 중 가장 많은 비중을 차지한 것은 영농을 위한 생산자금으로 이는 1975년과 1976년에 각각 40.55%와 34.29%에 이르렀으며, 고리채정리 비율

18　재해위, 「1976년도 강림신협 결산서」, 『자료집』 제2집, 1977; 재해위, 「강림」, 『1977년도 여주·정선·횡성지역 부락개발사업 보고서』, 1978.

차변					대변				
과목	1975.1	1976.12	1977.12	1978.5	과목	1975.1	1976.12	1977.12	197
현금		245,175	621,889	937,791	보통예탁금	29,295	1,234,628	2,366,854	797
제예금		879,339	3,159,339	1,531,839	정기예탁금		30,000	1,000,000	1,000
대부금	885,300	1,010,000	970,200	891,000	신용적금	79,760	26,750	43,350	185
현금과부족		41,825			차입금	1,100,000	515,888	515,888	2,320
계통출자	2,140				가수금		10,000		
투자금	164,700	1,055,888	1,055,888	2,555,000	출자금	289,626	1,327,865	1,693,290	1,711
비품·집기		93,920	93,920	93,920	법정적립금	3,027	19,050	30,376	53
토지건물				220,000	특별적립금	2,600		11,326	34
현금	456,658				임의적립금			11,326	34
					미배당이익금		48,698	478	
					지역개발투자금				12
					회계보증기금	1,410			
순손실금					순이익금	3,000	113,268	228,348	80
합계	1,508,798	3,326,147	5,901,236	6,229,550	합계	1,508,718	3,326,147	5,901,236	6,229

출전: 재해위, 『1974년도 제천지역 부락개발사업 보고서』 1, 1975; 재해위, 『1976년도 제천지역 부락개발사업 보고서』, 1977;
위, 『1977년도 영월 제천지역 부락개발사업 보고서』, 1978.
비고: 1. 조합원 수는 창립 당시 31명, 1975년 1월 70명, 1976년 12월 115명, 1977년 12월 120명, 1978년 5월 126명이었음.

은 26.07%와 21.12%였다. 그 외 상업자금과 교육비, 의료비, 결혼비, 건축비 등의 순으로 대부되었다. 이들 대부자금은 조합원에 대한 무담보 신용으로 대출되었으며, 출자한 범위 내 대부이율은 연 18%, 보통대부 일 경우 연 24%였다. 상환방식은 분할상환을 통해 이루어지면서 부락 내 고리채 일소에 크게 기여하였다.

　1973년 9월 창립된 북진신협은 재무 현황을 보여주는 〈표 III-10〉 과 같이 1975년 1월 부락개발사업에 의한 공동기금, 부락 내 존재하던 상포계와 혼인계 자금의 흡수, 차입금 등을 통한 총자산 1,508,718원 으로 조합원에 대한 대부사업을 전개하였다. 당시 북진신협의 출자금은 평균적으로 총자산의 약 30%였으며, 예탁금과 차입금은 각각 총자산의 40%와 26.2%를 차지하였다. 이러한 신협자금은 대부사업과 부대사업인 양곡사업 및 구판사업 등에 투자되었다. 1974년 9월 북진신협은 부락 내 장리미를 퇴치하기 위해 제천신협의 알선으로 출자금 1,000원씩과 기독교봉사회에서 차입한 백미 50가마를 기초로 양곡조합을 설립·운영하였다.[19] 북진신협은 부대사업으로 양곡조합을 운영하면서 월 2%의 이율로 운용해 나갔으며, 그 결과 부락 내 연이율 50%였던 장리쌀은 자취를 감추게 되고 신협의 대부사업을 통해 고리대를 청산하는 역할을 수행하게 되었다.[20]

한편, 부락 내 존재하던 상포계와 대동계 등 각종 계에서 나온 자금과 신협자금은 조직체의 성격에 따라 그 자금의 성격이 상충되었다. 계는 성격상 고리채로 놓더라도 자금을 늘리는 것이 목적이었고, 신협자금은 고리채를 없애는 것이 목적이었다. 이 때문에 신협의 설립과 운영은 부락 내 존재하던 각종 계원들의 반발과 고리채를 놓던 일부 부농층의 방해 속에서 진통을 겪었다. 부락 내 각종 계의 신협자금화는 농촌 고리채의 온상을 농민 주도의 부락개발운동을 위한 자금으로 전환하도록 하는 중요한 역할을 하였다. 재해위의 사업대상 부락에서 신협의 설

---

19 당시 북진신협의 부대사업인 양곡조합은 금성면의 성내리·월준리, 청풍면의 북진리·교리 등에서 참여하였다. 양곡조합의 임원은 위원장 김윤배, 총무 함창희, 서기 정도웅, 회계 최정옥, 고문 안암국 교장 장지현과 안남 성결교회 전도사 홍근춘이었다. 추진위원으로 금성면 월준리 4인, 성내리 6인, 북진리 5인, 교리 3인이 지역대표로 참여하였다. 설립취지문에 의하면 양곡조합은 신협이 모체가 되어 양곡대부사업을 추진하며, 이자수입은 개인지분화하되 공동기금으로 키워나가는 형태였다(재해위, 「제34차 부락개발협의회―회의속개(8.26)」, 『1974년도 부락개발협의회 회의록』, 1974; 재해위, 「제35차 부락개발협의회(9.23)」, 『1974년도 부락개발협의회 회의록』, 1974).
20 재해위, 「북진리(청풍면)」, 『1974년도 제천지역 부락개발사업 보고서』 1, 1975.

〈표Ⅲ-11〉 사기부락 내 계의 현황(1974.12)

모임명	설립시기	계장	회원수	기금액(원)	비고
대동계	미상	신동명	전 부락	200,000, 콩 8가마	이장 수당, 비품비, 잡종비
친목계		신동명	37	120,000	
상포계 1	1963	유흥근	19	240,000	회원상에 쌀 19가마, 베 2필 지급
상포계 2	1967	윤상호	15	쌀 6가마	회원상에 쌀 15두 각출 지급
상포계 3(혼인계)	1970	윤상호	3개 동 주민		혼사시 술 1말 지급
상혼계	1973	신동명	35	35,000	상혼시 쌀 35두 각출 지급
1반계				30,000	도선 이익금, 배 수리 충당
2반계				30,000	
3반계				100,000	

출전 : 재해위, 「사기리(한수면)」, 『1974년도 제천지역 부락개발사업 보고서』 3, 1975.

립과 운영이 초기단계를 벗어나 정상단계로 접어든 경우 부락 내 고리
채는 청산되어 갔으며, 각종 계들도 서서히 소멸되면서 신협자산화가
되었다. 1974년 창립된 제천 사기신협의 경우, 부락 내 계의 현황을 보
여주는 〈표Ⅲ-11〉과 같이 각종 계가 존재하였다. 당시 이들 계 기금
중 친목계, 상포계, 3반과 1반의 기금 등 각종 계와 반별 공동기금
618,500원이 사기신협에 인계되었다. 사기신협은 이들 자금을 통해
조합원인 농민이 생산한 옥수수와 참깨, 들깨 등을 품목으로 하는 농산
물구판매사업을 전개하였다.[21] 전통적으로 내려오는 계를 단기간 내에
농촌신협이 흡수하는 것은 어려웠으나 각종 계들이 온존되더라도 신협
의 운영 자체가 각종 계의 이율을 낮추는 효과를 나타냈다.[22]

　　부락마다 취로사업이나 각종 부락공동사업을 통해 조성된 부락공동

21　재해위, 「사기리(한수면)」, 『1974년도 제천지역 부락개발사업 보고서』 3, 1975.
22　재해위, 『제4차 제2회 부락대표자간담회(1975.12.28~30)』, 1975. 북진신협도 운영
　　과정에서 기존 상포계(51호)와 혼인계(39호)가 소멸·흡수되었다(재해위, 「제37차 부
　　락개발협의회(11.19)」, 『1974년도 부락개발협의회 회의록』, 1974).

기금이 조성되어 있었다. 이러한 자금은 이를 관리하는 행정기관과 밀접한 이장 및 일부 유지들에 의해 유용되거나 그 이해관계에 따라 쉽게 사용처가 결정되었다. 당시 부락마다 조성되었던 부락공동기금은 부락민이 분배해 갖거나 새마을사업에 따라 추진되었던 마을회관 건립과 전화사업 등에 전용되거나 자금을 관리하는 이장 등에 의해 유용되면서 부락갈등을 증폭시키는 경우가 많았다. 신협은 이러한 부락공동기금을 예탁을 통해 신협자금화 하면서 부락 내 고리채의 해소와 부락개발운동을 위한 자금으로 삼고자 하였다.

당시 농촌신협의 조합원이었던 농민들은 이전 영농과정과 농가생활에서 필요한 자금을 부락 내 운용 중인 고리대와 장리쌀에 의존한 경우가 많았다. 농민들은 재해위의 교육을 이수하면서 점차 농촌현실에 대한 의식의 변화를 갖게 되었으며 농촌신협이 성장함에 따라 출자금과 예탁금 등을 기초로 한 신협의 운영과 조합원의 신용을 기반으로 한 대부사업에 참여하면서 조합원 의식을 성장시켰다. 당시 농민들은 월례회와 정기총회 등에 참여하여 신협의 운영에 참여하였으며, 신용에 기반한 자금대부와 각종 계 자금의 신협자산화 등을 통해 부락 내 고리대 청산이 이루어지는 모습을 지켜보았다. 이를 계기로 농민들은 농촌신협을 '농민자치조직'으로 인식해 나갔다. 또한 농촌신협의 대내외적 활동과정에서 행정기관과 농협 등의 간섭과 탄압을 거치면서 농민들은 조합원 의식이 더욱 성장하였으며, 농협과 마을금고 등에 대한 비판적 의식을 갖는 계기도 되었다.

(2) 농촌신협의 특징

1970년대 전반 재해위는 주로 협동조직체인 작목반과 부락총회의 구성 및 운영을 중심으로 부락개발사업을 추진해 나갔으며, 점차 전체 부락민이 참여하는 방향으로 전환하면서 신협의 설립·운영을 추동하였다. 이 시기 재해위는 농촌부락의 요청에 따라 구판장·소비조합의 설립·운영자금을 지원하였으며, 1970년대 후반 이들이 협동조합 원칙에 기초해서 신협의 부대사업으로 운영되도록 추동하였다. 또한 원주원성사업을 계기로 실시된 부락상비약사업을 신협의 부대사업으로 추진토록 지원해 나갔다. 이 과정에서 재해위의 활동중심은 작목반과 부락총회를 중심으로 한 부락개발사업에서 점차 신협과 소비조합의 운영으로 이동했다. 그 결과 1970년대 후반 농촌부락을 중심으로 한 재해위의 중심적 활동은 부락개발운동에서 점차 신협과 소비조합을 중심으로 한 협동조합운동으로 전환되어 나갔다.

1970년대 말 재해위 관할 농촌신협은 인가신협과 비인가신협인 예비조합으로 크게 유형화할 수 있다. 1970년대 말 재해위의 농촌신협과 부대사업의 운영 현황을 보여주는 〈표Ⅲ-25〉와 같이 재무부의 인가를 받은 농촌신협은 부락개발사업 관할 강림신협·협산신협·평창대신신협·여주대신신협·양화신협·대흥신협·월현신협, 한우지원사업 관할 학산신협·대안신협·서곡신협·학곡신협·영광신협·황곡신협, 원주원성사업 관할 통일신협 등 14개였다. 그 외 예비조합으로 40개의 농촌신협이 설립·운영되었다. 인가신협은 여수신사업을 활발히 전개하면서 부대사업으로 구판사업과 상비약사업을 추진하는 신협과 그렇지 못한 신협으로 나눌 수 있다. 당시 원성지역의 영산신협·단강신협·영월협산신협·여주대신신협·내양신협이 후자에 해당되었다. 예비조합의 경우, 신협자산의 영세성과 조합원의 확장에 어려움이 있던 기초단계의 농촌신협과 부대사업으로 구판사업과 상비약사업을 활발히 추진해 나가면서 신협의 종합적 기능을 발휘해 나간 성장단계의 농촌신협으로 유형화할 수 있다.

〈표 III-25〉와 같이 부대사업으로 구판장·소비조합을 운영하였던 농촌신협은 인가신협 중 7개 신협, 예비조합 중 14개 신협에서 운영 중이었다. 부락상비약사업의 경우, 인가신협 중 7개 농촌신협, 예비조합 중 32개 농촌신협에서 운영 중이었다. 이중 여수신사업을 포함한 3가지 사업을 모두 실시하면서 신협의 종합적 기능이 잘 구축되었던 농촌신협은 모두 16개 신협이었다. 인가조합 중 대송신협·황곡신협·백교신협·홍호신협·내양신협 등 5개 신협, 예비조합 중 매지신협·학곡신협·손곡신협·후용신협·동화신협·청용신협·성남신협·대평신협·진목신협·북진신협·포탄신협 등 11개 농촌신협이 이에 해당되었다.[23]

당시 농촌신협의 주요한 특징을 살펴보면, 먼저 재무부의 인가를 얻지 못한 예비조합이 많았다는 점이다. 이것은 신협의 규모와 자산이 작았던 것을 반영하는 동시에 재해위에서도 농촌신협이 성장·발전해서 협동조합 원칙에 기초해서 운영될 수 있는 자립성을 갖추기까지는 무리하게 재무부의 인가 취득이나 신협연합회의 계통적인 지도를 받도록 추동하지 않았다. 재해위에 의해 설립이 추동된 농촌신협들이 인가를

---

23 당시 농촌신협의 운영 수준과 발전 정도는 해방 이후 형성된 부락 내 제반 정치구조와 사회경제적 현실, 새마을운동이 전개되는 기반 위에서 부락 내 부락개발운동과 협동조합운동을 전개해 나갈 수 있는 농민지도자의 유무, 재해위의 집중적 자금지원과 지도 여부 등에 크게 좌우되었다.

얻은 후 신협연합회의 회원이자 계통조직으로 신협 강원지구평의회의 지도와 감독을 받아야 했으나 당시 강원지구평의회 자체가 운동성을 갖추면서 이들을 지도할 조직적 기반이 약하였다. 당시 강원지구평의회는 주로 인가를 받은 강원도의 도시신협과 광산신협 등에 한정해서 지도감독이 이루어졌으며, 재해위에 의해 설립이 추동된 농촌신협까지 지도할 수 있는 여력을 갖추지 못하였다. 그 결과 예비조합이 대다수였던 이들 농촌신협은 재해위에 의해 지도육성이 이루어졌다.[24]

두 번째 특징은 재무부의 인가를 받은 신협을 중심으로 법적인 토대와 재해위의 지원 속에서 해당부락을 넘어 그 유대지역을 확대해 나간 점이었다. 부락단위로 설립되었던 농촌신협은 자산규모를 키워나가야 하는 자체적인 필요성과 인근 부락들과의 지역적 협력을 통해 지방행정 당국의 부당한 지시·압력에 맞서야 했으므로 1970년대 후반기에 가시화되는 지역적 통합의 기반을 마련해 나갔다. 부락개발사업 대상 부락 중 최초로 재무부의 인가를 받은 횡성의 강림신협은 인근 지역인 부곡신협과 월현신협의 발전을 추동하였으며, 이를 기초로 3개 신협의 연대와 지역협의체의 구성 등을 모색해 나갔다. 평창 신1리를 기반으로 한 대신신협의 경우, 1976년경 인근 지역인 신6리 대성신협과 신7리의 신흥신협과의 통합을 논의해 나갔다. 영월 연당1리를 기반으로 한 협산신협도 연당2리 야연부락과 북쌍3리 후포신협과의 연대 및 통합, 이들 지역을 중심으로 한 지역협의체의 구성을 추진해 나갔다. 당

---

24 강원지구평의회의 조직적 기반과 지도능력의 한계로 나타난 두 기관의 자연스런 역할분담은 1980년 지구평의회가 강원도지부로 전환될 때 신협연합회의 업무가 대폭 이관되면서 조직기반이 강화되었으며, 이 과정에서 농촌조합에 대한 지도감독을 둘러싸고 강원도지부와 재해위는 다소 불편한 관계에 놓이게 되었다.

시 재해위는 재무부의 인가를 받은 농촌신협들을 중심으로 인근 지역의 부락개발 대상지역을 확대해 나갔으며, 이를 통해 몇 개 리단위 규모로 신협의 통합과 지역협의체의 창설이 추진되었다.

세 번째 특징은 신협의 부대사업으로 구판사업과 상비약사업 등을 추진하면서 신협의 특징인 지역사회개발과 협동조합의 종합적 기능을 수행하고자 하였던 점이다. 이러한 점은 당시 농협이 농민을 위한 협동조합으로 제 기능을 발휘하지 못하면서 부락별로 설립된 영세한 농촌신협이 이러한 기능을 수행하였음을 의미하였다. 또한 농촌신협은 부대사업의 일환으로 구판사업과 상비약사업을 추진하면서 부락단위의 지역범위를 넘어 면단위 이상으로 신협운동을 전개할 수 있는 기반이 되었다는 점에서 중요한 의미를 가졌다. 특히, 농촌신협이 가지는 영세성으로 인해 실무자의 확보가 어려웠던 실정에서 구판장·소비조합의 운영을 통해 확보된 이익금을 기초로 실무자의 보수를 지급할 수 있게 되면서 1970년대 후반 농촌신협의 활성화와 발전에 커다란 기여를 했다는 점에서 의미가 컸다.

네 번째 특징은 영세한 자산규모에 의해 농촌신협의 운영에 필요한 회계실무자의 확보가 쉽지 않은 점이었다. 신협운영을 위해서는 복식부기로 정리해야 하였으나 농촌부락의 낮은 교육수준에서 회계실무자들은 이를 어려워했다. 그러나 재해위에 의한 지속적인 제반 실무자교육과 지도를 통해 각 부락의 농촌신협은 회계문제를 해결해 나갔다. 농촌신협 창립 초기 회계실무자는 주로 무보수로 일을 하였는데, 신협의 발전에 따라 자산규모가 커지면서 일정한 보수가 지급되었음에도 그것은 현실적으로 너무 적은 수준이었다. 그 결과 지속적인 재해위의 제반 교육을 통해 회계실무 능력을 갖춘 신협 회계실무자들이 이직하는 상황이 다반사로 일어났다. 신협 창립 초기 회계를 보던 실무자는 주로 20대 농촌 처녀들이었으나 1970년대 중반 이후에는 40~50대에서 실무자가 나오는 경우가 많았다.

다섯 번째 특징은 외부의존적 경향이 컸다는 점이다. 당시 농촌신협은 재해위에 의한 자금지원을 받아 초기의 영세성을 극복해 나가면서 성장하여 왔다. 그 결과 농촌신협은 재해위로부터 상당한 자금을 차입하게 되는 구조에서 벗어나지 못하면서 외부의존적 경향이 커졌다. 이는 자금지원을 받은 농촌부락의 입장에서 경제적 소득증대를 위한 자금지원에 관심을 크게 두었던 반면, 생산협동체의 운영과 신협의 활동을 통한 협동조합운동에 관심이 적었던 부락이 많았던 실정과도 연결되었다. 재해위의 지원에 의해 농촌신협을 창립하면서도 농촌현실의 각성과 협동조합운동을 통해 농민의 현실적인 제반 문제를 해결하려는 방향보다 출자금은 적게 내면서 신협의 대부자금을 용이하게 받는 것에 관심을 가졌던 조합원들이 많았다.[25] 이러한 현실에서 농촌신협은 조속히 자산을 증대시키고 운영능력을 키워나가면서 협동조합적 원리에 기반하여 자립적·민주적으로 운영해야 하는 과제를 안고 있었다.

여섯 번째 특징은 1960년대 중반부터 시작된 농촌의 이농현상이 1970년대 중후반 급속히 나타나면서 신협의 이사장과 회계실무자 등 신협의 핵심 임원들이 이농을 하게 되었으며, 그 결과 농촌신협의 운영이 정체에 빠지거나 중단된 사례가 다수 나타난 점이었다. 당시 각종

---

25 재해위, 『제3차 한우부락대표자간담회(1977.1.13~14)』, 1977.

교육을 통해 신협을 운영하던 부락 내 핵심 임원들이 이농하는 사례가 늘면서 이장과 새마을지도자 등 행정계통의 부락 내 인물과 부농들이 신협의 임원으로 채워지는 경우가 많아졌다. 신규 임원인 이들 부락지도자들이 각종 교육을 통해 협동조합적 인식을 기반으로 신협을 운영할 경우에 농촌신협은 발전할 수 있었으나 관과의 결탁을 통해 불투명하게 운영할 경우 금융사고로 이어지면서 정상적인 신협운영은 어려워졌다.

일곱 번째 특징은 새마을운동의 추진에 따라 형성된 부락단위의 기존 권력구조가 부락개발운동과 협동조합운동의 전개 과정에서 점차 농촌신협의 임원들이 마을회의의 여론을 주도하고 대동계를 포함한 부락 내 각종 계의 흡수, 마을금고의 신협으로의 전환 등을 통해 농촌부락 내 정치구조의 변동을 보여주는 사례가 나타난 점이었다. 1970년대 재해위가 협동조합교육을 강화하는 과정에서 점차 제반 교육을 이수하면서 의식화의 변화를 거친 기존 부락 내 권력구조 하의 이장과 새마을지도자들이 신협운동에 적극적으로 참여하면서 점차 기존 마을회의의 여론을 주도하고, 대동계와 마을금고 등이 신협으로 흡수되는 과정을 거쳐 부락 내 권력구조가 크게 변동되는 과정을 거쳤던 것이다. 이러한 현상은 횡성 강림신협과 매호신협, 영월 협산신협, 평창 대신신협, 제천 북진신협 등의 농촌신협에서 나타났다. 당시 이들 농촌신협들은 면 단위의 행정기관 및 농협 등과 '일면 긴장, 일면 협조' 관계를 가지며 일정한 자율성의 확보를 통해 부락의 여론을 주도해 나갈 수 있었다.

3) 농촌신협과 관제협동조합

1970년대 민간 주도 신협의 설립과 운영은 관 주도의 농협과 마을금고와의 일정한 경쟁·대립관계를 형성하며 전개되었다. 1961년 군사쿠테타 직후 종합농협으로 탄생된 농협은 1962년 '임시조치법' 등을 거치면서 정부정책대행기관의 역할과 농민통제기관의 기능을 일정하게 수행하면서 농촌지역에서 협동조합의 역할과 의미, 지역농민과의 긴밀한 연계와 이해를 일부 가지면서도 농민들의 이해와 유리되어 존재하였다. 특히, 정부의 강력한 지원을 받았던 농협은 그 자체로 농민의 자발적인 협동조합의 창립과 운영을 막는 농민통제기관으로서의 정치적인 역할을 일정하게 수행하였다.[26] 당시 조합원의 적극 참여를 통한 신협의 설립과 민주적 운영, 자진출자와 부락 내 공동기금의 예탁을 통해 조성된 신협자산을 기반으로 농촌고리채를 효과적으로 해결해 나갔던 농촌신협의 존재는 그 자체로 해당지역의 행정기관과 단위농협의 주시대상이 되었다. 특히, 재해위의 신협운동 자체가 1974년부터 토지·쌀값·농협문제를 중심으로 본격적인 농업·농민문제를 제기하였던 한가농과 긴밀히 연계되었으며,[27] 재해위의 초청교육을 통해 농

26　당시 농협법의 규정에 농협법에 의하지 않고 설립된 단체가 농협 또는 그와 유사한 명칭을 사용할 때는 주무부 장관에 의해 해산을 명할 수 있다고 하면서 농민들의 자발적 결사권을 박탈하고 있었다. 또한 「농협조합장 임원 임면에 관한 임시조치법」에 의해 조합원 스스로 조합장 선출을 못하게 되었다는 점에서 농협조직의 비민주성과 반농민성, 행정기관과 같은 관료조직의 속성을 띄는 등 체제내적 농민통제기관으로 전락하였다(장원석, 「현행농협의 문제점과 개선방향」, 『한국농업·농민문제 연구』 II, 한국농어촌사회연구소, 1989, 160~162·179~180쪽; 한도현, 「1960년대 농촌사회의 구조와 변화」, 『1960년대 사회변화 연구-1963~1970』, 백산서당, 1999, 121~125쪽).
27　한국가톨릭농민회, 『한국가톨릭농민회30년사』, 1999, 40~52쪽.

협의 비농민성·관료성문제가 직접적으로 다루어졌다. 또한 재해위 관할 농촌부락의 농민과 신협 조합원들은 농협의 출자금거부운동을 전개하는 한편, 이의 대안으로 신협을 설립·운영해 나갔으므로 지역단위에서의 행정기관과 단위농협은 그 자체로 농촌신협을 주시의 대상이자 위협으로 느꼈다.

부락개발사업 대상지역에서 농촌신협이 설립된 이후 농협출자의 문제가 표면화되었다. 농촌신협의 조합원들은 농협에 대한 출자를 기피하였으며, 대부와 사료·비료배정을 통한 농협과 축협의 강제출자 시책에 대해서는 인가를 받은 신협을 중심으로 거부해 나갔다. 이 과정에서 해당지역의 단위농협이 이들 신협의 운영을 방해하면서 그 운영에 어려움을 겪기도 하였다. 1974년 강림2리에서 단위농협의 출자금이 정미 3가마에 그치게 되자 이를 계기로 강림신협의 운영에 단위농협의 압력과 방해가 극심하였다. 당시 단위농협의 의뢰를 받아 해당지역의 지서장이 강림신협의 회의록을 압수·내사하기도 하였다. 강림지역에서 강림신협이 무시하지 못할 규모로 성장해 나가자 신협이사장에게 농협 단위조합장을 맡아달라는 회유도 있었다.[28] 1974년 평창 신리부락은 재해위의 부락종합개발사업을 통한 농산물구판사업의 추진과정에서 대화시장 상인들의 농산물가격을 통한 횡포와 단위농협의 강제출자 문제를 인식하면서 농협과 대립관계가 조성되었다. 또한 1974년도 신리부락의 농협출자가 극히 적다는 이유로 1975년 1월 대화농협의 조합장이 극언을 통해 위협을 하기도 하였다. 1974년 초 제천 진목부

---

28 재해위, 「제4차 전체협의회(4.1)」, 『1975년도 전체협의회 회의록』, 1975; 재해위, 『제5차 부락개발사업대표자간담회(1977.1.16~18)』, 1977.

락은 청년 10명이 진목신협의 설립을 목적으로 조직된 부흥회를 통해 신협창립을 추진하였으나 진목부락의 이장과 단위농협의 방해로 인해 어려움을 겪었다.[29]

한편, 재해위의 지원을 받은 농촌신협의 설립과 운영과정에서 해당지역의 단위농협과 일정한 갈등관계에 있었으나 농촌신협은 대체로 규모면에서 단위농협과 상대가 되지 않았다. 신협 조합원인 농민들은 농협으로부터 비료구입과 영농자금 확보, 구판장의 운영에서 물품구입 등 현실적으로 협조를 받지 않으면 안 되었다. 그 과정에서 농촌신협은 단위농협의 출자금 강제출자와 신협운영의 방해에 일정하게 저항을 하면서도 부분적으로 농협출자와 조합원으로서의 참여를 통해 농협을 '농민의 농협'으로 만들기 위한 제반 노력을 펼쳐 나갔다.[30]

난 처음에 이제 그걸 하면서도 농협에다가 얘기를 했지. '어차피 신리사람 조합원 아니냐? 조합원이 거리감도 있고 한데, 너희 물건 좀 넘겨다오. 우리 좀 갖다 팔아서 편리 좀 보게.' 그러니까, 그건 법으로 허용이 안 된다고 그래. 법상. '그래 법은 법이고, 편법을 써서라도 조합원이 편리한 걸 왜 할 수 없느냐?' '글쎄, 우리 힘은 거기까지입니다' 이러는데 뭐 할 말이 더 있나? 그래서 난 농협을 오히려 같이 유대로 끌고 가려고 했어요, 소비조합 하고. 같이 가도 조합원만 이익이 오면 되는 거지, 그까짓 명칭이야 아무려면 관계할 이유가 없잖아요. 그리고 적대시 할 이유가 없고. (…중략…) 모든 물품이 그 사람들은 농협중앙회에서 받아서 그 공급처가 있어 가지고

---

29 재해위, 「제1차 협의회(1975.8.7)」, 『1975~1976년도 사업1부 협의회 회의록』, 1976.
30 재해위, 『제5차 부락개발사업대표자간담회(1977.1.16~18)』, 1977.

틀리는데, 그리고 전국적으로 농협의 파워가 크잖아요. (…중략…) 아직 소비조합은 거기의 새발의 피 아닙니까? 그래 그런 여건도 있고, 이래서 과히 경쟁이라는 건 얘기가 안 되고, 우리가 조그만 놈이 해서 큰 놈을 좀 제대로 가게끔, 굴러가게끔 그런 운동을 하는 거지, 그걸 우리가 감히 뭐, 안 되는 얘기 아니에요?[31]

농촌신협은 대체로 그 자산과 조직이 소규모였기 때문에 신용사업을 넘어서 생산과 유통, 소비와 구판의 업무까지 취급하기 어려웠다. 당시 농협이 이러한 제반 협동조합의 사업을 농민적 성격을 가지고 수행하면서 종합적 기능을 충분히 발휘한다면 농촌신협의 존재 자체가 필요가 없는 것이었다. 그러나 정부정책 대행기관적·반농민적 성격을 가진 당시의 농협은 이러한 사업과 역할을 농민의 이해에 기반하여 수행하지 못하면서 농촌신협이 이를 대신해야 할 필요성이 컸던 것이다. 그 결과 농촌신협의 영세한 규모와 부족한 운영능력에도 신용사업 뿐만 아니라 신협의 부대사업으로 소비조합과 상비약사업 등 제반 활동을 활발히 전개해 나가야 했다. 당시 농촌신협은 그 운영과정에서 조합원의 욕구를 충족시키는 사업들을 전개하는 한편, '농민을 위한 농협', '민주화된 농협' 등이 되도록 농협민주화운동을 펼쳐 나갔다.

한편, 1970년대 마을금고는 정부의 의한 새마을운동의 전개에 따라 그 금융기구로써의 역할을 담당한 하향식의 성격을 가진 관변조직이었다. 1972년 당시 전국적으로 설립되었던 마을금고는 신협법 제정으로

31　2012년 10월 26일 윤석주 전 신1리 이장 및 마을금고, 대신신협 회계이사 구술(평창 대화 신1리 자택).

재무부의 지도감독을 받게 되었으나 새마을운동과 연계되면서 1974년 4월 신협법 개정을 통해 내무부 소속 지방자치단체의 관할로 들어갔다. 이 과정에서 마을금고는 신협연합회의 활동과 각 지역의 신협 설립 및 발전에 있어 일정한 제약요인이자 반대세력으로써 존재하였다. 이 시기 부락개발운동이 추진 중인 농촌부락에서 마을금고는 행정기관의 지원 속에 다수 설립·운영되었으며, 그 임원은 주로 부락 내 이장과 반장, 새마을지도자와 부농을 중심으로 구성되었다. 현재 부락개발사업 대상부락 중 자료로 확인된 마을금고는 솔미·연당·신1리·신7리·낙천·복탄·광의·북진·포탄·황강·새마을·양촌·신촌 등 15개 부락에서, 한우지원사업과 원주원성사업이 추진된 원성과 횡성지역에서 상안·대덕·매호·황곡·광격 등 다수의 부락에서 마을금고가 설립·운영되었다.

당시 재해위와 연관을 맺은 농촌부락에 설립된 마을금고는 활동이 중단되거나 해체된 경우가 많았다. 이는 대체적으로 마을금고가 행정기관의 계속적인 교육과 지도의 결여, 부락의 유지 중심으로 설립·운영되면서 이에 대한 부락민들의 무관심 등이 주된 원인이었다. 이러한 마을금고에 대한 부정적 인식은 재해위에 의한 농촌신협의 설립에도 이어져 신협창립의 어려움을 겪는 주요 요인이 되기도 하였다. 1973년 포탄부락 내 부락개발사업의 추진과정에서 신협이 마을금고와 별 차이가 없을 것으로 인식한 부락민에 의해 그 설립은 어려움을 겪었다. 그러나 부락민을 대상으로 한 신협교육을 통해 1973년 12월 포탄신협이 창립되었다.[32] 황강부락의 경우, 부락개발사업에 의해 작목반과 부락 총회인 협진회가 조직·활동하게 되면서 신협에 대한 농민들의 인식이 점차 호전되었고, 그 결과 1974년 9월 초 황강신협이 창립되었다.

한편, 마을금고가 지속적으로 운영되었던 부락의 경우, 농촌신협의 설립과 운영에 있어 일정한 갈등관계로 나타났으며, 그 과정에서 마을금고가 신협으로 전환되어 가는 경우가 나타났다. 이는 마을금고의 운영 자체가 하향식일 뿐만 아니라 일부 행정기관에 의해 선임된 임원이 내부의 견제 없이 부조리·비합리적으로 운영되면서 부락 내 마을금고에 대한 비판여론이 커졌기 때문이었다.[33] 영월 하동면 각동부락의 마을금고는 부락기금 20만 원과 회계실무자인 엄수동의 자금 30만 원으로 설립되었다. 그러나 각동마을금고는 출자금의 조성은 없고 월 4%의 이율로 대부사업만을 운영하였으며, 회계장부도 없이 운영되는 등 마을금고라는 이름으로 고리채 운영을 합법화시켜 준 격이 되었다. 그 결과 부락 내 마을금고에 대한 비판론이 크게 대두되면서 신협의 설립 문제가 새롭게 제기되었다.[34] 1972년 설립된 평창 신1리의 마을금고는 별 활동이 없다가 부락개발사업이 추진된 직후부터 점차 그 기능을

---

32 재해위, 「포탄리(한수면)」, 『1974년도 제천지역 부락개발사업 보고서』 3, 1975.

33 전국에서 표본조사 된 90개 마을금고 중에서 최고출자자 1인이 출자금 총액 중 1/10이상을 차지하였던 마을금고가 16개였으며, 이들 평균 출자비율은 19.7%에 이르렀다. 특히, 심한 경우에 최고출자자 1인이 출자총액의 42.6%를 차지하였다. 이들 90개 마을금고 중 예탁제를 운영하고 있는 곳은 44.4%에 불과하였으며, 나머지 50개 마을금고에서 아직껏 한 번도 예탁을 받아본 일이 없는 것으로 나타났다. 대출의 경우, 6개 마을금고에서 대출한도액이 무제한이었고, 신용대출을 전체 운영자금의 1/2까지 규정한 마을금고도 1개소 있었다. 대출금리의 경우, 법정수준인 25% 이하인 마을금고가 37개(41.1%)였으며, 나머지 마을금고는 26% 이상의 금리로 대출되면서 50%로 대출하고 있는 마을금고도 나타났다. 특히, 비조합원을 대상으로 대출을 해주는 마을금고도 24개소나 되었다(정환봉, 「농촌 마을금고 운영실태와 개선방안에 관한 연구」, 『지역개발연구』 제9권 제1호, 전남대학교 지역개발연구소, 1977, 149~153쪽).

34 재해위, 「제36차 부락개발협의회(10.25)」, 『1974년 부락개발협의회 회의록』, 1974; 재해위, 「각동」, 『1974년도 영월지역 부락개발사업 보고서』, 1975.

회복하였으며, 1974년경 재해위의 지원을 받은 부락종합개발사업과 농산물구판사업을 추진하는 과정에서 협동조직의 기능이 강화되는 방향으로 운영되어 갔다.[35]

그때 내무부에서 주관하는 마을금고 교육을 평창군 내에서 했었다고요. (…중략…) 거기 가서 내가 하루 딱 교육을 받았어요. 회계교육을. 그러니 그 학교 다닐 때 단식부기만 했었던 거지, 뭐 벌써 마을금고 이것만 해도 복식부기 아니에요? 그러나 하루 교육 딱 받아가지고 와서 마을금고를 시작을 한 거라. 마을금고 시작했을 때 그때 7명이, 부락의 그래도 지도자급이 7명이 모여서 설립추진위원회를 구성을 해가지고 이걸 했지. 그래 하니, 그 당시에 단위라는 게 100원, 200원 출자하고 이럴 때라고요. 72년도면 40년 전 아니에요? 이래 시작해가지고, 어떻게 사정사정한 게 5,700원으로 시작했어요. (…중략…) 2년이 넘어서, 그래서 금고를 차츰차츰 백만 원 이상 키웠어요. (…중략…) 제가 마을금고에서 하다가 신협으로 전환된 그 동기가 (…중략…) 참 이게 신협교육을 받고 나니깐 이건 민 주도형의 순수한 협동운동이야. 이게 새마을금고는 내무부 주관으로 관 주도형이고. 그래서 이 차원이 틀려. 벌써 이게 틀린 거야. 이래서 마을금고를 계속하다 보면 관에서 시키는 대로 할 수밖에 없는 거야. 우리 주관이라는 건 배제되는 거 아니에요? 그래서 앞으로 우리가 살아가는 길은 신협으로 전환해야

---

35 재해위, 「신리1리(평창군 대화면)」, 『1974년도 강원도지역 부락개발사업 보고서』, 1975. 한편, 당시 마을금고가 신협으로 전환되는 과정에서 대화면 단위농협의 부정사건이 발생하였고, 단위농협이 크게 위축된 상황에서 상대적으로 대신신협의 성장 가능성이 커졌다(재해위, 「제1차 협의회(1975.8.7)」, 『1975~1976년도 사업1부 협의회 회의록』, 1976).

겠다. 그래서 이놈을 전환하는데, 관의 미움을 안 받고 교묘히 넘어가는 방법, 이거 내가 앞에 서가지고는 타켓이 돼서 안 되겠어요. 그래서 주민들을 전부 사전 교육을 맨투맨 식으로 다 해가지고, 이렇게 가자, 이것이 우리 긴 안목으로 봐서 이 길이 살 길이다. 그러니까 그렇게 하는 거에 대해서 회의를 붙여주고, 스스로 결정을 하게 만들어서 유도를 한 거예요. 전부 유도를 해서 이렇게 하니까 이게 결의가 된 거예요, 총회에서. 결의 돼서 난 뒤에서 회의록이나 작성하고. 이래가지고 딱 전가시켜서 신협을 발족을 하니, 군에선 아주 못마땅하게 생각했죠. 그 왜 그랬냐, 이거에요. 글쎄, 그건 내 뜻이 아니고, 주민의 뜻이었으니까. 그렇지. 보라고, 회의록.[36]

1974년 당시 신리마을금고는 내용적으로는 신협의 형식으로 운영되면서 조합원의 급증과 출자금 및 자산의 증가로 그 운영이 활기를 띠었다. 그 결과 신리마을금고의 운영을 주도한 윤석주의 구술과 같이 행정기관과의 갈등 속에서 1976년 1월 대신신협의 창립을 통해 마을금고에서 신협으로 전환되었다.[37]

영월 협산신협의 경우, 남면사무소에서 마을금고로의 전환 압력으로 연당부락과 면사무소 간에 갈등관계가 조성되었으며, 명칭만 새마을신협이라고 해달라는 면장의 제안도 거부하였다. 1976년 4월 창립된 제천 계산신협은 부락 내 기 설립된 마을금고가 신협을 불법시하며

---

36 2012년 10월 26일 윤석주 전 신1리 이장, 마을금고·대신신협 회계이사 구술(평창 대화 신1리 자택).
37 재해위, 「제4차 신체회의 회의 속개(4.3)」, 『1975년도 전체협의회 회의록』, 1975; 재해위, 「제5차 협의회(1976.2.2)」, 『1975~1976년도 사업1부 협의회 회의록』, 1976. 당시 신협의 내용으로 마을금고가 운영될 때 대화면사무소에서 찾아와 원주교구 및 재해위와의 관계에 대해 탐문하면서 마찰을 빚기도 하였다.

〈그림 III-1〉 1970년대 평창 대신신협 활동 초기 신리부락 내 농민지도자들 모습
이들은 신리부락 내 마을금고가 대신신협으로 전환하는데 중요한 역할을 하였다. 왼쪽부터 김한수, 윤석주, 성명 미상, 오윤상, 유승팔, 전기택, 김서환, 박병호

마을금고로 전환하도록 하는 압력을 넣었다. 당시 계산신협은 이를 거부하였고, 일정기간 신협과 마을금고가 병존하는 상태가 지속되었다. 1975년 4월 창립된 여주 대신신협은 대신면사무소에서 마을금고로의 출자강제와 TV · 냉장고 구입 시 무마진으로 제공하겠다는 마을금고의 회유도 거부하였다. 당시 행정기관의 영향력이 강했던 양촌부락에서 마을금고의 회유에 따라 대신신협에서 탈퇴한 조합원들이 얼마 지나지 않아 다시 신협가입을 요청하였다. 이 조합원들은 양촌지역의 마을금고가 학력과 인물을 기준으로 임원을 선출할 뿐만 아니라 조합원에 대한 교육과 배려 없이 하향식으로 운영되고 있는 점에 불만을 가졌다.[38]

1975년 12월 원성 황곡부락의 농민들은 황곡신협을 창립하였으나 소초면사무소에서 마을금고의 설립을 강요하는 한편, 1976년 10월 새마을금고 중앙교육원 교육(10.18~23)에 김종묵 신협이사장을 포함하여 원성군에서 9명이 참여하도록 하였다. 당시 교육과정에서 새마을운동의 의의와 이에 따른 마을금고의 설립 필요성이 역설되었는데, 교육 이수 후에도 신협이사장은 지속적으로 신협운동을 전개해 나갔다.[39] 황곡신협은 행정기관에서 가농 쌀생산비조사운동의 참여를 내사하면서 일시적으로 침체되었다. 그러나 황곡신협 임원진은 이를 항의하였으며, 원성군 새마을과장이 신협도 마을금고의 원리와 같은 것으로 인정하면서 지속적으로 운영될 수 있었다.[40]

한편, 농협과 마을금고 등 관제협동조합과 일정하게 경쟁·대립관계를 형성하며 운영되었던 농촌신협의 조합원인 농민들은 새마을운동의 전개에 따라 마을회의나 대동계, 마을금고 등을 중심으로 형성된 부락단위의 기존 권력구조가 부락개발운동과 협동조합운동이 활발하게 전개됨에 따라 점차 농촌신협의 임원들이 마을회의의 여론을 주도하고, 대동계를 포함한 부락 내 각종 계의 흡수, 마을금고의 신협으로의 전환과정을 거쳐 마을의 주도권이 바뀌는 일종의 '혁명적 경험'을 할 수 있었다. 부락개발사업 초기 수해를 입은 영세소농을 중심으로 운영된 작목반과 부락총회는 새마을운동으로 인해 형성된 기존 권력구조 하에서 주시의 대상이었다. 그러나 원주그룹이 부락개발사업의 범위를

---

38 재해위, 『제5차 부락개발사업대표자간담회(1977.1.16~18)』, 1977.
39 재해위, 「제11차 회의(11.4)」, 『1975년도 사업2부 회의록』, 1976.
40 사개위, 『제9차 부락대표자간담회(1980.2.22.~24)』, 1980.

전체부락민으로 확대하기 위해 신협운동을 전개하면서 점차 부락 내 기존 권력구조 하에 있었던 이장과 새마을지도자들이 협동조합운동에 참여하였다.[41] 제반 교육을 이수하면서 인식의 변화를 거친 이들은 신협운동에 참여하면서 점차 기존 마을회의의 여론을 주도하게 되었다. 더 나아가 부락 내 관 주도의 정치세력 및 민간 주도 협동조합운동세력이 경합하다가 부락의 주도권을 후자가 잡는 과정과 기존 권력구조 하에 있었던 대동계와 마을금고 등이 신협으로 흡수되는 과정을 거쳐 부락 내 권력구조가 크게 바뀌는 사례도 나타났다. 전자의 경우, 횡성 강림신협, 영월 협산신협, 평창 대신신협 등 인가를 받아 활발하게 운영 중인 농촌신협 등에서 나타났으며, 후자의 경우 제천 북진신협과 횡성 매호신협 등에서 나타났다. 당시 이들 농촌신협들은 면단위의 행정기관 및 농협 등과 '일면 긴장, 일면 협조' 관계를 가지며 일정한 자율성의 확보를 통해 부락의 여론을 주도하였다.

제천 북진부락의 경우, 1970년대 초 관 주도에 의해 조직된 마을금고(36호)와 부녀회(40호), 자체 부락조직으로 청년연구회(17명)와 재정위원회(10명), 상포계(51호)와 혼인계(39호) 등이 설립되어 활동 중이었다.[42] 1973년 5월부터 북진부락은 한우반과 경운기반, 고추건조반 등

---

[41] 1970년대 전반 재해위의 부락개발사업이 전개되면서 작목반과 부락총회의 운영에 있어 수해를 입은 영세소농이 중심이었던 것에 반해 1970년대 중·후반 전체부락민을 대상으로 신협운동이 전개되면서 농촌신협의 임원 중 부농의 비중이 점차 높아졌다.

[42] 1970년 청년연구회는 30대 초반의 청년 17명을 중심으로 창립되었으며, 도선사업에서 마련한 기금 50만 원으로 마을회관을 건립하고 부락 내 도박의 일소와 금주운동을 전개하였다. 당시 청년연구회는 재해위의 부락개발사업이 전개되면서 매월 정례모임을 가지며 적극적으로 참여하였다. 정위원회는 40대 장년으로 구성되었으며, 전체부락의 공동기금을 관리하는 책임을 지고 있었다. 재정위원회의 구성원은 주로 고리채를 놓은 부농이 대부분이었으며, 재해위의 부락개발사업과 북진신협의 창립·활동에 있어 대립관계

의 작목반과 부락총회인 부락개발회를 중심으로 한 부락개발사업이 전

개되었고, 부락 내 존재하던 마을금고가 부락민들의 무관심 및 체계적

인 지도의 결여로 해체된 실정에서 북진신협은 상포계 등의 계 자금을

흡수하면서 창립되었다.[43] 그 과정에서 부락 내 행정기관과 마을금고,

재정위원회의 주요 구성원인 부농들과 청년연구회가 주도적으로 참여

한 부락개발회 · 북진신협과 첨예한 갈등 · 대립이 나타났다.[44]

1970년대 중반 북진부락 내 양 세력의 첨예한 대립과 갈등관계는

1975년 신임이장에 선임된 신현수를 중심으로 한 일파와 북진신협의

이사장인 정도웅을 중심으로 한 세력 간에 전개되었다.[45] 1970년대 중

반 부락개발회를 아우르며 북진신협이 주도한 부락개발운동은 높은 평

에 놓였다(재해위, 「북진리(청풍면)」, 『1974년도 제천지역 부락개발사업 보고서』 1, 1974).

43 1974년 당시 부락개발회와 북진신협의 중추적 인물은 상포계의 계주이자 부락개발회 회장 · 신협 부회장이었던 황재홍(41세), 부락개발회 총무이자 감사였던 정도웅(32), 신협이사장이자 고추건조반장인 김윤배(35), 새마을지도자이자 경운기반장 · 신협이사인 함창희(32)였다. 함창희는 청년연구회 회장, 정도웅은 청년연구회의 회원으로 중추적인 역할을 담당하였다. 일부 부농들의 방해속에서 창립된 북진신협은 가입조합원이 31명, 출자금 3만 원으로 시작되었으며, 임원은 이사장 김윤배, 부이사장 황재홍, 평이사 함창희 · 권용섭, 회계 최명락, 감사 정도웅 · 이영희였다(재해위, 「북진리(청풍면)」, 『1974년도 제천지역 부락개발사업 보고서』 1, 1974).

44 부락 내 고리대 · 장리를 놓고 있었던 일부 부농 등은 한우사업과 경운기사업 등 작목반을 통한 영세소농의 결속과 북진신협의 활동을 대단한 위협으로 받아들이는 한편, 부락개발회와 북진신협을 중심으로 한 부락민의 협동운동을 좌익운동의 하나로 여기며 방해활동을 하였다. 이에 따라 1970년대 전반 북진부락의 부락개발운동은 어려움에 처하였다(재해위, 「북진리(청풍면)」, 『1974년도 제천지역 부락개발사업 보고서』 1, 1974).

45 1976년 3월 북진부락 내 소작호수는 22호였다. 이들 소작지의 지주는 부락 내 거주하는 부농으로 김재봉 · 노용복 · 신현수 등이었다. 전직 공무원이었던 이장 신현수는 청풍농협의 이사로 재직하면서 고모부의 소유 밭 4,500평을 이전 소작자들로부터 전부 회수하여 측근인 오서돈 · 진호영 · 이대희 · 김삼석 · 신현대에게 임대하여 주었다. 당시 신현수를 중심으로 한 부농과 그 영향하에 있었던 이들은 부락개발회와 북진신협의 운영 및 활동에 있어 많은 문제를 야기하였다(재해위, 「북진리」, 『1976년도 제천지역 부락개발사업 보고서』, 1977).

가를 받아 1976년도 새마을 총열에서 북진부락이 청풍면 내 유일하게 우수부락으로 선정되면서 무시 못 할 조직으로 성장하였다. 이에 신현수 일파는 부락개발회와 북진신협의 조직을 자파세력의 관할 하에 두고자 하였다. 1976년 3월 그들은 마을회의에서 황재홍 부락개발회장과 정도웅 신협이사장의 업무과실을 이유로 공격하였으며, 5월 부락개발회 회의를 통해 이에 항의하는 부락민들의 요구를 묵살하고 북진신협에 임대해 준 마을회관의 사용을 중지하도록 만들면서 회계 서인옥의 사퇴와 조합원의 집단탈퇴를 유도하였다.[46]

이사장 정도웅을 중심으로 한 북진신협은 신현수 일파의 모함과 공격을 막아내는 한편, 조합원인 부락민을 기반으로 신협운영을 통해 제반 내외적 어려움을 극복해 나가면서 정상화에 노력한 결과 1977년 말 마을의 주도권을 확실히 쥘 수 있었다. 1977년 11월 북진신협은 부락재정위원회의 임원과 운영개편에서 자파세력을 부식시키고자 하는 이장 신현수의 시도를 물리치고 신협이사인 함창희가 실질적인 운영을 책임지는 총무직을 맡았다. 또한 부락 내 부농에 편중된 혜택을 시정하고, 기금 400만 원에 대해 신협으로의 이관을 추진하였다.[47] 요컨대 1973

---

[46] 1976년 3월의 마을회의에서 이장 신현수는 부락 내 모든 부락개발사업과 제반 조직은 이장의 감독과 지시에 따를 것을 요구하였다. 당시 황재홍은 계속되는 압력을 견디다 못해 부락개발회 회장직을 사퇴하였다. 신현수는 지속적으로 마을회의를 통해 부락개발회와 북진신협에 대한 방해활동을 공공연하게 하면서 북진신협의 마을회관 사용중지와 회계 서인옥을 모함하여 사퇴토록 하였다. 또한 그는 종제(宗弟)인 농협의 신용부장이자 한우반장 하경수를 끌어들여 북진신협을 중심으로 한 부락개발운동을 저지코자 하면서 조합원의 집단탈퇴를 조장하였다(재해위, 「북진리」, 『1976년도 제천지역 부락개발사업 보고서』, 1977).

[47] 1977년 후반 이장 신현수는 자파세력을 중심으로 엽연초와 마늘을 대상작목으로 한 생산협동체 구성·운영을 위해 100만 원의 자금신청을 하였으나 구성 동기와 운영이 편중적이었으므로 재정위원회에서 거부되었다. 또한 마늘재배를 위해 신현수·김윤배·최

년부터 부락개발회와 북진신협을 중심으로 한 농민 주도의 협동운동이 전개되면서 관 주도 새마을운동에 기반한 부락 내 이장과 부농 등과 일정한 대립·갈등양상을 보였으며, 1977년 말 북진부락 내 새마을운동에 의해 위계화된 정치구조가 북진신협을 중심으로 한 임원들이 마을회의의 주도권을 잡으면서 부락 내 정치구조의 변동을 겪었던 것이다.

횡성 매호부락의 경우, 1973년 이장과 새마을지도자, 개발위원 등 10여 명에 의해 새마을사업의 일환으로 마을금고가 설립되었으며, 공유림 판매대금 130만 원으로 비료창고와 교량 1개를 완공한 후 남은 잔액 70만 원을 기반으로 대동계가 설립되었다.[48] 당시 비인가였던 매호부락의 마을금고는 그 운영을 통해 부락 내 각종 계로 인한 불신·불화의 폐습과 농협자금의 대출·상환으로 인한 갈등을 일정하게 일소해 나가면서 이들 계 자금을 흡수해 나갔다. 그러나 1970년대 후반 원주원성사업에 의한 재해위의 초청·현장교육이 실시되면서[49] 월 3%로 운용된 마을금고가 부농의 고리대역할을 한다는 부락민의 비판적 인식을 통해 1978년 초 매호신협이 창립되었다.[50] 매호신협 창립 후 부락 내 대동계 및 마을

태식·천규환·신현승이 신청한 자금도 천규환·신현승 등이 이장 신현수에 의해 명목상의 참여인 것이 밝혀지면서 역시 거부되었다(재해위, 「북진리」, 『1977년도 영월·제천지역 부락개발사업 보고서』, 1978).

48 부락의 단합에 의해 비료창고와 교량이 완공된 성과를 인정받아 매호부락은 1973년도 서원면 내 최우수부락으로 선정되었다. 당시 대통령하사금으로 받은 100만 원을 기초로 한우 11두를 구입하여 한우육성사업을 추진하였다(내무부, 『새마을운동(시작에서 오늘까지)』, 1973, 464쪽).

49 매호부락민은 초청교육 중 제25차 농촌지도자교육(1977.11)과 제26차(1978.3), 제27차 농촌지도자교육(1978.8), 제5차 신협임원교육(1978.11)와 제14차 부녀자교육(1979.2) 등에 참여하였다. 상담원에 의한 현장교육은 신협소개 2회, 신협재교육 2회 등 총 4회에 걸쳐 부락민 201명을 대상으로 실시되었다.

50 재해위, 「임시전체회의(1977.9.29)」, 『1977~1978년도 전체협의회 회의록』, 1975.

금고 간의 갈등으로 나타났으며, 1979년 신협을 중심으로 대동계와 마을금고의 통합이 추진된 결과 1980년 1월 대동계의 자산 700만 원과 단무지공장 2개소(300만 원), 마을금고의 자산 1,100만 원이 매호신협으로 흡수·통합되었다.[51] 이와 같은 매호신협으로의 통합은 신협 자체가 임원들의 무보수 봉사에 기초하였고, 조합원의 의사에 따른 운영 및 제반 교육의 실시로 인한 조합원의 의식 성장에 기반한 것이었다. 그 결과 매호부락 내 대동계와 마을금고를 기반으로 형성된 기존 권력구조가 매호신협을 중심으로 한 지도자들에 의해 변동·재편될 수 있었다.[52]

4) 지역협의체의 창설과 활동

1974년부터 해마다 부락대표자간담회가 개최되면서 각 부락의 농민지도자들은 자신이 속한 부락 내 협동조직체의 활동을 넘어서서 다른 지역 협동활동의 경험을 공유할 수 있었다. 또한 각 농촌부락에서 신협이 설립·운영되면서 인가받은 농촌신협들을 중심으로 인근부락

---

51 1979년 3월 매호신협은 조합원이 63명, 총자산이 360만 원이었다. 합병 논의 당시 매호부락 내 마을금고 회원은 60명, 비회원은 30명이었다. 비회원 다수는 신협 조합원이었으며, 마을금고 회원의 상당수도 매호신협의 조합원이었다. 당시 매호신협은 마을금고보다 이율이 낮은 월 2%로 대부사업을 하였으나 자산규모가 적어 충분한 대부를 하지 못하자 신협을 중심으로 부락 내 경제조직을 통합한 것이었다(사개위, 「제44차 전체협의회(1979.3.10)」, 『1979~1980년도 전체협의회 및 월례회 회의록』, 1980; 사개위, 『제9차 부락대표자간담회(1980.2.22.~24)』, 1980).

52 재해위는 원주원성사업을 통해 매호신협에 2차례에 걸쳐 부락민 142명에게 영농자금 450만 원을 지원하였다. 1978년 10월 부락의 대동계(63명)에 단무지공장 운영자금으로 300만 원을 지원하였다. 당시 매호신협을 중심으로 매호부락의 경제조직에 대한 자금지원과 교육사업 실시는 매호부락 내 정치지형도를 크게 바꾸어 놓는 중요한 기반이 되었다.

에 일정한 영향을 미쳤으며, 신협연합회와 신협 강원지구평의회의 계통조직으로써 유대관계가 형성되었다. 그 결과 협동조직체의 활동이 활발하게 전개된 인가신협들을 중심으로 인근부락의 지도자들과 자연스럽게 교류가 진행되었으며, 부락개발사업과 신협운동에 기반해서 지역협의체를 결성하고자 하는 움직임이 나타났다. 이는 주로 영월의 연당부락과 횡성의 강림부락, 평창의 신리부락 등을 중심으로 나타났다. 이들 농촌부락은 초기 상호간 친목을 도모하는 차원에서 유대적 활동이 있었으나 1975년도 재해위의 지역확대 방침과 1976년도 지역협의체의 창설을 추동하도록 하는 사업방침 속에서 3개 지역에서의 협의체 결성 시도는 본격화될 수 있었다.

지역협의체의 창설을 위한 시도는 먼저 연당부락에서 협산신협을 중심으로 이루어졌다. 1975년 연당(와룡)부락의 지역협의체 구성을 위한 움직임이 나타났다. 당시 와룡부락에서 인근부락인 야연·후포 등 3개 부락의 신협임원들이 최초로 모임을 가졌으며, 추후 부락을 순회하면서 지속적으로 모임을 갖기로 하였다. 그러나 당시 지역협의체의 성격이 부락 간 상호유대 강화와 부락별 부락개발의 추진 및 경험을 공유하자는 측면에 머물렀고, 그 목적과 과제가 명확하지 못한 상황에서 야연부락의 2차 모임을 거쳐 후포부락에서 예정된 3차 모임은 개최되지 못하였다. 재해위는 지역협의체의 창설과 활동을 추동하기 위해 지역협의체가 실제적인 기능과 역할을 담당할 수 있는 방안을 강구하였다. 1975년부터 재해위는 농촌신협을 중심으로 대여하였던 영농자금을 지역협의체를 통해 받도록 하였으며, 협산신협 임원들을 중심으로 지역협의체 활동의 재개를 추동하였다. 그 결과 1976년 12월 3개 부

<표III-12> 삼생회 임원 현황(1977.1.13)

임원명	임원명	부락명	소속	임원명	임원명	부락명	소속
회장	원용복	와룡	협산신협 이사장		이현기	와룡	협산신협 감사
부회장	고복기	야연	협산신협 이사		최인호	와룡	협산신협 이사
	엄두열	후포	협산신협 이사	이사	엄도섭	후포	협산신협 이사
감사	신규선	후포	협산신협 이사		안동현	야연	협산신협 감사
	최상국	야연	협산신협 이사		김성규	와룡	협산신협 이사

출전 : 재해위, 「연당」, 『1976년도 영월지역 부락개발사업 보고서』, 1977.

락의 농민지도자들은 3차 모임(12.17)을 갖게 되었다. 당시 모임에서 지역협의체의 제반 문제들이 논의되었으나 운영문제를 둘러싼 이견이 해소되지 않으면서 1977년 1월 4차 모임(1.5)으로 이어졌다. 4차모임에서 지역협의체 구성을 위한 현안들이 구체적으로 논의되었고, 3개 부락 8명의 농민지도자가 참석한 5차모임(1.13)에서 정관이 통과되고 협의체의 명칭을 삼생회(三生會)라고 하면서 와룡부락을 중심으로 한 지역협의체는 출범되었다.[53]

<표III-12>는 출범 당시 삼생회의 임원 현황을 나타낸다. 회장에는 와룡부락의 원용복, 부회장에는 야연과 후포부락의 고복기와 엄두열이 선임되었다. 이사에는 와룡의 이현기와 김성규, 야연의 안동현, 후포의 엄도섭, 감사에는 야연의 최상국과 후포의 신규선, 간사는 와룡의 지달용이 선임되었다. 이들은 각 부락총회의 주요 임원이었으며, 1977년 1월 통합된 협산신협의 이사진들이었다.[54]

1975년 중반 강림부락의 지역협의체 구성을 위한 시도가 나타났다.

---

[53] 재해위, 「연당」, 『1976년도 영월지역 부락개발사업 보고서』, 1977.
[54] 1975년 2월 협산신협은 창립되었으며, 1976년 후포신협은 설립되었다. 1977년 1월 삼생회의 결성이 현실화되면서 양 신협은 협산신협을 중심으로 통합되었다.

<표Ⅲ-13> 신리지역협의회 임원 명단

직명	임원명	비고	직명	임원명	비고
회장	오윤상	대신신협 이사장, 신1리 이장	위원	이진재	신흥신협 이사장
부회장	박연동	대성신협 이사장, 신6리 이장		김상근	신흥신협 부이사장
	김주수	신흥신협 이사, 신7리 이장		이인재	신1리
위원	김승도	신6리		안상철	신1리
	이기동	신6리	간사	윤석주	대신신협 회계이사

출전 : 재해위, 「신리지역」, 『1977년도 평창·영월·단양지역 부락개발사업 보고서』, 1977.

1974년 강림부락은 1973년도의 성공적인 전답복구사업(취입보사업)의 추진을 통해 부락개발사업과 신협운동을 발전시켜 나갈 수 있었다. 특히 1974년 11월 설립된 강림신협은 급속히 성장하면서 부락개발운동의 중심체가 되었다. 재해위의 지역확대 방침에 발맞추어 1975년 6월과 11월 강림신협 임원들이 부곡부락과 월현부락을 연이어 방문하면서 3개 부락의 상호유대 관계가 형성되었다. 당시 강림신협을 중심으로 월현신협·부곡신협과의 교류가 추진되면서 지역협의체의 구성을 위한 필요성이 대두되었으며,[55] 1976년 8월 3개 부락을 중심으로 한 지역협의체 창설이 본격적으로 추진되었다. 그러나 1976년 8월 원주원성지역을 중심으로 한 수해를 계기로 협의체의 구성은 추수기 이후로 연기되었다.[56]

한편, 원주원성사업의 추진을 통해 강림의 제방축조사업과 부곡의 도로정비사업, 월현의 도로확장과 보수작업 등이 3개 신협 임원들을

---

[55] 1974년 11월 30일 강림신협은 창립되었으며, 1975년 9월 1일 재무부로부터 인가를 받았다. 1975년 12월 13일 월현신협은 조합원 39명으로 창립을 하였으며, 1977년 12월 26일 인가되었다. 1975년 9월 18일 부곡신협은 조합원 45명으로 창립되었다.

[56] 재해위, 「강림」, 『1976년도 강원도지역 부락개발사업 보고서』, 1977.

중심으로 부락민의 참여하에 완료되면서 신협운동은 활성화되었으며, 이를 통해 지역협의체의 필요성이 현안으로 떠올랐다. 1977년 3월 3개 신협 임원 29명이 모여 지역협의체의 구성을 논의한 결과 '강부월 지역협의체'가 창설(3.20)되었다. 강부월지역협의체는 회장에 강림의 지영식, 부회장에 부곡의 김명준과 월현의 장시종, 그 외 이사 6명과 감사 3명 등 13명이 선임되었으며, 간사는 강림의 김영환이 맡았다.[57]

1976년부터 재해위는 신1리 부락을 중심으로 인근부락인 신4리와 신6리, 신7리를 포함하여 지역협의체의 창설을 추동하였다. 1977년 3월 신1리 부락총회인 협신회(協信會)와 대신신협 임원들을 중심으로 '신리지역협의회'가 결성되었다. 〈표Ⅲ-13〉은 신리지역협의회의 임원구성 현황을 보여주는데, 회장은 신1리 대신신협의 이사장이자 이장인 오윤상이 맡았고, 부회장에는 신6리 대성신협의 이사장 박연동과 신7리 신흥신협의 이사 김주수가 선임되었다. 위원은 각 부락에서 2인씩 맡았으며, 간사에는 대신신협의 회계이사인 윤석주가 선임되었다. 당시 회장단은 부락행정을 담당하고 있는 이장이자 신협이사장들이 중심이 되어 선임되었으며, 주로 신1리·신6리·신7리의 각 신협 임원들이 참여하였다.

신리지역협의회의 결성과정은 연당과 강림부락의 지역협의체 구성과 상당히 다르게 추진되면서 몇 가지 문제점을 안고 있었다. 협의체의 결성과정이 각 부락의 부락총회나 신협총회의 의결 등 부락민의 의사에 기반을 두고 추진되지 않았으며, 신4리를 제외하고 3개 신협의 임

---

57 재해위, 「강림」, 『1977년도 여주·정선·횡성지역 부락개발사업 보고서』, 1978.

원들만이 모여서 결성했다. 임원구성에서 주로 부락행정을 책임지고 있는 이장들이 회장단에 선임되었을 뿐만 아니라 신리지역의 모든 부락민이 참여할 수 있는 통로가 부재한 폐쇄적인 측면이 있었다. 협의회의 사업내용은 주로 자금차입과 이를 위한 단체협약의 체결 등으로 재해위로부터 영농자금의 확보에 초점이 맞추어져 있었다.[58]

한편, 1978년 3월 지역협의체의 대표자 23명이 참여한 간담회가 개최(3.2~3)되었다.[59] 당시 간담회에서는 3개 지역협의체의 활동성과와 한계가 논의되었으며, 벽지보건사업의 운영실태와 생산작목반 확대방안, 지역협의체의 운영방안, 현장지도자의 처우개선 등이 토의되었다.[60] 당시 재해위는 간담회를 통해 이들 협의체들이 각 지역에서의 중

---

58 이렇게 성급하게 협의체가 결성된 요인은 신리지역의 농민지도자들이 1977년도 영농기에 영농자금의 대부를 받기 위한 필요성에서 충분한 내부적 협의를 거치지 않고 추진되었던 요인도 있었지만 재해위도 일정하게 책임을 지니고 있었다. 1976년 8월 원주원성사업이 추진되는 과정에서 신리지역을 담당한 상담원이 변경(정인재 → 김상범)되면서 지역협의체 결성을 위한 신리부락민들의 내부적 논의를 추동할 적극적인 상담이 이루어지지 못하였다(재해위, 「신리지역」, 『1977년도 평창·영월·단양지역 부락개발사업 보고서』, 1978).

59 간담회에는 삼생회 7명, 강부월지역협의체 10명, 신리지역협의회 6명의 임원들이 참여하였다.

60 1976년 4월 독일 천주교 뮌스터교구의 아카데미 클라우젠호프 직원들이 한국여행 시 지학순 주교를 방문하였다. 당시 이들은 지학순 주교로부터 원주지역을 중심으로 한 협동운동을 소개받으면서 농촌여성들의 교육 필요성 주장에 공감하였고, 독일에서의 지역사회개발사업의 오랜 경험에 기반하여 장기적인 지원을 하기로 결정하면서 천주교 원주교구의 벽지보건사업은 시작되었다. 1977년 8월 중순 8명의 독일 파견 원주를 중심으로 한 강원도 출신의 여성간호원들이 귀국하였고, 10월부터 9명의 간호사들이 원성 영산리(후에 금대리로 이전)와 횡성 강림리, 영월 연당리에 파견·상주하고 이들 농촌지역 여성들에 대한 교육과 보건·후생을 담당하면서 벽지보건사업은 본격적으로 착수되었다. 이 사업은 1980년 8월까지 2년 9개월동안 추진되었으며, 간호사 12명과 약사 1명, 교리교사 1명 등이 참여하였다. 이 사업의 재정적 뒷받침(총 36,652,773원)은 초기 독일 뮌스터교구의 아카데미 클라우젠호프(18,327,271원)에 의해 이루어지다가 1978년 9월부터 미제레오(18,325,502원)가 수행하였다. 당시 벽지보건사업에 참여한 간호사들은 재해위 상담원들과 긴밀한 관계 속에서 이들 지역의 협동운동이 활발하게 추진되도록 일정한 역할을 수행하였다(사회개발위원

추적인 농민조직으로 성장·발전하여 농민들의 권익을 높일 수 있는 역할을 수행하도록 지속적으로 추동하였다.

1970년대 후반 삼생회와 강부월지역협의체는 대체로 부락민이 필요로 하는 영농자금을 신협 간 자금유통을 통해 지원하거나 공동구판매사업과 보건사업, 행정기관의 부조리에 대항해서 부락민의 이익을 실현토록 하는 등 여러 가지 활동을 전개하였다. 삼생회는 당시 협산신협을 통해 각 부락의 영농자금 지원이나 벽지보건사업의 지원 및 협력, 지역확대를 위한 제반 노력 등을 하였다. 또한 1977년 11월 시행된 새마을사업인 지붕도색사업의 부조리 해결과 연당2리·북쌍3리간 도로개설문제에 있어 지역민의 피해를 최소화되도록 주도적인 역할을 하였다.[61] 1977년 5월 강부월지역협의체는 행정기관의 주선으로 농어촌전화사업을 추진하면서 품질과 가격에서 심한 차이가 있었던 전기재료와 도구 등을 공동구매사업으로 구입해 경제적인 이익을 얻었을 뿐만 아니라 일부 상인의 횡포를 배제하면서 유통구조의 개선을 부분적으로 이끌어 내었다.[62]

1970년대 후반 3개 부락을 중심으로 한 지역협의체의 구성과 활동

회, 『벽지보건사업 보고서(1977.9.1.~1980.7.31.)』, 1980).

61 지붕도색사업은 남면사무소가 영월군청에서 일괄 도료를 공급받아 실시하였는데, 도료의 가격이 시중시세보다 상당히 높았다. 연당1리 이장 엄명섭과 삼생회 간사 지달용은 서울과 원주 등의 도료가격 조사를 통해 면사무소에 이의를 제기하였다. 당시 면사무소는 이를 묵살하면서 삼생회는 군청에 진정서를 제출하였으며, 그 결과 부군수가 직접 부락을 방문하여 행정착오라면서 남면 전체의 공급량에 대한 변상조치를 현금으로 지불하였다. 당시 남면 전체 변상액은 1,345,050원에 이르렀으며, 연당1리의 공급량만 해도 338,100원이었다. 한편, 연당2리와 북쌍3리간 도로 신설은 주민들의 영농과 교통 등 생활상에 직접적인 피해로 연결되는 문제였으며, 삼생회는 주민들의 여론을 기초로 이를 군청에 진정하여 사태를 원만히 해결하였다(재해위, 「영월지역」, 『1977년도 영월·제천지역 부락개발사업 보고서』, 1978).

62 재해위, 「강림」, 『1977년도 여주·정선·횡성지역 부락개발사업 보고서』, 1978.

은 그 필요성이나 상담원의 노력에도 그다지 활발하지 못하였으며, 지역의 일반적 문제나 현안에 대해 대처해 나가고 있었다. 이들 지역협의체는 협산신협과 강림신협 등 중심부락의 신협이 주도하였을 뿐만 아니라 이들 신협이 가지고 있었던 기존 역할과 별 차이가 없었다. 연당지역의 삼생회는 협산신협의 공동유대와 동일하고 주요 임원이나 역할 등도 같았으며, 내부적으로도 통합의 의견이 우세하면서 협산신협으로 통합되었다. 1979년 말 신리지역협의체도 대신신협으로의 통합이 추진되었다.[63] 당시 지역협의체의 주요 기반인 단위신협들은 신협연합회와 강원지구평의회의 계통기구로써 공동유대지역을 기반으로 활동을 전개하면서 인근 지역의 신협과 연합해서 활동하기 어려운 구조였다. 1979년도 농촌소비조합육성사업이 본격적으로 추진되면서 농소협이 결성될 때까지 이들 지역협의체는 몇 개 부락의 범위를 갖는 단위조합 연합체적 성격을 가지고 이들 지역의 부락개발운동과 협동조합운동의 활성화를 위한 제반 활동을 해나갈 수 있었다.

5) 농촌신협과 가톨릭농민회운동

1970년대 후반 재해위는 신협의 설립과 운영, 부대사업인 구판사업과 상비약사업 등을 전개하는 한편, 가농의 조직화를 통해 농민운동을

---

63 당시 상담원들도 지역협의체의 활성화보다는 부락단위의 신협통합을 통해 운영되도록 하는 것이 현실적이라고 판단하였다(재해위, 「평가회의─회의속개(1979.1.5)」, 『1978 ~1979년도 전체협의회 회의록』, 1979).

위한 기반마련을 추진해 나갔다. 재해위의 관할 농촌부락에서 가농회의 조직화와 농민운동의 전개는 크게 두 시기로 나누어 살펴볼 수 있다. 하나는 원주교구 관할 농촌공소가 있는 부락에 지원되었던 한우지원사업을 중심으로 조직화가 시도되었던 1970년대 전반기이다. 다른 하나는 1978년 재해위의 사업방침에서 경제사업 위주에서 탈피하여 농민의 협동화·민주화에 역점을 두면서 기존조직의 운동성 유발 및 새로운 운동조직의 확대를 추진하였던 1970년대 후반기이다.

먼저 1970년대 전반기 가농의 조직화는 한우지원사업의 농촌공소 부락을 중심으로 추진되었다. 당시 제반 초청교육을 통해 농민들이 농촌현실과 농민문제를 인식하도록 추동하였으며, 가농의 소개 등을 통해 농민운동의 계기를 마련했다. 1974년 지학순 주교는 회람서한을 통해 가농의 조직화를 위한 농촌청년교육의 실시에 각 농촌본당 신부들이 협조토록 요청하면서 농민회 조직화를 본격적으로 추진하였다. 1974년 12월 가농 강원지구연합회의 창설을 위해 농촌공소를 대상으로 지도자교육이 실시되었으며, 1975년 2월 원주교구 청년회가 주관한 농촌청년수련회가 개최되면서 농촌청년회 설립이 논의되었다. 1975년 2월 제천지구 17개 공소회장 등이 수련회에 참석하였고, 4월 교구청년회가 주관한 가농 소개교육이 용소막본당과 대안·백운·월송공소, 5월 매지·영산공소에서 실시되었다.[64] 이러한 가농의 조직화를 위한 제반 노력의 결과 공소부락의 청년들을 중심으로 1976년 2월 가농 강원지구연합회가 창설되었다.[65]

---

64 가톨릭농민회 원주교구연합회, 『가톨릭농민회 원주교구연합회30년사』, 2009, 54~56쪽.
65 강원지구연합회 창립시 주요임원은 초대회장에 김상범, 부회장 강태용, 총무 김헌일, 이

1970년대 중반 재해위는 부락 내 신협의 설립과 활성화를 추동하면서도 가농 강원지구연합회와 연합하여 제반 교육사업을 활발히 전개하면서 가농조직의 확대를 추진했다. 1977년 후반기 강원지구연합회는 농협민주화운동의 일환으로 실시된 농촌공소 지도자수련회와 농촌부녀를 위한 교육, 농촌문제 세미나 등을 원주교구 교육원에서 개최하면서 가농의 조직화를 도모하였다. 이 과정에서 강원지구연합회는 1977년 11월 춘천교구연합회의 창립(11.8)을 계기로 분리되었으며, 1978년 1월 가농 원주교구연합회가 출범할 수 있었다.[66]

1978년부터 재해위는 사업방침으로 부락 내 농촌신협과 제반 조직이 경제사업의 차원을 넘어 농민의 협동화와 민주화를 이루기 위해 새로운 운동조직의 보급 확대를 추진하면서 농민회의 분회 설립과 농민회원의 조직화가 상당수 이루어졌다. 당시 이러한 가농의 조직화와 분회 설립은 농촌신협의 주요 임원이나 조합원 중에서 이루어졌다.[67] 그러나 유신체제 말기 농촌신협마다 그 수용태세는 다양하였다. 주로 여주 대신신협과 같이 신협의 임원들이 부농 중심으로 운영되고 있는 경우 농민회의 가입과 활동에 소극적이었으며, 신협의 운영을 중심으로

사 서진철·김용진·안병기·김익호·한종배, 감사 장범수·원용옥·홍성찬이었다(위의 책, 54~57쪽). 한편, 박재일은 가톨릭농민회 제4대와 제5대 부회장에 선임되어 전국적 범위에서 농민운동을 전개하였다. 김상범은 제5대부터 전국이사로 활동하였으며, 강태용은 제6대 전국이사로 활동하였다(한국가톨릭농민회, 『한국가톨릭농민회30년사』, 1999, 558쪽).

66 당시 가농 원주교구연합회의 임원은 회장 조한수, 부회장 정인재, 총무 김춘배, 이사 원용옥·변영옥·이진선·송병대, 엄동익·김영환·성낙종·강귀원·김익호·정인재·홍고광·김상범, 감사 지성복·박재일·강태용이었다(재해위, 『원주원성사업 종합보고서』, 1978).

67 당시 가농 원주교구연합회의 입장에서 농촌신협을 농민운동적 성격을 가진 것으로 보았다(재해위, 「종합평가회(1.11)」, 『1979년도 종합평가회의록(1980.1.11~2.15)』, 1980).

〈지도 1〉 1970년 말 재해위의 관할지역 가톨릭농민회 분회 조직 현황

표III-14〉 1970년 말 재해위의 관할지역 가톨릭농민회 분회 조직 현황

군	동면	리	분회명	A	B	C	군	동면	리	분회명	A	B	C
원성	판부	서곡4	후리사	김선명	10	한	횡성	둔내	현천2	둔내분회			
	흥업	매지2	미촌분회	변영옥	16	한	제천	봉양	학산	학산분회	김익호	12	한
		매지3	회촌분회	이창희	21	한	원주	관설		밝음분회	원용옥	3	한
		대안1	대안분회	김인학	15	한	원성	흥업	매지1	매지분회	김영복	14	한
	호저	광격	영산분회	이진선	13	한	제천	청풍	북진	북진분회	황재홍	6	부
			영광분회	안춘식		한			광의	송정분회	홍은원	12	부
	지정	월송	월송분회	최명국	12	한			진목	진목분회	전귀해	10	부
	신림	용암	용소막분회	최재규	11	한		한수	포탄	포탄분회		9	부
		성남1	청운분회					백운	방학	백운분회	박용훈	19	부
횡성	서원	유현3	오상동분회	이명근	8	한	단양	가곡	덕천	덕천분회	조성주	7	부
		창촌, 석화	서원분회	강종국	10	한		영춘	하	밤수동분회	윤성득	6	부
	우천	정금2	정금분회	엄동익	9	한				일심분회	조은형	16	부

출전 : 재해위, 『원주원성사업 종합보고서』, 1978; 사개위, 『1980년도 단양 제천지역 부락개발사업 보고서』, 1981; 가톨릭농민회 원주교구연합회, 『가톨릭농민회 원주교구연합회30년사』, 2009.
비고 : 1. '한'은 한우지원사업, '부'는 부락개발사업 관할을 뜻함.
　　　2. 한우지원사업과 부락개발사업의 대상부락은 1979년과 1981년의 현황임.
　　　3. A는 분회장명, B는 회원수를 뜻함.

한 경제적 협동 활동에 머물렀다.[68] 대체적으로 연당 협산신협과 평창 대신신협, 횡성 강림신협 등 인가를 받아 협동조합운동이 활발했던 농촌신협의 주요 임원들은 가농의 가입과 활동에 다소 소극적이었다.

재해위의 협동조합운동이 전개되었던 농촌지역에서 가농 원주교구연합회의 분회 설립 현황은 〈표III-14〉를 통해 살펴볼 수 있다. 한우지원사업이 전개되었던 원성·횡성지역에서 15개 분회가 설립·활동하였으며, 이중 관설동의 밝음분회와 흥업면의 매지분회 등을 제외한 12개 분회는 농촌공소를 기반으로 활동하였다. 부락개발사업 관할 농촌

68　재해위, 「종합평가회─회의 속개(2.5)」, 『1979년도 종합평가회의록(1980.1.11~2.15)』, 1980.

<표III-15> 재해위의 가톨릭농민회 보급 현황(1978.11)

군	동면	리	부락명	A	B	C	군	동면	리	부락명	A	B	C
원주	관설	세교		13			횡성		월현				6
	홍업	매지1	무수막	7				안흥	부곡				20
			분지동	3					강림			46	
		매지2	미촌	25					상안1				1
		매지3	회촌	3				서원	금대				5
		대안1	승안	16					유현2	풍수원			13
	호저	무장2	생담			9			유현3	오상동	1		
		광격	영산	18					매호				3
		대덕2	한터			5		둔내	현천2			9	
	판부	서곡4	후리사	20				횡성	갈풍				1
원성	소초	홍양2	하초구			1	영월	남	연당1	와룡			6
		홍양3	황골			2			북쌍3	후포		11	
		학곡				10	정선	임계	용산	월탄			3
		둔둔				1			낙천3	혈천			3
	부론	홍호2	대흥			4		동	화암	천포			2
		손곡1	평촌	2				대화	신1				3
		정산1	솔미			3			신6				4
	문막	후용2			9			평창	후평				1
		비두2	사흥		5			봉평	백옥포		3	
		동화			4		중원	앙성	능암	대평촌			6
		궁촌				2			읍		1		
		건등				4			진목				12
	귀래	운계				13	제천	청풍	북진		9		
		귀래1				5			방홍				4
	지정	월송		9					광의		11		
		신평2	향평			2		봉양	학산		12		
	신림	성남1	청운	9				적성	애곡	수양포			1
		신림2	언당			1		영춘	하	새마을	12		
		송계2	계야			10	단양			밤수동	2		
		용암	용소막	39				단양	증도				1
횡성	갑천	추동				3		가곡	덕천		1		
	우천	하궁2				2	여주	대신	보통3	양촌			4
		정금2		26			양평	개군	부	신촌			2
		두곡			2		합계	26	54		297	53	156

출전: 재해위, 「평가회의-회의 속개(1979.1.6)」, 『1978년도 전체협의회 회의록』, 1979; 사회선교국, 『부락별 교육 현황』, 1991.
비고: 1. A는 분회조직수, B는 산재회원수, C는 비회원부락수를 뜻함.

부락의 경우, 제천의 5개 분회와 단양의 3개 분회가 설립·활동하였다. 전체적으로 총 24개 분회가 활동하였으며, 이들 분회의 농민회원들은 대부분 농촌신협의 주요임원 및 조합원이었다.

1970년대 말 재해위의 관할 농촌부락 내 가농의 조직화는 크게 증대되었다. 〈표 III-15〉는 1978년 11월 원동성당에서 개최된 '쌀생산자대회 및 추수감사제'를 통해 농민회원 조직화의 상황을 보여준다. 분회의 조직은 26개 부락에서 회원 331명, 산재회원은 10개 부락에서 54명, 비회원부락은 39개 부락 166명 등 총 547명이 대회에 참여하면서 농민회원으로 조직화되었다. 한편, 재해위는 가농 원주교구연합회와 쌀생산자대회 및 추수감사제를 개최하면서 농촌신협을 중심으로 가농의 위상과 쌀값보장에 대한 농민들의 큰 관심과 열기를 보여주었다.[69]

당시 가농의 분회 및 농민회원의 주요활동을 살펴보면 자체적으로 정기월례회와 학습회를 실시하면서 1970년대 농촌·농민문제의 주요 현안이었던 농협민주화와 쌀값보장을 위한 쌀생산비조사사업에 중점을 둔 제반 활동이 활발히 전개되었다. 아울러 유신체제 하에서 농협의 비농민적 성격을 보여주는 함평고구마사건, 천주교와 가농에 대한 탄압으로 발생한 춘천농민회사건·안동교구 농민회사건 등에 적극 대응하면서 농민운동을 전개하였다. 당시 농촌신협의 농협민주화운동은 농민조합원들에 의한 농협의 실태조사와 월례회·학습회 등의 운영을 통해 농협민주화가 농촌·농민문제 해결과 농협발전에 중요한 계기가 될 수 있음을 인식토록 하였다. 또한 농촌신협의 임원이 총대·이사·감

---

69 가톨릭농민회 원주교구연합회, 앞의 책, 65쪽.

사 등 농협의 임원으로 선출되도록 하여 단위농협 안에서 농협의 민주
화운동을 전개하도록 하였다. 당시 제천 학산분회와 원성 정금분회 등
의 농민회원이 단위농협의 이사와 감사로 선출되어 활동하였으며, 서
원분회·정금분회·노고소분회·미촌분회·연풍분회 등에서 비료구
입과 옥수수 수매시의 강제출자, 공제가입 거부운동을 전개하였다.

2. 농촌신협의 부대사업과 구판사업

1) 구판사업

1970년대 강원도의 농촌지역에서 농민들은 지리적 조건과 열악한
도로사정 및 운송수단으로 인해 적정가격에 의한 생산농산물의 판로가
어려웠으며, 농촌생활에 필요한 생필품 및 공산품의 물자를 외부로부
터 들여오는 것도 커다란 문제였다. 당시 농산물 및 공산물가격의 간극
을 보여주는 협상가격차가 컸던 실정에서 농촌에서는 생필품과 공산품
의 가격이 인근 도시보다 20~30% 비싼 것이 일반적이었다. 그 결과
농민들은 중간상인의 폭리방지와 생필품의 공동구매가 절실하였고, 이
의 해결방안으로 1950~60년대부터 일부 농촌부락에서 일시적, 단발
적이나마 구판장을 설립·운영해왔다.

1970년대 초 새마을운동이 본격화되면서 전국의 각 마을마다 부녀

회가 설립되었고, 이들 부녀회를 중심으로 부락 내에서 부녀구판사업이 추진되었다. 이러한 기반위에서 재해위는 부락개발사업과 한우지원사업 등을 추진하면서 부락별로 생산협동체와 농촌신협의 설립·운영뿐만 아니라 구판장의 운영도 추진하였다. 당시 구판장은 그 주된 기능이 도시의 공산품을 농촌에서 저렴한 가격으로 유통·소비토록 하는 것이었다. 재해위는 일부 부락을 중심으로 농산물구판매사업을 추진하게 하는 한편, 농촌신협의 조합원이 생산한 농산물을 광산신협의 탄광노동자에게 직접 유통시킬 수 있도록 지원하였다.

1970년대 재해위에 의한 자금지원과 제반 지도·협력을 통해 부락민에 의해 추진된 구판사업은 크게 2시기로 나누어 살펴볼 수 있다. 첫째 시기는 부락개발사업과 한우지원사업에 의해 조직된 작목반과 부락총회의 주도하에 구판사업이 추진된 1970년대 전반기였다. 이 시기 재해위는 일부를 제외하고는 이들 구판사업에 대한 체계적인 지도가 결여되었으며, 협동조합적인 원리에 따른 구판장의 운영도 낮은 수준에 머문 경우가 다수였다.[70] 둘째 시기는 재해위가 부녀회를 중심으로 운영되던 각 부락의 구판사업을 협동조합의 원리에 따라 신협의 부대사업으로 추진토록 추동하였던 1970년대 후반기였다. 이 시기 재해위는 광산소비조합육성사업을 적극적으로 추진해 나가는 한편, 1977년 3월 본격적인 농촌소비조합의 육성과 이를 위한 기반마련을 위해 14개 부락의 농촌구판매사업에 대한 조사를 진행하였다. 재해위는 이러한 조사결과를 기초로 각 부락에서 운영되던 구판장을 신협의 부대사업으로

---

70 재해위, 『농촌구판매사업 조사결과보고서(자료집 제4집)』, 1977, 2쪽.

군	면	리	부락명	사업명	수혜자수	지원금액	지원일시	비고
원성	부론	법천1		구판사업	15	330,000	1973.8.31	
		정산1	솔미	구판사업	16	300,000	1975.4.23	
		흥호2	대흥	신용구판매사업	28	400,000	1976.6.2	단기자금
횡성	안흥	강림2		구판사업	65	200,000	1973.9.1	
				공동구판매사업	460	3,000,000	1978.3.18	단기자금
		부곡2		농산물구판매사업	48	1,000,000	1975.11.25	단기자금
		월현		농산물구판매사업	45	700,000	1976.5.7	단기자금
영월	남	연당1	와룡	구판사업	18	100,000	1973.6.11	
평창	대화	신1		농산물구판매사업	82	2,400,000	1974.12.24	단기자금
				농산물구판매사업	추가	1,000,000	1976.5.4	단기자금
중원	소태	복탄		구판사업	37	500,000	1976.7.29	단기자금
	앙성	능암	대평촌	소비조합	50	400,000	1974.2.8	
제천	청풍	북진		구판사업	57	500,000	1975.3.26	단기자금
		진목		공동구판매사업	23	1,000,000	1978.7.3	단기자금
	한수	포탄		소비조합	40	500,000	1974.5.24	
				소비조합	추가	500,000	1975.3.26	단기자금
				구판사업	추가	500,000	1979.2.26	단기자금
		한천		구판사업	13	180,000	1973.6.15	
		황강		농산물구판매사업	14	2,000,000	1975.10.4	
단양	단양	증도		구판사업	28	100,000	1973.8.2	
	매포	별곡		구판사업	27	370,000	1973.7.16	
	영춘	상2	느티	부녀구판	23	180,000	1973.6.15	
	적성	애곡	수양포	부녀구판사업	34	500,000	1976.5.7	단기자금
여주	능서	내양	양화	구판사업	40	600,000	1977.4.6	단기자금
				구판사업	77	500,000	1978.3.28	단기자금
				공동구매	39	1,500,000	1979.4.11	단기자금
합계	13	20		23	1,279	19,260,000		

출전 : 사회선교국, 『부락별 사업지원 현황』, 1991.

운영토록 방향전환을 해 나가는 한편, 협동조합의 원리에 따라 이들 구
판장이 운영될 수 있도록 제반 교육을 활발하게 전개했다.

(1) 1970년대 전반기(1973~1976)

1973년부터 재해위의 부락개발운동이 남한강사업과 한우지원사업을 통해 본격적으로 추진되면서 관할 농촌부락에서는 작목반과 부락총회를 중심으로 구판사업을 추진키로 하였고, 이를 위한 자금을 재해위에 요청하였다. 재해위는 이들 부락에서 요청한 구판사업을 위한 자금을 〈표 III-16〉과 같이 지원하였으며, 전체적으로 20개 부락의 23개 구판사업에 1,926만 원을 지원하였다.[71] 이들 구판사업은 부녀구판장이 주를 이루는 가운데, 신리·황강·부곡·월현 등 4개 부락에서 농산물구판매장, 대평·포탄 등 2개 부락에서 소비조합이 운영되었다.

부락개발사업 초기 재해위의 지원에 의한 구판사업이 추진되기 전에 이미 각 부락마다 부녀회를 중심으로 부녀구판사업이 전개되었다. 즉, 1970년대 초 새마을운동의 추진에 따라 대부분의 부락에서 부인회가 조직되었고, 이들을 중심으로 소규모의 부녀구판장이 설치·운영되었다.[72] 재해위에 의해 남한강사업 중 부락개발사업을 통해 18개 부락

---

[71] 1970년대 중후반 재해위에 의해 단기자금으로 지원된 일부 영농자금이 부락에서 구판사업을 위한 설립·운영자금으로 전용되었다.

[72] 정부는 새마을운동의 일환으로 건전한 소비생활 유도와 상품유통구조의 개선, 마을공동복지의 증진과 자립경제기반을 조성한다는 정책하에 새마을구판장을 전국농어촌 마을에 설치·운영토록 하였다. 1976년 말 전국 36,557개 마을 중 34.8%에 해당하는 12,728개 마을에서 새마을구판장이 설치·운영되었다. 강원도의 경우, 2,307개 마을 중 21.4%인 493개 마을, 충북도는 2,649개 마을 중 38.35%인 1,686개 마을, 경기도는 4,130개 마을 중 34.9%인 1,441개 마을에서 새마을구판장이 설립·운영되었다(신상철, 「새마을구판장의 육성과 운영－새마을운동 자율화의 연원」, 『지적』 제44호, 대한지적공사, 1978, 83~84쪽). 한편, 1976년 말 2,477개 새마을구판장이 설립·운영되었던 전라남도에서 새마을구판장이 연도별 설치실태를 살펴보면 1960~71년 15%, 1972~73% 25%, 1974~75년 37.5%, 1976년 22.5%로 나타났다. 대체로 새마을운동이 본격화된 1972~75년에 전체의 62.5%가 설립·운영되었다(김관수 외, 「새마을구판장의 운영실태와 그 개선방안에 관한 고찰」, 『새마을연구』 제1호, 조선대 새마을연구소, 1978, 4쪽).

군	면	리	신협명	사업종류	회장	부회장	총무	사업일시	회원수	재해위 지원
원성	부론	흥호2	대흥신협	부녀구판사업				1975		신용구판매
		법천1	부천신협	구판사업				1973.8.31	15	구판사업
		정산1	솔미신협	부녀구판사업				1975.4.23	16	구판사업
횡성	안흥	강림2	강림신협	부녀구판사업	신성남	박보순	이영재	1973.9.1	65	구판사업
		부곡2	부곡신협	농산물구판매사업			정원준	1975.9	48	농산물구판매
		월현	월현신협	부녀구판사업	이명숙		김영준	1976.5.7	45	농산물구판매
영월	하동	각동		부녀구판사업				1973.4.3	45	
	남	연당1	협산신협	부녀구판사업	권기옥	조명자	김순옥	1973.6.11	18	구판사업
		북쌍3	후포신협	부녀구판사업						
평창	대화	신1	대신신협	부녀구판사업	박재동	최영집	김송자	1972.4.15	62	농산물구판매
				농산물구판사업	곽재근		윤석주	1974.12.24	53	
		신4	대성신협	부녀구판사업						
		신7	신흥신협	구판사업						
	평창	후평		부녀구판사업	김영자					
중원	앙성	능암	대평신협	소비조합사업				1974.2.8	50	소비조합
	소태	복탄1	복탄신협	구판사업			김경섭	1976.7.29	37	구판사업
제천	청풍	계산	계산신협	부녀구판사업				1977.1.3		
		읍하		부녀구판사업						
		광의	청풍신협	부녀구판사업				1974		
		양평	양평신협	부녀구판사업				1973.7.20		
		북진	북진신협	소비조합사업			오희숙	1975.5.23	57	구판사업
		진목	진목신협	부락구판사업	권재춘					
		방흥	방흥신협	부녀구판사업	장종희			1970.3	20	
	한수	사기	사기신협	농산물구판매사업						
		한천	한천신협	부녀구판사업	김정염		전홍순	1973.6.15	13	구판사업
		포탄	포탄신협	소비조합사업	이충호			1974.5.24	40	소비조합
		황강	황강신협	농산물구판매사업				1975.10.4	14	농산물구판매
단양	단양	증도	증도신협	부녀구판사업				1973.8.2	28	구판사업
	매포	별곡		부녀구판사업	김금순			1973.7.16	27	구판사업
	영춘	하	새마을	부녀구판사업				1975년 초		
			밤수동신협	부녀구판사업	이종국부인		유임순	1976		
		상2		부녀구판사업	박연규			1973.6.15.	23	부녀구판사업
	적성	애곡	수양포신협	부녀구판사업	안순분	박순자	김덕순	1976.5.7	34	부녀구판사업
여주	대신	보통3	대신신협	부녀구판사업						
합계		33		34개						18개

출전 : 재해위, 『1974년도 강원도지역 부락개발사업 보고서』, 1975; 재해위, 『1974년도 제천지역 부락개발사업 보고서』 1, 1974; 재해위, 『1974년도 단양지역 부락개발사업 보고서』, 1975; 재해위, 『1975년도 제천지역 부락개발사업 보고서』 2, 1976; 재해위, 『1975년도 단양지역 활동보고서』, 1976; 재해위, 『1976년도 제천지역 부락개발사업 보고서』, 1976; 재해위, 『1975년도 단양지역 활동보고서』, 1976; 재해위, 『1976년도 제천지역 부락개발사업 보고서』, 1976; 재해위, 『1976년도 강원도지역 부락개발사업 보고서』, 1977; 재해위, 『1976년도 단양지역 부락개발사업 보고서』, 1977; 재해위, 『1976년도 영월지역 부락개발사업 보고서』, 1977; 재해위, 『1977년도 평창·영월·단양지역 부락개발사업 보고서』, 1978; 재해위, 『1977년도 영월·제천지역 부락개발사업 보고서』, 1978; 사회선교국, 『부락별 사업지원 현황』, 1991.

비고 : 1. 회원수는 재해위의 지원 경우, 수혜자수 또는 참여자수를 뜻함.
　　　 2. 강림의 박보순은 구판사업 담당임.

의 구판장이 설립된 현황을 보여주는 〈표 III-17〉과 같이 전체적으로 33개 농촌부락에서 구판장이 운영되었다.[73] 즉, 이들 지역에서 새마을 구판장이 부락마다 설립·운영되던 상황에서 재해위의 지원을 받아 18개 부락에서 새롭게 구판사업이 추진되었던 것이다. 당시 재해위의 지원을 받은 구판사업을 종류별로 유형화하면 부녀구판사업과 농산물 구판매사업, 소비조합사업 등으로 구분할 수 있다. 이를 사업운영 주체 별로 분류하면 작목반·부락총회의 주관 하에 부녀회에서 운영한 구판 장과 부락총회·신협에서 운영한 농산물구판매장 및 소비조합으로 구 분되었다. 대체로 부락개발사업을 통해 부락 내 작목반·부락총회에 의해 구판사업이 전개되는 가운데 황강·신리·부곡·월현 등의 농촌 부락에서 농산물구판매장, 포탄과 대평부락에서 소비조합이 설립·운 영되었다.

새마을운동에 의해 설립된 새마을구판장은 부락 내 반 단위의 일부 부녀들을 중심으로 설립·운영된 경우가 대다수였으며, 취급물자는 대 체로 소비성 일변도의 물품이 대부분이었다.[74] 당시 부녀회는 새마을 구판장의 운영을 통해 이익금을 남긴 후 새마을회관의 건립이나 전화 사업 등에 사용하도록 기증하거나 서로 나누어 쓰는 경우가 다수였다. 1971년 2월 강림부락의 부녀회 회원 74명이 1인당 1,000원씩을 출자

---

[73] 당시 부녀회에서 구판장을 운영하지 않는 것으로 파악된 부락은 계산·황강·야연부락 등이었다(재해위, 『1975년 제4차 제1회 부락대표자간담회 회의록』, 1975).

[74] 새마을구판장을 주관한 실태를 살펴보면, 마을 내 부녀회가 운영한 것이 73%, 이동개발 위원회가 주도한 것이 19.63%, 마을금고가 직접 운영한 것이 7.3%였다. 당시 정부는 구 판장의 운영을 새마을지도자 또는 마을금고, 이동개발위원회가 주관하도록 하였는데, 운영위원은 새마을지도자, 마을금고 이사장, 부녀지도자, 개발위원 등이었다. 정부는 대 체로 관제협동조합인 마을금고와 연계하여 새마을구판장이 운영되도록 지도하였다(신 상철, 앞의 글, 87~88쪽).

하면서 부녀구판장을 시작하였다. 직영에 의한 윤번제로 운영되었던 강림의 부녀구판장 자체 기금을 가지고 월 5%의 대부사업도 추진하였으며, 1972년도 회관 건립 시 이익금 10만 원을 희사한 후 1인당 300원씩 출자 배당·청산 처리하면서 구판사업을 정리하였다.[75] 당시 부녀구판사업은 이익금이 많이 나는 주류판매량의 비중이 상당히 컸으며, 구판장의 주점화가 나타나는 등 소비성향을 조장하는 경향이 많았다.[76] 일부 부락의 부녀회는 구판사업의 자산을 기초로 3~5%의 고리로 대부사업을 하였다. 이들 부녀구판사업은 운영과정에서 회원 간의 알력과 회계처리의 오류, 외상문제의 등의 요인으로 분열·와해되거나 개인상점화가 되었으며, 새마을사업으로의 회관건립 및 전화사업 등 부락공동사업으로의 자금전용으로 중단되는 사례가 많았다.[77]

부락개발사업에 의해 추진된 부녀구판사업은 그 목적으로 중간상인의 횡포를 방지하고, 부락 내 자금의 외부 유출 방지 및 인근 개인상점의 생필품가격 하락을 통한 가격조절 기능, 농민의 의식계발과 경영능력 향상 등에 두었다. 대체로 이들 구판장은 작목반·부락총회에 의해 자금지원을 받는 경우에도 부락 내 부녀회를 중심으로 운영이 이루어지는 경우가 많았다. 부녀회가 주도하는 구판사업의 운영은 초기 참여회원에 의한 직영으로 윤번제가 다수였으나 점차 관리인을 두고서 판매수익의 일정부분을 보수로 지급하는 방식으로 전환해 나갔다. 사업

75　재해위, 「강림부락」, 『1974년도 강원도지역 부락개발사업 보고서』, 1975.
76　새마을구판장에서 취급하고 있는 상품은 대체로 주류·음료수·과자류·세탁용품·부식물·학용품 등이었다. 이중 가장 많이 판매된 것은 주류로 총판매량의 80%를 차지하였다(김관수 외, 앞의 글, 7쪽).
77　재해위, 『농촌구판매사업 조사결과보고서(자료집 제4집)』, 1977, 5~6쪽.

초기 취급품목은 강림의 경우와 같이 주로 일용잡화와 식품류, 주류 등을 취급하였으며, 부락 내 개인상점과의 경쟁 여부에 따라 월현부락의 40여 종류, 포탄소비조합의 100여 종류 내외, 영춘 하리 새마을부락의 300여 종류까지 다양하였다. 대체로 당시 구판사업의 취급품목은 외상거래의 번잡성과 장부 기장의 불편 등으로 인해 점차로 중요 생필품 중심으로 그 수가 줄어드는 것이 일반적 경향이었다.[78]

이들 농촌부락의 구판사업은 재해위에 의한 제반 교육의 실시를 기반으로 부락 내 소비활동의 합리화와 부락개발에 대한 이해를 통해 협동조합적 원리에 기반에서 운영을 도모하는 등 새마을구판장과 다른 형태의 운영을 모색하였다. 그러나 이들 구판사업은 부락 내 생산과 신용, 소비생활과 연관된 종합적 기능의 차원에서 운영해 나가고자 하였으나 협동조합적 수준은 낮았다. 이들 구판사업은 협동 활동을 통한 상업이윤 배제와 자체운영을 통한 합리적 소비활동을 모색하는 경우도 있었으나 영리 위주로 운영되는 것이 대부분이었다. 취급품목과 외상 매출의 과다, 비합리적 이익배당과 고리대적 성격의 자금대부 등 이들 구판사업에서 보여지는 영리 위주의 운영은 성격상 반부락적인 경향도 나타나면서 새마을구판장의 운영과 큰 차이가 없었다.[79]

농산물구판매사업은 각각 신리·황강·월현·부곡 등에서 이루어졌다. 신리부락의 경우, 1972년 4월부터 착수된 부녀구판사업이 소규모로 운영되는 가운데 농산물구판매사업이 1974년 말에 착수되었다.

---

78 재해위, 『1974년도 강원도지역 부락개발사업 보고서』, 1975; 재해위, 『1975년도 제천지역 부락개발사업 보고서』 2, 1976; 재해위, 『1976년도 강원도지역 부락개발사업 보고서』, 1977.

79 재해위, 『농촌구판매사업 조사결과보고서(자료집 제4집)』, 1977, 6~7쪽.

1975년도 취급물품은 쌀·밀가루·옥수수·보리쌀·소금이었으며, 밀가루·옥수수 등 농산물가격의 불안정문제가 현안이었다.[80] 1976년에는 밀가루 100포, 공가마 100매, 소금 109가마 등의 구매사업을 추진하였으나 거래는 1회에 불과하였다. 당시 신리부락은 지원받은 사업자금 중 117만 원이 부락농민에게 영농자금 대출과 긴급대부 등 목적 외로 사용되었다.[81] 황강부락은 이 지역의 특산물인 고추와 콩 등을 부락총회인 협진회에서 수매하여 공동출하 함으로써 생산자를 보호하고 부락전체의 이익을 도모하기 위해 1974년 말 부락총회에서 농산물구판매사업의 추진을 결정하였다. 협진회는 이 사업의 착수를 위해 전 농가별 생산량을 조사하기도 하였으나 사업의 경험부족과 관리문제, 물량취급의 부정기성 등으로 중단되었다.[82] 부곡의 경우, 1975년 9월 농산물구판매사업이 착수되었는데, 1976년 4월 영농기로 접어들면서 사업자금 연체현상이 빚어지면서 침체되었다.[83] 당시 농산물구판매사업은 부락의 농민이 생산한 농산물을 효과적으로 판매하고, 농가에서 필요한 생필품과 영농자재 일부를 구매하고자 하였으나 농산물 생산의 부정기성과 일회성에 따른 상시적인 농산물의 판매가 어려웠던 점, 운영자금과 사업경험의 부족 등으로 그 지속적인 추진이 어려웠다.

소비조합사업은 제천 한수면의 포탄부락과 중원 앙성면의 대평부락에서 이루어졌다. 포탄부락은 마을 자체가 지역적으로 폐쇄되어 있고 부락민의 응결력이 높아 생필품을 공동으로 구입해서 쓰면 부락의 돈

---

80 재해위, 「제4차 전체회의—회의 속개(4.3)」, 『1975년도 전체협의회 회의록』, 1975.
81 재해위, 『1976년도 강원도지역 부락개발사업 보고서』, 1977.
82 재해위, 『1976년도 제천지역 부락개발사업 보고서』, 1977.
83 재해위, 『1976년도 강원도지역 부락개발사업 보고서』, 1977.

이 밖으로 빠져나가는 것을 막을 수 있다는 점에서 부락 내 소비조합의 필요성이 일찍부터 논의되어 왔다. 그 결과 1974년 5월 원주그룹의 장상순에 의해 부락민 42명을 대상으로 소비조합교육이 실시되었으며, 재해위로부터 50만 원을 대부받아 40호의 참여로 소비조합이 창립되었다.[84] 당시 포탄소비조합은 초기 농산물구판매사업도 병행한다는 취지에서 마을 재배농가 모두가 참여한 마늘구판사업이 추진되었다. 그러나 그해 유례없는 마늘가격의 하락으로 인해 사업추진의 의욕을 잃고서 10월 대부금을 상환하였다. 1974년 11월 이충호, 이학문, 최강천, 장형구 등 포탄부락의 청년들은 스스로 소비조합을 운영하는 방법을 모색한 결과 조합원의 출자만으로 조합운영을 하기로 하였으며, 30명의 조합원이 5,000원씩의 출자를 하고 자재 및 노력출자 형식으로 구판장을 건립하면서 소비조합의 운영을 재개하였다.[85] 그러나 소비조합을 운영하면서 외상매출이 누적된 결과 1975년 12월 외상금액이 총자산을 상회하였고, 경영에 있어 소비성 물품을 다량 취급하였다. 또한 관리자에 대한 처우가 1975년 8월부터 고정급료 월 2만 원을 지급하는 등 관리비가 과다하게 지출되면서 그 운영은 침체에 빠졌다.[86]

대평부락의 경우, 1972년 새마을구판장이 운영되었다. 1973년 부락개발사업이 착수되면서 부락총회인 복지회가 구성되었으며, 수해를

---

84 당시 교육내용은 소비자협동조합론, 협동조합의 역사와 7대원칙, 유통구조와 상품관리, 회계실무 등이었다(재해위, 「경과보고(1974.4.1~5.20)」, 『1976년도 MISEREOR』, 1978).

85 포탄소비조합의 운영은 총회 직영으로 하되, 관리책임자를 두고 조합장과 서기가 매월 1일 결산을 보았다. 조합원마다 장부가 있어 이용고배당을 해 나갔으며, 조합원의 의식계발을 위해 총회시 협동조합의 이론과 원칙을 조합간부들이 강의하였다(재해위, 「포탄리(한수면)」, 『1974년도 제천지역 부락개발사업 보고서』 3, 1975).

86 재해위, 『1975년도 제천지역 부락개발사업 보고서』 2, 1976.

계기로 조성된 주택문제로 인한 부락 내 갈등이 심화되면서 이를 해소하기 위한 방안으로 기존 운영되고 있었던 새마을구판장을 복지회가 맡기로 하였다. 1974년 2월 복지회는 재해위의 소비조합 지원자금 40만 원과 새마을구판장의 자금 18만 원으로 소비조합을 설립하였으며, 임원 8명을 중심으로 무보수 봉사로 하루씩 당번을 정해 직영으로 운영해 나갔다. 대평소비조합의 취급품목은 생필품과 학용품, 주류 등 100여 종류를 취급하였다.[87]

1975년도 대평소비조합의 결산내역서를 살펴보면 당시 대평소비조합의 총자산은 1,514,735원이었으며, 결산이익금은 445,495원이었다. 대평소비조합은 조합원에 대한 배당금 지급을 하였으며, 총 출자좌수 2,917좌에서 1좌(1좌 1,000원)당 20원씩 58,340원을 출자배당해 주었다.[88] 한편, 1976년 대평신협의 임야매각에서 발생한 회계부실로 인해 신협이 침체에 놓인 영향으로 대평소비조합도 운영부진에 빠졌으며, 1977년 5월 회계부실에 대한 대평신협의 감사 실시에 따라 소비조합의 운영은 일시 중단되는 등 크게 위축되었다.[89]

---

[87] 1972년 착수된 부녀회의 새마을구판장은 초기 대평리 1개반에서 시작되어 1개월에 2회 임시총회를 개최하면서 결산을 보았다. 초기 1개반만 참여하다가 부락개발사업이 추진되면서 부락 전체의 참여로 구판장이 운영되었다. 당시 부녀회는 부녀회원 50명이 100원씩 거출해서 구판장을 운영하였으며, 1년간 운영한 결과 자산 18만 원이 형성되었다. 한편, 수해 직후 설립된 36동의 수해주택 운영권을 둘러싸고 수해주택과 구 주택 간의 갈등으로 부락 내 부녀회가 분열되면서 부락 전체의 갈등으로 발전되었다. 이에 따라 복지회는 이를 수습하기 위한 차원에서 재해위의 지원자금을 기초로 부녀회가 운영하던 구판장을 소비조합으로 전환, 직접 주관해서 운영해 나갔다(재해위, 『1975년 제4차 제1회 부락대표자간담회 회의록』, 1975). 한편, 1974년 12월 복지회와 대평소비조합에 기반하여 대평신협이 창립되었으며, 대평소비조합은 신협의 부대사업으로 운영되었다. 당시 복지회 자산 400만 원은 대평신협의 출자금으로 불입되었다(재해위, 「대평촌」, 『1977년도 제5차 부락대표자간담회 회의록』, 1977).
[88] 재해위, 『자료집』 제1집, 1976, 27쪽.

〈III-18〉 재해위의 농촌구판매사업 조사결과 현황(1977.5.15) (단위 : 명)

도	군	면	리	부락	농가	비농	소계	남	여	소계	사업주체	경영	이용도
원	원성	소초	학곡1	백교	33	4	37	101	91	192	신용조합	직영	100%
			학곡1	백동	33	2	35	110	94	204	한우반	직영	60%
		판부	서곡4	내동막	18	5	23	58	54	112	부녀회	직영	80%
		부론	홍호2	대흥	57	5	62	184	181	365	신용조합	직영	50%
	횡성	안흥	강림2		63	20	83	231	239	470	부녀회	직영	50%
			월현2	월읍전	84	6	90	236	214	450	신용조합	직영	100%
			부곡2		92	19	111	345	321	666	부녀회	직영	10%
	영월	남	북쌍3	후포	30	5	35	93	85	178	부녀회	임대	100%
충북	제천	청풍	계산	샘골	44	2	46	135	133	268	부녀회	임대	70%
		청풍	광의		49	13	62	203	209	412	부녀회	임대	90%
		청풍	진목		32	10	42	126	105	231	부녀회	임대	30%
	단양	영춘	하	밤수동	19		19	68	53	121	부녀회	직영	80%
		적성	애곡	수양포	34	5	39	139	118	257	부녀회	직영	90%
경기	여주	능서	내양1	양화	35	4	39	124	128	252	부녀회	직영	95%
합계					623	100	723	2,153	2,025	4,178			71.78%

출전 : 재해위, 『농촌구판매사업 조사결과보고서』(자료집 제4집), 1977, 2쪽.

당시 구판사업의 운영은 그 규모가 영세할 뿐만 아니라 제반 문제들을 안고 있었다. 이들 구판사업의 운영은 초기 대체로 직영에 의한 회원의 윤번제로 이루어졌으며, 전반적으로 회계관리의 미숙이 문제로 대두되었다. 구판장의 운영은 외상매출액이 총 판매액의 상당수에 달하면서 자금회전이 극히 안 되었다. 구판장운영에 있어 부락 내 가게를 운영하였던 상인의 반발도 문제였다. 당시 재해위는 이를 반영하여 구판사업을 추진하되 부락 내 기존 가게의 입장을 감안해 신협을 먼저 설립하도록 하였으며, 상인들도 신협의 조합원으로 참여한 후에 부락차원에서 구판장을 운영해 나가도록 추동하였다.[90]

89　재해위, 「대평촌」, 『1977년도 평창 · 영월 · 단양지역 부락개발사업 보고서』, 1977.
90　재해위, 「한우사업 간담회 개요(1974.7.22)」, 『한우사업 참고철』, 1976.

군	면	리	자기자본	타인자본	판매수입	기타수입	월경비	순이익	생필품	기타	구입처
원성	소초	학곡1	120,000		25,000		400	24,600	7	9	원주
		학곡1	50,000		4,000		2,000	2,000	4	1	소초(농협)
	판부	서곡4	210,000		10,000	4,500	300	14,200	30	12	원주
	부론	홍호2	126,570	300,000	12,500			12,500	17	2	부론(농협)
횡성	안흥	강림2	39,000	100,000	7,000		1,500	5,500	23	20	원주
		월현2	530,000	400,000	15,000		1,500	13,500	15	5	원주, 안흥(농
		부곡2	230,000		10,000			10,000	28	2	
영월	남	북쌍3	600,000		13,000	20,000		33,000	15	6	영월
제천	청풍	계산	58,000		6,000			6,000	15	4	청풍
	청풍	광의	73,000	25,000	5,700			5,700	24	14	청풍
	청풍	진목	80,000	70,000	50,000	1,000	12,000	39,000	10	14	청풍
단양	영춘	하	25,000		6,000		200	5,800	15	7	영춘
	적성	애곡	200,000		20,000		500	19,500	8	3	단양
여주	능서	내양1	140,000	500,000	114,500		10,000	34,500	27	20	여주 능서(농
합계			2,481,570	1,395,000	298,700	25,500	28,400	225,800	238	119	

출전 : 재해위, 『농촌구판매사업 조사결과보고서』(자료집 제4집), 1977, 2쪽.

　　1977년 3월 재해위에 의해 3개 도 6개 군의 14개 부락에서 추진 중인 농촌구판매사업에 대한 조사결과를 통해 1970년대 전반기 농촌부락에서 설립·운영한 구판사업의 내용과 특징을 구체적으로 살펴보고자 한다. 당시 진행된 농촌구판매사업의 조사결과 현황을 보여주는 〈표Ⅲ-18〉과 같이 조사된 구판장의 주관자는 14개 중 10개가 부녀회였으며, 신협의 부대사업으로 운영 중인 것이 3개, 한우지원사업 관할 백동부락의 한우작목반에 의한 것이 1개였다. 이들 구판장을 운영 중인 14개 부락의 평균 호수는 52호였으며, 최소규모를 보여주는 부락이 18호인 밤수동, 최대규모를 보여주는 부락이 111호인 부곡2리였다.

　　이들 구판사업의 운영현황을 보여주는 〈표Ⅲ-19〉를 통해 그 운영의 실태를 살펴보면, 신협 부대사업으로 운영되는 3개 부락 외의 협동조직은 운영의 제도적 장치가 제대로 되어 있지 않았다. 대부분이 사업 착수시 가입한 회원들이었으며, 회원의 확대를 위한 노력은 크게 기울이지 않고 있었다. 회원의 가입은 보통 500~1,000원의 출자를 통해 이루어졌으며, 회원의 가입·탈퇴는 의결기관이라고 할 수 있는 부녀회총회를 통해 적절한 자격심사와 절차를 거치지 않고 운영되었다. 구판사업을 위한 회의는 주로 월말의 결산과 동시에 이루어졌는데, 운영규칙과 정관이 제정되지 못한 상태에서 협동조합적 원칙에 의거하여 운영되지 못하였다.

당시 이들 구판장의 운영방식은 14개 부락 중 10개 부락의 구판장에서 직영으로 운영되었으며, 4개의 부락에서 임대경영을 통해 운영되었다. 직영의 경우, 회원들에 의해 윤번제로 운영되었으며, 윤번제 관리자는 무보수가 대부분이었다. 직영의 경우, 회원들이 직접 취급하는 생필품의 구입과 판매를 책임짐으로써 협동운영의 경험을 얻을 수 있는 장점이 있었으나 물품관리의 불철저, 장부기장과 결산에 있어 회계능력의 결여, 외상수금의 책임문제, 농번기 회원들이 짊어져야 할 영농부담 등이 문제점으로 대두되었다. 이에 따라 직영을 통해 운영되는 구판장은 윤번제를 통한 직영을 기피하는 경향이 다수 나타났다. 임대경영을 하던 4개 부락의 구판장은 장기간에 걸쳐 직영을 통한 윤번제로 운영되다가 임대경영으로 전환하여 나아갔다. 당시 임대경영으로 운영된 구판장은 부락 내 공개 경쟁입찰을 통해 관리자가 선정되었으며, 이들 관리자는 부녀회에 매월 일정금액을 납부하였다. 관리자를 통한 임대경영의 경우, 회원 또는 부락 전체의 관심과 협조체제가 결여되고, 상품의 질이 저하되거나 생필품의 가격통제가 이루어지지 못하는 등 영리 위주로 운영되기 쉬웠다. 부녀회는 매월 납입되는 임대료로 농협과 우체국 등에 적금형태로 불입하거나 고리채를 둠으로써 오히려 반농민적 활동을 하기도 하였으며, 사업규모의 확대를 위한 재투자와 고정자산의 확보, 상품의 양적 확대는 거의 이루어지지 못하였다.[91] 당시 14개 구판장 취급품목은 생필품 268종, 주류 32종, 기타 87종 등 합계 357종이었으며, 평균적으로 26종이었다. 상품구입은 모두가 인근 지역인 읍·면 소재지의 장터나 인근 도시의 도매상에서 하고 있었으며, 부락당 1~3개 지역을 구입처로 하였다.

이들 구판장의 운영내용을 살펴볼 때 대부분이 협동조합 원칙에 입각한 운영이 제대로 이루어지지 않았으며, 부락 내 구판매사업에 대한 필요와 요구가 컸으나 이를 협동조합적으로 추진할 수 있는 능력이 상대적으로 크지 않았다. 이에는 몇 가지 요인이 있었다. 첫째, 민간 주도의 협동조합에 대한 경험의 부족과 이를 보완할 만한 지속적인 소비조합교육이 실시되지 못하면서 교육을 통한 소비조합에 대한 인식과 이해를 가질 기회가 많지 않았기 때문이었다. 둘째, 소비조합을 운영할 수 있는 자체 능력이 크지 않음에도 단지 의욕만으로 추진하는 경향이 많았다. 셋째, 농촌실정에 적합한 회계조직의 도입이 이루어지지 않았다. 구판사업의 회계처리를 위해서는 신협부기를 이해한 후 장기간에 걸쳐 상업부기를 습득해야 하나 부락민 입장에서 이는 현실적으로 상당히 어려웠다. 넷째, 대부분의 구판장이 부녀자들을 중심으로 운영되면서 부락 전체가 참여하는 조직이 되지 못하였으며, 이로 인해 부락

---

91 재해위, 『농촌구판매사업 조사결과보고서(자료집 제4집)』, 1977, 7~9쪽.

내 남성들과 유리되어 운영되는 경우가 많았다.[92] 마지막으로 개발독
재의 흐름이 강하였던 유신체제라는 시대적 조건은 이들 구판장이 협
동조합 원칙에 입각해서 운영되는데 있어 여러 가지 측면에서 제약을
가하였다.

이 시기 재해위는 부락 내 생산협동체인 작목반과 부락총회의 구성
및 활동을 통해 부락개발사업의 추진에 중점을 두었으며, 1970년대 중
반 부락 내 협동조직체의 활동이 침체에 빠지면서 이의 타개를 신협의
설립과 운영을 통해 전환을 모색하였다. 1970년대 초부터 재해위는 관
할 농촌부락에서 신협의 설립을 추동하였으나 1970년대 중반을 경과
하면서 본격적으로 신협운동을 전개했다. 이 과정에서 재해위는 농촌
부락 내 부녀회를 중심으로 설립·운영된 부녀구판장, 작목반·부락총
회의 주관으로 운영된 농산물구판매장, 신협의 부대사업으로 추진되었
던 소비조합에 대해 체계적이고 지속적인 지도와 제반 교육을 통해 육
성하지 못하였다. 당시 관제협동조합으로 출발하면서 협동조합 원칙에
입각한 소비조합의 의식과 제반 교육이 거의 이루어지지 못한 채 설
립·운영된 새마을구판장에 비해 일정하게 진일보한 측면이 있었으나
신협의 부대사업 또는 소비조합으로 운영된 일부 구판장을 제외한 상
당수의 재해위 관할 구판장은 새마을구판장과 큰 차이를 보이지 못하
였다.

1977년 재해위는 농촌구판매사업에 대한 실태조사 및 진단을 통해
체계적인 구판사업의 추진을 위한 향후 대책을 수립하였다. 당시 제시

---

92 재해위, 『농촌구판매사업 조사결과보고서(자료집 제4집)』, 1977, 15~17쪽.

된 해결방안은 먼저 협동조합의 원리와 소비조합의 이념이 조합원들에게 깊이 있게 인식될 수 있도록, 구판사업의 운영을 위한 회계능력의 배양이 이루어지도록 하기 위한 체계적인 협동조합교육이 선행되어야 한다는 것이었다. 또한 부락의 종합적인 개발이라는 관점에서 구판사업이 부락 내 모든 조직과 구성원 간의 유기적 연관성을 가지도록 할 필요성이 있으며, 생산과 소비, 신용부문이 연관성을 가지고 서로 보완될 수 있는 체제를 이룬 후에 구판사업을 본격적으로 발전시켜 나가도록 한다는 것이었다. 이에 따라 1970년대 후반기 신협의 부대사업으로 이들 구판사업들이 운영되도록 추동하며, 협동조합운동의 활성화를 위해 신협교육을 강화하는 방향으로 나아갔다.

(2) 1970년대 후반기(1977~1979)

1970년대 전반 새마을운동의 전개에 따라 전국의 각 농촌부락에서 설립·운영되었던 부녀회가 주도한 새마을구판장은 일부를 제외하고는 성공적으로 운영되지 못하였으며, 교육과 지도 등 지속적으로 필요한 정부의 지원과 농민의 자체 노력이 수반되지 않으면서 중단과 해체, 재설립되는 형태가 반복되었다.[93] 1970년대 중후반 새마을운동에 의한 새마을구판장의 설립은 급감하였다. 당시 운영 중인 새마을구판장은 주로 부녀회와 마을금고 등의 주관 하에 대부분 영세한 자산을 기반으로 운영되었다. 이들 구판장의 운영기금은 주로 마을기금과 부녀조

---

[93] 새마을구판장의 운영에 있어 지속적인 발전을 도모하고자 할 때 회원간의 협력이 중요하였다. 회원의 협력이 지속되려면 새마을구판장을 이용토록 하면서 이에 대한 편익을 증대시켜야 했다. 당시 이러한 방식대로 제도화되어 운영되고 있는 새마을구판장은 약 10%로 추산되었다(김관수 외, 앞의 글, 9쪽).

직기금, 우수새마을특별지원기금, 시·군새마을소득금고융자금, 마을금고임의적립금, 주민출자금 등이었다. 구판장의 운영방식은 대체로 30% 정도가 윤번제였으며, 그 외 70%는 특정 개인이 위임받아 운영하였다.[94] 당시 새마을구판장의 생필품 조달경로는 대체로 농협구판장과 도시소매상, 5일시장, 행상 등이었다. 이중 가장 큰 거래선은 면단위에 설립·운영 중이었던 농협구판장이었다.[95]

1970년대 전반기 설립·운영 중이었던 부녀구판장과 농산물구판매장, 소비조합 등이 이 시기에 와서도 계속적으로 운영되었다. 그러나 1977년 재해위는 광산지역에서 광산소비조합육성사업을 추진하는 한편, 농촌지역의 구판사업에 대한 실태조사를 계기로 각 부락에서 운영 중인 구판사업을 신협의 부대사업으로 운영하도록 추동하였다. 1977년 7월 정부의 의해 부가가치세가 도입되면서 소규모로 추진되던 구판장의 운영은 더욱 어려움에 봉착하면서 점차 신협의 부대사업으로의 전환이 자체적으로 이루어졌다. 아울러 원주원성사업의 전개 과정에서 상비약사업이 착수되었고, 1978년도부터 농촌신협의 부대사업으로 상비약사업이 추진되면서 농촌신협의 활동이 점차로 기초단계인 여수신 업무에서 성장단계인 지역사회개발사업으로의 확장으로 나아갔다. 이 과정을 통해 이 시기의 구판사업은 몇 가지 변화와 특징을 나타냈다.

먼저 재해위는 인가를 받은 농촌신협을 대상으로 그 부락의 구판장

---

[94] 위탁운영 내용을 살펴보면 공동출자하여 마을회관에서 특정개인에게 위탁한 것이 27.5%, 특성개인이 출사하어 마을회관에서 위탁운영한 것이 5%, 전용구판장을 통해 특정개인에게 위탁운영한 것이 25%, 개인주택을 특정개인에게 위탁경영하는 것이 7.5%, 기타 건물을 이용하여 위탁판매하는 것이 5%였다(위의 글, 5~6쪽).

[95] 위의 글, 10~11쪽.

을 신협의 부대사업으로 운영토록 추동하였다. 당시 재해위에 의해 구판사업이 신협의 부대사업으로 추진되게 된 것은 몇 가지 요인이 있었다. 이는 1970년대 후반 신협운동이 본격적으로 추진되면서 신협을 중심으로 한 구판사업의 운영을 통해 구판장이 협동조합의 원칙에 따라 운영이 되도록 하기 위함이었다. 당시 재해위의 관할 농촌부락에서 별도로 소비조합을 추진할 수 있을 정도로 협동조합운동의 수준이 높지 못하였다. 당시의 소비조합법이 별도로 제정되어 있지 않아 법의 보호를 받으며 운영될 수 없었던 시대적 한계가 있었다.

그래 인가를 못 맡으니까. 소비조합 협동조합이. 정식 인가가 없잖아요. 인가가 없고, 물건 구입과 세무 그거는 전부 신협 법인 명의로 하니까. 그러니까 소비조합이 별도 우리가 인가 받은 게 없으니까. (…중략…) 그러니까 신협 부대사업으로 해야 되는 거예요. 그럴 때 사업자번호가 있어야 되고, 또 그 우선 그렇게 하면 우리가 직접, 신고를 우리가 직접 하니까,

법인을. 뭐 대리하는 거 아니고, 우리는 이익이 남으면 돈 내고, 부가가치세 내고, 안 남으면 오히려 환급 받는 이런 식으로 다 가야죠. 그러기 위해선 법인 명의가 평창신협 명의니까 소비조합도 그 구판매사업 일환으로 들어가 버려요. 그렇다고 신리소비자협동조합 하면 그 법인 명의가 있어야 그 간판을 걸 수 있고, 물건을 구매해야 구판매를 하잖아요. 그러니까 그런 애로점이 있더라고요.[96]

---

96 2012년 10월 26일 윤석주 전 신1리 이장, 마을금고 · 대신신협 회계이사 구술(평창 대화 신1리 자택).

1970년대 평창 신리부락의 이장과 대신신협에서 회계이사를 주로 맡았던 윤석주의 구술처럼 신협법의 제정에 따라 법적 기반위에서 신협의 활동이 가능하였던 반면, 당시 구판장은 별도의 소비조합법이 제정되지 못하였으므로 그 운영은 법적 보호와 세제혜택을 받지 못하였다. 그 결과 구판장은 운영에 있어 신협의 명의가 필요하였으며, 인가받은 농촌신협을 중심으로 그 부대사업으로 전환되었다.

재해위는 농촌신협의 부대사업으로 구판장이 운영되도록 전환을 모색하는 한편, 초청·현장교육 등을 통해 협동조합교육을 활발히 전개하면서 1975~79년 시기 부락개발사업의 상환자금을 기초로 신협과 구판장의 활성화를 위해 단기자금을 중심으로 지원하였다. 지원자금의 종류에 따라 크게 영농자금, 신협자금, 소비조합자금, 기타 자금 등으로 나눌 수 있었다. 영농자금의 회수는 64회, 신협자금은 9회, 구판자금·농산물구판매자금·공동구판매자금·부녀구판자금·신용구판매자금·소비조합 등 소비조합자금의 회수가 21회, 식육점·임야개발자금·수리시설 등 기타자금 8회 등 총 102회에 걸쳐 단기자금 126,970,000원이 지원되었다. 재해위는 농촌신협을 통해 영농자금을 지원하면서 신협의 활성화를 추동하는 한편, 신리와 연당처럼 자금지원을 받은 다수의 부락은 영농자금의 수령 후 자체적 논의과정을 거쳐 영농과 생필품 등의 공동구매사업의 추진에 활용하였다.[97] 또한 원주원성사업의 협동 활동

---

[97] 재해위, 「종합평가회—회의 속개(2.5)」, 『1979년도 종합평가회의록(1980.1.11~2.15)』, 1980. 그 외 북진·동화·홍호·후평·복탄·수양포 등 다수 부락에서 지원받은 영농지금을 구판사업에 활용하였다. 북진의 경우 1977년 재해위로부터 50만 원의 영농자금을 지원받아 고추 온상용 폴리에틸렌 185권(권당 7,200원)을 공동구입하여 조합원에게 판매하였으며, 농협보다 품질과 가격이 우수하여 추가 주문이 밀리는 상황이 되었다(재해위, 「북진리」, 『1977년도 영월·제천지역 부락개발사업 보고서』, 1978).

<표III-20> 원주원성사업 대상지역 구판사업 지원 현황(1978~1979)

군	면	리	협동체명	수혜자수	사업명	지원액(원)	지원일시	비고
원성	흥업	대안1	대안신협	128	공동구매사업	2,000,000	1979.2.19	1차
	호저	광격	영광신협	108	공동구매사업	2,000,000	1979.4.9	4차
		무장2		50	공동구매사업	1,000,000	1978.4.6	
	신림	성남1	청운신협	13	공동구매사업	500,000	1978.4.6	
	소초	학곡1	백교신협	83	공동구매사업	2,000,000	1979.2.12	2차
	부론	흥호2	대흥신협	54	구판사업	1,000,000	1978.3.25	부락
		단강1	통일신협	43	공동구매사업	600,000	1978.6.7	
	문막	비두2	사흥신협	44	공동구매사업	850,000	1978.4.10	
				45	공동구매사업	1,000,000	1979.3.20	
		동화2	동화신협	23	부녀구판사업	400,000	1978.5.19	
	귀래	귀래1	귀운신협	37	공동구매사업	1,300,000	1978.3.31	6차
		운계1	협동친목회	21	부녀구판사업	600,000	1978.4.10	
				45	공동구매사업	1,000,000	1979.2.13	
합계		11		694	13	14,250,000		

출전: 사개위, 「장기복구사업 종합보고서(1979.3.15)」, 『원주원성수해복구사업(미제레오)』, 1982; 사회선교국, 『부락별 사업 지원 현황』, 1991.
비고: 1. 비고의 항목 중 차수는 한우지원사업에 의한 지원차수, 부락은 부락개발사업을 의미함.

지원자금을 통해서도 구판사업을 위한 지원이 이루어졌다. 〈표III-20〉과 같이 재해위는 원성지역 11개 부락을 대상으로 13개 구판사업의 추진을 위한 자금 1,425만 원을 지원하였다. 이들 부락의 구판사업은 운계와 동화부락의 부녀구판사업을 제외하고는 모두 공동구매사업이었다.

당시 농촌신협의 주관으로 추진된 공동구매사업은 〈표III-21〉과 같이 대체로 농자재와 생필품, 전기재료 등을 취급하였다. 영월 협산신협의 경우, 1977년도부터 공동구매사업으로 고추 온상용 폴리에틸렌과 고추, 생필품 등을 취급하였다. 1978년 제천 진목신협은 공동구매사업을 통해 주 작물인 고추 온상용 폴리에틸렌과 생필품을 염가로 구매하였다.[98] 당시 농촌지역에서 고추 온상용 비닐은 주로 단위농협을 통해

<표III-21> 1970년대 후반 공동구판매사업의 취급물품 현황

부락명	사업명	취급물품	부락명	사업명	취급물품
연당	공동구매사업	비닐, 고추, 생필품	부곡	수탁구매사업	전기재료, 소금
진목	공동구매사업	고추 온상용 폴리에틴렌	비두2	공동구매사업	농자재
강림	공동구매사업	전기재료, 소금	운계1	공동구매사업	사료, 농자재
월현	공동구판매사업	농산물, 생필품, 전기재료			

구입하였는데, 협산신협과 진목신협이 공동구매를 통해 직접 구입하면서 생산자재에 대한 단위농협의 독점과 횡포 등을 인식할 수 있는 계기가 되었다.

횡성 강림신협의 경우, 1977년 5월 강림지역에서 새마을사업에 의한 전화사업의 추진에 따라 이에 필요한 전기재료와 도구 등을 수탁구매를 통해 염가로 공동구입하였다. 강림신협 임원들이 직접 시장조사를 통해 전기재료 등을 공동구매하면서 행정기관에 의해 추진된 전화사업의 재료와 비교해서 품질과 가격면에서 커다란 차이를 인식하였으며, 강림시장의 전기재료 가격을 조정 인하하는 효과를 거두었다. 당시 강림신협의 전기재료 공동구매는 그 여파가 인근부락인 월현과 부곡에도 미쳐 양 부락의 농촌신협에서 이들 재료를 공동구입하기도 하였다. 또한 1978년 3월 원주 염업대리점을 통해 강림시장 가격의 83% 수준으로 소금을 공동구매하였다.[99] 월현신협의 경우, 1977년도 공동구판매사업을 통해 생산된 농산물의 공동출하와 생필품의 공동구매를 추진

---

98 재해위, 「연당1리」, 『1977년도 영월·제천지역 부락개발사업 보고서』, 1978; 재해위, 「신녹리」, 『1977년도 영월·제천지역 부락개발사업 보고서』, 1978.
99 소금가격의 경우, 강림시장에서 60kg당 2,400원이었으나 강림신협이 공급받은 가격은 2,000원이었다(재해위, 「강림」, 『1977년도 여주·정선·횡성지역 부락개발사업 보고서』, 1978).

하였으며,[100] 부곡신협은 1977년 '강부월지역협의체'의 결정에 따라 수탁구매사업을 추진키로 하면서 강림신협과 함께 전기재료와 소금을 공동구매하였다.[101] 비두2리의 경우, 공동구매사업으로 농자재를 공동으로 구입하였으며, 운계1리는 사료와 농자재를 구매하였다.[102] 이와 같이 농촌신협에 의한 농산물과 농자재, 생필품 등의 공동구판매사업의 추진은 농촌현실상 반드시 필요한 것이었다. 그러나 당시 이를 담당해야 할 단위농협이 구판매사업을 통해 농민이 생산한 농산물과 영농에 필요한 농자재, 생필품 등을 취급하지 못함으로써 농촌신협이 직접 이를 추진하였던 것이다.

한편, 1970년대 후반기 재해위 관할 농촌부락에서 부녀회가 중심이 되어 부녀구판장이 운영되었다. 이 시기 부녀구판장은 대체로 위탁경영이 다수였으며, 일부 부락의 부녀구판장에서 협동조합 원칙에 따라 출자비례 배당에서 이용고 비례배당 원칙으로의 변경을 통해 구판사업의 활성화를 꾀하였다. 대부분의 부녀구판장은 회계처리의 복잡함과 외상매출의 누증, 부가가치세의 도입으로 상품의 구입·판매가격의 상승으로 인한 이익금의 대폭 감소로 인해 운영의 어려움이 가중되면서 대부분이 중단·해체되거나 신협의 부대사업으로 전환되었다.

먼저 횡성의 강림과 월현, 부곡의 부녀구판장은 부가가치세의 시행에 따라 취급 상품가격의 상승으로 인한 이익금의 축소와 외상매출의 급증 등 운영의 어려움을 겪으면서 1978년 신협의 부대사업으로 전환

---

100 재해위, 「월현」, 『1977년도 여주·정선·횡성지역 부락개발사업 보고서』, 1978.
101 재해위, 「부곡」, 『1977년도 여주·정선·횡성지역 부락개발사업 보고서』, 1978.
102 재해위, 「제35차 전체협의회─회의 속개(1978.4.6)」, 『1978년도 전체협의회 회의록』, 1978.

되었다.[103] 여주 내양과 영월 연당부락도 부녀회의 구판장이 신협의 부대사업으로 속속 전환되었다.[104] 정선 낙천의 경우, 반별로 조직되었던 부녀회가 통합 논의를 진행하면서 2년간 임대를 통해 운영한 부녀구판장을 낙천신협의 부대사업으로 전환했다.[105] 1977년 7월 단양 수양포 부녀구판장은 부녀회의 협동 활동을 통해 28만 원의 기금을 조성하는 등 꾸준히 활발하게 운영되다가 수양포신협의 부대사업으로 전환·운영되었다.[106]

평창 신리지역은 부녀회에 의해 운영되다가 이 시기 위탁경영으로 전환되었으며, 대체로 부녀구판사업의 활로를 모색하지 못하였다. 신1리의 경우, 1975년 초까지 부녀회 직영으로 운영되다가 1975년 하반기 월 1만 원의 납부조건으로 위탁경영으로 전환되었다. 신4리의 경우, 운영과 중단, 재착수를 거듭하다가 1977년 중반 사업자금 10만 원에 대해 월 3,000원의 위탁경영으로 전환하는 등 침체에서 벗어나지 못하였다.[107] 한편, 영월 연당과 제천 방흥부락 등의 부녀회는 출자비례 배당에서 이용고 비례배당으로의 변경을 통해 협동조합 원칙에 기초해서 부녀구판장의 운영하였으며, 침체에 놓인 부녀구판사업의 활성화를 도모하였다.

---

103 재해위, 「월현」, 『1977년도 여주·정선·횡성지역 부락개발사업 보고서』, 1978; 재해위, 「부곡」, 『1977년도 여주·정선·횡성지역 부락개발사업 보고서』, 1978.
104 재해위, 「내양」, 『1977년도 여주·정선·횡성지역 부락개발사업 보고서』, 1978.
105 재해위, 「평가회의―회의 속개(1979.1.5)」, 『1978년도 전체협의회 회의록』, 1979.
106 재해위, 「수양포」, 『1977년도 평창·영월·단양지역 부락개발사업 보고서』, 1978.
107 신1리의 경우, 부녀구판장이 개인운영으로 전략하였다가 해체되었다. 그 과정에서 부락 내 개인가세가 1개소가 늘어 5개소가 운영되었다. 신1리의 경우, 대신신협이 활발하게 운영되었으나 신협과 연관되어 운영되지 못하면서 신리지역의 부락개발에 기여하지 못하고 해체되었다(재해위, 「신1리」, 『1977년도 평창·영월·단양지역 부락개발사업 보고서』, 1978).

1970년대 후반 신협의 부대사업으로 전환된 농촌구판사업은 이전 시기보다 좀 더 협동조합적 원칙과 방법에 의해 체계적으로 운영되었다. 그런데 몇 곳을 제외하면 농촌신협 자산의 영세성으로 인해 소규모적이었다. 당시의 구판사업은 회계처리 능력의 부족과 외상매출액의 급증, 세제상의 혜택을 받지 못하는 실정에서 도매상과 농협연쇄점 등과의 거래 과다로 인해 순이익금도 크게 줄어들면서 운영의 한계를 보였으며, 영농자재 공동구매 등을 통해 활성화를 도모하였다. 1970년대 말 재해위는 부녀회의 주관으로 추진된 상당수의 부녀구판사업이 실패로 귀결된 것으로 판단하였으며, 부녀자들이 주도한 구판사업에 대해 회의적인 인식을 가졌다. 당시 재해위는 농촌지역에서 신용부문보다 소비부문의 문제가 더욱 심각한 것으로 보았으며,[108] 광소협과 같이 관할 부락들의 안정적인 구판사업의 운영을 위해 공장도가격으로 취급물품을 대량 공급할 수 있는 조직의 창립과 활동을 강구하였다. 그 결과 재해위는 1979년 초 농소협을 조직하는 한편, 이를 중심으로 농촌소비조합육성사업을 추진하게 되면서 신협운동에 이어 제2단계로 소비조합운동을 본격적으로 추진해 나갈 수 있었다.

1970년대 후반 재해위 관할의 구판장과 새마을구판장은 여러 가지 측면에서 유사한 점들이 많았다. 부락단위로 구판장이 설립·운영된 점, 구판장 규모의 영세성과 소비성 물품 중심, 부락 내 부녀회의 주도성과 윤번제에 의한 운영에서 위탁제로의 변화상 등이었다. 그러나 양자는 내용적으로 커다란 차이가 있었다. 먼저 새마을구판장은 주관자

---

108 재해위, 「종합평가회(1.11)」, 『1979년도 종합평가회의록(1980.1.11~2.15)』, 1980.

가 주로 새마을지도자나 마을금고 이사장이었으며, 면단위에 설립·운영된 농협구판장과 연계되면서 운영되었다. 당시 새마을구판사업은 유신체제 하에서 관제협동조합의 설립과 운영이 협동조합 7대원칙에 기반하여 운영되기 어려운 구조 속에서 체계적인 지도와 협동조합교육이 수반되지 못한 채 관제적 농촌개발운동과 결합된 것이었다. 그러나 재해위 관할 농촌부락에서 신협의 부대사업으로 운영된 구판장·소비조합은 재해위에 의해 활발히 전개되었던 협동조합교육을 통해 형성된 농민지도자와 농민들의 참여에 의해 협동조합 원칙에 입각해서 자발적·자주적으로 운영되었다.

둘째, 당시 농촌신협과 구판장의 조합원이었던 농민들은 재해위의 협동조합교육 뿐만 아니라 자발적으로 낸 출자금·예탁금·적금 등을 기초로 신용을 기반으로 한 대부사업과 구판장·소비조합의 운영에 참여하면서 조합원의 의식이 성장할 수 있었다. 농민들은 월례회와 정기총회 등을 통해 자신들의 의사를 반영시키면서 신협과 구판장 운영에 참여하였으며, 신용에 기반한 자금대부와 각종 계 자금의 신협자산화를 통해 고리대 청산이 이루어지는 과정을 지켜보면서 신협과 구판장을 '농민자치조직'으로 인식하게 되었다. 농촌신협과 구판장의 대내외적 활동과정에서 행정기관과 마을금고, 농협 등의 간섭과 탄압을 경험하면서 농민들은 조합원의 의식이 더욱 성장할 수 있었으며, 관제협동조합에 대한 비판적 인식을 강화할 수 있는 계기가 되었다.

셋째, 이러한 기반 위에서 재해위 관할 지역에서 농촌신협을 중심으로 한 가농의 조직화가 활발하게 이루어졌으며, 조합원인 농민들에 의한 쌀생산비조사활동과 농협민주화운동이 어느 지역보다 활발하게 전개될 수 있었다. 그러나 농협과 마을금고 등 관제협동조합과 새마을구판장에 참여한 농민들이 유신체제를 적극 지지하면서 가농운동을 탄압하는데 농촌부락 일선에서 주도하였다는 점에서 양자는 커다란 차이가 있었다.

마지막으로 1970년대 재해위의 추동을 받아 농촌지역에서 전개되었던 민간 주도 협동조합운동의 핵심은 신협운동이었다. 당시 신협운동과 구판장·소비조합을 통한 소비조합운동은 그 과정에서 관제농협의 민주화를 추동했을 뿐만 아니라 관 주도 새마을운동의 전개에 따라 '마을회의'나 대동계, 마을금고 등을 중심으로 부락 내 권력을 유지·행사하던 기존 권력구조를 신협임원들이 주도해 나가기도 하였다. 또한 1970년대 농촌부락에서 신협과 구판장을 통해 협동조합운동을 전개한다는 것은 정부 주도의 새마을운동이 전개되는 기반위에서 부락단위에 기반한 농민 주도의 농촌개발운동과 협동조합운동을 추진해 나갈 수 있는 핵심체였다는 점에서 중요한 의미가 있었다.

2) 상비약사업

1970년대 재해위가 관할하던 농촌지역의 보건의료 실정은 열악했다. 관계 전문기관의 조사보고서에 따르면 농민의 대부분이 각종 질병에 시달렸으며, 병을 앓고 있는 농민이 60.7%에 달하였으나 이중 87.2%가 제대로 치료를 받지 못하고 있는 실정이었다. 이들 농민들은 발병하였을 때 적절한 치료를 받은 경우가 9.5%에 불과하였고, 약국만

이용한 사람이 11.7%, 전혀 의료혜택을 받지 못한 것이 77.1%나 되었다. 이들 농민들이 앓고 있는 질환의 대부분은 만성질환이었으며, 이 중 신경통을 비롯한 감각기계 질환, 소화기질환, 호흡기질환, 치아질환 등의 순으로 앓고 있는 것으로 나타났다. 농촌부녀자의 91.4%가 집에서 아기를 낳으며, 혼자서 아기를 분만하는 경우도 20%에 이르고 가위로 탯줄을 자르는 경우도 87.4%에 달하였다. 당시 전국 1,336개 읍면에서 의사가 없는 읍면이 405개에 달한 실정이었다.[109]

이 시기 박정희정권은 500명 이상을 고용하고 있는 사업장과 공업단지 노동자 등을 대상으로 하는 직장의료보험제도(제1종)를 실시하였다. 그런데 농어촌 지역주민과 자영상인 등을 대상으로 하는 제2종 의료보험제도는 막대한 예산상의 이유로 실시되지 못하면서 농촌지역의 농민들이 의료보험의 혜택을 받지 못하였다.[110] 이와 같이 농촌지역의 보건과 위생, 질병문제는 매우 심각한 상태였으며, 조속히 해결되어야 할 절박한 농촌·농민문제 중의 하나였다.

1977년 중반 재해위는 원주원성사업에 의한 부락상비약 자금지원을 통해 농촌부락의 보건위생 문제해결의 한 방법으로 부락 내 협동조직체를 중심으로 상비약사업을 추진하였다. 당시 부락상비약사업은 농촌부락민의 큰 호응을 받는 가운데 〈표 II-43〉과 같이 54개의 부락에서 운영되었다. 1977년 11월 제천 방흥신협은 재해위로부터 15만

---

109 「농촌환자의 87%가 치료를 받지 못한다―서울대 보건대학원 김정순교수팀 강원도 춘성군 무민 내성조사」, 『중앙일보』, 1977.12.1; 「농촌 대부분 가정분만―가톨릭대 모자보건 실태조사」, 『중앙일보』, 1978.8.9; 재해위, 『원주원성사업 종합보고서』, 1978, 4·13쪽.
110 재해위, 「마을건강봉사사업계획안(1978.6)」, 『마을건강봉사사업 관계철』, 1984.

원을 지원받아 상비약사업을 실시하였으며, 지역사회개발사업의 일환으로 이를 추진하면서 부락민의 큰 호응을 끌어내었다. 1977년 11월 북진신협은 재해위로부터 15만 원의 자금지원을 받아 월 평균 4~5만 원의 의약품이 거래되는 등 상비약사업이 활발하게 추진되었으며, 이를 통해 신협에 대한 조합원들의 이해가 크게 증대되는 계기가 되었다.[111] 1978년 5월 정선 낙천부락은 낙천신협이 창립 직후 부락민의 큰 호흥 속에서 부대사업으로 상비약사업이 추진되었다.[112] 당시 재해위는 상비약사업의 자금지원을 받은 부락 내 협동조직체가 상비약품을 구비하였으며, 부락별로 인근 지역의 약국을 상담자로 선정하도록 하였다. 아울러 부락민에게 부락상비약을 취급할 시 의약품의 판매행위를 하지 않도록 하였으며, 회원들을 중심으로 한 회비제에 의해 운용토록 하였다.[113]

1977년 후반 재해위는 부락별로 상비약사업을 추진하면서 농촌신협의 조직기반 강화와 종합적 기능의 활성화를 도모하기 위해 그 부대사업으로 이를 추진토록 하였다. 사업 초기 신협이 설립되지 못하였거나 부대사업으로 추진하기 어려울 경우, 부락 내 상비약 관리·운용만을 목적으로 조직된 '의료협동회'를 통해 추진토록 하였다. 1978년 6월 재해위 관할 부락 중 상비약사업을 추진하는 54개 협동조직체 중 26개 의료협동회에 의해 주관되었으며, 28개가 농촌신협에서 운영되

---

111 재해위, 「방홍리」, 『1977년도 영월·제천지역 부락개발사업 보고서』, 1978; 재해위, 「북진리」, 『1977년도 영월·제천지역 부락개발사업 보고서』, 1978.
112 재해위, 「제38차 전체협의회－회의속개(1978.8.2)」, 『1978년도 전체협의회 회의록』, 1979.
113 재해위, 『원주원성사업 종합보고서』, 1978, 32~33쪽.

〈표Ⅲ-22〉 1970년대 말 재해위 관할 농촌신협의 상비약사업 현황(1979.1)

군	면	리	신협명	대표자	관리자	A
원성	홍업	대안1	대안신협	김대흠	송보영	67
원성	홍업	매지2	매지신협	변영옥	박의남	14
원성	호저	무장2	(무장신협)	박홍식		38
원성	신림	황둔2	(청용신협)	김성하	김광수	35
원성	신림	신림2	(언당신협)	배제호	김갑식	31
원성	신림	송계2	(계야신협)	박헌모		34
원성	신림	성남1	(청운신협)	이화종	강종국	33
원성	소초	홍양2	홍양신협	이종면		27
원성	소초	홍양3	황곡신협	이충선	심창섭	46
원성	소초	학곡1	협심신협	함완호	김영택	30
원성	소초	학곡1	(학곡신협)	김인수	김인수	65
원성	부론	홍호	(대흥신협)	최문환	김운섭	54
원성	부론	손곡3	(내신신협)	홍순환	최면구	47
원성	문막	후용2	(후용신협)	곽노식	손상환	18
원성	문막	비두2	(사흥신협)	천정록	안성무	14
원성	문막	동화2	(동화신협)	이상철	이석분	39
원성	귀래	운계1	(운계신협)	조덕준	손진훈	34
원성	귀래	귀래1	귀운신협	전순호		47
원성	우천	하궁2	하궁신협	이한천	박원식	18
원성	우천	정금	(정금신협)	이철우	전백수	53

군	면	리	신협명	대표자	관리자	A
횡성	서원	창촌1	창촌신협	권석군	이규삼	46
횡성	서원	유현3	오상동신협	이영복		20
횡성	서원	매호	(매호신협)	이명섭	김창대	44
횡성	둔내	현천2	현천신협	김재용	배갑순	25
정선	임계	낙천	낙천신협	황남수		35
평창	대화	신1	(대신신협)	곽재근	오윤상	99
평창	대화	신6	(대성신협)	이기동	박연동	38
평창	대화	신7	신흥신협	이진재	윤윤호	72
중원	앙상	능암	(대평신협)	최근동	조성근	50
제천	한수	포탄	포탄신협	최강천		41
제천	한수	진목	(진목신협)	정상열		23
제천	청풍	북진	(북진신협)	정도웅	이선숙	121
제천	청풍	방흥	방흥신협	권희성	유해경	38
제천	청풍	광의	청풍신협	노윤원	김영식	72
제천	청풍	계산	(계산신협)	김정석		65
제천	봉양	학산	학산신협	김동배	장옥순	68
단양	적성	애곡	수양포신협	김상진	배동진	38
단양	영춘	하	밤수동신협	허종	남원식	17
여주	능서	내양	양화신협	김남덕	한기성	41
합계			39개 신협			1,697

자료: 재해위, 『원주원성사업 종합보고서』, 1978, 41~42쪽; 재해위, 「평가회의-회의 속개(1979.1.6)」, 『1978년도 전체협의회 회록』, 1979.

비고: 1. A는 1978년 6월 15일 현재의 회원수임.
2. 협심신협은 백동부락, 학곡신협은 백교부락임.
3. 신협명 중 ( )는 1978년 6월 현재 마을건강봉사연합회 회원 신협을 나타냄.

었다. 그러나 〈표Ⅲ-22〉와 같이 1979년 1월 농촌신협에서 지역사회 개발사업의 일환으로 상비약사업을 추진하고 있는 부락은 39개에 달하였다.

1979년 1월 상비약사업을 추진 승인 농촌신협은 3개 도 8개 군에 걸쳐 39개였으며, 원성 56.2%, 제천 17.9%, 횡성 15.4%, 평창 7.7%, 단

양 5.1% 등의 순으로 강원도지역에서 상비약사업이 다수 추진되었다. 상비약사업의 대표자는 주로 신협이사장이나 부락의 이장이 맡았으며, 관리자는 회계이사나 회계실무자 등이 맡았다. 당시 재해위는 상비약사업이 농촌신협의 조합원뿐만 아니라 부락민 전체를 대상으로 추진하도록 추동하였으므로 일부 부락에서 이장이 상비약사업의 대표자를 맡기도 하였다. 1977년 10월 여주 양화신협은 운영 정관을 제정하였으며, 상비약사업을 신협의 부대사업으로 추진키로 하면서 대표자는 이사장인 김남덕, 관리자는 이장인 한기성이 맡으면서 부락민 전체를 대상으로 하였다. 취급약품은 여주읍의 김약국에서 구입하였으며, 약품원가로 부락민에게 제공하면서 조합원들의 높은 호응을 이끌어 내었다.[114]

---

114 재해위, 「내양리」, 『1977년도 여주·정선·횡성지역 부락개발사업 보고서』, 1979.

중원 대평신협의 경우, 매월 1,000원 단위로 출자를 받았으며, 회원제를 통해 운영하였다.[115] 1977년 7월 밤수동부락은 의료협동조합을 설립하여 부락상비약사업을 운영하였으며, 1977년 말 재해위의 사업방침에 따라 신협의 부대사업으로 전환하였다. 당시 상비약사업은 관리인인 남원식에 의해 운영이 이루어졌으며, 원가판매를 원칙으로 하면서 연 1,000원의 출자를 받아 운영의 결손액을 보전하였다. 당시 약품의 구입은 면소재지 영춘약방에서 이루어졌으며, 약방의 약사와 긴밀한 협력 속에 상비약사업이 운영되었다.[116] 일부 농촌신협의 경우, 이윤을 붙여 상비약 판매제로 운영하기도 하였다. 단양 수양포의 경우, 상비약 판매제로 하고 있어 상담원으로부터 회비제로 운영할 것을 권유받기도 하였다.[117] 정선 낙천의 경우, 이윤을 판매가의 30%로 책정하여 운용하였으며, 그중 1/3을 관리자에게 제공하면서 재해위로부터 시정을 촉구당하기도 하였다.[118] 언당신협은 그 운영과정에서 약품가격에 이윤 10%를 붙여 판매하였으며, 신6리는 약품구입가에 일부 마진을 붙여 판매하면서 상담원에 의해 원가로 회원들이 이용토록 권유받았다.[119]

한편, 재해위는 각 부락 내 의료협동회와 농촌신협을 중심으로 전개

---

115 재해위, 「대평촌」, 『1977년도 평창·영월·단양지역 부락개발사업 보고서』, 1978.
116 관리자는 운영을 책임지되 약품의 사용은 무료로 하였다(재해위, 「밤수동」, 『1977년도 평창·영월·단양지역 부락개발사업 보고서』, 1978).
117 재해위, 「제34차 전체협의회(1978.3.7)」, 『1978년도 전체협의회 회의록』, 1979; 재해위, 「제37차 전체협의회(1978.6.1)」, 『1978년도 전체협의회 회의록』, 1979.
118 재해위, 「제38차 전체협의회 - 회의속개(1978.8.2)」, 『1978년도 전체협의회 회의록』, 1979.
119 재해위, 「제40차 전체협의회 - 회의속개(1978.10.4)」, 『1978년도 전체협의회 회의록』, 1979; 사개위, 「제44차 전체협의회(1979.3.10)」, 『1979~1980년도 전체협의회 및 월례회 회의록』, 1980.

되었던 상비약사업이 매약, 조제, 의료행위 등을 하지 않도록 부락상비약대표자회의와 상비약관리자교육, 상담원의 순회지도 등을 통해 유도하였다. 재해위는 상비약사업의 추진과정에서 시중의 약국과 인근 지역의 약국과의 긴밀한 협력을 유지토록 하였다. 그러나 1977년 10월 귀래1리의 귀운부락에서 부락민과 매약상과의 마찰로 인해 귀래면보건소가 직접 '새마을협동의료회'의 상비약과 자료 일체를 압수하게 되면서 발생한 일명 '귀래리사건'[120]으로 재해위 관할 농촌부락에서의 상비약사업은 약사회의 극심한 방해와 보건소 등 행정당국의 탄압으로 인해 제대로 실시되기가 어려웠다. 당시 약사회와 행정당국의 방해 및 탄압은 크게 3가지 방향에서 상비약사업을 추진 중인 농촌부락과 농촌신협에 영향을 주었다. 먼저 귀운부락과 같이 운영 중인 상비약과 서류 일체를 보건소에서 압수하면서 상비약사업이 일시 중단된 부락이 다수 나타났다. 문막면 궁촌부락의 '성부의료협동회'와 소초면 무장신협은 면의 보건소에 의해 운영 중인 상비약을 압수당하였다가 항의를 통해 다시 찾아왔다. 백교신협의 경우 소초면 보건소의 압력에 의해 중단되었다.[121] 서곡 후리사의 경우, 판부면에서 상비약 일체를 압수하면서 상비약상업은 중단되었다.[122]

---

[120] 귀래리사건은 상비약사업을 추진하는 부락민과 간이매약상 간의 갈등으로 매약상이 이장에게 항의하였고, 이장이 부락민사업을 막을 수 없다고 하자 직접 보건소에 고발을 하면서 귀래면 보건소가 직접 와서 귀운부락의 상비약과 서류 일체를 압수하면서 일어난 사건이었다(재해위, 「제30차 전체협의회(1977.11.4)」, 『1976~1977년도 전체협의회 회의록』, 1977).

[121] 재해위, 「제38차 전체협의회(1978.8.1)」, 『1978년도 전체협의회 회의록』, 1979; 재해위, 「제42차 전체협의회(1978.12.1)」, 『1978년도 전체협의회 회의록』, 1979.

[122] 재해위, 「종합평가회-회의 속개(2.5)」, 『1979년도 종합평가회의록(1980.1.11~2.15)』, 1980.

둘째, 상비약사업을 추진 중인 부락에서 은밀하게 운영하거나 행정당국의 묵계 하에 운영된 경우가 나타났다. 신리지역은 상비약사업이 활발하게 운영되지 못한 가운데 행정당국의 압력과 묵계 하에 은밀하게 운영되었다. 신1리의 경우, 대신신협의 이사 오윤상에 의해 상비약사업이 추진되었으나 대화면 보건소 및 대화약방 등의 압력에 순응하면서 음성적으로 상비약을 취급하였다. 신6리의 경우, 대성신협의 이사장 이기동의 자택에서 상비약을 비치하면서 운영하였는데, 상비약사업의 중단을 보고하면서도 보건소의 묵계 하에 운영하였다. 한편, 신7리의 경우, 신흥신협의 부대사업으로 상비약사업을 운영하면서 단위농협과 대화약방에서 근무한 경력이 있었던 윤윤호를 관리자로 선임하였다. 신흥신협 임원회의에서 수차례 상비약사업의 운영문제가 논의되었으나 윤윤호의 반대로 가정에서 상비약을 비치하여 활용하는 방향으로 귀결되었다.[123]

마지막으로 면단위 약방의 압력과 행정당국의 탄압은 부락상비약사업을 추진 중인 부락과 농촌신협으로 하여금 특수장소 의약품 취급허가를 받는 방향으로 나아가도록 하였다. 당시 정부는 보건사회부의 고시에 의해 특수장소에서 의약품을 취급할 수 있도록 하였다.[124] 1978

---

[123] 신1리 오윤상의 경우, 마을건강봉사연합회의 운영위원으로 피선되면서 부락상비약사업의 중요한 역할이 기대되었으나 실제 부락 내 상비약사업의 추진과정에서 주도적인 역할을 못하였다. 신6리의 경우, 대성신협 이사장 이기동은 보건소 직원 박연동과 강릉농고 동문으로 상호 문제제기를 의도적으로 기피하면서 소극적으로 운영하였다. 신7리의 경우, 관리자를 잘못 선임하면서 상비약사업이 제대로 운영되지 못한 경우였다. 관리자 윤윤호는 상비약사업의 추진을 빙계한 후에 부락 내 기존 구판장을 매입하여 개인상점을 차렸으며, 간단한 약품들을 음성적으로 판매하였다(재해위, 「신리지역」, 『1977년도 평창·영월·단양지역 부락개발사업 보고서』, 1978).
[124] 특수장소라고 하는 것은 의료시혜 취약지구로 전국의 유인도서와 오지·벽지 등 보건사

<표Ⅲ-23> 1970년대 후반 원성·횡성지역의 약품취급 허가지역 현황(1977.3.24)

군	면	리명(기존)	리명(신규)	군	면	리명(기존)	리명(신규)
원성	판부	금대2, 금대1, 서곡 경천원	서곡4	횡성	안흥	강림1, 강림2, 부곡 월현, 소사	
	호저	고산, 만종2, 만종대명원	무장		서원	오계, 석화, 압곡, 상촌1	유현, 매호
	신림	황둔2, 성남	성남2		우천		하궁
	부론	단강, 손곡, 노림			갑천	태기골, 하대, 신대	
	귀래	귀래1, 2, 용암			둔내	삽교, 조항, 영랑	
	지정	판대, 월송(다둔)			청일	병지앙, 추동, 춘당	
	소초	학곡	홍양2		공근	어문, 부창, 수백	
	문막		동화2, 건등2, 반계2	영월	남		북쌍3, 연당
합계		17개 부락	7개 부락			21개 부락	5개 부락

출전 : 재해위, 『원주원성사업 종합보고서』, 1978, 38~39쪽.

년 6월 현재 원성과 횡성, 영월지역에 지정된 특수장소의 현황을 보여주는 <표Ⅲ-23>과 같이 원성지역에서 이미 17개 부락이 특수장소 의 약품 취급허가를 받았으며, 횡성지역은 21개 부락이 특수장소로 지정되었다. 그런데 행정당국의 탄압이 가시화되자 상비약사업을 추진 중인 일부 부락에서는 특수장소로 지정받아 합법적인 틀 안에서 의약품을 취급하고자 하였다. 당시 원성지역에서는 서곡4리·성남2리·무장·홍양2리·동화2리·건등2리·반계2리 등 7개 부락에서 이를 추진하였으며, 횡성의 하궁·유현·매호부락과 영월의 북쌍3리·연당2리에서 이를 추진하여 허가를 취득하였다. 그러나 특수장소로 의약품 허가를 받은 부락의 다수는 운영책임자인 이장과 새마을지도자 등에 의해 개인영업화 되었다. 귀운부락의 경우, 새마을지도자인 박영선에

회부장관이 지정한 장소를 말하며, 전국의 농어촌은 대부분이 여기에 해당되었다. 특수장소 지정은 보건사회부장관이 지정하게 되는 것으로 이를 전국적으로 확대하지 못함은 약사회라는 조직의 힘이 막강하고, 의약품의 유통구조상 혼란의 우려 때문이었다.

<표Ⅲ-24> 마을건강봉사연합회 임원 현황(1977.12.27)

군	면	리	주관단체	성명	직위	군	면	리	주관단체	성명	직위
원성	신림	황둔2	청용신협	김성하	회장	원성	신림	신림2	언당신협	배제호	
중원	앙상	능암	대평신협	최근동	부회장	횡성	서원	창촌1	창촌신협	권석근	
	부론	손곡3	내신신협	신동환	총무		우천	정금2	정금신협	엄동익	운영위원
	판부	서곡4	서곡신협	조한수		제천	청풍	북진	북진신협	정도웅	
	문막	동화2	동화신협	이상철		평창	대화	신1리	대신신협	오윤상	
원성	흥업	사제1	상비약회	장완주	운영위원	원성	문막	반계3	동수동의료협동회	황우정	감사
	귀래	운계1	운계신협	조덕준			신림	성남1	청운신협	이화종	
	소초	둔둔1	상비약회	한규택		합계			신협 13, 협동회 2	15명	

출전 : 재해위, 『원주원성사업 종합보고서』, 1978, 48쪽.

의해 특수의약품 지정 판매자로 되었으나 의약품가격을 임의로 정하는 등 독단적으로 운영되었다. 궁촌부락의 경우, 상비약사업이 추진 중에 특수의약품 지정관리자로 이장이 선임된 이후 개인영업화 되면서 상비약사업은 중단되었다.[125]

한편, 행정당국의 탄압은 상비약사업을 추진하였던 농촌신협을 중심으로 관의 압력을 타개하기 위한 투쟁기구를 구성하는 대응으로 나타났다. 즉, 귀운과 오상동부락에서 보여준 행정당국의 탄압에 대처하기 위해 1977년 12월 상비약사업을 운영 중인 농촌신협을 중심으로 20개 농촌신협과 31개 부락의 협동조직체가 참여하는 마을건강봉사연합회가 <표Ⅲ-24>와 같이 창립되었다. 당시 연합회는 가입금과 연회비를 갹출하고, 재해위의 일부 자금지원을 기반으로 자체적 활동을 모색하였다. 그러나 연합회는 자체 재정적 능력이 빈약하였으며, 임원들

---

125 재해위, 「제36차 전체협의회─회의속개(1978.5.12)」, 『1978년도 전체협의회 회의록』, 1979; 재해위, 「제39차 전체협의회─회의속개(1978.8.31)」, 『1978년도 전체협의회 회의록』, 1979.

대부분이 농민들로 부락 내 협동체를 운영한 경험을 넘어서 연합조직을 운영한 경험이 없었으므로 행정당국의 탄압에 효과적으로 대처하지 못하였다.

재해위는 신협을 중심으로 한 상비약사업의 추진을 통해 농촌신협의 활성화와 농촌부락 내 보건문제의 해결, 더 나아가 상비약사업을 통해 부락 내 부녀자들의 역할 증대 등을 도모하였다. 1977년 말 농촌신협의 부대사업으로 상비약사업이 추진되면서 약사회의 반발과 보건소 등 행정당국의 탄압 등이 나타났으며, 이에 대처하기 위한 조직으로 마을건강봉사연합회를 창립하여 활동하기 시작했다. 그러나 1970년대 말 연합회는 자체 역량의 한계로 활발한 활동을 전개하지 못하였으며, 부락의 농촌신협도 면단위에서 약방과 보건소의 압력에 적절히 대응하지 못하였다. 또한 재해위도 농촌보건에 대한 전문적인 지식이 부족하면서 효과적인 부락상담을 해줄 수 없었으며, 1970년대 말 유신체제의 동요와 1980년 신군부의 등장의 급박한 정세 하에서 상비약사업의 침체에 적절히 대응하지 못하였다. 이 과정에서 1980년경 상비약사업은 크게 침체되었다.[126]

3) 농촌지역 협동조합운동의 총결과 특징

1970년대 재해위는 남한강사업과 한우지원사업, 원주원성수해복구사업 등 제반 사업의 추진을 통해 부락개발운동을 전개하였다. 1970년

---

126 재해위, 「평가회의―회의속개(1.8)」, 『1980년도 사업평가회의록』, 1980.

대 전반 재해위는 주로 협동조직체인 작목반과 부락총회의 구성 및 운영을 중심으로 부락개발사업을 추진해 나갔으며, 점차 전체부락민이 참여하는 방향으로 전환되면서 점차 신협의 설립·운영을 추동하였다. 1970년대 전반 재해위는 농촌부락의 요청에 따라 구판장·소비조합의 설립·운영자금을 지원하였으며, 1970년대 후반 영세하고 부실하게 운영되던 이들 구판장·소비조합을 협동조합 원칙에 기반해서 신협의 부대사업으로 운영되도록 추동하였다. 또한 원주원성사업으로 인해 실시되었던 부락상비약사업을 신협의 부대사업으로 추진토록 지원해 나갔다. 이 과정에서 재해위의 활동중심은 작목반과 부락총회를 중심으로 한 부락개발사업에서 점차 신협과 소비조합의 운영을 중심으로 전환되었다. 그 결과 1970년대 후반 농촌부락을 중심으로 한 재해위의 중심적 활동은 부락개발운동에서 점차 신협과 소비조합을 중심으로 한 협동조합운동으로 전환되어 갔다.

〈표 Ⅲ-25〉는 1970년대 재해위가 관할 농촌지역에서 농촌신협의 설립과 부대사업으로 운영되었던 구판사업 및 부락상비약사업의 추진 현황을 보여준다. 1970년대 말 재해위는 관할 90여 개 농촌부락에서 54개 농촌신협의 설립·운영을 추동하였다. 이중 14개 농촌신협에서 재무부의 인가를 받아 법적인 기반위에서 신협을 운영하였으며, 40개의 농촌신협은 예비조합으로 설립·운영되면서 인가신협으로의 발전을 도모하였다. 농촌지역 구판장·소비조합의 설립·운영은 인가신협 중 대송·후리사·황곡·백교·홍호·월현·강림·내양 등 8개 농촌신협에서, 예비조합 중 14개 농촌신협에서 운영 중이었다. 부락상비약사업의 경우, 인가받은 신협 중 대송·황곡·백교·홍호·신1리·학산·내양부락 등 7개 농촌신협에

<표III-25> 1970년대 말 재해위의 농촌신협 설립과 부대사업 운영 현황(1979.1)

군	면	리	부락명	신협	구판	상비	군	면	리	부락명	신협	구판	상비
원성	홍업	매지2	미촌	○	○	○	횡성	안흥	강림		●	○	
	홍업	대안3	대송	●	○	○		서원	창촌		○		○
	홍업	대안1	대수	○				서원	유현3	오상동	○		○
	호저	무장2		○		○		서원	석화2	새점터	○		
	호저	광격	영산	●				서원	매호		○		
	판부	서곡4	후리사	●	○			둔내	현천2		○		○
	소초	홍양3	황곡	●	○	○	영월	남	연당		●		
	소초	홍양2	하초구	○		○	정선	임계	낙천		○		○
	소초	학곡1	백동	○	○	○	평창	대화	신1		●		○
	소초	학곡1	백교	●	○	○		대화	신6		○		○
	부론	홍호		●	○	○		대화	신7		○		○
	부론	손곡3		○	○	○		평창	후평		○		
	부론	단강		●				봉평	백옥포		○		
	문막	후용		○	○	○	중원	앙성	능암	대평	○	○	○
	문막	비두		○		○		소태	복탄		○		
	문막	동화2		○	○	○	제천	청풍	진목		○	○	
	문막	궁촌1		○				청풍	북진		○	○	○
	귀래	운계		○		○		청풍	방흥		○		○
	귀래	귀래1	귀운	○		○		청풍	광의		○		○
	신림	황둔1	청용	○	○	○		청풍	계산		○		○
	신림	신림2	언당	○		○		한수	포탄		○		○
	신림	송계2	계야	○				봉양	학산		●		○
	신림	성남1	청운	○	○	○		백운	방학	백운	○	○	
횡성	우천	하궁		○		○	단양	적성	애곡	수양포	○		○
	우천	정금2		○		○		영춘	하	밤수동	○		○
	안흥	월현		●	○		여주	대신	보통		●		
	안흥	부곡		○	○			능서	내양		●	○	○
합계							10	27	54		14/40	22	39

출전: 재해위, 「평가회의-회의 속개(1979.1.6)」, 『1978년도 전체협의회 회의록』, 1979.
비고: 1. 신협항목에서 ● 표시는 재무부의 인가를 받은 단위조합을 뜻함.
　　　2. 구판은 구판사업(소비조합), 상비는 상비약사업을 뜻함.

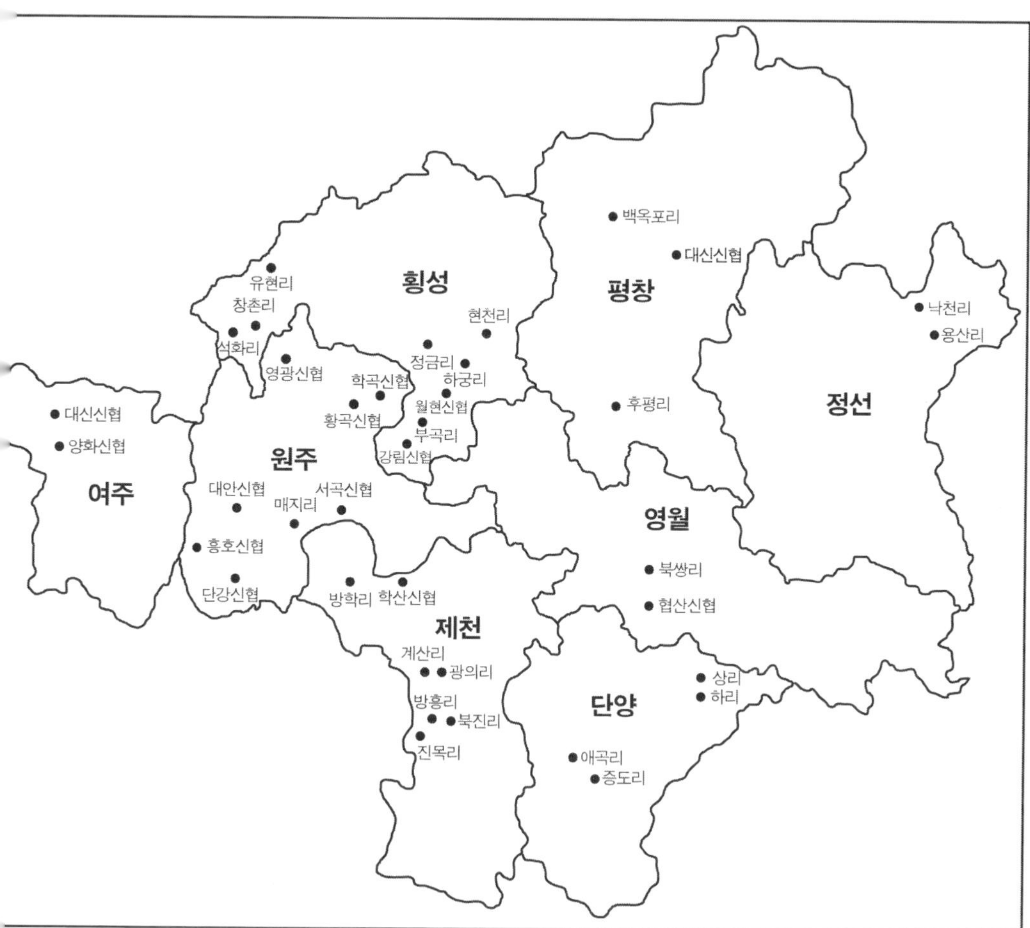

〈지도 2〉 1970년대 재해위의 협동조합운동이 추진되었던 9개 시·군 현황
지도에서 신협명은 재무부인가 취득 농촌신협을 의미함.

서, 예비조합 중 32개 농촌신협에서 운영 중이었다. 이중 3가지 사업을 모두 실시하면서 신협의 종합적 기능이 잘 구축되고 있었던 농촌신협은 모두 16개 단위조합이었으며, 인가받은 조합 중 대송·황곡·백교·흥호·내양부락 등 5개 신협, 예비조합 중 미촌·백동·손곡·후용·동화·청용·청운·대평·진목·북진·포탄 등 11개 농촌신협에서 운영 중이었다.

당시 재해위 관할 농촌신협의 특징을 살펴보면 인가를 받아 발전적으로 운영되고 있는 농촌신협을 제외하고 대부분의 신협규모는 영세하였으며, 부대사업인 구판장·소비조합도 소규모로 운영되었다. 둘째, 부락개발사업 초기 작목반과 부락총회의 운영에 있어 수해를 입은 영세소농이 중심이었던 것에 반해 농촌신협의 임원은 부농이 중심인 경우가 점차 많아져 갔다는 점이 특징이었다. 셋째, 신협과 구판사업, 부락상비약사업을 추진 중인 농촌신협은 대체로 재해위와의 관계에서 의존성이 강하였다. 넷째, 이들 농촌신협은 대체로 경제사업을 중심으로 발전적으로 운영되고 있는 반면, 농민회의 보급 및 활동을 나타내는 농민운동성은 약한 것이 특징이었다.

1. 장기구호사업

1972년 8월 19일 남한강유역 일대에 내린 집중호우는 경기도·강원도·충청북도 등 3개 도 13개 시·군에 막대한 피해를 주었다. 이중 사북·고한과 황지 등 탄광지역은 그 피해가 커서 많은 광업소가 작업을 중단할 수밖에 없었고, 광부들의 피해는 정확한 규모조차 집계되지 않은 실정이었다. 1972년 9월 원주그룹과 원주를 방문한 미제레오의 관계자들 사이에 합의된 남한강사업의 초기계획은 피해를 입은 광산노동자 8,000세대에 대해 긴급구호사업을 중심으로 추진하는 것이었다. 그러나 1972년 10월 17일 원주교구 지학순 주교가 계엄령 선포와 함께 가택연금 당하게 되면서 남한강사업은 상당기간 지연이 불가피하였다. 그 과정에서 정부에 의한 긴급구호사업의 추진과 피해를 입은 광업소의 자체적인 복구노력, 수해로 조업이 중단된 광업소의 노동자들이 타지역으로 이주하는 등 남한강사업의 초기계획은 대폭 수정될 수밖에 없었다.[1]

1973년 1월 재해위는 수해를 입은 3개 도의 행정기관 요원과 함께 남한강사업의 추진을 위한 협의(1.24~26)를 진행하면서 기존 광산지역의 긴급구호사업에 대한 변경을 공식화하고, '자조와 협동으로 생활개선을 도모'하기 위해 '공동기금을 조성'하고, '신용협동조합을 토대로 해당 지역에 적절한 사업을 한다'는 일반원칙 등이 논의되었다. 1971년 2월 재해위 제1차 집행위원회(2.7)는 광산지역 구호사업의 구체적인 방안 마련을 위해 향후 광산지역에 대한 실태조사를 진행하기로 결정하고, 제2차 집행위원회(2.14)를 통해 노연에 실태조사를 의뢰하였다.[2]

1965년 설립된 노연은 1967년 10월 '정기노동교육과정'과 1970년 1월 제1기 '정기협동교육과정'을 시작으로 노동자·농민에 대한 교육활동을 전개하였으며, 1969년부터 학술지인 『노동문제논집』의 발간과 『노동문제』·『민주농민』을 창간하는 등 당시의 노동운동과 농민운동에 적극적으로 발언하는 노동문제연구기관이었다.[3] 1973년 2월 노

---

1 재해위, 「광부들을 위한 재해대책사업의 변경」, 『1973년도 집행위원회 회의록』, 1973; 재해위, 『남한강유역 수해 광산지역 복구사업의 개요(1974.7.1)』, 1974, 1~2쪽.
2 재해위, 『1973년도 집행위원회 회의록』, 1973. 당시 집행위원회 회의에는 김영주 위원장, 노연 김낙중 교수, 전국광산노동조합 정연택 총무부장, 강원도 사회과 이종호 노정계장 등이 참석하였다.
3 이러한 노동교육과정에는 1968년부터 독일 사회민주당 계통의 해외원조단체인 프리드리히 에버트재단(Ebert Stiftung)의 자금지원을 받았으며, 협동교육과정도 1971년 유엔개발계획(UNDP)의 재정지원을 받았다(고려대 노동문제연구소, 『고대노연30년사』,

연은 황지·장성·도계·철암·고한·예미·함백지역을 조사대상 지역으로 이문영소장, 김낙중 사무국장, 연구원 김금수와 천영세 등 4명이 2개반으로 나누어 실태조사를 진행(2.23~28)하였다. 3월 24일 노연은 집행위원회에 '광부실태조사결과보고서'를 제출하였고, 3월 28일 광부실태조사 결과에 대한 관계관 협의회를 개최하여 광산노동자들의 현황과 도출된 사업안에 대한 구체적 검토와 협의를 진행하였다.[4]

1973년 4월 2일 제4차 중앙위원회에서 김낙중 교수의 주도로 광부실태조사 결과에 대한 보고가 있었다. 그 내용은 1972년 수해로 인한 피해지역과 시설물은 대체로 광산주와 대한석탄공사 소유로 현재 거의 복구되었으며, 광산지역의 불편한 교통사정으로 획일적인 사업은 힘들 것이므로 지역마다 사업이 세분화될 수밖에 없다고 하였다. 당시 도출된 사업은 신용금고사업(장학사업), 직영 소비조합사업, 재건공민중학교 지원사업(육영사업) 등이었으며, 사업 추진에 있어 협동조직 및 운영기구가 필요하다고 하였다. 당시 중앙위원회는 노연의 결과보고를 토대로 광부지원사업을 추진함에 있어 몇 가지 추진원칙을 정하였다. 즉, 광부들의 생활에 도움이 되는 사업, 경제적으로 생활을 자조·자주·협동시켜 주는 사업, 광부들의 숙원사업, 신용협동조합 등 기타 적절한 협동조합의 설립과 운영, 행정기관과 종교계 등 각계의 협조를 통해 광

고려대, 1998, 27~129쪽; 김선주, 『탐루』, 한울, 2005, 225~263쪽). 당시 노연이 노동문제 및 노동운동에 있어 현실적인 발언을 하는 선구적 역할과 '정기노동교육과정'을 통해 원주그룹과 연결이 되면서 1973년 초 남한강사업의 계획안 마련과 추진과정에 참여하였다.

4 당시 협의회에 참여한 인사로는 집행위원회 김영주 위원장, 이우근 총무부장, 김인성 사업부장, 박재일 지도부장, 전국광산노동조합 정연택 조사부장, 강원도 사회과 이종호 노정계장 등이었다(재해위, 「광산관계협의회 회의록」, 『1973년도 집행위원회 회의록』, 1973).

부지원사업을 추진할 것 등이었다.[5]

　1973년 6월 이러한 방침에 기반한 사업의 추진을 위해 고한·함백지역을 대상으로 한 제1차 지역별협의회(6.3~5)와 황지·도계·장성지역을 대상으로 한 제2차 지역별협의회(6.18~22)가 개최되었다. 아울러 사업대상 지역에 대한 정밀조사(6.18~22)와 광산노동조합 및 광업소가 제안한 사업추진을 위한 제2차 정밀조사(7.1~8)가 도계·황지·장성지역과 이들 지역의 광업소를 중심으로 이루어졌으며, 이를 통해 광부지원사업의 대강(大綱)이 세워졌다.[6] 당시 세워진 광부지원사업의 원칙은 수해를 입은 광산지역 광부들의 생계대책사업을 최우선적으로 지원하며, 광부들의 생활을 자립·자주·협동시켜 주는 경제적 사업을 지원한다는 것이었다. 또한 광부지원사업은 '긴급구호사업', '간접구호사업', '장기구호사업' 등 3개 세부사업으로 구분하여 추진한다는 것이었다.[7]

　1973년 7월 13일 제8차 중앙위원회는 광부지원사업의 원칙을 추인하였으며, 광산지원사업 예산을 긴급구호사업비 2,700만 원, 장기구호사업비 4,000만 원, 간접구호사업비 300만 원 등으로 확정하였다. 7월 31일 제5차 집행위원회는 제8차 중앙위원회에서 결정된 사항을 토대

5　재해위, 「경과보고(1973.4.24.)」, 『1973 MISERERO』, 1973.
6　당시 노연은 지역별협의회와 광산지역에 대한 정밀조사에 참여하지 않았다. 이는 사업 초기 활동하였던 김낙중 교수가 1973년 3월 고려대 학생들이 10월 유신에 반대하는 유인물 '민우(民友)'를 제작 배포한 일로 4월 29일 구속되었고, 1대·2대 소장이었던 김윤환·이문영 교수가 중앙정보부에 끌려가 고역을 치르다가 교수직에서 해임되는 과정을 거치며 노연이 큰 소용돌이 속에 빠졌기 때문이다. 이런 상황에서 노연은 조직 편제의 변경과 사업의 축소 등을 통해 사회비판적인 대외적 활동보다는 연구기능을 더욱 강화하는 방향으로 그 위기에 대처해 나갔다(고려대 노동문제연구소, 앞의 책, 96~98쪽; 김선주, 앞의 책, 251~272쪽; 이문영, 『겁 많은 자의 용기』, 삼인, 2008, 256~261쪽).
7　재해위, 「제8차 회의서류」, 『1973년도 부락개발협의회 회의록』, 1973.

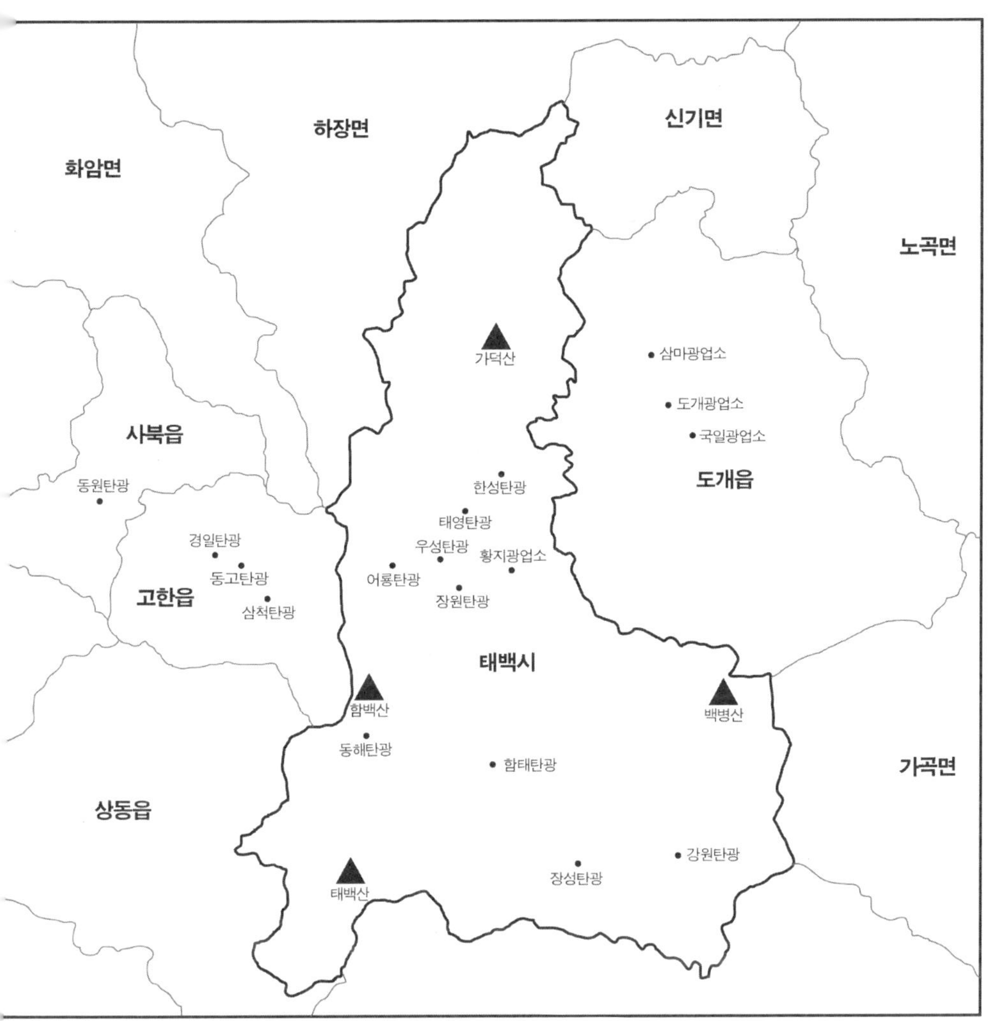

〈지도 3〉 1970년대 재해위 관할 탄광지부 현황

로 광부지원사업의 자금지원 방안을 마련하였다. 당시 결정된 방안은
구체적으로 ① 지원대상 광산노동조합 및 협동조직체는 재해위가 실시
하는 교육을 받아야 하며, ② 사업의 운영을 담당할 운영위원회를 사업

<표III-26> 재해위의 광산지역 사업대상 탄광지부 및 단체 현황(1973~1979)

군	읍면	리	단체명	수혜자수	노조원수	OMS	탄질	임금수준
삼척	황지	화전1	절골청년회	19	31			
			황지재건중학교	250	125			
			혈암탄광지부(한성)	1,100	1,200			
		화전4	대진탄광지부(광전)	500	600	0.8톤		58,000~60,000원
		화전	어룡탄광지부	500	600	1.3톤		6만 원 이하
		화전10	유창황지탄광지부	48	547	1.2톤		60,000원선
		소도2	함태탄광지부	1,300	1,023	1.4톤	고급탄	65,000~70,000원
			동해탄광지부	900	840	1.1톤		58,000원선
		소도3	태영탄광지부	98	630	0.9톤	저질탄	
			장원탄광지부	600	1,100	1.1톤	저질탄	5만 원 이하
	장성	장성	장성탄광지부	5,000	4,406		고급탄	
		철암	강원탄광지부	1,600	1,416	1.3톤	중질탄	70,000원선
	도계	도계1	도계지역지부	1,100	1,235			극히 낮음
정선	사북	고한1	백운지역지부	2,000	2,040			
		고한3	삼척탄광지부	1,600	1,345			평균 7만 원
			동고탄광지부	800	800	1.3톤		저임금
		사북5	동원탄광지부	1,000	3,500	2톤		62,000원선
명주	강동		강릉탄광지부	314	750	0.9톤	저질탄	
합계				18,729	22,188			

출전: 재해위, 『광산지역사업 전개에 대한 평가보고서』, 1974; 재해위, 『1975~1976년도 사업2부 회의록』, 1976; 재해위, 『광산지역간담회』, 1976; 재해위, 『전체평가회의(1977.2.14~15)』, 1977.

비고: 1. 수혜자수는 1974년 6월 수치임.
　　　2. 노조원 수와 OMS, 탄질, 임금수준은 1977년 2월 수치임. OMS(Out per Men Shift)는 1인당 1일 생산량임.
　　　3. '장원'은 1975년 12월 지원대상이 됨.
　　　4. '태영'은 1975년 10월 태백지역지부로 개편됨.
　　　5. '강릉'은, 1976년 6월 지원대상이 됨.

별로 조직하여야 한다. ③ 사업계획은 광산노동조합 대의원대회와 운영위원회의 승인을 받아야 하며, ④ 광업주에 의한 채무보증을 받아야 한다. ⑤ 집행위원회가 마련한 소정의 양식에 따라 자금을 신청하며, ⑥ 광업주나 행정기관의 자부담이 있는 사업을 우선 지급한다는 것이었다. 지원조건은 무이자 1년 거치 4년 원금 균등분할 상환토록 하는 것이었다.[8] 이러한 광부지원사업의 원칙과 사업비 지원절차가 결정되면서 광산지역의 장기구호사업은 본격적인 착수에 들어갔다.

장기구호사업은 세부사업인 축산사업과 국수공장사업, 노동금고, 신용조합사업, 소비조합사업 등으로 구분되어 추진되었다. 당시 재해위의 장기구호사업에 의한 지원대상 지부와 단체는 18개 광업소의 탄광노동조합 지부 및 지역단체였다. 당시 광산지역에는 함백·영월·장성·도계 등 4개의 석공 국유광업소와 수십 개의 민영탄광·덕대 등이 산재해 있었다. 〈표 III-26〉은 광산지역 장기구호사업의 대상 탄광지부와 단체명을 보여준다. 이를 통해 재해위의 사업대상 광업소는 국유인 장성탄광과 대형 민영탄광인 동원광업소를 포함하여 13개 대형·중소형 민영탄광, 도계지역지부와 백운지역지부 등 2개 지역지부, 퇴직광부들이 중심인 된 절골청년회와 황지재건중학교 등 2개 사회단체를 중심으로 장기구호사업을 추진하였음을 알 수 있다.[9] 사업대상 탄광지부의 노조원 수는 약 22,188명이었으며, 이 중 수혜자 수는 18,729명에 이르렀다.

8　재해위, 「제5차 카리타스 경과보고(7.1~8.4)」, 『1973년도 부락개발협의회 회의록』, 1973.
9　전국광산노동조합 도계지역지부는 삼마광업소·대방광업소·국일광업소와 덕대인 평화기업사·삼성기업사에 종사하는 광산노동자 1,235명으로 구성된 지역지부였다. 당시 인근의 석공 도계광업소와 흥국광업소의 노조는 현지 조사과정에서 사업계획서를 제출하였으나 광업소 측의 반대로 최종적으로 참여하지 못하였고, 도계지역지부에 속한 광산노동조합들만 사업에 참여하였다. 백운지역지부는 사북 고한에 산재해 있는 군소 광업소 및 덕대 하청업자 밑에서 종사하는 2,040명의 광산노동자들로 구성된 노조지부였다. 절골청년회는 현직 광산노동자와 퇴직 광부들이 모여 사는 가난한 마을인 절골마을에서 1972년 3월 5일 청년 31명이 모여 조직한 모임이었다. 1965년 황재재건중학교는 박정남 교장에 의해 설립된 학교로 광부노동자 자녀나 불우청소년을 대상으로 중학교 교육과정을 실시하였다(재해위, 『광산지역사업 전개에 대한 평가보고서』, 1974, 27~40·54~57쪽).

1) 축산사업

　광산지역의 탄광지부 및 단체는 자체 내 부업을 장려하고 협동화를 도모하기 위하여 양돈과 산양, 한우사육 등의 축산사업을 추진하였다. 대체로 태백 황지읍에 소재한 탄광지부와 절골청년회 등의 단체가 재해위로부터 지원을 받아 사업을 전개하였다. 광산지역은 해발 1,000m가 넘는 고산지대로 자연적으로 목초지가 조성되어 있고 산양사육에 있어 사료의 부담이 없었으며, 조합원의 3교대 근무에서 생기는 잔여시간을 이용하거나 부녀자들의 유휴노동력도 동원할 수 있다는 이점이 있었다. 그럼에도 당시 탄광노동자들은 낮은 임금에도 소득증대를 도모할 수 있는 조건이 갖추어지지 않았고, 과중한 노동에 비해 충분한 영양섭취가 이루어지지 않았다.

　이 시기의 축산사업의 현황은 〈표 III-27〉과 같으며, 3개의 지부와 2개의 단체에서 추진되었다. 동해탄광지부는 노조간부가 수년간 산양사육을 해온 경험이 있었으며, 대지 확보와 축사 건립에 대한 광업소의 협조 등으로 원만한 사업추진이 가능하였다. 유창황지는 노동조합 지

〈표 III-27〉 축산사업 현황(1973~1976)

사업주체	사업내역	지원시기	자금액(원)
유창황지탄광지부	양돈·산양사육, 식육점	1973.8.9, 1975.1.18	4,135,120
황지재건중학교	양돈, 온상 1동	1973.8	1,040,000
절골청년회	양돈, 사료분쇄기 1대	1973.8, 1974.2.15	1,550,000
동해탄광지부	산양 100두	1973.8.22	1,200,000
태영탄광지부	산양 95두, 한우 3두	1974.6.17	1,530,000

출전 : 재해위, 『광산지역사업 전개에 대한 평가보고서』, 1974; 재해위, 『1976년도 광산지역간담회 회의록』 1, 1976; 재해위, 『1976년도 광산지역사업 간담회 회의록』 2, 1976.

〈그림 III-3〉 동해탄광지부의 산양 사육 모습

부장이 춘천 농대 축산과 출신이었으며, 광업소 측에서 양돈과 산양 등 노조의 축산사업을 위해 필요한 초지 38,000평의 대여를 약속하였다. 절골청년회는 마을 내에 취업하지 못하고 있는 광산노동자들과 퇴직광부들로 구성되었다. 이들은 자신들의 생계보조를 위한 집단적인 활동이 가능하였으며, 자력으로 양돈사업을 할 수 있는 대지와 축사를 마련·건립하였다.

1973년 후반기 생산협동체는 자체적인 계획에 기초해서 협동 활동을 전개해 나갔다. 이러한 생산협동체들의 활동은 초기부터 여러 가지 요인에 의해 어려움에 직면하였다. 산양사육의 경우, 남쪽지방에서 구입한 염소들이 겨울철 광산지역의 추위를 견디지 못하고, 행정기관의 산양방목 금지조치로 사업의 전환이 불가피하였다. 특히, 1974년 하반

〈그림 III-4〉 유창황지의 산양사업 광경

기부터 정부 방침에 따라 화전정리·산림녹화·입산금지 등의 조처에 따라 영림서 직원이 현장에서 감시함으로 인해 산양방목이 불가능하였다. 동해와 태영탄광지부의 산양사업은 불가피하게 중단되었고, 양 지부는 각각 신협과 노동금고사업으로 전환하였다.[10]

양돈사육의 경우, 동절기 사육관리비의 부담으로 값싼 사료 구입이 중요하였다. 그러나 1974년의 사료파동으로 인한 사료가격의 상승과 관급사료 구입이 쉽지 않게 되면서 유창황지·절골청년회·황지재건중학교의 양돈사육은 어려움에 직면하였다. 당시 유창황지는 타 지부에서 설립·운영된 노동금고가 조합원들의 호응을 얻자 이에 자극되어

---

10 재해위, 「제6차 협의회(1976.3.8)」, 『1975~1976년도 사업2부 회의록』, 1976.

III-5〉 양돈단지 입구에 소재한 절골청년회 사무실 모습(左)과 양돈사육 광경(右)

노동금고의 설립으로 사업의 전환을 추진하였다. 또한 1975년 3월 재해위로부터 285만 원의 추가적인 자금지원을 받아 조합원의 후생시설로 식육점사업을 추진하였다. 그러나 유창황지는 외상문제의 대두와 위탁관리인의 협동의식 부족 등으로 그 운영은 현상유지에 급급하였다. 1974년 절골청년회는 사료파동과 양돈가격 하락으로 어려움이 많았으나 재해위로부터 추가적인 자금지원을 받아 사료분쇄기 1대를 구입하고 자급사료를 생산하는 등 회원들의 협동 활동을 통해 이를 해결해 나갔다. 아울러 공제기금 1,000원을 매월 출자하여 조성된 기금 10만 원을 가지고 대부사업을 운영하기도 하였다. 양돈을 사육하여 졸업생들에게 돼지를 지원하고자 하였던 황지재건중학교는 사육관리 기술부족과 사료확보의 어려움, 새끼돼지의 출산율 저하 등 운영과정에서 어려움에 직면하였다.[11]

축산사업은 광산지역이 산간지대라는 특성, 광산노동자의 부업을

---

11 재해위, 『광산지역사업 전개에 대한 평가보고서』, 1974, 23~33쪽.

통한 유휴노동력의 활용과 소득증대 필요성에 의해 자발적인 사업계획 수립과 운영이 이루어졌다고 볼 수 있다. 당시 4개 탄광지부와 1개 단체가 추진한 축산사업은 운영과 활동에 있어 대외적인 요인으로 인한 어려움을 겪었다. 이들은 노동금고나 식육점 사업으로의 전환 등으로 자구책을 마련하거나 공제기금 조성을 통해 운영상의 위기를 타개해 나갔다.

2) 국수공장사업

도계지역에는 석공 도계광업소와 민영인 흥국광업소, 몇 개의 소규모 광업소·덕대 등이 산재했다. 석공 도계광업소와 흥국광업소의 탄광지부는 초기 사업계획을 제출하였으나 당시 광업소 측의 적극적인 반대로 사업이 추진되지 못하였다. 그 결과 삼마광업소와 대방광업소, 국일광업소, 덕대인 평화기업사와 삼성기업사에서 종사하는 광산노동자들이 속한 도계지역지부를 중심으로 국수를 생산하는 사업이 추진되었다. 1973년 8월 도계지역지부는 재해위로부터 400만 원의 지원을 받아 기존 국수공장을 280만 원에 인수하였고, 1973년 11월 유동자본의 부족으로 재차 단기상환으로 75만 원의 지원을 받아 국수생산 공장을 가동시켰다.

당시 도계지역지부는 국수공장사업을 통해 식량이 부족한 1,500여 명의 조합원들에게 월 2회 1인당 40속(다발)씩 지급하고, 나머지는 가까운 광산촌에 판매하거나 조합원에 판매한 이익금 등을 토대로 조합원 자녀의 장학금으로 사용하고자 하였다.[12] 그러나 1974년 상반기 국수공장사업은 60%에 이르는 밀가루가격의 폭등과 유동자본의 부족, 외상판매액의 급증, 황지읍의 행정관리와 세무서원 등의 간섭·압력 등 대내외적인 요인들에 의해 운영이 중단되었다. 1975년 1월 도계지역지부는 국수공장을 300만 원에 매도하였고, 4월 정기대의원대회에서 국수공장 운영자금 중 순손실금 434,028원을 조합비로 처리하였다. 1975년 10월 도계지역지부는 운영자금 2,696,972원으로 노동금고사업에 착수하면서 사업방향을 전환하였다.[13]

2. 광산신협의 설립과 활동

1) 전반기(1973~1976)

(1) 노동금고와 신협

1970년대 초 광산지역에서 탄광노동자들은 능률급인 도급제라는 임금체계와 높은 노동 강도 속에서 낮은 수준의 임금을 받고 있었다.

---

12 재해위, 「제6차 카리타스 경과보고(8.5~9.30)」, 『1973년도 부락개발협의회 회의록』, 1973.

13 1974년 7월 난기 내부금 75만 원을 상환하였고, 1975년 1월 국수공장을 300만 원에 매도한 직후 대부금 100만 원을 상환하였다. 1975년 4월 정기 대의원대회에서 국수공장 운영자금 중 순손실금 343,028원을 조합비로 충당하기로 결의한 후 사업전환을 하였다(재해위, 「노동금고현황(도계지역지부)」, 『1976년도 광산지역간담회 회의록』 1, 1976).

특히, 영세한 중소 민영광업소와 덕대광업소에서는 쌀 등 현물로 탄광 노동자들에게 급여를 지급하는 경우가 많았다.[14]

그때 가니까 1년에 2번 돈 주더라고. 1년에 두 번. 추석에 한 번 주고, 구정에 한 번 줘. 그게 전부 쌀 배급이여. 처음에 갈 때는 아 이거 어떻게 살어, 쌀배급 받아 가지고. 그 쌀배급을 깡딸라로 노놔 주는 놈이 그 기업의 압잽이여. 그 기업의 사촌이나 이런 애들이여. 그래 현금을 나눠주면 이거 가지고 배추 사먹고 장화 사 신고 이렇게 사는 거여. 집은 그냥 주니까. 야, 이거 고쳐야 되겠는데 이건 돈 있어야 돼 돈. 그래 신용조합. (…중략…) 근데 광부들이요, 그때 까꾸로 1년에 두 번 받던 돈을, 매월 돈 받는 운동을 노동조합 간부들하고 나하고 같이 했지. 그래 매월 돈 받는 걸로 투쟁해서 이겼어.[15]

위의 구술은 광산지역 상담원 이경국이 사업 초기 광산지역을 방문해서 보았던 탄광지역 노동자들의 사회적 현실이었다. 1970년대 초 영세한 중소광업소와 덕대광업소들은 낮은 임금을 지급하면서 1년 중 명절을 통해 쌀배급을 하는 경우가 많았으며, 매월 현금으로 월급을 받는 것도 1970년대 중·후반 노동조합을 중심으로 이루어낸 성과였다.

---

14 남춘호, 「석탄광업 노동시장분절에 관한 연구」, 서울대 박사논문, 1991, 360~361쪽; 정연수, 『탄광촌 풍속이야기』, 북코리아, 2010, 64~70쪽.
15 2011년 6월 13일, 이경국 (사)무위당사람들 이사장 구술(원주 밝음신협 4층 무위당기념관). 이경국은 원주영서고 출신이자 원주그룹의 일원이었으며, 재해위 광산지역 담당 상담원(1972~1985)으로 활동하였다. 그는 신협중앙회 강원도지부 회장(1981~1984), 신협중앙회 부회장 및 사무총장(1985~1995) 등을 거쳐 현재 (사)무위당만인회 회장으로 활동 중이다.

〈그림 III-6〉 1970년대 광전광업소의 광산노동자들이 거주하였던 사택

1970년대 초 탄광노동자들은 생활비와 자녀교육비 등 현금이 필요하면 쌀과 쌀 전표를 15~30% 할인하고 되팔아서 현금을 마련하기도 하였다.[16] 그 결과 탄광노동자들의 생활은 대부분 불안정할 수밖에 없었으며, 상당수는 부채를 지고 있었다. 1973년도 광산근로자 실태조사에 의하면 당시 탄광노동자들 중 부채를 지고 있는 수가 과반을 넘었으며, 부채원인은 생계비 부족이 40%, 자녀교육비 18%, 의료비 7% 등의 순으로 나타났다. 그 결과 광산노동자들은 다수가 고리채를 쓰는 것으로 나타났으며, 월 평균 이자율이 5.8%였다.[17] 이로 인해 광산노동자들은

---

16 남춘호, 「1960~1970년대 태백지역 탄광산업의 이중구조와 노동자 상태」, 『지역사회연구』 제13권 제3호, 한국지역사회학회, 2005, 360~361쪽: 정연수, 앞의 책, 64~70쪽.
17 노동문제연구소, 『광산근로자 실태조사 보고』, 1973.

<표Ⅲ-28> 탄광지역의 노동금고 및 신협사업 설립 현황(1973~1976)

연번	사업주체	사업내역	지원시기	사업착수일	지원금액(원)
1	동해탄광지부	신용협동조합	1973.8.22	1973.9.22	500,000
2	동원탄좌지부		1973.12.3	1974.10.13	2,500,000
3	삼척탄좌지부	노동금고→신용협동조합	1973.12.3	1975.12.9	3,000,000
4	유창황지탄광지부	양돈사업→노동금고	1973.8.9	1975.11	
5	도계지역지부	국수공장→노동금고	1973.8.9	1975.10.23	4,750,000
6	태백지역지부	산양/한우→노동금고	1974.6.17	1975.4.1	
7	동고탄광지부	노동금고	1973.12.13	1976.9.6	2,500,000
8	한성탄광지부		1973.10.8		3,000,000
9	어룡탄광지부		1973.9.5	1973.9.4	1,500,000
10	광전탄광지부		1973.10.6		1,500,000
11	강원탄광지부		1974.1.28	1974.3.26	2,500,000
12	함태탄광지부		1974.1.28		2,000,000
13	장원탄광지부		1975.12.20		2,000,000
14	강릉탄광지부		1976.6.18		2,000,000

출전: 재해위, 『광산지역사업 전개에 대한 평가보고서』, 1974; 재해위, 『1975~1976년도 사업2부 회의록』, 1976; 재해위, 『1976년도 광산지역간담회 회의록』 1, 1976; 재해위, 『전체평가회의(1977.2.14~15)』, 1977.
비고: 1. 강릉의 조합원은 980명임.
　　　2. 장원의 조합원은 직영 600명, 덕대 포함 1,300명임.

과중한 노동에도 불구하고 생활은 항상 적자에 허덕였다.

이러한 사회경제적 환경에서 대다수 탄광지부의 노조지도자들이 노동금고와 신협을 적극적으로 창립·운영하면서 고리대를 통한 생활의 악순환에서 벗어나고자 적극적으로 활동하였다. 당시 재해위에 사업계획서를 제출한 노조지도자들은 탄광노동자들의 불안정한 생활조건과 광산지역의 지역적·사회적 환경을 극복하고자 노동금고사업과 신협사업을 추진하였는데, 이는 <표Ⅲ-28>을 통해 살펴볼 수 있다. 1973년 말까지 노동금고사업을 추진한 탄광지부는 어룡을 포함해서 총 7개 지부였으며, 동해탄광과 동원탄광 등 2개 지부에서 재무부로부터 인가를 받아 법적인 기반위에서 신용조합을 운영하였다.

1976년 말 광산지역 노동금고와 신협 운영은 다소 변화를 거치며 전 개되었다. 즉, 1976년 말 새로 지원을 받아 노동금고사업을 추진한 강릉탄광지부와 축산사업·국수공장 등을 운영하다가 노동금고사업으로 전환한 유창황지탄광지부와 태백·도계지역지부 등을 포함해서 총 11개의 탄광지부에서 노동금고를 운영하였다. 신협의 경우, 1976년 말 노동금고에서 신협으로 전환한 삼척탄좌지부를 포함해서 인가를 받아 신협을 운영한 탄광지부 수는 총 3개였다. 당시 탄광지부의 노동금고사업은 자체 출자금과 지원금, 광업소의 기부금 등을 운영자금으로 하여 광산노동자들을 대상으로 단기간 월 1.5~2%로 대부해 주는 방향으로 전개되었다.

어룡탄광지부와 강원탄광지부의 사례를 통해 이 시기 노동금고의 구체적인 운영상황을 살펴보고자 한다. 1973년 9월 4일 설립된 어룡탄광지부 노동금고의 경우, 사업 초기의 자본금은 재해위 지원금 150만 원, 광업소 지원금 30만 원, 노조지부 출자금 30만 원, 조합원 출자금 40만 원 등 총 250만 원으로 구성되었다. 금고사업의 운영은 주로 출자금 예탁과 대부사업, 자녀장학금제도, 무이자 특별대부 등이었으며, 운영위원회는 노조 지부장, 광업소 대표, 회계감사 2명, 조합원 위원 4명, 경리담당 1명 등으로 구성되었다.[18] 설립 당시 자진출자의 방법으로 조합원 1인당 출자금을 마련하였으나 그 액수가 적었으며, 1974년 9월 대의원대회를 통해 대부자에 한해 대부금 2만 원당 1,000

---

18 재해위, 『광산지역사업 전개에 대한 평가보고서』, 1974, 17~18쪽.

원씩 의무출자를 하도록 하였다. 또한 이용자가 급증함에 따라 자금부족으로 인한 조합원의 원성이 높았으며, 1975년 12월 말 2개월간 조합원 당 1,000원씩 공제토록 하였다. 당시 대부자격은 10개월 이상 근무한 광산노동자에 한해 본인과 배우자의 결혼·출산, 가족 및 직계존비속의 상사(喪事), 본인과 부양가족의 장기치료 등이었으며, 대부한도액은 1인당 2~5만 원이었다. 이자는 월 2%로 5개월에 걸쳐 분할 상환토록 하되, 광업소는 매월 대부받은 조합원의 노임에서 일괄 공제하여 노동금고에 납부토록 하였다.[19]

1974년 3월 강원탄광지부의 노동금고사업은 재해위의 지원자금 250만 원과 광업소의 장기대여금 300만 원을 기초로 조합원 1,416명을 대상으로 착수되었다.[20] 노동금고 운영위원은 노조지부장과 광업소의 관리차장, 서무과장, 노무계장, 조합원 2명 등으로 구성되었다.[21] 신용금고의 출자는 조합원 1인당 1구좌(1,000원) 이상을 갖도록 하였으며, 자금대부는 근속년수 1년 이상의 조합원에 한해 2인 이상의 연대보증 하에 실시되도록 하였다. 대부의 종류는 보통대부와 자기출자금 범위 내의 대부, 긴급대부 등이었으며, 이자는 월 1.5%로 조합원 1인당 최고한도액은 3만 원을 초과하지 못하였다. 노동금고 운영과정에서 광업소는 대부금 회수 시 당월 임금에서 공제하는 등의 협조를 하였다.[22]

---

19 재해위, 「어룡노동금고 현황」, 『1976년도 광산지역간담회 회의록』 1, 1976.
20 재해위의 지원자금은 무이자 1년 거치 4년 균등분할 상환자금이었으며, 광업소의 대여자금은 가불제도를 폐지한다는 조건으로 무이자로 차입되었다. 광업소의 대여자금은 1974년 4월 150만 원, 5월 75만 원, 1975년 1월 75만 원 등 나누어서 입금되었다(재해위, 「어룡노동금고 현황」, 『1976년도 광산지역간담회 회의록』 1, 1976).
21 재해위, 『광산지역사업 전개에 대한 평가보고서』, 1974, 41~42쪽.

도별	1974년도			1975년도			1976년도			합계		
	건수	금액	%	건수	금액	%	건수	금액	%	건수	금액	%
조비	173	3,865,000	27.52	172	3,895,000	20.76	91	2,150,000	15.81	436	9,910,000	21.35
자금	86	1,656,000	11.79	102	2,239,000	11.93	112	2,640,000	19.41	300	6,535,000	14.08
사	135	2,318,000	16.5	219	3,657,000	19.49	106	1,955,000	14.38	460	7,930,000	17.09
택	29	625,000	4.45	47	1,065,000	5.68	21	465,000	3.42	97	2,155,000	4.64
용금	37	900,000	6.41	83	1,875,000	9.99	117	2,795,000	20.55	237	5,570,000	12
료비	216	4,631,000	32.97	249	5,485,000	29.23	148	3,355,000	24.67	613	13,471,000	29.03
장비				12	240,000	1.28				12	240,000	0.52
타	2	50,000	0.36	15	310,000	1.65	11	240,000	1.76	28	600,000	1.29
계	678	14,045,000	100	899	18,766,000	100	606	13,600,000	100	2,183	46,411,000	100

1 : 재해위, 「강원노동금고 사업보고서」, 『1976년도 광산지역간담회 회의록』 1, 1976.

　　1976년 9월 강원노동금고는 조합원 846명의 출자금 111만 원과 이자수입 2,033,663원, 재해위 지원자금 425만 원 등 자산 7,277,686원을 가지고 대부사업을 운영하였다. 당시 강원노동금고의 대부금 용도별 대부내역은 〈표Ⅲ-29〉와 같이 주로 의료비, 경조비, 가사(생활비), 자녀교육비 등이었다. 대부금 용도의 비중은 시기에 따라 다소 차이를 보이나 의료비(29%)가 가장 많았으며, 경조비(21.4%), 생활비(17.1%), 학자금(14.1%), 차용금(12%), 주택자금(4.6%) 등으로 구성되었다. 당시 총 대부건수는 2,183건에 4,641만 원이 대부되었으며, 평균 대여금은 21,260원으로 다수가 2~3만 원 내에서 이루어졌다. 노동금고 대부는 당시 운영자금의 부족으로 인해 모든 조합원이 이용할 수 없었으며, 대부신청자 중 신청 순위대로 대부함에 따라 조합원의 불만이 점증하였다. 또한 광업소 자금사정의 악화로 인해 조합원의 대부자금이 공제들

22　　재해위, 「강원노동금고 사업보고서」, 『1976년도 광산지역간담회 회의록』 1, 1976.

<표III-30> 탄광지역의 노동금고사업 현황(1975.12.31) (단위 :

연번	광업소명	조합원수	노조원수	출자금	대부금	자산	순이익금	상환금액	미상환액
1	유창황지	500	500	338,000	338,000	338,000		0	1,285,12
2	도계지역	1,300	1,300	277,000	2,731,900	3,350,630	73,630	1,750,000	3,000,00
3	태백지역	600	600	595,005	1,518,308	2,055,002	124,604	300,000	1,200,00
4	한성탄광	250	1,200	630,000		4,630,000		0	3,000,00
5	어룡탄광	900	900	2,186,773	3,725,386	3,742,273	53,500	300,000	1,200,00
6	광전탄광	500	500	1,303,000	2,529,000	2,960,194	457,174	300,000	1,200,00
7	강원탄광	1,800	1,800	725,000	6,855,000	6,881,211	1,281,211	1,250,000	1,250,00
8	함태탄광	1,300	1,300	227,000	2,517,244	2,531,472	704,472	400,000	1,600,00
9	장원탄광	600	1,500	210,000	2,210,000	2,210,000		400,000	1,600,00
10	동고탄광	700	700	795,500	4,176,700	4,177,359	559,859	500,000	2,000,00
11	강릉탄광	314	750	1,185,000		5,045,686		0	2,000,00
합계		8,764	11,050	8,472,278	26,601,538	37,921,827	3,254,450	5,200,000	19,335,12

출전 : 재해위, 「제6차 협의회(1976.3.8)」, 『1975~1976년도 사업2부 회의록』, 1976.
비고 : 1. 한성의 조합원수와 노조원수는 1974년 3월 수치임.
　　　 2. 강릉은 1977년 2월 수치임.
　　　 3. 상환금액과 미상환액은 재해위의 지원자금 상환액과 미상환액을 의미함.

통해 원활히 노동금고에 납부되지 못하면서 대부사업의 운영은 어려움이 많았다.

당시 노동금고사업은 어룡·강원탄광과 같이 재해위의 자금지원을 계기로 탄광노조의 지부장과 노조간부, 광업소의 대표나 관리차장 및 서무과장(계장), 조합원 약간 명이 참여하여 운영위원회를 구성하였다. 이들 운영위원들은 재해위의 지원자금을 기초로 광업소의 대여금과 조합원의 출자금·이자수입 등을 기반으로 노동금고를 운영하였으며, 월 1.5~2%의 이자로 2~5만 원의 한도 내에서 대부사업을 전개하였다. 대부종류는 보통대부와 긴급대부로 구분되어 근속년수 약 1년 이상인 조합원에 한해 이루어졌으며, 대부용도는 주로 의료비, 경조비, 가사,

학자금, 차용금, 주택자금 등이 대부분이었다. 그러나 사업 초기 노동
금고사업에 대한 조합원의 이해부족과 운영자금의 부족 등이 맞물리면
서 대부 신청한 조합원 모두가 대부를 받지 못하였으며, 대부 신청 순
서나 추첨 등의 방식이 도입되기도 하였다. 이 때문에 사업 초기 노동
금고의 운영에 대한 조합원의 불만과 반발이 항상 일어났다.

　1975년 12월 노동금고사업을 운용하는 11개 탄광지부의 사업 현황
은 〈표Ⅲ-30〉을 통해 살펴볼 수 있다. 당시 11개 노동금고는 탄광지
부의 광산노동자 약 80%가 조합원으로 가입되었으며, 조합원의 출자
금 및 지원자금을 자산으로 삼아 대부사업을 운영하였다. 11개 노동금
고는 재해위의 지원자금 중 미상환된 자금 1,933만 원과 출자금 847
만 원, 순이익금 325만 원 등 자산 3,792만 원을 기반으로 대부사업을
운영하였으며,[23] 대부금은 2,600만 원에 이르렀다. 당시 대부기간이
대략 5~6개월로 분할 상환되었으므로 실제 대부액은 1년마다 최소 2
회 이상 회전이 가능하였다. 그러므로 그 수치는 몇 배로 늘어나 그 만
큼의 조합원이 혜택을 볼 수 있었다. 당시 노동금고사업은 상당수 탄광
노동자들을 괴롭혔던 고리채문제를 부분적으로 해결하면서 광부들의
불안정한 생활을 다소 안정화시키는 역할을 하였다.

　재해위의 광산지역 장기구호사업은 초기 신협의 설립·운영을 적극
적으로 추동하였다. 그러나 1970년대 초까지도 노동운동이 활발하지
못한 시대적 한계와 불안한 생활조건 및 상호불신 등이 팽배해 있던 탄

23　11개 노동금고사업을 전개하고 있는 탄광지부 중 1976년까지 신협을 창립한 지부는 3
　개였다. 즉, 태백지역지부(1975.4.1), 동고탄좌지부(1976.9.6), 유창황지탄광지부(1975.
　11)가 신협을 창립하였다. 그러나 이들 지부는 1977년 이후 신협인가를 내게 되며, 당
　시 사업의 성격이 신협보다는 노동금고사업의 성격이 더 강하였다.

광지대에서 광산신협의 설립과 운영은 무척 어려운 것이었다. 그런 가운데 동해신협과 동원신협이 광산신협을 설립하고자 했다. 먼저 동해탄광지부에는 장기구호사업이 추진되기 전부터 신협운동에 주목한 노조 간부가 있었는데, 그가 바로 총무부장 이경만이었다. 그는 광산지역의 장기구호사업을 통해 재해위와 접촉하기 직전에 서강대 부설 산업문제연구소의 노동문제 특별교육과정을 이수한 인물이었으며, 노동운동과 협동조합운동의 병행발전이 가지는 의미와 역할에 대해 주목하였다.[24]

> 나는 10년동안 이곳에서 생활하며 눈으로 모든 것을 똑똑히 보아왔다. 국가안보문제로 쟁의권과 단체행동권이 묶여 있는 이 시절에 이러한 문제점들을 빨리 찾아내어 해결해야만 했다. 노동조합 본연의 임무는 아니라고 할지 모른다. 노동조합과 협동조합을 함께 발전시킬 수 있는 가능성에 대해 내 나름대로 확신을 갖고 있었다. (…중략…) 나는 창립총회에 모인 23명에게 믿음이 상실된 불모의 땅에 믿음의 씨를 심고 물을 뿌려 믿음의 사회를 만들기 위한 그 첫 걸음으로 모든 사람들이 거리감을 두지 말고 서로를 나 자신과 같이 생각하는 마음의 자세를 갖자고 말하고서 이 신용협동조합운동은 말로만 떠드는 운동이 아닌 구체적인 실천을 요구하는 운동이

---

[24] 1973년 4월 1일부터 4주간 그는 40명의 각 산별 노동조합 간부와 함께 산업문제연구소의 노동문제 특별교육과정을 이수하였다. 당시 그는 미국의 신협지도자 칼 마도로스와 신협연합회 곽창렬 사무국장의 협동조합 관련 강의를 들었다(이경만, 「어느 광부의 생활체험 수기 3」, 『월간대화』, 크리스천아카데미, 1977, 228~229쪽). 한편, 서강대 부설 산업문제연구소는 예수회 소속의 프라이스신부가 주도하여 설치된 연구소였다. 1966년 6월부터 개설된 산업·노동관계 분야의 체계적인 조사와 연구, 노동기관에 종사하는 실무자들의 지도력을 향상시키기 위한 교육을 통해 경제개발과 병행하는 사회개발의 촉구, 공동선의 구현을 연구소의 목적으로 하였다(서강대, 『서강대학교40년사』, 2000, 111~112쪽).

며, 신용과 인격을 담보로 조합원 모두가 하나같이 관심과 애정을 가지고
참여한다면 우리 조합원의 장래는 튼튼하고 밝을 것이라고 이야기하였다.
그러나 동료들의 반응은 예상했던 그대로 너무나 저조했다.[25]

위의 언급은 1973년 9월 동해신협의 창립총회에서 노조간부 이경만
이 발언한 내용이다. 당시 탄광지대에서 협동조합운동이라는 것이 노조
간부라고 해도 생소한 것이었고, 각종 계의 범람과 협동조합과는 거리
가 먼 소상인협동조합의 부도 및 횡령사건 등 금융사고가 횡행했던 광
산지대에서 신협운동에 대해 처음부터 부정적으로 바라볼 수밖에 없던
실정이었다. 1973년 9월 동해탄광지부는 15명이 참석한 가운데 신협
발기인회(9.15)를 가졌으며, 9월 22일 조합원 31명 중 25명이 참가한
가운데 창립총회를 개최하여 정관과 사업계획 등을 승인한 후 임원선출
을 하였다. 당시 선출된 이사장과 부이사장은 동해탄광 지부장 김동규
와 총무부장 이경만이었으며, 이사는 홍재수, 김희규, 이우정, 감사는
한영진, 김태기 등 노조지도자들이었다. 1973년 10월 동해신협은 법적
인 제도와 안정 속에서의 신협운영을 위해 재무부에 설립인가 신청서를
제출하는 한편, 1974년 3월 13일 조합원 99명의 출자금 96,500원, 예
탁금 15,000원, 차입금 50만 원 등 자산 611,500원을 가지고 신협 예
비조합 업무를 개시하였다. 그러나 동해신협에 참여한 조합원의 대부분
이 신협에 대한 인식이 부족하였고, 초기 자산규모의 영세성으로 많은
어려움이 있었을 뿐만 아니라 신협 인가를 얻는 과정도 쉽지 않았다.

---

25 위의 글, 235쪽.

(신협)연합회에서도 광산촌의 신협운동을 별로 탐탁하게 여기지 않았다. 광산촌 하면 세상 사람들의 눈에는 아주 무식하고 나쁜 사람들만 웅성거리는 동네로 보이는 모양이다. 노가다판, 노동자, 가난한 자, 사고자, 사회에서 격리된 자로 낙인찍혀 무시와 천대를 받고 있는 광부들의 처지가 새삼 절실히 느껴졌다. 동료들은 인가가 무슨 인가냐? 새마을금고는 허가 없이도 시작한다고 하니 그대로 시작하자고 우겨대었다. 인근 사업지구에서는 이러한 복잡성을 피하여 노동금고라고 하는 것을 만들어 그냥 돈을 빌려주고 받는 식으로 하고 있었다. 인가를 받으면 도리어 귀찮다는 것이다. 그러나 그것은 별로 뜻이 없는 일이다. 인가가 없이 일을 한다면 조합원들도 불안을 느껴 오래 유지를 할 수 없을 것이다. 재무부장관의 인가서가 조합사무실에 비치된다면 더 많은 조합원이 신뢰를 갖고 협동운동에 참여하게 될 것이다.[26]

위의 언급과 같이 당시 신협에 대한 조합원의 인식부족과 노조간부에 대한 불신 등이 팽배해 있는 탄광지대에서 조합원의 출자금에 의한 자금조성과 조합원에 의한 신협의 민주적 운영, 합리적인 장부기재와 회계처리가 뒷받침되어야 하는 신협의 인가취득은 지난한 과정이었다. 이 때문에 노동금고를 운영 중인 대부분의 탄광지부에서 신협에 대해 제반 교육을 통해 그 필요성을 인식하였으나 신협의 설립과 인가를 추진하지 못한 주된 원인이기도 하였다. 아울러 신협의 설립 및 운영과정에는 광산촌에 산재해 있는 각종 형태의 고리대금업자에 의한 방해가

---

[26] 위의 글, 235~236쪽.

<표Ⅲ-31> 동해신협 대차대조표(1976.10)　　　　　　　　　　　　　　　(단위 : 원)

자산	금월말	전년동월	부채	금월말	전년동월
대부금	7,314,384	5,229,968	출자금	8,193,072	4,979,205
투자금		190,560	차입금	500,000	500,000
계통투자금	10,000	10,000	보통예탁금	19,150	19,150
비품 및 집기	4,200	4,200	정기예탁금	560,000	560,000
			법정적립금	81,307	14,294
			특별적립금	20,693	20,693
			임의적립금	13,795	13,795
현금	3,092,456	1,301,824	미지급이자	73,340	67,980
순손실금			순이익금	959,683	
총계	10,421,040	6,736,552	총계	10,421,040	6,736,552

출전 : 재해위, 1976 「동해신협 사업보고서」, 『1976년도 광산지역간담회 회의록 1』.
비고 : 1. 부채의 전년동월 항목의 합계액과 원자료의 총계액은 차이가 남. 원문을 기준으로 함.

많았던 점과 광업소 측의 영향권에서 벗어나 노조의 일정한 독립성을 유지해야 했던 점도 그 추진을 어렵게 만든 요인이었다.

동해신협은 재해위의 지원자금과 적극적인 협조 등을 바탕으로 사업 초기의 어려움을 극복하고 조합원의 민주적 참여에 의한 신협을 운영할 수 있었다. 그 결과 신협에 대한 조합원의 인식이 크게 달라지면서 나날이 조합원의 가입과 출자금이 증가했다. 1976년 10월 현재 동해신협의 자산현황을 보여주는 <표Ⅲ-31>을 통해 그 특징을 살펴보면, 자산은 주로 출자금·차입금·예탁금·순이익금 등으로 구성되었으며, 총자산액은 10,421,040원에 이르렀다. 이 중 출자금은 78.6%로 상당히 높은 비중을 나타냈던 것과 달리 차입금과 예탁금은 각각 50만 원(4.8%)과 579,150원(5.6%)으로 그 비중이 크지 않았다.

한편, 1976년 10월 현재 동해신협의 재무현황을 나타내는 <표Ⅲ-32>를 통해 구체적인 운영내용을 살펴보면, 먼저 조합원 수는 1974년도 12

<표 III-32> 동해신협 조합원과 운영 현황(1976.10.25)　　　　　　　　　　　　　　　　　　　　(단위 :

연도	분기별	조합원		출자금			대부금		
		가입수	누계	차변	대변	잔액	차변	대변	잔액
1974	1/4	99	99	0	96,500	96,500	605,000		605,00
	2/4	42	141	14,500	329,700	411,700	1,002,000	385,920	1,221,08
	3/4	57	198	76,250	534,840	870,290	1,655,000	1,247,386	1,628,69
	4/4	72	270	34,870	601,096	1,436,516	1,992,000	1,319,594	2,301,10
	소계	270	270	125,620	1,562,136	1,436,516	5,254,000	2,952,900	2,301,10
1975	1/4	52	322	68,772	2,047,972	1,979,200	4,390,100	1,252,242	3,137,85
	2/4	68	390	82,264	859,523	2,756,459	3,187,050	2,053,327	4,271,58
	3/4	71	461	168,792	1,426,462	4,014,129	4,442,500	3,699,142	5,014,93
	4/4	40	501	124,604	1,089,680	4,979,205	3,484,000	3,268,971	5,229,96
	소계	231	501	444,432	5,423,637	4,979,205	15,503,650	10,273,682	5,229,96
1976	1/4	53	554	383,811	6,224,680	5,840,869	9,050,968	2,443,228	1,607,74
	2/4	49	603	203,119	1,372,089	7,009,839	5,266,000	4,230,531	7,643,20
	3/4	49	652	573,231	1,433,800	7,870,409	6,050,000	5,473,845	8,219,36
	10.25			81,716	404,380	8,193,072	665,000	1,569,980	7,314,38
	소계	151	652	1,241,877	9,434,949	8,193,072	21,031,968	13,717,584	7,314,38

출전 : 재해위, 「동해신협 사업보고서」, 『1976년도 광산지역간담회 회의록』 1, 1976.

월 270명, 1975년도 12월 501명, 1976년 10월 652명 등으로 급증하였다. 1974년 출자금은 1,436,516원에 이르렀으며, 1975년 4,979,205원, 1976년 10월 8,193,072원으로 급증하였다. 1인당 출자금은 1974년 평균 5.32구좌(1구좌 1,000원), 1975년 9.94구좌, 1976년 12.57구좌였다. 대부사업의 규모를 살펴보면 1974년부터 1976년까지 총대부금은 각각 5,254,000원, 15,503,650원, 21,031,968원이었으며, 조합원 1인당 대부된 자금규모는 평균 19,459원, 30,945원, 32,258원과 같이 대체적으로 2~3만 원 수준에서 이루어졌다. 위와 같이 동해신협의 대부사업은 매년 활발하게 운영되었으며, 그 결과 동해신협 조합원들의 고리채 이용도가 극히 낮아지면서 고리대는 사라져 갔다.

동해신협은 조합원의 참여에 의한 신협을 민주적으로 운영하였고, 이 과정에서 신협에 대한 조합원의 인식이 크게 달라졌다. 이를 바탕으로 1974년 12월 말 재무부의 신협 인가를 받게 되었다. 동해신협의 설립 인가는 한국의 탄광지역에서 최초의 것이라는 점에서 중요한 의미를 가지며, 고리채에 시달리던 조합원들에게 경제적으로 큰 도움이 되는 한편, 노동자들과 밀착되면서 노조의 물리적인 힘이자 협동운동의 기반이 되었다. 한편, 신협인가를 받게 되었다는 점은 신협 자체가 법적인 제도 속에서 여수신사업 뿐만 아니라 소비조합 운영 등 지역사회개발사업을 본격적으로 추진할 수 있게 되었다는 의미를 가졌다. 이에 따라 동해신협은 신협운동에서 더 나아가 부대사업으로 소비조합사업의 추진을 모색하는 계기가 되었다.

동원탄좌지부는 초기부터 신협의 창립을 추진한 것은 아니었다. 즉, 노동금고사업으로 출발하였으나 이를 신협의 형태로 운영하면서 신협의 설립으로 나아갔다. 1973년 11월 동원노동금고는 재해위의 광산지도자교육을 이수한 지부장 심진구를 포함한 노조지도자들에 의해 추진이 이루어졌다. 11월 15일 지부장 심진구가 주도한 대의원대회에서 노동금고의 사업계획서와 정관이 통과되고, 운영위원 12명과 감사 3명이 선출되면서 노동금고가 설립되었다. 1973년 12월 임시 이사장 심진구에 의한 회원모집 공고에 따라 176명이 조합원으로 가입하였으며, 1974년 1월 5일 조합원 48명에게 1인당 1만 원씩 대부를 실시하면서 노동금고의 대부사업이 개시되었다. 1974년 3월 노동금고의 운영자금은 재해위 지원자금 250만 원, 조합원 출자금 653,700원, 노조차입금 15만 원, 신용적금 50,150원 등 총 3,353,805원이었다. 당시 동원노동금고는 조합원 354명 중 상당수가 대부를 신청하였으나 광업소 측에서 자금을 지원키로 한 약속이 불이행되는 등 총자산의 규모가 이를 감당치 못하면서 다수 조합원의 불만을 샀다.

한편, 1974년 10월 6일 신협의 형태로 운영되던 동원노동금고는 동원신협의 창립을 위한 발기인회를 구성하였으며, 10월 13일 45명이 참석한 가운데 동원신협은 창립되었다.[27] 1975년 12월 재무현황을 통해 동원신협의 운영내용과 특징을 살펴보면 자산은 11,873,206원, 출자금 5,214,731원, 대부금 11,661,850원이었다. 조합원 1인당 평균 5.57구좌(1구좌 1,000원)를 출자하였으며, 평균 대부금은 1인당 12,446원이었다. 자산에서 차지하는 출자금의 비율은 43.9%였으며, 차입금이 3,752,273원(31.6%)과 보통예탁금·신용적금이 1,245,245원(10.5%)이었다. 이는 자산의 구성에서 출자금·예적금의 비율이 낮았던 반면, 차입금의 비율이 상당히 높았음을 보여주었다.[28] 동원신협은 초기 신협에 대한 인식부족과 자금의 부족 등 동해신협과 같은 제반 어려움을 겪으면서도 재해위의 적극적인 자금지원과 지도 속에서 신협형태를 갖춤으로써 조합원의 적극적인 호응을 끌어냈다. 이를 통해 동원신협은 조합원의 확대가 이루어졌으며, 동원탄좌지부 노동자들의 물리적 기초와 협동 활동의 중요 기반이 되었다. 1974년 12월 동원신협은 동해신협과 함께 재무부로부터 인가를 받았다.

삼척탄좌지부의 경우, 1973년 11월 노조지도자들이 제3차 광산지도자

---

27 재해위, 『광산지역사업 전개에 대한 평가보고서』, 1974, 58~60쪽; 재해위, 「동원신협의 약사」, 『1976년도 광산지역간담회 회의록』 1, 1976.
28 재해위, 「동원신협의 약사」, 『1976년도 광산지역간담회 회의록』 1, 1976.

<표Ⅲ-33> 삼탄신협 대차대조표(1976.9) (단위 : 원)

자산		부채		비고(1976.10.20)	
대부금	9,227,606	출자금	8,949,202	조합원수	1,817명
계통출자금	10,000	차입금	2,000,000	조합원 출자금액	10,634,202
비품 및 집기	12,000	이익금 미배당	7,362	1인당 평균 출자액	5,852.6
가입금	5,000			대부자 총수	685
현금	2,916,350	순이익금	1,214,392	1인당 평균 대부액	13,470
총계	12,170,956	총계	12,170,956	총자산	13,855,956

출전 : 재해위, 「삼탄신협 자료」, 『1976년도 광산지역간담회 회의록』 1, 1976.
비고 : 1. 비고항목은 1976년 10월 20일 현재의 수치임.

교육(11.5~7)을 이수한 후 '협동금고'의 설립을 모색하였으며, 12월 재해위로부터 300만 원을 지원받은 후 삼탄노조지부 대의원대회를 통해 협동금고를 설립하였다. 1974년 1월 삼척탄좌의 협동금고는 출자금 수납과 대부사업을 본격적으로 개시하였다. 한편, 삼탄지부는 초기부터 신협의 설립 및 인가의 필요성에 대해 인식하였다. 1975년 7월 16일 삼탄지부는 노동금고를 신협으로 전환하기 위해 고한사택 광장에서 조합원을 대상으로 신협연합회 감사 장상순에 의해 신협 소개교육이 실시되었다. 그 결과 1975년 12월 1일 발기인회를 거쳐 12월 9일 신협이 창립되었으며, 1976년 4월 재무부의 인가를 얻어 법적인 토대 위에서 신협의 업무를 전개해 나갔다.[29] 1976년 9월 삼탄신협의 대차대조표를 나타내는 <표Ⅲ-33>을 통해 초기 신협의 운영과 특징을 살펴보면 총자산은 출자금과 차입금, 대부이자 수입금을 중심으로 구성되었으며, 예적금은 취급하지 않았다. 당시 출자금은 8,949,202원으로 총자산의 73.5%였으며, 1인당 평균 출자액은 10월

---

[29] 재해위, 『광산지역사업 전개에 대한 평가보고서』, 1974, 49~52쪽; 재해위, 「제6차 협의회(1976.3.8)」, 『1975~1976년도 사업2부 회의록』, 1976.

기준으로 5,853원이었다. 대부사업은 주로 출자금과 차입금 등에 기초해서 전개하였으며, 10월 기준 대부자 총수는 685명으로 1인당 대부액은 평균 13,470원이었다.

이 시기 3개 광산신협은 아직 초기단계로 조합원 수는 탄광지부의 노조원수 대비 50%에도 미치지 못하였다. 이들 광산신협은 주로 조합원이 낸 출자금을 기초로 대부사업을 전개하였으며, 차입금과 보통예탁금 및 신용적금의 규모는 작았다. 1인당 출자금은 대체로 5~12좌수였으며, 평균 대부액은 1~3만 원 수준에서 이루어졌다. 광산신협의 대부사업에서 조합원의 대부용도는 노동금고의 경우와 같이 대체로 의료비, 경조비, 생활비, 학자금, 차용금, 주택자금 등으로 이루어졌다. 이들 광산신협은 탄광지부와 광업소가 공동으로 참여한 운영위원회에 의해 사업이 전개되면서 광업소의 영향을 크게 받았던 광산노동금고와 달리 탄광노조 지도자들이 중심이 되어 운영되었으며, 신협연합회와 신협 강원지구평의회의 계통기구로써 이들 기관의 지도와 감독을 받으며 안정적인 법적 기반위에서 운영되었다. 이러한 활발한 광산신협의 대부사업을 통해 당시 탄광노동자들을 괴롭혔던 고리대문제를 해결해 나갔으며, 노조의 물리적 힘의 기초이자 '광부자치기구'로서의 기반이 될 수 있었다.

(2) 소비조합

당시 광산지역은 교통이 불편한 산악지대에 위치하였으므로 이곳 탄광노동자들은 생필품 구입에 불편이 많았다. 이로 인해 광산지역에는 중간상인의 횡포에 의해 생필품 가격이 중소도시의 물가에 비해 20~

30%나 비싼 실정이었다. 이러한 지역적 현실을 극복하기 위해 탄광지부들은 재해위의 광산지역 장기구호사업을 통한 지원자금에 기반해 소비조합사업을 전개하였다. 이시기 4개 탄광지부와 1개 지역지부에서 소비조합사업이 추진되었으며, 이는 〈표Ⅲ-34〉를 통해 살펴볼 수 있다. 먼저 사업 초기 구판사업을 지원받아 추진하였던 곳은 석공 장성탄광지부와 백운지역지부 등 2개소였다.

장성광업소는 전국 최대의 탄광으로 재해위의 지원자금 500만 원을 기초로 복지사업 '후생매점'을 개설하였고, 장화·비누 등 광부들이 많이 사용하는 7개 품목만 독점적으로 취급하였다.[30] 그러나 얼마 후 화재가 발생하여 후생매점의 운영이 중단되었으며, 재해위는 장성의 사업을 철회하게 되었다.[31] 사북 고한지역에 산재해 있던 군소 광업소·덕대 하청업자 밑에서 일하는 2,000여 명의 광산노동자로 구성된 백운지역지부는 초기 재해위 자금 400만 원을 지원받아 국수공장사업을 추진하였다. 그러나 사업 초기 밀가루가격의 폭등에 따라 이를 포기하고, 1974년 3월 '공동구판장'을 개설하면서 구판사업으로 전환하였다.

〈표Ⅲ-35〉는 1976년 9월 백운지역지부의 공동구판장 재무현황을 보여준다. 당시 공동구판장의 자산은 6,786,524원이었으며, 재해위로부터의 차입금과 백운지부의 협조금, 사업이익금이 운영자금에서 큰 비중을 차지하였다. 백운지역지부는 지역적 범위가 200리에 걸쳐 광범위하게 산재해 있고 소형광업소와 덕대 등 기업주만 30여 명이 소속

---

30 재해위, 「제8차 카리타스 경과보고」, 『1974년도 부락개발협의회 회의록』, 1974.
31 재해위, 『1975~1976년도 사업2부 회의록』, 1976. 당시 장성을 포함한 석공 산하 광업소의 경우, 정부와 광업소의 주시 속에서 재해위가 일정한 관계를 맺고 사업을 추진하기가 상당히 어려운 상황이었다.

사업주체	구판유형	지원시기	지원액	사업착수일	A	B	비고
장성탄광지부	후생매점	1973.9.5, 12.17	5,000,000	1973.9			
백운지역지부	공동구판장	1973.12.3	4,000,000	1974.3.1			
삼척탄좌지부	소비조합	1975.2		1975.2.28	120	414	
태영신협	소비조합	1976.4.1	1,500,000	1976.3.14	84	130	부대사업
동고신협	소비조합	1976.7.23	1,000,000	1976.7.23	53	73	부대사업

출전 : 재해위, 『1975~1976년도 사업2부 회의록』, 1976.
비고 : 1. A는 설립 시, B는 1976년 9월 말 조합원 수임.

되었으며, 소속 덕대들이 삼척탄좌나 동고, 동원광업소 등 타 직영회사로 흡수되면서 공동구판장의 운영과 관리에 어려움이 많았다. 당시 주된 취급품목은 광산노동자들의 필수품인 장화, 장갑, 비누, 면수건 등이었으며, 연락소별로 분점을 두어 연락소장이 운영을 담당하였다.[32]

1975년 1월 삼탄지부의 부녀회 모임(1.6)에서 고한사택소비조합의 필요성이 논의되었다. 당시 부녀회는 고한사택 내 구매점이 없어 생필품의 구입시 하갈래시장이나 행상에 의존함으로 인해 중간상인의 횡포와 불편함 등을 겪고 있다고 보았다. 1월 7일 삼탄지부 부위원장은 고한사택을 방문하여 사택반장과의 협의를 통해 주민 주도형의 소비조합을 설립·운영키로 하였으며, 삼탄지부에서 이의 추진을 적극적으로 협조키로 하였다. 그 결과 1975년 1월 10일 가칭 '고한사택 새마을소비조합 추진위원회' 명의로 설립취지문이 사택 각호로 배부되었으며, 2월 8일 추진위원회가 구성되었다. 당시 추진위원회는 회원 1인당 1~3구좌(1구좌 1,000원)의 출자금을 납입하도록 하였으며, 2월 28일 출자

32　재해위, 『광산지역사업 전개에 대한 평가보고서』, 1974, 54~57쪽; 재해위, 「공동구판장 현황(백운지역지부)」, 『1976년도 광산지역간담회 회의록』 1, 1976.

차변	삼탄	태영	동고	백운	대변	삼탄	태영	동고	백운
…금	427,967	361,032	35,720	889	출자금	414,000	2,288,190	73,000	
…금	2,609,302		1,418,370	1,596,520	차입금	398,140	900,000	1,370,000	3,000,000
…, 건물		125,590		1,410,415	협조금				729,730
…매입금				3,327,631	예탁금		100,000		
…상품		1,497,863			적립금	295,624			
…매출금		2,699,044			외상매입금		157,220		742,000
…금				248,765	미배당이익금	802,300	15,192		
…품		41,390		201,304	전기이익금				1,986,053
…과부족		260			영업외수익	91,590			656
…출경비	336,673		20,000		미지급금				28,000
					현금과잉		4,662		
					순이익금	1,372,288	1,259,915	31,090	300,085
총계	3,373,942	4,725,179	1,474,090	6,785,524	총계	2,001,654	4,725,179	1,474,090	6,786,524

출처: 재해위, 『1976년도 광산지역간담회 회의록』 1, 1976.

비고: 1. 삼탄은 1976년 10월 3일 기준임. 태영과 동고, 백운은 1976년 9월 30일 기준임.
　　　 2. 삼탄의 경우, 잔액시산표에 근거하였으며, 미배당이익금 802,300원은 원자료에서 잔액으로 되어 있던 것임.

금 12만 원과 노동조합 차입금 40만 원을 운영자금으로 삼아 비누 20 상자와 라면 5상자 등 몇 개 품목의 상품을 중심으로 고한사택소비조합의 운영을 개시하였다.[33]

〈표 III-35〉와 같이 1976년 9월 삼탄 고한사택소비조합의 재무현황을 살펴보면 출자금 414,000원, 차입금 398,140원, 순이익금 1,372,288원 등 자산이 3,373,942원이었다. 출자금은 조합원 197명이 출자한 것으로

33　당시 추진위원회는 위원장 박재하, 섭외담당 부위원장 권구연, 구매담당 부위원장 어삼용, 운영담당 부위원장 조대시, 노동조합 전 간부 등으로 구성되었다. 고한사택새마을소비조합은 초기 지주환 조합원의 집을 임시장소로 사용하였다. 1975년 7월 2일 총회가 개최되어 운영위원회를 구성하였으며, 권구연이 운영위원장으로 선출되었다(재해위, 「고한사택소비조합 자료」, 『1976년도 광산지역간담회 회의록』 1, 1976).

평균 출자좌수는 2.1구좌였으며, 차입금은 삼탄노조에서 지원한 것이었다. 당시 고한사택소비조합은 활발한 운영을 통해 상당한 이익을 보았다. 1975년도 결산자료에 따르면 순이익금이 1,129,024원이었으며, 이중 833,400원을 출자좌수에 비례하여 배당한 결과 배당률은 무려 241%에 이르렀다. 1976년도 상반기 결산에 의하면 순이익금 1,127,205원 중 997,590원을 배당하였으며, 배당률은 88%에 이르렀다.[34]

고한사택소비조합은 광산지역의 효시로써 이 지역의 소비조합 조직의 선도적인 역할을 하였으며, 고한사택의 부녀회활동을 통해 추진되었다는 점에서 중요한 의미가 있었다. 장성과 백운의 경우, 그 사업이 후생매점과 공동구판장의 형식으로 추진되었는데, 임원과 운영위원들이 협동조합 원칙에 의거하여 자본금을 출자한 조합원에 의해 선임·운영된 것이 아니었다. 그러나 삼척탄좌의 경우, 부녀자들이 스스로 출자하고 협동조합 원칙에 기반해서 소비조합을 활발하게 운영하였으며, 운영결산 결과 상당한 금액의 순이익금을 출좌 좌수에 따라 비례배당을 하는 등 소비조합의 형식과 내용을 가지고 운영되었다. 고한사택소비조합의 영향으로 인근의 새마을사택·신사택·단양사택·중앙사택에서도 부녀회 중심의 소비조합사업을 추진해 나갈 수 있었다.[35]

태백지역지부(태영)는 부녀회를 중심으로 재해위의 소비조합교육을 받았으며, 1976년 4월 태영신협의 부대사업으로 부인회 소비조합이 부녀자 84명과 출자금 45만 원을 기반으로 설립되었다. 당시 취급품목은 100여 종류로 1일 평균 매상고가 5~6만 원에 이르렀으며, 부녀자들의

34　재해위, 「고한사택소비조합 자료」, 『1976년도 광산지역간담회 회의록』 1, 1976.
35　재해위, 「제2차 협의회(1975.10.6)」, 『1975~1976년도 사업2부 회의록』, 1976.

노력으로 광업소의 전표까지 구입하여 취급하는 등 모범적인 조합으로 인정받았다. 태영소비조합의 재무현황을 살펴보면 출자금 2,288,190원, 차입금 90만 원, 순이익금 1,259,915원 등 총자산 5,725,179원을 기반으로 소비조합이 운영되었다. 당시 태영신협은 소비조합의 운영을 통해 조합원과 노동조합 간 일정한 대화의 기회와 폭을 넓히면서 노동조합의 단결을 끌어내었으며, 음주와 도박 등 퇴폐풍조의 일소와 5인 가족 기준 월 7,000원의 소득을 높여주고 있다고 자체적으로 평가하였다. 그러나 태영소비조합은 운영에 있어 자산의 영세성으로 인한 한정된 취급품목수의 확대와 지속적인 소비조합교육의 필요성 등을 해결과제로 논의하고 있었다.[36]

　　1975년 7월과 1976년 8월 동고탄좌지부는 재해위의 장상순과 이경국에 의해 소속 조합원과 가족들을 대상으로 진행된 두 차례의 현장교육을 통해 동고신협의 창립을 추진하였으며, 1976년 7월 23일 조합원 출자금 23,000원과 노조 지원자금 20만 원을 기초로 동고소비조합이 운영되었다. 동고소비조합은 초기 조합원의 자진출자 미비와 운영과정에서의 외상액 급증, 주변 상인의 압력 속에서 물품구입과 판매의 어려움, 부녀회의 비협조 등이 맞물리며 그 운영에 어려움을 겪었다. 그러나 유급 관리인을 두고 신협 임원과 부인회의 원활한 협조 속에 정상적인 운영을 할 수 있도록 노력하였다. 1976년 8월 신협지도자교육을 다녀온 김영택 지부장의 주도하에 동고신협이 창립(8.31)되었다.[37]

36　재해위, 「제7차 협의회(1976.5.3)」, 『1975~1976년도 사업2부 회의록』, 1976; 재해
　　위, 「태영신협 사업보고」, 『1976년도 광산지역간담회 회의록』 1, 1976.
37　재해위, 「사업현황(동고신협)」, 『1976년도 광산지역간담회 회의록』 1, 1976; 재해위,
　　『전체평가회의(1977.2.14~15)』, 1977.

요컨대 이 시기의 소비조합사업은 삼탄과 동고, 태백과 백운지역지부 등 소수의 탄광지부와 광산신협을 중심으로 전개되었다. 이들 광산소비조합의 설립과 운영은 인근 소도시보다 20~30% 비싼 물가를 보여주는 탄광지역의 지역적 특성을 반영하는 한편, 이를 해소하기 위한 노조의 자체적인 필요성과 1975년부터 광산지역에서 소비조합사업을 육성하고자 한 재해위의 지도 등이 맞물리면서 소비조합이 설립·운영되었다. 고한사택소비조합과 태영부인회소비조합, 동고소비조합은 광산신협의 부대사업으로 협동조합의 원칙에 기반하여 사택을 중심으로 부녀회에 의해 활발하게 운영되었다. 그러나 이들 소비조합은 설립 초기 자산의 영세성에 의한 취급품목 수의 한정과 자진출자에 의한 출자금 증좌의 어려움, 외상액의 급증으로 인한 현금회전의 지연, 주변상인들의 방해와 압력 속에서 운영이 이루어졌다. 1970년대 전반 이들 광산소비조합의 운영경험과 성과는 1970년대 후반 광산지역의 상당수 신협에서 소비조합사업을 추진할 수 있는 토대가 되었으며, 재해위에 의한 광산소비조합육성사업이 본격적으로 전개되는 기반이 되었다.

2) 후반기(1977~1979)

1970년대 전반 광산지역의 장기구호사업은 주로 축산사업, 국수공장사업, 노동금고 및 신협사업, 소비조합사업 등으로 전개되었다. 대체적으로 장기구호사업의 추진과정에서 광산지역의 사회적 여건과 내외적 상황을 반영하여 고리채 해소와 높은 지역물가를 잡기 위한 차원에서 신협의 설립과 소비조합의 운영으로 모아져 갔다. 즉, 재해위와 관련을 맺은 각 탄광지부의 노조지도자들은 사업의 전개 과정에서 광산지역의 지역적·사회적 조건 위에서 고리대와 높은 물가를 해소할 수 있는 신협의 설립과 소비조합 육성의 필요성을 절감하였다. 재해위도 탄광노동자들의 생활영역에서 자조·자주·협동시켜 주는 방안으로 신협과 소비조합의 설립을 적극적으로 추동하면서 협동조합운동을 전개해 나갔다.

재해위는 광산지역의 장기구호사업을 전개하면서 초기부터 신협과 구판사업 등 협동조합의 설립을 추진하였다. 그러나 당시 광산지역의 지역적·사회적 특성과 주체들도 형성되지 않은 상황에서 협동조합운동을 바로 추진할 수 없었다. 그러나 1975년 10월 신협연합회 주관의 신협지도자교육과 1976년 10월 제2차 광산지역간담회를 계기로 당시의 노동금고와 신협, 소비조합의 운영경험과 성과를 바탕으로 재해위는 본격적인 광산신협의 설립과 인가의 추진, 지역사회개발사업의 일환으로 소비조합의 설립·운영을 도모해 나갔다.

〈표III-36〉은 1970년대 후반 각 광산노조의 신협 설립과 재무부의 인가 현황을 보여준다. 이미 운영 중이었던 동해와 동원, 삼척탄좌를 포함하여 1979년 말까지 모두 14개의 광산신협이 설립·운영되었으며, 그중 10개의 광산신협이 인가를 받아 법적인 기반위에 여수신사업과 소비조합을 활발하게 운영하였다.[38] 1977년 말까지 광전, 함태, 태백, 강원, 동고 등 5개지부에서 인가를 받았으며, 1978년 이후 강릉과

---

38 재해위, 「1978년도 사업평가 및 1979년도 사업계획」, 『참고철』 2, 1979.

〈표III-36〉 1970년대 광산지역 신협의 설립 및 인가 현황

신협명	신협창립일	신협인가일	1대 이사장	비고
동해	1973.9.22	1974.12.31	김동규	종합기능 발휘
어룡	1978.6.3	1979.2.8	윤지구	종합기능 발휘
광전	1977.10.28	1977.11.1	정석의	종합기능 발휘
함태	1977.10.14	1977.12.26	김광일	종합기능 발휘
태영	1976.8.8	1977.3.19	김기섭	종합기능 발휘
유창황지	1975.11.		오용호	
강원	1974.3.26	1977.12.26	안기현	종합기능 발휘
삼탄	1975.12.9	1976.4.7	박재규	
동고	1976.8.31	1977.7.9	김영택	
동원	1974.10.13	1974.12.31	심진구	
강릉	1976.7.1	1978.	이양우	
장원	1978.3		이중교	
장성				새마을금고→노동금고
도계			오용호	

출전: 신협연합회, 『신협운동20년사』, 1980, 재해위, 『1976년도 광산지역간담회 회의록』 1,
1976; 재해위, 『전체평가회의(1977.2.14~15)』, 1977.
비고: 1. 창립총회 일자가 미정인 경우, 발기인대회를 기준으로 하였음.

어룡 등 2개지부에서 인가를 받았다. 이 시기 재해위는 1976년 10월의 광산지역간담회와 제1차 광산부녀교육을 계기로 신협의 부대사업이자 종합기능의 발휘차원에서 소비조합의 설립·운영을 추진하였다. 그 결과 1977년 8월 8일 사업 대상 12개 광산신협을 중심으로 광소협이 결성되었다.[39]

당시 광산신협의 설립·운영과정에서 대내·대외적인 제약요인으

---

39 광소협은 의장에 김동규와 부의장에 김기서와 이재기였으며, 이사는 강희균·이경만·박희선·김종호·조서굴·최무집·김동규·김기서·이재기 등 9명이었다. 각 노조 지부장은 당연직으로 광소협의 대의원이 되었다. 당시 7개지부에서 소비조합이 운영 중이었다(재해위, 「제28차 전체협의회 회의록(1977.9.5)」, 『1976~1977년도 전체협의회 회의록』, 1978).

〈그림 III-7〉 광전광업소 사택과 주민들 모습

로 그 발전에 어려움을 겪었다. 먼저 대내적인 문제로 나타났던 것은 광산노조가 광업소 측의 영향권 하에 있었으며, 신협 자체가 어용화된 노조의 영향권에서 벗어나지 못한 경우가 다수 있었다는 점이었다. 이는 1970년대 광산지역 노동운동의 한계와 밀접한 관련을 가지는 것이었다. 당시 광산지역의 노동조합은 대체로 광업소와 정부기관 등의 영향력 하에 있었다. 민영탄광에서의 경우, 현장소장이 밀면 노조지부장이 당선되는 경향이 많았다.

그 전 옛날에는 간선제였었어요. 그랬고, 이 지역에 만연되고 있는 것들이 간선제이기 때문에 노동조합이 뭐가 안 됐죠. 실제 대의원들에 의해서 지부장이 선출되고, 임원들이 선출되기 때문에 뭐 이 지역의 전체적인 분

〈그림 III-8〉 광전신협이 운영한 신협구판장 광경

포로 보면은 어떻게 보면 좋지 않았다. 왜냐면 대의원들을 포섭을 하고, 심지어는 임원선거 있기 직전에 대의원 선출되면 납치해서 가서 솔직히 어디 멀리 떠나 있다가 과반수 이상만 되면, 그 사람들 데리고 와서 노동조합 임원선거 할 적에 그 날 들어와서 땅땅 뚜드리고, 이렇게 이제 이런 것들이 성행이 많이 됐습니다.[40]

1970년대 중반부터 함태노조에서 총무부장과 부지부장을 오랫동안 역임한 노조지도자 남해득의 구술처럼 1970년대 노동조합 선거가 간

---

[40] 2012년 4월 29일, 남해득 전 한마음신협 이사장 구술(태백 황지 메르디앙호텔). 남해득은 1975년 함태노조 총무부장, 1978년부터 1993년까지 함태노조 부지부장과 함태신협 전무, 1978년 노총 태백삼척협의회 사무국장, 2008년 한마음신협 이사장 등을 역임하였다.

접선거를 통해 지부장이 선출되었고, 지부장 선거에 출마한 후보는 막대한 선거자금을 쓰면서 당선되는 등 금욕으로 선거를 치루는 직업적인 조직이 횡행하는 구조였다. 이 과정에서 광업소 측의 입김이 강하게 작용하는 통로가 되면서 민주적인 노조간부의 선출이 극히 어려운 구조였다.[41]

한편, 1970년대 하반기 신협의 민주적인 운영을 제약하는 대외적인 문제도 당시 재해위와 광산지역 신협지도자들이 풀어가야 할 과제였다. 당시 광산지역 신협지도자들에 의한 신협의 설립·운영은 회사 측과 밀착한 광산지역의 행정기관과 노동운동의 동향에 항상적으로 주목하는 정보기관의 개입·탄압에 직면해 있었다. 당시 광산지역에서 탄광지부 내 신협지도자들과 재해위의 활동은 고리채문제 해결을 통한 광산노동자의 생활안정과 광산지역 물가안정이라는 측면에서 광업소 측은 일정하게 협조하였다. 그러나 광산신협과 광산소비조합의 설립 및 민주적인 운영, 지속적인 교육활동을 통한 의식화와 이로 인한 노동운동의 고양 등에 대해서는 항상 주목하면서 저지하고자 하였다. 당시 내무부와 지방행정기관은 광산지역에서 신협의 설립과 활동을 저지하기 위해 재해위의 사업대상 노조지부에 대해 그 지원자금을 즉시 상환토록 강제하거나 새마을운동의 전개에 따라 내무부에서 추진한 새마을금고로의 전향을 강요하였다. 삼척탄좌의 경우, 당국의 강력한 요청에 따라 회사 측에서 운영자금 3,000만 원을 내놓고 월이자 1.5%로 대부하는 새마을금고를 설립·운영하면서 월 2%로 대부하던 신협의 새마

41　재해위, 『전체평가회의(1977.2.14~15)』, 1977; 재해위, 『1978년도 사업보고회 회의록』, 1978.

을금고로의 전향을 강력히 압박하였다.[42]

　광산지역의 노조와 신협지도자들의 활동은 재해위의 활동과 연계되면서 일찍부터 정보기관의 주목을 받아왔다. 1974년 7월 민청학련사건으로 인해 지학순 주교의 구속이 이루어진 후 재해위에 의한 광산지역의 협동조합운동은 정보기관의 항상적인 주목과 감시 하에 있었으며, 원주교육원에서 진행한 초청교육은 정보기관의 감시가 늘 따라다니는 가운데 진행되었다. 1970년대 후반 신협과 소비조합을 통한 제반 교육사업의 추진과 이를 통해 광산노조의 의식화를 도모하면서 감시와 탄압은 점점 커져갔다. 1978년도의 제9대 대통령선거와 제10대 국회의원 선거, 1979년 5월의 오원춘사건과 8월의 YH사건 등을 거치면서 광산지역에서 재해위의 활동은 강력히 저지되었다. 특히, 1979년 6월 이후 정부는 광산지역에서의 협동조합운동을 반정부단체의 활동으로 보고 기업주와 광산노동조합에 강력한 압력과 탄압을 가하였다.[43] 이러한 상황 하에서 광산지역에서 재해위의 활동은 크게 제약을 받았으며, 교육사업도 초청교육보다는 현장교육을 강화하는 방향으로 나아갔다. 한편, 광산노조와 신협지도자들은 광소협을 중심으로 정부의 탄압에 대처하면서 활동을 지속해 나갔으며, 새마을금고로의 전향을 끝내 막아낼 수 있었다.[44]

---

[42] 재해위, 「제26차 전체협의회 회의록(1977.7.5~6)」, 『1976~1977년도 전체협의회 회의록』, 1977; 재해위, 「제29차 전체협의회 회의록(1977.10)」, 『1976~1977년도 전체협의회 회의록』, 1977.

[43] 사개위, 「제5차 경과보고(1979.9.1~1980.2.29)」, 『광산소비조합육성사업』, 1982.

[44] 1970년대 후반 새마을금고는 운영과정에서 많은 문제를 야기하였으며, 내무부도 마을금고를 관리할 능력을 상실하면서 재무부로 관할을 넘기고자 하였다. 그러나 이미 골치덩어리로 전락한 새마을금고를 재무부도 받지 않으려 하였다(사개위, 『제10차 부락대표자간담회』, 1981).

　　이러한 대내외적인 요인들이 신협운동의 발전을 제약하였으나 광산
지역 신협지도자들의 활발한 활동과 재해위의 지원으로 1970년대 후반
기 광산신협은 이전 시기와 비교해서 크게 발전되었다. 특히, 신협의 발
전을 추동한 교육사업의 전개와 소비조합의 운영이 추진되면서 그 민주
적 운영과 규모의 측면에서 크게 신장되었다. 당시 신협과 소비조합사
업을 활발하게 벌인 광산조합으로는 동해, 어룡, 광전, 함태, 태영, 강원
등 6개의 광산신협이었으며, 이들을 중심으로 광산지역의 협동조합운
동은 활발하게 전개되었다. 1978년 12월 말 재해위의 사업대상 광산신
협의 재무현황을 보면, 조합 수는 1977년에 설립된 지역조합인 한마음
신협을 포함하여 15개, 조합원 수는 12,300명, 출자금은 179,000,000
원, 총자산은 257,000,000원에 이르렀다.[45] 당시 재해위가 지원한 자
금을 기초로 광산신협은 자체 출자금을 조성하여 운영자금을 마련해 갔
으며, 이 과정에서 장기구호사업을 통해 지원받은 재해위의 자금을 모
두 상환하였을 뿐만 아니라 탄광노동자를 대상으로 한 대부사업을 확대
해 나갔다. 또한 광산지역의 고리채문제를 상당 부분 해결할 수 있었으
며, 소비조합의 운영을 통해 광산지역의 고질적 문제였던 일부 상인층
의 횡포와 폭리를 억제하고, 광산지역의 물가를 안정시켰다. 이 과정을
통해 광산신협은 탄광지부의 물리적 기초이자 민주적·자주적 협동운
동의 기반이 되었으며, 실질적인 '광부자치기구'로서의 역할과 기능을

---

[45]　1979년 2월 10일 현재 소비조합 육성을 위해 재해위가 각 조합에 지원한 자금은 2,550
　　만 원이었다(사개위, 「제3차 경과보고(1978.8.1~1979.2.10)」, 『광산소비조합 육성사
　　업(1976~1982)』, 1982). 한편, 1981년 4월 재해위의 사업대상 14개 단위신협과 신협
　　광산지구협의회에 소속되거나 관계를 맺고 있는 조합원은 각각 11,823명과 8,900명으
　　로 모두 20,723명이었다(사개위, 『광산소비조합육성사업』, 1982).

수행해 나갔다. 이러한 광산지역 협동조합운동의 경험과 성과는 재해위
가 사업을 벌이고 있는 농촌지역의 협동조합운동에도 많은 영향을 미쳤
으며, 네덜란드 세베모의 지원자금을 통해 1979년 초부터 재해위는 농
촌소비조합육성사업을 구상하고 추진할 수 있었다.

3. 광산소비조합협의회의 창립과 광산소비조합의 육성

1) 광산소비조합육성사업의 구상과 미제레오

재해위의 광산지역 장기구호사업은 초기부터 노연의 실태조사를 바
탕으로 광부들의 생활에 도움이 되는 사업이나 경제적으로 광부들의
생활을 자조·자주·협동을 시켜 주는 사업, 신협 등의 설립·운영이
나 탄광노조의 자율적인 사업계획에 기반해서 추진토록 지원되었다.
당시 광산지역은 교통이 불편한 산악지대에 위치하면서 생필품 구입에
불편함이 많았으며, 복잡한 유통과정과 중간상인의 횡포에 의해 생필
품가격은 비싼 실정이었다. 이에 따라 일부 광산신협에서 부대사업인
소비조합의 운영을 부녀회를 중심으로 추진하였다.

한편, 1975년도 재해위는 광산지역에서의 소비조합 육성을 위한 구
상을 모색하였다. 1975년 9월 수립된 "광산지역 소비조합 사업계획"
을 통해 이를 살펴볼 수 있다. 당시 재해위의 소비조합 육성 구상을 살

펴보면 1년에 5개씩, 3년간 15개 탄광지부에 소비조합의 설립·운영을 육성하며, 신협·노동금고사업과 연관하여 추진하고 광산부녀자들의 적극적인 참여를 기본방침으로 하였다. 추진방법으로는 광산신협과 노동금고에 대한 경영실태 조사를 선행하며, 탄광노동자와 그 가족을 대상으로 협동조합 관련 제반 교육을 실시하고자 하였다. 소요예산은 1개 조합 당 200만 원씩 15개 조합에 3,000만 원, 조사비·교육비·사무관리비 등을 포함하여 총 4,100만 원이 필요하다고 보았다.[46] 이러한 계획은 1976년 6월 "광산지역 소비조합 계획안(6.30)"으로 좀 더 구체화된 후 사업자금 확보를 위해 미제레오에 신청되었다. 이 '계획안'은 이전의 계획과 3가지 점에서 차이를 보여주었다. 첫째, 총 소요자금의 30% 이상을 광산소비조합에서 자부담한다는 방침, 둘째 3년간 광산지도자교육과 회계실무자교육을 각각 9회, 부녀자교육 6회, 현장교육 30회, 기타교육 15회 등 교육사업을 강화한 점, 1개 소비조합당 운영자금 지원비 300만 등 사업자금의 총액이 9,000만 원으로 배 이상 증가된 점이었다.[47]

1976년 10월 재해위는 신청된 '계획안'을 검토한 미제레오로부터 사업규모를 다소 줄일 것을 요청받았다.[48] 이에 따라 재해위는 '계획안'의 신청자금에서 13.9%를 줄인 수정안을 마련하여 다시 제출하였다. 당시 수정안의 자금계획은 1개 소비조합 당 운영지원자금 250만

---

46 재해위, 「광산지역 소비조합 사업계획(1975.9.1)」, 『참고철(계획, 보고서)』 1, 1975.
47 당시 운영자금 지원비는 4,500만 원, 교육사업 2,085만 원, 행정비 1,920만 원, 조사사업 150만 원, 예비비 345만 원 등 총 9,000만 원이었다(재해위, 「광산지역 소비조합 계획안(1976.6.30)」, 『광산소비조합육성사업』, 1982).
48 사개위, 「미제레오에서 원주교구에 보내는 서신(1976.10.5)」, 『광산소비조합육성사업』, 1982.

원씩 15개 조합 3,750만 원, 사업 관련 제반 행정비용 1,920만 원, 교육사업 1,767만 원 등 총 7,750만 원으로 되었다. 이중 25%는 자체부담으로 하고, 미제레오의 지원자금은 75%인 300,000마르크였다.[49] 미제레오는 재해위의 수정계획안을 긍정적으로 검토를 하는 한편, 주한 독일대사관에서 원주의 재해위를 방문하여 소비조합육성사업에 대해 협의토록 하였다. 1977년 4월 독일대사와 문정관이 재해위를 방문(4.18)하여 사업의 제반 사항에 대해 협의하면서 본 사업이 탄광노동자들과 지역주민에게 상당히 필요하다는 점에 의견일치를 보았다.[50] 1977년 7월 초 미제레오는 30만마르크의 자금지원을 최종적으로 결정하였다.[51]

한편, 미제레오는 이전 재해위가 추진하였던 남한강사업에 대한 대규모 자금지원에 이어 1976년 8월 대수해로 인한 원주원성사업에 대한 자금지원을 1977년 1월을 전후하여 결정한 바 있었고, 광산소비조합육성사업에 대한 자금지원을 1977년 7월에 최종적으로 결정하였다. 미제레오가 재해위의 사업계획안에 대한 대규모 자금을 연이어 결정

---

49 사개위, 「원주교구에서 미제레오에 보내는 서신(1976.11.5)」, 『광산소비조합육성사업』, 1982.

50 사개위, 「미제레오에서 원주교구에 보내는 서신(1977.4.7)」, 『광산소비조합육성사업』, 1982; 사개위, 「회답안(1977.7.5)」, 『광산소비조합육성사업』, 1982.

51 사개위, 「미제레오에서 원주교구에 보내는 서신(1977.7.5)」, 『광산소비조합육성사업』, 1982. 한편, 미제레오의 자금지원은 일시에 전체자금을 보내 온 것이 아니었다. 재해위의 사업추진 경과에 따라 1년에 2회 정도 나누어 송금하였다. 당시 미제레오에 보낸 재해위의 자금지원 요청서에는 사업착수금으로 7만마르크, 2차 24,000마르크('78.1), 3차 72,000마르크('78.7), 4차 3만마르크('79.1), 5차 72,000마르크('79.7), 6차 32,000마르크('80.1) 등으로 되었다. 그런데 실제 집행내역을 살펴보면 1977년 8월부터 1980년 9월까지 11회에 걸쳐서 총 318,000마르크가 송금되었다(사개위, 『광산소비조합육성사업』, 1982).

하였던 주요 요인은 1970년대 한국에서의 극심한 수해를 계기로 가톨릭 원주교구의 간접선교를 위한 대사회활동을 적극적으로 지원했다는 점이었다. 그러면서도 종교적 차원을 넘어서 미제레오는 재해위가 수행하였던 농촌과 광산지역에서의 부락개발운동과 협동조합운동이 자체로도 중요한 의미를 가지고 있을 뿐만 아니라 사업추진 방식과 성과가 한국 내에서 중요한 역할을 한다고 보았다. 당시 대규모의 자금지원에 따른 농촌과 광산지역에서 재해위의 사업추진 방식과 성과는 이전까지 소규모 자금지원을 중심으로 구호사업을 전개였던 미제레오의 입장에서 상당히 중요한 모델로서 내부적으로 논의되었고, 제3세계의 사회단체에 대규모 자금지원 시 사업의 추진방식과 성과가 원용될 정도로 크게 주목받았다.[52] 한편, 미제레오는 재해위의 사업계획에 대규모자금을 무상지원하면서도 재해위의 사업추진 과정에 직접적으로 간섭하지 않았다. 재해위가 제출한 사업계획에 따라 사업이 추진되고 있는지 주기적인 경과보고서를 통해 확인을 하거나 미제레오의 한국담당자가 재해위의 요청에 의해 원주교구의 방문 및 현지시찰을 통해 사업이 추진되는 과정을 살펴보면서 사업계획서에 따라 지원자금이 목적에 맞게 사용되는지 등 제반 현안에 대해 협의하는 수준에 그쳤던 것이다.

---

[52] 2011년 7월 2일, 김영주 전 재해위 집행위원장 구술(밝음신협 4층 무위당기념관).

2) 광산소비조합협의회의 조직과 활동

재해위의 광산소비조합육성사업은 탄광노동자들의 의식을 계발하고 협동조합을 조직 운영하는 능력을 배양하며, 중간상인의 횡포로부터 광부들의 이익을 보호하는 것에 목적을 두었다. 또한 협동운동을 통해 광부들의 경제적·사회적 지위를 높이며, 광산지역의 지역사회개발에 기여하고자 하였다. 재해위는 광산소비조합육성사업을 본격적으로 추진하면서 광산신협의 부대사업으로 소비조합이 설립·운영토록 추동하였다. 한편, 광산소비조합의 설립과 운영은 사업 초기 주변 중소상인의 방해 등을 뚫고 추진되었으며, 소비조합의 규모가 커지면서 물품공급문제 등이 현안으로 대두되었다. 1977년 7월 재해위는 미제레오의 지원 결정을 전후하여 소비조합을 운영하는 지부를 중심으로 상품구입을 위한 시장조사와 물품공급 등 광산지역 소비조합사업을 주도할 연합체의 조직을 추진하였다.[53]

소비조합이 점포가 열고 잘 된다 하니까 광산은 빨라요. 각 광업소마다, 노동조합 사무실 옆에 전부 소비조합이 열려지는 거야. 그러니까 물건 공급에 한계가 오더라고. 그래서 광산에 소비자협동조합협의회를 구성했어. (…중략…) 노동회관 하나 지은 게 있어. 거기 2층을 우리가 몽땅 빌리고, 아래층 빌려 가지고 아래층 창고, 물건 공급하는 창고. 그러고 소비자협의회 광부들 대표 중에서 상근자를 하나 뽑아가지고, 인력으로. 세 사람 뽑아서 자동차 전부 공급해주고, 물건 공급해주고.[54]

---

53 재해위, 「제5차 협의회(1977.7.2)」, 『1976~1977년도 사업2부 회의록』, 1977.

〈그림 III-9〉 강원 황지에서 개최된 광산소비조합협의회 창립총회(1977.8.8)

당시 광산지역을 담당했던 상담원 이경국의 구술과 같이 1975년부터 광산지역에서 1,000여 명의 조합원을 거느린 탄광지부 내 신협을 중심으로 광산소비조합들이 설립·운영되었다. 1977년 8월 8일 광소협은 광산소비조합육성사업의 추진에 따라 재해위의 지원을 받아 부대사업으로 소비조합을 운영하였던 12개 광산신협을 중심으로 결성되었다. 당시 광소협의 임원현황을 보여주는 〈표 III-37〉을 통해 임원의 구성과 특징을 살펴보면, 임원진은 주로 소비조합이 활발하게 운영되었던 삼탄과 동해, 태영, 함태, 강원 등의 광산신협 출신이 맡아 협의회의 운영을 주도하였다. 광소협은 창립 직후 제1차 이사회(8.10)에서 가입금 1만 원과 출자금 20만 원을 거출하였으며, 상품구입 창구는 태영소

---

54 2011년 9월 3일, 이경국 전 무위당사람들 이사장 구술(원주 밝음신협 4층 무위당기념관).

〈표 Ⅲ-37〉 광산소비조합협의회의 임원명단(1977~1978)

창립총회(1977.8.8)		제2차 정기총회(1978.8.28)	
직명	임원명	직명	임원명
위원장	김동규	위원장	김동규
부위원장	김기섭, 이재기	부위원장	김기섭, 이재기
전무이사	강희균	전무이사	강희균
총무이사	이경만	총무이사(회계이사)	이호진(홍재수)
이사	강희균, 이경만, 박희선, 김종호, 조석윤, 최무집	교도이사(판매이사)	이경만(정구욱)
감사	남흡, 강명흡, 안승쾌	상무	최태진

출전 : 재해위, 「제7차 협의회(1977.9.2)」, 『1976~1977년도 사업2부 회의록』, 1977; 재해위, 「제39차 협의회(1978.8.31)」, 『1978년도 전체협의회 회의록』, 1978.
비고 : 1. 강희균 전무이사의 사임으로 어룡탄광 부지부장 정구욱이 전무로 선임됨(1979.2.12).

비조합이 맡기로 결정하였다. 아울러 미인가조합은 원활한 소비조합사업을 위해 서둘러 인가를 취득하기로 하며, 물품구입 및 거래 시에 상호 통일성을 기하기로 하였다.[55]

당시 광소협의 주된 역할은 각 소비조합에서 취급하는 물품을 대기업과의 계약을 통해 공장도가격으로 공동구매를 하며, 염가로 확보된 물품을 태영소비조합의 창구를 통해 각 소비조합에 들여보내는 것이었다. 광소협은 사업 초기 이를 위한 활동에 있어 운영자금의 부족과 원활한 물품수송의 문제, 광산지역 중소상인들의 반발과 방해 등으로 어려움을 겪었다. 광산지역 소상인들의 경우, 이러한 각 단위조합에 물품을 공급하는 광소협의 운영과 활동, 소비조합과 협의회의 상호관계를 끊기 위해 방해활동을 하기도 하였다.[56] 광소협은 초기 운영자금의 부

---

55 재해위, 「제7차 협의회(1977.9.2)」, 『1976~1977년도 사업2부 회의록』, 1977.
56 재해위, 「제35차 협의회(1978.4.4)」, 『1978년도 전체협의회 회의록』, 1978; 재해위, 『제8차 부락대표자간담회』, 1979.

족과 물품수송을 위한 창고 및 차량문제 등의 타개를 위해 각 소비조합의 출자금 증좌노력을 지속적으로 하는 한편, 거래품목 가격의 0.2%를 운영기금으로 삼거나 상품매출의 2%를 협의회에 대한 회비로 공제하면서 운영자금의 확보를 위한 자구책을 마련해 나갔다. 또한 재해위에 추가적 지원자금의 요청을 통해 부족한 운영자금을 확보하는 한편, 황지노동회관에 물품창고의 마련과 트럭을 구입하여 원활한 물품수송을 위해 효과적으로 대처해 나갔다.[57]

광소협은 〈표Ⅲ-37〉과 같이 설립 1년 만에 임원개편을 했는데, 당시 협의회의 임원진은 탄광지부의 노조지도자이자 신협 임원으로서 소비조합을 발전·확산시키는데 큰 역할을 하였다. 이들 지도자들은 유신체제 말기 현장활동이 어려웠던 재해위의 광산지역 담당 상담원의 역할을 상당 부분 보완하면서 광산지역에서 협동조합운동을 적극적으로 추동해 나갔으며, 당시 활발하게 전개되던 제반 교육에 주도적으로 참여하였다.

3) 소비조합의 설립과 운영

1975년 초 재해위는 광산소비조합의 육성을 위한 구상 속에서 이의

---

57 재해위, 「제37차 전체회의(1978.6.1)」, 『1978년도 전체회의록』, 1978; 재해위, 「제39차 협의회(1978.8.31)」, 『1978년도 전체회의록』, 1978. 한편, 재해위는 광산소비조합 육성사업을 위해 각 단위조합에 대한 지급기인뿐만 아니라 광수협의 독립적 운영과 기반조성을 위해 자금지원을 하였다. 1979년 당시 8개 소비조합에 대한 지원자금은 1,850만 원에 이르렀는데, 광소협에 대한 지원은 1,700만 원에 달하였다(사개위, 「광산노동자를 위한 소비조합사업 종합평가보고」, 『광산소비조합육성사업』, 1982).

〈표III-38〉 광산소비조합육성사업 현황(1977.8~1981.2)

군명	읍명	리명	단체명	수혜자수	노조원수	OMS	신협 설립	신협 인가	소협 설립	비고
삼척	황지	화전1	한성탄광지부	1,100	1,200				1981년 초	연관부…
		화전4	대진탄광지부	500	600	0.8톤	1977.10.28	1977.11.1	1978.5.20	협력부…
		화전	어룡탄광지부	500	600	1.3톤	1978.6.3	1979.2.8	1978.7.28	협력부…
		소도2	함태탄광지부	1,300	1,023	1.4톤	1977.10.14	1977.12.26	1977.2.14	협력부…
			동해탄광지부	900	840	1.1톤	1973.9.22	1974.12.31	1977.7.1	협력부…
		소도3	태영탄광지부	98	630	0.9톤	1976.8.8	1977.3.19	1976.4.1	협력부…
			장원탄광지부	600	1,100	1.1톤	1974.6.20		1977.12.	지도부…
	장성	철암	강원탄광지부	1,600	1,416	1.3톤	1974.3.26	1977.12.26	1977.12.10	협력부…
	도계	도계1	삼마탄광지부	1,100	1,235				1981년 초	지도부…
정선	사북	고한3	삼척탄광지부	1,600	1,345	1.2톤	1975.12.9	1976.4.7	1975.2	협력부…
			동고탄광지부	800	800	1.3톤	1976.8.31	1977.7.9	1976.7.23	지도부…
		사북5	동원탄광지부	1,000	3,500	2톤	1974.10.13	1974.12.31	1977.5.21	지도부…
명주	강동		강릉탄광지부	314	750	0.9톤	1976.7.1	1978		

출전 : 사개위, 『광산소비조합육성사업』, 1982.

설립·운영을 추동하는 한편, 1976년도의 사업계획에서 기존 소비조합 외에 7개 소비조합을 추가로 육성키로 결정하였다.[58] 1976년 10월 광산부녀교육과 광산지역간담회를 개최하면서 적극적인 소비조합사업의 추진을 위한 공감대를 형성해 나갔다.[59] 재해위는 이를 기반으로 신협의 부대사업으로 소비조합의 설립·운영을 확대했으며, 광산소비조합과 광소협에 대한 자금지원 등을 통해 광산소비조합육성사업을 추진해 갔다.

　1970년대 후반 탄광지부 내 소비조합은 광부 및 광산부녀들의 바람

58　당시 소비조합을 육성하고자 한 지부는 동해·동원·동고·백운·삼탄·태백·도계·강원·장원 등 9개 지부였다(재해위, 「제6차 협의회(1976.3.8)」, 『1975~1976년도 사업2부 회의록』, 1976).

59　사개위, 「원주교구에서 미제레오에 보내는 서신(1976.11.5)」, 『광산소비조합육성사업』, 1982.

과 재해위의 지원을 통해 연이어 설립되면서 확산되었다. 이러한 양상은 1977~1981년 사이 소비조합사업의 현황을 보여주는 〈표Ⅲ-38〉을 통해 살펴볼 수 있다. 공식적으로 광산소비조합육성사업이 착수된 1977년 8월 장기구호사업에 의한 삼탄·태백·동고소비조합 외에 함태·동원·동해 등 3개 탄광지부가 소비조합을 설립·운영하였으며, 미제레오의 지원 결정 이후 강원·장원·대진·어룡 등 4개 소비조합이 연이어 설립되었다.[60]

한편, 1970년대 후반 10개 광산신협에서 재무부의 인가를 취득하였으며, 소비조합을 운영하지 않았던 강릉탄광지부를 제외한 9개의 광산신협에서 부대사업으로 소비조합을 설립·운영하였다. 신협 인가를 받지 않고 소비조합을 설립 운영한 지부는 장원이 유일하였다. 광산소비조합의 임원은 주로 탄광지부 내 노조지도자인 신협임원이 맡았다. 함태의 경우, 조합원 1,200~1,300명을 대상으로 소비조합을 개설하였으며, 이를 담당할 부장 1명과 여직원 3명을 두고 운영하였다. 당시 취급했던 물품 종류는 약 150여 종이었다. 한편, 소비조합의 회계는 신협의 회계와 독립적인 특별회계로 처리되어 운영되었다.[61]

당시 광산소비조합은 그 운영에 있어 내외적인 여러 문제에 직면하였다. 내부적으로 사업 초기 운영자금의 부족과 외상액의 급증, 광업소 측의 공제문제 등이 나타났고, 소비조합의 규모가 커지면서 실무자 등

---

60 당시 재해위와 장기구호사업을 통해 관계를 맺었던 한성·유창황지·장성·도계지역지부·강릉탄광지부·영월지역지부 등도 소비조합을 개설하고자 시도를 하였으나 광업소가 폐업(영월지역지부·강릉탄광지부)되거나 노조 내 복잡한 사정(한성·유창황지·도계지역지부·장성) 등에 의하여 이 시기에는 소비조합이 개설되지 못하였다.
61 재해위, 「제2차 협의회(1977.4.1)」, 『1976~1977년도 사업2부 회의록』, 1977.

<그림 III-10> 1970년대 후반 함태신협이 운영한 함태소비조합

에 의한 금융사고가 소수 일어났다. 소비조합 운영에 있어 운영자금 부족문제는 재해위의 지원자금과 광산신협의 출자금 증액 등으로 보완해 갔다. 외상문제는 사업 초기 대부분의 소비조합에서 크게 대두되었다. 함태소비조합의 경우, 그 거래액의 80%가 외상이었으며,

태영의 경우도 부인회에서 외상으로 인한 소비조장문제를 지적하면서 현찰판매를 요구하였다.[62] 광산소비조합은 이를 해결하기 위한 방안으로 외상의 한도를 정하였으며, 이를 넘을 경우 신협의 대출로 처리하기도 하였다. 또한 태영과 동고의 경우와 같이 협동조합원칙에 의거 현금판매제를 실시하는 방향으로 나아갔다. 한편, 탄광지부 내 신협과 소비조합의 규모가 대형화되면서 임원진에 의한 금융사고가 소수 발생하였다. 어룡과 동고의 경우, 관리자의 자금유용이 문제가 되었다. 동원의 경우, 1978년 8월 노조와 신협에서 조직 내분이 일어나고, 신협이사장의 횡령사건이 발생되면서 1979년 중반까지 해결을 보지 못하였다. 이에 이경국 상담원이 사북지역에 3~4개월 체류하면서 직접 이를 해결하기 위해 노력하기도 하였다.[63]

---

62 당시 외상문제의 경우, 소비조합에서 외상을 하고 시장에서 현금으로 이용하는 조합원들이 많았다. 또한 소비조합에서 판매하고 있는 품목 중 술의 비중이 커지면서 문제점으로 지적되었다(재해위, 「임시부별회의(1977.10.21)」, 『1976~1977년도 사업2부 회의록』, 1978).

63 재해위, 「제34차 협의회(1978.3.7~8)」, 『1978년도 전체협의회 회의록』, 1978. 한편, 재해위는 이러한 금융사고를 계기로 한 반노조적인 인물의 퇴진이 오히려 신협 및 소비

대외적인 문제로는 이전 시기와 마찬가지로 광산지역의 신협과 소비조합을 내무부가 주관하는 새마을금고와 새마을구판장으로의 전향, 재해위 지원자금의 반환 압력, 소비조합 설립·운영 시 인근 소상인의 방해 등이 지속적으로 나타났다. 먼저 새마을금고로의 전향 압력은 삼탄과 동원, 도계지역지부, 광전, 강릉, 장성 등에서 있었다. 삼탄의 경우, 회사에서 직접 새마을금고를 운영하면서 새마을구판장사업을 착수하는 한편, 삼탄신협과 삼탄소비조합을 지속적으로 흡수하고자 시도하였다. 이에 따라 삼탄신협과 삼탄소비조합은 운영에 어려움을 겪었다. 삼탄신협은 지속적인 운영을 도모해 나갔으나 삼탄소비조합은 회사가 직접 경영하게 되었다. 이에 따라 삼탄노조와 삼탄신협은 구사택에 소비조합의 설립을 새롭게 모색하였다. 한편, 사업 초기 강원과 함태 등 6개 소비조합의 설립·운영에 있어 광산지역의 소상인이 반발하거나 방해를 하였으며, 물건을 제대로 공급해 주지 않아 운영의 어려움을 겪었다.[64]

광산지역 소비조합사업은 위와 같은 대내외적 문제들로 어려움을 겪으면서도 탄광지부와 협동조합 지도자들의 적극적인 활동과 재해위의 지원에 의해 발전적으로 나아갔다. 1980년 초 사개위에서 실시한 광산지역의 신협과 소비조합에 대한 내부평가에 따르면 동해·어룡·광전·함태·태영·강원·삼탄 등이 1970년대 후반 광산신협의 종합

조합의 발전에 긍정적인 역할을 한다고 보았다(재해위, 「임시부별회의(1977.10.21)」, 『1976 1977년도 사업2부 회의록』, 1978).

[64] 재해위, 『1976~1977년도 사업2부 회의록』, 1978; 재해위, 「제34차 협의회(1978.3. 7~8)」, 『1978년도 전체협의회 회의록』, 1978; 재해위, 『제8차 부락대표자간담회 (1979.2.17)』, 1979.

〈그림 III-11〉 강원노조 구판장과 실무진

기능이 발휘되고 있다고 높이 평가되었으며, 유창황지·장원·장성·도계·동고·동원 등 6개 지부는 밀접한 협력적 관계를 맺으면서 2~3년간 집중적으로 지도해야 할 필요성이 있다고 평가되었다.[65] 대체로 황지읍에 있는 탄광지부들의 신협과 소비조합이 상당히 발전적인 모습을 보여주었으며, 고한지역의 삼탄과 동고는 다소 양호한 운영상태를 보인 반면, 동원이 있던 사북지역은 침체를 벗어나지 못하였다.

---

[65] 사개위, 「제2차 협의회(1980.3.4)」, 『회의록(1979.9.28~1980.9.13)』, 1980.

4. 광산지역의 협동조합운동과 노동운동

광산지역의 활발한 협동조합운동의 전개는 1970년대 어용노조가 주류를 이루었던 광산노조 내의 민주성을 확보하거나 노동운동을 추동할 수 기반이 되었다. 당시 재해위는 장기구호사업을 통한 협동조합운동을 전개해 나갔고, 이를 위해 초청·현장교육 등 신협 및 소비조합과 관련된 제반 교육이 활발하게 이루어졌다. 이 과정에서 재해위는 1970년대 탄광노조의 민주화와 노동운동의 활성화에 깊숙이 개입하였다. 먼저 1970년대 광산지역의 활발한 협동조합운동의 전개는 광산노동자와 유리되었던 탄광노조의 민주화와 활발한 운영에 직접적인 영향을 주었다.

신협운동을 하면은 뭐 대출하고 하면, 아, 어느 가정이 이렇게 힘들다, 어느 가정이 어떻다. 이런 것을 다 알 수가 있잖아요. (…중략…) 우선 뭔가 하면, 근로자들이 서로가 대화를 많이 하니까, 대화하는 시간이 많잖아요. 소비조합, 뭐 물건 사러 와도 대화를 하고, 대출을 하러 와도 대화를 하고, 그래 근로자들이 노동조합에 잘 안 들어오려고 하거든요. 그래 서로가 대화하는 시간이 자꾸 늘어나니까 친밀감이 자꾸 생기는 거 아닙니까? 그렇게 하다보니까 내 가족처럼 이렇게 생활하는 거죠. 그러니까 노동조합에 대한 불만이 없어지는 거죠(…중략…). 신협에는 또 이사들이 있잖아요, 이사, 감사. 이사, 감사들이 있으니까 대화가 되고, 또 토론하고 하다보니까 좋은 점도 발견하고, 나쁜 점도 발견하고, 시정할 것 시정하고, 이렇게 되니

까 점점 이제 가족같이 대화가 되는 거예요.[66]

1970년대 후반 태백지역지부 부지부장이자 광소협 전무이사로 활동하였던 강희균의 구술처럼 각 탄광노조를 중심으로 지부 내에 설립된 광산신협과 소비조합의 운영은 광부들의 절실한 이해와 요구를 반영하여 실시되었고, 광산노동자와 그 가족들의 참여를 통해 이루어졌다. 이 과정에서 탄광노조와 광산노동자 간의 밀착도는 이전에 비해 크게 높아졌다. 또한 신협 이사장과 부이사장은 대체로 각 탄광노조의 지부장과 부지부장이 맡고 있는 등 신협과 소비조합의 임원들을 노조의 핵심간부들이 겸임하면서 운영되었다. 당시 재해위가 주도한 신협과 소비조합 관련 현장교육에 광산지역의 노조간부들과 광산노동자들이 상당수 참여하였다. 노조지부 내 신협과 소비조합의 운영이 재해위의 교육을 받은 이들에 의해 점차 민주적으로 이루어지고, 이들 임원진이 각 탄광노조의 주요간부들이었다는 점에서 광산노조는 점차 민주적인 조직과 기틀을 잡아갈 수 있는 계기가 되었다. 이에 따라 광산지역 신협지도자들과 재해위에 의한 협동조합운동은 1970년대 후반 탄광노조의 민주화와 민주적 운영에 커다란 영향을 주었다.

재해위와 노조지도자들에 의한 광산지역의 협동조합운동은 1970년대 탄광지역의 노동운동과도 직결된 것이었다. 유신체제하 노동자들의

---

66 2012년 4월 29일, 강희균 전 태영노조 지부장(태백 황지 메르디앙호텔). 강희균은 1938
년생으로 강릉 출신이었으며, 1968년 10월 광산촌에 온 후 1971년 태영에 입사하였다.
1978년 태영노조 부지부장, 1981년 직선으로 태영노조 지부장에 선임되었으며, 1983
년 신협 광산지구협의회 회장, 1989년 광산노동조합총연맹 태백시협의회 의장 등으로
활동하였다.

2대 기본권이 크게 제약된 현실과 매년 30% 내외의 물가상승률이 이루어지는 경제조건 하에서 광산노조와 광부들은 노사간의 단체협상에서 과학적·합리적인 임금산정표를 기반으로 그 주장을 관철시키지 못하고 주먹구구식으로 임금인상을 합의하는 것이 당시 현실이었다.

허고 댕기는 건 협동조합만 한다고 보지만 뒤는 전부 광부들하고 노동운동 하거든. (…중략…) 그때 나는 광부들 데려다가 임금, 임금대비표 조사하자, 그거 가르켰거든, 그거 다. 그거 가리키다 김금수 뭐 불러다가 천영세, 노연 멤버들이니까. 그거 갖다 대비표를 계산하자. (…중략…) 박현채 교수 모셔다가 경제이론에 대해, 경제 불황하고 광부들 아르켜줬고. 그래가지고 광부들 임금대비표, 생산조사표, 다 그때 한 거죠. (…중략…) 그래가지고 광부들이 자기들이 조사표 내서 우리 이런데 너희 돈 좀 더 다오. 이거 이제 광부들이 광산노조에서 했지. 그 기초들 여기서 맨들어 줬지. (…중략…) 광산노동조합 위원장이 나하고 한패여, 다. 노동조합 간부들이 한패여. 그러니까 낮에는 협동조합 얘기하고, 밤에는 술자리에서 맨 노동 얘기여, 노동 얘기. 그러면서 의식 바꿔주고. (…중략…) 현장 쁘라스 의식, 바꿔주는 일을 부단히 여기서 교육의 과젤 주고 교육을 통해서 그거 변화시켜 주니까 사람이 바꿔지는 거지.[67]

광산지역 상담원 이경국의 구술처럼 재해위는 노연의 연구원들과 박현채교수 등의 협조를 받아 광산지역 노조간부들을 대상으로 한 초

---

[67] 2011년 9월 3일, 이경국 무위당사람들 이사장 구술(밝음신협 4층 무위당기념관).

청교육을 통해 과학적·합리적인 생산조사표와 임금대비표를 작성하
도록 하였으며, 이를 기초로 탄광노조는 광업소 측과 임금협상을 진행
할 수 있었다. 1970년대 유신체제라는 현실 속에서 재해위는 협동조합
운동을 통해 광산노조 및 광부들과 함께 이들의 광산현실 인식과 각성,
광산노동자들의 사회경제적 지위향상을 위해 노력하였다. 이러한 과정
을 통해 광산지역의 협동조합운동은 탄광지역 노동운동의 활성화에 크
게 기여하였다.

제4부

생명운동으로의 전환과 소비조합운동

제1장_ 유신체제의 해체와 생명운동의 전개

제2장_ 농촌지역의 소비조합운동

제3장_ 광산지역의 소비조합운동

제4장_ 유기농업운동과 한살림운동

유신체제의 해체와 생명운동의 전개

1. 유신체제의 해체와 제5공화국의 출범

1972년 10월 박정희정권은 대통령 특별선언을 통해 국회를 해산하고 정당 및 정당활동을 금지하였고, 국민투표를 통해 유신헌법을 확정지면서 유신체제를 수립하였다.[1] 박정희정권은 1960년대부터 추진하였던 수출주도형 경제성장정책을 지속적으로 전개하면서 공업중심의 산업화와 부문별 불균형성장이 이루어졌다. 1970년대 성장제일주의 경제개발정책 하에서 노동자와 농민들은 점차 조직화되어 가면서 박정

---

[1] 유신체제의 수립 배경과 과정은 다음의 연구 참조(민주화운동기념사업회연구소 편, 『한국민주화운동사』 2, 돌베개, 2009, 39~87쪽).

희정권의 독점자본을 중심으로 한 공업중심의 산업화정책과 저임금정책에 반대하는 움직임이 나타났다. 특히, 농촌·농민문제와 관련 1970년대 한가농을 통한 농협민주화운동, 함평고구마투쟁, 을류농지세 부당성 개선투쟁, 강제경작반대투쟁, 새마을사업 부당강제집행 반대투쟁, 저농산물가격정책 반대투쟁 등이 전개되었다. 한편, 1971년 전태일분신사건 이후 성장하기 시작한 노동운동은 노동자들의 생존권을 쟁취하기 위한 투쟁과 어용노조에 맞서 싸우는 노동조합민주화운동과 노동조합설립투쟁 등이 전개되었다.

1970년대 말 세계경제의 불황과 제2차 석유파동, 중화학공업의 과잉투자 등을 통해 한국경제의 불황이 확산되면서 위기에 처해진 박정희정권은 1978년 12월 총선에서 제1야당이던 신민당의 승리 및 최초의 재야정치연합세력인 국민연합의 결성 등으로 정권의 위기가 심화되었다. 1979년 8월 노동자들이 야당당사를 점거·농성한 YH무역노조 사건이 발생하면서 신민당 총재 김영삼의 의원직 제명파동과 신민당의 강경노선 채택 등을 통해 정치적 위기로 발전되었으며, 10월 학생과 기층민중이 대거 참여한 부마항쟁이 일어나면서 유신체제는 최대의 정치위기에 직면하였다. 이러한 위기의 심화과정과 정권의 위기를 타개하기 위한 방안을 두고 벌어진 박정희정권 내의 갈등이 '10·26'으로 귀결되면서 유신체제는 붕괴되었다. 1979년 '12·12쿠테타'를 통해 군부를 장악한 전두환·노태우 중심의 신군부는 '최규하체제'를 내세우며 '유신체제의 합법적 연장'과 '이원집정제 개헌' 등을 시사하며 '유신연장'의 계획을 추진해 나갔다.

1979년 '10·26사건'을 통한 유신체제의 붕괴와 그 이후 일련의 유동적 상황, 국가권력의 억압과 통제가 이완되는 정치적 공백 속에서 다양한 분야에서 민주화운동의 전개와 '서울의 봄'이 조성될 수 있는 계기가 되었다. 특히, 박정희정권의 수출주도형 경제개발정책의 추진으로 희생을 강요당한 노동자와 농민들이 노조민주화운동과 생존권투쟁 등을 통해 자신의 권리를 요구하였다. 1980년 초에서 4월 말까지 809건에 달하는 노사분규가 일시에 터졌다.[2]

1980년 4월 중순 전두환의 중앙정보부장 겸직으로 표면화된 신군부의 반동화 움직임, 사북항쟁을 기점으로 전국적으로 확산되어 가는 노동운동 등 기층민중운동의 급격한 진출, 이원집정부제 개헌론 및 정부 주도 개헌론 등을 둘러싼 정부와 제도정치권 간의 공방, 공화당과 신민당의 내분 등의 정치정세에서 학생운동의 정치투쟁으로의 전환은 신군부를 중심으로 한 지배세력의 정치적 위기를 더욱 심화시켰다. 이 시기 노동운동의 활성화는 1980년 4월 강원도 사북 동원탄좌에서 4일간 국가공권력의 무장해제와 지역장악이라는 탄광노동자들의 사북항쟁으로 연결되었다.[3] 4월 21일부터 2,500여 명의 탄광노동자들이 임금인상과 어용노조 퇴진 등을 요구하면서 시작된 사북노동자투쟁은 4일 동안 3만여 명이 사북 읍내를 장악하여 항쟁을 지속시킨 무장투쟁이었다.[4]

'12·12'를 통해 이미 전면적 무력개입을 시작한 신군부는 사북항쟁을 무력으로 진압하였다. 또한 '10·26' 이후 폭발된 민주화운동과

---

2   박준식, 「1980년 전후의 노동운동과 국가의 개입」, 『오늘의 한국 자본주의와 국가』, 한국산업사회연구회, 1988, 329쪽.

3   박철한, 「사북항쟁 연구―일상·공간·저항」 서강대 석사논문, 2002; 사북청년회의소 편, 『탄광촌의 삶과 애환』, 선인, 2001.

4   강광수, 「제5공화국 성립에 관한 연구」, 부산대 석사논문, 1993, 51~56쪽.

생존권투쟁을 일거에 봉쇄하고자 5월 17일 계엄령을 전국적으로 확대하는 한편, 광주에서 전개되었던 광주민주화운동에 대해 철저히 고립봉쇄를 통한 유혈무력진압을 전개하면서 '5·18광주항쟁'이 발생되었다. 10일간 '해방광주'를 맞이한 민중자치의 공동체를 실현한 광주항쟁은 계엄군의 전면적인 군사적 진압에 의해 좌절되었다. 사북항쟁과 광주항쟁을 무력으로 진압한 신군부는 1980년 9월 제11대 대통령으로 전두환을 취임시키고 5공헌법을 제정하면서 5공화국체제를 성립시켰다.

1980년대 5공화국은 '10·26'으로 위기에 처한 신군부를 중심으로 한 지배세력이 기존의 지배구조를 재편하여 성립시킨 새로운 군사정권이었다. 1980년대 전반 전두환정권은 초기 국가보안법, 사회보호법, 노동관련 법률, 집회 및 시위에 관한 법률 등을 제정하는 한편, 국가안전기획부와 보안사령부라는 강압적 국가기구를 통해 민주화운동과 생존권투쟁을 위한 민중의 요구를 탄압하였다. 이 시기 전두환정권은 국내외 독점자본의 축적구조를 안정적으로 재생산하고, 집권과정상의 정당성 결여를 극복하기 위해 폭력적인 탄압을 통해 체제안정화작업이 추진되었다. 이를 위해 전두환정권은 노동운동에 대한 탄압에 본격적으로 나섰으며, 이 과정을 거쳐 한국노총은 철저히 체제화되었다.

2. 사회개발위원회의 출범과 원주그룹의 동요

1) 사회개발위원회의 출범과 담당이사제

사개위가 활동을 전개한 1979년 말부터 1983년까지의 시기는 '10·26'으로 유신체제가 무너지고, '12·12', 1980년 서울의 봄과 사북항쟁, '5·18'과 신군부에 의한 5공화국이 출범·전개되는 격변기였다. 1979년 9월 재해위는 사개위로 전환되었다. 9월 11일 재해위는 중앙위원회를 개최하여 남한강사업과 한우지원사업, 원주원성사업 등 그동안 진행된 사업의 종합보고와 재해대책사업의 종결을 논의하였으며, 재해위의 해체와 사개위라는 새 기구로의 전환 및 조직개편을 결정하였다.[5] 9월 14일 사개위는 출범하였으며, 사업별 담당이사제의 도입을 보여주는 〈표 Ⅳ-1〉과 같이 사개위의 조직은 대폭 개편되었다. 당시 개편내용의 핵심은 이흥근신부를 사개위 위원장에 선임하고 김영주 집행위원장을 사무국장으로 변경 임명하면서 감독을 받도록 한 것이었다. 재해위 시기 상담원의 업무와 활동은 종전대로 계속 진행하되, 이흥근 신부의 감독하에 사무국장의 주도로 이루어지도록 하였다. 이는 재해위의 업무 및 활동을 총괄했던 집행위원장을 사무국장으로의 변경을 통해 재해위의 제반 사업과 활동에 교구 내 사제들의 입장이 직접 반영되도록 하겠다는 의미였다.[6]

---

[5] 재해위, 「제49차 전체협의회 회의록(1979.9.1)」, 『전체협의회』, 1979; 사개위, 『1980년도 단양·제천지역 종합보고서(1978.6~1981.5)』, 1980.

〈표 IV-1〉 사개위 사업별 담당이사제 현황(1979.11.5)

직위	성명	신분명	현직명	사업명	상담원
위원장	이홍근	신부	원주교구 사무처장	농촌개발사업	김상범
위원	조응환	신부	풍수원 본당	한우지원사업	김헌일
	노세현	신부	남전동 본당	광산소비조합육성사업	이경국
	최기식	신부	교구 사목국장	농촌부녀사업	이한규
	인가비노	신부	단구동 본당		
	장화순	교장	진광고등학교 교장	청소년계도사업	정인재
	박은호	원장	안과병원장	마을건강사업	박양혁
	박화영	회장	원동 사목처	농촌소비조합육성사업	김상범
사무국장	김영주				

출전: 사개위, 「제2차 전체협의회(1979.11.5)」, 『1979~1980년도 월례회 회의록』, 1980; 사개위, 『1980년도 단양·제천지역 부락개발사업 보고서』, 1980.

아울러 사업별 담당이사제를 두면서 〈표 IV-1〉과 같이 각 상담원이 맡고 있는 해당사업에 관한 이사들의 협조체제 구축 및 감독권을 행사하도록 하였다. 즉, 원주교구 내 신부들이 사개위의 위원 다수를 점하고, 이들 위원들이 각 사업마다 담당이사를 맡아 각 사업을 주도하면서 상담원들이 이를 보좌하도록 한 것이다. 원주교구 사제가 전면에 나선 이러한 기구개편은 재해위가 주관하여 왔던 재해대책사업의 성과와 한계를 진단하면서 1970년대의 재해대책사업을 종료하고, 사개위로의 전환을 통해 좀 더 범종교적인 협력체제를 구축하면서 교구 내 교회를 발전시켜 보자는 취지에서 추진된 것이었다.

당시 재해위가 해체되고 사개위가 출범하게 되는 배경은 몇 가지 요인이 있었다. 첫째, 재해위의 남한강사업과 원주원성사업 등 재해대책

---

6   사개위, 「제1차 협의회(1979.9.28)」, 『회의록(1979.9.26~1980.9.13)』, 1979; 사개위, 「제1차 자체협의회(1979.10.26)」, 『회의록(1979.9.26~1980.9.13)』, 1979; 사개위, 「제2차 전체협의회(1979.11.5)」, 『회의록(1979.9.26~1980.9.13)』, 1979.

사업이 종료되었으므로 새로운 기구로의 모색이 논의될 수 있는 시기였다. 1978년경 부락개발사업은 마무리되어 갔으며, 1979년에 접어들면서 원주원성사업도 종료를 앞두고 있었다. 둘째, 재해위의 성격과 활동에 대한 원주교구 내 신부들과 원주그룹과의 이견이 1970년대 후반 대두된 점이었다. 당시 재해위의 운영과 활동은 독립적으로 이루어지도록 지학순 주교가 보장하면서 사제들이 그 운영에 일체 개입하지 못하였다. 그러나 1978년 1월 일부 사제들이 공소사목부의 창설을 주도하면서 한우지원사업을 중심으로 한 재해위의 일부 사업을 이관받아 직접선교의 일환으로 활동에 나섰다. 당시 공소사목부의 활동은 원활하게 이루어지지 못하였고, 1년 만에 사업을 재해위로 재이관하면서 혼선을 빚었지만 이러한 시도는 1979년 말 사개위 출범의 배경이 되었다.

우리 이흥근신부를 위원장 할라 할 땐데. 그때 기억이나. 이때 이 양반을 세울 때 내 속에서는 (…중략…) 왜 이흥근신부가 그걸 해야 하냐. 하도들 인제 하니까, 인제 이게 그거는 교회 일이 아니다. 신부하고도 아무 관련이 없고, 우리하고도 아무 관련이 없고. 인제 신부들이 불평을 많이 하니까. 이거를 어떻게든지 같이 해보자 하는 이 아이디어도, 내 생각에는 신부들이 해서 주교가 한 게 아니고, 김영주씨 머리에서 나왔을 거라 생각이 들어요, 나는 이게. 이게 우리 교회가 한 게 아니다. 그래서 김영주씨가 인제 주교님한테 이렇게 밀어서, 이렇게. 그게 아마 그때는 최상의 방법처럼 생각이 됐고. (…중략…) 신부하고 평신도 일하는 사람들하고 같이 움직인다 하는 거를, 이거는 인제 신부들도 얘기했고, 주교가 이거를 강조하고 했겠지요. 그러나 김영주씨는 그거를 하고 싶었겠어요? 그러나 김영주씨는 하고 싶지 않지만 이 방법에 그것을 합동하는 거는 자기가 죽더라도 그러면 한 번 해봐라 그렇게. 자기가 하겠다고 하는 거니까, 해봐라 이런 식이였을 거라고. 나는 이렇게 봐요.[7]

당시 원주교구 교육원 원장 최기식신부의 구술과 같이 재해위의 성격과 활동에 대한 원주그룹과 사제들 간의 인식차이와 이견이 사개위로의 조직개편 과정에서 재해위의 제반 사업과 운동을 실질적으로 이끌었던 김영주 집행위원장으로 하여금 한 발 물러나게 하고 사제들이 전면에 나설 수 있도록 영향을 미쳤다.

한편, 원주교구의 방인사제 증원을 위한 지학순 주교의 정책적인 노력의 결과 1970년대 초 9명에 불과했던 방인사제의 수가 1970년대 말 급증되면서 평신도를 중심으로 한 재해위의 구성과 활동방식에 대해 비판적 인식이 사제들을 중심으로 확산되었다.[8]

이게 79년도면요, 73년도부터 본격적으로 광산이고 농촌이고 사업이 시작됐거든. 그래 주체가 전부 평신도 중심으로 했다고. 재해위 위원장 김영주를 정점으로 해서 평신도가 중점이 돼서 하니까, 그때 우리 교구는 사제

---

7   2016년 5월 20일, 전 가톨릭 원주교구 사회개발부 국장 최기식신부 구술(원주 행구동 효성백년가약아파트 자택).

8   지학순 주교의 사제증원정책과 성 골롬바노회 외방전교회 소속 신부들이 원주교구에서의 철수가 예정됨에 따라 1983년 5월까지 사제서품을 받은 사제들이 다수 등장하였다. 1974년 이태봉, 1976년 김종인 · 조규남 · 조명호 · 김성훈 · 이규영 · 정인준, 1978년 이병돈 · 박호영, 1979년 박무학 · 박용식, 1980년 김영진, 1981년 김승오 · 김진형 · 백승치 · 배은하 · 곽호인, 1982년 홍랑표 · 조규정 · 박순신 · 장석윤 · 김태원 · 신현만, 1983년 김한기 · 이태우 등의 신부들이 사제서품을 받았다(천주교 원주교구, 『원주교구30년사』, 1995, 200~201 · 939~941쪽).

가 얼마 없었어요. 그래 사제가 얼마 없었는데, 그 동안에 79년, 80년때까지는 사제가 많이, 신부님이 많이, 많이 그러니까 생산된 거야. 되다보니까 신부님들이 이런 큰 사업을 하는데, 신부들이 아무것도 모르면서 뭘 하냐, 이게 교구신부회에서도 논해진 거야. 그러니까 지 주교님이, '그러면 너희들이 담당을 해서 한 번 해 봐라.' 그게 계기가 된 것 같아요. (…중략…) 노세현 신부 같은 경우는 그때 광산에서 신부를 했거든. 광산에서. 그러니까 노세현 신부가, '아, 날 보고 광산사업을 맡으라는데, 내가 뭘 알아? 이부장이 알아서 잘 해.' 그래서 이제, 그래도 나는 내 성의껏 광산지구협의회가 있어. 황지에. 그 협의회사무실을 한두 번 내가 모시고 가서. 어. 브리핑하고, 설명을 듣게 해드렸지. 그 다음에 당신이 신부회에 가서, '가보니까 잘 하더라.' 그런 얘기 했는지, 나중에 뒷말이 없었어.[9]

당시 상담원 이경국의 구술과 같이 1970년대 후반 교구 내 일부 신부들이 신부회의를 통해 교구 안의 대표적 사업인 재해위의 제반 사업을 직접선교를 목적으로 신부들이 주도해야 한다는 논의로 진행하면서 이러한 인식이 확산되었다. 그러나 사개위의 출범과 담당이사제를 통해 신부들이 전면에 나서도록 하였으나 1980년대 전반 농촌과 광산지역을 중심으로 추진된 사개위의 소비조합운동 등은 원주그룹의 주도에 의해 지속적으로 추진되었다. 당시 사개위의 위원이자 담당이사들인 신부들은 사개위의 제반 사업 추진을 위한 전략과 방향, 지침 등을 제시해주지 못하였다. 이는 본당을 중심으로 사목활동만 전념하던 사제

---

9 2012년 8월 8일, 이경국 전 무위당사람들 이사장 구술(원주 밝음신협 이사장실).

들이 재해위의 제반 사업과 활동에 대한 이해와 전문성이 부족하였으며, 사업의 방향과 사업지침을 내려줄 수 있는 실정이 아니었다. 또한 사개위를 총괄한 이홍근 신부도 교구 사무처장의 일을 겸임하게 되면서 전적으로 사개위의 사업을 주관할 수 없었다. 이에 따라 1983년 11월 사개위가 사회개발부로 개편될 때까지 재해위는 김영주 사무국장을 중심으로 1980년대 전반기의 협동조합운동을 주도해 나갔다.[10]

이 시기 상담원들의 활동은 대내외적 어려움 속에서 추진되었다. 밖으로는 전두환정권 하에서 1982년 3월 부산미문화원방화사건으로 인한 영향으로 원주교구가 직접적으로 탄압을 받고 있었으며, 원주그룹 자체도 정보기관에 의해 상당히 노출되어 있었다. 안으로는 1970년대 후반~1980년대 전반 사개위는 광산소비조합육성사업(1977)과 농촌소비조합육성사업(1980), 농촌청소년계도사업(1978)과 농촌여성지도자교육사업(1978), 마을건강봉사사업(1979) 등 다양한 프로젝트를 외원에 기초해서 추진하였으며, 상담원의 업무와 활동의 과중에 따라 자체 내 활력을 잃어가면서 부락개발운동에 기초한 협동조합운동의 적극적인 추진에 어려움을 겪었다.[11] 또한 사개위가 그동안 추진해 왔던 제반 사업과 협동조합운동이 관할 농촌부락 내 이농의 급증으로 인해 부락별로 침체를 겪는 경향이 증대되면서 상담원들도 다소 의욕을 잃어 갔다. 당시 농촌부락도 1970

---

10 상담원들은 김영주 집행위원장의 사표 제출과 반려과정 속에서 자신의 거취를 두고 동요하였다. 사개위기 상담원들은 이전 시기보다 교구 내의 역할이 가중되었다(사개위, 「서론」, 『1980년도 단양・제천지역 부락개발사업 보고서』, 1980).

11 당시 사개위는 외원에 기초해서 많은 사업을 추진하면서도 추가적으로 상담원을 선임하기 어려웠다. 이는 미제레오와 세베모 등의 외원기관이 자금지원의 전제조건으로 전체 사업자금 중 25~30%를 자부담하도록 하였다. 당시 자체 재정도 마련하기 어려웠던 원주교구가 이를 감당할 수 없었으므로 사개위 자체적으로 해결해야 했다.

년대 초·중반과 대비해서 이농의 급증으로 인한 부락규모의 축소와 일
손부족을 겪었으며, 농민지도자들도 초기 함께 했던 임원들의 이농으로
자체 업무량이 폭주함에 따라 초기의 열의와 활기를 점차 잃어나가면서
협동조합운동의 침체로 이어졌다.

상담원들은 외원기관에 전적으로 의존하고 있는 사개위의 제반 사
업이 가지는 성격상 농촌부락의 필요성과 요구에 따라 사업을 추진하
지 못하고 사개위 자체 존속을 위한 사업추진 경향이 나타나면서 점점
침체되어 갔으며, 이를 극복하기 위한 자체연수회가 내부적으로 추진
되었다. 아울러 농촌지역에서 상담원들의 활동은 신협 강원도지부와
농소협과의 긴밀한 협력관계를 유지하였으나 원주교구 소속의 공소사
목부와 가농과의 협력관계 구축에 어려움을 겪었다.[12] 당시 사개위는
원주교구 소속이었음에도 불구하고 사제들과의 갈등으로 인해 교구적
차원에서의 전폭적인 협조를 얻을 수 없었다.

한편, 사개위가 출범하면서 상담원의 구성과 역할에 변화가 생겨났
다. 즉, 이전 시기 벽지보건팀의 유재동 간호사가 부녀를 대상으로 한
제반 활동과 마을건강사업을 담당하기 위해 상담원으로 선임되었다.
또한 1982년 박재일이 한가농 회장으로 선임되어 활동함에 따라 사개
위의 체제개편 및 업무분담 조정이 〈표 IV-2〉와 같이 있었다. 사개위
는 기획부, 농촌부, 광산부 등 3부체재로의 개편을 통해 제반 사업을
추진해 나가고자 하였다. 특징적인 점은 기획부의 신설이었으며, 주로
교육·홍보·문화·조사 등을 비롯하여 사개위의 사업방침 등에 대한

12　사개위, 「제6차 월례회－회의속개(1980.7.22)」, 『1979~1980년도 월례회 회의록』,
　　1980.

〈표 IV-2〉 1982년도 사개위 기구개편 및 업무분담 현황

사업명	담당자(정, 부)	기획부	농촌부	광산부
한우사업	이한규, 박양혁	박재일	이한규	이경국
소비조합	김헌일, 정인재, 이경국	김영일	김상범	박양혁
마을건강사업	박양혁, 유재동	김상범	박양혁	김헌일
부녀사업	유재동, 이한규	정인재	김헌일	
청소년계도사업	정인재, 김헌일		정인재	
농민회사업	김상범, 정인재		유재동	
신협사업	이경국, 김상범			

출전 : 사개위, 「평가회의-회의속개(1982.2.28)」, 『1981년도 연차평가회의록』, 1980.

자문적 역할을 하도록 되었다. 1981년 10월 김영일은 교육·홍보 비디오 제작과 청소년교육의 '단막극평가'를 맡았다가 이 시기 기획부에 소속되어 활동하였다.[13] 사업별로 담당자 2명이 선정되어 협조관계 속에서 제반 사업이 추진되도록 하였다. 한편, 부녀사업과 마을건강사업 등을 전담하던 유재동은 1982년 6월 사개위의 활동을 그만두었으며, 1983년 3월 상담원 이한규도 사개위의 활동에서 물러났다. 1983년 4월 후임으로 임광호가 상담원으로 선임되면서 1980년대 농촌지역의 소비조합운동을 중심으로 한 협동운동을 적극적으로 추진해 나갔다.

2) 사회개발부의 출범과 원주그룹의 방향전환

1983년 11월 사개위는 사회개발부로 개편되었다. 당시 사회개발부로의 개편은 그 인적구성원 뿐만 아니라 향후 원주그룹의 활동에도 커

---

13 김영일은 사개위의 상담원으로 활동한 것은 아니었으며, 필요시 요청에 의해 회의에 참석하였다. 공식적으로 그가 사표를 내고 사개위의 활동을 그만둔 것은 1984년 4월이었다(사개위, 「제47차 월례회(1984.4.30)」, 『1983~1984년도 월례회 회의록』, 1984).

다란 영향을 끼치는 것이었으며, 1979년 9월 사개위 출범의 연장선상
이면서도 이전과는 근본적으로 다른 두 가지 측면이 있었다. 하나는 재
해위와 사개위에서 주도적으로 활동을 하였던 원주그룹이 김영주를 필
두로 시간차를 두고 '탈원주(脫原州)'를 통해 사회개발부에서 물러난다
는 의미가 있었다. 다른 하나는 사회개발부가 출범하면서 최기식 신부
를 중심으로 원주교구의 사제가 사회개발부의 사업을 실제적으로 총괄
하게 된 점이었다.

이러한 기구개편의 배경은 원주그룹이 중심이 된 사개위의 활동과
사업추진 방식에 대해 원주교구 내 신부들에 의한 강한 비판적 인식이
존재하기 때문이었다. 당시 조직개편을 주도한 사제들은 사개위의 제
반 사업이 원주교구 내 가장 대표적 사업이지만 지학순 주교의 개인적
차원의 결정에 기반해 일부 평신도들에 의해 주도되었으며, 교구에 소
속되어 있는 사개위가 지나친 폐쇄성을 가지고 제반 사업을 추진해 왔
다고 보았다. 사제들은 사개위의 제반 사업과 활동들이 교구의 선교적
측면에서 한 역할이 무엇인지에 대해 상당히 회의적·비판적 인식을
가지고 있었다. 당시 사제들은 가톨릭 200주년사업의 추진을 계기로
원주교구가 영성적 사업을 상당 부분 복원해야 한다는 목표 하에 사회
개발부로의 개편을 이끌면서 이를 관철시키고자 하였다.[14]

당시 원주그룹과 원주교구 사제들의 인식은 큰 차이를 드러내면서 전개
되었고, 그 결과 최기식 신부가 주도하는 사회개발부의 출범으로 귀결되었

---

14 원주교구 내 사제들의 인식은 1983년 8월 사개위의 월례회의에 참여한 신현만 신부의
    발언에서 잘 살펴볼 수 있다(사개위, 「제38차 월례회(1983.8.1)」, 『1983~1984년도
    월례회 회의록』, 1983).

다. 당시 사회개발부로의 개편은 원주그룹과 사제들의 갈등이라는 내부적 요인 외에 정보기관의 개입으로 인한 외부적 요인도 크게 작용하였다.

외부에서 일을 방해하는 세력이 중앙정보부나 뭐 경찰이나 보안사나 뭐 예를 들면 박정권에만 있는 게 아니야. 우리 내부에 많다고. (…중략…) 정보기관 애들이 '아, 이 김영주가 마음대로 다 하는데 당신은 뭘 하느냐'고. '막 거기는 말이야 장일순이가 다 해. 그 빨갱이 같은 놈이 말이야'. 이게 한 번 들을 땐 몰라요. 그게 네 번 다섯 번 되면 말이야. 거퍼 들으면 이게 생각이 비슷해진단 말이야, 생각이. (…중략…) 그럼 신부래는 게 공부를 한쪽으로만 한 사람들 아니야? 이게 사회 전체를 넓게 한 사람이 아니야. (…중략…) 그래서 그 사람이 악의적인 게 아니야. 그냥 순수하니깐 꼬임에 잘 넘어가는 거야. 거기다 이제 친척이 있잖아. 신부들도 말이야. 동생도 있고 뭐 형님도 있고 말이야. 또 형님 가족 중에 또 공무원도 있잖아. 아, 이놈들이 가가지고 하이고 우리가 아주 공직 생활하는데 힘들다고. 죽겠다고 말이야. 뭐 이러면 어떻게 했길래 저 공직 생활하는데 힘들게 되느냐. 아 그렇게 안 해도 되는데 말이야. 열심히 기도하고 그러면 되지. 왜 그렇게 해. 이렇게 자꾸 생각하게 되지. (…중략…) 근데 그게 조직화가 되잖아? 한 사람이 아니라 그런 게 한 두 사람 세 사람 이렇게 모이게 되면 이게 어떻게 되는 건가 이렇게 된다고. 그게 거퍼, 거듭되니까. 그러면 이 교회가 돈을 받아왔다는데 말이야. 아, 왜 저놈들이 마음대로 저놈들이 쓰느냐 이거지.[15]

---

15 2011년 10월 1일, 김영주 전 재해위 집행위원장 구술(밝음신협 4층 무위당기념관).

당시 사개위 사무국장 김영주의 구술과 같이 군사정권의 정보기관은 원주그룹에 의한 부락개발운동과 협동조합운동 등을 무력화하고자 지속적인 감시와 압력을 행사하였으며, 원주그룹에 대해 비판적 인식을 가지고 있는 사제 및 평신도에 대한 접근을 통해 그 유기적 협력관계의 저지와 인식차를 증폭시키고 있었다. 이와 같이 사개위의 목적과 위상, 방법론에 대한 원주그룹 및 사제 간의 인식차이와 갈등은 1978년 1월 공소사목부의 출범, 1979년 말 사개위로의 개편, 1983년 말 사회개발부의 출범 등으로 나타났던 것이다. 이러한 조직개편은 원주교구 교구장인 지학순 주교의 승인 하에 이루어졌다.

다른 그 신부들이 자꾸 이제 그런 걸 문제제기하고 그러니까 주교님도 할 수 없었겠지, 뭐. 오죽하면 그렇게 했겠어? 사실은 굉장히 평신도들을 아끼고 그러는 양반인데, 오히려 평신도들 앞에서 신부 막 야단치고 그러는 양반이 우리 주교님이었거든. 민망할 정도로 그랬거든. 그럴 정도로 그랬는데, 그 김영주를 내보내고, 뭐 이렇게 그럴 때 우리 주교님도 마음속으로야 그 참 안 됐었겠지마는, 그러나 할 수 없었겠지. 우리 그 교구의 교구제도가 그래도 아무래도 평신도보다는 신부를 위해야 되는 거 아니야? 그래도. 교회가 제대로 가려면. 그러니까 주교님도 아마 어려우셨을 거야, 그게. (…중략…) 내가 만날 평신도들만 이러고 데리고 이러다가, 내가 신부들한테 소외되는 거 아닌가, 이런 거 생각 안 하시겠어, 사람인데? 그러니까 아마 그게 늙으시면서 그런 괴로움도 있으셨을 거야, 틀림없이.[16]

---

16 2012년 11월 23일, 전 최규창 한우지원사업 지도요원 구술(원주 학성동 자택).

원주 학성동성당에서 12년간 전교회장을 맡는 등 가까이에서 지학순 주교를 보필했던 최규창의 구술과 같이 당시 지학순 주교는 평신도들을 중심으로 간접선교에 기반한 사개위의 활동을 교구적 차원에서 직접선교를 중심으로 추진토록 요구하는 신부들의 주장과 비판에 직면하였다. 즉, 지학순 주교는 초대주교로서 제2차 바티칸공의회의 정신을 실현시키면서 강력한 지도력을 발휘하며 원주교구를 이끌었으나 1970년대 말~1980년대 전반 사개위의 위상과 목적, 방법론을 놓고 문제제기를 하는 신부들의 비판에 직면하면서 더 이상 평신도를 중심으로 사개위를 끌고 갈 수 없는 상황에 놓였다. 1983년 말 사회개발부의 출범을 계기로 원주그룹은 원주교구 안의 활동을 점차로 정리하면서 새로운 방향전환을 모색하였다.

그때는 내가 신협 부회장 할 때니까. 그러니까 벌써 내가, '아, 나나 박재일이나 다 여기서 떠날 때가 됐구나.' 그럴 때야. 왜? 신부님들이 우릴, 김영주를 그렇게 못마땅해 했으니까. 그 밑의 직속이니까. (…중략…) 그때 지 주교님이 날 보고, '이젠 너도 딴 일을 찾아라.' 그럼. '딴 길을 찾아라. 내가 너희들 말야, 감싸주는 것도 한계가 있다.' 그런 얘기를 하셨어. 사석에서. 그러니까 우리 주교님이 얼마나 그 사업도 아꼈고, 그리고 평신도를 아꼈어. 그런데 신부님들이 나쁜 게 아니라, 우리하고 대화가 안 되고, 신부님들은 권위적이잖아. (…중략…) 신부는 많이 나오고, 신부들이 여유가 있으니까 고참 신부들이, 젊은 신부들이, '아, 그거 뭐 평신도가 교구회 십몇 명이나 우글거리고, 평신도가 월급을 받으면서 일하는데, 저것들이 뭘 하는 거야, 저게? 월급은 줘가면서, 우리가 합시다.' 이런 게 있지. 그러니

까 83년도부터는 이미, 나는 이미 그거 손을 뗐지.[17]

당시 상담원 이경국의 구술과 같이 1983년 말 김영주 사무국장의 사
퇴와 함께 상담원들은 농촌과 광산지역에서 전개되었던 제반 사업과
활동을 마무리하고 최기식 신부가 주도하는 사회개발부의 협동운동이
원만히 진행되고 마무리되도록 하기 위해 '탈원주'하되, 일부 상담원이
남아 진행 중인 제반 사업들을 추진하고 정리해 나가도록 하였다. 1985
년 3월 정인재와 김헌일은 사임의사를 밝혔으며,[18] 1986년 1월 박재
일, 이경국, 김상범은 사임하였다.[19]

한편, 사개위에서 활동하였던 원주그룹의 구성원들이 사회개발부를
차례로 떠나게 된 것은 또 다른 중요한 요인이 있었다. 1980년대 전반
사개위는 농촌과 광산지역에서 소비조합운동을 중심으로 미제레오와
세베모 등 외원기관의 자금지원에 전적으로 의지해서 제반 사업을 전
개하였다. 1981년 9월 전두환정권이 서울올림픽의 개최권을 따내면서
전 세계적으로 한국사회의 발전상이 점차 알려졌으며, 미제레오와 세
베모는 한국사회의 발전상에 따라 원주교구가 추진하는 제반 사업에
대해 자립하여 추진토록 점차 요청하였다. 그 결과 사개위는 지속적으
로 외원기관의 지원자금 확보를 위한 프로젝트 신청 여부를 심각하게
고심하였다. 원주교구는 세베모에 신청한 1983년도 농촌소비조합육성
계속사업의 지난한 승인과정과 1984년 말 세베모에 신청한 신규사업

---

17 2012년 8월 8일, 이경국 전 무위당사람들 이사장 구술(원주 밝음신협 이사장실).

18 사회개발부, 「임시협의회(1985.4.1)」, 『1984~1989년도 월례회 회의록』, 1989.

19 사회개발부, 「제67차 협의회(1985.1.6)」, 『1984~1989년도 월례회 회의록』, 1989.

의 승인여부가 1985년 말까지도 불확실하게 되면서 더 이상 기존체제로 제반 사업을 추진할 수가 없었다. 그 결과 사회개발부로의 개편시 사무국장 김영주의 퇴진과 함께 다수의 상담원들이 차례로 떠날 수밖에 없었다.

1980년대 중후반 세베모에 신청했던 신규사업들이 승인되고, 유기농업운동에 기반한 농산물직거래직판장사업 등이 미제레오의 대규모 자금지원에 따라 연이어 추진되면서 이들 사업은 사회개발부장 최기식 신부를 중심으로 박양혁과 임광호, 새로 선임된 농민지도자 윤석주·정현수 등에 의해 이루어졌다.[20] 1991년 사회개발부는 사회선교국으로 개편되었다. 1993년 미제레오와 세베모에서 신규사업을 더 이상 지원하지 않는다는 방침이 전달되면서 사회선교국은 사회복지국(社會福祉局)으로의 개편을 통해 1973년도 남한강사업의 개시를 통한 20년간의 제반 사업을 종료하였다. 이 과정에서 당시까지 상담원으로 활동하였던 박양혁과 임광호는 원주교구청 소속으로 있던 정인재와 함께 20년간의 제반 사업을 마무리하였다.

한편, 1980년대 중반 사회개발부에서 물러난 상담원들은 대부분 1985년 6월 창립된 원주소비조합의 발기인대회와 창립에 주도적으로 참여하였다. 당시 최기식, 신현만 등 사회개발부를 중심으로 한 일부 사제들의 참여 속에 원주그룹의 김상범·김인성·김헌일·박양혁·박재일·임광호·정인재 등이 발기인대회와 원주소비조합의 창립에 핵심적으로 참여하였다.[21] 또한 1986년 12월 박재일이 주도한 서울

---

20 현장지도자였던 윤석주와 정현수는 1986년 11월 제69차 월례회 때부터 회의에 참가하였다(사회개발부, 「제69차 협의회(1986.11.8)」, 『1984~1989년도 월례회 회의록』, 1989).

한살림농산의 출범, 1989년 10월 한살림모임의 창립과 한살림선언 등에 원주그룹의 대다수는 깊이 참여하면서 활동하였다.[22] 이와 같이 사회개발부의 출범을 계기로 원주교구에서의 활동에서 점차 물러났었던 원주그룹은 1980년대 중후반 원주소비조합과 한살림농산의 창립, 한살림모임의 구성과 활동, 한살림선언 등을 중심으로 새로운 방향전환을 모색해 나갔다.

3. 원주그룹의 생명운동으로의 전환과 협동조합론

1) 생명운동으로의 전환과 원주보고서

(1) 원주보고서의 내용과 특징

1980년대 초 원주그룹은 1970년대 후반 민주화운동과 제반 협동운동에 대한 비판적 평가와 향후 대책을 모색하는 일련의 치열한 내부의 논의과정을 거쳐 『생명의 세계관 확립과 협동적 생존의 확장』이라는 원주보고서를 세상에 내놓았다. 이 보고서는 1970년대 후반 원주지역의 반독재투쟁과 부락개발운동에 기반한 협동조합운동의 추진 속에서

---

21 사회개발부, 「임시회의(1985.5.17)」, 『1984~1989년도 월례회 회의록』, 1989.
22 한살림공동체소비자협동조합, 『창립총회 회의자료』, 1988; 한살림모임, 『한살림모임 창립총회 및 실행위원회 회의결과보고서』, 1989.

부딪치는 제반 문제에 대한 근본적인 성찰과 이를 모색하는 과정을 거쳐 형성된 중요한 문제의식을 담고 있었다. 이 보고서는 1980년 12월 출옥 직후 원주교구 기획위원의 신분이었던 김지하가 장일순의 권유에 따라 사개위의 주요 평가회의에 참여하면서 1981년 9월 초안이 작성되었고, 장일순과 사개위의 상담원들이 이를 검토·수정하면서 1982년 초 완성되었다.[23] 원주보고서 작성 시기와 관련, 이를 유추할 수 있는 근거는 1981년 12월 2일 원주 가톨릭센터에서 행해졌던 김지하의 '로터스상' 수상 연설에서 살펴볼 수 있다.

우리는 이 비참과 죽음의 암흑 한복판에서 그 암흑이 지닌 양면성, 암흑의 의미, 그 모순의 신비를 발견함으로써 비참과 죽음의 암흑 그 자체를 그대로 뒤집어 유럽인과 모든 형태의 민중의 적(敵)마저도 포함한 전 인류와 전 생명계에 찬란한 부활을 가져다 줄 세계사적 대전환을 이루어야 할 역사적 책임을 걸머지고 있습니다. 우리는 그 책임을 완수하기 위해 〈존엄한 생명의 존중과 사랑〉이라는 보편진리를 생활적으로 구체화시키고 새롭고도 폭넓은 세계관을 창출해 내야하며, 영성적(靈性的)이면서도 공동체적(共同體的)인 새로운 생존양식을 창조해 내야 합니다. 인간과 자아, 인간과 인간, 인간과 자연 사이에 결정적인 친교와 평화를 성취시킬 생명의 세계관·생명의 존재양식을 출현시켜야 합니다.[24]

---

23 김용우, 「생명사상 및 운동의 초기 형성과 전개—원주를 중심으로」, 2009(미발표문).
24 김지하, 「창조적인 통일을 위하여-'로터스상' 수상연설」, 『밥—김지하 이야기 모음』, 분도출판사, 1984, 11~12쪽.

당시 김지하는 '아시아·아프리카 작가회의'가 수여한 로터스상 수상 연설에서 우리가 살고 있는 지구가 직면한 근대 산업문명의 위기를 극복할 방안으로 경천·경인·경물(敬天敬人敬物) 등에 기반한 생명의 세계관을 제창하고, 이를 실현할 주체로 한국 민중을 포함한 아시아·아프리카·라틴아메리카 전체 민중임을 내세웠다. 김지하가 작성한 원주보고서의 핵심적인 논리가 그의 수상 연설에서 최초로 나타난 것이다.[25] 또한 김지하는 출옥 직후 장일순의 제안에 따라 박재일과 함께 '생명사상 세미나'를 기획하였고, 이에 황인성·나상기·제정구·정호경 등이 참여하였다.[26] 아울러 1982년부터 김지하는 『大說 南』을 통해 그의 생명사상에 기반한 문학적 창작 활동을 본격적으로 재개하였다.[27] 이를 통해 원주보고서는 1981년 12월을 전후하여 원주그룹 내에서 작성·회람된 것으로 보인다.[28]

25　김지하, 『흰 그늘의 길』 3, 학고재, 2003, 40~43쪽. 이 시기 조용필은 '광주학살'의 실상을 전해 듣고 그 분노를 노래로 표출하고자 하면서 김지하의 '생명'을 토대로 작사·작곡된 네 번째 음반(1982.5)에서 〈생명〉(작사 전옥숙, 조용필 작곡)을 노래하였다. 당시 이 곡은 신군부의 5공화국 치하 공연윤리위원회의 숱한 '가위질'로 인해 사회적 메시지가 크게 훼손되면서 원 뜻을 알 수 없는 상징·은유로 채워졌다. 당시 조용필은 어머니로 불렀던 전옥숙과 함께 김지하의 「생명」을 토대로 〈생명〉이라는 노래를 만들어 불렀다(강준만, 『한국현대사 산책―1980년대 편, 4권, 광주학살과 서울올림픽』, 인물과사상사, 2014, 23·27-28쪽).

26　김지하, 위의 책, 51~54쪽.

27　권인호, 「김지하―저항 정신과 후천개벽적 생명사상」, 『시대와 철학』(제7권 제2호), 1996, 105쪽. 김지하의 『大說 南』 첫째 판 수산(水山)은 1982년 12월 창작과비평사에서 간행되었다.

28　김지하는 최근 진행된 구술에서 원주보고서의 작성 시기에 대해 기억하지 못하였다(2016년 11월 15일, 전 원주교구 기획위원 김지하 구술(원주 토지문화관 사무실)). 1982년 초 김지하는 『생명의 세계관 확립과 협동적 생존의 확장』을 원주그룹 내에 제출한 후 1984년 4월 진행된 『밥 김지하 이야기 모음』(분도출판사)에서 '인간 해방의 열쇠인 생명', '일하는 한울님', '나는 밥이다', '생명의 담지자인 민중' 등 원주보고서의 주요 논지에 기반한 자신의 글을 싣고 있었다. 또한 1984년 12월 그는 독자적으로 19세기 중후반 최수운과 강증산 등의 동학사상과 민중사상의 발자취를 찾아가는 '사상기행'에

원주보고서의 구성은 '개요', '본문'(5개 항목), '주해'(12개 항목), '각론'(10개 항목) 등 4개장으로 이루어져 있다. 보고서의 핵심을 이루는 개요는 생명의 세계관이라는 관점에서 근대 산업문명의 폐해와 인류문명의 위기를 진단하고, 이를 시급히 타개한 중요 방안으로 생명운동을 제시하면서 생명론의 내용과 운동사적 의미, 생명운동의 주역인 민중의 정의와 역할 등을 논하고 있다. 본문에서는 개요의 내용과 연결되어 생명경시·생명파괴·반생명적인 한국사회의 구체적 현상에 대한 분석과 인간해방·사회개혁 등을 위한 방향을 제시하고 있다. 주해는 '노동소외'와 '물신숭배', '인간 및 범생명의 물질화', '현대철학의 생물학적 전환', '전 생명계적인 협동적 생존' 등 개요와 본문에서 서술된 중요 어휘에 대한 각주로서의 의미를 지닌다. 각론은 ① 농민 ② 어민 ③ 이농, 도시빈민, 서비스부문 종사자 ④ 산업노동자 일반 ⑤ 광산노동자 ⑥ 여성 ⑦ 청소년 ⑧ 대학생, 지식인, 문화 관계 종사자, 종교인 일반 ⑨ 타계층과의 연대 ⑩ 민족통일 등의 항목으로 구성되었으며, 각 계층들이 어떻게 생명운동에서 위치하고 있는지, 활동가들이 이들을 어떻게 인식하고 조직·연대해야 하는지에 대한 구체적 지침을 내용으로 하고 있다. 각론은 각 계층별 속성과 존재의의를 살펴보면서 생명이 죽임을 당하는 시대적 현실 속에서 이를 극복하고자 하는 '생명의 세계관 확립' 및 '협동적 생존의 확장'의 실천과 계층별 연대방안 등을 살펴보

나섰다. 특히, 1985년 1월 간행된 『제3세계-제3세계의 새로운 세계관 모색』에서 '원주보고서'의 1장 개요와 3장 주해를 중심으로 수정 보완하여 「삶의 새로운 이해와 협동적 삶의 실천」이라는 권두언을 통해 원주그룹의 생명운동을 세상에 내놓았다. 당시 권두언의 부제는 '아시아, 아프리카, 라틴아메리카 민중의 새 세상을 위하여'였다. 이 권두언은 1985년 7월 발간된 『남녘땅 뱃노래』에서 같은 제목으로, 1984년 7월이라는 집필시점을 밝히며 재차 실렸다.

고 있다.

원주그룹은 원주보고서에서 "죽음의 먹구름이 온 세계를 뒤덮고 있으며, 인류의 근대 산업문명과 지구상의 생명계 전체가 최대의 위기를 맞고 있다"고 하였다.

> 죽음의 먹구름이 온 세계를 뒤덮고 있다. (…중략…) 뿌리뽑힌 민중적 삶, 인간성의 상실, 폭력숭배, 소비숭배, 가학, 피학 증세의 보편화, 인간 및 범생명의 물질화, 테러리즘, 복수의 악순환, 이러한 집단적 정신분열의 현상은 죽음의 옆얼굴이다. 이렇듯, 빈부의 격차에서부터 생태계의 파괴에 이르기까지 오늘날 지상에서 일어나고 있는 온갖 부조리한 현상의 내부를 꿰뚫어 흐르고 있는 것은 생명경시, 생명파괴, 반생명의 악마적 경향이다. (…중략…) 분명히 오늘의 상황은 위기이다. 인류가 맞고 있는 최대의 위기이자 지구상의 생명계 전체가 맞고 있는 총체적인 위기이다."[29]

원주그룹은 피폐해진 민중의 삶과 인간성의 상실, 인간과 범생명의 물질화, 대량생산 및 대량소비시대의 숭배 등이 횡행하는 근대 산업문명으로 인해 죽음의 먹구름이 온 세계를 뒤덮고 있으며, 이러한 현상들의 배후에는 생명경시와 생명파괴, 반생명의 세계관이 터잡고 있다고 보았다. 이로써 우리 인류뿐만 아니라 지구상의 생명계 전체가 최대의 위기이자 총체적인 위기를 맞고 있다고 보았다. 원주그룹은 이러한 생명경시, 생명파괴의 역사가 이미 오래 전부터 시작되었으나 전면화의

29　사회개발위원회, 1982「개요」『생명의 세계관 확립과 협동적 생존의 확장』, 1쪽, 5쪽.

절정에 달한 시기는 20세기였다고 하였다.[30] 특히, 근대 자본주의체제를 비판하면서 이의 대안모델로 역사상에 나타난 20세기의 현실사회주의도 인간중심주의의 생명파괴와 범생명 파괴의 물신주의 속에서 자본주의와 별반 다르지 않은 현상을 보여주고 있다고 하였다.

현 시점에서 공산주의체제의 가장 큰 문제는 빠른 시일 안에 자본주의와 어깨를 겨눌 수 있는 생산력의 확충이 민중에 대한 이데올로기의 강요라는 형태로 나타났다는 점에 있다. (…중략…) 자본주의와 똑같이 인간중심주의에 돌아감으로써 봉건제적 질곡을 무너뜨리고 풍요한 세계건설을 예언하며 유물론에 의한 유물론적 질곡으로부터의 해방을 약속했으나 자본주의와 똑같이 인간중심주의의 그 중심성에만 초조하게 집착함으로써 유물론적 질곡과 범생명 파괴의 물신지배를 확대시킨다.[31]

원주그룹은 인간과 자연의 생명을 소외·분열시키고 억압·파괴시키는 근대 산업문명 전반의 제 문제들이 20세기의 자본주의뿐만 아니라 사회주의에서도 똑같이 나타나고 있다고 보았다. 이에 따라 원주그룹은 전사회적·전세계적인 규모에서 생명회복과 생명의 본성에 대한 새로운 인식이 요청된다고 하였다.

오늘날 지상에서 일어나고 있는 온갖 부조리한 일체현상의 내부를 관통하고 있는 것은 생명경시, 생명파괴, 반생명의 악마적 경향이다. 이에 대응

---

30 위의 글, 8쪽.
31 위의 글, 10~11쪽.

하여 역시 전세계적인 범위에서 그리고 전사회적 규모에서 생명의 회복과 생명의 본성에 대한 인식이 요청되고 있으며 생명을 일체의 가치관, 인생관, 사회관, 역사관, 세계관, 우주관의 중심으로 파악하고 그것을 중심으로 기존의 모든 과학기술의 성과들을 창조적으로 통합할 것과 협동적 생존의 확장에 의한 개인 및 사회적 생명의 진정한 부활, 해방이 요구되고 있다. 한 포기의 배추에 있어서의 참된 생명력의 문제로부터 이론물리학의 '장'의 원리나 철학에서의 범주론과 언표방식에 있어서의 생물학적 전환에 이르기까지 생명의 세계관 확립과 그에 입각한 일체 인간과 자연생명계까지를 포함하는 협동적 생존의 확장이 기대되고 있다.[32]

원주그룹은 생명경시, 생명파괴, 반생명의 흐름이 만연한 20세기 근대문명 산업사회에서 이에 대응·극복하기 위해서는 생명의 가치관을 중심에 두는 제반 전통사상과 20세기 초부터 나타난 진보적 과학사상을 기반으로 '생명의 세계관 확립'과 '협동적 생존의 확장'이라는 지향의 확대가 필요하다고 보았다. 그런데 원주그룹은 이러한 생명의 세계관이 자본주의와 사회주의를 지양함에 있어 그 중간 길이 아니라고 하였다.

생명의 진리는 중도다. 그것은 양쪽 가장자리를 떠나면서도 가운데가 아니다(離邊非中). 그것은 모두(全)이며, 모든 것이 생명의 씨앗임(處處皆佛)을 믿는 것이며 이 믿음으로부터 오는 사랑의 실천(慈悲行)이다. 제3세계

---

[32] 사회개발위원회, 1982 「본문」『생명의 세계관 확립과 협동적 생존의 확장』, 17쪽.

민중운동으로서의 생명운동은 자본주의와 공산주의를 다같이 떠나면서도 그 중간길이 아니다. 이것은 어떤 것, 어떤 사람을 반대하는 것이 아니라 모든 것, 모든 사람 속에 활동하는 반생명적 경향을 반대하고 모든 것, 모든 사람 속에 숨은 채 드러나는 생명의 씨앗을 현실적으로 꽃피우는 일이다. (…중략…) 스스로 창조하고 스스로 해방하고 반생명에 저항하다 죽고 다시 부활하여 스스로 확장함으로써 자신을 변화시키고 체제 자체의 역사적 한계를 근본적으로, 근원적으로 철저히 소멸시킬 전면적인 부활과 해방과 개벽을 가져오는 변혁운동이며 동시에 자비와 사랑의 운동인 것이다.[33]

원주그룹은 생명의 세계관이라는 것이 일종의 어떠한 체제를 단순히 반대하는 것이 아니라 근대 산업문명 내 반생명적인 경향을 반대하면서 우리 삶과 사회에 숨은 채 드러나 있는 생명의 씨앗을 되살리면서 이를 기반으로 해방과 개벽을 가져오는 변혁운동이자 자비와 사랑의 운동이라고 보았다. 한편, 원주그룹은 이러한 변혁운동의 주체를 제국주의 및 냉전의 질서에 시달리면서 그에 저항하며 형성된 제3세계의 민중이라 하였다.

이와 같은 세계질서 안에서 그 속에서는 인간다운 삶의 유지가 불가능하다고 느끼는 광범한 대중집단, 곧 '민중'이 나타난다. 민중이란 이데올로기적인 측면에서 고립시켜 지칭하는 사회적 계급이라기보다 왜곡된 역사속에서 모든 형태의 억압자들과 실천적으로 대결하는 과정에서 생성된 피억

압자들의 세력 일반을 지칭하는 말이다. 거기에는 고전적인 계급의 도식으로 파악할 수 있는 노동자, 농민, 도시영세민, 양심적인 자본가, 지식인, 성직자 및 차별받고 냉대받는 인종 전체가 포함되어 있다. 구체적으로 말하면 민중은 제국주의 및 냉전의 질서에 시달리고 그에 대해 저항하는 과정에서 형성된 제3세계의 실체이다. 그들은 새로운 세계, 빛과 생명을 약속받은 인간들이다.[34]

한편, 원주그룹은 인류문명 사회 중에서도 분단시대의 한국사회가 가장 적나라한 생명파괴와 반생명 현상이 보편화된 곳이며, 이를 극복할 생명의 세계관과 협동적 생존이라는 지향과 가능성이 한국 민중 자신들의 집단적인 노동체험과 지혜의 전통 속에서 숨겨진 채로 드러나 있다고 보았다.

한국의 사회와 인간은 일반화된 생명경시, 생명파괴, 반생명현상 위에 주종적 의존관계, 소위 근대화의 우상화 및 선진·후진국간의 불평등 관계, 그리고 분단상황까지 상승요인으로 작용하여 어떤 점에서는 보편적인 생명파괴의 가장 적나라한 전시장으로 볼 수도 있다. (…중략…) 생명파괴, 반생명현상이 극심하고 보편화된 한국사회, 특히 민중의 생존속에 일상화되고 있는 생명파괴를 극복할 슬기와 힘은 민중 자신의 개인 및 집단적인 노동체험과 지혜의 전통 안에 숨겨져 있다. 토지를 살아있는 생물로 보고 물과 바람과 대기, 빛과 그늘, 변화하는 기후와 계절, 풀, 곡식, 나무와 벌

---

34 위의 글, 11쪽.

레, 짐승들을 하나의 총체적인 통일된 생명체로 하나의 통일적인 기(氣)의 운동으로 인식하고 믿어 의심치 않으며, 일체생명을 신령한 것으로 존중하는 전통과 이웃을 한형제, 한가족처럼 가깝게 느끼는 전통속에 이미 영성적이면서도 공동체적인 세계관이 생명의 세계관과 그에 입각한 전사회적, 전우주적인 협동적 생존의 확장 가능성이 '숨겨진 채로 들어나' 있다.[35]

원주그룹은 생명파괴의 현상이 가장 잘 나타나고 있는 분단된 한국사회에서 일체생명을 신령한 것으로 존중하고 이웃을 한 가족으로 여기는 전통뿐만 아니라 토지와 물, 바람과 대기, 빛과 그늘, 풀과 나무, 벌레와 짐승들까지도 하나의 총체적인 통일된 생명체로 보는 영성적·공동체적인 생명의 세계관과 이에 기초한 전사회적·전우주적인 협동적 생존의 확장 가능성이 숨겨진 채로 드러나 있다고 하였다. 그러므로 숨겨진 채로 드러나 있는 민중적 세계관과 생명의 세계관을 토대로 제3세계 민중운동과의 연대속에서 한국사회의 극심한 생명파괴 현상과 분단시대를 극복할 해결책을 찾아야 한다고 역설하였다.

'숨겨진 채로 드러나고 있는' 이러한 민중적 세계관, 생명의 세계관을 중심 기초로 하여 역학(易學), 대승불교와 선사상, 노장철학과 주체적으로 수용된 기독교 신비사상, 동학과 증산교의 가르침을 배경으로 하고 그리스도의 삶, 죽음, 부활의 신비와 신구약의 생명의 복음의 인도를 받아 현대 서양철학의 생물학적 전환, 물리학 및 제 과학사상의 혁신적인 변화, 기술의 놀

---

35 사회개발위원회, 1982 「본문」, 『생명의 세계관 확립과 협동적 생존의 확장』, 17~18쪽.

라운 발전성과들과 제반 민중운동의 역사적 경험들을 새로운 비판적 조명 아래 통일하여 자각적, 창조적으로 심화 확대시키는 곳으로부터 그러한 민중적 세계관에 입각한 전민중적, 전사회적, 전인류적, 전생명계적인 협동적 생존의 확장과 영성적이면서 공동체적인 새로운 생존방식을 창조 발전시키는 운동을 제3세계 민중운동과의 공고한 연대 속에서 수행하는 곳으로부터 한국사회의 극심한 일체의 생명파괴 현상과 분단 상황에 대한 근본적이고 총체적인 해결책, 대응책을 찾아야 한다.[36]

이와 같이 원주그룹은 원주보고서를 통해 근대 산업문명의 전개에 따라 생명파괴와 반생명현상이 극심하게 된 현 사회를 진단하고 이를 대응·극복하기 위하여 '생명'을 핵심적 내용으로 하는 제반 사상과 진보적 과학사상 등에 토대를 두고 경천·경인·경물(敬天敬人敬物)에 기반한 '생명의 세계관'을 확립하고 '협동적 생존의 확장'으로 나아가자는 생명운동으로의 전환을 한국사회에 제창할 수 있었다.

이러한 점은 1970년대 초 민중의 기본적 자유권과 생존권에 기반한 '생명' 인식과 이를 통한 제반 협동운동의 추진과는 크게 다른 것이었다. 즉, 원주그룹은 전일적인 '생명의 세계관'을 통해 우리가 인류와 근대 산업문명의 역사를 바라봐야 하며, 민중과 인류뿐만 아니라 우주를 구성하는 물질과 뭇 생명들까지도 포괄하는 전생명계의 '협동적 생존의 확장'과 영성적·공동체적인 새로운 생존방식을 창조·발전시켜 나가는 운동을 제창했다는 점에서 1970년대 초 '생명' 인식과는 차원이

---

36 위의 글, 19쪽.

다른 질적인 변화상을 보여주었다. 또한 자연과학의 원리이자 생태학의 원리를 적용하면서 생명을 순환성·다양성·관계성이라는 세 가지 특성에 기반하여 사회의 원리와 운동의 원리로 바라보는 생명인식론을 보여줄 뿐만 아니라 종교적 차원이자 영성차원에서 우주생명까지 논하였다. 이는 하나의 개체 생명이 태어나서 자기생명과 이를 억압하는 환경·구조 속에서 타고난 본성과 삶대로 살 수 있도록 하는 생명보존운동의 차원에서 논의된 1970년대 초의 '생명' 인식과는 크게 다른 것이었다.

(2) 생명운동으로의 전환과 의미

1980년대 초 원주그룹에 의해 「생명의 세계관 확립과 협동적 생존의 확장」으로 정리된 생명운동의 배경은 1970년대 초 '생명' 인식에 기초한 제반 협동운동을 전개하는 한편, 1970년대 환경과 생태계의 위기, 이를 극복하고자 하는 국내외의 제반 움직임과 동학사상 등에 기반한 장일순의 근본적인 성찰이 있었다. 또한 이러한 인식을 확장하고자 하는 원주그룹의 제반 활동, 유신체제의 종말과 신군부에 의한 5공화국의 등장, '5·18광주항쟁'이 가져다 준 충격과 성찰 등을 주된 내용으로 한 것이었다.

먼저, 1970년대 후반 원주그룹은 해마다 부락개발운동과 협동조합운동이 전개되던 관할 농촌지역 내 수십 명의 농민들이 농약으로 쓰러져가는 현실을 목도하였다. 또한 이를 가능케 하는 다수확 생산의 농업정책 하에 농약·화학비료의 남용으로 인한 심각한 생태계 불균형의 초래와 수질·토양의 황폐화를 낳고 있는 현실을 주목하였다. 당시 한국농업과 거의 모든 농토는 오로지 생산성 증대라는 한 가지 목표를 배타적으로 추구하도록 강제되었다. 그 결과 엄청난 양의 화학비료와 농약살포로 생명력을 잃어갔으며, 농약으로 희생되는 농민의 급증과 생태계의 교란이 극심해지는 악순환이 나타났다.

반독재운동을 계속 하다 보니까 종전의 맑스 패러다임에서 벗어나야겠다는 생각이 들었어요. 그것 가지고는 문제의 해결은 물론이고 악순환이 계속 되겠더란 말입니다. 농약·비료를 마구 뿌리고 도시산업화를 꾀하는 것을 보니 이 강토 전체가 황폐화 되겠더라구요. 환경도 살고 우리도 살자는 방향으로 가지 않으면 안되겠더군요. '6·3사태' 이후에 원주에서 농촌운동을 하려고 한 박재일씨와 77년부터 기본적으로 살아가는데 공동체 내지는 농토를 살리고 먹거리를 살리는 방향으로 가야 되지 않겠는가? 하고 얘기했어요.[37]

위에서 장일순의 언급과 같이 당시 원주그룹은 유기농법에 대한 주목을 통해 '농(農)'에 대한 근본적인 성찰과 근대적 개발주의에 대한 비판적 인식 등이 이루어지면서 '생명운동'의 내용을 확장시켜 나갔다. 한편, 1970년대 원주그룹은 구속된 인사들의 석방을 위한 활동을 전개하는 한편, 1979년 유신체제의 종말과 '12·12', '사북항쟁', '5·18' 등 폭압적인 신군부의 등장 속에서 일종의 소모적일 수 있는 끝없는 정치투쟁을 장기적인 싸움으로의 전환을 모색하고 이끌어야 하는 상황이었다.

---

37 여운연, 「겨레의 가능성은 대중속에」 『나락 한알 속의 우주』, 녹색평론사, 1997, 123쪽.

그때까지만 해도 운동의 형태가 전부 그 데모스트레이션이나, 그 농성이나, 거리에 운동으로서 말하자면 그 집단적인 행동으로 운동을 표출했었어요. 학생운동이든지, 무슨 뭐 노조운동이든지, 무슨 농민운동이든지. 농민운동 때 뭐 나도 그런 데모 많이 했으니깐 일변도가 그렇게 돼 있다고. 어. 이것만 가지고 안 된다. 이제 운동의 형태가. 어, 그 당시에 79년 뭐 그때 그런 형태로 가다간 전부 전멸한다. 그렇잖아? 그 뭐 파쇼정권 들어서 가지고 무자비하게 짓밟는데 그 뭐 살아나갈 방법이 있나. 그러한 상황판단도 있었어요. 그리고 그런 갈등은 언젠가는 그 저변을 확대시키는 운동으로 전환이 되지 않으면 오래가지 못한다. 응? 그런 게 있었다고. 그래서 그러한 그 저기 협동적 생존의 확장이라고 하는데 대표적인 게 이제 협동조합 방식이야 그게.[38]

1970년대 유신체제 하 원주지역을 중심으로 한 반독재투쟁의 전개 속에서 원주그룹은 기존의 운동방식으로는 자신들의 조직을 보호·유지할 수 없을 뿐만 아니라 그들이 지향하는 '생명' 중심의 사회를 만들어 갈 수 없다는 비판적 성찰을 모색해 나갔다.

무위당 선생님이나 여러 사람들이 모여서 '여러 사회문제들의 원인이 무엇이냐. 사람을 존중하고 서로 관계를 회복하는 사회가 되어야 하는데 그렇지 못하는 것이 독재 때문이냐. 그러면 민주화가 되면 해결되느냐. 독재와 관계없이도 사람이나 마을이 다 찢어지는데 그러면 분단 때문이냐. 탄

압 때문이냐. 가난 때문이냐. 그런 것들이 부분적인 이유는 될 수 있겠지만 그것들이 다 해결된다고 해서 우리가 생각하는 삶과 사회가 되느냐.´ 이것이 우리 모두의 고뇌였어요.[39]

한편, 장일순은 1946년 원주읍에서 포교소를 운영하였던 오창세를 통해 해월사상을 접한 이후 정치활동정화법과 사회안전법 등으로 인해 정치활동이 제약 당하였던 시절 내면화되어 있던 것이 1970년대 후반 해월사상에 대한 주목과 재해석을 통해 맑스의 계급사상에 기반한 운동론과 무한생산의 대상이 될 수 없는 자연의 한계에 대한 성찰, 경천(敬天)·경인(敬人)·경물(敬物) 등 자연의 위격을 높여 공경의 대상으로 삼아야 한다는 문제의식으로 발전되면서 '생명의 세계관'을 마련해 나갔다.

제가 70년대에 반독재운동을 계속하다가 70년대 후반에 농촌의 곡가와 생산비를 보장하라는 운동을 했었어요. 그러다가 내가 잘못 가고 있다는 것을 깨달았어요. 77년이었지요. (…중략…) 맑스도 자연에 대한 얘기는 했지만 오늘날의 이 시점에 와서 생긴 자연의 한계문제 등은 생각을 안했거든요. 또 하나 물량을 넉넉하게 생산해서 공생하자는 얘기는 했지만 지금은 그것 가지고 될 수 없게 변했습니다. 이미 그런 테두리와 바탕으로는 얘기할 수 없어요. 자연 자체의 위격도 인격과 조금도 다르지 않다는 정도로 높여놓지 않으면 해결이 안되는 겁니다. 그러니까 방대한 물량을 생산

---

39 윤형근, 「언제나 생명 가진 모든 존재와 함께-박재일 선생님이 들려주는 무위당 이야기」, 『너를 보고 나는 부끄러웠네』, 녹색평론사, 2004, 180쪽.

해서 낭비를 한다는 것은 살생행위라는 걸 체득해야 하는 거죠. 불교에서 말하는 살생이라는 것도 오늘날에 와서 더욱 진지하게 얘기될 수 있구요. 동학에서는 경천, 경인, 경물이라고 해서 같은 격으로 물질도 높여 놓았습니다. 물질은 이용을 하는 대상이 아니라 아끼고 공경할 대상이며 생명의 분신이라는 생각의 차원으로 가지 않고서는 지금의 문제를 풀지 못한다는 거죠.[40]

자본주의와 사회주의체제 모두 자연을 개발의 대상으로 삼으면서 대량생산과 대량소비를 특징으로 하는 산업문명의 위기가 나타났다는 장일순의 문제의식과 자연을 사람 및 하늘과 동격으로 삼아 사물을 공경해야 한다는 해월사상에 입각한 근본적인 성찰과 인식의 전환은 1970년대 저항엘리트들이 대부분 공유하였던 '부정부패 없는' 개발주의와 '생산력 정체론'에 입각한 생산력주의에서 벗어날 수 있는 단초와 계기를 보여주었다.[41] 아울러 이러한 문제의식과 인식의 전환이 1980년대 초 '생명운동'으로 발전되어 나타났다는 점에서 1970~80년대 원주그룹이 반독재진영에서 차지했던 독특한 사상적·운동론적 특징을 보여주었다. 당시 원주그룹은 1980년 12월 출소한 김지하의 적극적인 참여를 계기로 생명운동으로의 전환을 추진함에 있어 본격적인 논의가 이루어졌으며, 생명운동의 이론적 기초를 만들어갔다.

---

40 정현경, 「새로운 문화와 공동체운동」 『나락 한알 속의 우주』, 녹색평론사, 1997, 132~133쪽.
41 김보현, 『박정희정권기 경제개발』, 갈무리, 2006, 285~333쪽.

김지하가 출소해 가지고 장일순선생하고 만나면서 여러 가지 대화를 했
다는 얘기를 내가 직접은 보지는 않았지만 박재일이라든가 뭐 몇 사람 등
을 통해 들은 적이 있어요. 말하자면 운동의 방향을 전환시켜야 된다. 이렇
게 구태의연한 무슨 구제운동이다, 투쟁운동뿐만 아니라 구제운동만으로
도 안된다. 그러니까 뭔가 이 세계에, 이 사회의 근원적인 문제에 대해 제대
로 진단하고, 그 병중을 극복하기 위한 어떤 종합적인 설계도를 하나 내놓
아야 한다. 이런 소리를 했다고 해요. 이러니까 장일순선생님도 운동의 전
환이 필요하다는 것을 알았고, 김지하는 감옥속에서 세상을 과거의 물질
중심의, 경제 중심의 그 맑시즘적인 그런 세상을 보다가 그게 아니고 생명
이란 틀에서 시각에서 상황에서 보는 어떤 단초, 지적인 설득 수준에서, 처
음에는 감성적인 수준에서, 아무래도 시인이니까 그런 데서 시작됐다는 점
에서 두 사람의 의기투합이 있었다고 봤고. 그래서 전환이 있었고.[42]

1979년 봄 투옥된 감옥의 쇠창살에서 자라난 개가죽나무의 풀씨를
통해 '생명'을 인식 · 통찰하였던 김지하는 출옥 직후 장일순의 권유에
따라 생명운동으로의 방향전환을 위한 사회개발위원회 내 제반 회의와
원주보고서의 집필을 위한 일련의 논의에 적극 참여할 수 있었다.[43]
한편, 원주그룹은 1970년대 후반 개시된 생명운동으로의 전환과정
에서 '10 · 26'에 의한 유신체제 붕괴와 신군부에 의한 5공화국의 성
립, '5 · 18광주항쟁'으로 인한 충격과 성찰과정을 통해 운동노선을 둘

---

42 2016년 12월 14일, 전 한살림모임 사업위원장 최혜성 구술(용인 기흥구 공세동 자택).
43 김지하, 『흰 그늘의 길』 2, 학고재, 2003, 432~432쪽; 2016년 11월 15일, 전 원주교구
   기획위원이자 '원주보고서' 집필자 김지하 구술(원주 토지문화관 사무실).

러싸고 격심한 논쟁이 전개되기도 하였으나 결과적으로 그 변화의 속도와 폭을 크게 하는 작용을 하였다.[44] 당시 원주그룹은 생명운동으로의 방향전환을 위한 이론적 토대의 마련과 가톨릭교회 및 일반대중을 설득해야 하는 과제를 안고 있었다.

유신체제가 끝나고 신군부체제로 들어오면서 김지하도 출옥하면서 그러면서 반독재투쟁에서 사회협동운동으로 원주그룹들이 운동의 방향을 전환하지 않았습니까? 그 방향의 전환에 이론적인 토대가 있어야 된다 말이에요. 그 토대를 김지하가 맡아서 쓴 것이 아닌가 봐요. (…중략…) 가톨릭교회도 의식하면서 가톨릭교회의 지원으로 그 당시에 협동운동이 진행되었기 때문에 그 협동운동을 한 단계 발전시켜서 소비자운동, 유기농업운동, 또 그것의 결합으로서 새로운 운동, 한살림운동이라는 이름을 붙여서 운동을 하는데, 왜 이거를 하느냐, 정말 왜 이거를 하느냐 하는 사상적·이론적 토대가 뭔가 있어야 되겠다하는 필요 때문에 그 문서가 나왔다고 생각합니다. (…중략…) 김지하가 가톨릭 지원하에 진행되었던 사회협동운동을 한

---

[44] 김기봉, 「원주지역 시민사회운동의 역사와 전망」, 『평론원주』 통권 제1호, 1998, 82~83쪽; 신병식, 「20세기 원주 100년—압제에 대한 저항의 도시」, 『평론원주』 통권 제3호, 2000, 29~31쪽; 정규호, 「도시공동체운동과 협동조합지역사회 만들기—원주 협동조합운동과 네트워크의 역할」, 『정신문화연구』 제36권 제4호, 한국학중앙연구원, 2013, 18쪽. 당시 광주항쟁이 재야·학생운동세력·소장학계 등에 커다란 충격과 변화를 주면서 1980년대 전반 반미사상과 (반)식민지론, 계급혁명론에 입각한 마르크스주의와 레닌주의·스탈린주의, 주체사상 등이 도입되었으며, 운동선상에서 극단적 무장투쟁론과 전위당론, 수령론 등이 급격하게 분출되었다. 이러한 5공화국시대의 극한적 투쟁론은 원주지역의 민주화투쟁세력 내 형성된 생명운동의 흐름과 첨예한 갈등을 일으켰으며, 1980년대 초 원주그룹 내에서도 '개량주의'를 둘러싼 논쟁이 나타났다(2011년 10월 1일, 김상범 (주)살림농산 대표 구술(원주 밝음신협 4층 무위당기념관). 그러나 원주그룹은 이러한 과정을 거치면서도 『생명의 세계관 확립과 협동적 생존의 확장』이라는 문건으로 자신들의 향후 운동방향을 정리·체계화하여 나갔다.

단계 높이기 위한, 발전된 형태로 가기 위해서 뭔가 교회도 설득시켜야 하고 또 그 다음에 일반대중도 설득시켜야 하고, 그런 필요에 의해서 작성한 것이 아닌가 생각해요. 사실 그 생각이 결국 발전해서 한살림모임이나 한살림선언까지 연결되었다고 생각되지요.[45]

1980년대 초 원주그룹은 생명운동으로의 전환과정에서 그 운동이론과 사상의 체계화를 통해 안으로는 가톨릭교회와 신자들을 설득해야 했으며, 밖으로는 '5·18광주항쟁' 직후 그 영향을 크게 받았던 원주지역 내·외의 재야·학생운동세력들을 설득해야 하는 쉽지 않은 입장에 놓여 있었다. 이러한 상황 속에서 1년여의 집중적인 내부 토의 결과 원주그룹은 김지하의 대표 집필을 통해 원주보고서를 세상에 내놓을 수 있었다.

한편, 원주보고서는 1989년 한살림선언과 비교해서 그 사상적 기반과 지향점이 계승 발전되면서도 몇 가지 시대적 한계를 안고 있었다. 원주보고서가 작성될 당시 이를 대표 집필한 김지하가 아직 전통적인 운동권의 논리에서 완전히 벗어난 것이 아니었다. 이는 원주보고서의 개요와 본문, 각론 등에서 운동권적인 논리와 생경한 용어 등이 곳곳에서 여실히 드러나고 있는 점에서 알 수 있다. 또한 생명운동의 사상적 기반으로서 20세기 이래의 새로운 과학사상과 이천식천(以天食天)·개벽 등의 동학사상이 언급되고 있었으나 당시 장일순과 김지하가 이해한 수준을 반영하고 있다는 점에서 이들 사상의 핵심을 이해함에 있어

다소 미흡하였던 것으로 보인다. 그 결과 1984년 12월 김지하는 동학의 발자취를 쫓는 사상기행에 나섰으며, 새로운 흐름의 과학사상에 지속적으로 천착했던 것이다. 아울러 원주보고서에서 그는 사회주의적인 시각에서 우리사회의 모순에 대해 이야기하면서도 그것의 대안이 생명운동이라고 하는 다소 부정합한 논리의 서술도 보여주었다. 이러한 점들은 그가 시인이었던 특성과 원주보고서 작성 당시 생명운동에 대한 원주그룹의 논리와 언어가 전적으로 정리·체계화되지 못한 것에 기인하다고 보여진다. 이는 1989년 생명운동의 논리와 언어로 체계적으로 정리된 한살림선언과 비교되는 바였다. 그럼에도 김지하가 유려한 만연체로 작성한 원주보고서에서 나타난 생명운동의 논리와 이론적 기반은 1980년대 중후반 제반 사상들에 대한 이해의 심화와 체계화를 통해 한살림선언으로 이어졌다.

2) 협동조합론

1980년대 원주그룹은 농소협과 신협 광산지구협의회를 중심으로 1980년도 '농촌소비조합육성사업', 1981년도 '광산소비조합육성2년연장사업', '1982년도 농촌소비조합계속사업', 1983년도 '광산소비조합육성3년연장사업', 1985년도 '농촌소비조합지속사업' 등을 추진하면서 광산과 농촌지역에서의 소비조합운동을 활발하게 전개하였다. 또한 1986년도 농산물직거래 및 직판장운영사업과 1990년도 농산물직거래확장사업을 통해 원주그룹 내 박재일을 중심으로 한 한살림운동이 서울을 중심으로 활발하게 전개되었다.

1977년 8월 광산지역에서 창설된 광소협을 중심으로 한 소비조합운동은 직장조합이라는 신협조직의 토대 위에서 광소협의 자율적이고 적극적인 활동에 힘입어 성공적으로 추진될 수 있었다. 이러한 흐름 속에서 1970년대 후반 농촌지역에서 소비조합을 본격적으로 추진하고자 하는 시도는 1979년 3월 농소협의 창립과 1980년도 농촌소비조합육성사업의 추진으로 나타났다. 1980년대 초 사개위는 이전 농촌과 광산지역에서 신협을 중심으로 한 협동조합운동에서 소비조합의 설립·운영을 중심으로 한 소비조합운동에 중점을 두는 방향으로 전환하였다.[46] 당시 사개위는 강원도지부와의 긴밀한 협력 속에서 관할 농촌신협과 광산신협이 계통기구의 지도를 받도록 추동하였다. 이 시기 농촌과 광산지역의 소비조합운동은 초기 협동조합 원리에 맞게 출자금 납부와 이용고배당, 광범한 조합원의 참여와 자립에 기반해서 철저하게 이루어진 것은 아니었다. 이에 따라 원주그룹은 조합의 자체 운영능력 향상과 자립에 기반한 자율성을 확보하면서 기초단계에서 발전단계로 이끌기 위해 지속적으로 연장사업을 추진해 나갔다.

1980년대 전반 원주그룹은 농촌과 광산지역의 소비조합을 육성하기 위한 제반 사업들을 추진해 나가는 한편, 농소협과 신협 광산지구협의회의 주요지도자들을 중심으로 한 일본연수 등을 통해 생명의 세계관에 입각한 인식론이 확산되도록 하였다. 그러나 이 시기 사개위 관할

40　1980년 11월 당시 상급인들은 농촌과 광산지역에서의 소비조합육성사업을 추진함에 있어 이 사업을 중점적으로 추진할 것인지, 다른 사업과 병행 추진할 것인지에 대해 내부적으로 심도 있는 논의를 진행하였다. 그 결과 소비조합사업을 중점적으로 추진키로 의견을 모았다(사회개발부, 「임시회의(1980.11.11)」, 『1980~1981년도 월례회 회의록』, 1981).

신협의 부대사업이었던 소비조합이 생명운동에 기반한 협동조합론에 의해 추진되지 않았으며, 농촌과 광산지역에서의 소비조합운동은 근대적 조합주의에 기반해 이루어졌다. 즉, 당시 지리적 여건과 교통수단의 열악 등으로 인해 농촌과 광산지역에서 생필품을 구매하기가 쉽지 않았고, 높은 가격으로 구매할 수밖에 없었던 현실에서 농민과 광부들이 이들 생필품을 저렴하게 구입하고자 하는 '공산품의 파이프라인적 성격'을 가지고 운영되었다.[47] 1980년대 전반까지 이러한 성격의 소비조합운동은 지속되었다.

한편, 1970년대 원주그룹에 의한 부락개발운동과 협동조합운동의 추진과정에서 영월 연당과 제천 읍상부락에서 생산된 고추와 배추 등의 농산물을 광산지역의 소비조합과 직거래로 연결하려는 시도들이 일부 신협지도자들에 의해 추진되었다. 이러한 시도는 1980년대 전반 사개위와 원주교구 사목국, 농소협과 밝음신협 등에 의해 도농농산물직거래운동의 활성화로 발전되었다. 이러한 도농농산물직거래운동은 1980년대 전반 원주그룹이 주도하였던 일본생협의 견학·시찰과 연결되면서 생명운동에 기반한 생협운동으로 나아갔으며, 그 결과 원주소비조합의 창립과 한살림농산의 개점으로 나타났다.

1984년 사개위 관할 단위조합과 한가농 전국단위의 농민지도자들이 참여한 일본유기농업과 생협의 현장시찰은 주로 도쿄의 생활클럽생협과

---

47 "소비자협동조합은 일종의 공산품의 파이프라인이지, 농산물의 어떤 그 공급처가 안돼요, 어? 말하자면 뭐 소주래든가 뭐 고무신이래든가 뭐 장갑이라든가 말이야 뭐 이런, 라면이라든가 이런 거를 농촌에다가 파는 데는 이게 뭐 좋아. 파이프라인이야? 근데 농산물을 가지고 말야, 이게 그 도시소비자들한테 이렇게 가게 만드는 라인은 안 되는 거야!"(2011년 10월 1일, 김상범 (주)살림농산 대표 구술(밝음신협 4층 무위당기념관)).

〈그림 Ⅳ-1〉 1974년 창립된 모토메루카이가 소재하였던 고베학생청년센터

치바현의 유기농업 생산지인 미요시마을[三芳村], 고베 중심의 '식품공해
를 추방하고 안전한 먹을거리를 구하는 모임'인 모토메루카이[求める會]
와 교토 중심의 '쓰고 버리는 시대를 생각하는 모임'인 사테루카이[捨てる
會]의 제휴운동그룹, 미에현 도요사토의 야마기시회[山岸會] 실현지 등을
중심으로 이루어졌다. 당시 원주그룹이 주목한 일본생협과 유기농업단
체는 생활클럽생협과 고베·교토지역 제휴운동그룹의 유기농업운동에
기반한 생산자·소비자조직이었다. 특히, 원주그룹은 미요시마을[三芳
村]·모토메루카이[求める會]·사테루카이[捨てる會] 등 유기농업운동에
기반한 생산자·소비자조직인 제휴운동그룹이 가진 강한 연대성·계약
생산·책임소비 등의 지향과 방법론, 도쿄생활클럽생협의 반(班)조직에
의한 계약주문과 물품개발 방식, 공동구입 방법론에 크게 주목하였다.
이러한 일본유기농업운동과 일본생협운동의 시찰·연수를 통해 농촌 간

〈그림 IV-2〉 1973년 교토에서 창립된 사테루카이

의 직거래경험과 원주교구를 중심으로 한 도농농산물직거래사업의 추진
과 결합되면서 원주그룹은 원주소비조합과 한살림농산의 창립 등 생명운
동에 기반한 생협운동으로 발전해 나갔다.

1980년대 전반 농촌을 중심으로 전개되던 소비조합운동은 유기농업
운동과 결합되면서 도시생협운동의 길을 열었다. 당시 원주그룹은 붕괴
하는 농촌의 현실 속에서 농업의 중요성과 순환성에 주목하였으며, 도
시와 농촌 상생의 공동체운동을 주창함으로써 이전의 부락개발운동과
협동조합운동에서 한 단계 발전적으로 나아갔다. 그 결과 1985년 6월
원주소비조합의 창립과 1986년 12월 한살림농산의 출범, 1988년 한살
림소협과 한살림생산자협의회의 창립과 활동, 1989년 한살림모임의
창립과 한살림선언 등으로 이어지는 한살림운동의 전개로 나타났다. 기
존의 소비조합운동이 유럽적 소비조합주의에 기반한 '공산품의 파이프

〈그림 IV-3〉 1984년 일본연수시찰단이 방문한 됴요사토 실현지(12.6~12.10)

라인적 성격'을 갖고서 농촌의 자립과 자활을 모색하는 공동체운동이었던 것에 반해 한살림운동은 생명농업에 기초한 도농상생공동체운동을 지향하였다. 따라서 한살림운동의 태동은 단순히 소비조합운동이 아닌 생명운동에 기반한 협동조합운동으로서의 성격을 갖고 있다는 점에서 중요하였다.[48] 한살림운동은 농업생산자와 도시소비자가 병존하는 독특한 형태이며, 농산물을 생산하는 생산자는 주로 유기농업에 기반한

---

[48] 현재 원주에서 생명운동은 3가지 영역에서 논의되고 있다. 첫째, 하나의 개체 생명이 태어나서 자기생명과 이를 억압하는 환경과 구조 속에서 개체생명을 타고난 본성과 삶대로 살 수 있도록 하는 운동으로 생태계보존운동·아프리카기아문제해결운동 등 생명보존운동이 이에 해당된다. 둘째는 자연과학의 원리이자 생태학의 원리를 적용하여 생명은 순환성·다양성·관계성이라는 세 가지 특성에 기반하여 사회의 원리와 운동의 원리로 바라보는 생명인식론이다. 셋째는 종교적 차원이지 영성차원에서 우주생명 등을 이야기하는 것을 뜻한다. 원주에서는 3가지를 모두 이야기를 하고 있으나 이 글에서 원주그룹의 생명운동은 두 번째의 생명인식론에 입각해서 운동을 전개하자는 것에 한정해서 다루고 있다.

농산물을 생산하고 이를 도시의 소비자와 직거래하는 형식을 취함으로써 "생산자는 소비자의 생명을, 소비자는 생산자의 생활을 책임진다"는 인식과 결합된 새로운 방식의 생협운동이었다.[49]

4. 1980년대 협동조합교육의 추진과 특징

1) 농촌지역 협동조합교육의 추진과 특징

1980년대 농촌지역 사개위와 사회개발부의 교육사업은 크게 두 시기로 나누어 살펴볼 수 있다. 첫째 시기는 1970년대 재해위가 실시한 교육의 연장선상에서 세베모의 자금지원을 통해 교육사업이 전개된 1980년대 전반기이며, 둘째 시기는 1985년 원주소비조합의 창립과 1986년 한살림농산의 개점을 계기로 세베모와 미제레오의 자금지원을 기반으로 한살림운동의 내용을 갖는 교육사업이 전개된 1980년대 중반 이후의 시기이다.

1980년대 전반 사개위의 교육사업은 1970년대 재해위가 실시한 교육사업의 연장선상에서 추진되었으며, 크게 초청교육과 현장교육, 견학교육 등으로 이루어졌다. 초청교육의 경우, 농촌지도자교육과 농촌신협교

---

49 박재일, 「한살림을 시작하면서」, 『한살림』 창간호, 1987.

차수	농촌지도자교육			차수	농촌부녀지도자교육			차수	농촌신협 임원교육			차수	신협실무자교육		
	일정	A	B		일정	A	B		일정	A	B		일정	A	B
29	'80.11.5~7	7	33	20	'80.12.27~29			8	'81.8.29~31	13	26	18	'81.2.23~26	30	44
30	'80.12.3~5	11	30	21	'81.3.21~23			9	'82.3.6~8	18	30	19	'81.12.7~10		45
31	'81.2.16~18	10	34	22	'81.7.18~20	5	17	10	'84.3.22~24	10	15	20	'82.2.22~25	22	42
32	'81.3.30~4.1	7	17	23	'81.12.12~14	10	25					21	'84.4.24~27	18	25
33	'81.9.28~30	5	32	24	'82.1.16~18	17	55								
34	'81.11.16~18	6	33	25	'82.2.1~3	11	48								
35	'82.3.30~4.1	6	11	26	'82.8.21~23	4	14								
36	82.9.13~15	6	31	27	'83.2.19~21	4	23								
37	82.11.22~24	8	29	28	'84.1.19~21	10	33								
38	'83.7.25~27	10	35	29	'84.8.16~18	10	34								
39	'83.9.5~7	5	36	30	'84.12.27~28	17	47								
40	'83.11.10~12		36												
41	'84.9.17~19	5	32												
합계		86	389			88	296			41	71			70	156

출전 : 사개위, 『1978~1981년도 농촌여성지도자교육』, 1981; 사개위, 『1981~1982년도 농촌여성지도자교육』, 1982; 사개위, 『농촌소비조합육성사업』, 1983; 사회개발부, 『농촌소비조합육성계속사업』, 1985; 사회개발부, 『1981~1986년도 농촌여성지도자교육』, 1986; 사회선교국, 『부락별 사업지원 현황』, 1991.

비고 : 1. A와 B는 부락수와 인원수임.
　　　2. 차수는 1973년부터의 교육차수를 의미함.
　　　3. 수치가 없는 경우, 확인불가를 의미함.
　　　4. 농촌지도자교육에서 29~30차, 36~37차, 39차는 한우지원사업임.

육, 농촌소비조합교육 등이 실시되었다. 농촌지도자교육의 경우, 부락의 남성지도자뿐만 아니라 여성지도자에 대한 교육도 활발하게 전개되었다. 1980년대 전반 농촌지도자교육 현황을 보여주는 〈표 IV-3〉을 통해 살펴보면 농촌지도자교육은 13회에 걸쳐 추진되었으며, 연인원 86개 부락 389명의 농촌지도자들이 교육에 참여하였다. 1976년 초 착수된 농촌부녀자교육은 이 시기에 활발하게 전개되었는데, 11차례에 걸쳐 연 88개 부락 296명의 부녀지도자들이 교육에 참여하다.[50]

특히, 농촌부녀지도자교육은 1978년 2월 재해위가 아세아인간발전
협력체(APHD)의 자금지원에 기초해 농촌부락 내 부녀지도자들을 중심
으로 추진하였던 농촌여성지도자교육[51]과 1981년도 농촌여성지도자
교육[52]이 활발하게 전개된 결과였다.

농촌여성지도자교육은 농촌현실과 보건위생, 신협소개, 소비조합
소개, 회의진행법, 농촌영양, 협동 활동, 사례발표 등의 교과목을 통해
교육이 이루어졌다.[53] 당시 여성지도자교육의 요점은 농촌을 둘러싼
제반 현실문제의 인식, 신협·소비조합의 중요성과 부녀지도자들의 참
여 필요성, 농촌의 보건현실 및 환경위생과 그 해결방안 등이 강의와

---

50 연인원 88개 부락, 296명의 수치는 미확인된 20차와 21차교육을 제외한 것이다.

51 APHD는 아시아인성회인 아세아인간발전협력체(Asia Partnership for Human Development)를 의미한다. 1978년도 농촌여성지도자교육의 실시를 통해 연인원 482개 부락의
부녀지도자 3,214명이 교육을 이수하였다. 특히, 사개위 시기에는 연인원 267개 부락에서
2,124명의 부녀지도자들이 교육에 참여하였다(사개위, 『1978~1981년도 농촌여성지도
자교육』, 1981). APHD에서 이 사업을 위해 지원한 자금은 19,210A$(10,419,993원)이었다.

52 1981년도 농촌여성지도자교육은 APHD에서 33,695A$(23,865,445원)을 지원받아 3개
년 교육사업으로 추진되었다. 그러나 실제 교육은 1986년 2월까지 실시되었다. 이 교육
사업은 크게 농촌부녀지도자교육, 부녀실무자교육, 지역교육, 현장교육, 기타교육 등으
로 구분될 수 있다. 농촌부녀자지도자교육은 연인원 107개 부락의 부녀지도자 346명,
부녀실무자교육은 연인원 36개 부락의 85명, 지역교육은 연인원 23회 791명, 현장교육
은 연인원 145회 6,077명, 기타교육은 연인원 24회 부녀자 802명이 이수하였다. 전체
적으로 농촌부락 내 부녀자 8,101명이 본 교육에 참여하였다(사회개발부, 『1981~
1986년도 농촌여성지도자교육』, 1986).

53 제22차 농촌여성지도자교육의 교과과목 및 강사를 살펴보면 농촌현실(김헌일), 분반토
론·발표·보건위생(유재동), 신협소개(강원도지부 김종섭), 소비조합 소개(농소협 지
달용), 사례발표(영월 연당부락 김순옥), 토론발표·공동오락(유재동), 회의진행법·실
습(김상범), 농촌영양(전표열), 협동 활동(이한규), 올바로 사는 길(장일순), 감상문작
성·발표 등이었다(사개위, 『제1차 농촌여성지도자교육 평가보고서(1981.8)』, 『1981~
1982년도 농촌여성지도자교육』, 1982). 제26차 농촌여성지도자교육의 경우, 농촌현실
(이한규), 보건위생(幸家運-행복한 가정운동), 신협소개(박양혁), 소비조합 소개(농소
협), 사례발표(원성 황곡부락 부녀지도자), 회의진행법(김상범), 농촌영양(전표열), 협
동 활동(정인재), 특강(장일순) 등이었다(사개위, 『제26차 월례회(1982.8.5)』, 『1981
~1983년도 월례회 회의록』, 1983).

차수	농촌간담회			차수	농촌부녀간담회			차수	농촌소비조합부녀자교육		
	일정	A	B		일정	A	B		일정	A	B
9	'80.2.22~24	36	68	2차	'80.2.8~9	22	53	1차	'81.8.3~5	15	56
10	'81.2.20~22	25	42	3차	'81.1.19~21	23	50	2차	'81.12.19~21	8	27
11	'82.2.15~17	24	36	4차	'82.1.9~11	16	42	3차	'82.3.27~29	10	20
12	'83.2.16~18	22	31					(1차)	'82.8.7~9	12	30
합계		107	177			61	145			45	133

비고 : 1. 농촌소비조합 부녀자교육 중 (1차)는 소비조합부녀자견학교육의 차수를 의미함.
     2. A와 B는 부락수와 인원수임.

그룹토의, 부락사례 발표 등을 통해 농촌부녀지도자들이 인식하도록 한 것이었다.[54]

이 시기 신협교육은 크게 농촌신협 임원교육과 신협실무자교육이 실시되었다. 농촌신협 임원교육의 경우 3회에 걸쳐 연인원 41개 부락 71명의 신협임원을 대상으로 교육이 이루어졌으며, 신협실무자교육은 4회에 걸쳐 연인원 70개 부락 156명의 회계실무자가 교육을 이수하였다. 당시 사개위가 농촌소비조합육성사업의 전개를 통해 소비조합운동을 중심으로 활동을 전개하였던 사업방침과 조직·지도역량이 강화된 신협 강원도지부의 제반 교육이 활발하게 추진된 것과 맞물리면서 이 시기 신협교육의 비중은 축소되었다.

한편, 이 시기에는 농촌대표자간담회와 농촌부녀대표자간담회가 개최되었는데, 이는 〈표 IV-4〉를 통해 살펴볼 수 있다. 농촌대표자간담회는 4차례에 걸쳐 연인원 107개 부락, 177명의 농민지도자들이 참여하였으며, 농촌부녀간담회는 3회에 걸쳐 연인원 61개 부락, 145명의

---

54 사개위, 「제1차 농촌여성지도자교육 평가보고서」, 『1981~1982년도 농촌여성지도자교육』, 1982.

〈표 IV-5〉 1980년대 전반 농촌소비조합 관련 교육 현황(1979.9~1985.1)

차수	농촌소비조합임원교육			차수	농촌소비조합회계교육			차수	농촌소비조합세무교육			소비조합견학교육		
	일정	A	B		일정	A	B		일정	A	B	일정	A	B
1	'80.12.16~18		24	5	'80.11.26~30	24	31	위탁1	'79.9.27~29		34	'82.7.14~16	10	2
2	'81.3.26~28		35	6	'81.6.26~29	18	23	위탁2	'79.12.3~7		23	'82.10.5~7		3
3	'81.7.13~15	14	19	7	'81.11.21~24	18	29	위탁3	'80.3.29~4.1		25	'83.6.6~7	14	2
4	'82.8.16~18	12	22	8	'82.3.15~18	19	27	1	'82.7.20~22	17	18	'83.10.12~14		2
5	'84.8.23~25	12	32	9	'82.4.21~23	15	19	2	'82.10.18~20	15	15	'84.5.17~19	16	3
6	'84.12.10~12	11	24	10	'82.9.6~9.9	15	20	3	'83.4.20~22	10	11			
7	'85.1.14~16	13	46	11	'83.1.14~17	15	20	4	'83.7.20~22	15	16			
				13	'83.6.22~25	15	20	5	'83.10.20~22	16	20			
				14	'83.12.19~22	19	28	6	'84.1.21~23	14	14			
				15	'84.2.22~25	23	47	7	'84.4.16~18	10	10			
				16	'84.6.25~28	17	23	8	'84.7.21~23	11	11			
				17	'84.10.19~22	16	20	9	'84.10.18~20	15	17			
합계		62	202			214	307			123	214		40	15

출전 : 사개위, 『농촌소비조합육성사업』, 1983; 사회개발부, 『농촌소비조합육성계속사업』, 1985; 사회선교국, 『부락별 사업지원 현황』, 1991.
비고 : 1. 교육차수가 1차부터 시작할 때 표시하지 않음.
　　　 2. 위탁2와 위탁3은 농소협이 주최한 농촌·광산지역 합동교육임.
　　　 3. 소비조합회계에서 5와 6은 광산·농촌지역 합동교육임.
　　　 4. A와 B는 부락수와 인원수임.

부녀지도자들이 참여하였다. 특히, 농촌부녀간담회는 사개위가 1978년도부터 APHD의 자금지원을 받아 실시된 농촌여성지도자교육의 일환으로 실시되었다. 농촌부녀간담회의 내용을 살펴보면, 대체로 경제문제, 토론·발표·종합, 부락활동 사례발표, 부락개발, 신협과 소비조합, 농소협과 농민회, 특강 등이었다. 이 시기 농촌지도자교육과 농촌대표자간담회, 농촌부녀대표자간담회 등은 모두 사개위가 전개하였던 농촌지역의 협동조합운동을 활발하게 전개하기 위한 활동이 결합되어 실시되었다.

1980년대 전반기는 사개위가 농촌소비조합육성사업과 농촌소비조합육성계속사업 등의 추진을 통해 소비조합운동을 활발히 전개해 나갔던 시기였다. 그 결과 사개위는 소비조합 관련 교육을 중점적으로 실시하였으며, 이는 〈표 IV-5〉를 통해 살펴볼 수 있다. 이 시기 농촌소비조합 임원교육은 처음 실시되었으며, 총 7차례에 걸쳐 소비조합을 운영 중인 농촌신협의 임원과 소비조합 임원 202명이 참여하였다. 소비조합 임원교육의 내용을 살펴보면, 농촌문제, 협동조합론(신협론), 소비조합론, 임원의 역할, 감사의 역할 및 방법, 농촌신협의 여수신관리, 사례발표, 회의진행법, 특강 등이었다.[55] 1980년 11월 농촌소비조합 회계교육은 농촌지역에서 처음 실시되었다. 당시 회계교육은 매년 2~3회씩 활발하게 실시되었는데, 총 12차례에 걸쳐 연인원 214개 부락의 회계실무자 307명이 참여하였다. 대체로 강의내용은 경제현실, 소비조합론, 부기개론, 해외연수 보고, 세무상식, 특강 등이었다.[56] 아울러 1982년 12월 농촌소비조합 대표자간담회가 1회 개최되었는데, 농촌소비조합을 운영 중인 18개 농촌신협의 대표자 26명이 모여 소비조합 운영의 제반 문제점과 현안 등을 협의하였다.

---

[55] 제3차 농촌소비조합 임원교육의 교과과목 및 강사를 살펴보면, 농촌문제(박재일), 신협론(강원도지부), 소비조합론(강원도지부), 임원의 역할(농소협 경근호), 감사의 역할·방법(농소협 경근호), 농촌신협의 여수신관리(농소협 이재호), 사례발표(우종환), 회의진행법(김상범), 특강(장일순), 토론주제 안내(김헌일) 등이었다(사개위, 「제16차 월례회―회의속개(1981.7.3)」, 『1981년도 월례회 회의록』, 1981).

[56] 제7차 농촌소비조합 회계교육의 교과과목 및 강사진을 살펴보면, 경제현실(박재일), 소비조합론(장상순), 부기개론(지달용), 해외연수 보고-슬라이드(박양혁), 세무상식(세무서), 특강(장일순), 주교님 말씀 등이었다(사개위, 「제20차 월례회(1981.11.3)」, 『1981~1983년도 월례회 회의록』, 1983).

1981년 8월 농촌소비조합 부녀교육이 최초로 실시되었는데, 총 3차례에 걸쳐 연인원 33개 부락 103명의 부녀들이 교육을 이수하였다. 교육의 내용은 주로 농촌현실, 협동조합론, 부락개발, 신협과 소비조합 소개, 부락사례 발표, 소비조합 운영의 문제점, 농촌영양, 농촌여성의 역할 등이었다.[57] 또한 이 시기 소비조합 견학교육이 5차례에 걸쳐 연인원 소비조합 임원진 155명이 참여하면서 실시되었다. 1982년 7월 10개 부락 25명의 소비조합 임원이 참여한 제1차 소비조합 견학교육의 경우, 조를 편성하여 황곡·내양·리·연당·세교·북원·두산그룹·대한전선 시흥공장·연세(서울) 등 활발하게 운영중인 구판장·소비조합 등을 견학하였으며, 소비조합 견학의 의미와 소비조합 운영의 제반 문제점에 대해 해결방안이 논의되었다.[58] 1982년 8월 제1차 농촌소비조합 부녀견학교육이 9개 부락 부녀자 30명이 참가한 가운데 실시되었다. 당시 부녀자견학교육은 주로 신협, 소비조합, 소감발표, 모범소비조합 견학, 농촌여성의 역할, 특강 등으로 이루어졌다.[59] 당시 실시된 제반 부녀교육은 농촌소비조합의 운영에 있어 부녀자들이 활발하게 참여하는 계기가 되었다. 한편, 1977년 정부의 부가가치세 실시에 따라 세무문제의 중요성이 현안으로 떠오르면서 농촌소비조합 세무교육이 처음으로 실시되었다.

이 시기 사개위의 농촌부락의 현장교육이 활발하게 이루어졌다. 1980년을 전후로 한 정세의 변화와 신군부에 의한 5공화국의 탄생이

---

57 사개위, 「제28차 월례회－회의속개(1982.10.12)」, 『1981~1983년도 월례회 회의록』, 1983.
58 사개위, 「제25차 월례회(1982.7.6)」, 『1981~1983년도 월례회 회의록』, 1983.
59 사개위, 「제25차 월례회(1982.8.5)」, 『1981~1983년도 월례회 회의록』, 1983.

도	시군	동면	리	부락명	회수	인원수
강원	원주	인		가톨릭센터	2	37
		행구		신월랑	1	55
		봉산2		본현	1	45
	원성	부론	법천	비덩	2	118
			흥호2	대흥	3	104
		소초	흥양3	황골	4	127
			흥양2	하초구	1	11
			학곡1	백교	1	17
			흥양	직산	2	40
		신림	성남1	청운	3	66
			신림2	언당	1	27
			송계2	계야	1	52
			용암2	용소막	6	216
			구학2		2	72
		문막	동화1		2	54
		흥업	대안1		1	16
			대안3		1	30
			매지2	미촌	1	62
	횡성	안흥	강림2		3	228
			월현1		1	46
			월현2		1	38
			상안1		1	22
		서원	매호		7	319
			석화2		1	25
		우천	정금2		1	16
			두곡		2	97
강원	횡성	둔내	둔방		1	20
		공근	공근		1	45
	영월	남	연당1	와룡	2	68
	평창	평창	후평		1	43
		대화	신1		11	861
			신2		3	128
			신4		5	221
			신5		1	58
			신6		3	106
			신7		3	128
			상안미1		5	260
		봉평	백옥포		8	221
			연풍		1	39
		평창	여만		1	32
			종부1		1	32
	정선	임계	낙천3	혈천	1	52
충북	제천	한수	성내	오산교회	1	94
		봉양	학산		2	69
			옥전2	노목	1	27
		덕산	성암		2	41
		백운	방학		1	27
	단양	가곡	여천1		1	17
		영춘	하	밤수동	1	10
경기	여주	대신	보통3	양촌	3	174
		능서	내양1	양화	3	165
기타			성화2		1	28
합계			52		116	4,908

출전 : 사개위, 『1980년도 농촌지역 현장교육보고서』, 1991; 사개위, 『1981~1982년도 농촌지역 현장교육보고서』, 1982; 사개위, 『1982~1983년도 농촌지역 현장교육보고서』, 1983; 사개위, 『농촌소비조합육성사업』, 1983; 사회개발부, 『농촌소비조합육성계속사업』, 1985; 사회선교국, 『부락별 사업지원 현황』, 1991.

라는 정치적 격변 속에서 사개위는 계획된 초청교육을 제대로 수행할 수 없었으며, 이에 따라 현장교육이 크게 중시되면서 농촌신협과 농촌소비조합이 운영되고 있는 부락들을 중심으로 활발하게 실시되었다.

1980년대 전반 현장교육의 현황을 나타내는 〈표 IV-6〉을 통해 당시 농촌부락에서 소비조합을 중심으로 교육이 실시된 현황을 살펴보면 52개 부락에서 116차례에 걸쳐 4,908명의 농민이 참여한 가운데 현장교육이 이루어졌다. 이 시기 현장교육은 사개위의 상담원들이 주로 부락방문 시 농촌신협과 소비조합 임원을 중심으로 '상담'하던 접촉범위의 한계를 뛰어넘어 부락의 광범한 지역민과 밀착될 수 있는 계기를 마련했으며, 부락단위에서 협동조합운동의 주도층과 참여층의 확대를 추동할 수 있는 기반이 되었다는 점에서 중요한 의미를 가졌다.

이 시기 사개위의 초청교육과 현장교육은 이전과 비교해서 몇 가지 특징을 가졌다. 먼저 1970년대 재해위가 부락개발사업과 신협운동을 중심으로 교육사업을 전개하였던 것에 반해, 이 시기에는 소비조합을 중심으로 한 제반 교육이 활발하게 추진되었다. 둘째, 이 시기에는 이전과 달리 광산과 농촌지역 소비조합을 중심으로 한 견학교육이 활성화되었다. 당시 사개위 관할 광산·농촌지역의 소비조합은 전국적으로 모범적인 형태로 널리 알려졌으며, 자체 소비조합운동의 발전을 위해 선진적으로 운영 중인 타 지역의 소비조합을 방문하였던 것이다. 셋째, 이 시기에는 1970년대보다 농촌소비조합육성사업, 광산소비조합육성계속사업, 농촌소비조합육성계속사업, 광산소비조합육성3년연장사업, 마을건강사업, 농촌청소년계도사업, 농촌여성지도자교육사업사업 등 수많은 제반 사업이 추진되면서 많은 교육이 계획되고 실시되었다.

근데 이제 내가 지금 갑자기 생각난 게 주종이 이제 나중에 소비조합 이런 걸로 바뀌잖아. 농촌사업에서. 그러다가 새로운 걸 자꾸 우리가 개발을

하잖아. 마을건강사업이라든가 청소년지도사업이라든가. 또 무슨 농촌부
녀자사업이라든가 이런 프로젝트를 내는 거야. 새로운 프로젝트를. (…중
략…) 근데 인제 거기엔 꼭 자부담이. 그래서 자부담 부분을 어디서 조달할
방법은 없잖아, 솔직하게. 첨에는 원주였으니까. 그 다음에 자꾸 프로젝트
를 우리가 개발을 해. 개발을 하는데 이게 예를 들면, 지금도 복지관이나 복
지사업에 70대 30은 자부담해야 되잖아. 근데 그 외국 원조기관이 그걸 적
용을 한 거야. 70에 30. 그러면 30은 우리가 자부담을 해야 되거든. 근데
자부담 할 능력은 없는 거야. 그러니까 그런 걸로 충당을 하고 했던 걸로 생
각이 되는 거야.[60]

당시 상담원이었던 정인재의 구술과 같이 남한강사업과 한우지원사
업, 원주원성사업은 무상지원으로 자부담 부분은 없었으나 1970년대
말부터 신청된 제반 사업에는 총 사업예산 중 25%정도를 원주교구에
서 자부담하도록 외원기관이 요구하였다. 당시 사개위의 상담원들은
프로젝트 신청 시 농촌과 광산에서 필요로 하는 회수를 훨씬 넘는 교육
계획을 수립하면서 자부담 부분을 해결하고자 하였고, 필요이상으로
제반 교육이 추진되면서 내부적 활력이 점차 떨어져 갔다. 상담원들은
사개위가 자체의 존속을 위해 외원에 기반한 프로젝트를 추진하고 이
를 집행하는 성격이 점차 많아지면서 업무량 과다에 따른 사기저하와
타성화문제에 대해 우려를 표시하였다. 또한 교육사업에 참여했던 농
민지도자들도 다수 이농하였고, 이로 인한 농촌일손의 부족 등이 이어

<표 IV-7> 1981년도 사회개발위원회의 교육사업 실적 현황(1981.9)

농촌소비조합		광산소비조합		청소년사업		농촌부녀사업		마을건강	
사업명	실적(%)	사업명	실적(%)	사업명	실적(%)	사업명	실적(%)	사업명	실적(%)
지도자	66	지도자	50	현장	80	지도자	25	현장	92
임원	66	회계	50	지역	83.3	실무자	0	지역	40
부녀교육	16.6	부녀교육	0	지도자	100	지역	0	지도자	50
회계	75	현장	76	기타	70	현장	55	기타	100
기타	60	기타	33			기타	0		
현장	42								

출전 : 사개위, 「제18차 월례회-회의속개(1981.9.10)」, 『1981~1983년도 월례회 회의록』, 1983.

지면서 남아 있는 부락의 농민지도자들도 열의가 저하되고 이는 협동운동의 침체로 나타났다.[61]

그 결과 1980년대 전반 교육사업의 추진은 크게 두 가지 방향으로 나타났다. 먼저 <표 IV-7>과 같이 사개위가 각각의 사업에서 계획했던 것과 달리 실제 추진실적이 크게 미치지 못하는 결과로 나타났다. 두 번째는 1980년 말부터 농소협과 신협 강원도지부 등의 유관기관과 협력하여 교육사업을 분담하여 추진하는 방향으로 나아갔다. 이는 3개 기관의 신협·소비조합교육의 현황을 나타내는 <표 IV-8>을 통해 살펴볼 수 있다. 당시 사개위는 신협 강원도지부 및 농소협과 협력하여 제반 협동조합교육을 실시하고자 하였다. 그 결과 신협과 소비조합 관련 교육은 각각 신협 강원도지부과 농소협이 주관하여 실시토록 하였다. 그러나 1982년 이후 농소협이 자립적 운영이 어려워지면서 소비조합 관련 교육은 사개위가 직접 실시하는 방향으로 나아갔다.

1980년대 중반 원주소비조합의 창립 이후 사회개발부의 교육은 미

---

61 사개위, 「임시회의-회의속개(1980.7.22)」, 『1979~1980년도 월례회 회의록』, 1980.

<표 IV-8> 1981년도 3개 기관 소비조합교육의 추진계획 현황

교육명	농소협	道支部	사개위	共同	교육명	농소협	道支部	사개위	共同
농촌신협 임원		1	농1, 광2	2	소비조합관리자				1
농촌신협 감사		1			소비조합실무자	2			2
신협직원		1			소비조합회계			농1, 광1	
신협회계		1	농2, 광1		소비조합간담회	1		1	1
신협결산		1			견학	12			1
농촌신협지도자		1			세무	4			4
농촌신협실무자		1		2	단합대회				1
소비조합임원	2		3	1	합계	21	7	15	13

출전: 사개위, 「제12차 월례회(1981.2.6)」, 『1980~1981년도 월례회 회의록』, 1981; 사개위, 「제13차 월례회(1981.3.2)」,
『1981년도 월례회 회의록』, 1981.
비고: 1. 도지부는 신협 강원도지부를 뜻함.
  2. '농'과 '광'은 농촌지역과 광산지역을 의미함.

제레오와 세베모의 자금지원을 기반으로 한 도농소비조합육성지원사업과 농촌소비조합확장사업 등의 추진과정에서 유기농업운동에 기반한 도농농산물직거래운동의 소개와 확산 등에 초점을 맞추어 전개되었다. 효소농법, 자연농법, 유기농법 등의 내용을 갖는 교육은 이미 1978년 초부터 쌀생산비조사원교육에서 나타났으며, 1980년대 전반 청소년교육을 중심으로 유기농업 전문가와 정농회의 주요 활동가가 초청되어 교육이 이루어졌다. 또한 원주그룹은 생명운동에 기반한 유기농업운동의 추진과 확산을 위해 상담원들과 협동조합운동을 추진하고 있는 농민·탄광지도자들의 참여하에 일본의 유기농업운동과 생협운동을 직접 견학·시찰할 수 있는 일본연수를 적극 추진하였다.

1980년대 후반 사회개발부가 추진하였던 초청교육의 현황은 <표 IV-9>를 통해 살펴볼 수 있는데, 임원견학교육, 농촌지노사교육, 소비조합 임원교육, 소비조합 회계교육 등 제반 교육이 총 42회에 걸쳐

〈표IV-9〉1980년대 후반 사회개발부 교육사업 현황(1985.7~1989.4)

교육명	회수	참가자수	교육명	회수	참가자수
지도자교육	2	104	회계교육	5	164
임원교육	5	180	임원견학교육	3	72
부녀교육	1	35	기타교육	26	440
합계				42	995

출전 : 사회개발부, 「경과보고서('85.7.1~'86.12.10)」, 『도농소비조합육성지원사업』, 1987; 사회선교국, 「제1차 경과보고서('86.11~'87.6.30)」, 『농촌소비조합확장사업(1021A)』, 1991.

995명이 참여한 가운데 이루어졌다. 이들 교육은 1980년대 전반 소비조합을 운영 중인 농촌부락의 농민들을 대상으로 실시되었던 초청교육과 대동소이한 교과과목과 내용으로 실시되었다. 그러나 1985년 6월 실시된 소비조합 임원교육에서 유기농업에 대한 내용이 추가되는 등 생명운동에 기반한 유기농업운동과 연계되면서 실시되었다.[62]

당시 유기농업운동과 도농농산물직거래운동 관련 교육은 임원교육과 회계교육 등 초청교육보다는 생산지 견학이나 간담회, 세미나 등의 방식을 통해 이루어졌다. 1987년 8월 실시된 임원견학교육의 경우, 농산물직거래사업의 중요성과 농촌지역 확대·보급을 위해 소비조합 임원 40명이 참가한 가운데 무농약농산물 생산협동체, 자연란 생산협동체, 무농약쌀 생산자를 중심으로 구성된 농촌소비조합에 대한 견학교육(8.25~27)이 실시되었다. 또한 1985년 11월 농산물직거래 세미나(11.9~10)와 소협임원 간담회, 일본생협 지도자들과의 간담회 등이 개최되었다. 1986년 12월 평창동부소비조합과 횡성 내 공근소비조합의 임원간담회는 61명이 참가한 가운데 농약문제의 심각성과 유기농업운

---

62 사회선교국, 「제2차 경과보고서('87.7.1~'88.6.30)」, 『농촌소비조합확장사업(1021A)』, 1991.

동의 필요성 등이 논의되었다. 1987년 9월 간담회의 경우, 농촌소비조합 임원과 도시 소비자들이 유기농업운동과 농산물직거래운동의 필요성에 대해 공감하면서 농산물의 공급과 가격결정 등 구체적인 현안문제들이 논의되었다.[63]

1980년대 전반 일본연수가 활발히 추진되면서 1985년부터 일본생협 지도자들의 방한에 따라 수차에 걸쳐 양국 지도자들 간의 간담회 등이 활발하게 이루어졌다.[64] 1987년 7월 일본생협 지도자 6명이 방한하여 소협 강원도지부 임원들과 협동조합운동의 발전적인 방안을 협의하는 간담회가 개최되었으며, 원주소비조합과 사회개발부 관할의 농촌지역 유기농업 현장 및 무공해농산물 생산지를 견학하였다. 아울러 1987년 2월 개최된 광소협 총회(2.8)와 원주소비조합 총회(2.20)를 통해서도 유기농업운동에 기반한 도농농산물직거래운동의 필요성과 도농간의 협동적 삶의 공동체 실현을 위한 방안들이 논의되었다.

한편, 원주소비조합의 창립을 계기로 1980년대 후반 농촌소비조합의 창립과 활성화를 위한 사회개발부의 현장교육은 활발하게 실시되었

---

63 사회선교국, 「제1차 경과보고서(’86.11~’87.6.30)」, 『농촌소비조합확장사업(1021A)』, 1991; 사회선교국, 「제2차 경과보고서(’87.7.1~‘88.6.30)」, 『농촌소비조합확장사업(1021A)』, 1991. 원주소비조합 창립 이후 유기농업 생산지 견학방문이나 유기농업운동에 기반한 도농농산물직거래운동의 소개교육 등이 통계로 잡을 수 없을 만큼 활발하게 전개되었다.

64 1985년도의 경우, 1월 18일 도쿄생활구락부 생협지도자 5명이 한국을 방문하여 농촌·도시의 협동조합 간의 협동에 관해 연수(1.18~24)를 실시하였고, 한국의 소비조합운동을 발전시키는데 적극 협력키로 하였다. 4월 사이타마현[埼玉縣] 현민공제 생협지도자 4명이 방한하여 공제협동조합운동에 관한 연수(4.4~7)를 실시하였으며, 신협연합회는 이 운동이 수신되노록 적극 협력기로 하였다. 6일 이치시마[市島] 유기농업 회원과 고베[神戸] 소비자그룹 일행 30여 명이 한국농촌과 유기농업의 현황을 견학(6.9~11)하기 위해 방한하였다(사회개발부, 「일본유기농업운동과 생협운동 연수계획(1985. 4)」, 『해외연수 관계철』, 1985).

〈표 IV-10〉 1980년대 후반 현장교육 현황(1985.7~1987.6)

도	시군	동면	리	참가수	회수	도	시군	동면	리	참가수	회수
강원	원주		원주소협	279	5	강원	평창	대화	주진	133	2
	원성	부론	흥호1	45	1				상안미	113	2
		판부	서곡4	58	2			봉평	백옥포	48	1
		흥업	대안	102	3			평창	종부	28	1
			매지	70	1				다수	106	2
		지정	월송	45	1				노론	374	8
	횡성	안흥	강림2	58	1				하일	169	4
			월현2	59	2				노산	61	1
		서원	매호	222	3			봉양	구학2	23	1
		우천	정금2	16	1			백운	방학	60	1
			두곡	38	1		정선	임계	낙천3	138	3
		공근	공근	141	5				반천	28	1
			부창	28	1			여량	봉정	111	2
	영월	남	연당1	60	2	충북	중원	소태	복탄	28	1
	평창	평창	후평	71	2		괴산	소수	충북농촌	20	1
		대화	신1	355	4	기타	소협중앙회 4개 지역			17	1
			신2	38	1	합계				3,142	68

출전 : 사회개발부, 「경과보고서('85.7.1~'86.12.10)」, 『도농소비조합육성지원사업』, 1987; 사회선교국, 「제1차 경과보고서('86.11~'87.6.30)」, 『농촌소비조합확장사업(1021A)』, 1991.
비고 : 1. '충북농촌'는 현 '눈비산마을'의 전신인 충북농촌개발회를 뜻함.
　　　 2. 기타교육은 농산물직거래 세미나, 임원과 부녀 등의 간담회 등을 의미함.

다. 1985년 7월부터 1989년 4월까지 사회개발부가 실시한 현장교육은 총 100회에 걸쳐 농민 6,889명이 참가하였다. 이중 1985년 7월부터 1987년 6월까지 농촌부락별 현장교육의 현황을 통해 구체적으로 살펴보면 〈표 IV-10〉과 같다. 이 시기 총 68회에 걸쳐 3,142명이 참여한 가운데 현장교육이 실시되었다. 대체로 사회개발부 관할 농촌지역의 농촌소비조합 창립과 이의 활성화를 추동하는 한편, 생명운동에 기반한 도농농산물직거래운동에 대한 소개가 활발하게 이루어졌다. 이를 통해 사회개발부 관할 농촌지역에서 유기농업운동에 기반한 농산물 생산자들의 조직과 이의 확산, 교회를 통한 농촌소비조합 및 도시소비조합과의 연계 등을 통해 유기농업운동에 기반한 도농농산물직거래운동이 활발하게 전개될 수 있는 기반이 되었다.

2) 광산지역 협동조합교육의 추진과 특징

광산지역에서 실시된 사개위의 제반 교육은 기본적으로 1970년대 후반 재해위가 실시한 교육사업의 연장선상에서 추진되었다. 교육형식은 초청교육과 현장교육, 위탁교육 등으로 구성되었다. 우선, 초청교육의 경우, 신협임원교육, 소비조합 임원교육 및 회계교육, 유관기관에 의한 위탁교육 등이 이루어졌다. 신협임원교육의 경우, 〈표 IV-11〉과 같이 4차례 연 107명을 대상으로 이루어졌으며, 협동조합운동이 활성화된 광산신협의 임원들이 주로 참여하였다. 특히, 신협 광산지구협의회에 가입한 지역신협인 한마음신협과 뿌리신협, 강릉신협, 새로 출범한 강원6구탄광지부 등의 임원들이 교육에 참여하였다. 교육의 교과목은 광산신협의 현황과 문제점, 우리들의 당면한 문제(토론), 노동조합의 역할과 진로, 협동조합론, 이사회 운영방법과 업무운영 관리, 신협 사례와 감사방법, 다수의 토론과 발표, 올바로 사는 길 등이었다. 강사는 주로 사개위 상담원과 신협 강원도지부, 전국 광산노조 본부, 단위조합 신협임원 등이었다.

소비조합 임원교육의 경우, 소비조합을 운영 중인 지부를 중심으로

<표 IV-11> 사개위기 교육사업 현황(1979.9~1983.1)

단체명	초청교육									현장교육			
	신협임원교육				소비조합 회계교육					'79.9~'81.2		'81.3~'83.1	
	5차	6차	7차	8차	5차	6차	7차	8차	10차	참가수	교육수	참가수	교육수
한성탄광지부							1					36	1
대진탄광지부	2	2	2	4	2		1	1		457	5	312	4
어룡탄광지부	1		4	5	2	2	3	1	1	195	4	1,000	5
함태탄광지부	3	3		8	2					263	4	1,902	9
동해탄광지부	4	3		6	1	1	2	1	2	463	6	422	3
태영탄광지부	6	5	3	12	1		1	1		298	5	1,140	4
장원탄광지부		2				2	1			325	4		
장성탄광지부	1									114	2		
강원탄광지부	3	2			1					389	5	804	5
강원6구탄광지부			2			1						355	5
도계지역지부							1			46	1	300	5
삼척탄광지부										32	1	32	1
동고탄광지부	1									69	2	86	2
동원탄광지부												70	1
정동탄광지부			1							186	2		
광산지구협의회	1			1	1	1	1	1	1			45	2
뿌리신협			5									117	2
고한지역			2										
한마음신협		2	2									62	2
강릉신협	7	2				1							
함백천주교회												120	1
노동복지회관												24	1
합계	29	21	21	36	10	8	11	5	4	2,837	41	6,827	53

출전 : 사개위, 『광산소비조합육성사업』, 1982; 사개위, 『광산소비조합2년연장사업』, 1983; 사개위, 『광산지역 교육보고서 (1981~1983)』, 1983; 사회선교국, 『부락별 사업지원 현황』, 1991.

비고 : 1. 신협 임원교육의 일정은 5차('80.11.8~10), 6차('81.5.16~18), 7차('81.10.12~14), 8차('82.9.17~19)임.
2. 소비조합 회계교육의 일정은 5차('80.11.26~30), 6차('81.6.26~29), 7차('81.11.21~24), 8차('82.3.15~18), 10차('82.9.6~9)임.
3. 차수는 재해위와 사개위가 주도한 교육의 차수를 의미함.

2박 3일의 일정으로 4차례 100명이 참여한 가운데 이루어졌다.[65] 광산지역 소비조합의 실무자를 대상으로 한 회계교육은 위탁교육 2회를 포함하여 7차례 진행되었으며, 연 86명의 회계실무자들이 참여하였다. 대체로 어룡과 동해, 대진, 태영, 장원, 도계, 강릉, 광산지구협의회 등의 실무자들이 활발하게 참여하였다.[66]

현장교육의 경우, 당시 광산지역의 신협과 소비조합의 임원 및 조합원, 광부의 부녀자들을 대상으로 지부와 사택을 중심으로 활발하게 이루어졌다. 당시 정국의 격변으로 사개위는 초청교육을 원활히 실시하지 못하였으며, 그 결과 현장교육이 적극적으로 추진되었다. 이 시기 현장교육은 94차례, 연 9,662명이 참여하였다. 이를 통해 광산지역의 신협운동과 소비조합운동은 활발하게 전개될 수 있었다. 대체로 황지지역의 대진, 어룡, 함태, 동해, 강원, 강원6구, 삼마광업소와 사북·고한지역의 삼척탄좌, 동고, 동원, 뿌리신협 등에서 이전 시기보다 다소 활발하게 현장교육이 이루어졌다. 당시 현장교육은 사개위와 신협 강원도지부, 신협 광산지구협의회 등의 임원들이 중심이 되어 실시되었다.

1983~86년 시기 사회개발부는 초청교육을 통해 소비조합 임원교육과 회계교육, 견학교육과 현장교육, 해외연수 등을 실시하였다. 초청교육의 경우, 크게 소비조합 임원교육과 회계교육으로 나뉘는데, 임원교육은 3차례에 걸쳐 120명의 소비조합 임원을 대상으로 원주교육원에서 실시되었다.[67] 소비조합 회계교육은 〈표 IV-12〉와 같이 5차례,

---

[65] 소비조합 임원교육은 1차(1980.12.16~18)의 24명, 2차(1981.3.26~28)에 35명, 3차(1981.7.13~15) 19명, 4차(1981.8.16~18) 22명 등 소비조합 임원 100명이 참여하였다(사회선교국, 『부락별 사업지원 현황』, 1991).

[66] 사개위, 「제12차 월례회(1981.2.6)」, 『월례회 회의록(1980.9.29~1981.3.2)』, 1981.

32명의 실무자가 참가하였다. 당시 어룡, 함태, 동해, 태영, 강원, 대진 등 소비조합이 활발한 단위조합의 실무자와 신협 광산지구협의회 소속 실무자가 교육에 참가하였다. 현장교육은 협동조합운동이 활발히 이루어졌던 황지읍 소재 단위조합이나 지역조합을 중심으로 33회, 연 12,896명의 조합원과 임원을 대상으로 활발하게 이루어졌다.

이 시기 사회개발부는 신협 광산지구협의회의 임원들과 전국적 소비조합의 모델로 떠오른 광산지역의 신협·소비조합의 내실화와 협의회의 자립기반 마련 및 발전을 도모하였다. 사회개발부와 신협 광산지구협의회는 이들 협동조합이 조합원에 의해 민주적으로 운영될 수 있는 기반마련과 협동조합운동 및 노동운동의 병행 발전을 추동할 수 있는 방향으로 초청교육과 현장교육 등을 다수 실시했다. 이 시기는 1980년을 전후로 한 정국의 격변과 1982년 4월 미문화원방화사건으로 인해 원주교구 및 사개위의 활동이 제약당한 현실에서 신협 광산지구협의회의 적극적인 협력 속에 제반 교육이 이루어졌으며, 광산지역에 협동조합운동을 확산시키기 위한 해외 선진지 견학이 추진되었다. 5공화국 하에서 추진된 이 시기의 제반 교육은 광산지역의 협동조합운동이 경제주의에 빠지지 않게 하는 역할과 광산신협·광산소비조합이 협동조합 본연의 역할 속에서 조합원에 의한 민주적인 운영이 이루어질 수 있도록 추동하고, '광부자치기구'로서의 성격을 가질 수 있었다는 점에서 중요한 의미를 가졌다.

67　소비조합 임원교육은 1984년 9월과 1985년 1월, 1986년 3월에 각각 52명과 46명, 22명 등 120명을 대상으로 원주교육원에서 실시되었다(사회선교국, 『부락별 사업지원 현황』, 1991; 사회개발부, 『광산소비조합육성3년연장사업』, 1987).

제2장

농촌지역의 소비조합운동

1. 농촌소비조합협의회의 창립과 활동

1) 1970년대 후반 농촌소비조합의 육성 구상

1970년대 한국농촌의 농민들은 가족의 생계비에 못 미치는 농가소득 속에서 장리쌀과 고리채 등으로 고통을 당하고 있었다. 당시 재해위는 관할 농촌신협의 설립과 운영을 통해 농촌고리채문제를 점차 해결해 나갔다. 그러나 농촌신협의 존재와 역할은 농촌의 경제적인 어려움을 해결하는데 일정한 역할을 하였으나 신용사업만으로 그들의 문제해결에는 한계가 있었다. 당시 재해위 관할 농촌에서는 열악한 도로사정과 교통사정 등으로 인해 농민들이 생필품 구입에 불편함이 많았을 뿐만 아니라 복잡한 유통과정과 중간상인의 발호·횡포 등으로 인근 중소도시에 비해 물가가 높았다. 농민들은 소비부문에서 유통구조의 개선과 중간상인의 발호를 억제할 필요성을 점차 인식하였다.

1970년대 재해위는 관할 농촌부락에 대해 구판사업을 위한 자금지원과 상담원의 지도 등을 통해 농민이 주도하는 소비조합운동을 각 부락별로 추진하도록 추동하였다. 그러나 1970년대 새마을운동에 의한 부녀구판장뿐만 아니라 재해위 관할 농촌과 광산지역에서 설립·운영된 구판장·소비조합 등은 그 운영에 있어 중단과 재개를 반복하는 등 많은 한계를 가지며 추진되었다. 재해위는 부락 내 작목반과 부락총회가 주도했던 구판사업을 협동조합 원리에 기반한 신협의 부대사업으로 추진토록 적극적으로 추동하였다. 그러나 1970년대 후반 농촌신협도 자산규모가 영세하고, 급증하는 농촌에서의 이농 현상에 따라 주요 임원과 실무자들이 부락을 떠나는 등 많은 한계를 가지고 운영되었다. 이에 따라 농촌신협의 부대사업으로 운영된 구판장·소비조합도 어려운 조건 속에서 운영될 수밖에 없었다.

한편, 1970년대 후반 광산소비조합육성사업의 전개와 광소협의 창설·활동은 농촌소비조합운동의 활성화에 중요한 자극과 계기가 되었다. 당시 광산소비조합육성사업을 통해 재해위는 광산신협의 부대사업으로 소비조합을 효과적으로 육성해 나갔으며, 농촌소비조합의 육성을 구상하는 계기가 되었다. 또한 1977년 정부가 부가가치세를 실시하게 되면서 농촌신협의 임원들은 도매물품 구입이 가능한 원주 밝음신협이 농촌신협에 생필품을 구매·공급하거나 재해위가 직접 농촌소비조합

의 육성을 위한 방안을 강구해 줄 것을 요청하였다.[1]

　1977년 재해위는 농촌부녀구판사업에 관한 조사결과의 분석검토와 '1978년도 사업평가' 및 '1979년도 사업계획'을 위한 전체협의회 등을 통해 그동안 추진해 왔던 부락개발운동과 협동조합운동의 기반 위에서 농민들이 요구하였던 농촌소비조합의 육성을 본격적으로 추진키로 결정하였다.[2] 당시 재해위의 농촌소비조합 육성을 위한 구상과 추진은 크게 두 가지 방향으로 나타났다. 하나는 1979년 2월 제8차 부락대표자간담회를 통해 농소협 준비위원회를 구성하면서 1979년 3월 농소협을 창설한 것이다.[3] 이를 통해 농촌소비조합을 육성할 수 있는 조직기반과 계기를 마련해 나갔다.[4] 두 번째는 재해위가 농촌소비조합의 육성을 위한 자금마련을 위해 외원기관의 지원을 모색한 것이다. 1979년 초 재해위는 이를 위한 사업계획서를 네덜란드 천주교 외원기관인 세베모(CEBEMO, 현 CORDAID)에 신청하였다. 당시 미제레오는 1976년도 원주원성사업과 1977년도 광산소비조합육성사업에 상당한 자금을 지원하였으므로 재해위는 네덜란드 천주교 카리타스인 세베모에 농촌소비조합 육성을 위한 자금신청서를 제출하였다.

1　재해위, 『제8차 부락대표자간담회 회의록(1979.2.17~19)』, 1979.
2　재해위, 「평가회의－회의속개(1979.1.13)」, 『1978년도 전체협의회 회의록』, 1979.
3　농촌소비자협동조합협의회는 '농촌지역 소비조합협의회', '농촌소비조합협의회', '원주소비조합협의회' 등 다양하게 불리고 있었다. 초기에는 주로 농촌지역 소비조합협의회와 농촌소비조합협의회 등으로 불리다가 1982년도부터 원주소비조합협의회 등의 명칭도 함께 쓰였다. 여기서는 주로 농촌소비조합협의회로 통일해서 쓰고자 한다.
4　재해위, 「제13차 합동회의(1979.3.2)」, 『1978~1979년도 합동회의 회의록』, 1979.

2) 농촌소비조합협의회의 창립과 활동

1979년 초 재해위는 농촌소비조합의 육성을 추진하기 위해 회원조합의 운영 및 관리지도, 물품공급 등을 담당하면서 농촌지역 소비조합운동을 적극적으로 전개해 나갈 농소협의 창립을 추동하였다. 1979년 2월 17일 제8차 부락대표자간담회가 개최되어 소비조합육성방안이 심도 있게 논의되면서 농촌소비조합의 본격적인 추진을 위한 협의회의 구성을 결정하였으며, 그 결과 가칭 농소협 준비위원회가 구성되었다. 준비위원회의 위원장은 여주 대신신협의 이사장인 경근호가 맡았으며, 실무 서기는 강림신협과 협산신협의 회계실무자인 이재호와 지달용이 맡았다.[5] 농소협 준비위원회는 구성 직후 재해위와 신협 강원지구평의회, 원주 밝음신협의 협력을 받아 창립을 위한 준비에 착수하였다.[6]

1979년 3월 13일 준비위원회는 농촌소비조합의 육성사업을 원하는 부락 및 신협대표들이 참여한 가운데 창립총회를 개최하였으며, 참석 조합 35개 신협 중 26개 조합이 가입키로 결의되면서 〈표 IV-12〉와 같이 농소협의 임원을 선출하였다. 당시 농소협의 회장과 부회장은 여주 대신신협의 경근호와 대안신협의 한대홍이 선임되었으며, 물품공급의 실무책임자인 상무는 협산신협의 지달용이 맡았다. 당시 임원들은 강림신협의 이재호를 제외하고 모두 인가받은 농촌신협의 이사장들로 구성되었다. 당시 사개위는 상담원 김상범을 간사로 선임하여 농소협

---

5   그 외 선임된 준비위원은 원용복(협산신협), 김남덕(양화신협), 한대홍(대안신협), 김인수(학곡신협), 김종묵(황곡신협)이었다(재해위, 『제8차 부락대표자간담회(1979.2.17 ~19)』, 1979).

6   재해위, 「제43차 전체협의회(1979.2.20」, 『1979~1980년도 전체협의회 회의록』, 1980.

<표IV-12> 농촌소비조합협의회의 임원 현황(1979~1985)

직책	1대 임원(1979~1981)		2대 임원(1981~1983)		3대 임원(1983~1985)	
	임원명	신협명	임원명	신협명	임원명	신협명
회장	경근호	여주대신신협	경근호	여주대신신협	윤석주	여주대신신협
부회장	한대홍	대안신협	이재호	강림신협	이재호	강림신협
운영위원	김인수	학곡신협	권승근	대안신협	경근호	여주대신신협
	이길섭	대흥신협	장시종	월현신협	이우근	
	이상근	영광신협	이현기	협산신협	김상범	사개위
	장시종	월현신협	지창섭	황곡신협		
	길성일	강림신협	이범수	학곡신협		
	오윤상	평창대신신협	박병찬			
			이민호	영광신협		
감사	김남덕	양화신협	윤석주	평창대신신협	장상순	
	이재호	강림신협	김남덕	양화신협	김남덕	양화신협
	지창섭	황곡신협	이길선		지창섭	황곡신협

출전 : 사개위, 『1980년도 단양·제천지역 부락개발사업 보고서』, 1980; 사회개발부, 『농촌소비조합 관계철』, 1985; 원주소비자협동조합협의회, 『제5차 정기총회자료』, 1984.
비고 : 1. 제3차 정기총회(1983.3.10)를 통해 운영위원회제를 이사제로 변경함.

의 운영위원회에 참여하도록 하면서 긴밀한 협력관계를 유지하도록 하였다. 1979년 7월 농소협은 법적 기반위에 물품구매와 공급업무를 취급하기 위해 밝음신협에 요청하였으며, 밝음신협은 협의회의 명의대행을 맡았다.[7]

---

[7] 원래 농소협이 신협의 부대사업으로 운영되는 소비조합의 연합체이므로 신협 강원지구 평의회가 계통기구로써 협력을 해야 했다. 1980년 당시 강원도지부는 신협연합회에서 도지부의 법인을 추진하고 있음을 이유로 추후 협력하겠다고 하면서 소극적으로 대처하였다. 그러나 재무부는 신협연합회 자체가 법인체이므로 강원도지부는 독립법인이 될 필요가 없다는 유권해석을 내렸다. 농소협은 신협연합회의 법인을 활용해서 농촌지역 소비조합사업을 추진하도록 요구하였으나 결과적으로 강원도지부의 협력을 얻지 못하면서 1980년대 전반 밝음신협의 명의로 거래업체와의 거래 및 세무문제를 처리해 나갔다(사개위, 『1980년도 단양·제천지역 부락개발사업 보고서』, 1980).

〈표 IV-13〉 농촌소비조합협의회의 창립시 가입 농촌신협 현황

연번	시군	면	리	신협명	연번	군	면	리	신협명
1	원주			밝음신협	14			월현	월현신협
2		부론	흥호2	대흥신협	15		안흥	강림2	강림신협
3		호저	광격	영광신협	16	횡성		부곡	부곡신협
4			학곡1	학곡신협	17		서원	석화	석화신협
5		소초	흥양3	황곡신협	18			유현3	오상동신협
6			흥양2	하초구신협	19		우천	정금	정금신협
7	원성	판부	서곡4	서곡신협	20	정선	임계	낙천	낙천신협
8		신림	성남1	청운신협	21	평창	봉평	연풍	연풍신협
9			신림2	언당신협	22		대화	신1	대신신협
10		문막	동화2	동화신협	23	영월	남	연당1	협산신협
11			비두2	사흥신협	24	제천	한수	포탄	포탄신협
12		흥업	매지2	매지신협	25	여주	대신	보통	여주대신
13			대안	대안신협	26		능서	내양	양화신협

출전: 재해위, 「제45차 전체협의회(1979.4.11)」, 『1979~1980년도 전체협의회 및 월례회 회의록』, 1979; 사회개발부, 「제1차 간담회(1979.8.4~5)」, 『농촌소비조합 관계철』, 1985.

1979년 3월 창립된 농소협의 회원조합은 〈표 IV-13〉과 같이 모두 26개 부락의 단위신협이었다. 창립 당시 가입금은 조합당 1만 원이었으며, 출자금 1좌는 10만 원으로 조합자산 규모에 비례하여 출자를 증좌하도록 하였다. 농소협의 주요 역할은 원주시 내 주요 거래처를 통해 도매가격으로 상품을 구입하고 각 부락의 농촌소비조합에 공급하는 것이었다. 또한 농촌소비조합의 임원들을 대상으로 소비조합 임원교육·회계교육 등을 실시하고, 소비조합의 경영과 회계, 상품관리 지도를 하는 것이었다.[8] 농소협은 초기 생필품 공급시 단위조합에서 신청한 것에 한해 공급하며, 그 횟수는 월 3회로 잡았다. 외상거래는 불가함을

---

8   사회개발부, 「제1차 운영위원회(1979.3.18)」, 『농촌소비조합 관계철』, 1985.

원칙으로 하되, 단위조합의 출자금 한도 내에서 가능토록 하였다. 물품 공급에 대한 협의회 회비는 물품거래액의 2%를 내도록 하였다.[9]

한편, 농소협은 초기 생필품의 구입·공급을 위해 운영자금과 운반 차량, 상품창고, 거래선 등의 확보가 필요하였다. 당시 영세한 농촌신협에서는 농소협에 충분한 출자를 할 수 없었으며, 최소한의 인건비로 경리직원을 확보하는 것도 쉽지 않았다. 당시 차량구입비와 창고임대료, 거래선의 계약 등을 위한 운영자금의 확보는 시급히 필요하였으므로 농소협은 사개위에 운영자금을 차입하였다. 1982년 3월까지 농소협은 4차례에 걸쳐 4,100만 원을 차입하였다.[10] 농소협은 자체기금과 차입금을 활용하여 운영을 위한 제반 준비를 하였으며, 1979년 8월 14일 최초로 원성 대안소비조합에 생필품을 공급하면서 본격적인 업무는 개시되었다.[11]

농소협은 창립 초기 소비조합을 운영 중인 재해위 관할 농촌신협만을 대상으로 회원으로 받아들였으나 1980년 이후 소비조합을 운영 중인 도시조합과 타 지역의 단위조합도 문호를 개방하였다. 1981년 6월 재해위 관할 원성의 운계신협·부천신협, 횡성의 금대신협·상안신협·둔내신협, 제천의 진목신협·학산신협 등이 추가로 가입하였으며, 양양신협과 영월 군학신협, 원주 진광신협, 횡성 공근신협, 단양신협

---

9   사회개발부, 「제1차 간담회(1979.8.4~5)」, 『농촌소비조합 관계철』, 1985.
10 차입금액은 1차(1979.8.13) 1,500만 원, 2차(1979.12.28) 600만 원, 3차(1980.3.19) 1,000만 원, 4차(1982.3.22) 1,000만 원이었다(사개위, 「운영위원회 회의록(1982.3.6)」, 『농촌소비조합 관계철』, 1984; 사개위, 「원주소비조합협의회 자금차입 신청(1982.3.9)」, 『농촌소비조합 관계철』, 1984).
11 당시 원주시 관운동 소재 구교육원을 협의회 사무실 겸 창고로 사용하였으며, 대외적 업무를 담당키로 한 상무 지달용을 중심으로 경리 1명과 기사 1명을 채용하여 사무실이 운영되었다(사개위, 『1980년도 단양·제천지역 부락개발사업 보고서』, 1980).

등 재해위 관할이 아니었던 농촌조합과 도시조합이 회원으로 가입하였
다. 한편, 이 시기 동화신협과 사흥신협은 소비조합협의회에서 탈퇴하
였다. 당시 농소협 회원인 37개 신협 중 소비조합을 운영하고 있는 단
위조합은 22개였다.[12]

이 시기 농소협 소속 단위조합의 소비조합은 다양한 방식과 문제점
을 가지고 운영되었다. 〈표 IV-14〉와 같이 1980년 5월 지달용상무의
평가보고에 의하면 문제가 된 소비조합은 크게 개인영업 사업장, 임대
형사업장, 협의회를 통하지 않고 운영하는 단위조합, 소비조합 운영조
직이 없는 단위조합, 현금관리 및 운영부분에 문제가 있는 단위조합 등
이었다.[13] 소비조합이 개인에 의해 운영되는 사업장은 비두(사흥)와 하
초구, 둔내부락 등이었다. 사흥신협의 경우, 1980년 3월 소비조합의
실무자가 이농한 이후 이를 개인상점으로 넘기면서 농소협은 4월부터
물품공급을 중단하였다. 하초구신협은 부락민 장태호의 자금을 기초로
사업이 추진되면서 일부 자금을 투자한 신협이 이자를 받는 형식이었
으며, 둔내신협은 부락민이 자금을 내 운영하면서 협의회는 물품공급
을 중단하였다.

임대형의 경우, 영광·강림·운계·신림·양화 등의 농촌신협에서
이루어졌다. 이들 조합들은 신협에서 자금투자를 하고 관리인에 의해
운영이 이루어졌으며, 영광·운계·신림 등의 농촌신협과 같이 총이익
금의 절반을 관리인과 나누거나 양화신협과 같이 관리인에게 급료를
주었다. 농소협을 통하지 않고 운영을 하는 부락은 양화신협·평창대

---

12 사회개발부, 「1981년도 상반기사업 보고서」, 『농촌소비조합 관계철』, 1985.
13 사개위, 「제4차 월례회(1980.5.6.)」, 『1979~1980년도 월례회 회의록』, 1980.

번	조합명	총거래	매출	위탁매출	용기보증금	외상잔액	출자금	A	B	C	D	E
	영월협산	5,706,918	4,000,218	1,519,200	187,500	1,217,804	700,000					
	여주양화	4,233,758	2,386,884	1,679,854	167,000		400,000		0	0		
	원성언당	2,758,722	1,685,577	1,006,645	66,500	660,363	152,480		0			
	횡성부곡					255,973	300,000					
	평창연풍	5,365,189	4,638,929	726,260		2,216,743	300,000			0		
	원성영광	4,562,414	2,715,120	1,790,294	57,000	2,078,187	300,000		0		0	
	횡성광명					56,413	100,000					
8	여주대신	6,742,433	4,175,076	2,495,557	71,800	1,581,048	700,000					
9	제천포탄					38,979	162,800					
10	원성대흥	5,125,263	3,424,956	1,653,907	46,400	108,282	302,937				0	0
11	횡성월현	3,018,288	1,662,922	1,276,866	78,500	1,936,197	400,000				0	0
12	원성대안	5,438,629	2,613,017	2,675,612	150,000	509,741	400,000					
13	원성학곡	5,512,575	2,590,688	2,813,907	108,000	791,025	400,000					0
14	평창용산						200,000					
15	원성하초구						124,000	0				
16	평창대신	4,643,625	4,136,720	470,505	36,400	80,089	400,000			0		
17	횡성강림	5,402,837	3,677,039	1,683,998	41,800	13,608	700,000		0			
18	원성황곡	4,544,373	3,123,773	1,377,600	43,000	1,655,940	200,000					
19	원성매지	443,801	253,372	189,429	1,000		291,000					
20	원성서곡	4,372,859	2,156,880	2,173,979	42,000	355,003	201,180					
21	횡성정금						200,000					
22	제천진목	779,351	709,051	22,800	47,500	994,042	200,000					
23	횡성금대					630,000	200,000					0
24	횡성상안	1,356,087	972,977	377,110	6,000	336,329	164,700					0
25	횡성둔내					153,797	142,740	0				
26	원성운계					974,613	200,000		0			
27	횡성석화	5,370,656	2,910,516	2,402,140	58,000		121,600					
28	양양						100,000					
29	영월군학	285,729	243,149	42,580		701,952	100,000					
30	원주진광	1,721,506	1,711,506		10,000	48,027	100,000					
31	원성부천	2,045,355	1,207,085	808,270	30,000		100,000					
32	횡성공근	2,697,025	1,315,761	1,312,464	68,800	1,010,244	200,000					
33	단양	15,009,361	14,709,361		300,000	13,531,905	1,000,000					
34	원성신림	2,481,373	1,742,465	701,908	37,000		100,000					
35	학산	951,419	680,659	250,760	20,000	66,396	100,000					
36	간이매출	226,563	224,563		2,000							
	합계	100,796,109	69,668,264	29,451,645	1,676,200	32,002,700	9,763,437					

출전 : 사개위, 1980 「제4차 월례회(1980.5.6.)」, 『1979~1980년도 월례회 회의록』, 사회개발부, 1985 「1981년도 영빈기업 보고서」, 『농촌소비조합 관계철』

비고 : A는 1980년 5월 당시 개인영업 감찰사업장, B는 임대형부락, C는 소비조합협의회를 통하지 않는 부락, D는 소비조합 운영조직이 없는 부락, E는 현금관리 미숙한 부락임. A의 경우, 원성 비두(사흥), E의 경우 횡성 오상동이 빠졌음.

〈표IV-15〉 1981년도 농소협의 구입처 및 매입액 현황(1981.6.30) (단위 : ꡕ)

회사명	매입	면세매입	외상	회사명	매입	면세매입	위탁매입	외상
삼양식품	10,336,208		5,445,875	서울농약	1,781,550			
서울빵	350,465		72,044	남양유업		1,163,880		
샘표식품	2,550,760		416,474	럭키	1,861,557			925,68
우송상회	949,182		292,700	삼림식품	69,819			
근화제면	3,789,308		963,800	동이전기	326,479			
서해농산	2,525,864			삼흥섬유	236,400			
롯데제과	8,494,052		2,860,406	유기질(제일)	3,143,500			
동방유량	4,665,586		1,877,198	삼형상회	560,000			
제일제당	8,529,636	3,161,760	3,798,421	수용상사	65,455		2,598,846	922,74
한양식품	5,228,636			원주횡성주류	714,853		7,088,025	
대신상사	578,460			원일주류	450,338		7,331,057	1,235,38
강원상사	590,982	104,400	384,600	강원연쇄점	12,560		8,062,751	367,90
종합식품	82,910			기타			2,368,584	581,20
합계					57,894,560	4,430,040	27,449,263	20,144,44

출전 : 사회개발부, 「1981년도 상반기사업 보고서」, 『농촌소비조합 관계철』, 1985.
비고 : 1. 원자료에서 매입항목의 합계는 57,896,997원임.

신·연풍신협이었다. 양화신협과 대신신협의 경우, 주류만 협의회를 통해 공급받고 나머지 물품은 현지에서 구입하였으며, 연풍신협은 물품은 협의회를 통해 취급하고 주류는 현지에서 조달받았다. 소비조합 운영조직이 없는 단위조합은 영광신협·대흥신협·월현신협 등이었다. 이들 농촌신협들은 별도의 운영위원 조직이 없이 신협임원들에 의해 운영되었다. 마지막으로 현금을 유용하는 등 현금관리가 미숙한 단위조합은 대흥신협·금대신협·광명신협·학곡신협·상안신협·월현신협 등이었다.

한편, 농소협이 단위조합에 공급하던 물품의 종류와 특징은 1981년도 농소협 구입처 현황을 보여주는 〈표IV-15〉를 통해 살펴볼 수 있다.

농소협의 물품공급업체는 약 20여 개로 대부분은 식품류·설탕·주류 등이었으며, 농약이나 비료 등 영농에 필요한 물품의 비중은 극히 적었다. 당시 매입액 대비 식품류·제당·제면·주류 등의 취급액은 82% 이상이었던 것에 반해 영농에 필요한 농약과 비료의 매입액은 5.5%에 불과하였다. 또한 총매입액 대비 외상액은 22.4%로 농소협 운영자금의 영세성을 여실히 나타내었다.

1981년 상반기 농촌소비조합의 운영 현황과 특징을 살펴보면, 〈표 IV-14〉와 같이 농소협이 물품을 거래하던 단위조합은 25개였다. 총거래액은 100,796,109원으로 매출과 위탁매출은 각각 69.1%와 29.2%였으며, 6개월 간 단위조합 당 평균 거래액은 약 403만 원에 이르렀다. 대체로 인가조합을 중심으로 그 거래액은 컸으며, 신규회원이자 도시조합인 단양신협의 거래액은 전체의 14.9%에 이르렀다. 농소협의 총거래액 중 26개 단위조합의 외상액은 3,200만 원으로 31.7%에 이르렀으며, 외상거래액은 단위조합 당 평균 123만 원으로 농소협의 운영에 커다란 부담을 주었다. 특히, 이중 단양신협이 총외상액의 42.3%를 점하면서 농소협의 심각한 운영부실을 초래하였고, 이후 농소협의 자립성이 흔들리게 되는 주된 요인이 되었다.

3) 농촌소비조합협의회의 운영부실과 직판장 운영

1981년 후반 농소협은 자체적 운영에 있어 커다란 어려움을 겪었다. 당시 농소협의 운영은 재정적자가 큰 폭으로 증가하였으며, 자산 대비

차입금의 비율도 높았다. 또한 단위조합에 대한 물품공급으로 인한 외상액의 급증과 물품을 공급해 주는 원주 시내 메이커로부터의 외상구매액도 큰 폭으로 증가하였다. 〈표 IV-14〉와 같이 1981년도 회원조합별 총거래액 중 단위조합의 외상액 비율이 31.7%였으며, 〈표 IV-15〉와 같이 원주시내 업체로부터 총구매액 중 외상비율이 20%에 이르렀다. 당시 농소협은 상무와 회계담당 직원, 기사 등의 인건비와 사업추진비 등이 지출되어야 했으나 단위조합의 출자금과 물품공급으로 인한 수수료 명목의 회비 2% 등의 수익금으로는 턱없이 부족하였다. 이러한 상황에서 농소협의 재정상황을 더욱 악화시킨 요인은 단양소비조합의 외상액 급증이었다. 당시 농소협은 회원조합에 대한 물품공급으로 인한 외상액을 농촌조합의 실정상 출자금의 3배 안에서 이루어지도록 하였다. 그러나 농소협이 이러한 원칙과 규정을 어기고 외상거래를 한 결과 13,531,905원의 외상액이 발생하면서 더 큰 재정악화를 초래하였다.

당시 농소협의 운영위원회는 제 역할을 하지 못하였다. 농소협의 주된 업무들은 회장과 상무 중심으로 이루어졌고, 단위조합에 대한 물품공급 규정위반 등 상무의 부분적 독주를 제어하지 못하였다. 당시 농소협은 창립 초기 외부 차입금에 절대적으로 의존하였으며, 단위조합의 이사장으로 구성된 회장단과 운영위원들은 이를 타개할 적극적인 활동을 보여주지 못하였다. 이에 따라 농소협의 재정적인 상황은 더욱 악화되면서 운영자금의 상시적인 부족과 실무자들에 대한 인건비 지급도 어려운 상황에 직면하였다.

1981년 7월 농소협은 사개위에 이를 타개할 수 있는 대응책을 강구토록 요청하였으며, 8월 유관단체인 사개위와 신협 강원도지부, 밝음신협 등이 나서서 농소협의 제반 어려움을 해결해 주도록 협조를 요청하였다.[14] 사개위는 농소협이 놓여 있는 제반 상황에 대한 진단을 통해 적극적인 해결방안의 강구를 추진하였다. 당시 사개위는 농소협이 수입으로 지출을 감당키 어려운 재정구조와 적자의 누증을 막을 수 있는 내부적 통제의 미비, 영세한 농촌소비조합의 한계와 운영위원들의 협력부족, 농소협에 대한 소비조합 외상액의 급증과 소비조합의 참여의식 부족 등으로 파악하였다.[15]

농소협의 창립에 있어 주도적인 역할을 하였던 사개위도 내부회의에서 자체적인 문제점을 진단하였다. 사개위는 단위소비조합과의 관계에서 좀 더 구체적 경험을 쌓은 후에 농촌소비조합운동을 본격적으로 추진했어야 하나 농소협을 조속히 창립시킴으로써 그 자립성을 갖추는 데 어려움을 겪는다고 보았다. 또한 사개위는 창립 초기 농소협의 독자성을 강조하면서 적극적인 협력과 지도육성이 부족하면서 이전 시기 신협운동의 육성시보다 그 운동성이 떨어진다고 보았다.[16] 사개위는 농소협의 독자성을 유지할 수 있도록 기존 실무자들을 유임시키되, 소비조합사업의 추진주체를 사개위로 일원화하면서 직접 실무자를 파견

---

14 당시 농소협 내 운영위원들의 주된 의견은 적자가 가중되면서 도저히 운영을 할 수 없으므로 농소협을 해체하자는 것이었다(사개위, 「임시회의(1981.8.25)」, 『1981년도 월례회 회의록』, 1981). 당시 농소협이 사개위에 제안한 안은 ① 농소협을 해산하는 방법 ② 농소협이 종전처럼 유지해 나가는 방법 ③ 농소협은 계속 존속시키고 신규부락을 확장하도록 하는 방법 ④ 사개위에서 농소협을 직접 관장하는 방법, ⑤ 소비조합사업의 추진주체 일원화 등이었다(사개위, 「제16차 월례회 - 회의속개(1901.7.27)」, 『1981년도 월례회 회의록』, 1981).
15 사개위, 「제18차 월례회 - 회의속개(1981.9.15)」, 『1981년도 월례회 회의록』, 1981.
16 사개위, 「임시회의(1981.7.16)」, 『1981년도 월례회 회의록』, 1981.

하여 관장하는 방안을 결정하였다. 이에 따라 사개위의 상담원 김헌일을 실무자로 파견하되, 운영위원으로 박재일과 박양혁을 선임하여 농소협의 운영을 활성화하도록 하였다.[17] 1981년 10월 사개위는 농소협 회장단과의 협의를 통해 사개위의 차입금을 출자화하여 공동으로 책임지는 방향으로 노력하며, 사개위의 상담원 1인을 실무책임자로 파견토록 결정하였다.[18]

1982년 농소협의 재정상황은 호전되지 못하였으며, 농소협의 요청에 따라 사개위는 추가로 운영자금 1,000만 원을 긴급 지원하였다. 당시 사개위는 상담원 3명이 실무자와 운영위원으로 농소협의 독자성을 인정하는 범위 내에서 활동하면서 농소협의 운영에 협력하는 수준에 머물렀다. 1982년 후반 농소협의 재정상황은 더욱 악화되었으며, 사개위는 인건비 축소 등 농소협의 재정악화를 타개하기 위한 방안을 적극적으로 모색하였다. 그 결과 1982년 10월 상담원 정인재가 농소협의 실무자로 직접 운영을 책임지게 되었으며, 1983년 초 기구개편을 통해 사개위가 직접 농소협의 운영을 주도하는 방향으로 나아갔다.[19] 당시 농소협의 기구개편은 크게 이사회의 구성과 총무부·지도부·사업부 등 3부체제로 나타났다. 이사회는 회원조합에서 3명, 사개위 1명, 밝음신협 1명 등 5명으로 구성하며, 지도부는 상담원 정인재가 맡으면서 회계업무인 총무부와 단위조합 물품공급을 맡은 사업부를 총괄하도록 하였다.[20] 1983년 8월 농소협은 재정문제 타개책의 일환으로 밝음신

---

17 사개위, 「임시회의-회의속개(1981.7.28)」, 『1981년도 월례회 회의록』, 1981.

18 사개위, 「제20차 월례회-회의속개(1981.11.4)」, 『1981년도 월례회 회의록』, 1981.

19 사회개발부, 「농소협의 실무책임자 변경 통보(1982.10.15)」, 『농촌소비조합 관계철』, 1985.

협이 운영하던 밝음직매점을 인수하여 협의회 자체의 직매장 운영을 추진하였다.[21] 또한 농소협의 상무 지달용과 회계 김양숙이 사임함에 따라 사개위의 김헌일과 김경자(회계)가 농소협에 파견되어 업무협조를 해 나가도록 하였다.[22]

1984년 3월 제5차 정기총회를 통해 제3대 농소협 회장에 윤석주가 선임되면서 임원진이 대폭 개편되었다. 1984년 6월 농소협은 소비조합을 운영하고 있는 농촌신협과 원주 시내 연세기독신협·진광신협·원주의료원매점·우체국매점·가톨릭센터 등에 물품을 공급하였다. 당시 농소협 회원조합은 농촌지역 19개 조합과 7개 분점 등 26개의 농촌소비조합과 도시지역의 4개처 등 합계 30개 소비조합과 단체가 가입되었다.

이 시기 농소협의 운영과 특징을 살펴보면 첫째, 농소협은 본래 그 목적이 농촌소비조합의 육성에 있었으나 자체적인 운영상의 부진으로 회원조합의 확대가 어려웠으며, 정상적으로 운영 중인 소비조합은 19개 등 26개 매장에 불과하였다. 또한 농소협은 자체 운영자금과 인력의 부족으로 인해 본래의 목적인 농산물취급사업을 본격적으로 추진할 수 없었다. 둘째, 회원조합 대부분이 농촌조합이었으므로 운영규모가 영세하여 외상대금의 회수가 원활하지 않았고 자금회전이 느렸다. 농

---

[20] 사개위, 「제31차 월례회(1983.1.5)」, 『1981~1983년도 월례회 회의록』, 1983. 각 부에는 실행위원을 두도록 하였는데, 김헌일(지도부)과 박양혁(사업부) 등이 실행위원으로 참여하였다(사개위, 「임시협의회(1983.3.16)」, 『1981~1983년도 월례회 회의록』, 1983).

[21] 사회개발부, 「제38차 월례회(1983.8.1)」, 『1983~1984년도 월례회 회의록』, 1984.

[22] 사회개발부, 「임시회의(1983.9.29)」, 『1983~1984년도 월례회 회의록』, 1984; 사회개발부, 「제40차 월례회(1983.10.7)」, 『1983~1984년도 월례회 회의록』, 1984.

소협의 총매출액 중 농촌매출액 비중은 약 50%에 불과하였으며, 연세
기독신협이 약 40%에 달하면서 그 의존도가 매우 높았다. 셋째, 농소
협은 회원조합에 대해 회비를 연 1.5~2%를 징수하였으나 이를 통해
운영비 등을 충당할 수 없는 상황이었다. 또한 총자산 9,700만 원 중
출자금 1,140원을 제외한 8,600만 원이 순 타인자본이었으며, 단양의
외상액인 1,600만 원이 장기 회수되지 못함으로 지속적으로 운영상 자
금회전의 어려움을 겪었다. 넷째, 농소협의 물품매입 규모가 작고 공급
처에 대한 대금결재가 원활하지 못하면서 공장도가격의 혜택을 받지
못하였으며, 이에 따라 회원조합에 염가로 물품을 공급하지 못하였다.
마지막으로 농소협은 운영자금과 인력의 높은 외부의존성으로 인해 물
품공급 외에 단위조합에 대한 운영지도 및 제반 교육을 정상적으로 할
수 없었다.[23]

　　1984년 7월 농소협은 제반 문제 해결방안의 하나로 협의회 자체의
직매점 개설을 추진해 나갔다. 직매점 개설문제는 농소협 창립 초기 재
정자립을 위한 숙원사업이었으나 자체 자금조달 능력의 부족으로 인해
추진되지 못하였으며, 1983년 8월 밝음직매점의 인수를 통한 개설도
성사단계에서 자금문제로 포기되었다. 농소협은 향후 소협중앙회가 사
단법인으로 인가가 날 경우 소협 도연합회의 창립이 예상되었고, 이의
대비차원에서 운영적자와 높은 외부차입금 문제를 적극적으로 해결해
나가고자 하였다. 농소협은 사개위로부터 원주시내 남부시장 소재 치
악슈퍼의 인수에 필요한 자금 3,000만 원을 대부받았으며, 이를 통해

23　사회개발부, 「소견서(1984.6.25)」, 『농촌소비조합 관계철』, 1985; 사회개발부, 「원주
　　소비조합협의회 현황(1984.6.30)」, 『농촌소비조합 관계철』, 1985.

협의회는 사개위와 소속 회원조합인 연세기독신협의 협조 하에 직매점인 밝음슈퍼를 개점하였다.[24] 농소협은 직영점포인 밝음슈퍼의 운영을 통해 협의회의 재정자립과 외부차입금을 1989년까지 모두 해소하고자 목표하였다.[25]

1985년 10월 밝음슈퍼의 운영결과 농소협은 최초로 흑자를 기록하였다. 당시 밝음슈퍼의 운영실태를 살펴보면 총매입액과 총매출액은 각각 569,417,643원과 552,330,049원이었으며, 총이익금과 순이익금은 각각 41,505,335원과 6,970,522원에 이르렀다. 당시 농소협은 재정운영의 어려움을 겪었으나 밝음슈퍼의 직매점의 운영을 통해 최초로 재정상 흑자를 나타내었으며,[26] 차입금 중 2,000만 원을 상환할 수 있었다.[27]

1980년대 전반 농소협은 소속 농촌소비조합의 실정상 적자운영과 외부차입금의 비율이 높을 수밖에 없었다. 사개위는 농소협의 활동이 농촌지역 소비조합운동의 추진에 상당히 중요함으로 자금지원과 함께 상담원을 파견하여 직접 운영에 개입하였다. 이는 소비조합운동의 측면에서 부분적으로 농소협의 독자성을 훼손하는 성격을 지닌 것이었다. 그러나 사개위는 농소협의 정상화를 통해 농촌지역 소비조합운동의 활성화를 도모하고자 적극적으로 개입하였다. 사개위의 개입에도

---

24 사회개발부, 「1985년도 운영보조비 전입 요청(1984.7.3)」, 『농촌소비조합 관계철』, 1985 (사회개발부, 「제49차 월례회(1984.6.30)」, 『1983~1984년도 월례회 회의록』, 1984).

25 사회개발부, 「자금차입 신청(1984.7.10)」, 『농촌소비조합 관계철』, 1985.

26 1985년 9월 당시 농소협의 차입금은 7,650만 원에 달했다. 차입처는 밝음 신협 2,350만 원, 사회개발부 5,100만 원, 단양공탁금 200만 원이었다(사회개발부, 「제63차 월례회(1985.9.3)」, 『1984~1989년도 월례회 회의록』, 1989).

27 사회개발부, 「제66차 월례회(1985.12.3)」, 『1984~1989년도 월례회 회의록』, 1989.

불구하고 농소협의 재정적자와 높은 외부차입금 문제는 개선되지 않았으며, 이에 농소협과 사회개발부는 직매점인 밝음슈퍼의 운영을 통해 이를 해소해 나가고자 하였다. 당시 농소협은 물품공급 업무 외에 소속 회원조합에 대한 운영지도 및 제반 교육을 거의 수행하지 못하였으며, 사회개발부가 실제 이를 대신해 나갔다. 이러한 상황은 1987년 7월 소협중앙회 강원도지부의 창립과 운영에도 영향을 미쳤다. 사회개발부는 농촌소비조합확장사업의 추진으로 인한 세베모의 자금지원을 통해 부분적으로 자립기반 마련을 위한 소협중앙회 강원도지부의 운영과 활동을 지속적으로 지원해 나갔다.

2. 농촌소비조합육성사업의 추진과 농촌소비조합의 발전

1) 농촌소비조합 육성자금의 신청과 세베모

1979년 초 재해위는 농촌소비조합운동을 본격적으로 추진하기 위해 농소협의 창립을 추동하는 한편, 이를 위한 자금마련을 위해 외원기관의 지원을 타진하면서 농촌소비조합육성사업을 추진해 나가고자 하였다. 1979년 3월 재해위는 농촌소비조합의 육성을 위한 사업계획서를 네덜란드 천주교 카리타스인 세베모에 보내면서 자금지원을 요청하였다. 당시 사업계획서에 따르면 농촌소비조합육성사업은 크게 소비조합 운영이 가능한 농촌신협을 대상으로 자금을 지원하며, 1차년도에 40개, 2차년도와 3차년도에 각각 30개 등 3년간 총 100개의 소비조합이 설립·운영되도록 한다는 것이었다. 이를 위해 각 소비조합 당 200만 원의 자금지원이 필요하며, 상환조건은 3년 거치 2년 분할 무이자 원금상환을 통해 농촌소비조합을 육성한다는 구상이었다.[28]

1979년 3월 지학순 주교는 자금지원 협의차 세베모를 직접 방문하였고, 세베모는 사업계획의 수정을 요청하였다. 당시 세베모는 2년에 걸쳐 40개의 소비조합을 육성토록 사업규모를 줄이며, 농촌소비조합에 대부자금의 상환조건은 인플레로 인한 화폐가치의 하락을 방지하기 위해 월 1~2%의 이자를 받도록 제안하였다. 또한 총사업자금의 1/3이 전담직원의 인건비로 지출되는 과도한 계획의 축소와 이를 위한 타당성조사를 권고하였다.[29]

1979년 7월 재해위는 세베모의 수정요청을 기초로 〈표 IV-16〉과 같이 수정안을 작성하였다. 핵심적인 내용은 제1단계사업으로 2년간 40개의 부락을 대상으로 농촌소비조합의 육성을 위해 지원하며, 2년간의 사업평가를 토대로 제2단계 사업을 추진한다는 것이었다. 이에 따라 총사업비는 초기안의 47.6%인 204,688,000원으로 축소되었으며, 원주교구 자부담 25%를 제외한 153,516,000원을 세베모가 지원토록 조정되었다. 농촌소비조합의 대부자금은 연 6%의 이자를 받도록 하되 2년 거치 3년 분할상환토록 하였으며, 인건비 항목은 원안의 약

---

[28] 사개위, 「농촌지역 소비조합 계획(1979.3.24)」, 『농촌소비조합육성사업』, 1983, 1~16쪽.
[29] 사개위, 『농촌소비조합육성사업』, 1983, 39~46쪽.

항목명	수정안(1979.7)			최종안(1980.6)		
	제1차년도	제2차년도	소계	제1차년도	제2차년도	소계
조사비	1,800	600	2,400	1,800	660	2,460
교육비	20,460	20,460	40,920	20,460	22,506	42,966
홍보비	1,920	1,920	3,840	1,920	2,112	4,032
소비조합운영비	80,000		80,000	80,000		80,000
인건비	22,440	22,440	44,880	22,440	24,684	47,124
관리비	11,450	11,450	22,900	8,690	9,559	18,249
예비비	6,904	2,844	9,748			
임원연수				5,414		5,414
평가회				1,000	1,200	2,200
총계	144,974	59,714	204,688	141,723.7	60,721	202,444.7

출전 : 사개위, 『농촌소비조합육성사업』, 1983, 96 · 192쪽.

32%로 대폭 하향되었다.[30] 1979년 6월 세베모로부터 의뢰받은 한가농을 중심으로 조사위원회가 구성되었으며, 재해위 관할 3개 도 6개 군 20개 부락의 소비조합 가능성 및 타당성조사가 추진되었다.[31]

　1980년 6월 19일 세베모의 사업책임자 그룬드만이 직접 원주를 방문하였고, 사개위의 김영주와 박재일, 한가농의 한마리아 등과 최종 협의과정을 거쳐 농촌소비조합육성사업의 최종안이 확정되었다.[32] 최종안의 내용은 총사업비 202,444,700원 중 원주교구 자부담분을 제외하고 세베모가 151,833,525을 원주교구에 지원한다는 것이었다. 1980년 8월 18일 세베모는 총사업비 516,234플로린(Florin)을 내용으로 하

30　위의 책, 85~86 · 78~102쪽.
31　조사위원은 한가농의 최병옥 · 정연석 · 한마리아와 재해위의 박재일 · 정인재 · 김상범 등이었다(사개위, 「CEBEMO편지에 대한 대책협의(1979.6.22)」, 『농촌소비조합육성사업』, 1983, 48~51쪽).
32　사개위, 「농촌소비조합사업 협의결과 보고」, 『농촌소비조합육성사업』, 1983, 161~166쪽.

는 자금지원을 최종 확정하고, 10월 16일 1차 지원자금 20만플로린 (63,582,601원)을 원주교구에 송금하면서 농촌소비조합육성사업은 본 격적으로 추진되었다.[33]

한편, 1982년 말 사개위는 농촌소비조합육성사업의 종료를 앞두고 40개 농촌소비조합에 대한 한가농의 평가서를 제출하면서 1983년 1월부터 착수할 '농촌소비조합육성계속사업'의 자금지원을 세베모에 요청하였다. 당시 '계속사업'의 특징은 3개년 사업으로 30개 농촌소비조합의 육성을 도모하고, 이를 위한 사업자금 3억 6천만 원 중 원주교구 자부담 25%를 제외한 2억 7천만을 세베모가 지원하도록 한 것이었다. 또한 1980년도의 지원자금 중 세베모에 상환해야 할 소비조합 대부금 6천만 원을 '계속사업'에서 소비조합의 운영자금으로 지원토록 요청한 것이었다. 세베모는 사개위가 신청한 '계속사업'을 검토하면서 추가적인 사업의 확장보다는 기존 40개 소비조합에 대해 내실화를 중심으로 1년간 운영을 하며, 인건비 등이 과도하게 계상되었으므로 사업계획의 대폭 수정을 사개위에 요청하였다.[34] 그 결과 사개위는 기존 설립된 농촌소비조합의 유지를 중심으로 1년간 활동하도록 하되, 총사업비 7천만 원 중 자부담 25%를 제외한 5,250만 원을 세베모에서 지원하도록 하는 수정사업 신청서를 세베모에 제출하였다.[35]

'계속사업'의 추진을 위한 사개위와 세베모 간의 지난한 논의과정은

33　사개위, 『농촌소비조합육성사업』, 1983, 207~208・210~212쪽. 한편, 플로린은 네덜란드 화폐명칭이며, Guilder 또는 Gulden 등으로 불렸다. 당시 1플로린은 241.11원이였나.

34　사회개발부, 「세베모에서 원주교구에 보내는 서신(1983.5.30)」, 『농촌소비조합육성계속사업』, 1985.

35　사회개발부, 「수정사업신청서(1983.8.20)」, 『농촌소비조합육성계속사업』, 1985.

1983년 11월 세베모에서 총지원자금 393,357플로린을 최종 승인하고,[36] 1983년 12월 세베모 담당자 그룬드만이 원주교구 사회개발부를 방문하여 최기식 신부와의 협의과정을 거치며 확정되었다. 당시 확정된 주요 내용은 '계속사업'을 1983년 1월부터 2년 동안 추진하며, 총사업비 138,020,100원 중 75%인 103,501,500원(393,357플로린)을 세베모가 지원한다는 것이었다. 또한 1984년 9월까지 사회개발부는 2년간의 사업평가서를 세베모에 제출토록 하며, 농촌소비조합확장사업의 추가적인 지원여부는 1984년 말 사업평가를 통해 추후 논의키로 하였다.[37]

　1980년대 전반 '육성사업'과 '계속사업'에 자금지원을 하였던 세베모와의 협의과정에서 사개위는 여러 가지 어려움을 겪었다. 양자 간 논쟁의 핵심은 총사업비 중 원주교구의 자부담비 마련과 지원자금 중 일부를 상환하도록 한 문제와 결부되었다. 당시 원주교구는 자체 재정이 열악하여 전적으로 외원기관의 지원자금에 의존해야 하는 실정에서 세베모가 지속적으로 총사업비의 25~30%를 자부담하도록 요구한 점과 지원자금의 상당 부분을 세베모에 상환토록 한 점, 농촌과 광산지역의 협동조직체에 자금지원 방식이 이전과 다르게 이자를 받도록 한 점 등이 양자간 협의의 걸림돌이 되었다. 그 결과 1984년 8월 사회개발부가 추가

36　사회개발부, 「세베모에서 원주교구에 보내는 서신(1983.11.29)」, 『농촌소비조합육성계속사업』, 1985.

37　당시 기존 농촌소비조합에 지원한 대부금은 반드시 서강대학 프라이스신부의 세베모계좌에 입금토록 하며, 소비조합의 운영자금으로 지원한 대부금 이자(연 6%) 탕감문제는 연 3%로 조정되었다(사회개발부, 「그룬드만(세베모)과 농촌소비조합육성사업에 대한 협의내용(1983.12.10)」, 『농촌소비조합육성계속사업』, 1985). 한편, '계속사업'의 협의과정이 늦어지면서 사업의 착수가 늦어졌다. 이에 대해 세베모는 1차년도(1983.1~1984.2.14)와 2차년도(1984.2.15~1985.2.15)로 사업기간을 조정하여 실시토록 하였다.

적인 사업계획을 세베모에 제출하였을 때 신청조차 받아들여지지 않다가
1986년 세베모 담당자가 퇴사한 후에야 승인된 후 추진될 수 있었다.[38]

2) 1981년 해외선진지 연수와 특징

1980년 10월 사개위는 세베모의 지원하에 농촌소비조합의 육성을
위한 사업을 본격적으로 추진하였다. 1980년 6월 원주를 방문했던 세
베모 담당자 그룬드만(Wim Grundemann)은 소비조합사업의 추진에 있
어 상담원들의 자질향상을 위해 일본과 대만에서 2명씩 6주간 해외선
진지 연수를 권유하였다. 이에 따라 사개위는 해외연수를 본격적으로
검토·추진하였다.[39] 당시 원주그룹은 1970년대 후반부터 생명운동으
로의 전환과 소비조합운동의 본격적인 추진을 모색하면서 이의 필요성
을 인식하였으며, 세베모의 제안을 계기로 적극적으로 이를 추진하였
다. 1981년 1월 사개위는 대만과 일본을 중심으로 2명씩 연수를 보내
려던 기존계획을 수정하여 사무국장 김영주를 중심으로 김상범·김헌
일·박재일·이경국·박양혁·정인재 등의 상담원 등이 대만·홍
콩·일본의 협동조합 관련 지역 및 단체들을 방문하는 것으로 결정하

---

[38] 1986년 6월 원주그룹의 박재일은 세미나 방문차 로마와 네덜란드를 방문하였다. 6월
12일 박재일은 세베모를 방문하여 신임 한국담당자와 세베모의 자금지원으로 원주교구
가 추진하였던 '육성사업'과 '계속사업'의 현안에 대해 논의하고 양 기관 사이에 있었던
오해를 풀었다. 그 결과 1986년 8월 세베모는 사회개발부가 추가로 신청한 '농촌소비조
합확장사업'에 대해 긍정적으로 검토하였다(사회개발부, 「박재일이 박양혁부장에게 보
내는 서신(1986.6.25)」, 『농촌소비조합확장사업(1021A)』, 1991). 그 결과 1986년 8
월 세베모는 농촌소비조합확장사업을 위한 자금지원을 결정하였다.
[39] 사개위, 「제6차 월례회(1980.6.30)」, 『1979~1980년도 월례회 회의록』, 1980.

<표 IV-17> 1981년도 사개위의 해외연수 현황

방문국	방문기간	대상	방문지 및 단체
홍콩	5.30~6.1 (3일)	빈민문제, 주택문제, 노동문제, 인권문제 등 천주교와 기타 단체의 활동현황	홍콩사구조직위원회(SOCO), 카리타스센터, 직공청년협회, 기독교공업위원회
대만	6.3~8 (6일)	협동조합운동의 현황 교회의 사회개발 활동	대만대학 농업진열관, 소비조합 사업지역, 신용협동조합 사업지역
일본	6.10~20 (11일)	생협의 현황, 부녀운동, 농협의 현황 노동조합운동	기옥현 우애생협, 우애학원, 기옥생협 5개점포 부녀코페르회관, 석전도 직장생협

출전: 사개위, 「해외연수결과보고서(1981.7)」, 『농촌소비조합육성사업』, 1983, 253~256쪽.

였다. 또한 대만의 천주교 주교단 사회발전위원회와 일본 사이타마현[埼玉縣] 근로자생협 등과 사전연락을 취해 구체적인 연수일정을 확정하였으며, 1981년 5월 30일 해외연수가 시작되었다.[40]

당시 해외선진지 연수는 사개위에서 김영주를 비롯해서 7명, 한가농의 부녀부장인 한마리아(Maria Sailer)와 밝음신협의 최희웅 전무가 참여하였다.[41] 당시 해외연수팀이 방문했던 국가와 지역 등의 연수내용은 <표 IV-17>을 통해 간략히 살펴볼 수 있다. 당시 해외연수팀은 일본을 중심으로 홍콩과 대만을 20일간 둘러보면서 사회운동과 협동조합 관련 단체들을 방문하였다. 홍콩의 경우, 빈민문제·주택문제·노동문제·인권문제 중심으로 활동하고 있는 천주교단체를 시찰하였다. 대만의 경우, 농업정책과 관련하여 신협운동이 전개되던 토이와 산광지구, 소비조합운동이 추진되고 있던 통화 봉래와 도산지역을 6일간 방문·시찰하였다.

---

40 사개위, 「제11차 월례회－회의속개(1981.1.6)」, 『1979~1980년도 월례회 회의록』, 1980; 사개위, 「제15차 월례회－회의속개(1981.5.2)」, 『1979~1980년도 월례회 회의록』, 1980.
41 사개위, 「해외연수결과보고서」, 『농촌소비조합육성사업』, 1983, 254쪽.

연수단이 11일간 체류하면서 중점적으로 시찰하였던 곳은 일본 사이타마현 소재 생협들이었다. 연수단은 지역조합과 직장조합의 형태를 띠고 있었던 일본생협의 현황과 사이타마현 부인코펠회를 중심으로 한 부녀운동, 일본농협의 현황과 노동조합운동을 중점적으로 살펴보았다. 당시 연수단은 사이타마현 우애생협 본부와 우애학원(일본산업노동학원), 사이타마생협의 5개점포, 생협에서 운영하는 주택사업단지, 노동자복지협회, 부녀코펠회에서 운영하고 있는 검사실과 교습소, 석전도(石田都) 직장생협 등을 견학하였다. 아울러 사이타마생협의 주최로 '생협창립의 역사적 배경과 생협운동의 전개', '사이타마생협의 사업과 운영', '근로자지역조직의 활동', '일본농협의 활동', '직장생협의 발전과 기능'을 주제로 한 강의를 들으면서 일본생협의 역사와 특징 등을 살펴볼 수 있었다.

당시 연수단은 해외선진지 연수를 통해 대만과 같이 소비조합운동이 경제적 사업일 뿐만 아니라 부락개발의 중심적 활동이 되며, 일본과 같이 범사회적 시민운동으로 발전될 수 있는 것을 확인하였다. 또한 소비조합운동이 지역사회개발사업을 위한 운동이 되기 위해서는 법적·제도적 보장과 제반 교육의 추진을 통해 주민의 의식고양이 지속적으로 수반되어야 한다는 것을 확인하였다. 아울러 노동자와 부녀들이 주축이 된 일본생협의 활동이 노동자·농민·여성 등 계층 간의 유대와 협력 증진에 중요한 역할을 한다는 것을 살펴보았다.[42]

사개위가 최초로 추진한 1981년도 해외선진지 연수는 생명운동의

42　사개위, 「해외연수결과보고서(1981.7)」, 『농촌소비조합육성사업』, 1983, 250~251쪽.

전환과 소비조합운동을 추진하는 원주그룹에게는 자체 연수의 기회이자 그 필요성을 인식할 수 있는 중요한 계기가 되었다. 이러한 경험을 통해 사개위는 광산지역뿐만 아니라 농촌지역의 소비조합운동을 적극적으로 추진해 나갈 수 있었다. 원주그룹의 해외연수 경험은 1982년도 탄광지역 노조지도자들이 참여한 일본의 노동조합과 생협의 연수, 1983년도 한국노총 지도자들이 중심이 되어 참여한 일본연수, 1984년 농촌소비조합을 운영하고 있던 신협지도자와 한가농의 핵심인물들이 참여한 일본의 유기농업 및 생협을 시찰하는 연수로 발전하였다. 이를 통해 원주그룹은 '생명의 세계관 확립'과 '협동적 생존의 확장'의 논리를 더욱 체계화할 수 있었으며, 1980년대 후반 생명운동에 기반한 원주소비조합과 한살림농산의 설립·운영을 추진해 나갈 수 있었다.

3) 1980년대 전반 농촌신협과 농촌소비조합

1979년 3월 재해위는 관할 농촌신협을 중심으로 한 소비조합의 육성을 위해 농소협의 창립을 추동하는 한편, 협의회 소속의 단위조합에 소비조합의 창립과 운영을 위한 자금지원을 하였다. 1979년 중반부터 재해위는 기존 수해복구사업에 의해 농촌부락에 지원했던 대부금의 상환자금을 기초로 소비조합의 육성을 위한 운영자금을 농촌신협에 지원하였다. 또한 1980년 10월 세베모에 신청한 농촌소비조합육성사업이 본격적으로 착수되면서 이를 통해 지속적으로 자금지원을 해 나갔다. 〈표IV-18〉은 사개위 관할 농촌신협에 소비조합의 창립과 운영을 위

<표 IV-18> 사개위의 농촌소비조합 운영자금 지원 현황(1979~1983)　　　　　(단위 : 원)

군	면	리	신협명	지원자금	수혜자수	지원일시	상환일시
원성	부론	흥호2	대흥신협	2,000,000	59	1981.4.7	1985.4.8
		법천1	부천신협	2,000,000	93	1981.12.1	1985.12.12
	호저	광격	영광신협	2,000,000	98	1982.5.24	1986.5.25
	소초	학곡1	학곡신협	3,000,000	130	1981.4.13	1985.4.13
		흥양3	황곡신협	3,000,000	154	1980.9.15	
	판부	서곡4	서곡신협	3,000,000	59	1980.4.12	1982.4.11
		용암	신림신협	2,000,000	83	1981.6.29	1985.6.30
	흥업	매지2	매지신협	1,000,000		1980.6.14	1982.6.13
		대안	대안신협	2,000,000	141	1980.3.20	1981.12.31
횡성	안흥	월현	월현신협	2,000,000	52	1982.4.2	1986.12.31
		강림2	강림신협	7,000,000	474	1979.5.15	1979.12.30
		상안	상안신협	1,000,000	34	1981.5.15	1985.5.16
	서원	석화	석화신협	3,000,000	98	1981.4.24	1985.4.25
		매호	매호신협	2,000,000	121	1982.7.2	1986.7.3
	우천	정금	정금신협	1,000,000		1980.4.18	1982.4.17
		두곡	우천신협	1,500,000		1981.12.4	1985.12.5
정선	임계	낙천	낙천신협	2,000,000	63	1982.3.27	1986.3.27
평창	봉평	백옥포2	연풍신협	3,000,000	98	1980.4.17	1982.4.17
	대화	신1	대신신협	6,500,000	387	1979.8.21	
영월	남	연당1	협산신협	4,000,000	242	1982.3.12	1986.3.12
중원	앙성	능암	대평신협	2,000,000		1982.9.18	1986.9.18
	소태	복탄1	광명신협	2,000,000		1983.2.3	1987.2.4
제천	청풍	진목	진목신협	1,500,000		1980.3.17	1981.3.16
	봉양	학산	학산신협	1,200,000	77	1982.1.23	
여주	대신	보통	여주대신	7,000,000	159	1979.8.23	1979.12.31
	능서	내양	양화신협	2,000,000	105	1981.6.29	1985.6.30
합계			26	68,700,000			

출전 : 사개위, 『농촌소비조합육성사업』, 1983, 316~368쪽; 사회선교국, 『부락별 사업지원 현황』, 1991.

한 지금지원 현황을 보여준다. 1979년 5월 횡성 강림신협을 필두로 1983년 2월 중원 광명신협까지 총 26개 농촌소비조합의 설립·운영

을 위해 총 6,870만 원이 지원되었다.[43]

　이 시기 농촌소비조합은 농촌신협의 지역사회개발사업의 일환으로 추진되었으며, 농촌신협의 운영과 밀접한 관련을 가지면서 운영되었다. 당시 농촌소비조합은 농촌신협의 운영상황과 발전정도에 따라 크게 영향을 받아 운영되었다. 이 시기 농촌신협의 구체적 상황과 특징은 〈표 IV-19〉를 통해 살펴볼 수 있다. 1980년도 사개위 관할 농촌신협 중에서 정상·발전단계에 이른 단위조합은 27개 조합, 침체와 중단·해체과정에 있었던 단위조합은 28개 조합이었다. 1981년도의 경우, 정상과 발전단계의 농촌신협은 29개 단위조합, 침체와 중단 등의 단위조합은 22개였으며, 1982년도의 경우 정상과 발전단계는 19개 단위조합, 침체와 중단 등의 단위조합이 24개로 평가되었다. 당시 재무부의 인가를 받은 농촌신협을 중심으로 대체로 정상적으로 운영이 이루어진 반면, 예비조합을 중심으로 영광신협과 월현신협 등 일부 인가받은 조합들이 침체를 겪거나 중단·해체되었다. 그러나 예비조합 중에서도 원성의 부천·신림·귀운, 횡성의 우천·매호·공근·정금·상안·석화, 정선의 용산·낙천, 평창의 대성·신흥·후평, 제천의 광의·방홍, 중원의 복탄 등의 농촌신협들은 발전·정상단계로 운영되었다.

　한편, 이 시기 침체를 겪고 있는 농촌신협들은 대체로 이농현상으로 사개위가 육성해 놓은 주요 임원·실무자의 이농(금대·귀운), 일괄 교체로 인한 신임임원들의 운영경험과 능력부족(영광·월현), 유능한 실무

---

[43] 지원자금 총액은 세베모의 자금지원에 의한 농촌소비조합육성사업이 늦게 착수되면서 그 전에 지원된 소비조합 육성을 위한 단기자금의 상환에 따른 재대부액과 1981년 3월 서환조치 자금이 포함된 것이다.

<표IV-19> 사개위 관할 농촌신협 발전 현황(1980~1982)

단계	연도	신협수	신협명
발전	1980	9	학곡, 황곡, 학산, 대안, 부천, 강림, 양화, 평창대신, 협산
	1981	12	황곡, 학산, 대안, 부천, 강림, 양화, 평창대신, 대흥, 용산, 우천, 신림, 연풍
	1982	8	매호, 낙천, 공근, 월현, 양화, 대흥, 후평, 평창대신
정상	1980	18	대성, 신흥, 광명, 신림, 서곡, 우천, 정금, 대흥, 명봉, 매호, 용산, 낙천, 여주대신, 연풍, 광의, 방흥, 진목, 공근
	1981	17	대성, 신흥, 광명, 서곡, 정금, 매호, 낙천, 여주대신, 광의, 방흥, 학곡, 공근, 상안, 월현, 석화, 귀운, 협산
	1982	11	석화, 황곡, 광명, 서곡, 협산, 학산, 대안, 여주대신, 부천, 강림, 신림
침체	1980	19	영광, 석화, 운계, 금대, 계야, 언당, 청운, 매지, 둔내, 대송, 황우, 동화, 대평, 귀운, 월현, 대덕, 북진, 포탄, 하초구
	1981	11	영광, 계야, 언당, 청운, 매지, 둔내, 대송, 대평, 진목, 북진, 명봉(궁촌)
	1982	12	상안, 연풍, 청운, 영광, 계야, 매지, 대송, 대평, 명봉, 정금, 우천, 귀운
중단	1980	6	사흥, 창촌, 무장, 후용, 상안, 계산
	1981	4	금대, 무장, 계산, 운계
	1982	5	학곡, 언당, 금대, 무장, 운계
해체	1980	10	부곡, 오상동, 하궁, 포탄, 대덕, 동화, 사흥, 황우, 창촌, 후용
	1981	7	포탄, 창촌, 대덕, 동화, 사흥, 황우, 후용
	1982	7	북진, 진목, 수양포, 둔내, 광의, 방흥, 계산

출전: 사개위, 『1981년도 연차평가회의록』, 1982; 사개위, 『1982년도 연차평가회의록』, 1983.

자의 부재(하초구, 계야, 명봉), 씨족부락 내 갈등과 대립(대덕), 단위조합의 영세성과 일부 임원에의 업무 집중(석화), 임원들의 활동 침체와 반목(대송·황우), 수몰대상(북진·진목·포탄) 등이 상호 복합적으로 작용하면서 그 운영이 침체되었다.

중단된 농촌신협의 경우, 임원 및 실무자의 이농과 오원춘사건의 영향(사흥과 창촌), 회계사고의 발생(무장과 상안), 무리한 벽돌공장의 설립·유영과 실패(후용), 수몰대상(계산, 포탄), 실무자의 미확보와 소비조합 운영의 실패(금대와 운계) 등이었다. 해체된 농촌신협의 경우, 단위

〈그림 IV-4〉 1981년 후반 평창 대신신협이 운영한 대신소비조합
1970년대 신리부락의 구판장과 1980년대 전반 신리소비조합의 운영은 현재의 복지회관이 설립되기 전 마을회관에서 이루어졌다.

조합의 영세성과 임원·실무자 확보의 어려움(부곡과 오상동, 하궁, 창촌),
농촌빈곤에 따른 신협운영의 부진(동화, 황우, 후용), 상담원의 현장활동
부진(대덕) 등의 요인들로 인해 해체에 이르렀다.[44] 특히, 1982년 4월
부산미문화원방화사건으로 인한 전두환정권의 원주교구 탄압 가중과
최기식 신부의 구속 등으로 인해 사개위의 농촌신협에 대한 적극적인

---

44 당시 해체된 부곡신협의 경우, 일부 조합원이 인근 강림신협에 가입하면서 소비조합의
분점 형태로 운영되었으며, 오상동신협과 하궁신협과 같이 일부 조합원들이 각각 금대
신협과 정금신협에 가입하면서 활동을 지속해 나갔다(사개위, 『1980년도 사업평가회
의록』, 1981; 사개위, 『1981년도 연차평가회의록』, 1982).

<표 IV-20> 사개위 관할 농촌소비조합 현황(1981~1982)

단계	1981년도(1982.2)		1982년도(1983.1)	
	A	소비조합명	A	소비조합명
발전	10	평창대신, 대안, 연풍, 양화, 여주대신, 황곡, 신림, 대흥, 연세, 진광	3	평창대신, 황곡, 석화
정상	12	강림, 학곡, 서곡, 석화, 상안, 부천, 공근, 학산, 우천, 협산, 영광, 월현	11	대안, 강림, 대흥, 서곡, 여주대신, 양화, 협산, 월현, 공근, 연세, 진광
침체	4	진목, 언당, 단양, 운학	7	상안, 연풍, 언당, 영광, 신림, 학산, 우천
중단	3	매지, 운계, 금대	2	학곡, 매지
탈퇴	6	포탄, 사흥, 둔내, 광명, 동화, 부곡	3	진목, 부천, 단양
통합	1	하초구	7	밝음, 도립병원, 체신청, 노목, 복탄, 대평, 매호
합계	36		33	

출전 : 사개위, 『1981년도 연차평가회의록』, 1982; 사개위, 『1982년도 연차평가회의록』, 1983.
비고 : 1. 1982년도 통합 항목은 '신규' 소비조합명을 의미함.
　　　 2. A는 소비조합 수를 의미함.

활동이 어려워진 상황에서 농촌신협들은 자체의 힘으로 운영해 나갔으며, 농촌경제의 악화 및 임원들의 활동부진 등으로 인해 침체되거나 중단·해체된 단위조합의 수가 급증되었다.[45]

이와 같은 농촌신협의 발전과 부진정도, 내·외부의 요인들에 따른 신협운영의 변화에 따라 이 시기 설립된 농촌소비조합은 크게 영향을 받으며 운영되었다. <표 IV-20>과 같이 1981년도의 경우, 전체 36개 농촌소비조합 중에서 22개의 조합이 정상과 발전단계에서 운영되었으며, 침체·중단되거나 탈퇴한 소비조합이 13개 조합에 이르렀다. 당시 침체와 중단에 놓인 주요 원인은 대체로 소비조합에 대한 임원과 조합원들의 이해부족, 임원과 실무자의 활동 미비, 운영자금의 영세성에서 오는 자금난과 외상액의 급승, 관리인에 의한 위탁운영, 실무자 회계능

45　사개위, 『1982년도 연차평가회의록』, 1983.

력의 부족과 빈약한 실무자 처우문제, 침체에 놓인 소비조합에 대한 상
담원의 상담활동 부족 등이었다.[46]

1981년도에 침체에 이른 소비조합의 경우, 임원들의 활동이 소극적
(언당)이거나 주요 임원의 이농(진목), 경험부족과 의욕과잉(단양), 운영
자금의 영세성(운학) 등이 주요 요인이었다. 중단된 소비조합의 경우,
신협의 해체에 따른 소비조합의 해체(오상동), 위탁운영으로 맡긴 관리
자의 운영부실(금대), 임원과 실무자의 능력 및 활동의 미비(운계, 매지),
개인상점화(둔내) 등이 주요 요인이었다. 또한 평창대신과 여주대신,
연풍, 석화, 학곡, 협산, 강림신협 등과 같이 분점을 운영하였던 단위조
합은 대체로 본점과 분점 간의 운영관계가 긴밀하지 못하였다. 당시 농
소협의 회원에서 탈퇴하였던 소비조합과 같이 초기 준비가 부족한 상
태에서 조급히 사개위로부터 자금을 지원받아 소비조합을 운영한 경우
가 많았다.[47]

1982년도의 경우, 원주의 밝음신협·도립병원·체신청, 횡성의 매
호신협, 중원의 복탄과 대평, 제천의 노목부락에서 소비조합을 신규로
운영하였다. 1982년도의 소비조합들도 이전 시기와 같은 유사한 요인
들로 인해 침체와 중단, 해체에 이르는 경우가 많았다. 먼저 침체에 이
른 소비조합의 경우, 개인상점화(언당)되었거나 외상액의 급증과 수금
의 어려움(연풍·학산), 이사들의 활동미비와 실무자 확보의 어려움(신

---

46 그 외 물품을 단위조합에 공급하는 농소협이 전 품목을 공장도가격으로 공급하지 못하
    면서 발생되는 농소협과 단위 소비조합 간의 갈등문제, 농소협과 사개위 간에 관계가 원
    활하지 못한 데서 오는 문제 등이 침체·중단되는 요인으로 사개위는 평가하였다(사개
    위, 『1980년도 사업평가회의록』, 1981).
47 사개위, 『1981년도 연차평가회의록』, 1982.

<표 IV-21〉 1982년도 농촌신협 및 소비조합 현황(1982.5.31)

연번	조합명	조합원	총자산	출자금	투자금	총거래액	지원금	지원일시	분점수
1	협산	211	26,342,000	9,143,000	5,074,000	4,217,000	4,000,000	1982.3.12	2
2	양화	105	19,510,000	7,395,000	3,135,000	5,098,000	2,000,000	1981.6.29	
3	연풍	67	4,018,000	1,425,000	2,100,000	1,915,000	2,000,000	1981.5.7	2
4	영광	98	6,248,000	2,532,000	3,822,000	3,081,000	2,000,000	1982.5.24	
5	여주대신	159	21,111,000	9,881,000	6,500,000	7,688,000	4,000,000	'81.5.19, '82.1.12	1
6	대흥	59	4,717,000	1,634,000	3,193,000	2,938,000	2,000,000	1981.4.7	
7	월현	53	4,439,000	1,994,000	3,167,000	3,097,000	2,000,000	1982.4.2	
8	대안	141	15,693,000	3,945,000	3,939,000	7,134,000	2,000,000	1981.3.9	
9	학곡	130	10,558,000	2,956,000	4,849,000	3,085,000	3,000,000	1981.4.13	1
10	평창대신	207	26,023,000	12,725,000	8,750,000	3,754,000	5,000,000	1981.3.26	4
11	강림	148	19,197,000	6,729,000	3,000,000	2,330,000	2,000,000	1981.3.20	
12	황곡	154	19,140,000	2,899,000	3,236,000	7,720,000	3,000,000	'81.3.31, '82.4.12	2
13	서곡	59	12,522,000	2,590,000	2,780,000	3,651,000	2,000,000	1981.4.23	
14	상안	34	2,420,000	547,000	1,664,000	723,000	1,000,000	1981.5.15	
15	석화	98	3,608,000	1,588,000	1,900,000	7,494,000	3,000,000	'81.4.24, '82.7.26	2
16	부천	140	44,421,000	9,564,000	2,070,000	3,070,000	2,000,000	1981.12.1	
17	신림	83	7,423,000	3,030,000	3,067,000	3,293,000	2,000,000	1981.6.29	
18	학산	77	9,429,000	3,905,000	2,000,000	1,103,000	1,200,000	1982.1.23	
19	우천	85	2,351,000	225,000	1,855,000	1,830,000	1,500,000	1981.12.4	
20	낙천	63	4,949,000	2,511,000	2,995,000	7,250,000	2,000,000	1982.3.27	
21	언당	30	2,578,000	1,560,000	620,000	1,107,000	4,000,000	1982.3.12	
22	공근	97	5,244,000	4,452,000	1,510,000	4,720,000			
23	노목	28	800,000	520,000	800,000	1,500,000			
24	매호	121	34,950,000	13,622,000	4,000,000	2,867,000	2,000,000	1982.7.2	
합계		2,447	307,691,000	107,372,000	76,026,000	90,665,000	53,700,000		14

출전 : 社開委, 1983 『농촌소비조합육성사업』, 316~368쪽; 사회선교국, 1991 『부락별 사업지원 현황』.

비고 : 1. 社開委 지원금 총액은 5,370만 원이었음. 신협에서 상환한 자금을 제외하면 4,620만 원임.

림, 우천, 상안) 등의 요인들로 인해 침체에 놓였다. 한편, 실무자의 미확보와 외상액의 급증 등 복합적인 요인들로 인해 학곡과 매지소비조합은 운영이 중단되었으며, 농소협에 커다란 손실을 입혔던 단양소비조합과 소비조합의 운영권을 법천2리의 11명에게 이양했던 부천신협, 수몰화에 따라 이주한 진목신협 등에서 소비조합이 해체되었다.[48]

1982년 5월 사개위의 제반 지원을 통해 부락개발운동이 전개되었던 112개의 농촌부락 중 54개 부락에서 농촌신협이 운영되었다. 54개의 농촌신협 중 소비조합을 설립·운영하고 있는 단위조합이 23개였다. 〈표 IV-21〉과 같이 당시 농촌신협에서 소비조합을 운영하고 있는 조합은 23개였으며, 신협의 기반이 없이 소비조합을 조직·운영하였던 부락이 제천 봉양면의 노목부락이었다. 당시 24개의 소비조합 중에는 몇 개의 자연부락에 분점을 조직·운영하고 있는 부락들이 있었다. 평창 대신소비조합이 공동유대지역 내 4개의 농촌부락에서, 원성 황곡과 횡성 석화, 영월 협산과 평창 연풍소비조합이 공동유대지역 내 2개의 농촌부락에서, 원성 학곡소비조합에서 인근 유대지역에 분점 1개소를 운영하였다. 이에 따라 본점을 운영 중인 6개 농촌신협에서 모두 14개의 소비조합 분점을 운영하였다.[49] 그 결과 당시 사개위 관할 소비조합이 운영되었던 농촌부락은 모두 38개였다. 소비조합을 운영하는 사개위 관할 농촌신협의 조합원은 모두 2,447명이었으며, 이들의 출자금과 총자산은 각각 107,372,000원과 307,691,000원에 이르렀다. 소비조합의 운영을 위해 신협에서 투자한 자금은 모두 76,026,000원이었으

---

48 사개위, 『1982년도 연차평가회의록』, 1983.
49 사개위, 『1981년도 연차평가회의록』, 1982.

군	면	리	조합명	구분	A	군	면	리	조합명	구분	A
원성	부론	흥호2	원성 대흥	자립조합	12	원성	호저	광격	원성 영광	성장조합	6
	흥업	대안1	원성 대안				신림	용암	원성 신림		
	소초	흥양3	원성 황곡				안흥	강림2	횡성 강림		
	호저	매호	원성 매호				서원	석화2	횡성 석화		
	판부	서곡4	원성 서곡				우천	두곡	횡성 우천		
횡성	안흥	월현2	횡성 월현				대화	주진	평창 주진		
평창	용평	백옥포	평창 연풍			횡성	안흥	상안1	횡성 상안	영세조합	6
	대화	신1	평창 대신				공근	공근	횡성 공근		
	대화	상안미	평창 상안미			여주	대신	보통	여주 대신		
영월	남	연당1	영월 협산			제원	봉양	학산	제원 학산		
정선	임계	낙천3	정선 낙천			중원	앙성	능암	중원 대평		
여주	능서	내양	여주 양화				소태	복탄1	중원 광명		

출전 : 사회개발부, 「농촌소비자협동조합 평가보고서(1984.8)」, 『농촌소비조합육성계속사업』, 1985.

며, 이중 사개위가 지원한 자금은 5,370만 원이었다.

한편, 1984년 8월 사회개발부의 활동지역에서 설립·운영되고 있는 24개의 농촌소비조합을 자립조합·성장조합·영세조합 등으로 구분한 농촌신협의 운영실태별 현황을 살펴보면 〈표 IV-22〉와 같다. 여기서 자립조합이란 자체자금 조성비가 높고 조합의 사업경영 내용이 건실하며, 임직원의 열성적 참여로 자립운영이 가능한 소비조합을 말한다. 성장조합이란 아직 자립조합에는 이르지 못하나 지속적인 조합의 육성과 성장을 위한 노력이 뒷받침되면 자립조합으로 성장될 수 있는 소비조합을 뜻한다. 영세조합이란 단위조합의 활동이 부진·중지된 상태에 있고, 독립된 하나의 경영체로서 존립하기 어려운 상태에 있는 조합을 일컬으며, 인근 지역의 자립·성장조합에 합병되어 분점형태로 운영되어야 할 소비조합을 뜻한다.[50] 당시 자립조합으로 평가된 소비조합은 12개였으며, 성장조합으로 평가된 소비조합은 6개 조합, 영세조합으로 평가된 소비조합은 6개 조합이었다.

농촌지역의 23개 소비조합은 그 지역의 신협을 바탕으로 설립되었기 때문에 제반 어려운 여건에도 불구하고 비교적 쉽게 소비조합이 설립·운영될 수 있었다. 그러나 금융사업이 주된 업무인 신협의 부대사업으로 소비조합이 활발하게 운영되기에는 여러 어려움이 많았다. 이를 극복하기 위해 농촌소비조합은 신협으로부터의 자립과 독립된 운영이 필요하였다. 이에 따라 1984년 말 소협중앙회의 인가를 위한 전제조건으로 농촌신협에서 소비조합의 자립을 정부가 요구하였을 때 월현을 제외한 자립조합으로 평가된 11개 소비조합과 성장조합으로 평가된 6개 소비조합들은 독립을 위한 제반 활동을 활발하게 추진해 나갔다.

3. 한국소협중앙회의 창립과 농촌소비조합의 독립

1) 1983년 한국소협중앙회의 창립

1980년대에 접어들면서 대량생산·대량소비의 산업사회의 출현으로 생활여건의 변화와 이에 수반되는 소비자문제 및 환경공해문제가

---

50 사회개발부, 「농촌소비자협동조합 평가보고서(1984.8)」, 『농촌소비조합육성계속사업』, 1985.

<표 IV-23> 소협중앙회 임원명단(1983~1987)

직책	1983.5		1983.10		1985.5		1987.3	
	임원명	소속	임원명	소속	임원명	소속		
위원장	정홍권	서울	정홍권	서울	정홍권	서울	정홍권	서울
부위원장	이경국	강원	이경국	강원	이경국	강원	최홍기	서울
	김광수	전북	김광수	전북	김광수	전북	강호율	충남
	윤기서	경북	윤기서	경북	윤기서	경북	박재일	강원
위원(이사)	이문창	서울	백봉근	서울	박재일	강원	이건우	경기
	손관형	인천	곽창렬	서울	이승목	충남	김태일	충북
	박의협	경기	손관형	경기	이건우	경기	이동복	충남
	윤석주	강원	박의협	강원	곽창렬	서울	노창원	전북
	손영배	충북	손영배	충북	강홍율	경북	서창근	경북
	강호율	충남	진동식	충남	박진환	전남	정성인	광주
	진동석	충남	박진환	전남	최홍기	서울	방금옥	전남
	박진환	전남	강희균	강원			신석규	경남
	천대환	대구	김영대	대구			이경국	강원
	김영대	대구					윤석주	강원
감사			강호율	충남	이문창	서울	윤구식	경기
			천대한	대구	윤석주	강원	박홍석	서울
			윤규승	전남			김길곤	광주
전문위원	곽창렬	서울					곽창렬	서울

출전: 사회개발부, 「제3차 경과보고서(1984.10.1~1985.5.31)」, 『광산소비조합육성3년연장사업』, 1987; 곽창렬, 『소비자협동조합운동』, 협동교육연구원, 1989, 223~224쪽.
비고: 1. 1983년 5월은 설립추진위 명단, 1983년 10월은 초대임원 명단, 1985년 5월은 제1차 정기총회에서 선임된 임원명단, 1987년 3월은 법인설립 개편총회 임원명단임.
2. 1985년 5월 이경국은 수석부회장, 1987년 3월 곽창렬은 사무총장이었음.

제기되기 시작하였다. 따라서 소비자권리의 보장과 소비조합 조직은 더욱 절실한 과제로 등장하였다. 1982년 9월 1일 소비조합을 운영하고 있거나 이에 관심 있는 인물들이 회동하여 소협중앙회의 설립과 소비조합법의 제정, 정부의 인가를 통해 법적 기반위에서 소비조합운동을 추진하기 위한 제반 논의와 합의들을 모아 갔다.[51] 그 결과 1983년

4월 15일 '전국소비조합 설립추진위원회'가 구성되었으며, 5월 21일 설립추진위원회의 제1차 회의가 협동교육연구원에서 개최되었다. 당시 강원도의 경우, 소비조합운동의 선구적 역할이 인정되어 〈표 IV-23〉과 같이 이경국을 비롯하여 농소협 회장 윤석주와 신협 광산지구협의회 회장 강희균 등 3명이 설립추진 위원으로 선임되었다.

1983년 9월 설립추진중앙위원회를 개최(9.26~27)하여 창립총회를 갖기로 하였으며,[52] 10월 13일 소협중앙회의 발족을 위한 창립총회가 명동성당에서 개최되면서 전국이사 16명 중 강원도의 이경국, 윤석주, 강희균 등 3명이 이사로 선출되었다. 당시 소협중앙회는 창립 직후 사단법인의 결성과 소비조합법의 제정, 각도 연합회의 구성을 추진하였다.[53] 이에 따라 사개위는 광산지구협의회와 농소협이 중심이 되어 명실상부한 도연합회의 기능을 담당하도록 하며, 소협중앙회가 협동조합 원칙에 기반한 중앙조직이 되도록 추동하였다.[54]

1984년 2월 소협중앙회는 사단법인 인가 신청을 위한 초안을 작성하여 경제기획원에 제출하였다.[55] 1984년 12월 1일 경제기획원은 강

<hr>

51 곽창렬, 『소비자협동조합운동』, 협동교육연구원, 1989, 222쪽; 곽창렬, 『만인을 위하여 만년을 향하여』, 협동교육연구원, 1999, 59쪽.

52 사개위, 「임시회의(1983.9.29)」, 『1983~1984년도 월례회 회의록』, 1984.

53 사회개발부, 「제1차 경과보고서(1983.9.1~1984.3.15)」, 『광산소비조합육성3년연장사업』, 1987.

54 사개위, 「제42차 월례회의(1983.12.2)」, 『1983~1984년도 월례회 회의록』, 1984. 당시 사회개발부는 광산지역과 농촌지역의 소비조합은 그동안의 제반 교육을 통해 소협의 정형성이 보존되는데 반해, 소협중앙회 소속의 다른 소비조합은 상업적·편의적으로 설립될 것에 대한 우려를 하였다. 이에 따라 사회개발부는 소협중앙회가 창립 직후 우후죽순처럼 마구잡이로 소비조합 인가를 내주지 않도록 하는 체제개선의 필요성을 제기하였다(사개위, 「제54차 월례회의(1984.12.3)」, 『1984~1989년도 월례회 회의록』, 1989).

55 사회개발부, 「제2차 경과보고서(1984.3.15~9.30)」, 『광산소비조합육성3년연장사업』, 1987.

<표 IV-24> 사회개발부 관할 농촌신협 중 소비조합 독립 추진계획 현황

구분	지역	신협명	구분	지역	신협명
인가 신협	원성	대안, 신림, 대흥, 영광, 황곡, 서곡	미인가 신협	평창	연풍, 후평
	횡성	강림, 월현, 우천, 매호		소계	6개 신협
	영월	협산	신규 운영	원주	연세기독, 북원
	평창	대신		횡성	공근,
	소계	12개 신협		평창	상안미, 주진, 대화, 진부
미인가 신협	원성	궁촌, 귀운, 운계		기타	주문진, 묵호
	횡성	석화		합계	9개 신협

출전: 사개위, 「제55차 월례회-회의속개(1985.1.8)」, 『1984~1989년도 월례회 회의록』, 1989.

원도지역의 소비조합 실태조사를 기초로 인가의 전제조건으로 1985년 5월까지 신협의 부대사업으로 운영 중인 50개의 소비조합을 분리·독립시킬 것을 통고하였다. 12월 6일 소협중앙회는 긴급이사회를 통해 각 소비조합을 신협에서 분리토록 결정하였으며, 소비조합운동이 활발히 전개되고 있는 강원도의 경우 농촌과 광산지역에서 20개 소비조합을 독립·창립시키면서 도연합회의 구성을 추진토록 요청하였다.

사회개발부는 장차 농소협과 광산지구협의회가 도연합회의 역할을 할 수 있는 방안을 강구하면서 1985년 4월까지 신협의 소비조합 분리 작업을 추진하도록 추동하였다. 그러나 사회개발부는 1985년 4월까지 소협중앙회 강원도연합회의 창립이 현실적으로 어렵다고 보면서 관할지역 소비조합의 독립을 먼저 추진키로 하였으며, 소협중앙회가 인가를 얻은 후 연합회의 창설에 착수키로 하였다.[56]

사회개발부는 농소협과 함께 농촌지역의 단위조합 중 부대사업으로 운영 중인 소비조합들을 중심으로 신협에서의 독립을 추진키로 하였

---

56 사회개발부, 「제54차 월례회(1984.12.3)」, 『1984~1989년도 월례회 회의록』, 1989.

다.[57] 이에 따라 양 기관은 1985년 3월까지 〈표 IV-24〉와 같이 인가를 얻은 12개 농촌신협과 6개 미인가신협, 신규로 소비조합을 운영 중인 9개의 신협 등 총 27개 신협에서 별도의 창립을 통해 소비조합을 독립시키고자 하였다. 원성의 대안·신림·황곡·대흥·영광신협, 횡성의 강림·월현·서곡·매호신협, 영월의 협산신협, 평창의 대신신협 등 12개 신협과 미인가 농촌신협 중 궁촌·운계·귀운·석화·연풍·후평신협 등 6개 신협, 신규로 운영되고 있는 연세기독·북원·공근·상안미·주진·대화·진부·주문진·묵호 등 9개 단위조합에서 소비조합의 창립과 독립을 추진하였다.[58]

2) 소비조합의 독립과 강원도지부의 결성

1985년 초 사회개발부는 신협의 부대사업으로 운영되던 농소협 소속 소비조합의 창립총회를 통해 소협중앙회를 계통기구로 하는 소비조합의 독립을 추진토록 지도하였다. 당시 소비조합의 독립과정은 창립총회의 개최를 통해 소비조합의 임원진 구성과 출자금 납부, 신협 본회계에서 소비조합 회계의 독립, 소협중앙회 회원조합 가입 신청과 인가 취득 등의 과정으로 이루어졌다.

1985년 초 사회개발부는 농소협 회원의 소비조합을 중심으로 신협에서 독립하기 위한 창립총회를 개최토록 지도하였다. 그 결과 〈표

---

57 사회개발부, 「제55차 월례회(1985.1.7)」, 『1984~1989년도 월례회 회의록』, 1989.
58 사회개발부, 「제56차 월례회(1985.2.15)」, 『1984~1989년도 월례회 회의록』, 1989.

<표IV-25> 강원도지역 소비조합 창립 현황(1985~1987)

시군	창립소협수	소비조합명
원주	2	연세기독신협, 원주소협
원성	7	신림, 영광, 호저서부, 대흥, 부론, 황곡, 대안
횡성	5	우천, 강림, 매호, 석화, 공근
영월	1	영월남면
정선	1	임계
평창	7	신리, 상안미, 주진, 평창북부, 평창동부, 연풍, 봉정
합계	23	

출전 : 사회개발부, 「제58차 월례회(1985.4.1~2)」, 『1984~1989년도 월례회 회의록』, 1989; 사회개발부, 「제60차 월례회(1985.6.4)」, 『1984~1989년도 월례회 회의록』, 1989; 사회개발부, 「제68차 월례회(1986.2.7)」, 『1984~1989년도 월례회 회의록』, 1989.

IV-25〉와 같이 1987년도까지 원주와 원성지역, 횡성과 평창지역 등을 중심으로 23개의 소비조합이 창립되었다. 이들의 특징은 대체로 사회개발부와 농소협 관할의 소비조합들이 다수였다. 그러나 평창지역의 경우, 평창북부·평창동부·주진·대화·하일·계장·다수·봉정 등의 소비조합이 당시 이 지역에서 활동하였던 선명회의 자금지원과 지도에 힘입어 창립된 것이었다. 1980년대 선명회는 단순한 구호차원의 기존사업에서 벗어나 농민의 역량을 강화하면서 자립을 돕는 지역개발사업을 평창지역에서 실시하였다.[59] 당시 선명회는 관할 하에 있던 평

---

59 선명회는 한국전쟁 중이었던 1950년 9월 미국인 선교사 밥 피얼스(Bob Pierce)목사가 창립한 단체였다. 1953년 5월 전쟁고아와 미망인들에 대한 구호를 목적으로 한국지부인 한국선명회가 설립되었다. 1974년부터 시작된 사회복지관 중심의 가정복지사업은 주로 도시의 가정개발사업으로 전개되었다. 1981년 1월 농촌지역의 종합개발사업은 착수되었으며, 이전까지 단편적으로 산만하게 전개되던 각종 사업을 통합하여 일정한 농촌사회를 농민 주도로 개발하고자 하였다. 1980년부터 한국선명회는 지역사회개발사업을 시작하였으며, 첫 번째 지역으로 강원도 평창지역을 선정하였다. 1981년 1월 조둔·다수·회동의 3개 협동마을에서 지역사회개발사업을 착수하였으며, 7월 상안미와 노산, 1982년 1월 주진, 4월 대창과 신리부락 등을 협동마을로 추가하여 모두 9개의 협동마을을 대상으로 사업을 전개하였다(정지웅, 『복지농촌건설과 지역사회개발—한국

창읍 내 다수·노론·임하·계장리와 대화면 내 상안미를 중심으로 한 평창지역에서 자금지원을 통해 농촌신협을 운영하고자 하는 한편, 농촌소비조합의 창립을 추동하였다. 1985년 2월 창립총회를 개최한 주진소비조합의 경우, 이사장은 선명회 운영위원장, 실무자는 권사인 박성주가 맡았다.[60] 평창북부소비조합은 사무실이 선명회가 소유한 건물에 위치해 있었으며, 임하·계장·하일·뇌운·다수리 등 6개 지역을 공동유대지역으로 삼아 소비조합사업을 추진하였다. 1985년 4월 창립된 평창동부소비조합은 이사장 엄주훈을 중심으로 상리·노론·이곡·조동·고길·지동리 등의 160호를 대상으로 소비조합을 운영하였다.[61] 당시 사회개발부는 현장교육을 통해 이들 소비조합의 창립을 지도하였다.

이 시기 창립된 소비조합들은 1970년대 부락을 단위로 운영되었던 구판장·소비조합과 달리 몇 개 리를 공동유대지역으로 설립·운영된 특징이 있었다. 신리소비조합의 경우, 신1리·신4리·신6리·신7리 등 4개 리를 공동유대지역으로 하였으며, 강림소비조합의 경우 월현과 부곡부락 등을 관할 지역으로 하였다. 이 소비조합들은 농촌부락들을 공동유대지역으로 삼으면서 소비조합을 운영하는 한편, 유기농업운동에 기반한 농산물직거래운동의 생산지인 특징을 가졌다. 횡성 공근의

선명회 평창복지회 사례』, 교육과학사, 1991, 9~154쪽). 선명회에 의한 평창지역에서의 지역사회개발사업은 부락단위에 기초해 추진된 민간 주도의 농촌개발운동이었다. 1970년대 전반부터 재해위와 함께 부락개발운동과 협동조합운동을 전개하였던 신리부락이 선명회의 농촌개발운동에 직접 참여하면서 인근 농촌부락에 주었던 영향과 사회개발부의 교육·지도를 통해 이 시기에 와서 소비조합사업을 추진할 수 있었다.

60 사회개발부, 「제58차 월례회(1985.4.1)」, 『1984~1989년도 월례회 회의록』, 1989.
61 사회개발부, 「제59차 월례회(1985.5.6)」, 『1984~1989년도 월례회 회의록』, 1989.

경우, 1985년 생산농가 5호가 원주소비조합에 무농약 배추와 무, 유정 란을 생산·공급하였다. 학산소비조합은 메주와 고들빼기를 공급하였 으며, 매호소비조합은 무농약 쌀을 공급하였다.[62] 이 소비조합들은 원 주소비조합과 한살림농산 등의 창립·운영과정에서 유기농업에 기반 한 농산물을 생산·공급하는 역할을 담당해 나갔다.

한편, 1985년 초 소협중앙회는 경제기획원의 요청대로 산하 소비조합 의 독립을 적극적으로 추진하였다. 당시 사회개발부는 농소협과 광산지 구협의회를 조직기반으로 삼아 소협 강원도지부를 창설하고자 하였다. 그러나 1985년 2월 소협중앙회와 별도로 한국노총에서 '한국노총소비 자협동조합연합회'(이하 노총소협연합회로 약칭)를 조직하고, 자신들을 중 심으로 한 소비조합중앙회의 구성을 강력히 추진하였다. 1985년 3월 노 총소협연합회는 광산지구협의회와 광산소비조합들을 한국노총 산하 조 직으로 옮기도록 하면서 이들 광산소비조합은 사회개발부에서 추진하는 도연합회의 설립을 위한 구상에서 제외되었다. 이에 따라 사회개발부는 농소협을 중심으로 소협 강원도지부의 창설을 추진하게 되었다.[63]

1986년 한국노총의 협동사업부와 노총소협연합회는 한국노총 내 소비조합운동의 퇴조에 따라 급속히 형해화되어 갔다.[64] 1987년 3월 4 일 경제기획원은 소협중앙회의 인가를 승인하였으며, 3월 23일 소협

---

62 사회개발부, 「제63차 월례회(1985.9.3)」, 『1984~1989년도 월례회 회의록』, 1989; 사회개발부, 「제65차 월례회(1985.11.4)」, 『1984~1989년도 월례회 회의록』, 1989.

63 사회개발부, 「제3차 경과보고서(1984.10.1~1985.5.31)」, 『광산소비조합육성3년연 장사업』, 1987.

64 사회개발부, 「제4차 경과보고서(1985.6.1~1986.3.15)」, 『광산소비조합육성3년연장 사업』, 1987; 사회개발부, 「제5차 경과보고서(1986.3.16~1987.6.30)」, 『광산소비조 합육성3년연장사업』, 1987.

중앙회는 개편을 위한 총회를 개최하면서 정부가 인정하는 유일한 소비조합의 전국연합체로서 활동을 전개하였다.[65] 1987년 1월 사회개발부는 소협중앙회에 대한 경제기획원의 인가가 예상되자 도연합회의 창립을 위한 구상에 들어갔으며, 3월 23일의 소협중앙회 개편총회에 강원도지역의 소비조합 임원들이 적극적으로 참여토록 추동하였다.[66] 당시 개편총회의 임원선출에서 소협중앙회 부회장에 원주소비조합의 이사장이자 한살림농산의 대표인 박재일, 이사에 이경국과 윤석주가 선임되어 활동하였다.[67]

1987년 5월 사회개발부는 농소협의 해체를 통해 소협 강원도지부를 설립하되, 자산과 부채 등을 모두 넘겨받는 방식으로 창립되도록 하였다.[68] 그 결과 7월 27일 농소협은 해산총회를 통해 8년간의 활동을 종료하였으며, 7월 28일 소협중앙회 강원도지부는 전국에서 가장 먼저 본격적인 활동에 들어갔다.[69] 강원도지부의 창립임원을 살펴보면 회장과 부회장에 김상범과 김영태·원종욱, 운영위원으로 이현기·김영태·김준기·윤석주·박양혁·박재일, 감사에 이재호·장상순이 선임되었다.[70] 이들 임원진의 특징을 살펴보면 운영위원회는 농촌소비조합의 이사장들을 중심으로 구성되었으며, 원주그룹에서 김상범, 박양혁, 박재

---

65 사회개발부, 「제5차 경과보고서(1986.3.16~1987.6.30)」, 『광산소비조합육성3년연장사업』, 1987.
66 사회개발부, 「제71차 월례회(1987.1.6)」, 『1984~1989년도 월례회 회의록』, 1989; 사회개발부, 「제73차 월례회(1987.3.2)」, 『1984~1989년도 월례회 회의록』, 1989.
67 한살림농산 대표 박재일은 1988년 초 소협중앙회 정기총회에서 회장으로 선임되었다.
68 사회개발부, 「임시월례회(1987.5.28」, 『1984~1989년도 월례회 회의록』, 1989; 사회개발부, 「제76차 월례회(1987.6.1)」, 『1984~1989년도 월례회 회의록』, 1989.
69 사회개발부, 「제77차 월례회(1987.7.2)」, 『1984~1989년도 월례회 회의록』, 1989; 사회개발부, 「제78차 월례회(1987.8.3)」, 『1984~1989년도 월례회 회의록』, 1989.
70 사회개발부, 「제75차 월례회(1987.5.1)」, 『1984~1989년도 월례회 회의록』, 1989.

〈표 IV-26〉 강원도지부 소속 소비조합 현황(1987~1989)

시군	읍면	리	소협명	1987.12	1989.7	시군	읍면	리	소협명	1987.12	1989.7
원주			원주	정상	정상	정선	임계	낙천	임계	정상	자립
			연세기독	정상	정상			봉정	봉정	정상	자립
원성	부론		대흥	재기		영월	남	연당	남면	재기	자립
	호저	광격	영광	해체			용평	백옥포	연풍	정상	자립
		매호	매호	재기	영세		대화	신	신리	정상	자립
	소초	흥양	황곡	해체	영세			상안미	상안미	정상	자립
	판부	서곡	서곡	정상	자립	평창		후평	평창	재기	자립
		용암	신림	재기	자립			노론	평창동부	정상	자립
	홍업	대안	홍업	정상	자립		평창	다수	평창북부	정상	성장
횡성	안흥	강림	강림	정상	자립			종부	종부	신규	자립
	공근	공근	내공근	정상	영세			주진	주진	신규	영세
	우천	두곡	우천	정상	성장	합계			23개		

출전 : 사회개발부, 「제83차 월례회(1988.1.6)」, 『1984~1989년도 월례회 회의록』, 1989; 사회선교국, 「농촌소비조합확장사업 평가보고서(1989.7)」, 『농촌소비조합확장사업(1021A)』, 1991.

일, 장상순 등이 주도적으로 참여하였다. 강원도지부는 제1차 운영위원회(8.12)를 개최하여 사무국장에 운영위원 윤석주를 임명하였다.[71]

당시 소협 강원도지부는 관할 33개의 소비조합 중에서 16개를 정리하였으며, 1987~89년 회원조합의 현황을 나타내는 〈표 IV-26〉과 같이 23개 조합으로 출범하였다. 당시 강원도지부의 설립을 계기로 매호·남면·평창·신림·대흥소비조합은 침체의 부진에서 벗어나 운영되었으며, 황곡과 영광소비조합은 침체되다가 해체되었다. 그 외 도시조합인 원주소비조합과 연세기독소비조합, 원성의 서곡·홍업소비조합, 횡성의 강림·공근·우천소비조합, 정선의 임계·봉정소비조합, 평창의 연풍·신리·상안미·평창동부·평창북부소비조합 등은 정상적으로 운영되었다.

---

71 사회개발부, 「제79차 월례회(1987.9.2)」, 『1984~1989년도 월례회 회의록』, 1989.

제3장

광산지역의 소비조합운동

1. 신협 광산지구협의회의 구성과 활동

사개위가 활동을 전개한 시기는 1979년 '10 · 26'으로 유신체제가 무너지고, 신군부에 의한 5공화국이 출범 · 전개되는 격변기였다. 특히, 1979년 하반기 정국의 격변과정은 광소협이 신협 광산지구협의회로의 개편에 영향을 주었다. 1979년 5월 가톨릭농민회의 오원춘사건과 8월의 YH사건 등을 겪으면서 재해위의 활동은 광산지역에서 강력히 제지당하였다. 1979년 6월 이후 유신정권은 재해위의 협동조합운동을 반정부단체의 활동으로 보면서 신협을 내무부가 주도하는 마을금고로 전환하도록 광업소와 탄광노조에 압력을 행사하였다. 1979년 11월 재해위와 광소협은 정부의 탄압에 대응하고 이를 극복하기 위한 차원에서 임의단체의 성격인 광소협을

<표IV-27> 신협 광산지구협의회 임원명단(1979.11~1983.1)

직명	성명(A)	성명(B)	성명(C)	직명	성명(A)	성명(B)	성명(C)
회장	김동규	김동규	강희균	판매이사	정구욱	김상곤	오용호
부회장	이호진, 방항석	방항석 유승규	유승규 방항석 김병두	회계이사	김종호	이경만	최달용
전무이사	강희균	정구욱	정구욱	평이사	이종옥 김종국	김병두	
총무이사	홍재수		이호진	상무	최태진	최태진	
교도이사	손병윤	손병윤	김동규	감사	강명흡 안승쾌 남흡	홍재수 김영진 박규회	홍재수 남흡 박기익
홍보이사	박정호	이호진	권혁진				

출전 : 사개위, 「제2차 전체협의회(1979.11.5)」, 『1979~1980년도 월례회 회의록』, 1979; 사개위, 「제15차 월례회(1981.5.1)」, 『1981년도 월례회 회의록』, 1981; 사개위, 「제4차 경과보고서」, 『광산소비조합2년 연장사업』, 1983.
비고 : 1. A는 2차 정기총회(1979.11.10), B는 3차 정기총회(1981.4.28~29), C는 5차 정기총회(1983. 1.30~31)에서 선임된 임원 명단임.

법적 안정성을 갖춘 신협 광산지구협의회의 전환을 추진하였다.[1] 당시 사개위는 광산지구협의회를 적극적으로 발전시키도록 하면서도 가능한 한 전면에 나서지 않고 협의회를 중심으로 탄광지부와 신협지도자들이 스스로 정부기관의 압력에 대응해 나가도록 하였다.[2] 당시 광산지구협의회 는 지역조합이자 천주교회 중심의 한마음신협도 신규로 가입시켰다. 이는 본당의 지도적 신자들이 광산노조의 간부들과 협력하여 대외적 위기를 극복하도록 한 것이었다.[3]

〈표IV-27〉과 같이 신협 광산지구협의회가 결성될 때 회장과 부회

---

1 당시 국영인 장성 석공과 도계 석공 등은 말할 것도 없고, 민영이자 적극적으로 사업을 추진 중인 삼척탄좌·강릉·태영·함태·강원 등 상당수의 광산신협과 소비조합에서 압력을 받고 있었다. 특히, 사업이 가장 활발한 탄광지부였던 함태와 강원의 경우, 황지 읍장이 직접 자금지원을 조건으로 사개위의 지원자금 반환과 새마을금고로 전향토록 압 력을 행사하였다(사개위, 「제2차 전체협의회(1979.11.5)」, 『1979~1980년도 월례회 회의록』, 1980).
2 사개위, 「제5차 경과보고(1979.9.1~1980.2.29)」, 『광산소비조합육성사업』, 1982.
3 한마음신협은 1977년 6월의 발기인총회(6.28)를 거쳐 1978년 1월 창립된 신협(1.29) 이었다. 창립 당시 이사장 방항석, 부이사장 이명제, 이사 9명 중 탄광노조의 강희균(태 영), 감사 3명 중 이경만(동해)이 참여하였다(한마음신협, 『정관(설립인가서)』, 1978).

장에 김동규와 이호진·방항석이 선임되었다. 이사진은 강희균·홍재수·손병윤·박정호·정구욱·김종호 등으로 구성되었으며, 상무에 최태진이 선임되었다. 이들 임원진은 대체로 광산신협·광산소비조합이 활발히 운영되었던 황지지역의 동해·대진·태영·함태·장원·어룡과 한마음신협을 중심으로 도계·백운 등의 광산노조 지도자들이었다. 한편, 1981년도와 1983년도의 3차·5차 정기총회시 조직개편 과정에서 이들 임원진은 다소 변동이 있었다. 3차 정기총회의 경우, 부회장에 유승규가 새로 선임되었으며, 전무이사와 회계이사에 정구욱과 이경만이 선출되었다. 5차 정기총회의 경우, 회장 강희균, 부회장 유승규·방항석·김병두 등으로 크게 변동되었으며, 황지지역을 중심으로 한 광산신협의 임원들이 이사진으로 활동하였다.

　이 시기 사북항쟁과 광주민중항쟁의 발생, 이에 대한 군사정권의 유혈탄압 속에서 광산지역의 노동운동은 물밑으로 완전히 가라앉으면서 크게 침체되었다. 그러나 광산지구협의회는 광산신협·소비조합이 지속적으로 운영되면서 활동은 유지해 나갈 수 있었다. 당시 사개위는 광산지구협의회의 운영자금 지원과 각 단위조합에 대한 지도 및 협력기반 마련에 큰 역점을 두고 활동하였다. 사개위는 광산소비조합육성사업이 추진되던 시기 광산소비조합의 육성에 지원한 총금액 5,950만 원 중 59%에 해당하는 3,500만 원을 광산지구협의회의 운영자금으로 지원하였다. 이는 광산지구협의회가 자립성을 확보하고 각 단위조합에 대한 지도성을 갖추어야 하는 필요성과 협의회를 통해 소비조합을 운영하고 있는 광산신협을 간접 지원하는 효과를 의도한 것이었다. 즉, 광산지역의 협동조합을 육성하고자 한 사개위의 역할을 광산지구협의

<표 IV-28> 광산지역 신협과 소비조합의 조합원 및 재정 현황(1981.4.30)　　　　　　(단위 : 원)

조합명	조합원	차입금	출자금	여신사업비	소협운영비	총자산	비고
함태	939		33,327,710	49,062,758	20,932,620	69,995,378	
태영	345	2,400,000	42,078,523	61,571,152	19,952,328	81,523,480	2,400,000
대진	511	2,500,000	15,893,275	25,930,770	14,680,124	40,610,894	
어룡	983	9,700,000	52,902,267	65,967,854	28,932,710	94,900,564	7,000,000
동해	411	4,000,000	45,436,534	59,423,742	19,316,743	78,740,485	4,000,000
강원	1,350	4,000,000	32,641,332	42,752,583	17,630,940	60,383,523	1,000,000
장원	950	1,100,000	36,573,000	51,525,000	17,340,000	68,865,000	1,100,000
삼탄	1,309		16,835,000	21,175,000		21,175,000	
동고	462	3,000,000	4,652,000	11,252,000	3,500,000	14,752,000	3,000,000
장성	1,400	2,000,000	15,705,842	23,050,669	12,523,580	35,574,249	2,000,000
도계	850		13,356,000	22,362,000		22,362,000	
한마음	833	8,000,000	61,424,670	262,287,065		262,287,065	
강원6구	130	2,000,000	2,802,000	4,802,000	2,000,000	6,802,000	2,000,000
삼마	450	2,000,000			2,000,000	2,000,000	2,000,000
협의회	8,900	35,204,740	5,799,000		51,869,874	51,869,874	35,000,000
합계	19,823	75,904,740	379,427,153	701,162,593	210,678,919	911,841,512	59,500,000

출전 : 사개위, 「광산노동자를 위한 소비조합사업 종합보고서(1981.8)」, 『광산소비조합육성사업』, 1982.
비고 : 1. '비고'는 사개위의 자금지원액임.
　　　 2. 협의회는 신협 광산지구협의회를 뜻함.
　　　 3. 삼척탄좌와 도계는 회사 측에서 소비조합을 운영함.

회가 자체적으로 수행할 수 있도록 육성·발전시키고자 하였다.[4]

<표 IV-28>은 1981년 4월 광산지구협의회 소속의 광산신협과 광산소비조합의 현황을 나타내며, 이를 통해 각 단위신협과 소비조합의 발전상, 광산지구협의회의 현황을 살펴볼 수 있다. 당시 사개위의 각종 지원에 힘입어 신협사업을 추진하고 있는 탄광지부는 13개였으며, 지역주민들로 구성된 조합이 1개였다. 당시 광산소비조합육성사업의 결과 광산

---

[4] 당시 사개위 지원자금을 모두 상환한 함태와 삼탄, 광전과 도계 등은 신협 광산지구협의회를 통하여 사개위와 관계를 맺었으며, 사개위가 실시했던 초청교·현장교육 등을 통해서도 연결되었다.

신협은 14개의 소비조합을 운영하였으며, 분점도 5개나 설립되었다. 당시 광산신협에 가입되어 있는 조합원은 10,923명이었으며, 광산지구협의회를 통해 직접 관련을 맺고 있는 지역주민은 8,900명으로 모두 19,823명이 광산신협·광산소비조합과 관계를 맺었다. 광산지역 신협과 소비조합의 총자산과 조합원들의 출자금은 각각 911,841,512원과 379,427,153원에 이르렀으며, 사개위의 지원자금 5,950만을 포함하여 전체 차입금은 75,904,740원이었다. 1977년 12월 신협과 소비조합의 자산 212,900,000원에 비해 물가상승률을 감안하더라도 큰 증가세를 보여주었다.

특히, 신협을 통한 여신자금은 연간 3회전시 21억원이 넘는 것으로 추산되면서 광산지역의 고질적인 병폐였던 고리채를 일소하는데 큰 역할을 하였으며, 광산소비조합의 운영에 있어 탄탄한 기반이 되었다. 광산소비조합의 운영자금은 약 2억원을 상회하였으며, 연간 6회전하는 것으로 추산되었다. 당시 소비조합의 물품가격은 도매점 등에서 구입한 가격의 5~10%를 가산하여 판매하였다. 이는 광산지역의 일반 소매시장 가격보다 20~30% 저렴한 편이었다. 이를 통해 광산노동자의 가계수지 개선에 직접적으로 기여하였으며, 광산지역에서 중간상인의 횡포와 상품가격의 조작을 억제하는 역할을 하였다.[5] 더 나아가 이들 협동조합 조직은 탄광노조 민주화의 물질적 기초이자 '광부자치기구'의 역할까지 수행할 수 있었다.

사개위는 1979년 말 이후 전개된 정국의 격변 속에서 신협 광산지구

5　사개위, 「광산노동자를 위한 소비조합사업 종합보고서(1981.6.15)」, 『광산소비조합육성사업』, 1982.

협의회를 중심으로 광산지역에서의 소비조합운동을 추진해 나갔다. 광산지구협의회와 광산소비조합은 당시 불안정한 정국의 영향을 받으면서도 일정하게 각기 자립성을 확보하면서 발전적인 모습을 갖추었다. 그 결과 광산소비조합운동은 광산신협의 성장·발전에 크게 기여를 하였을 뿐만 아니라 노동자들의 협동사업 추진에 있어 하나의 전범이 되었으며, 사개위가 관할하던 농촌지역의 소비조합운동에도 일정한 영향을 미쳤다. 1981년 사개위는 광산소비조합육성사업의 종료 속에서 추가적인 사업의 추진을 통해 광산지역에서의 소비조합운동을 발전시키고자 하였다. 이는 광산소비조합육성계속사업의 추진으로 나타났다.

2. 한국노총 협동사업부와 광산소비조합의 발전

1) 1980년대 초 노동정책의 변화와 광산지역의 현실

1980년을 전후로 한 정국의 급변에 따라 광산지역의 탄광노조와 신협 광산지구협의회도 일정한 변화과정을 거쳤다. 1980년 4월 사북항쟁과 1980년 하반기 신군부에 의한 '노동조합 정화조치' 및 노동관계법 개정은 탄광지역 노동조합과 노동운동에 커다란 변화를 가져왔다. 1980년 8월부터 시작된 노동조합 정화조치는 한국노총과 산별노조 상층부를 지배해 온 어용간부 추출과 지역지부의 해체를 가져왔으며,

1980년 12월 노동관계법 개정은 '제3자 개입금지' 조항의 신설과 노조설립 요건의 강화, 기업별노조로의 재편, 단체교섭 위임과 유니온숍 규정의 삭제 등을 가져왔다. 이는 1970년대 국가보위법과 유신체제하보다 훨씬 엄격하게 규제된 것으로 사실상 노동조합운동을 형해화시키고자 한 것이었다.[6] 그 결과 전국광산노동조합총연맹(이하 전국광산노조로 약칭) 본부 임원 25명 중 19명이 해직되었으며, 2개 연합회와 14개 지역지부가 해산되고 98개 분회가 지부로 승격되면서 광산노조 산하 지부는 모두 146개로 늘어났다.[7]

이 과정에서 사개위 사업대상 지부장 중 김광일(함태), 이진교(장원), 정석의(대진) 등이 물러나게 되었고, 백운지역지부(한완수)와 영월지역지부(유종석)가 해체되었다. 이를 통해 광산지역의 노동운동은 크게 약화되는 방향으로 나아갔으며, 광산지역 신협과 소비조합운동의 추진에도 많은 어려움이 나타났다.[8] 당시 동력자원부에서 소비조합 운영실태에 대한 조사를 통해 인가된 신협 내의 소비조합은 그대로 인정하고 탄광지부에서 운영하도록 조치되었던 반면, 장원탄광지부 등의 비인가 조합은 회사가 직접 운영하도록 조치하였다.[9]

한편, 1970년대 후반부터 수입탄의 급증으로 인해 광산지역의 경기

---

6 이원보, 『한국노동운동사 5－경제개발기의 노동운동(1961～1987)』, 지식마당, 2004, 597～651쪽.
7 전국광산노동조합연맹, 『광노62년사』, 2011, 331～350쪽.
8 당시 사개위는 정국의 격변에 의해 노동3권이 유명무실해지면서 광산지역의 노동운동이 크게 위축되었다고 평가하였다. 그런데 한국노총 17개 산별 위원장과 광산지역의 탄광지부 위원장의 사퇴와 관련, 노조 내부에서 규탄을 받던 귀족노조화된 위원장들이 정리된 것으로 보는 등 부분적으로 긍정적인 평가를 하였다(사개위, 「회의 속개(1981.1.9)」, 『1980년도 사업평가회의록』, 1981).
9 사개위, 「제10차 월례회(1980.12.8)」, 『1980～1981년도 월례회 회의록』, 1981.

는 크게 후퇴하였으며, 정국의 불안으로 인한 물가상승 등이 결부되면서 소규모 탄광과 덕대 등을 중심으로 폐업하는 사례가 급증하였다. 1970년대 말 오일쇼크로 인한 정부의 석탄증산정책 속에서 석탄공급에 비해 수요가 급증되면서 1979~81년 시기 200~400만톤을 상회하는 무연탄을 수입하였다.[10] 당시 국내수요량에 비해 너무 많은 석탄이 수입되면서 공급과잉상태가 지속되었으며, 저탄(貯炭)의 급증은 석탄가격 하락과 광업소의 수지악화로 이어졌다. 오일쇼크로 인해 살아났던 광산경기는 극히 어려워지면서 임금체불과 폐업광업소의 급증으로 나타났다. 이에 따라 광산지역의 신협·소비조합의 운영과 신협 광산지구협의회의 활동도 크게 영향을 받으며 추진되었다.

2) 광산소비조합육성계속사업

재해위의 광산소비조합육성사업은 이전 광산지역 장기구호사업에 기반하여 제2단계 사업으로 소비조합을 설립 육성하기 위해 1977년 7월부터 3개년사업으로 착수되었다. 그러나 1980년을 전후하여 사개위는 정국의 격변으로 인해 계획대로 사업을 추진하지 못하면서 사업기간을 연장하기 위한 요청서를 미제레오로 보내었으며, 추가적인 사업과 자금이 필요하다는 견지에서 그 연장방안을 모색하였다.[11] 이러한 연장방안은

---

10 동력자원부 석탄산업합리화사업단, 『석탄통계연보』, 1989, 84~85쪽.
11 사개위, 「원주교구에서 미제레오에 보내는 서신(1980.4.22)」, 『광산소비조합육성사업』, 1983.

1980년 5월 방한한 미제레오의 담당자와 협의과정을 거쳐 교육·운영관리 지도와 광산지구협의회의 육성에 초점을 두면서 추가로 2개년간 사업을 전개하기로 합의되었다.[12] 1980년 10월 27일 총 144,000마르크(4,720만 원)의 자금조성을 내용으로 한 미제레오의 승인이 이루어지면서 광산소비조합육성계속사업은 본격적으로 추진되었다.[13]

1981년 2월을 전후하여 계엄령 해제(1.24)와 대통령선거(2.25), 국회의원선거(3.25)가 이어지면서 다소 정치·사회적 안정기가 나타났다. 이에 따라 광산지역의 노조활동뿐만 아니라 광산지구협의회와 사개위의 활동도 이전에 비해 다소 자유로워졌다.[14]

이러한 시기를 맞아 사개위는 초청교육을 추진하였으며, 4차례에 걸친 광산지구협의회의 총회·임원진 연수 등을 활발하게 추진하였다. 또한 사개위는 침체과정에 놓인 광산소비조합을 활성화시키는 한편, 소비조합을 육성할 수 있는 대상지역을 확대하고자 하였다. 이에 따라 도계 삼마탄광지부에 소비조합을 개설하였고, 노동금고 자금지원을 기반으로 강원6구탄광지부 내 소비조합도 개설되도록 추동하였다.[15] 아울러 협동조합운동이 침체되어 있는 사북지역에 황지의 한마음신협과 같이 중심적 역할을 담당할 수 있는 지역조합의 조직 필요성이 대두되었다. 그 결과 1981년 8월 사북지역 내 광산노조와 천주교회의 협의를

12　사개위, 「제6차 월례회(1980.6.30)」, 『1979~1980년도 월례회 회의록』, 1981.
13　당시 미제레오의 지원금은 총예산 중 자부담 36,000마르크(1,180만 원)을 제외한 109,000마르크(3,540만 원)였다. 이들 자금은 크게 사개위의 제반 행정비(53.7%)와 제반 교육사업비(33.3%), 조사·홍보비(8%) 등으로 쓰일 계획이었다(사개위, 「미제레오에서 원주교구에 보내는 서신(1980.10.30)」, 『광산소비조합육성계속사업』, 1983).
14　사개위, 「제7차 경과보고(1980.8.1~1981.2.28)」, 『광산소비조합육성사업』, 1981.
15　사개위, 「제17차 월례회(1981.7.28)」, 『1981년도 월례회 회의록』, 1981.

통해 사북 뿌리신협이 창립(8.27)되었다. 1982년 장원과 한성탄광지부를 중점적 확대대상으로 삼은 결과 2개 광산소비조합이 설립되었으며,[16] 1983년 삼척 장성읍의 대명탄광지부와 영월의 동우탄광지부에서도 소비조합이 설립·운영되었다.

3) 1982~1983년 일본연수의 추진과 특징

사개위는 광산지역의 소비조합운동을 확장·발전시키기 위한 '광산지역 선진지 시찰계획'과 일본생협 관계자의 초청을 통한 일본생협을 소개하는 계획을 추진하였다.[17] 광산지역 선진지 시찰은 앞서 사개위의 농촌상담원들을 중심으로 3주간에 걸쳐 실시된 대만·일본 등의 협동조합 시찰·연수의 연장선상에서 전국광산노조 산하 광산노조에 소비조합운동을 확산시키기 위해 추진된 것이었다.[18] 〈표 IV-29〉와 같이 1982년 1월 추진된 일본연수는 1970년대부터 재해위의 광산지역 장기구호사업과 광산소비조합육성사업에 참여한 전국광산노조의 주요간부, 각 단위조합 이사장이자 광산지구협의회의 임원, 사개위의 사

---

16 사개위, 「제2차 경과보고(1981.8.1~1982.2.12)」, 『광산소비조합육성2년연장사업』, 1983.

17 당시 일본 부인코펠 회장 이시다 미야코[石田 都], 부회장 미주노 수미코[水野澄子]와 고바야시 쯔기[小林つぎ], 총무과장 토미나가 긴지[富永金治] 등 4명이 방한하여 사개위 관할 농촌과 광산지역의 소비조합운동에 대해 시찰하였고, 이 지역의 부녀회를 대상으로 일본 부인코펠운동의 역사의 필요성 등을 강의하였다(사회개반부, 「日本埼玉縣 婦人コーペル會長團 招請講演會 關係 書類」, 『해외연수 관계철』, 1985).

18 사개위, 「광산지역 소비조합 육성을 위한 해외연수 계획(1981.9)」, 『광산지역 선진지 시찰계획』, 1981.

<표Ⅳ-29> 1982년 1월 일본연수 참가자 현황(1.6~1.21)

성명	직책	비고	성명	직책	비고
김규벽	전국광노 위원장	단장	방항석	한마음 이사장, 협의회 부회장	
김동규	전국광노 부위원장, 협의회장	부단장	정구욱	협의회 전무이사	간사
박재규	전국광노 부위원장, 삼탄 이사장		이우근	밝음조합 이사장	
오용호	전국광노 부위원장, 삼마 이사장		이경국	사개위 광산사업 부장	간사
강희균	전국광노 중앙위원, 태영 이사장		이한규	사개위 상담원	
최달용	전국광노 중앙위원, 한성 이사장		정인재	사개위 상담원	
홍재수	동해조합 부이사장		김영주	사개위 사무국장	통역/안내

출전 : 사개위, 『일본연수교육 결과보고서(1982.3.30)』, 『광산지역 선진지시찰계획』, 1982.
비고 : 1. 전국광노는 전국광산노동조합총연맹을 뜻함.
　　　 2. 부위원장과 중앙위원은 전국광노의 직책을 의미함.
　　　 3. 협의회는 신협 광산지구협의회를 뜻함.

무국장과 상담원 등 14명이 참여하였다. 당시 일본연수는 단장인 전국 광산노조의 김규벽 위원장을 중심으로 광산지구협의회 회장인 동해신 협의 김동규 이사장, 삼탄신협과 삼마신협 이사장이었던 박재규와 오 용호, 전국광산노조 중앙위원이자 태영신협과 한성신협 이사장인 강희 균과 최달용, 동해신협의 부이사장인 홍재수, 광산지구협의회 부회장 이자 한마음신협 이사장인 방항석, 광산지구협의회 전무이사 정구욱 등이 참여하였다.

일본연수는 크게 강의연수와 현장시찰로 나누어 진행되었다. 강의 연수는 일본생협연합회 본부의 협조를 받아 진행되었다. 현장시찰은 일본사이타마현 현민공제생협을 중심으로 한 일본생협과 금속노동조 합 산하 노동조합·생협 등의 방문·시찰로 진행되었다. 먼저 <표 Ⅳ-30>과 같이 일본연수를 통해 진행된 강의는 '일본노동조합운동의 역사와 전망', '일본노동금고의 역사와 전망', '일본소비조합운동의 역

<표 IV-30> 1982년 1월 일본연수 강의주제 및 강사 현황

연번	주제	강사
1	일본현민공제의 설립목적과 현황	사이타마현[埼玉縣]民共濟生協 전무 正木萬平, 상무이사 土屋稔
2	일본埼玉금속의 역사와 활동상황	埼玉金屬 서기장 權田喜久雄
3	일본 디젤기기노조와 생협활동	디젤기기노조 서기장 曾根强
4	일본노동운동의 역사와 과제	全金同盟副組合長, 埼玉縣民共濟 이사장 服部光朗
5	일본노동금고의 역사와 역할	전 기옥노조금고 이사장, 기옥현근로복지센터 이사장 荒井弘泰
6	치치부시멘트노조와 생협활동	치치부[秩父]시멘트생협 전무이사 加藤孝志
7	일본기옥생협의 역사와 사업활동	기옥생협 이사장, 전국생협연합회 이사장 井堀繁雄
8	石川島생협의 역사와 사업활동	이시가와지마[石川島] 생협 이사장 柳瀨俊彦

출전: 사회개발부, 「한국생협연수시찰단 일정표」, 『해외연수 관계철』, 1985.

사와 전망', '일본소비조합운동의 단계적 성장과정', '일본소비조합의 물품유통과정과 관리운영', '일본노동조합의 특수활동과 현황', '일본노동조합의 공제사업 현황과 단계적 성장과정', '일본 지역조합의 활동과 단계적 성장과정' 등의 주제로 구성되었다. 일본연수를 통해 방문한 노동조합과 생협 등을 살펴보면 〈표 IV-31〉과 같다. 당시 한국연수단은 주로 도쿄도 북쪽에 인접한 사이타마현 공제생협 본부와 주생활공동구판장, 사이타마현근로자생협 본부와 지역공동구판장, 사이타마현 부인코펠 본부, 일본금속노조협의회 본부와 디젤기기 히가시야마[東山]공장, 치치부[秩父]시멘트공장, 이시가와지마[石川島]중공업 등의 소속 노동조합과 생협, 규슈 미이케[三池]광산노동조합의 노동금고와 생협 등을 시찰하였다.

당시 일본생협에 의한 시찰 안내와 강의는 한국 탄광노조 지도자들에게 커다란 반향을 일으켰다. 당시 전국광산노조의 주요 지도자이자 광산신협운동·소비조합운동을 주도하였던 한국연수단의 협동조합

〈표 IV-31〉 1982년 1월 일본연수단 방문지역과 단체 현황

연번	방문시찰지	연번	방문시찰지
1	일본생협연합회 본부	9	사이타마현 근로자생협 본부
2	사이타마현 공제생협 본부	10	사이타마현 근로자생협 주택사업단지
3	사이타마현 공제생협 주생활공동구판장	11	사이타마현 근로자생협 지역공동구판장 3개소
4	일본금속노동조합 사이타마현협의회 본부	12	이시가와지마중공업생협 본부
5	디젤기기 히가시아마공장 노동조합	13	시가와지마중공업생협 구판장, 급식공장
6	디젤기기 히가시아마공장 소비조합, 의료조합	14	사이따마현 부인코펠 본부(식품검사시설, 회관)
7	치치부시멘트공장 노동조합	15	규슈 미이케광산노동조합 본부
8	치치부시멘트공장 소비조합	16	규슈 미이케광산소비조합, 노동금고

출전 : 사개위, 「일본연수교육 결과보고서(1982.3.30)」, 『광산지역 선진지시찰계획』, 1982.

지도자들은 일본연수를 통해 일본생협운동의 역사와 경험이 한국노동조합에서 추진하는 협동조합운동의 발전방향에 중요한 시사점을 제공하며, 노동조합이 임금투쟁만이 아니라 소비조합운동을 통해서도 노동자의 복지증진에 크게 기여할 수 있다는 점을 인식하였다. 또한 소비조합운동이 노동자뿐만 아니라 도시민 및 농민과의 긴밀한 유대·협력이 필요할 뿐만 아니라 일본노동조합이 주도하는 공제제도의 경험을 통해 한국노동조합에서 공제사업을 적극적으로 추진해 나가야 할 필요성 등을 절감하였다.[19]

광산 그렇게 일을 열심히 하는데 그것만 가지곤 안 되니까 내가 이제 일본에 광산지도자들을 데리고 일본에 가서 일본생협을 보여주는 거지. '이렇게 하는 거다. 봤냐? 할 수 있냐?'. '아, 이거보다 더 잘 한다'. 한 번 갔다 오기만 하면 훼까닥 도는 거야. '아 일본사람들도 하는데 우리가 왜 못하느

---

[19] 사개위, 「일본연수교육 결과보고서(1982.3.30)」, 『광산지역 선진지시찰계획』, 1982.

냐' 이거야. 저쪽에서 노동조합하고 쪼인트 시켜가지고 인제 거기 노동조
합에서 환영해서 뭐 환영파티도 해주고 뭐 이러거든? 그럼 어깨동무하고
둘이 말이야. 이러고 말이야. '너희가 하는데 우린 못 하는지 알아?' 뭐 이
러고 말이지. 머리가 완전히 깨는 거지. 그냥 산골짜기 숨어서 말이야 그냥
구박받고 말이야 이렇게 살던 사람들이 말이야 머리가 팍 트이니깐, 얘기
가 다르지.[20]

　　당시 연수를 안내했던 김영주 전 사개위 사무국장의 구술과 같이 일
본연수는 광산지구협의회와 전국광산노조의 주요 임원들이 1970년대
부터 재해위와 함께 추진해 왔던 소비조합사업의 중요성과 소비조합이
미설립된 탄광지부에 소비조합운동을 확대시키고 이를 전국의 노동조
합으로 확산시킬 필요성을 절감하는 계기가 되었다. 이러한 점은 특히
한국연수단의 단장으로 참여한 전국광산노조 김규벽 위원장이 1982년
한국노총 직무대리를 거쳐 한국노총 위원장에 선임되면서 한국노총 차
원에서 협동사업부를 중심으로 진행되었던 산하 노조 소비조합운동의
추진과 확산에 중요한 역할을 하였다.[21]
　　1983년 7월 초 사개위는 김규벽 한국노총 위원장의 요청에 따라 한
국노총 및 산하 노조연합회의 주요간부들을 중심으로 일본연수를 재차

---

[20] 2011년 7월 2일, 김영주 전 재해위 집행위원장 구술(밝음신협 4층 무위당기념관).

[21] 김규벽은 1961년 황지광업소에 첫 입사한 후 1965년부터 삼탄노조 지부장으로 활동하
였다. 1975년 5월부터 전국광산노조 부위원장으로 활동하다가 1981년 2월 민영탄광노
조 출신으로는 최초로 위원장에 선출되었다. 1982년 5월 한국노총 위원장 대리를 거쳐
11월 정시으로 위원장에 선출된 후 1984년 2월 28일까지 역임하였다(「김규벽 광산노
조 위원장 노총위원장 직무대리 피임」, 『경향신문』, 1982.5.26; 「노총 새 위원장 김규벽
씨 선출」, 『동아일보』, 1982.11.9; 「노총위원장 김동인씨 선출」, 『동아일보』, 1984.2.29;
전국광산노동조합연맹, 『광노62년사』, 2011).

<표IV-32> 한국노동조합연합회 일본연수 명단 현황(1983.7.4~7.10)

성명	소속	직위	성명	소속	직위
강병원	한국노총	사무차장(단장)	김덕곤	全國郵電通信聯合會	사무국장
조성원	한국노총 협동사업본부	위원	김준상	전국항운노조연합회	사무처장
이계관	한국노총 협동사업본부	위원	박남규	전국금융노조연합회	부위원장
김장선	경인지역 협동조합협의회	회장	유승규	전국광산노조연합회	부위원장
이성균	경인지역 협동조합협의회	부회장	황찬섭	전국광산노조연합회	조직부장
이남순	경인지역 협동조합협의회	부회장	하경철	전국섬유노조연합회	사무처장
배기화	경인지역 협동조합협의회	부회장	방개문	전국자동차노조연합회	위원
김송	경인지역 협동조합협의회	소협분과 위원장	지현득	전국자동차노조연합회	관리부장
김성문	전국금속노조연합회	사무처장	조용언	전국화학노련 쌍용노조	위원장

출전 : 사회개발부, 「참가자명단」, 『해외연수 관계철』, 1985.

추진하였다. 당시 일본연수에 참여한 한국노총 지도자들은 〈표 IV-32〉와 같다. 당시 일본연수는 큰 틀에서 1982년도 연수의 축소판 이었으며, 주로 방문했던 단체는 일본생협연합회 본부, 사이타마현민 공제[埼玉縣民共濟] 본부, 사이타마노동금고 오미야[大宮]점, 사이타마은 행생협, 사이타마근로자생협의 오미야점과 야키[八木]점 등이었다. 또 한 일본연수 중 실시된 강의주제는 주로 '일본노동조합의 역사와 과 제', '현민공제와 전국생협연합회의 현황 및 전망', '일본노동금고의 역 사와 역할', '일본생협의 활동', '일본생협법의 요점과 해설', '현민공제 의 경영정책' 등이었다.[22]

1983년 7월 한국노총의 의뢰를 받아 사개위가 주도한 한국노총 주 요 지도자들을 대상으로 한 일본연수는 전국광산노조의 주요 지도자들 이 중심으로 추진했던 1982년도 연수의 연장선이자 전국적으로 소비

---

22 사회개발부, 「韓國勞動組合聯合會 來日日程表」, 『해외연수 관계철』, 1985.

조합운동을 확산시키기 위한 것이었다. 일본연수에 참여한 이들 지도자는 한국노총 내 소비조합운동의 필요성과 중요성을 인식하였을 뿐만 아니라 노총소협연합회를 중심으로 한 소비조합운동이 활발하게 전개되도록 중요한 역할을 하였다.

4) 광산지구협의회의 자립과 광산소비조합의 발전

이 시기의 광산지구협의회는 운영과 자율성의 측면에서 상당히 발전하였다. 당시 광산지구협의회는 외부적으로는 사개위의 지원을 통해 활동하는 한편, 1981년 6월 설치된 한국노총 협동사업부와 긴밀하게 연결되어 활동하였다. 광산지구협의회의 임원들은 주로 한국노총 산하 17개 산별 노조에서 소비조합사업을 추진하고자 하는 지도자들의 끊임없는 방문 안내 및 출장교육 등에 적극 참여함으로써 광산지역의 협동조합운동을 소개·확산시켜 나갔다. 이 시기의 사개위는 부산미문화원방화사건으로 인해 원주교구 최기식 신부가 구속되는 과정에서 정부의 전면적인 주목과 탄압을 받았고, 1982년 2월 광산지역을 담당하던 이경국상담원이 신협 강원도지부 회장에 피임된 후 광산지역 소비조합운동의 추진에 전적으로 매진할 수 있는 형편이 못되었다. 이에 따라 사개위는 광산지구협의회의 자체적 운영능력 배양과 사개위의 역할을 대신해서 광산지역 협동조합운동을 적극적으로 주도해 나가도록 추동하였다.

당시 광산지구협의회는 운영에 있어 여러 가지 어려운 상황에 처해

<표 IV-33> 1983년도 광산지역 신협과 소비조합 운영 현황

신협명	신용협동조합	소비조합	신협명	신용협동조합	소비조합
삼탄	정상	정상(2)	유창황지		발전
세원	침체	침체	장원	발전	발전
강원	정상	정상	삼마		정상
대진	정상	정상	동우		발전
함태	정상	정상(3)	대명		발전
한마음	정상		강원6구	발전	
어룡	정상	정상(2)	함백	발전	
고한	발전		뿌리	침체	
동해	정상	정상	한성		발전
태영	정상	정상	합계	14개	본점14개 / 분점7개

출전: 사회개발부, 「임시회의(1984.1.10)」, 『1983~1984년도 월례회 회의록』, 1984.
비고: 1. 고한신협은 1981년 3월, 뿌리신협은 1981년 9월, 함백신협은 1983년 5월 9일 창립.
　　　2. 소비조합 항목의 ( )은 분점 수를 의미함.

있었다. 정국의 불안으로 인한 물가상승과 수입탄의 급증으로 인한 광산경기의 악화 등으로 각 탄광지부의 신협과 소비조합들이 어려움에 봉착하면서 광산지구협의회도 직접적으로 영향을 받았다. 당시 광산지구협의회는 회원조합의 외상액 급증으로 자금유통이 원활치 못해 나타난 운영자금의 부족문제와 회원조합이 단위조합 중심으로 독자적인 사업을 전개하려는 경향 등이 나타나면서 운영의 어려움을 겪었다. 운영자금 문제는 소속 회원조합의 출자금 증액과 사개위의 운영자금 지원 등을 통해 극복해 나갔다. 광산지구협의회와 소속 단위조합은 임원·실무자들과의 각종 회의 및 연수의 추진과 협의회 임원들이 각 조합의 순회를 통한 협동조합교육을 추진하면서 견해의 차이 해소와 연대감 회복을 도모했다. 이러한 노력의 결과 1982년 말 각 조합마다 신협의 출자배당과 소비조합 이용고배당은 평균 16~18%에 이르렀다. 광산지구협의회

도 운영에서 다소 흑자를 내는 등 정상적인 운영을 도모해 나갔다.[23]

〈표 Ⅳ-33〉은 1983년 말 사개위와 광산지구협의회가 주도하였던 광산지역의 신협과 소비조합 현황을 나타낸다. 당시 14개 단위조합이 운영되었던 광산신협의 경우, 동고(세원)신협과 뿌리신협을 제외하고 고한·장원·강원6구·함백신협이 발전과정에 있었으며, 그 외 모두 정상적으로 운영되고 있다고 평가되었다. 14개의 탄광지부에서 운영되었던 광산소비조합의 경우, 분점은 삼탄 2개, 함태 3개, 어룡 2개 등 7개소가 운영되었다. 이들 광산소비조합은 삼척의 황지읍과 장성읍, 도계읍에 있는 11개 탄광지부와 유창황지·장원·한성·대명 등 4개 탄광지부들이 발전 중에 있었고, 그 외 탄광지부는 활발하게 운영되고 있다고 평가되었다. 특히, 함태와 강원은 대형 소비조합을 개점하면서 황지지역의 소비조합사업을 주도하였다. 고한지역의 경우, 삼탄신협과 삼탄소비조합은 정상적으로 운영되었으나 동고(세원)신협과 동고소비조합은 이전 시기의 침체에서 벗어나지 못하였다. 설립 초기였던 고한신협과 영월의 동우소비조합은 발전과정 중에 있는 것으로 평가되었다. 그 외 유창황지·삼마·동우·대명·한성에서 노동금고사업을 추진 중이었으며, 이들 소비조합들은 정상단계의 삼마를 제외하고 발전 중에 있는 것으로 평가되었다.

한편, 사개위와 광산지구협의회는 광산지역 협동조합운동에 기반하여 협동사업부와의 협력을 통해 한국노총 산하 17개 산별 노조에 소비조합운동을 확산시켜 나갔다. 1981년 6월 한국노총 내 협동사업부는

---

23 사개위, 「제4차 경과보고(1982.8.21~1983.1.31)」, 『광산소비조합육성계속사업』, 1983; 사개위, 「제33차 월례회(1983.3.3)」, 『1981~1983년도 월례회 회의록』, 1983.

설치되었으며, 구성원은 사회복지부장 이득헌, 협동사업본부 책임위원 임종길, 협동사업본부 교육·지도담당 조성준·박창수 등이었다.[24] 당시 협동사업부는 산하 조직 중 광산지역의 협동조합운동에 주목하였다. 창립 직후인 7월 이득헌·임종길·조성준·박창수 등 5명이 광산지역을 방문(7.3~7.6)하여 광산지구협의회와 각 단위조합의 신협·소비조합을 시찰하면서 광산지역의 협동조합운동에 대해 심도있게 파악해 나갔다.[25] 또한 1981년 8월 협동사업부에서 소비조합사업의 계획을 수립하는 회의(8.11~13)에 사개위의 이경국 상담원이 참석하여 광산소비조합육성사업의 현황과 소비조합의 조직 및 운영방법 등에 대해 자문을 하는 등 적극적인 협력을 하였다. 이러한 일련의 방문과 회합에 의해 광산지역의 소비조합운동은 일약 한국 소비조합운동의 훌륭한 본보기로써 한국노총 조직을 통해 전국적으로 소개·확산될 수 있는 계기가 마련되었다.[26]

1982년 4월 광산지구협의회는 제4차 정기총회(4.11~12)의 개최를 통해 전국적인 소비조합의 확대를 위해 협동사업부와 긴밀한 연대감을 갖고 협동조합운동을 전개해 나가기로 결정하였다. 또한 이경국 상담원과 광산지구협의회의 임원들이 신협과 소비조합을 조직하려는 전국 각 노동조합을 방문하여 광산지역 소비조합의 소개교육을 수십 차례 실시하는 등 협동조합운동을 확산시키고자 적극적으로 활동하였다.[27]

---

24 정원각, 「노동운동과 소비자협동조합운동」, 『한국 생활협동조합운동의 기원과 전개』, 푸른나무, 2012, 145~146쪽.
25 사개위, 「제1차 경과보고서(1981.2.1~7.31)」, 『광산소비조합2년연장사업』, 1983.
26 사개위, 「제2차 경과보고서(1981.8.1~1982.2.12)」, 『광산소비조합2년연장사업』, 1983.
27 1982년 3월부터 8월까지의 시기만 한정해도 전국 각 노동조합을 방문하여 실시된 소개교육은 21회나 되었다(사개위, 「제3차 경과보고서(1982.2.12~8.20)」, 『광산소비조합

사개위는 5공화국 초기 노동운동이 거의 마비된 사회현실에서 전국광산노조와 협동사업부 등을 통해 한국노총 내 산별노조에서 소비조합을 확산시키면서 협동조합운동을 발전시키고자 하는 구상을 실현시켜 나갔다. 1982년 후반 사개위는 이를 위해 '광산소비조합육성3년연장사업'의 계획안을 미제레오에 신청하였다.

3. 광산소비조합의 독립 추진과 좌절

1) 광산소비조합육성3년연장사업

1973년 재해위에 의한 광산지역 장기구호사업과 1977년 광산소비조합육성사업, 1981년 광산소비조합육성계속사업 등을 통해 광산지역에서의 협동조합운동은 신협운동에서 소비조합운동으로 발전하였으며, 광산지구협의회의 결성과 활동을 통해 큰 성과를 거두었다. 특히, 광산지역 소비조합운동을 적극적으로 협력해 온 전국광산노조 김규벽 위원장이 1982년 11월 한국노총 위원장에 선임되면서 한국노총 협동사업부가 활발한 활동을 보장받고 산하 17개 산별노조에 소비조합운동을 전개할 수 있는 기반이 마련되어 갔다.

2년연장사업』, 1983; 사개위, 「제4차 경과보고서(1982.8.21.~1983.1.31)」, 『광산소비조합2년연장사업』, 1983).

1982년 6월 사개위는 광산지구협의회의 임원들과 함께 그동안의 사업경험과 운영기술을 한국노총 17개 산별 노동조합에 보급 확산시킬 뿐만 아니라 농촌지역 소비조합과의 협력관계를 통해 농산물의 판로를 보장하는 등 광산지역의 소비조합운동을 발전시키고자 하였다. 이에 따라 광산지역의 소비조합운동을 기반으로 전국 산업별 노동조합에 소비조합을 확대시키고, 농촌지역 소비조합과의 협력을 통해 소비조합운동을 활발히 전개할 수 있도록 추가적인 사업계획 수립을 도모하였다. 이러한 모색은 광산소비조합육성3년연장사업의 추진으로 나타났다.[28] 당시 사개위는 미제레오가 총사업비 중 66.4%인 62,970,000원(199,905마르크)을 지원하도록 요청하였다. 1983년 9월 미제레오는 최종적으로 사개위의 부담 103,000마르크와 미제레오의 지원금 207,000마르크 등 총 사업비 310,000마르크를 내용으로 하는 지원안을 승인하였다.[29] 이에 따라 광산소비조합육성3년연장사업은 광산소비조합육성계속사업이 종료된 지 8개월 만에 착수되었다.

이 시기 사회개발부는 광산지구협의회의 임원들과 함께 전국적 소비조합의 모델로 떠오른 광산지역의 신협·소비조합의 내실화와 협의회의 자립기반 마련·발전을 도모하였다. 사회개발부와 광산지구협의회는 신협과 소비조합이 조합원에 의해 민주적으로 운영될 수 있는 기반마련과 조합원이 협동조합운동 및 노동운동의 병행 발전을 추구토록 하는 제반 초청·현장교육을 실시하였다. 또한 광산지구협의회의 자체

---

28 사개위, 「임시회의(1982.6.15)」, 『1981~1983년도 월례회 회의록』, 1983.
29 사회개발부, 「미제레오에서 원주교구에 보내는 서신(1983.4.19)」, 『광산소비조합육성 3년연장사업』, 1987; 사회개발부, 「미제레오에서 원주교구에 보내는 서신(1983.9.19)」, 『광산소비조합육성3년연장사업』, 1987.

<표 IV-34> 광산지역 신용협동조합과 소비조합 현황(1984.12.31)　　　　　　　(단위 : 1,000원)

조합명	조합원	차입금	출자금	여신자금	소협자금	총자산	비고
함태	1,846	30,000	232,064	731,644	88,854	1,040,894	
태영	421	9,000	89,901	86,892	25,134	125,251	
대진	479	37,500	37,787	69,548	5,700	92,413	
어룡	771	11,700	79,857	43,356	43,619	91,369	
동해	367	2,000	102,220	87,088	27,045	130,161	
강원	1,710	0	121,600	116,705	50,468	207,851	
장원	1,481	10,000	52,665	57,449	26,511	83,960	
삼탄	1,900	0	29,220	35,858	0	37,556	회사 지원
동고	723	0	6,254	13,500	4,500	18,000	
장성	1,700	0	18,840	25,650	17,500	43,150	
도계	980	0	16,360	23,840	0	23,840	회사 지원
한마음	1,259	10,000	326,943	1,246,037	0	1,400,940	지역조합
황지	580	18,330	38,978	47,252	40,056	87,308	
한성	1,632	0	23,476	0	33,077	33,077	
협의회	9,700	73,142	21,380	0	94,522	115,585	
합계	25,549	201,672	1,197,545	2,584,819	456,986	3,531,355	

출전 : 사회개발부, 「종합평가보고서(1985.6.12)」, 『광산소비조합육성3년연장사업』, 1987.
비고 : 1. 협의회는 광산지구협의회를 의미함.

지도능력의 향상 등을 위한 제반 연수를 다수 실시해 나갔다. 이를 통해 협동조합의 7대원칙에 기반해서 조합원이 신협과 소비조합을 민주적으로 운영할 수 있는 기반을 다지는 한편, 광산노동자 자치기구를 중심으로 지역자립공동체운동을 전개해 나갔다.

<표IV-34>는 1984년 12월 광산지역의 신협과 소비조합의 현황을 나타낸다. 당시 광산지역 단위신협의 조합원 수는 15,849명이었고, 광산지구협의회를 통해 관련을 맺고 있는 이용자 수는 9,700명으로 추산되는 등 총 25,549명이 광산지역의 소비조합과 거래하고 있는 것으로 나타났다. 또한 신협과 소비조합의 총자산은 35억원이 넘었으며, 조합

원의 출자금도 12억원에 달할 정도로 급성장하였다. 이러한 운영규모의 급증에 따라 차입금과 예탁금의 규모도 크게 늘어났다. 당시 보통 1년에 2~3회전 하는 여신자금은 광산지역의 고리채 일소와 조합의 자금난 해소에 크게 기여하였고, 광산지역 소비조합운동의 강력한 뒷받침이 되었다. 한편, 소비조합의 자체자금은 약 4억 5천만 원으로 충분한 운영자금 규모에는 미치지 못하였으나 광산소비조합 자체의 독자적 운영이 보장되었으며, 신협의 여수신사업에도 크게 기여하였다. 광산지역의 신협과 소비조합은 장차 외부의 특별한 지원이 없는 경우에도 유지 발전할 수 있는 정도의 자급력을 보여주었으며, 경영규모도 계속적으로 확대되었다.

2) 광산소비조합의 독립 추진과 좌절

1983년 10월 출범한 소협중앙회는 창립 직후 소비조합법의 제정과 사단법인 인가를 얻기 위한 운동을 전개하였으며, 향후 경제기획원의 인가를 득할 경우 각도 소비조합 도연합회의 창설을 추진하고자 하였다. 1984년 12월 소협중앙회는 긴급이사회의 개최를 통해 6개월 안에 신협의 부대사업으로 운영 중인 50개 소비조합을 분리·독립시키도록 결정하였다. 1984년 12월 광산지구협의회는 소협중앙회 임원과 각 조합 대표자 등 31명이 참가한 가운데 연석회의(12.17~18)를 가졌으며, 소협중앙회의 결정에 따라 신협에서 소비조합의 분리작업을 추진키로 하였다. 사회개발부는 광산지구협의회와 함께 광산지역의 단위조합 중 동해·함태·강원·태영·대진·어룡·장원·삼탄·동고(세원) 등 9개의 조합에서 소비조합을 독립하며, 삼마·한성·유창황지·강릉 등 4개의 단위조합에서 소비조합을 신규 운영토록 추진하였다.[30] 사회개발부는 1985년 3월까지 먼저 동해·함태·장원·태영·어룡·대진·강원·삼마 등 8개 광산신협에서 소비조합의 독립을 추진하였다.[31] 그러나 실제 소협중앙회를 중심으로 한 광산소비조합의 독립은 실현되지 못하였다. 광산지구협의회의 일부 임원이 소협중앙회의 소속이 아닌 한국노총 산하 소비조합과 함께 인가를 받자는 의견을 강하게 제시하면서 혼란이 빚어졌다. 이는 한국노총 산하 산별조직인 전국광산노조 본부의 강한 압력에 의한 것이었다. 이의 배경에는 전국적 소비조합 조직의 결성과 인가를 얻기 위한 소협중앙회에 대한 한국노총 협동사업부의 견제와 주도권싸움이 있었다. 1985년 2월 26일 한국노총 협동사업부는 노총 산하 67개의 소비조합을 중심으로 노총소협연합회를 창립하는 한편, 산하 산별조직인 전국광산노조 본부를 움직여 소협중앙회를 통한 신협 광산지구협의회의 소비조합 인가 시도에 제동을 걸었다.[32]

광산지역에서 소비조합들, 신협들을 잘 하고 있으니까 그게 한국노총의 모델이 됐어. 그런데 그때 당시에 각 산별노조가 뭔가는 해야 되지 않냐 하

---

30 사회개발부, 「제55차 월례회(1985.1.7)」, 『1984~1989년도 월례회 회의록』, 1989.
31 사회개발부, 「제56차 월례회(1985.2.15)」, 『1984~1988년도 월례회 회의록』, 1989.
32 당시 사회개발부는 광산지구협의회에 대해 소협중앙회의 소속으로 인가를 얻도록 종용하였으나 광산노조 본부의 강력한 압력에 따라 광산지구협의회는 한국노총 협동사업부의 방침대로 노총소협연합회의 소속으로 활동하였다(사회개발부, 「제57차 월례회(1985.3.5)」, 『1981~1983년도 월례회 회의록』, 1989; 사회개발부, 「제58차 월례회(1985.4.1)」, 『1984~1989년도 월례회 회의록』, 1989).

는 계기가 됐다고. 그래가지고, 협동조합을 하자. 소비조합도 하고. 신협도 하고. (…중략…) 그때 김규벽위원장이 광산노조의 위원장이야. 그래가지고 적극적으로 후원을 했어. 그러다 보니까 인기가 높아져서 노총위원장 직무대리를 맡은 거야. (…중략…) 또 노총위원장 당선되면서, 김규벽씨가 협동사업부를 (…중략…) 특히 당신은 그동안에 얻고, 배운 게 광산에서 협동사업이니까 노총에 뭔가 만들자. 그래가지고 이걸 본격적으로 키웠지. (…중략…) 문제는, 김규벽위원장이 그만두면서, 또 새로 된 위원장하고. 그런데 특히 여기 이득헌이, 임종길이, 조성준이, 다 정치적인 사람이거든. 굉장히 정치적인 사람들이야. (…중략…) 그런데 그 부딪치는 게, 협동조합에 대한 철학이나 이념을 가지고 부딪치는 게 아니라, 그거 가지고 부딪히는 게 아니라, 그건 기초가 없단 말야. 그래 전부 노동운동을 정치적으로 풀었잖아, 다. 그래 이게 풀어지겠나?[33]

당시 소협중앙회는 명실상부한 전국적 소비조합 조직으로 결성되면서 사단법인 인가를 얻기 위한 노력을 경주하면서도 한국노총의 협동사업부가 주도하고 있는 노총 내 소비조합사업도 포괄시키고자 지속적으로 통합을 위한 제반 노력을 경주하였다. 당시 1980년대 전반 한국노총 김규벽 위원장의 적극적 지원에 힘입어 활발하게 전개되었던 한국노총의 소비조합운동은 1984년 3월 선임된 김동인 위원장 체제 하에서 급속히 추진력을 잃어갔다.[34] 또한 한국노총 협동사업부를 주도

---

[33] 2012년 8월 8일, 이경국 전 무위당사람들 이사장 구술(원주 밝음신협 이사장실).
[34] 한국노총 김규벽 위원장 체제 출범 후 1973년 재해위의 남한강사업에 참여하였던 고려대 노연 출신인 김금수와 천영세 등이 한국노총에 스카우트되어 한국노총의 이론과 노동운동의 철학을 정립하는 역할을 해나갔다. 그러나 김규벽 위원장이 물러난 후 항운노

하였던 주요 인물들도 강한 정치성향을 띄는 가운데 소협중앙회와의 통합작업에 소극적으로 나서는 한편, 협동사업부를 중심으로 소협중앙회가 포괄되어야 한다는 자파이기주의적인 면모를 강하게 보였다. 그 결과 양 기관의 통합작업은 원활하게 추진될 수 없었으며, 1987년 3월 4일 소협중앙회의 법인인가 취득 이전에 노총소협연합회는 자체 동력 및 운동성 약화에 따라 급속히 형해화되어 갔다. 그 과정에서 신협 광산지구협의회와 광산소비조합들은 노총소협연합회 내 태백탄전지대 소비조합협의회의 소속으로 남았으며, 1989년 이후 석탄산업합리화정책의 전개에 따라 해체과정에 들어섰다.

4. 광산지역의 협동조합운동과 노동운동

원주그룹에 의한 광산지역 협동조합운동의 전개는 1970년대 어용 노조가 주류를 이루었던 광산노조 내의 민주성을 확보하거나 노동운동을 추동할 수 있는 기반이 되었다. 당시 재해위는 장기구호사업과 3차

런위원장 출신인 김동인위원장 체제하에서 이들은 갈등을 빚어 오다가 1985년 7월 정책연구실장으로 있었던 김금수와 이성균(사무차장), 유종설(조사부장), 김근하(여성부장) 등 5명이 김동인위원장에 의해 전격 해임되었다. 또한 당시 정책연구실 연구위원으로 있던 친영세의 김유선 교육부 차장 등이 이들의 해임에 강력 항의하면서 한국노총을 떠나는 상황이 전개되었다(「노총간부 5명 해임―노사분규싸고 위원장과 대립」, 『동아일보』, 1985.8.1; 「노총산부 2명 사직서를 제출―간부 5명해임 항의」, 『동아일보』, 1985.8.9).

례에 걸친 소비조합육성사업의 추진, 초청·현장교육 등을 통해 신협·소비조합과 관련된 제반 교육을 활발하게 실시하면서 협동조합운동을 전개해 나갔다. 이 과정에서 1970~80년대 원주그룹은 탄광노조의 민주화와 노동운동의 활성화에 깊숙이 개입하였다. 당시 각 탄광노조를 중심으로 지부 내 설립된 신협과 소비조합의 운영은 광부들의 절실한 이해와 요구를 반영한 것이었으며, 신협 이사장과 부이사장은 대체로 각 탄광노조의 지부장과 부지부장이 맡고 있는 등 노조의 핵심간부들이 겸임하면서 운영하였다. 광산지역의 노조간부들과 광산노동자들을 대상으로 원주그룹의 제반 교육이 활발히 실시되고, 노조지부 내신협과 소비조합의 운영과정에서 이들 조직은 '광부자치기구'화 되었다. 또한 신협과 소비조합의 운영이 민주적으로 이루어졌다는 점에서 탄광노조는 점차 민주적인 조직과 기틀을 잡아갈 수 있었다. 그 결과 1970~80년대 광산지역의 협동조합운동은 탄광노조의 민주화와 민주적 운영에 커다란 영향을 주었다.

원주그룹과 탄광노조 지도자들에 의한 광산지역의 협동조합운동은 1970년대 탄광지역의 노동운동과도 직결된 것이었다. 유신체제하 노동자들의 2대 기본권이 크게 제약된 현실에서 광산노조는 노사 간의 단체협상에서 과학적·합리적인 임금산정표에 기반하여 자신들의 주장을 관철시키지 못하고 있었다. 1970년대 후반 재해위는 노연 등의 협조를 받아 광산지역 노조간부들을 대상으로 한 초청교육을 통해 과학적·합리적인 생산조사표와 임금대비표를 작성할 수 있도록 하였으며, 이를 기초로 일부 탄광노조는 광업소 측과 임금인상을 위한 단체협상을 진행해 나갔다. 더 나아가 재해위는 광산지역의 핵심적인 협동조합지도자들

을 대상으로 유관단체인 크리스천아카데미의 교육과 서강대 산업문제
연구소의 4주교육에도 직접 연결시켜 참가하도록 추동하였으며, 그 결
과 광소협의 임원 다수가 이들 교육과정을 이수하였다. 1979년 1월까지
탄광노조 지도자 25명이 아카데미교육을 이수하였다.[35]

한편, 재해위는 광산지역 탄광지부의 민주화와 노동운동에 깊이 개입
하고 있었지만 광산지역의 노동운동을 앞장서서 추진하지는 않았다.

> 내가 갈 때만 해도 월급 못 받았어. 그래 초창기 얘기 했잖아. 쌀 1년에,
> 구정 때 한 번. 그런 게 노동조합을 통해서 그들도 깨닫게 되고, 또 나도 그
> 간부들하고 주로 대화하다 보니까 좀 쟁취하는 계기가 됐고. 의식 바꾸는
> 교육하고, 이런 걸 전부 해서. 그러나 앞에서 나섰을 때는 나는 신협이나 소
> 비조합 하는 사람이지, 광산노동자 위해서 쟁취하는 일을 세운 건 아니거
> 든. 그거는 일체 선을 그었죠. 왜냐면 그 사람들 의식을 바꿔주는 과정에 내
> 가 일임을 담당한 거지, 내가 그 사람들의 주체가 돼서 노동운동 직접적으
> 로 한 건 아니거든. 그건 왜냐면 내가 그걸 했으면 소비조합도 못 하고, 신
> 협도 못해. 왜 그러느냐, 전부 형사들이 따라 댕기면서 일을 방해하는 걸 어
> 떻게 해? 할 수 없지.[36]

---

35 서강대 산업문제연구소의 4주간 교육은 동해의 이경만 노조지도자를 위시하여 재해위
   사업대상 대부분의 탄광노조 지도자가 참여하였다. 아카데미교육의 경우, 이경만(동
   해)·이호진(광전)·강희균(태영)·김기섭(태영)·안기현(강원)·이병황과 이재기(동
   인) 등을 비롯하여 다수의 탄광노조 지부장과 부지부장 등이 참여하였다(재해위, 『1976
   년도 사업2부 회의록』, 1976; 재해위, 「제10차 부별회의(1977.12.5)」, 『1976~1977
   년도 사업2부 회의록』, 1977; 재해위, 『평가회의(1978.12.8~1979.2.4)』, 1979).
36 2012년 8월 8일, 이경국 전 무위당사람들 이사장 구술(원주 밝음신협 이사장실).

위의 구술과 같이 재해위는 기본적으로 탄광지부의 노동자와 노조 지도자들을 대상으로 광산현실을 일깨우는 의식화교육과 협동조합 7 대원칙에 기반한 신협·소비조합의 설립·운영 등 협동조합운동을 통해 노조의 민주화와 노동운동으로 나아갈 수 있도록 간접적으로 지원하였다. 이러한 지원방식은 유신체제와 5공화국이라는 군사정권 하의 탄압, 전국노동조합협의회가 출범하기 전 한국노총을 중심으로 전국의 노동조합이 편재되어 있던 당시의 노동운동 현실과 직결된 것이었다. 1970년대 후반 광산지역 탄광지부들이 속해 있던 전국광산노조의 경우, 재해위의 제반 교육사업과 협동조합운동에 기반한 신협 및 소비조합의 설립·운영에 협조하면서도 크리스천아카데미의 교육은 일체 금지하였던 당시의 현실과도 밀접한 관련을 갖는 것이었다.[37]

1980년대 광산지역의 노동운동은 사북항쟁으로 큰 전환기를 맞았다.[38] 이를 통해 1970년대 탄광지역 노동운동의 한계를 뛰어넘어 광산노동자들이 스스로 노조의 민주화와 노동운동을 고양시킬 수 있는 큰 전환점이 되었다. 재해위의 초청교육을 받은 일부 광산노동자들이 주축이 되어 이재기 어용지부장과 대립하면서 노조의 민주화를 위해 노력하는 한편, 사북항쟁 당시 활발하게 활동하기도 하였다. 한편, 사북항쟁의 진압으로 인한 여파는 신군부에 의한 노동운동 정화조치 및 노동관계법의 개정을 통해 탄광지역의 상당수 지부장이 물러나도록 하는 결과를 가져왔다. 군사정권은 사북항쟁을 통해 더 이상 1970년대식 어용지도부를 통한 탄광지부의 통제와 간선제를 통한 노조통제가 가능하

---

37 재해위, 「회의 속개(1979.1.7)」, 『평가회의(1978.12.8~1979.2.4)』, 1978.
38 2012년 8월 8일, 이경국 전 무위당사람들 이사장 구술(원주 밝음신협 이사장실).

<표 IV-35> 광산지역 탄광노조 지부장 현황(1972~1987)

지부명	16대 ('72.5.25)	17대 ('75.5.31)	18대 ('78.5.2)	19대 ('81.2.28)	20대 ('82.12.23)	21대 ('84.3.16)
한성	최광식(부장)	최광식(부)	최광식	최달용(감사)	최달용(부)	김경우
광전	한익섭	정석의	정석의			
어룡	인명수	인명수	윤지구	김동업	김동업	변영담
유창황지	최정복	최정복	최정복(부)	최정복(부)	최정복	최정복
함태	김부년	김광일	김광일	유승규	유승규(부)	유승규(부)
동해	김동규(부)	김동규	김동규(부)	김동규(부)	김동규	김동규
태영		김기섭	김기섭(감사)	강희균	강희균	강희균(감사)
장원		이중교	이중교(감사)	박경호	박경호	심태섭
장성	정연성(감사)	김재일	신완식(부)	신완식(부)	신완식	김동철
강원	정훈용	안기현	안기현	김병두	김병두	김병두(부)
강원6구				남원모	남원모	
도계지역지부	오용호	오용호	오용호(감사)	오용호(부)	오용호(부)	
백운지역지부	한완수(감사)	한완수	한완수(국장)			
삼척탄좌	김규벽	김규벽(부)	박재규(감사)	박재규(부)	박재규(부)	김종호
동고	강병선(국장)	김영택	김영택	김영택	김영택	김종국
동원	심진구	방홍규	이재기	홍금웅(부)	홍금웅(부)	홍금웅(부)
강릉	이양우	이양우	이양우(감사)	박동수	박동수	이한용
영월지역지부			유종석			

출전: 전국광산노동조합연맹, 『광노62년사』, 2011, 331~350쪽.
비고: 1. ( ) 안의 '부'와 '감사'는 전국광노 부위원장과 회계감사를 뜻함.
　　　2. 16대의 최광식과 강병선은 각각 보안부장과 사무국장을 의미함. 18대의 한완수는 조직보안국장을 뜻함.

지 않다는 것을 깨닫는 계기가 되었다. 사북항쟁이 진압된 직후인 1980년 말 신협과 소비조합을 운영하고 있는 탄광지부를 중심으로 직선제를 통한 지부장 선출을 전국광산노조에 요구하는 주장이 커져갔다. 이를 통해 1981년부터 태영 등 다수 탄광지부에서 직선제를 통해 지부장이 선출되는 과정으로 나아갔다. 이를 통해 1970년대부터 재해 위 관할 탄광노조의 노조간부와 광산지구협의회에 소속된 임원들이 각 탄광노조의 지부장으로 대거 선출되었다. 1970~1980년대 광산지역

탄광노조 지부장의 현황을 보여주는 〈표 IV-35〉와 같이 태영의 강희균, 함태의 유승규, 강원의 김병두, 동해의 김동규, 삼척탄좌의 박재규 등이 광산노동자들의 지지를 받아 직선제로 각 탄광지부의 지부장에 선출되었다.

저는 노동운동을 하면서 그 소비조합운동과 신협운동이 결부돼 있으므로 말미암아 가지고, 나중에 재임하는데도 큰 도움이 됐어요. 그래서 그것도 또 간선이 아니고 직선으로 때려 넣으니까. 출마만 하면 1차에서 뭐 몇 사람이 나왔던지 관계없이 그냥 1차에서 돼 버리고. 그리고 그렇다고 댕기면서 뭐 돈 가지고 투자하는 것도 아니고, 운동하는 것도 아니고. 그래서 우선 근로자들 가족들하고 대화가 되니까. 또 그 가족이 집에 가서 노동조합에 대한, 남편하고 대화를 많이 할 것 아닙니까? 그런 면에서, 물론 뭐 어떤 조직이든 반대는 있지마는, 그래도 큰 반대는 부딪히지 않았어요. 그래서 뭐 회사가 문 닫는 바람에 내가 그만뒀지, 16년간 근로자들에게 뭐 크게 불만은 사지 않았어요. 그만큼 나는 내가 노동운동을 하는 데는 가장 큰 장점이라고 볼 수 있죠. 그거로 말미암아 가지고 내가 4선이고, 5선이고, 6선이고 이렇게 한 거지, 그거 아니면, 그게 아니면 이 광산 근로자들 한 번 하고 나면은 그렇게 인정 안 해 줍니다. 그게 특히 간선도 아니고, 직선이니까.[39]

1981년부터 직선제로 선출된 태영의 지부장이자 신협 광산지구협의회 회장을 역임했던 강희균의 구술처럼 원주그룹과 관련을 맺고 협

---

[39] 2012년 4월 29일, 강희균 전 신협 광산지구협의회 회장 구술(태백 황지 메르디앙호텔).

동조합운동을 전개하였던 노조지도자들은 노조의 민주적 운영과 노동
운동을 통해 조합원과 그 가족들로부터 큰 지지를 받았으며, 강희균의
경우처럼 지부장에 선출될 수 있었다. 또한 1980년대 전반 이들 지부
장들이 중심이 되어 광산지역의 협동조합운동과 노동운동을 주도하였
으며, 지역사회에서 커다란 영향력을 행사할 수 있었다.[40]

---

40 이러한 조직력과 기반은 1987년 국회의원선거에서 새로 선출된 광산지구협의회의 유승
규회장이 당시 원주지역 활동가들과 광산지역 탄광지부 및 노조원들로부터 추대되어 압
도적인 표차이로 무소속으로 당선되는 것으로 나타났다(2011년 9월 3일, 이경국 전 무
위당사람들 이사장 구술(원주 밝음신협 4층 무위당기념관); 2012년 4월 29일, 남해득
전 한마음신협 이사장 구술(태백 황지 메르디앙호텔)).

제4장

유기농업운동과 한살림운동

1. 유기농업운동과 일본생협 연수

1) 1980년대 전반 유기농업운동과 도농농산물직거래운동

1980년대 후반 원주지역을 중심으로 생명운동에 기반한 도농농산물 직거래운동이 활발하게 전개되었다. 당시 유기농업운동에 기반한 농촌과 도시지역 간의 농산물직거래운동은 농촌소비조합의 조합원이 생산한 유기농산물을 도시소비조합의 조합원에게 직접 공급하면서 농촌조합원의 소득증대에 기여하였으며, 농촌소비조합의 활성화와 생산농가의 생활을 보장하는 역할을 하였다. 도시소비조합의 조합원은 농가의 안정적 생산을 보장하면서 협동운동의 확장뿐만 아니라 믿고 먹을 수 있는 먹거리의 공간을 확장시키는 역할을 하였다. 이러한 유기농업운동에 기반한 도농농산물직거래운동은 농촌과 광산지역의 부락개발운동과 협동조합운동, 화학농약과 화학비료 등을 통해 악화되어 가는 생태환경에 대한 각성, 근대화라는 미명하에 추진되는 개발주의에 대한 비판적 성찰을 통해 생명운동의 의미가 확장·전환되면서 형성되었다.

1970년대 재해위는 농촌과 광산지역에서 부락개발운동과 협동조합운동을 활발하게 전개하였다. 재해위는 농촌과 광산지역에서 신협운동과 소비조합운동의 추진을 통해 지역자립공동체의 기반을 구축해 나갔다. 한편, 재해위는 농민들이 생산한 농산물 판로의 불안정성과 지리·교통불편에 따른 중소상인들의 개입·농간, 농공간 협상가격차의 확대 등이 전개되는 농촌현실에서 1976년도 제3차 부락대표자간담회를 통해 농산물의 효율적 출하방안을 논의했다. 재해위는 강림·부곡·월현·신1리·황강·연당 등의 농촌부락을 중심으로 농산물구판매장과 공동구판장의 설립·운영을 위한 자금지원을 통해 부락농민들이 생산 농산물의 판로를 스스로 개척하도록 추동하였으며, 광산신협과의 직거래를 주선했다.

1975년 신리부락은 재해위의 지원자금을 기반으로 대신신협에서 농산물구판장을 설립하였으며, 구판장의 운영을 통해 취급된 농산물은 쌀·보리쌀·옥수수 등이었다.[1] 1976년 연당부락은 작목반인 기계반

---

[1] 당시 농산물구판사업은 책임자인 반장 곽재근(대신신협 부이사장)과 총무 윤석주(대신신협 회계이사) 등에 의해 추진되었다(재해위, 「신1리」, 『1977년도 평창·영월·단양 지역 부락개발사업 보고서』, 1977).

이 침체에 빠지자 대안으로 부락민이 생산한 농산물의 판매를 위한 농산물구판장을 설립하였다. 기계반원은 먼저 부락 내 농민과 상인 간의 거래에 개입하여 근당 50원씩의 이득을 보게 하면서 농민들의 신뢰를 얻어갔으며, 이를 통해 기계반원들은 부락민이 생산한 옥수수와 고추를 서울 경동시장과 제천에 직접 판매하였다. 당시 기계반원이 도시지역과 직거래한 물량은 1,000만 원이 넘었으며, 서울·제천과 농촌 간의 가격차이가 커서 부락민은 상당한 이익을 볼 수 있었다.[2] 당시 연당부락과 같이 부락의 농민이 생산한 농산물을 직접 인근 도시나 서울지역으로 판로를 개척하는 것은 상당한 규모의 운영자금과 운송수단을 확보해 놓지 않고서는 지속시키기 어려웠다. 농촌부락들은 도시지역에 농산물의 판로를 개척하고자 하였으나 단속적·일회적인 시도에 그치는 경우가 대부분이었으며, 외지에서 온 중소상인을 통한 현지거래가 대다수였다.

1970년대 중반 재해위는 장기적 계획 하에 광산소비자와 농민 간의 직접 연결을 통해 농산물을 공동판매하는 방안을 강구하였다. 1976년 10월 제2차 광산지역간담회를 계기로 이러한 구상은 추진되었다. 당시 재해위는 간담회에 참여하였던 광전탄광지부 이호진, 어룡탄광지부 정구욱, 태영탄광지부 강명흡과 제천 읍상부락 김장환, 영월 연당부락

2　당시 기계반원은 처음부터 부락민의 농산물을 사들여서 소비지인 도시로 나가 판매하는 방법을 시도하지 않았다. 기계반원은 농민과 상인 간의 거래에 개입하여 저울을 통한 상인의 농간을 저지하였고, 시세대로 농민이 판매할 수 있도록 하면서 부락민의 신뢰를 얻어갔다. 상인의 경우에도 일정한 장소에서 부락민이 선별해 놓은 상품을 대량 구입할 수 있었으므로 다소의 금액을 더 주고서라도 농산물공판장을 통해 구입하였다. 당시 서울 경동시장의 옥수수가격은 1접당 1,800~2,500원, 현지가격은 1,000~2,000원 수준이었다. 고추는 서울에서 1관당 750~800원선, 현지에서 650~700원선이었다(재해위, 「연당」, 『1976년도 영월지역 부락개발사업 보고서』, 1977).

김성규·지달용 간의 농산물직거래를 주선하였다. 당시 양자 간에 논의된 내용을 살펴보면 탄광지부는 농촌부락에서 생산한 고추·배추의 품질과 계량의 정확성, 운반과 분배방법, 농산물의 가격문제를 중요하게 제기하였으며, 농민들은 판매대금의 지불방법과 기간을 중요하게 다루었다. 당시 이들 노조·농민지도자 간의 협의에 따라 읍상리에서 생산한 고추를 직거래하기로 하였다. 당시 이들 거래에는 황지지역의 태영과 광전, 황지, 사북지역의 동고 등 4개 탄광지부가 참여하였으며, 직거래의 규모는 고추 4,203근에 이르렀다. 당시 읍상부락은 고추건조반 5명이 생산한 고추 2,777근과 그외 농민 5명이 생산한 1,426근을 직거래를 위해 공급하였다.[3] 그러나 농촌과 광산지역 간 농산물 직거래의 추진은 다소 차질을 빚으면서 진행되었다. 이는 광산노조에서 요구한 공급량과 품질을 농촌부락에서 온전히 맞추지 못하였고, 탄광지부는 제때 농산물 대금을 농민에게 지급하지 못하였기 때문이었다.

당시 연당부락은 광산노조에 고추 2,000근을 공급하였으나 배추의 경우, 양자 간의 의견차이로 성사되지 못하였다.[4] 1977년 연당부락은 광산지역의 동고탄광지부와 약 4,000근의 고추를 직거래하였다. 그러나 동고탄광지부에서 고추대금 결재를 제때에 이행하지 않으면서 연당부락은 전년도에 이어 손실을 보게 되었고, 이후 광산지역과의 농산물

---

3   당시 태영·광전탄광지부의 1,346근과 동고탄광지부의 2,857근이 매입되었으며, 총공급액은 1,953,191원에 달하였다(재해위, 「읍상리」, 『1976년도 제천지역 부락개발사업 보고서』, 1977).

4   당시 광산노조는 생산자가 직접 농산물을 광산지역에 가져와 광부들에게 소량으로 나누어 공급해 줄 것을 요구하였으며, 연당농민들은 배추의 운반비용·조작비 등 제반 비용을 감안할 때 이를 이행할 수 없다고 맞서면서 결국 계약은 성립되지 못하였다(재해위, 「연당」, 『1976년도 영월지역 부락개발사업 보고서』, 1977).

직거래는 이루어지지 못하였다.

당시 광산과 농촌지역 간 농산물직거래 추진은 몇 가지 문제가 놓여 있었다. 농촌지역의 경우, 광산지역에서 요구한 농산물 공급량의 사전 확보와 품질유지, 부락 내 농민 간의 이해관계 조정과 협력강화, 지역 내 상인과의 대립으로 인한 가격조작 방지 등이 해결되어야 할 문제점으로 제기되었다. 광산지역의 경우, 현금이 부족한 농촌실정을 감안하여 외상거래가 아닌 현금거래 문제가 주로 논의되었다. 1970년대 중반~1980년대 전반 농촌과 광산지역 간의 농산물직거래 시도는 탄광지부와 농촌부락 사이에서 수차례 실시되었다. 그러나 농산물 공급량의 불안정과 품질문제, 판매대금 지불, 지리적 거리로 인한 거래불편 등의 문제로 활성화되지 못하였으며, 일시적·일회적인 직거래의 시도로 그쳤다.

한편, 1970년대 후반 원주그룹은 해마다 부락개발운동과 협동조합운동이 전개되던 농촌지역 내 수십명의 농민들이 농약으로 쓰러져 가는 현실을 목도하였다. 다수확생산의 농업정책 하에서 농약·화학비료의 남용으로 인한 심각한 생태계 불균형의 초래와 수질·토양의 황폐화를 낳고 있는 현실을 주목하였다. 이 과정에서 또한 원주그룹은 자연농법에 대한 주목을 통해 '농(農)'에 대한 근본적인 성찰과 근대적 개발주의에 대한 비판적 인식 등이 이루어지면서 생명운동의 내용을 확장시켜 나갔다. 1978년 2월 재해위는 쌀생산비조사원교육(2.13~14)을 통해 효소농법이 강의되도록 하였으며, 1981년 2월 실시된 청소년교육(2.1~3)에서 효소농법의 교과과목을 통해 자연농법을 알려나갔다.[5] 당시 효소농법에 대한 강의를 통해 이를 수강한 청년들을 중심으로 효소사용자모임이 결성되어 자체적으로 교육과 실습을 추진해 나갔다.

1980년대 초 원주그룹은 「생명의 세계관 확립과 협동적 생존의 확장」이란 문건으로 생명운동의 내용을 체계화해 나가는 한편, 효소농법·자연농법·유기농법 등의 초청교육을 추진해 나갔다. 1981년 11월 초청된 정농회 오재길에 의해 '자연농법'의 강의가 이루어졌으며,[6] 1982년 1월 정농회가 주최한 자연농법 세미나에 평창의 윤석주와 단양의 남원식이 참여토록 주선하였다.[7] 1982년 말 '생명의 농업', 1983년 2월 '미생물농법', 1983년 말 '효소퇴비 만드는 법'의 주제로 3차에 걸쳐 농민지도자와 청년지도자를 대상으로 초청교육을 실시했다.[8] 1983년 2월 청소년간담회(2.5~7)와 부락대표자간담회(2.16~18)에서 문희선은 유기농법을 주제로 강의하였으며,[9] 1983년 4월 여주 내양부락에서 문수환은 효소교육을 실시하였다.[10] 1984년 2월 농촌지도자들에 대한 영농기술의 차원에서 유기농업과 실습 등이 이루어졌으며,[11] 1985년 2월 문수환에 의해 효소농법 교육이 실시되었다.[12] 이러한 제반 교육의 실시는

---

5 재해위, 「임시 전체회의(1978.1.16)」, 『1978년도 전체협의회 회의록』, 1978; 사개위, 「제11차 월례회-회의속개(1981.1.6)」, 『1980~1981년도 월례회 회의록』, 1981. 당시 효소농법의 강의는 전북 임실출신의 전자석에 의해 3시간 30분간 진행되었다. 전자석은 농촌문화연구회의 회원이자 1976년 결성된 가농 전북연합회 부회장에 선출되어 효소농법, 쌀생산비조사, 농협의 단위조합 및 조합원에 대한 실태조사, 농촌개발운동 등에서 적극적으로 활동하였다.

6 사개위, 「제18차 월례회-회의속개(1981.9.7)」, 『1980~1981년도 월례회 회의록』, 1981.

7 사개위, 「제22차 월례회(1981.12.29)」, 『1981~1983년도 월례회 회의록』, 1983; 사개위, 「임시회의(1982.1.4)」, 『1981~1983년도 월례회 회의록』, 1983.

8 사회개발부, 「효소농업 발표회(홍경선)」, 『현장지도자 활동보고서(1983~1985)』, 1986.

9 사개위, 「임시회의(1983.1.19)」, 『1981~1983년도 월례회 회의록』, 1983.

10 사개위, 「제34차 월례회(1983.4.4)」, 『1981~1983년도 월례회 회의록』, 1983.

11 사개위, 「제37차 월례회(1983.7.1)」, 『1983~1984년도 월례회 회의록』, 1984.

12 사회개발부, 「제55차 월례회-회의속개(1985.1.9)」, 『1984~1989년도 월례회 회의록』, 1989.

1980년대 전반 원주그룹이 매년 추진한 일본연수와 결합되면서 횡성 공근과 제천 학산부락 등 가농을 중심으로 유기농업운동을 전개하는 농민들이 점차적으로 조직화될 수 있는 계기이자 기반이 되었다.

한편, 농촌과 도시지역의 농산물직거래운동은 1980년대 초부터 원주와 서울지역을 중심으로 활발해져 갔다. 1980년대 초 사개위는 농소협을 통한 농산물구판매사업의 추진과 1982년 말 밝음신협의 농산물직매장 개설, 1983년 천주교회를 중심으로 한 농산물직거래 등을 통해 점차적으로 도농농산물직거래운동을 활발하게 추진해 나갔다. 1980년대 전반 농소협은 쌀·마늘 등의 농산물을 농촌소비조합에서 구입·판매하였으며, 농촌지역의 농자재 공급에 따른 자금지원을 사개위에 요청하였다.[13] 1983년 농소협은 관할 농촌소비조합을 통해 농산물 공동출하를 추진하였다. 당시 농소협은 양화신협에서 기독신협에 매월 쌀 150가마를 공급토록 하였으며, 공근신협에서 가톨릭센터·원주교구 교육원·대학식당 등에 쌀을 공급하도록 주선하였다. 또한 농소협은 언당과 신림신협에서 구입한 쌀을 판매하였다.[14] 당시 농소협은 농산물직거래활동을 비중있게 다루지 않았으나 농촌소비조합의 조합원이 생산한 농산물은 원주지역을 중심으로 공급되도록 활동을 전개했다.

1982년 10월 밝음신협은 농산물직매장을 개설하였으며, 부분적으로 유기농산물도 취급하였다.[15] 1983년 3월 밝음소비조합의 농산물판

---

13 사회개발부, 「원주소비조합협의회 자금차입 신청(1982.3.9)」, 『농촌소비조합 관계철』, 1985; 사회개발부, 「원주소비조합협의회 1984년도 운영비 보조 신청(1984.2.21)」, 『농촌소비조합 관계철』, 1985.

14 사회개발부, 「제55차 월례회－회의속개(1985.1.9)」, 『1984~1989년도 월례회 회의록』, 1989.

15 사개위, 「제43차 월례회－회의속개(1984.1.11)」, 『1983~1984년도 월례회 회의록』,

매량은 월 150가마 정도였다. 당시 밝음소비조합의 농산물판매사업 추진은 농소협과 긴밀한 협의과정을 거쳐 실시되었다.[16] 1983년 원주교구는 사목국을 중심으로 농촌교회·농촌공소의 농민들이 생산한 농산물을 서울지역의 천주교회에 공급하는 활동을 소규모로 전개하였다. 횡성본당의 들깨와 용소막본당의 마늘을 서울지역 본당에 직거래를 통해 판매하였으며, 덕산공소의 고추를 원주 단구동 본당에 공급하였다. 서울지역 본당의 경우, 서초동·여의도·한강·둔촌교회 등에서 원주교구 내의 농촌소비조합 조합원이 생산한 농산물을 공급받았다. 1983년부터 원성 신림본당은 마늘·고추·참기름 등을 중심으로 서울의 교회들과 매년 농산물직거래사업을 추진하면서 점차 그 규모를 늘려갔다. 당시 신림본당은 향후 유기농산물에 기초한 농산물직거래운동이 활성화될 것이므로 이의 보급이 확대되도록 사회개발부에 지원을 요청하였다. 사회개발부는 농산물직거래운동을 담당할 책임자로 박재일·정인재를 선정하였으며, 신림본당에서 요청한 참기름틀 기계구입자금을 지원하였다.[17]

1984년 7월 사회개발부는 신림부락의 참기름을 매월 250병과 500병씩을 각각 서초동교회와 대치동교회, 덕산마늘을 여의도·한강·둔촌·대방동교회에 직거래하도록 하였으며, 8월 신림의 마늘과 연당의 무농약고추, 학산의 메주 등을 서울 내 본당으로 공급되도록 주선하였다. 당시 활발해진 도농농산물직거래운동은 사회개발부, 원주교구 사

1984.

16 사개위, 「제33차 월례회(1983.3.3)」, 『1981~1983년도 월례회 회의록』, 1983.

17 사회개발부, 「제47차 월례회(1984.4.30)」, 『1983~1984년도 월례회 회의록』, 1984.

목국, 가농 원주교구연합회 등이 혼선을 빚으며 추진되었으며, 이를 원
주교구 차원에서 일원화할 필요성이 내부적으로 제기되었다.[18]

원주지역을 중심으로 유기농업에 기반한 도농농산물직거래운동은
1970년대 후반 재해위에 의해 농촌과 도시, 농촌과 광산지역을 중심으
로 전개된 농산물직거래사업의 추진과 1980년대 전반 사개위·농소
협·원주교구 사목국·가농의 농산물직거래운동을 통해 발전해 나갔
다. 또한 1970년대 말~1980년대 전반 농민지도자와 청년들을 대상으
로 사개위가 실시한 효소농법·유기농법 등의 제반 교육의 실시와
1981년부터 추진된 일본연수와 결합되면서 점차 원주지역을 중심으로
유기농업운동이 확산되어 갔다. 이와 같이 1970년대부터 원주그룹에
의해 부락개발운동과 협동조합운동을 통해 전개된 농산물직거래운동
은 일본유기농업운동·일본생협운동과 결합되면서 1985년 원주소비
조합의 창립과 1986년 서울 한살림농산의 개점으로 이어졌으며, 1980
년대 후반 생명운동에 기반한 도농농산물직거래운동은 활발해져 갔다.

2) 1984년 일본연수와 한가농의 생명공동체운동

1983년 초 사개위는 농촌지역에서 유기농업운동에 기반한 도농농산
물직거래운동의 활성화와 소비조합운동을 전개하기 위해 일본유기농

---

18 사회개발부, 「제49차 월례회(1984.6.30)」, 『1983~1984년도 월례회 회의록』, 1984;
    사회개발부, 「임시회의(1984.7.13)」, 『1983~1984년도 월례회 회의록』, 1984; 사회
    개발부, 「제50차 월례회(1984.8.3)」, 『1983~1984년도 월례회 회의록』, 1984.

<표 IV-36> 1984년 12월 일본연수시찰단 명단 현황

참가자명	소속	참가자명	소속
(윤석주)	평창대신신협 이사	(신태근)	임실치즈신협 감사
(경근호)	여주대신신협 이사장	(유사혁)	무극신협 이사장
(최재규)	원성신림신협 부이사장	강인수	언양신협 부이사장
이계문	원성매호신협 이사장	(권종대)	안동교구 사목국 농민사목 담당
김영태	송계농협 대의원	(최병욱)	한가농 대전교구연합회 이사
(남원식)	영춘신협 이사	김상덕	한가농 청주교구연합회 교육위원
이해선	학산신협 이사장	배용현	한가농 안동교구연합회 이사
(정현수)	횡성공근신협 이사장	이건우	한가농 수원교구연합회 회장
우종한	원성대흥신협 이사	임광호	사회개발부 농촌상담원
유승옥	한가농 원주교구연합회 이사	(박재일)	사회개발부 농촌부장
(정만호)	한국기독교농촌개발원 총무	(김영주)	전 사개위 사무국장
합계			22명

비고 : 1. 참가자 항목의 ( )는 1983년 일본연수시찰단 명단에 포함되어 있던 것을 의미함.

업운동과 생협운동을 시찰하기 위한 2주간의 일본연수를 추진하였다. 그러나 1983년 후반 사개위는 일본연수의 추진을 주도했던 김영주 사무국장의 사퇴 등 자체 내부진통을 겪으며 사회개발부로의 개편이 이루어졌다. 또한 일본연수시찰단에 대거 참여하였던 한가농의 주요 농민지도자들이 9월 정기국회를 통해 농협임시특례법의 철폐와 농협조합장 직선제를 요구하는 대대적인 서명운동을 전국적으로 전개하였다. 그 결과 1983년 8월의 일본연수는 불가피하게 연기되었다.[19] 1984년 사회

---

19 사회개발부, 「사개위 사무국장 김영주가 일본생협지도자에게 보내는 서신(1983.7.30)」, 『해외연수 관계철』, 1985. 1983년 8월 19일부터 31일까지 실시될 예정이었던 일본연수시찰단은 한가농 회장 박재일을 비롯하여 충남연합회 회장 최병욱, 전북연합회장 장경암과 부회장 신태근, 충북연합회 전 회장 유사혁, 경남연합회 회장 장태원, 원주교구연합회 부회장 최재규와 이사 정현수, 가농 지역농민운동가인 남원식과 정도웅 등 19명으로 구성되었다(사회개발부, 「한국유기농업연구회원 일본연수시찰단 명부」, 『해외연수 관계철』, 1985).

개발부는 농촌소비조합을 운영 중인 협동조합지도자와 한가농의 주요 회원들이 참가한 가운데 일본유기농업운동과 일본생협운동의 현장 견학을 위한 해외연수를 재차 추진하였다.[20] 당시 사회개발부는 일본 천주교회의 협력과 일본카리타스의 재정지원을 받아 농민지도자 22명이 참가한 가운데 1984년 12월 일본을 방문(11.30~12.13)하였다. 이들은 연수기간 내내 일본의 유기농업운동, 생산자와 소비자의 제휴운동, 도시민의 생협운동, 농촌공동체운동 등을 살펴보았다.

〈표 IV-36〉은 1984년 12월 당시 일본유기농업 연수시찰단에 참여한 명단을 나타낸다.[21] 당시 연수시찰단에 참여한 농민지도자들은 대체로 사회개발부 관할 소비조합을 운영하고 있는 농촌신협의 지도자와 한가농의 주요 농민지도자들이 참여하였다. 사회개발부 관할의 농촌신협의 주요임원이었던 농민지도자들은 1970년대부터 재해위와 밀접한 관계를 맺으며 활동하였던 현장지도자들이었으며, 한가농의 주요지도자들은 도·전국단위에서의 협동조합지도자이자 농민운동가들이었다.

1984년 12월 이들 연수단은 일본 도쿄를 중심으로 치바현과 효고현, 미에현, 사이타마현 등의 일본 유기농업운동과 생협운동이 전개되었던 지역을 방문하면서 시찰하였는다. 당시 연수단의 구체적인 방문지역과 단체는 〈표 IV-37〉을 통해 살펴볼 수 있다. 이들 연수단은 일본 치바현 미요시마을[三芳村]과 도쿄의 초후시[調布市]를 방문하여 유기농업의 생

---

20 1983년도 일본연수단 중 1984년도 연수단에 참여하지 못한 농민지도자와 사개위의 실무자는 장상린(횡성월현신협 회계담당), 지달용(원주밝음신협 운영위원), 지창섭(원성 황곡신협 이사장), 정도웅(강릉신협 상무), 장태원(경암 언양신협 상무), 장경암(한가농 전북연합회 회장), 박양혁(사개위 농촌상담원) 등 7명이었다.

21 사회개발부, 「일본유기농업운동과 농촌협동조합운동 연수계획서(1984.6)」, 『해외연수 관계철』, 1985.

<표 IV-37> 1984년도 일본연수시찰단 방문지역 및 단체 현황

구분	방문지역	연수내역	구분	방문지역	연수내역
생산현장	千葉縣 三芳村	유기농업생산 출하현장	농산물공급현장	東京 豊島區	우유문제연구회
	東京 調布市			東京 町田市	다마공급소
	兵庫縣 市島町			神戸市	청년학생센터 부인회
	三重縣 豊里	농장, 생활공동체	생협	埼玉縣 与野市	사이타마현민공제생협
	三重縣 小野			東京 世田谷區	도쿄생활구락부 생협
	三重縣 靑蓮寺			吹田市	센리야마생협
	三重縣 阿山		합계	13개 지역	

출전 : 사회개발부, 「일본유기농업운동과 생협운동 연수계획(1985.4)」, 『해외연수 관계철』, 1985.

산과 출하현장을 시찰하였다. 효고현[兵庫縣]의 이치지마초[市島町]와 미에현 츠시[三重縣 律市]의 도요사토[豊里], 오노[小野], 세이렌지[靑蓮寺], 아산(阿山)을 방문하여 유기농업 생산지인 농장과 생활공동체 등을 살펴보았다. 또한 도쿄 시내 도시마구[豊島區]의 일본코펠부인회 우유문제연구회와 마치다시[町田市]의 다마[多麻]공급소, 효고현[兵庫縣] 고베시[神戸市]의 청년학생센터 부인회 등을 방문하여 유기농산물 공급현장을 둘러보았다. 다음으로 사이타마현 요노시[与野市]의 사이타마현민공제생협, 됴쿄 세타가야구[世田谷區]의 도쿄생활구락부생협, 스이타시[吹田市]의 센리야마[千里山]생협 등을 방문하여 일본생협의 운영과 활동 등을 중심으로 시찰하였다.

이들 연수단은 일본생협의 주요 임원들로부터 10회에 걸친 강의를 들으면서 일본유기농업운동과 일본생협운동의 현황과 특징 등을 파악하였다. 당시 일본생협의 주요 임원과 대학교수에 의해 실시되었던 강의 현황은 〈표 IV-38〉을 통해 살펴볼 수 있다. 당시 일본연수단은 일본의 유기농업운동과 현황, 생산자와 소비자간 직거래운동을 뜻하는 산

〈표IV-38〉 1984년도 일본연수시찰단 수강 강의주제 및 강사 현황

강의주제	강사	강의주제	강사
일본의 농촌협동조합운동	일본유기농업연구회 築地文太郎 사무국장	산직운동과 소비자운동	神戶大學 保田 茂 교수
일본의 유기농업 현황		생산자조직	兵庫유기농업 一色作郎 회장
협동조합운동의 전망	埼玉縣民共濟생협 正木萬平 전무	소비자와 유기농산물	도쿄 우유문제연구소 和田秋子 회장
산직(産直)운동	교토대학 飯沼二郎 명예교수	생협운동	도쿄생활구락부 생협 折戶進彦 이사장
유기농업운동	精華大學 槌田 劭 교수	공동구매조직 활동	千里山생협 紫橋圭介 이사장

출전 : 社會事業局, 「일본유기농업운동과 생협운동 연수계획(1985.4)」, 『해외연수관계철』, 1985.

직(産直)운동과 소비자운동, 소비자와 유기농산물, 생산자조직, 생협운동과 공동구매조직의 활동, 일본 농촌협동조합운동, 협동조합운동의 전망 등의 강의를 들으면서 일본생협의 역사와 특징, 유기농업운동에 기반한 산직운동과 생협운동, 생산자조직과 공동구매조직의 활동 등을 깊이 이해할 수 있는 계기가 되었다.

기쁨 그러니까 생산자의 기쁨을 나의 행복으로 느끼는 소비자, 소비자의 기쁨을 나의 행복으로 느끼는 생산자, 그러니까 타인의 기쁨, 행복을 나의 기쁨으로 느낄 수 있는가 없는가에 따라서 만인이 행복해질 수 있는가 없는가가 결정된다고 봅니다. 그러니까 기본은 저희 모임은 소비자는 생산자의 마음에 서서 입장에 서서 생산자를 이해하려는 것 그리고 생산자는 소비자의 입장에서 소비자를 이해하려고 하는 것 그것을 토대로 해서 저희들의 모임이 이루어지고 있다는 것을 이해하시면 됩니다. 그리고 그런 것들을 활동을 하기 위해서 여러 가지 조직들도 만들고 여러 형태로 운영을 해왔습니다.[22]

---

22 2015년 7월 2일 구술, '쓰고 버리는 시대를 생각하는 모임'의 쓰치다 다카시[槌田 劭] 구

당시에 일본에서는 제휴, 산소제휴라는 조직을 만들어서 생산자와 소비자가 같이 하는 유기농운동을 실천하고 있었는데 그 운동에 대해서 한국에서는 그 제휴라는 말을 쓰지 않고 공동체라는 이름을 써서 여기저기에서 많이 조직을 해서 운동을 펼쳐나가고 있는 걸 알 수 있었습니다. 그런 면에서 한국의 생명운동은 장일순 선생님의 주창에 의해서 아마 실천되고 만들어지지 않았나 싶습니다. 그렇기 때문에 장일순 선생님께서 운동을 하신 중에서 효고현의 그 운동들을 참고하시지 않았나 그렇게 생각을 합니다.[23]

위에서 1973년 '사테루카이[捨てる會]'의 창설을 주도하였던 쯔치다 다카시[槌田 劭]와 1974년 '모토메루카이[求める會]'를 창립한 효고현유기농업연구회 대표 야스다 시게루[保田 茂]의 구술과 같이 일본연수시찰단은 지바현의 미요시마을과 도쿄의 다마공급소·우유문제연구소, 고베 중심의 '식품공해를 추방하고 안전한 먹을거리를 구하는 모임'인 모토메루카이[求める會]와 교토 중심의 '쓰고 버리는 시대를 생각하는 모임'인 사테루카이[捨てる會] 등의 '산소제휴운동'에 크게 주목하였다. 한편, 당시 강의는 사이타마현민공제생협과 일본유기농업연구회, 효고현유기농업연구회, 도쿄생활구락부생협와 우유문제연구소, 센리야마생협의 주요 임원들과 생협 소속 도쿄대학·고베대학·교토세이카대학의 교수들에 의해 이루어졌다.

술(일본 교토 사테루카이 사테루카이 사무실, 통역—고베대학 박사과정 박순용, 고베대학 농학부 박사 김기섭),
23　2015년 7월 2일 구술, 전 고베대학 농학부 교수 야스다 시게루[保田 茂] 구술(일본 고베시내의 선술집 봉꼬꼬린, 통역—고베대학 박사과정 박순용, 고베대학 농학부 박사 김기섭).

일본에서 생협 운동하는 사람들이 다 60년대 안보투쟁, 학생운동 한 사람들이야. 나하고 나이가 대게 비슷비슷하더라고. 박 회장님은 조금 그분들에 비해서는 선배고 이런데. 우리가 그 이후로도 교류를 하는데 일본에 60년대가 우리가 유신반대 운동할 때 유신이 아니라 3선 개헌 반대할 때 하고 비슷해요 그때가. 일본에 안보투쟁이. 그것도 육십 칠년, 팔년 주로 그 무렵이라고. 그래서 얘기해 보면 여러 가지로 말이 통하더라고. 그 사람들 거기도 파벌이 많아. 그 학생운동 거기도 파가 많아요. 그래가지고 그걸 전부 헬멧을 그 사람들은 쓰고 했다네. 헬멧 색깔 가지고 구분한대요. 그래 가지고 뭐 감옥살이 한 사람도 있고 뭐. 또 우리 만나면 감옥살이 얼마나 했냐 서로.[24]

1976년부터 충북 괴산지역을 중심으로 농민운동을 전개하였던 조희부의 구술과 같이 일본유기농업운동과 일본생협운동을 주도하였던 인사들 다수가 1960년대 안보투쟁 등 학생운동을 경험한 세대였으며, 이 시기에 와서 일본생협 등을 통해 농민운동과 협동조합운동을 전개하였다. 이들은 1960~70년대 한일회담반대운동과 3선개헌반대운동, 유신반대운동을 전개하였던 한국농민지도자들과 유사한 경험과 이력을 가지고 있었으며, 양국의 협동조합지도자들은 강한 유대감과 친밀감을 가지고 연수가 진행되었다.

1984년 12월 일본유기농업과 일본생협을 견학하였던 한국방문단은 이번 연수를 통해 일본유기농업의 실태와 일본생협의 활발한 활동, 생산자와 소비자 간의 농산물직거래운동, 도시소비자들에 의한 생협운동

---

24 2013년 4월 30일, 조희부 눈비산마을 대표(충북 괴산 소수면 눈비산마을 자택).

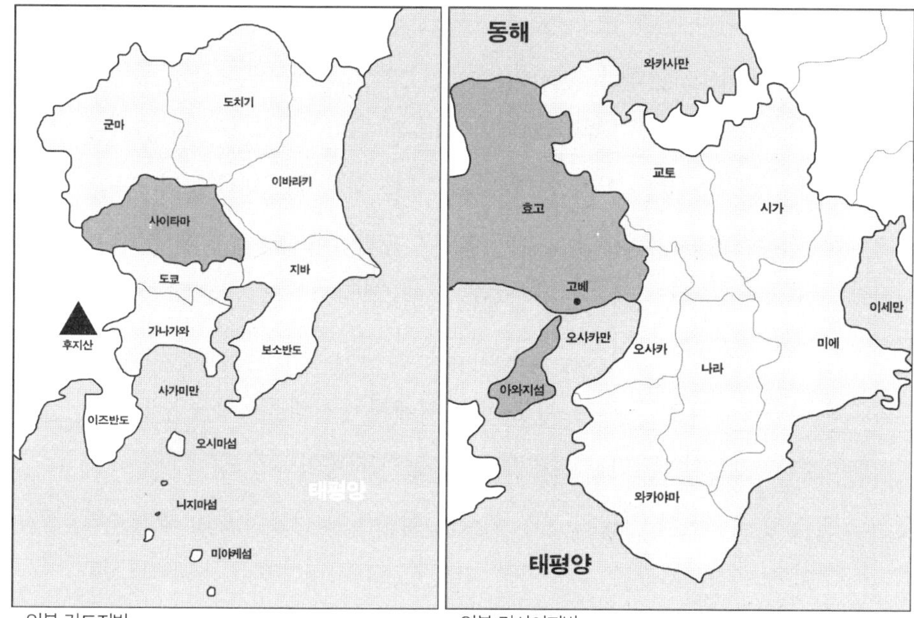

일본 간토지방　　일본 간사이지방

〈지도 4〉 1984년 12월 일본연수시찰단이 방문한 일본 사이타마현과 효고현

의 중요성과 여성의 역할, 농촌에서 생활공동체 건설이 가능하다는 점
등 많은 부분에서 깊은 감명을 받았다. 일본연수는 한가농의 운동노선
전환에 크게 영향을 미쳤을 뿐만 아니라 원주그룹의 생명운동에 기반
한 유기농업운동과 농산물직거래운동, 한살림운동의 추진에 커다란 기
여를 하였다.[25]

당시 한가농에서는 이전부터 이를 위한 논의와 움직임이 내부적으
로 이루어졌다. 1982년 원주그룹의 박재일이 한가농의 본부 회장에 선

25　社會事業局, 「일본유기농업운동과 생협운동 연수계획(1985.4)」, 『해외연수 관계철』,
　　1985.

임되면서 한가농 내 생명공동체운동으로의 전환을 위한 분위기가 점차
커져갔다. 1980년대 초 한가농 내에서는 1978~80년 사시에 수행된
권익투쟁 일변도의 경향에 한계가 있음을 절감하면서 생존의 기반인
농업에 대해 새로운 가치 인식과 공동체를 회복하는 데서 농업·농촌
이 처한 어려움을 해결해 보려는 새로운 움직임이 태동하였다.[26] 1981
년 한가농 내에서 농약 등의 심각한 공해로부터 벗어나 농민의 건강과
토지의 생명력을 지키기 위하여 비료와 농약 안쓰기, 효소농법 등 무공
해 자연농법의 보급·활용이 18개 지역에서 추진되었으며, 1982년 30
개 지역으로 확대되면서 생명공동체운동의 지향이 확산되었다.[27] 이러
한 상황 속에서 한가농의 본부 회장에 박재일이 선임되었고, 한가농의
주요 농민지도자들을 중심으로 원주그룹의 생명담론인 '원주보고서'
가 회람될 수 있었다.

　　가농 안에서도 그러면서 생명세계 패러다임 이런 저런 얘기들이 나오고.
(…중략…) 이 자료의 문건이 그때도 있었어요. 가톨릭농민회도 왔어. 그
때 이게 타이핑 쳐가지고 한 거 있어. 그때 돌려보면, 생명담론인가 뭔가,
하여간 이런 쪽으로. 제목이 어떻게 되는지 모르겠는데, 그때 원주에서 돌
려서 학습했다고 하더라고. 회람하고. 그때 한 번 그걸, 초점이 이게, 야, 지
금 농민들 어떻게 될까 이게, 이런 생각도 들고. 그러면서 자꾸 얘기를 하
고. (…중략…) 그래서 가톨릭, 박재일 회장님이 아마 전체 가톨릭농민회
관련해서 원주에서 협동조합이라든지, 관계라든지, 이런 것들에 대해서 새

26　모심과살림연구소, 『스무살 한살림 세상을 껴안다』, 그물코, 2006, 44쪽.
27　한국가톨릭농민회, 『한국가톨릭농민회30년사』, 97~98쪽, 104~105쪽.

로운 어떤 전환에 대한 이런 것들에 대한 영향은 내가 봤을 땐 많이 있었다고 봅니다. 그 저기, 그걸 또 이쪽에서 진지하게 이병철 선배나, 우리 정성하 선배나, 같이들 그분들도 들을 줄 아는 귀를 또 가지고 있고, 이런 거 해서 자꾸 지혜를 보태고, 확장시키는 거죠. 그런 측면에서 했지 않나.[28]

1980년대 초반 한가농 박재일 회장 재임시 주요 간부였던 이병철·정성하·이상국 등 주요 농민지도자들을 중심으로 원주보고서가 회람되었다. 이를 통해 한가농 내에서 생명공동체운동으로의 전환을 점차 모색해 나갈 수 있는 논의의 장이 마련되었다. 이러한 상황 속에서 일본연수를 추진하였던 원주그룹은 연수의 단장을 맡았던 박재일을 중심으로 한가농의 주요 농민운동가들이 참여토록 하면서 농민운동의 방향 전환을 추동하였다.

그때 그 일행들이 충북에서는 유사혁씨라고 가농회장 하던 분들 김상덕 가농 회장 아마 두 분 갔지 아마. 전국적으로 그런 가농 회장들 투사들이 많이 갔어요. 박재일 회장도 물론 갔고. (…중략…) 일본의 생협처럼 이런 뭐 도농공동체 함께 참여해보자. 우리는 농민운동 출신들이었으니까 어떻든 농민들이 중심이 돼서 도시 소비자를 연결하는 그런 공동체 운영을 해야 되겠다 이런 생각도 하게 되고 이랬어. (…중략…) 우리 가톨릭농민회에서 도 우리 가톨릭농민회는 운동을 전환해서 생명공동체운동 이걸 한다. 그래 서 농사짓는 걸 우리는 농약, 비료를 안 쓰거나 덜 쓰고, 이렇게 해서 도시

---

28 2016년 7월 21일, 전 한살림 상임대표 이상국 구술(서울 서초동 모심과살림연구소).

사람 건강도 생각하고 이런 우리 삶 자체를 바꿔나가야 한다. (…중략…) 아직도 전두환 군사정권이니까 이 정부하고 또 싸우는 일도 해야 되니까, 그 일을 하기 위해서는 우리가 전농, 전국농민조직 전농을 만들어서 농민 권익 투쟁이나 이런 건 전부 그쪽으로 가자. 가톨릭농민회는 이렇게 바꾸자 이렇게. 그래서 전농으로 갈 사람은 전농으로 가자. 그래서 가톨릭농민 회에서 대부분 주도해서 전농을 만들은 거지. 뭐 권종대, 정재돈 씨 그쪽으로 갈 사람은 그리 가고. 우리는 남아가지고 박재일 회장이나 나나 또 이병철 이런 사람들은. 아, 그이 많은 논의를 거쳐서 역할 분담을 하기로 한 거지. 공식적으로."[29]

일본연수는 한가농 내 농민지도자들이 생명운동에 기반한 생명공동체운동으로의 전환에 커다란 영향을 미쳤으며, 1980년대 후반~1990년대 초 한가농 내 주요 농민지도자들과 일본유기농업·생협 진영간의 상호 연수단의 파견 및 교류가 지속되면서 생명공동체운동으로의 전환을 가속화시켰다. 그 결과 한가농 내 공식적인 논의를 통해 농민지도자 일부는 전국농민총연맹의 건설을 통한 정치투쟁으로, 또 다른 농민지도자들은 '생명공동체운동'을 추진하기로 역할분담이 이루어졌다.

1990년 2월 제20차 대의원대회에서 한가농은 '생명과 해방의 공동체를 건설하자'는 선언문을 발표하면서 생명의 가치관과 세계관으로 일체의 반생명적 질서, 공해추방에 앞장서 땅과 농민을 살리는 생명의 농업에 충실할 것을 결의하였다. 또한 이웃과 올바른 관계로 발전해 나

---

29 2013년 4월 30일, 조희부 눈비산마을 대표(충북 괴산 소수면 눈비산마을 자택).

가는 현장 생활공동체 건설과 우리 사회의 성원과 겨레를 갈라놓고 생명을 위협하는 남북분단과 핵무기의 위협을 끊기 위해 반전·반핵·평화운동과 민족통일운동에 매진할 것을 다짐하였다.[30] 한가농은 1990년을 전후한 시기 농민대중의 정치적 각성과 활동에 기반하여 새로운 전국농민운동조직인 '전국농민총연맹'(1990.4)을 출범시키면서 농민의 정치투쟁을 위한 조직기반을 마련하는 한편, 제20차 대의원대회를 통해 생명공동체운동으로의 전환을 대외에 천명하였다.

2. 원주소비조합의 창립과 운영

1984년 12월 일본연수를 마친 직후 사회개발부는 본격적으로 원주지역에서 유기농업과 도농농산물직거래운동에 기반한 무점포 소비조합의 창립을 준비해 나갔다.[31] 당시 사회개발부는 그동안 추진해 왔던 농촌과 광산지역, 농촌과 도시지역 간 농산물직거래운동의 경험을 토대로 일본의 도쿄생활구락부생협과 같이 소규모 단위의 '반'조직(4~10세대)을 구성하여 무점포 소비조합을 운영코자 하였다.[32]

1985년 4월 사회개발부는 원주지역 무점포 소비조합의 설립을 추진

---

30 한국가톨릭농민회, 『한국가톨릭농민회30년사』, 1999, 97~98쪽, 164~165쪽.
31 사회개발부, 「제55차 월례회－회의속개(1985.1.8)」, 『1984~1989년도 월례회 회의록』, 1989.
32 사회개발부, 「제56차 월례회(1985.2.15)」, 『1984~1989년도 월례회 회의록』, 1989.

하면서 원주교구 내 여성연합회, 본당부녀회, 소공동체, 비신자조직 등을 기반으로 각 본당 부녀대표자 1명과 무점포 소비조합운동의 취지에 동참하는 원주시민을 중심으로 발기위원회를 구성하였다. 무점포 소비조합운동의 주체는 가정의 주부가 되도록 하면서 생활운동의 차원에서 소규모단위인 반의 형태로 착수토록 하였으며, 사회개발부는 이를 적극 지원하는 입장에서 추진토록 하였다. 무점포 소비조합운동의 방향은 농촌지역의 농산물생산자와 도시소비자가 자주 만나는 기회를 갖도록 하면서 사회개발부가 이 운동이 보급·확산되도록 적극 협조키로 하였다.[33] 사회개발부는 각 본당과 밝음조합 임직원을 중심으로 한 소그룹단위 등을 활용하여 반조직의 구성을 통해 무점포 소비조합을 운영코자 하였다.[34]

1985년 5월 18일 발기인 21명이 참가한 가운데 가칭 원주소비조합이 발족되었으며, 발기인 대표로 선출된 박재일을 중심으로 6월 21일까지 3차에 걸친 발기인회의를 통해 창립에 따른 제반 사항을 협의하였다. 1985년 6월 1일 사회개발부는 가톨릭센터에서 85명이 참석한 가운데 무점포 소비조합 소개교육을 실시하였다.[35] 1985년 6월 24일 가톨릭센터에서 37명이 참석한 가운데 창립총회를 개최하였고, 이사 8명과 감사 2명을 선출하였다. 당시 총회에서는 이사장과 부이사장에 박재일·신문자, 이사에 장만자·김숙자·이금래·이경국·박준길,

---

33 사회개발부, 「제58차 월례회—회의속개(1985.4.2)」, 『1984~1989년도 월례회 회의록』, 1989.
34 사회개발부, 「임시협의회(1985.4.11)」, 『1984~1989년도 월례회 회의록』, 1989.
35 당시 소개교육은 소협운동의 현황(이경국)과 무점포소협의 소개(박재일), 슬라이드 상영(임광호), 무점포소비조합의 취지 및 설립동의서 작성(박재일) 등으로 구성되었다(사회개발부, 「제59차 월례회(1985.5.6)」, 『1984~1989년도 월례회 회의록』, 1989).

품목	단위	1986년도			1987년도			1988년도		
		수량	매출액	매출이익	수량	매출액	매출이익	수량	매출액	매출이익
쌀	가마	480	37,440,000	2,400,000	622	50,629,920	2,911,935	1,037	92,155,745	4,788,684
유정란	판	5,200	12,480,000	470,000	9,631	22,911,984	1,656,744	13,012	30,779,130	3,074,590
무정란	판	3,500	5,500,000	490,000	3,132	4,712,680	586,800	897	1,203,680	134,080
참기름	병	680	3,500,000	300,000	2,800	17,420,941	1,717,115	3,892	24,677,200	3,858,097
들기름	병	600	960,000	120,000	2,021	4,528,768	372,666	4,409	14,192,900	78,257
밀가루	포							573	445,960	44,634
잡곡	가마							9	1,027,630	42,050
계절상품			17,360,000	2,190,000		20,390,980	2,159,502		31,766,750	4,488,223
합계			77,240,000	5,970,000		100,204,293	7,245,260	23,829	196,248,995	16,508,615

출전 : 원주소비조합, 『제2차 정기총회 회의자료』, 1986, 14쪽; 원주소비조합, 『제3차 정기총회 회의자료』, 1987, 13쪽.
비고 : 1. 계절상품은 주로 고추, 마늘, 배추, 잡곡 등을 의미함.

감사에 최희원·김부강을 선임하였다.[36] 원주소비조합의 조합원 수와 출자금 납부액은 매년 급증하였는데, 창립시 47명의 조합원과 47만 원의 출자금이 1985년 10월 180명과 280만 원, 1986년 12월 306명과 5,586,380원으로 급성장하였다.[37]

　원주소비조합의 운영은 조합원의 사전주문에 의해 공급되었으며, 취급품목은 일부 생활용품인 공산품을 제외하고 대다수가 농산물이었다. 1986~88년도 원주소비조합의 농산물 취급현황을 보여주는 〈표 IV-39〉를 통해 이를 살펴보면 농산물 취급품목은 대체로 쌀과 계란, 참기름과 들기름, 밀가루, 잡곡, 고추와 마늘, 배추 같은 계절상품이었다. 농산물의 공급처는 유기농업운동이 활발히 전개되었던 횡성 공근과 제천

36　원주소비조합, 『제1차 정기총회 회의자료』, 1986, 2~3쪽.
37　사회선교국, 「농산물직거래 및 직판장운영 사업계획(1985.11)」, 『농산물 직거래·직판장 운영사업』, 1991; 사회선교국, 「농촌소비조합사업 추진경과 보고(1985.7.1~1987.4.15)」, 『농촌소비조합확장사업(1021A)』, 1991.

학산부락 등이었다. 그 외 원주시 무실동(배추, 오이, 토마토, 무)과 평창 노론(감자·저농약건고추·마늘), 원성 매호리(저농약쌀), 원주시 봉산동(콩나물), 강릉·속초·해남(명란젓, 김) 등에서 농산물이 공급되었다.[38] 1987년 11월 원주소비조합은 농산물가공사업을 추진하면서 구입한 기름틀을 이용하여 참기름과 들기름을 생산해서 한살림농산 등에 공급하였다.[39] 이들 농산물은 유기농업운동에 기반한 무농약 농산물이었으며, 과도기적으로 일부 저농약 농산물이 공급되었다. 원주소비조합의 매출액은 1986년 7,724만 원에서 1988년 1억 9,625만으로 급증되었으며, 매출이익은 1986년 7.7%, 1987년 7.2%, 1988년 8.4%로 대략 7.2~8.4%에 이르렀다.

당시 원주소비조합은 공산품도 일부 취급하였는데, 〈표 IV-40〉과 같이 취급품목은 주로 밀가루와 식용유, 간장과 설탕, 화장지 등이었다. 이들 공산품은 주로 농소협이 운영하는 밝음슈퍼에서 공급되었다. 매출액은 1986년 393만 원, 1987년 234만 원, 1988년 458만 원에 달했는데, 매출이익은 약 8.7%~10.8%였다. 원주소비조합에서 취급하는 품목 중 공산품의 비중은 2.3~4.8%로 크게 낮고 농산물의 비중이 95~97%에 이르렀다는 점에서 공산품의 비중이 상당히 높았던 재해위 관할 농촌소비조합들과 크게 다른 특징을 보였다.

원주소비조합은 무점포로 운영되는 것이 특징이었다. 조합이 취급할

---

38 원주소비조합,『제3차 정기총회 회의자료』, 1987, 25~26쪽.

39 사회선교국, 「제2차 경과보고서(1987.7.1~1988.6.30)」, 『농촌소비조합확장사업(1021A)』, 1991. 당시 참기름과 들기름은 가짜가 많이 유통되었다. 그러나 원주소협에서 생산된 참기름과 들기름은 서울한살림에 초기부터 공급되면서 큰 인기를 얻었으며, 이 사업은 최근까지도 원주한살림생협(원주소비조합 후신)의 주요한 재정적 기반이 되고 있다.

〈표 IV-40〉 원주소비조합 공산품 취급 현황(1986~1988)　　　　　　　　　　　　　　　　　　(단위 : 원)

품목	단위	1986년도			1987년도			1988년도		
		수량	매출액	매출이익	수량	매출액	매출이익	수량	매출액	매출이익
밀가루	포	181	320,000	23,000	230	364,040	35,257			
식용류	병	294	1,600,000	100,000	222	868,293	87,877	377	1,355,099	144,251
화장지	개	4,408	1,000,000	160,000	4,627	1,103,773	129,653	7,463	2,112,295	165,446
간장	병							630	651,548	55,629
설탕	포							206	350,138	25,717
기타			1,014,000	116,000		948,250	93,258		111,562	8,024
합계			3,934,000	399,000		2,336,106	252,787		4,580,642	399,067

출전 : 원주소비조합, 『제2차 정기총회 회의자료』, 1986, 14쪽; 원주소비조합, 『제3차 정기총회 회의자료』, 1987, 13쪽; 원주소비조합, 『제4차 정기총회 회의자료』, 1988, 11쪽.

상품은 이사회에서 먼저 엄선·결정과정을 거쳐 이를 조합원에게 알리면서 주문을 받고 배달하는 형식이었다. 이 과정에서 5~10가구 단위로 한 반조직을 통해 물품을 공동으로 주문하면서 조합원이 소비조합의 운영에 간접적으로 참여케 하였다. 또한 물품주문과 공급과정에서 야기되는 제반 문제점을 논의하여 조합운영에 반영토록 하거나 생활에 대한 공동관심사를 협의·해결해 나갔다.[40] 초기 유기농업운동을 토대로 농산물 위주로 운영되었던 원주소비조합의 창립과 경험은 1986년 12월 서울 한살림농산의 창립과 운영에도 커다란 영향을 미쳤다. 당시 원주그룹의 전폭적 지원하에 원주소비조합 박재일 이사장은 한살림농산의 창립에 주도적인 역할을 하였으며, 생명운동에 기반한 도농농산물직거래운동의 실질적 책임자로서 한살림농산을 운영해 나갔다.

40　원주소비조합, 『제3차 정기총회 회의자료』, 1987, 23~24쪽.

3. 한살림농산의 설립과 한살림운동

1) 농산물직거래·직판장운영사업과 농산물직거래확장사업

1985년 6월 사회개발부는 원주소비조합을 설립하여 농촌소비조합과 연계시키면서 농산물직거래운동을 활발하게 추진하는 한편, 서울에서 농산물직판장의 개설·운영을 통해 농촌과 도시소비조합 간의 농산물직거래운동을 추진하기 위한 구상을 마련했다. 원주소비조합 박재일 이사장은 소도시인 원주지역이 농산물시장이 좁은 것에 비해 서울지역은 넓었으므로 원주소비조합의 경험을 원용하면서 농산물직판장 개설을 통해 서울을 중심으로 전국적으로 도농농산물직거래운동을 전개코자 하였다.

사회개발부는 농산물직거래·직판장운영사업의 추진을 위한 자금지원을 미제레오에 신청하였다. 당시 신청서에 나타난 사업구상을 살펴보면, 먼저 서울에 농산물직판장을 설치하여 원주교구 내 농촌부락에서 생산한 농산물을 직판장에 공동 출하하는 한편, 서울시민을 소비자로 조직화하거나 기관단체 등에 급식용 농산물을 공급하고자 하였다. 이를 위해 책임자 1명과 서울직판장 직원 3명, 원주소비조합 실무자 1명, 경리 1명 등 총 6명이 사업을 전담하도록 하였다. 서울직판장의 경우, 직판장 운영과 소비자 조직활동, 농산물 수집활동 등을 3명이 전담해서 일을 추진하도록 하였다. 사회개발부는 이를 위한 예산으로 총 168,500,000원이 필요하다고 보았다. 당시 사회개발부는 본 사업의 추진을 위해 직매장 운영비와 각종 교육·홍보비, 사업추진을 위한 인건비 등이 필요하다고 보았다. 이중 가장 큰 비중을 차지한 것은 인건비(56%)였으며, 직매장운영비(27%), 사업추진비(9.3%), 교육·홍보비(6.9%)의 순이었다. 당시 사회개발부는 총 금액 중 25%인 42,125,000원을 자부담하고, 나머지 75%인 126,375,000원을 미제레오가 지원해 줄 것을 요청하였다.[41]

1986년 9월 미제레오는 원주교구 사회개발부가 신청한 사업계획의 지원을 결정하였으며, 그 결과 총사업비 170,100,000원 중 75%인 127,575,000원(315,000마르크)이 지원되었다.[42] 1986년 11월 사회개발부는 미제레오에서 10만마르크를 송금함에 따라 본격적으로 농산물 직거래·직판장운영사업을 추진하였다.[43] 1986년 12월 4일 원주소비조합의 박재일 이사장은 미제레오의 지원자금을 토대로 중심으로 서울 제기동에서 농산물직판장인 '한살림농산'을 설립하면서 본격적인 생명운동에 기반한 도농농산물직거래운동을 전개하였다.

한살림농산의 책임자 박재일은 설립 초기 농산물공급 업무를 맡았던 서용식과 최상순, 회계담당 윤희진, 생산부문과 홍보를 맡은 이상국, 교육을 맡은 민혜숙을 중심으로 농산물직판장사업을 추진하였다.[44] 1987년 11월 28일 한살림농산은 소비자가 집중되어 있는 지역으로 옮기는

41　사회선교국, 「농산물직거래 및 직판장운영 사업계획(1985.11)」, 『농산물직거래직판장운영사업』, 1991.

42　당시 미제레오에서 승인한 재정계획에 따르면 직판장설치비·홍보비·추진비 62,660,000원, 6명의 인건비 94,350,000원, 교육비 10,170,000원, 예비비 2,820,000원 등이었다(사회선교국, 「젠트랄스텔레에서 원주교구에 보내는 서신(1986.9.22)」, 『농산물직거래직판장운영사업』, 1991).

43　사회선교국, 「지원금 송금통지서(1986.11.18)」, 『농산물직거래직판장운영사업』, 1991,

44　교육을 담당하였던 민혜숙이 1987년 여름 활동을 그만두자 여성운동과 신협운동을 전개하던 서혜란이 조희부의 추천에 따라 후임으로 교육업무를 맡았다(모심과살림연구소, 『스무살 한살림 세상을 껴안다』, 그물코, 2006, 23·32쪽).

것이 운영상 효과적이라는 판단하에 제기동에서 서초구 도곡동으로 직판장을 이전하였다. 1988년 4월 21일 한살림농산은 유기농업운동에 기반한 농산물을 이용하던 70여 명을 중심으로 '한살림공동체소비조합'(이하 한살림소협으로 약칭)의 창립을 추동하였으며, 1988년 11월 20일 한살림농산물직거래운동에 참여하였던 농민 70여 명을 중심으로 '한살림생산자협의회'를 창립토록 적극 협력하였다.[45]

1989년 11월 사회개발부는 농산물직거래·직판장운영사업이 종료가 예정됨에 따라 1993년까지 연장해서 추진되도록 미제레오에 자금 신청을 하였다. 당시 한살림소협의 창립과 활동으로 서울지역에서의 농산물직거래운동은 활발하게 추진될 수 있었으나 서울 강남의 일부지역에서 활동하는 등 아직 자립기반이 마련되지 못한 상태였다. 이에 따라 한살림소협은 서울 강북지역에서 농산물직거래운동을 확대시키고자 하였다.[46] 당시 한살림농산이 수립해서 사회개발부를 통해 미제레오에 신청한 사업계획에 따르면 1990년 3월부터 3년간 농산물직거래·직판장운영사업의 후속사업으로 도농농산물직거래사업을 추진하고자 하였다. 본 사업은 농촌지역에서 농산물의 생산·판매를 협동화

---

[45] 당시 한살림농산은 한살림소협이 창설될 때 통합되면서 조직체의 성격이 완전히 달라졌다. 이후 한살림농산은 원주교구를 통해 미제레오의 지원자금을 받는 과정에서 이름은 형식상 존재하였으나 실제 조직은 실무자의 급여는 조합에서 받았다(2016년 9월 30일, 전 한살림농산 실무자 윤희진 구술(안양 인덕원역 프라비다 커피숍)). 1991년 말까지 한살림농산은 조직으로 존재하면서 미제레오의 지원자금을 기초로 강북지역에서 독자적인 활동을 하였다(한살림, 『한살림20년─햇살과 바람 정직한 땀의 기록』, 2006, 139쪽). 그런데 1991년 12월 원주교구는 미제레오에 농산물직거래확장사업의 주체로 한살림소협을 내세우는 것으로 보아 이 시기를 전후하여 완전히 통합된 것으로 보인다.
[46] 사회선교국, 「원주교구에서 미제레오에 보내는 서신(1989.11.20)」, 『농산물직거래직판장운영사업』, 1991.

하되, 강원·경기·충청 등 서울 인근 지역을 중심으로 점차 타지역으로 확대하고자 하였다. 서울의 경우, 한강 남쪽은 한살림소협이 맡되, 한강 북쪽에 있는 소비자를 대상으로 직거래장을 운영하고자 하였다.

당시 미제레오에 신청한 농산물직거래확장사업의 재정계획에서 한살림농산은 본 사업의 추진을 위해 3년간 총사업비 2억 6천만이 필요하다고 보았다. 이중 가장 큰 비중을 차지한 것은 인건비(70.6%)였으며, 사업추진비(22.5%), 교육·홍보비(5.8%) 등의 순으로 구성되었다. 한살림농산은 신청한 총사업비 중 60%인 156,053,000원을 지원해 주도록 요청하였다. 자부담의 경우, 1차년도 20%, 2차년도 35%, 3차년도 60% 등으로 그 비율을 크게 올리면서 4차년도인 1994년도부터는 자립이 가능하도록 계획이 세워졌다.[47] 한살림농산은 농산물직거래확장사업을 통해 3년 후면 강북지역에서 2,000세대의 소비자, 강남지역에서 4,000세대를 조직할 수 있는 것으로 보았다. 이에 따라 1994년경 6,000세대 이상의 소비자가 조직화되면서 서울에서의 도농농산물직거래운동은 확고한 기반이 구축되고 자립운영이 가능할 것으로 보았다.[48]

1991년 4월 사회개발부는 사회선교국으로 조직개편 되었으며, 사회선교국장(長)에 백승치신부가 임명되었다. 1991년 8월 백승치신부가 이끄는 사회선교국은 미제레오에 농산물직거래확장사업을 주관할 사업책임자의 변경을 요청하였다. 당시 사회선교국은 ① 농산물직거래직

---

[47] 사회선교국, 「농산물직거래운동 사업계획(1989.11)」, 『농산물직거래직판장운영사업』, 1991.

[48] 1990년 10월 현재 강남지역 내 한살림소협의 조합원은 3,000세대가 넘었다(사회선교국, 「원주교구에서 미제레오에 보내는 서신－농산물직거래사업의 경과·현황·전망(1990.10.15)」, 『농산물직거래직판장운영사업』, 1991).

판장사업을 추진하였던 사업실무자들 상당수가 원주교구를 떠나 있으므로 이를 추진할 인력이 부족한 점, ② 교구를 떠난 사업실무자 대부분이 서울한살림과 직간접적으로 관련을 맺고 있는 점, ③ 사업지역이 경기·충북지역까지 확대되었던 실정에서 원주교구가 직접적인 영향력을 행사하기 어렵다는 점 등을 들어 박재일이 이끄는 한살림소협으로 변경토록 요청하였다.[49]

1991년 12월 사회선교국은 미제레오에 보낸 서신에서 재차 농산물직거래확장사업의 주관문제와 관련, 최기식 신부가 교구를 대표해서 사업의 책임을 지되, 한살림소협이 실제 본 사업을 추진하도록 요청하였다.[50] 1992년 1월 미제레오는 사회개발부가 신청한 농산물직거래확장사업을 위한 415,000마르크의 자금지원을 최종 결정하였으며, 사회선교국이 요청한 사업주관처의 변경을 받아들였다.[51] 그 결과 1990년 3월부터 1993년 3월까지 강북지역에서 추진된 농산물직거래확장사업은 한살림소협의 주도하에 추진되었다.[52]

이 시기 사회개발부는 미제레오의 지원자금을 기초로 농산물직거래

---

49 사회선교국, 「원주교구에서 미제레오에 보내는 서신(1991.8.16)」, 『농산물직거래직판장운영사업』, 1991.
50 당시 사회선교국은 미제레오 측에 3가지 선택지 중에서 결정해 주기를 요청하였다. 즉, 원주교구의 법적 책임 하에 교구가 모두 사업을 추진하는 방안과 소협중앙회 강원도지부와의 협약을 통해 원주교구가 사업을 추진하는 방안, 농산물직거래직판장사업을 주관하였던 사회개발부의 최기식 신부가 교구를 대표해서 총책임을 지고 한살림소협이 본 사업을 추진하는 방안 등이었다. 사회선교국은 이중 3번째 선택지를 미제레오에서 선정해 줄 것을 요청하였다(사회선교국, 「원주교구에서 미제레오에 보내는 서신(1991. 12.11)」, 『농산물직거래직판장운영사업』, 1991).
51 사회선교국, 「미제레오에서 원주교구에 보내는 서신(1991.9.23)」, 『농산물직거래확장사업』, 1993.
52 사회선교국, 「미제레오가 원주교구에 보내는 서신(1992.1.28)」, 『농산물직거래확장사업』, 1993.

직판장사업과 농산물직거래확장사업을 추진하면서 원주소비조합과 한살림농산의 창립·운영이 활발하게 이루어질 수 있도록 추동하였다. 농산물직거래직판장사업에 의한 한살림농산의 초기 운영은 박재일을 중심으로 한 실무자 6명이 실제적으로 책임지고 추진하였다. 또한 1990년 3월부터 추진된 농산물직거래확장사업도 박재일을 중심으로 한살림소협이 실제적으로 주관하여 추진하였다. 당시 사회개발부는 미제레오에서 지원한 1차 127,575,000원과 2차 172,225,000원 등 지원자금 3억원을 한살림농산과 성동구 자양동 직판장의 운영비에 쓰이도록 적극적으로 협조하였다. 이들 지원자금은 창립 초기 많은 어려움 속에서 한살림운동을 전개하였던 한살림농산과 한살림소협의 조직기반 구축과 활성화에 커다란 기여를 하였다.

2) 한살림농산의 설립과 활동

1986년 12월 4일 원주그룹의 박재일은 1년 6개월에 걸친 원주소비조합의 운영경험을 토대로 생명운동에 기반한 도농농산물직거래운동을 전국적으로 확산시키기 위해 서울 제기동에서 한살림농산이라는 쌀가게를 설립하였다. 창립 초기 한살림농산은 쌀에서 돌을 골라내는 석발기, 쌀과 잡곡류, 계란, 참기름과 들기름 등을 진열한 상태에서 운영을 시작하였으나 그 의미는 상당히 컸다. 당시 한살림농산은 생명운동의 중요한 조직체이자 많은 이들이 가진 소망의 결집체였다.

땅도 살리고 자신도 살고 소비자의 건강과 생명을 보호하려고 퇴비를 하고 김을 매고 땀 흘리며 정성들이 농사짓는 농민도 있고, 그런 농산물을 고대하는 소비자도 많습니다. 다만, 서로 만나지 못하고 믿지 못하지요. (…중략…) 한살림은 생산자와 소비자를 만나게 하고 친한 사이가 되도록 하여 생산자는 소비자의 생명을 보호하고 소비자는 생산자의 생활을 보장하는 사이가 되는 일을 하고자 합니다. 또한 농산물의 유통단계를 줄여서 과다한 유통마진을 줄이는 직거래활동을 펼쳐서 농산물의 품질이나 수량을 믿을 수 있도록 하고 적절한 가격으로 생산자와 소비자 모두에게 이익이 되는 일을 하고자 합니다. 그래서 땅도 살리고 건강하고 안전한 농산물이 생산되고 서로가 믿고 돕는 관계가 되고 모두의 건강과 생명이 보호될 수 있는 일을 하고자 합니다. 이 일은 한두 사람이 해서 될 일이 아닙니다. 여러 사람이 더불어 해야 가능합니다. 생산자와 소비자가 함께 해야 가능합니다.[53]

위에서 한살림농산의 창립을 주도하였던 박재일의 언명과 같이 한살림농산은 무농약쌀 등 유기농업운동에 기반한 농산물을 매개로 농촌 생산자와 도시소비자가 서로 얼굴을 맞댄 직거래운동을 통해 농토와 농민을 살리고 소비자의 생명을 보호하자는 한살림운동을 주창하였다. 창립 초기 도농농산물직거래운동은 주로 서울지역 성당을 중심으로 전개되었다. 원주교구의 지학순 주교와 최기식 신부, 평신도 회장 장일순을 중심으로 서울지역 성당에서 행한 특별강론 및 강의 등을 통해 생명운동에 기반한 도농농산물직거래운동의 필요성과 중요성이 설파되면

---

53 박재일, 「한살림을 시작하면서」, 『한살림』 창간호, 1987.

〈표 IV-41〉 한살림농산 초기 실무자 명단 현황(1986.12~1987)

성명	업무개시일	담당업무	경력
박재일	1986년 12월	책임자	원주소비조합 이사장
서용식	1986년 12월	농산물 공급	쌀중개상
최상순	1986년 12월	농산물 공급	쌀중개상
윤희진	1986년 12월	회계, 조직	사학과 졸업
이상국	1987년 2월	생산, 홍보	가톨릭농민회 홍보부장
민혜숙	1987년 초	교육	가톨릭계통 복지사업
서혜란	1987년 여름	교육	여성운동

서 한살림운동은 점차 확산되어 나갔다.[54]

미제레오의 자금지원에 기반한 농산물직거래직판장사업의 주관부서인 사회개발부는 한살림농산의 초기 운영자금 등을 적극적으로 지원해 나갔으며, 〈표 IV-41〉과 같이 한살림농산의 운영책임자 박재일은 함께 활동할 실무자를 인선하였다. 당시 실무자에는 쌀중개상을 하였던 서용식과 최상순이 박재일과 함께 창립준비를 하였으며, 윤희진과 이상국, 민혜숙과 서혜란 등이 뒤를 이어 합류하였다. 서용식과 최상순은 한살림농산의 농산물을 소비자에게 공급하는 업무를 맡았으며, 윤희진은 회계업무, 이상국은 취급할 농산물의 공급과 홍보 등을 책임졌다. 민혜숙은 교육업무를 맡았으나 초기에 활동을 그만두었고, 서혜란이 뒤를 이어 교육업무를 맡아 활동하였다.[55]

한살림농산은 창립 초기 유기농업에 입각한 농산물을 생산자인 농민으로부터 구입한 후 전화주문을 받아 서울지역 소비자의 가정에 직접 배달하였다. 농산물의 배달은 지역요일제에 의해 이루어졌다. 창립 초

54　모심과살림연구소, 앞의 책』, 25~26쪽.
55　위의 책, 23~32쪽.

<표 IV-42> 한살림농산 취급농산물 및 공급처 현황(1986.12~1987.9)

	단위	'86.12	'87.1~9	비고	품명	단위	87.1~9	비고
(무)쌀	가마(80kg)	388	340	성미, 안성, 성주, 아산	팥, 거두	말(8kg)	25.6	강원, 충북
(무)현미		140	88	성미, 안성, 아산	고추	근	2,544	영양, 정선, 공근
(무)찹쌀			18	성미, 진천	마늘	접	526	노론, 봉정, 신림
(무)찹쌀현미			2.6	성미, 진천	무말랭이	kg	327.5	영월
경기미(일반)		932	677	여주, 안성	참깨, 들깨	말	8	강원, 충북
지방미			249	호남, 강원, 충남북	메주	말	225	
보리쌀	말		293		산나물	드릅	50	영양
유정란	판(30개)	72.5	4,492	공근	꿀	되	16	울주
참기름	병		1449	원주	포도	kg	96(169)	금릉
들기름			641	원주	배추	포기	500	
콩	말(7.2kg)		144	강원, 충북	정부미	kg	683	

출전: 사회선교국, 「개황」, 『농산물직거래직판장운영사업』, 1993.
비고: 1. (무)는 무농약을 의미함.
    2. 콩은 검은콩, 흰콩, 밤콩 등을 포함함.

기 강남지역은 월·수·금, 강북지역은 화·목·토에 배달토록 하다가 점차로 지역별로 세분화되어 요일별로 공급되었다.[56] 취급농산물은 곡물류·유정란·참기름·들기름 등으로 상시 공급되었고, 마늘·고추·배추·메주 등의 농산물은 계절에 따라 공급을 점진적으로 확대했다. 창립 초기 한살림농산에서 취급하였던 농산물의 종류와 생산지 현황은 <표 IV-42>를 통해 구체적으로 살펴볼 수 있다. 창립 초기 한살림농산이 취급하던 농산물은 1986년 12월 음성 성미지역의 무농약쌀과 현미, 횡성 공근지역의 유정란 등이 취급되다가 1987년 초부터 계절품목을 포함하여 농산물 품목수의 종류는 늘어났다. 주로 강원·경기·충북지역을 중심으로 생산된 유기농산물이 공급되었다. 당시 한살림농산

---

56 한살림농산, 『더불어 사는 한살림』 제2호, 1987; 한살림농산, 『더불어 사는 한살림』 제3호, 1987.

이 취급한 농산물의 확대과정에서 유기농업운동에 기반한 생산자들이 발굴되었으며, 1987년 11월 현재 강원·경기·충북지역의 20개 농촌 부락에서 150호의 유기농업 생산농가들이 한살림농산과 결합되었다.[57]

한편, 1987년 4월 한살림농산의 회원수는 800세대가 넘어갔다. 문제는 실무자들이 이른 아침부터 밤늦게까지 주문받은 농산물을 공급하고자 해도 감당할 수가 없는 상황이 되면서 소비자들의 불만이 점점 늘어났다. 당시 실무자들은 자체 학습모임을 통해 1960년대 말부터 일본 도쿄생활클럽에서 5가구 이상으로 구성되는 '반(班)'조직을 통한 물품 공급의 형식과 원주소비조합에서 반조직을 통해 농산물을 공급하였던 경험·운용방식에 주목하였다.[58] 결국 한살림농산은 5가구 이상 조직된 '공동체'에만 농산물을 주 1회 공급하기로 하였다. 이 과정에서 가입회원은 800세대에서 350세대로 줄어들었으나 생명운동에 기반한 한살림운동의 방향을 명확히 할 수 있는 조직의 기초단위를 만들어 나갔다.[59]

57　사회선교국, 「경과보고(1986.12~1987.11.30)」, 『농산물직거래직판장운영사업』, 1993. 당시 유기농업에 기반한 농산물을 생산했던 농민들은 가농과 밀접히 연관된 경우가 다수였다. 대표적으로 경북 의성의 김영원과 칠곡의 청남농장 장현기, 상주의 정의선, 봉화의 강문필, 충북 음성 성미마을의 최재영과 최재명, 괴산 충북농촌개발회의 조희부와 정선섭, 보은의 이철희, 충남 부여의 강수옥과 아산 산정리의 이호열, 당진의 정광영, 강원 횡성의 정현수·정현모, 홍천의 박동수와 연익흠 등이었다(모심과살림연구소, 앞의 책, 57~70쪽).

58　1965년 6월 도쿄생활클럽은 '교환가치'가 중심이 된 우유시장에서 '사용가치'를 목적으로 한 우유의 공동구입을 실천하기 위해 주부들이 중심이 되어 조직되었다. 1968년 11월 도쿄생활클럽은 회원수가 800명이 넘는 규모로 확대되었고, 생협이라는 법인조직으로 발전되면서 이의 운영과정과 참여문제가 제기되었다. 이를 해결하기 위한 방안의 하나로 '반(班)'이라는 공동조직을 통해 우유를 공급한 것을 결정하였다. 그러나 당시 반조직을 통한 운영방식의 변경으로 조합원의 20%가 탈퇴하였고, 1970년 우유를 200ml 병에서 500ml의 종이통으로 변경하고 배달도 격일제로 바뀌자 조합원의 30%가 생협을 떠났다(사회개발부, 『공동구입과 대중운동의 조직론』, 1987, 7~9·43~47쪽).

한살림농산은 반조직을 통한 농산물의 공급을 결정하는 한편, 도시 소비자를 중심으로 생명운동을 활발히 전개하기 위한 한살림소협의 설립과 한살림생산자협의회의 창립을 추동하였다. 1987년 10월 23일 한살림농산의 실무자와 소비자들이 연수회의 개최를 통해 한살림운동을 담아낼 수 있는 사회적·공공적인 조직체계와 방식에 대해 논의를 진행하였으며, 회원제 방식이 아닌 협동조합 방식으로 추진하기로 합의를 모았다. 1987년 11월부터 한살림농산은 이용자들을 중심으로 농산물직거래운동이 도시소비자의 자발적인 생활운동으로 나아가도록 소비조합운동에 대한 논의의 활성화를 추동하였다. 1988년 2월 생활과 관련된 주제로 월례강좌 등의 모임에 참석해 왔던 이용자들이 중심이 되어 '소비자협동조합발기위원회'가 조직되었다.[60] 1988년 4월 21일 서울대교구 노동사목회관에서 70여 명이 참석한 가운데 한살림소협이 창립되었으며, 초대 이사장에 보람공동체의 이순로, 부이사장에 사당1동공동체의 이승리가 선출되었다. 당시 한살림농산이 협동조합이라는 조직 틀을 채택한 것은 '생명'이라는 시대정신과 '협동'이라는 전통적이고 보편적인 가치의 만남을 의도한 것이었다. 생산자와 소비자가 신뢰를 바탕으로 연대하는 직거래방식의 무점포조합을 정착시킴으로써 한살림조직의 틀이 완성된 것이라는 의미를 가졌다.[61]

---

59 모심과살림연구소, 앞의 책, 29~31쪽.

60 발기위원회의 명단은 다음과 같다. 위원장 이효재(신사동공동체), 위원 강선미(연희동공동체), 김경자(청담동공동체), 문혜영(과천공동체), 박희경(방이동공동체), 신경은(역삼동공동체), 신화식(삼성동공동체), 이순로와 심순옥(보람공동체), 이승리(사당1동공동체), 이옥정(가락동공동체), 이은영(서초공동체), 정양숙(과천주공공동체), 이소영(일원동공동체), 임창희와 최영희(하월곡1동 동신공동체), 이정숙(구기동공동체), 장설희(염리동공동체), 정은(여의동공동체), 한은수(역삼1동공동체), 황요안나(사당3동공동체) 등이었다(한살림농산, 『더불어 사는 한살림』 제4호, 1988).

한편, 한살림농산은 유기농산물을 생산하는 농민들을 중심으로 연
합회의 창립을 추동하였다. 1988년 11월 20일 협동교육연구원에서 한
살림농산에 농산물을 공급하는 농민생산자 70여 명을 중심으로 농산
물직거래운동과 도농생활공동체운동, 유기농업운동 등을 효과적으로
추진하기 위한 조직으로 '한살림생산자협의회'를 창립하였다.[62] 생산
자협의회는 창립 이후 정기연수회를 개최하면서 유기농업기술 등을 학
습하고 교류하였으며, 농촌에서는 한살림정신에 맞는 생활실천운동을
진행하였다. 한살림소협과의 연대를 강화하면서 소비자 회원과 좌담
회, 생산지 방문주선, 단오잔치의 개최 등을 통해 도농교류 활성화의
전형을 만들어 갔다.[63]

한살림농산은 생명운동에 기반한 도농농산물직거래운동이 추진되
고 생활공동체운동으로 발전되도록 하기 위해 도시에서 소비자조직인
한살림소협을 창립토록 하는 한편, 농촌에서 생산자조직인 한살림생산
자협의회를 설립하도록 추동하였다. 한살림농산은 기존 이용자를 모두
한살림소협의 조합원으로 참여토록 권유하였으며, 조합운영에 필요한
농산물 구입과 주문, 농산물의 공급, 물품보관·관리, 교육과 홍보 등
의 활동을 전개했다. 1988년 말 한살림소협은 회계실무자 1명이 활동
하였으며, 1989년 1월 공급자 2명과 회계실무자 1명, 1989년 6월 공

---

61 한살림소협은 초대이사에 이효재·박재일·문혜영·박희경·신경은·이상국·신화
   식·황희정·한은수·임창희·서혜란, 감사에 김경자·정양숙이 선임되었다(모심과
   살림연구소, 앞의 책, 33~35쪽). 한살림소협은 공동체위원회(박재일), 교육홍보위원
   회(한은수), 생산구매·공급위원회(김경자), 생활문화위원회(이승리) 등 다수의 분과위
   원회를 두었다(한살림소협,『더불어 사는 삶』창간호, 1988).
62 사회선교국,「종합보고(1986.12~1990.2.28)」,『농산물직거래직판장운영사업』, 1993.
63 모심과살림연구소, 앞의 책, 70쪽.

급자 5명과 회계실무자 2명으로 발전했다.[64] 이에 따라 1989년 말까지 한살림소협이 조합원의 주문에 의한 농산물의 공급을 맡되, 농산물의 구입과 보관관리, 교육과 조직, 홍보활동 등을 한살림농산이 맡아 추진토록 하였다. 1987년 12월 한살림농산은 서초구 도곡동으로 직판장을 옮겨 운영하다가 1989년 12월 20일부터 성동구 자양동에서 200여 명의 소비자를 중심으로 15평의 직판장을 개설하면서 독자적으로 활동을 전개하였다.[65]

한살림소협은 창립시 조합원 68명에서 1990년 7월 2,937세대에 이르렀으며, 출자금은 창립시 100만 원에서 1990년 7월 7,047만 원에 달하였다. 1990년 7월 총자산과 총매출액은 1억 5,129만 원과 6억 2,767만 원에 이를 정도로 비약적으로 발전되었다.[66] 유정란·메주·참기름·들기름 등으로 시작한 한살림농산의 취급물품은 1988년 43가지, 1989년 93가지, 1990년 150여 가지로 점차 증대되었다.[67] 당시 도농농산물직거래운동에 참여한 생산농가는 150여 호였다.[68]

한편, 유정란 품질의 저하문제로 생산자와 소비자 간의 갈등으로 촉발된 1992년 한살림생산자협의회의 해체와 한살림소협 내 조직 간의 갈등으로 인해 1990년대 초 한살림운동은 많은 문제점을 드러내었다. 1993년 2월 제6차 정기총회를 계기로 '한살림생활협동조합'으로의 명

64　사회선교국, 「원주교구에서 미제레오에 보내는 서신(1989.11.20)」, 『농산물직거래직판장운영사업』, 1993.
65　사회선교국, 「종합보고(1986.12~1990.2.28)」, 『농산물직거래직판장운영사업』, 1993.
66　사회선교국, 「원주교구에서 미제레오에 보내는 서신(1990.10.15)」, 『농산물직거래직판장 운영사업』, 1993.
67　모심과살림연구소, 앞의 책, 123쪽.
68　사회선교국, 「종합보고(1989.1.1~1990.2.28)」, 『농산물직거래직판장운영사업』, 1993.

칭변경과 총회·이사회에 소비자·생산자·실무자가 3 : 2 : 1의 비율로 함께 참여하는 조직이 만들어지면서 소비자 중심의 의사결정 구조를 개선할 수 있는 계기가 되었다. 1994년 제7차 정기총회를 계기로 '한살림'이 정식 출범되었다.[69]

원주그룹의 생명운동에 기반한 도농농산물직거래운동은 1985년 6월 원주소비조합의 설립과 활동으로 본격적으로 시작되었으며, 1986년 12월 서울 한살림농산의 설립과 1988년 4월 한살림소협의 창립으로 이어졌다. 원주와 서울지역에서 한살림운동의 전개는 1986년 10월 경남소비조합, 1988년 3월 강릉소비조합, 1987년 광주한살림공동체, 1989년 12월 청주한살림, 1990년 4월 대구한살림소협, 1993년 부산한살림 등 지역운동에 기반한 사회운동가들과 결합되면서 한살림운동은 전국적인 단위로 확대·발전하였다.[70] 즉, 생명운동에 기반한 원주그룹의 한살림운동은 원주소비조합과 한살림농산의 창립과 활동으로 그 계기와 조직기반이 마련되었으며, 이러한 활동이 전국 각지의 사회운동 및 지역의 도시생협 조직과 결합되면서 전국단위의 한살림운동은 확산·발전될 수 있었다.

---

69 모심과살림연구소, 앞의 책, 133~152쪽.
70 위의 책, 96~115쪽.

3) 한살림모임의 창립과 한살림선언

(1) 한살림모임

1988년 6월 원주그룹은 가칭 '한살림연구회준비모임'(이하 한살림연구회)의 결성을 주도하였다. 당시 원주그룹은 1980년대 초 10여 차례의 치열한 내부토론을 통해 마련된 '원주보고서'로 대표되는 생명운동의 지향과 확산을 한살림연구회를 통해 실현시키고자 적극적으로 참여하면서 모임을 주도하였다.

오랜 농민운동을 통하여 땅과 생명이 화학농으로 인해 죽어가고 있다는 것을 깨닫고 있던 박재일씨는 땅과 인간의 순환에 기초한 유기농을 농촌에 보급하고 확산하는 것이 무엇보다도 절실한 문제라고 생각하여 이 유기농운동을 도시소비자와 연대시키는 일을 하기 위해 서울에 와서 소비자협동조합운동을 하게 되었습니다. 그때 박재일씨와 제가 만나서 생명의 세계관에 입각해서 새로운 삶의 양식을 찾는 운동이라는 뜻에서 이 운동에 '한살림'이란 이름을 붙이게 되었습니다. 그러다가 1960년대에 학생운동을 같이했던 최혜성씨가 이 운동에 합류하게 되자, 한살림운동이 유기농업운동과 소비자운동의 연대에 그칠 것이 아니라 인간과 자연의 생명을 소외·분열시키고 억압·파괴시키는 '죽임의 질서'인 산업문명 전반에 대항하여 생명을 총체적으로 살리는 전면적인 생명운동으로 발전시켜야 한다는 생각을 하게 되면서, 우선 그 이념과 실천방략을 찾는 연구모임을 갖게 되었습니다.[71]

위에서 김지하의 언급과 같이 당시 원주그룹은 한살림연구회를 통해 근대 산업문명이 전 인류와 지구를 위기로 몰아가는 당시의 시대적 상황을 진단하고, 그 대안을 찾기 위해 치열한 내부논의를 진행하면서 한살림운동의 지향과 실천방략을 찾아 갔다. 특히, 박재일과 김지하의 소개로 6·3운동의 주역 중 한 명인 최혜성이 모임의 운영에 적극 참여하면서 한살림연구회는 활발한 활동을 전개해 나갔다.

> 여러 사람을 초청해가지고 강좌를 했다니까. 그때 박맹수 교수도 그 동학 얘기하러 왔다가, 서정록이도 동학 얘기하러 왔다가 같이 일하게까지 됐고. 여러분의 사람들이 한 달에 한 번씩, 주로 전진상회에서 많이 했어요. 그리해가지고 토론하고, 그런 걸 하면서 조망도 하고. 최혜성 선생 같은 경우에는 그 김지하 시인하고 그 전에 한 번 만나면서 팔십 몇 년도부터 이런 데 대한 공부를 많이 했더라니까. 동학 이런 것들도. (…중략…) 당신들끼리 그런 것들을 많이 했더라고. 내화가 많이 돼 있었어. 그러면서 해서 1년 지나고 나서, 그러면서 저기 하면서 발족을 시키더라고. 한살림모임이라고. 처음에 한살림모임을 만들 때, 한살림 여기만 있지 않았어요. 꿈이 너무 컸어.[72]

당시 한살림연구회는 매달 1회씩 5차례에 걸친 회합을 통해 오늘의 현 상황을 철저히 진단·성찰하고, 그 대안과 실천방도를 세우는 것이 최우선 과제임을 공유하였다.[73] 1989년 1월 한살림연구회는 '한살림

---

71 한살림모임, 「문명의 위기에서 생명의 질서로─한살림선언의 이념적 배경을 중심으로」, 『한살림』, 1990, 46~47쪽.
72 2016년 7월 21일, 전 한살림 상임대표 이상국 구술(서울 서초동 모심과살림연구소).
73 한살림모임, 『한살림선언─생명의 지평을 바라보면서』, 1989, 3쪽.

모임창립준비위원회'를 띄우면서 생명운동에 기반한 도농농산물직거래운동과 유기농업운동을 통해 가능성을 확인한 한살림의 정신과 지향을 사회운동 전반으로 확산시키기 위한 구체적인 준비에 착수하였다.

1980년대 말 노태우정권 하에서 사회운동론과 변혁운동론이 적극 개진되던 한국의 정세 하에서 한살림모임을 준비하던 이들은 모두 11차례의 학습모임과 4차례 토론회의 개최를 통해 기존 사회운동에 대해 깊은 성찰을 시도하면서 한살림운동의 방향을 모색하였다. 이들은 주로 동학사상, 두레공동체의 전통, 불교의 승가공동체, 일본의 생협운동, 스페인의 몬드라곤 등 다양한 공동체운동과 전통사상, 노동운동, 민족과학, 환경문제, 새로운 경제학들의 내용을 검토·토론하였다. 그 결과 1989년 10월 29일 '한살림선언'을 발표하는 자리에서 한살림모임의 창립총회를 개최하면서 생명운동의 필요성과 지향성을 세상을 향해 천명하였다.[74]

그때 가장 중요한 것은 유기농업운동과 협동조합운동을 통합해서 이거를 농민의 생활과 소비자의 건강, 즉 말하자면 인간의 삶, 나아서 인간을 둘러싸고 있는 큰 생명이라고 볼 수 있는 환경의 삶을 회복시키는 그런 운동, 살림운동이 되어야 한다. 그래서 그런 의미를 한살림이라는 이름을 짓고, 그거에 걸맞는 어떤 이론을 만들어야 될 것 아니냐 하는 이런 생각 때문에 한살림농산을 하면서. 그거 하자니 자연히 필수적으로 생산자협의회하고 소비자협의회가 같이 있어야 되는 거 아니에요? 생산자협의회는 주 테마가

---

74 모심과살림연구소, 『스무살 한살림 세상을 껴안다』, 그물코, 2006, 81~83쪽.

결국 유기농이고, 요쪽은 협동조합이란 말이에요. 그러니까 그 농산과 3개가 시작된 것이고. 이 3개를 사상적으로 뒷받침하는, 왜 이거를 하는지에 대한 나름대로의 이론적인 토대를 만들어야 한다는 그런 생각을 가지고 결국 한살림모임을 따로 만든 거죠. 거기는 한살림모임에는 주로 아까도 얘기했지만은 핵심적으로 한거는 김지하, 박재일, 장일순, 그리고 나, 그리고 실무적으로 많이 도와준 것은 김민기, 서정록 이런 사람들이고. 원주멤버들, 김영주선생이나 이경국씨 같은 경우는 장선생님 제자로서, 멤버로서 참여한 것이죠.[75]

당시 원주그룹은 〈표 IV-43〉과 같이 한살림모임에서 의장을 맡았던 박재일과 연구위원장인 김지하를 포함해서 장일순, 김영주, 이경국, 한마리아 등 6명이 참여하면서 모임의 성격과 지향을 구체화하는데 주도적 역할을 하였으며, 이들과 가까운 다수의 인물들이 한살림연구회 때부터 결합하면서 한살림모임에 참여하였다. 한살림모임은 앞서 조직된 한살림농산과 한살림소협, 한살림생산자협의회 등 3개 조직체를 통한 한살림운동의 전개에 있어 그 이론과 사상적 기반을 구축하고 생명운동을 전개하고자 창립되었다. 한살림모임은 하나의 새로운 이념을 추구하는 집단으로써 '생명의 세계관'을 통해 인류문명과 근대 산업문명을 비판적으로 바라보고, 전체 생명계의 '협동적 생존의 확장'을 추구하면서 생명운동을 전개하고자 하는 '도반'의 성격을 가진 조직체였다.

한살림모임은 창립과 함께 의욕적으로 활동을 전개하였다. 1990년 3

---

75 2016년 12월 14일, 전 한살림모임 사업위원장 최혜성 구술(용인 기흥구 공세동 자택).

〈표IV-43〉 한살림모임 초창기 명단 현황

성명	소속	비고	성명	소속
박재일	소비자협동조합중앙회 회장	의장	조희부	충북농촌개발회 전무
최혜성	전 백범사상연구소부소장	사업위원장	한헌석	부산살림연구회
김지하	시인	연구위원장	이병철	한가농 사무국장
장일순	서예가		이상국	한살림소협 상임이사
김영원	한살림생산자협의회 회장		한성찬	안양소비조합 이사장
김상덕	가톨릭농민회 회장		김영주	신협중앙회 연수원장
이순로	한살림소협이사장		이경국	신협중앙회 사무총장
신금로	통일민주당 노동정책연구소장		기준성	자연식동호회 회장
신동수	㈜ 한농식품 대표		김상종	서울대 미생물학과 교수
최열	공해추방운동연합 공동의장		채희완	부산대학교 예술대학 교수
김민기	음악가	실행위간사	박맹수	정신문화연구원
박준길	원주밝음신협 전무		박창순	교육개발원 TV제작부
김성종	광주한살림 대표		최재영	한살림생산자협의회
천규석	민예총 민족굿위원회위원장		한마리아	아데나워재단 한국사무소
정성헌	전 한가농 사무국장		합계	29명

출전 : 한살림모임, 『한살림모임 주요인 명단(초창기 명단)』, 1989(김상범 소장자료).

월 '한 첩의 보약보다 한 모금의 맑은 물'과 '생명의 질서와 유기농업'이라는 주제로 제1회 한살림강좌를 개최하였으며, '생명문제'와 '새로운 시대의 철학과 문명'을 주제로 분기마다 강좌를 진행하였다. 또한 1989년 12월 청주한살림 준비위원회를 구성한 이후 대구, 대전, 광주, 부산 등에서 강좌와 준비모임을 열고 생활협동운동과 생명문화운동을 결합하는 지점으로서 각 지역에 한살림운동을 뿌리내리게 하는 일을 도왔다. 1년 2회 개최된 한살림모임의 수련회는 전국 각 지역에서 생명운동을 지향하는 사람들이 함께 모여 교류와 수련의 장이 되었다. 1990년 3월 한살림모임은 우리밀살리기 협동사업소위원회를 경남 고성에서 개최하여 전국적으로 전개되는 우리밀살리기운동의 발판을 마련하기도

하였으며, 1991년 새로운 세대의 생명운동 주체를 형성하기 위한 청년 강좌를 열어 서정록의 '동양사상의 현대적 조명', 문수홍의 '서구 녹색운동의 이해' 등 15차례의 강좌를 진행하였다.[76]

당시에 노태우정권이 지방자치, 지방자치운동을 시작했거든요. 그러니까 지방자치운동을 생명운동의 일환으로 좀 승화시켜 보자. 그래서 그 당시에 YMCA라든가 경실련 쪽의 사람들과 연대해서 시민연대를 만들었어요. (…중략…) 지방자치가 주민들의 삶, 주민들의 진정한 생명운동의 연장으로 희망자치가 주민의 삶의 개선, 삶의 질의 개선을 위해서 뭔가 하는 그런 지방자치제가 돼야 한다고 생각하고, 그거를 한살림운동, 생명운동하고 연결시켜서 제가 한살림을 대표해서 그 시민연대에 참석했어요. 그래서 시민연대의 선언문도 제가 썼습니다. (…중략…) 그럴 때에 YMCA 시민단체들하고 지구환경의 날 같은 행사를 하고. 그러면서 우리사회의 환경의식의 고양 이런 것도 높이는 것도 일종의 한살림운동의 일환으로 참여하고 그렇게 쭉 했다고 볼 수 있죠. 그런 시민연대를 통한 지방자치운동, 또 그 다음에 그런 환경운동, 이런 데에다 한살림모임이 주최가 돼서 그런 운동에 참여했던 겁니다. 그러니까 한살림운동이 그런 선언문만 한 게 아니라 그 당시에 다양하게 활동했던 겁니다.[77]

1990년 4월 21일 한살림모임은 한국에서 최초로 개최된 '지구의 날' 행사를 환경운동연합, YMCA 등 4개 단체와 공동 주최하였다. 또한 1992년 지방자치선거가 부활한 것을 계기로 시민 참여와 풀뿌리 민

76　모심과살림연구소, 『스무살 한살림 세상을 껴안다』, 그물코, 2006, 93~94쪽.
77　2016년 12월 14일, 전 한살림모임 사업위원장 최혜성 구술(용인 기흥구 공세동 자택).

주주의를 내건 '참여와 자치를 위한 시민연대회의'에 김지하와 최혜성 등이 참여해 생명운동의 정치적 양식이 자치에 있음을 제기하면서 시민연대를 통한 지방자치운동을 전개하기도 하였다.

1992년까지 한살림모임은 각종 활동과 공부모임을 통해 지속되었으나 초창기의 구심력 약화와 지속적인 활동을 가능케 하는 재정기반 구축의 미비, 실무간사인 김민기가 중도 사임하면서 결국 막을 내렸다. 한살림모임의 정신과 역할은 생명운동에 기반한 도농농산물직거래운동으로 생협운동을 펼쳐온 한살림이 1994년 사단법인 체제로 재편되는 과정에서 이어받았으며, 2002년 한살림 내 모심과살림연구소가 창설되면서 그 기능과 역할을 부분적으로 수행하게 되었다. 또한 한살림 선언을 통한 한살림모임의 지향은 1990년대 이후 한가농의 '우리밀살리기', '흙살림', '우리농촌살리기' 등 다양한 농업·농촌 생명운동의 전개, '생명의 문화 복원'을 천명하며 창간된 『녹색평론』의 생태담론 제창, '자치'와 '민회'를 중심으로 생명정치의 가능성을 탐색한 '생명민회'의 활동, '생태적 가치와 자립적 삶'을 기치로 창립된 귀농운동본부의 활동으로 이어졌다. 또한 불교환경교육원의 창립을 통한 다양한 생태·환경교육 프로그램의 전개, 불교적 생명사상을 바탕으로 지역공동체운동과 귀농운동, 대안교육운동을 전개해 나간 '인드라망생명공동체', '기독교환경연대'와 '불교환경연대'의 창립 및 활동[78] 등과 긴밀한 연계성을 가지며 시민사회 내 생명운동 진영에 계승되고 커다란 영향을 미쳤다는 점에서 현재성을 가졌다.

---

[78] 주요섭, 『전환이야기―열망의 유토피아가 온다』, 모시는사람들, 2015, 273~274쪽.

(2) 한살림선언의 특징과 의미

'한살림선언(이하 선언)'은 한살림모임 창립준비위원회가 15차례의 공부모임과 토론회를 거쳐 합의된 내용을 중심으로 김지하·박재일·장일순·최혜성이 정리하고, 최혜성이 대표 집필한 것이었다. 선언에 참여한 이들은 자본주의뿐만 아니라 사회주의도 이원론적 기계론의 세계관이자 산업주의 관점에 관한 한 자본주의와 다를 바 없이 미래가 없는 낡은 세계관이라는 인식을 가졌다. 이들은 인간과 자연의 생명을 소외·분열시키고 억압·파괴시키는 죽임의 질서인 산업문명 전반에 대항하여 생명을 총체적으로 살리는 사회운동, 즉 인간과 자아, 인간과 자연, 인간과 사회의 전면적인 변화를 지향하는 생명운동을 전개해야 한다고 생각하였다. 이들은 마르크시즘이나 주체사상 등으로 상징되는 1980년대 사회변혁운동의 이념적 지향이 물질과 정신을 이원론적으로 바라보고 세계를 인간의 생산력 증산을 위한 자원 동원의 대상으로만 인식하는 까닭에 물질의 합법칙성만을 강조할 뿐이라고 보았다. 따라서 이들은 우주적 존재로서 인간을 복권시키고 사회운동의 비전을 제시하고자 하였다. 이들은 '밥'을 매개로 소비조합운동을 전개한 것에서 알 수 있는 바와 같이 구체적인 생활, 삶의 문제를 통해 세계를 이해하고, 세계를 바꾸어나가는 운동방식을 채택하였다.[79]

한살림선언은 '산업문명의 위기', '기계론적 모형의 이데올로기', '전일적(全一的) 생명의 창조적 진화', '인간 안에 모셔진 우주생명', '한살림' 등의 5개장으로 구성되었다. 선언의 주요 내용은 근대 산업문명에 대한

---

[79] 모심과살림연구소, 『스무살 한살림 세상을 껴안다』, 그물코, 2006, 83~86쪽.

진단과 기존의 세계관에 대한 비판적 검토를 통해 이의 대안으로 전일적 생명의 세계관과 인간관을 제시하고 있으며, 한살림의 운동 전망과 방향을 보여주는 것이었다.[80] 원주보고서가 '생명의 세계관 확립'과 전생태계를 포괄하는 '협동적 생존의 확장'을 중심내용으로 한다면 선언에서는 '한살림'에 대한 깨달음인 삶과 세계에 대한 우주적·생태적·공동체적 각성, 한살림의 실천인 내면의 실천과 생활의 실천, 사회적 실천을 주된 내용으로 하는 '새로운 생활양식의 창조'를 주요 내용으로 하였다.[81]

한살림모임에서 최혜성이 대표 집필한 한살림선언은 반생명현상이 극심하게 된 근대 산업문명의 위기와 이를 초래한 이원론적 사상을 진단하고 이를 극복하기 위해 '생명의 세계관'에 입각한 전일적 생명의 창조적 진화와 우리 안에 모셔진 우주생명, 인간뿐만 아니라 동식물과 물질까지도 포괄하는 '협동적 생존의 확장'을 제창하는 원주보고서의 주요 논지와 지향을 계승하였다. 그러나 한살림선언은 원주보고서와 다른 몇 가지 특징과 의미를 지녔다. 선언은 동학사상과 1970년대 중반에 나타난 신과학사상, 1980년대 서구의 녹색운동 등 3가지 사상적 배경에 기반하였다. 이 세 가지 사상의 배경은 '생명'을 화두로 하여 하나로 통하면서도 상호 보완하는 관계였다. 먼저 선언은 동학사상에 기반해 있었다.

장일순선생님은 동학뿐만 아니라 노장에 관심이 컸기 때문에. 동학 중에서도 2대 교주인 해월선생에 더 애착이 간 것이 아닌가 생각합니다. (…중략…) 사실 해월사

---

80 선언의 구체적인 내용은 다음의 연구 참조(모심과살림연구소, 『죽임의 문명에서 살림의 문명으로 – 한살림선언 – 한살림선언 다시읽기』, 2010, 107~122쪽).
81 위의 책, 123~124쪽.

상이 현대의 환경론자들한데 그 입맛에 딱 맞는 말씀을 많이 했단 말이에요. 그리고 요즘 밥사상, 식일완(食一碗)사상, 그 다음에 향아설위(向我設位) 이런 게 독특하면서도 창의적인 사상이란 말이에요. (…중략…) 현재 살아가는데 해월선생의 얘기가 얼마나 대중들이 알아듣기 쉽게 얼마나 설득력 있는 말이냔 말이에요. 그러니까 그런 말씀을 장일순선생님이 그 부분쪽을 많이 얘기를 했어요.[82]

선언은 원주보고서와 마찬가지로 동학사상을 주요한 사상적 기반으로 하였다. 특히, 동학사상 중에서도 해월의 식일완사상과 향아설위사상, 수운의 불연기연사상과 개벽사상 등이 크게 원용되었다. 이는 1980년대 나타난 모심과 밥사상 등으로 상징되는 장일순의 생명사상과 사상기행을 통해 김지하가 추적해 나간 동학사상의 흐름과 맞닿은 것이었다. 또한 원주보고서가 주로 모든 생명의 순환관계를 표현한 이천식천과 만민평등·생명평등사상에 기초해 동학의 사회적 전망을 보여주는 개벽사상을 중심으로 동학사상을 살펴보던 것에서, 장일순과 김지하의 동학에 대한 지속적인 ‘학습’과 ‘탐색’이 깊어지고 넓어진 것을 의미하였다.[83] 1980년대 초 원주보고서에서 가톨릭의 생명론이 주요한 사상적 기반으로 자리잡고 있었던 것에 비해 선언이 한층 동학사상에 경도되면서 원주그룹의 활동 배경이자 사상적·경제적 토대였던 가톨릭 원주교구와는 일정한 긴장관계가 유발되는 요인이 되었다.

---

82 2016년 12월 14일, 전 한살림모임 사업위원장 최혜성 구술(용인 기흥구 공세동 자택).
83 원주그룹에 의해 원주보고서가 제출되었던 당시 동학사상에 대한 이해나 학계에서의 연구 수준은 극히 낮았다. 동학이 역사 속에서 39년간 교단을 이끌어있던 해월 최시형에 대한 자료와 연구도 전무한 상태였다. 1986년에 이르러서야 「해월 최시형 연구―초기 행적을 중심으로」(박맹수)라는 석사논문이 나온 실정이었다(박맹수, 『개벽의 꿈, 동아시아를 깨우다―동학농민혁명과 제국 일본』, 도서출판 모시는사람들, 2011, 26~27쪽).

나 나름대로 하여튼 동학의 해월, 수운과 해월의 핵심사상을 좀 많은 분들에게 소개하자. 더구나 이 문제가 조금 문제가 있었어요. 왜? 한살림운동, 원주에서 한살림운동의 근원적인 진원지는 가톨릭이에요. 그리고 지원도 가톨릭이에요. 이거하고 이게 부딪친 거예요. (…중략…) 그래서 이게 항상 문제가 되었어요. 내가 알기에는. 하고 장일순선생님도 이 문제를, 동학과 천주교, 자기 전통적인 집안과 사회운동의 기반이 되는 천주교회와 동학 사이에 그런 갈등이 없지 않아 있었어요. 그리고 그런 압력도 있었어요. 가끔가다 뭐 박재일을 통해서도 천주교의 무슨 고위 간부 신부라고 하는 사람들이 한살림에 대해서, 이게 '한살림이 순전히 동학당의 후예다'라고 이런 비판을 한다는 얘기를 들어 봤어요.[84]

한편, 원주보고서가 테야르 드 샤르댕의 『인간현상』 등 20세기 이래의 새로운 과학사상에 주로 기초했던 것과 비교하여 선언은 1980년대 한국에서 활발하게 소개된 신과학운동에 기반하였다. 신과학운동은 1970년대 중반 시작된 일종의 문화운동으로써 서구에서 '68혁명세대'의 지향과 흐름을 잇는 사상이었다. 신과학운동이 주목한 사상적 관점은 크게 세계는 분할할 수 없는 하나의 살아있는 전체라는 '전일적 관점', '자기조직화' 혹은 '자기생산'이라는 생명 진화에 대한 새로운 관점, 유토피아를 염두에 둔 목적론과 역사는 항상 발전·진보한다는 발전사관·진보사관에 대한 비판적 반론이라고 할 수 있는 '비결정론적 관점'이었다.[85] 이러한 신과학운동의 주요 논지와 핵심 내용은 동학사

---

84 2016년 12월 14일, 전 한살림모임 사업위원장 최혜성 구술(용인 기흥구 공세동 자택).
85 모심과살림연구소, 『죽임의 문명에서 살림의 문명으로—한살림선언·한살림선언 다시 읽기』, 도서출판한살림, 2010, 98~100쪽.

상의 논리와 크게 유사한 것이었다.

신과학이라는 것이 일종의 이런 것이에요. 과학적인 것과 종교적인 것의 합일이에요. 종교적인 거의. 그러니까 신과학하는 사람이 자기 조직하는 우주, 이런 소리 많이 하죠? 우주생명은 자기 조직하는 우주라는 개념, 내 안의 신, 내 안의 우주, 이런 것들이 다 같은 개념이거든. 그게 내 안의 신, 이것이 뭡니까? 시천주 아니에요? 동학하고 똑같은 거예요. 거 메시지 똑같은 겁니다. 다만 언어가 다른 거죠. 개념이, 옷이 다른 것입니다. 우리 그 당시에 중국 한자문화권에서 동학이 태동했으니까 시천주니 양천이니 그런 식으로 표현한 것이죠. (…중략…) 나는 그렇게 깨달아서 이 둘을 융합해서 한살림운동의 사상적 토대로 삼고, 그 토대 위에서 한살림이라는 게 우주적 각성, 공동체적 각성, 자연에 대한 생태적인 각성, 이 세 가지를 한살림 생명운동의 핵심사상으로 본 것입니다."[86]

신과학운동의 주요 논지는 동학사상의 주요 핵심 사상인 시천주와 불연기연 등과 크게 유사한 논리와 내용을 가졌다. 더 나아가 신과학운동은 1980년대 서구에서 나타난 녹색운동과 밀접한 친화성이 있었다.

오늘날 세계 여러 곳에서 태동하고 있는 신과학운동과 녹색운동은 서구적 합리주의와 산업화에 대항하여 새로운 삶의 질서를 지향하는 일종의 생명운동 또는 생명의 세계관이라고 할 수 있을 것입니다. 그들은 이 세계가 본래 서로 분리되어 고립된 존재들의 단순한 집합이 아니라 분할될 수 없는 하나의 유기적인 전체로서 생성·진화

---

[86] 2016년 12월 14일, 전 한살림모임 사업위원장 최혜성 구술(용인 기흥구 공세동 자택).

하는 생명과정이라고 이해하고 있지요. 그리하여 인간과 사회 그리고 자연은 서로 분리되어 고립된 체계가 아니라 우주적 연관 속에서 상호작용하면서 하나의 생명으로 통합되어 있는 것이라고 합니다. (…중략…) 그들은 인간은 근원적으로 진화하는 생명이기 때문에 기계의 질곡으로부터 해방되어 공동체적, 생태적인 통일을 구현하고 새로운 삶의 질서를 창조할 수 있다고 하는 새로운 녹색의 비전을 제시하고, 또 이를 꾸준히 추구하고 있습니다. 바로 이런 의미에서 신과학과 녹색운동을 생명운동이라고 할 수 있겠는데, 이러한 생명운동을 녹색이라고 표현하는 것보다는 '한살림'이라고 하는 게 더 적절하지 않나 생각합니다.[87]

위에서 최혜성의 언급과 같이 선언의 주요한 사상 기반이 되었던 신과학운동과 녹색운동은 원주그룹의 생명운동과 유사한 서구적 버전의 '생명운동'이었다. 서구에서는 일찍이 근대 산업문명이 전개되고 땅과 생명체, 농민을 죽이는 산업화가 진전됨에 따라 이의 반생태적 본질을 꿰뚫어 본 생명운동의 선각자들이 있었다. 이들이 한편으로는 신과학운동을 통해서, 다른 한편으로는 녹색운동을 통해 생명의 세계관으로의 전환뿐만 아니라 환경운동과 평화운동, 녹색운동을 전개하면서 꾸준히 정치사회적 대안을 제시해 왔던 것이다. 특히, 녹색운동이 자본주의체제와 사회주의체제로 나뉘어 첨예하게 대치하고 있는 분단시대의 한반도 상황에서 흡수통일의 방식이 아닌 평화통일이라고 하는 새로운 지평과 틈새를 보여줄 수 있다는 점에서 선언의 주요한 사상적 기반이 되었다.[88] 원주보고서 작성 당시 녹색운동이 검토되지 않았다는 점에

---

87 한살림모임, 「문명의 위기에서 생명의 질서로－한살림선언의 이념적 배경을 중심으로」, 『한살림』, 1990, 47~48쪽.

서 선언과 크게 차이가 나는 것이었다. 그런데 1980년대 신과학운동과 녹색운동은 '68혁명세대'의 문제의식과 지향을 담고 있었다.

저(김지하)는 학교를 떠난 이후에도 문학인으로서 반파쇼운동에 관여를 했고 박재일씨는 농민운동을 하고 최혜성씨는 사업을 해 오다가, 1980년대 후반에 다시 만나 환경문제, 문명사적 문제, 새로운 세계관의 문제, 그리고 민족주체의 문제, 동양전통사상의 문제 등 여러 가지 문제와 마주하면서 새롭게 생명운동을 전개하게 된 것이지요. 그런데 이것이 이상하게도 1960년대에 구라파나 미국에서 활동하던 학생운동그룹들의 운명하고도 비슷한 것 같아요. 다니엘 콩방디(Daniel Cohn Bendit)나 루디 두츠케(Rudi Dutschke) 같은 친구들이 반체제운동을 하다가 잠복한 뒤에 1980년대에 다시 녹색운동으로 등장한단 말입니다. 이것은 세계사적 사이클에 어떤 연관을 가지고 있는 게 아닌가 생각됩니다. 그런데 이와 같은 새로운 운동은 첫째는 생명에 대한 관심에서, 둘째는 문명사의 전환에 대한 관심에서 시작된 것이 아닌가 하는 생각이 듭니다.[89]

1980년대 서구에서 다니엘 콩방디나 루디 두츠케 등의 '68혁명세대'가 녹색운동을 주도했던 것과 같이 한국과 일본에서도 유사한 흐름이 나타났다는 점에서 주목된다. 1960년대 일본의 안보투쟁에 나섰던 학생운동의 일부가 1970~80년대 일본의 유기농업운동과 생협운동에 주역으로 참여하였으며, 한국에서 1960년대 '4·19'와 '6·3운동', '삼선반대운동' 등에 참여했던 학생운동의 일부가 1980년대 원주그룹

---

88 모심과살림연구소, 앞의 책, 100~101쪽.
89 한살림모임, 「문명의 위기에서 생명의 질서로-한살림선언의 이념적 배경을 중심으로」, 『한살림』, 1990, 49~50쪽.

과 한가농 등을 중심으로 한살림운동을 주도하였던 것이다.

한편, 전세계적으로 1960년대 학생운동세력의 일부가 1980년대 생명에 대한 관심과 문명사의 전환에 대한 관심 속에서 각자의 나라와 지역에서 '생명운동'을 전개하면서도 원주그룹의 생명운동은 이들과 비교해서 사상성이 강한 특징을 갖고 있었다. 원주그룹의 생명운동은 명확히 '생명의 세계관'이라는 관점에서 근대 산업문명과 세계를 바라본다는 점에서 더 근원적인 관점을 취하고 있었다. 서구의 신과학운동과 녹색운동이 환경이나 생태론적인 시각에서 환경운동과 녹색운동, 평화운동 등을 전개하였으나 '생명의 세계관'에 기반해서 이를 이론화하고 이를 통해 근원적으로 세계를 바라보는 데까지 나아간 것은 아니었다. 이는 일본유기농업운동과 생협운동의 경우도 마찬가지라고 할 수 있었다. 이들이 시민운동의 차원에서 시민적인 삶의 질을 향상시키는 구호 속에서 제반 협동운동을 전개하는 측면이 강하다는 면에서 원주그룹의 생명운동과 차이가 있었다. 이러한 점은 서구와 일본사회의 정치구조가 한국의 사회현실과 달랐던, 한국사회가 제3의 중도적 흐름이 존재하기 극히 어려웠던 분단시대의 상황과 1960년대 격렬한 학생운동이 나타나도록 하는 정치구조와 연관된 것이었다. 1960년대 '4.19'와 한일회담반대운동 등에 참여했던 학생운동이 민주주의적인 요소가 상당히 억압받고 있었던 박정희정권 하에서 이루어졌다는 점에서 서구나 일본에 비해 그 격렬성과 사상적 지향이 더 컸던 것이다.

결론

지금까지 상이한 국가건설운동으로 인한 정치세력들의 상호대립과 갈등, 분단과 전쟁, 독재 등으로 점철된 한국 근현대사에서 지역에 기반한 민(民)의 자발적·자주적인 조직의 결성과 협동운동의 전개를 통해 평화적인 길을 모색하였던 중도파세력의 활동상을 잘 보여주는 원주그룹의 '생명협동운동'을 살펴보았다. 이를 통해 원주지역의 생명협동운동이라는 중요한 역사를 복원하였으며, 1970년대 관 주도의 새마을운동과 질적으로 상이한 상향식의 민간 주도 농촌개발운동이 협동조합운동에 기반해 전개되었던 사례와 양상을 확인하였다. 또한 앞으로 다가올 '통일한국'에서 국가사회주의와 신자유주의 등 양극단의 사회와 체제가 아닌 민이 자발적으로 결성한 자주적·민주적인 협동조합과 생명운동을 통해 현실적인 대안사회로서의 역할과 가능성을 제시해 볼 수 있었다. 결론에서는 원주지역 생명협동운동의 전개과정을 요약하는 한편, 한국 현대사에서 원주지역을 중심으로 부락개발, 협동조합, 생명운동에 기반하여 전개된 원주그룹의 생명협동운동이 갖는 역사적 의미를 짚어보고자 한다.

1. 원주지역 생명협동운동의 전개과정

일제하 원주지역의 사회운동은 민족해방운동의 흐름과 연계되면서 전개되는 한편, 1920~30년대 사회운동의 기반위에서 소비조합을 중심으로 민간 주도의 협동조합운동이 이루어졌다. 그러나 이들 협동조직체들은 일제의 탄압에 의해 해산되었다. 해방 후 다양한 정치지향을 가진 사회운동단체들이 나타났으며, 반탁·찬탁정국을 거치며 원주지역에서 우익세력은 확실히 주도권을 잡았다. 해방 후 문막과 부론지역을 중심으로 한 사회주의 세력은 우익세력의 탄압에 대처하면서 물밑에서 조직과 활동을 도모해 나갔으나 한국전쟁을 거치며 궤멸·파편화되었다. 1950년대 원주지역은 분단구조 하에서 절대적인 우익 주도의 사회로 변모되었으며, 그 기반 위에서 진보당의 출범과 '4·19'라는 공간을 통해 장일순을 중심으로 한 혁신세력이 점차 새롭게 규합되고 활동해 나갔다.

한국전쟁을 거치며 남북정권은 공히 고착화된 분단구조에 기반한 관 주도의 농촌개발운동과 협동조합운동을 적극 추진하였다. 이승만정 권의 경우, 민간부문의 협동조합운동과 제반 논의 등을 관 주도의 협동 조합법 제정운동으로 수렴하면서 추진해 나갔다. 한편, 신협의 자발적 인 설립운동이 부산과 서울지역의 가톨릭계 인사들을 중심으로 1950 년대 말부터 추진되었다. 당시 가톨릭의 사제들에 의해 다른 협동조합 부문보다 신협운동이 먼저 추진된 요인은 그 설립이 용이했던 점, 일정 한 지역과 직장, 교회 등을 공동유대 범위로 하여 상호신뢰를 통해 설 립되었던 점, 독일의 라이파이젠과 캐나다의 신용조합이 가톨릭을 배 경으로 전개되면서 가톨릭 인사들이 주도할 수 있었던 점 등이었다.

강원도지역의 신협운동은 1960년대 초 태백 탄광지역에서 협동조 합교도봉사회의 지도에 따라 장성·철암·황지 등 3개 탄광지역의 광 부들이 장성본당을 중심으로 광산신협을 설립·운영하면서 시작되었 다. 그러나 탄광노동자의 잦은 이직과 낮은 교육수준, 협동교육연구원 의 지속적인 지도 부족, 열악한 노동조건으로 광산지역의 신협운동은 발전적으로 전개되지 못하였다.

1960년대 초 로마에서 교황 요한23세가 주도한 제2차 바티칸공의 회가 개최되면서 세계교회혁신운동이 전개되었다. 그 결과 19세기 이 래로 가톨릭의 전통이 강하였던 원주지역을 중심으로 가톨릭 원주교구 가 설정되었고, 지학순 신부가 초대 주교로 부임하였다. 이 과정에서 공의회의 영향을 강하게 받은 가톨릭 내 혁신계의 지학순 주교와 원주 지역 내 혁신세력의 중심인물이었던 장일순의 만남이 이루어졌다. 이 로써 양자를 중심으로 한 혁신운동의 흐름이 결합되면서 원주교구를 지역적 범위로 하여 민간 주도의 농촌개발운동과 협동조합운동을 전개할 수 있는 새로운 흐름이 형성되었다.

원주그룹은 원주교구를 기반으로 평신도운동과 꾸르실료 교육을 전개해 나가면서 본당별 청년회와 교구청년회연합회 등을 결성하였다. 이 과정에서 '신우회'로 대표되는 청년들이 규합되면서 원주그룹의 주요한 조직기반이 되었다. 1960년대 초 협동교육연구원의 이론적 기반인 북미의 안티고니쉬운동을 기초로 원주그룹은 자치에 기반한 지역사회운동의 차원에서 신협운동을 추진하였다. 협동교육연구소와 밝음신협, 신협 강원지구평의회 등을 창설해 나가면서 1970~80년대 협동조합운동을 전개할 수 있는 조직기반을 구축하였다. 이 시기 평신도운동과 신협운동의 추진과정에서 전국 유수의 진보적 학자들과 네트워크가 형성되었으며, 1970년대 원주그룹이 협동운동을 전개해 나가는데 주요한 인적·지적·이론적 기반이 되었다.

1970년대 초 박정희정권에 의해 농촌부흥정책의 일환으로 전국적으로 마을가꾸기운동과 새마을운동이 전개되는 속에서 1972년 8월 남한강유역 대홍수를 계기로 재해위가 조직되었다. 당시 원주그룹은 '뼁땅사건'과 '전태일분신사건', '광주대단지사건' 등을 계기로 '민중의 자유권과 생존권'의 실현을 내용으로 한 초기 '생명' 인식에 기반한 협동운동을 전개하기 위한 방안을 모색하였다. 그 결과 1970년대 원주그룹은 초기 '생명'인식에 기반하여 3개 도 13개 시·군 90여 개 농촌부락과 10여 개 탄광지부에서 부락개발운동과 협동조합운동을 전개해 나갔다.

1970년대 원주그룹은 재해위의 활동에 적극적으로 참여한 농문연과 노연 등의 영향을 받아 1960년대부터 박정희정권이 추진하였던 농

촌·농민정책과 정부의 주유종탄(注油從炭)정책으로 대표되는 광산지역
의 탄광정책에 대한 강한 비판의식을 가졌다. 또한 '협동이념', '농업의
협업화', '노동조합과 협동조합운동의 병행 발전' 등의 인식을 공유하
였다. 원주그룹은 정부정책에 의해 피폐화되었던 농민과 광부들이 주
도적으로 부락개발운동과 협동조합운동을 통해 지역자립공동체운동
을 전개토록 하였으며, 이들이 농민운동과 노동운동으로 나아갈 수 있
도록 추동하였다.

1970년대 전반 원주그룹은 전답복구사업과 부락개발사업 등을 추
진하면서 관할 농촌부락에서 수해농민들이 주체적으로 생산협동체인
작목반과 이들을 총괄하는 부락총회를 설립·운영토록 추동하였다. 또
한 재해위 관할 농촌부락에서 신협이 다수 설립·운영되었다. 농촌신
협은 설립 초기 조합원 수가 채 50명도 되지 않는 영세한 조합이 다수
였다. 그러나 일부 인가받은 농촌신협은 인근 부락의 신협과 결합되어
면단위의 지역협의체를 구성하여 활동하기도 하였다.

1970년대 초부터 새마을운동의 전개에 따라 각 마을마다 구판장이
설립되었다. 당시 부락개발사업에 의해서도 각 부락마다 작목반·부락
총회가 운영하는 부녀구판장과 소비조합이 설립되었다. 1970년대 후
반 신협운동이 본격화되면서 각 농촌부락의 구판장은 신협의 부대사업
으로 통일되어 갔으며, '공산품의 파이프라인'적 내용을 가지고 운영되
었다. 1970년대 후반 원주그룹은 광소협을 중심으로 광산소비조합운
동을 전개하면서 소비조합론에 대한 자체 인식을 심화시켰으며, 농소
협을 중심으로 한 농촌소비조합의 육성을 적극 시도하였다.

1979년 초 원주그룹은 농촌소비조합을 중심으로 농소협을 결성토

록 추동하는 한편, 농촌소비조합을 지도하고 물품을 공급할 수 있는 농소협의 자립기반 마련을 위해 적극적으로 지원했다. 그러나 농소협은 항상적인 운영자금의 부족과 외상액의 급증으로 자체적인 운영과 단위조합에 대한 지도가 극히 어려웠다. 그 결과 농소협의 정상화를 위해 사개위가 직접 운영에 참여하였다. 1985년 경제기획원에 의한 소협중앙회의 내인가 조건에 따라 사회개발부는 농촌·광산신협에서 농촌·광산소비조합을 독립시키고자 하였다. 이 과정에서 농소협 소속 농촌소비조합은 별도의 창립총회를 통해 독립되었다. 그러나 광산소비조합은 한국노총 협동사업부와 산하 전국광산노조의 압력에 의해 노총소협연합회 소속으로 남게 되었다. 이들은 1980년대 후반 이후 석탄산업합리화정책의 실시과정에서 광산신협과 함께 급속히 형해화되었다.

1970년대 원주그룹은 부락개발운동과 협동조합운동을 전개하면서 성장과 개발중심의 경제정책 하에서 급속히 붕괴되어 가는 농촌지역을 지켜보았다. 정부의 산업화정책으로 인한 이농현상 심화와 농약·화학비료 등에 의해 급속히 오염되고 있는 농촌현실을 극복하기 위한 방안을 고민하였다. 이러한 사회적 현실이 농민과 도시민의 삶을 황폐하게 만든다는 점, 지속적으로 자연환경이 파괴되면서 인간 본연의 삶의 조건이 악화된다는 점 등에 주목하였다. 아울러 근대성에 기반한 박정희 정권의 개발주의와 '생산력주의'에 대한 근본적 성찰, 노자사상과 동학 사상 등에 주목하였다. 그 결과 1980년대 초 『생명의 세계관 확립과 협동적 생존의 확장』이라는 생명운동을 제창할 수 있었다.

원주그룹은 생명운동의 전환과정에서 농촌과 광산지역 간 농산물직거래의 경험과 천주교회를 중심으로 한 도농농산물직거래사업의 추진을 통해 유기농업운동의 확산을 도모했다. 아울러 한가농의 주요 농민 지도자들이 중심이 된 일본연수의 추진을 통해 생명운동에 기반한 도 농농산물직거래운동을 전개토록 추동하였다. 이 과정을 거쳐 원주그룹 은 원주소비조합과 한살림농산의 창립을 주도해 나갔으며, 생명운동인 한살림운동이 본격적으로 전개될 수 있는 조직기반을 마련하였다.

1979년 말 유신체제의 붕괴과정에서 재해위는 사개위로 개편되었 으며, 1983년 말 다시 사회사업국 사회개발부로의 재편이 이루어졌다. 당시 이를 주도한 신부들은 사개위의 제반 사업은 원주교구의 대표적 사업이되 지학순 주교의 개인적 차원에서 추진되는 사업으로 이해하였 다. 이로써 교구의 신부들이 직접선교를 목적으로 이들 제반 사업을 적 극 주도하고자 하였다. 1983년 말 원주그룹은 활동의 주요한 기반인 외원기관의 자금지원 중단이 현실화되는 속에서 순차적으로 사회개발 부에서의 활동을 정리해 나갔으며, 1980년대 후반 생명운동에 기반한 원주소비조합과 한살림농산의 창립과 활동, 한살림모임의 창립과 한살 림선언을 통해 새로운 운동노선의 방향전환을 심화시켜 나갔다.

2. 생명협동운동의 특징과 역사적 의미

원주그룹의 생명협농운농은 원주지역의 농민 주도 부락개발운동에 서 신협과 소비조합 등의 근대적 조합주의운동, 더 나아가 생명운동에 기반한 도농농산물직거래운동이자 제3세대적 성격을 갖는 생협운동에 이르기까지 각 시기별 특징을 가지고 다양하게 전개되었다. 이러한 원주그룹의 생명협동운동에는 기존의 서구적 협동조합 개념과 이론으로 모두 설명될 수 없는 측면이 존재하였다. 원주그룹은 '소도시거점론'에 기반한 지역자치운동에서 농민 주도의 부락개발운동과 협동조합운동의 추진, '생명의 세계관'에 입각한 '새로운 생활양식의 창조'까지 다양한 운동을 시도하면서 생명협동운동의 성과를 창출해 내었다.

1960~80년대 원주그룹의 생명협동운동은 여러 가지 중요한 역사적 특성과 의미를 가졌다. 먼저 1960년대부터 원주그룹은 신협연합회의 협동조합론에 기초해 신협운동을 전개하였다. 그러나 1980년대 생명운동에 기반한 제3세대적인 협동조합론을 독자적으로 발전시켰다. 1960~70년대 원주그룹의 협동조합론은 당시 전국적인 신협운동을 주도하였던 협동교육연구원의 협동조합론으로부터 강한 영향을 받았다. 당시 협동교육연구원의 이론적 기반은 19세기 독일 라이파이젠 계통의 신협운동에 기초해 20세기 전반 북미에서 발전해 나간 안티고니쉬운동이었다. 1950년대 원주지역을 중심으로 '소도시거점론'에 기반해 지역자치운동을 전개하였던 장일순은 안티고니쉬운동의 경험과 이론에 주목하였으며, 이를 기초로 1960년대 후반부터 신협운동을 전개해 나갔다.

1970년대 원주그룹의 생명협동운동에서 핵심적인 점은 민간 주도의 농촌개발운동인 부락개발운동의 전개였다. 1970년대 전반 전국적으로 관 주도의 새마을운동이 추진되는 기반 위에서 원주그룹은 부락개발운동을 전개하였다. 두 운동은 비록 규모와 지역범위의 차이는 있었으나 유사한 방식으로 전개되었다. 양자는 크게 농촌개발운동을 목표로 활발한 교육사업의 추진과 상당한 자금지원을 통해 부락단위로 '마을회의'와 '부락총회' 등을 중심으로 소득증대사업을 전개하였다. 또한 부락 내 농민지도자의 발굴과 부락공동기금의 조성·활용 등을 통한 농촌개발을 추진하였다. 그러나 양자는 근본적인 성격의 차이를 가졌다. 새마을운동은 새마을가꾸기사업에서 착수되어 발전된 것과 같이 그 중심이 '환경개선10대사업'에 있었다. 반면, 부락개발운동은 수해를 입은 농촌부락에서 생산협동체인 작목반과 부락총회의 구성을 통해 농민의 생산소득증대사업을 중점적으로 추진하였다.

원주그룹은 농촌부락에서 영세한 농민을 괴롭혔던 고리채를 해결토록 부락민 스스로 농촌신협을 설립·운영하도록 지원하면서 이를 부락개발운동으로 연결시켰다. 반면, 정부는 하향식이었던 마을금고의 설치와 운영으로 이를 해결코자 하였으며, 마을금고를 통해 농촌 내의 자금을 정부가 흡수하여 이를 활용하기 위한 성격이 강하였다. 원주그룹은 협동조합의 원칙에 근거한 신협과 소비조합의 운영이 가능하도록 하는 제반 교육을 활발하게 실시하면서 농촌부락을 단위로 하는 신협의 운영이 조합원들에 의해 자율·자립·민주적으로 이루어질 수 있도록 추동하였다. 또한 농촌부락 내 신협과 제반 조직이 경제사업의 차원을 넘어 농민의 협동화와 민주화를 이루도록 하기 위해 가농을 중심으로 농민운동의 보급과 농민회원의 조직화를 적극적으로 추동하였다.

1970년대 원주그룹의 생명협동운동에서 또 다른 핵심적인 점은 신협운동의 전개였다. 당시 신협운동이 가지는 특징은 첫째, 농촌·광산촌의 자립기반 마련과 고리채문제의 지양, 농촌부락·탄광지부 내 각종 조직체 운영자금・공동기금의 민주적 관리와 운용, 이들 자금이 농민・광부 주도의 부락개발운동과 협동조합운동을 전개해 나갈 수 있는 주요한 물질적 기반이 된 점이었다. 둘째, 유신체제 하에서 농촌과 광산지역의 협동조직체를 중심으로 한 자율적・민주적 운영을 통해 농민・광부들의 의식이 깨어지고, 당시의 농민운동・노동운동과도 연결되면서 농촌부락과 탄광지부의 민주화를 이루어 나갔다. 셋째, 유신체제하 신협과 소비조합의 설립・운영은 그 자체로 '농민자치기구'이자 '광부자치기구'적 성격과 역할을 가졌다. 넷째, 신협의 부대사업으로 운영된 구판장과 소비조합은 농민・광부를 중심으로 중소상인의 농간과 횡포에 맞설 수 있는 기반이었다. 또한 부락단위의 농촌신협이 몇 개 리를 중심으로 한 면단위의 지역협의체, 광소협・농소협이라는 군단위・도단위의 연합체를 결성할 수 있도록 추동하였다. 다섯째, 새마을운동의 전개에 따라 마을회의・대동계・마을금고 등을 중심으로 부락 내 권력을 유지・행사하던 기존 권력구조가 대동계 및 마을금고의 신협으로의 흡수와 신협임원이 부락회의를 주도함에 따라 농민들은 마을의 주도권이 바뀌는 일종의 '혁명적 경험'을 하기도 하였다. 여섯째, 신협운동 과정에서 일부 임원은 쌀생산비조사사업 등에 참여하면서 가농에 가입・활동하였으며, 단위농협의 출자금 거부운동과 단위농협의 총대・감사・이사 등으로 선임되어 농협의 민주화운동을 추동하였다.

1960~80년대 원주그룹이 전개하였던 부락개발운동과 협동조합운동은 박정희정권의 개발독재 흐름과 완전히 다른 방향에서 지역을 중심으로 사람들 간의 관계가 신뢰에 기반해서 지속가능한, 아래로부터의 경제개발이 가능함을 보여줄 뿐만 아니라 이의 모범적 사례를 제시

한다는 점에서 중요하였다. 또한 박정희정권의 개발독재에 의한 농협과 수협, 새마을금고 등 위로부터의 관제협동조합이 그 주체성과 자발성을 크게 훼손하였던 현실에서 아래로부터의 민간 협동조합운동이 농민·광부들이 중심이 되어 활발하게 전개되었다는 점에서 역사적 의미가 컸다.

한편, 1980년대 초 원주그룹은 자본주의와 사회주의체제 모두 자연을 개발의 대상으로 삼으면서 대량생산·대량소비를 특징으로 하는 근대 산업문명의 위기가 나타났다는 인식에 도달하였다. 또한 자연을 사람·하늘과 동격으로 삼아 사물을 공경해야 한다는 동학사상 등에 입각한 근본적인 성찰과 인식의 전환을 통해 『생명의 세계관 확립과 협동적 생존의 확장』이라는 생명운동을 주창하였다. 원주그룹은 1970~80년대 반민중적인 군사독재정권 하에서 개발주의·생산력주의와 맑시즘·주체사상 등의 변혁론이 풍미하는 가운데 이와 전혀 다른 차원의 생명운동을 모색하고 이를 실현코자 한 점에서 독특한 사상적·운동론적 특징을 보여주었다.

1980년대 원주그룹은 한가농 본부 회장에 박재일이 선임된 것을 계기로 한가농이 권익투쟁에 기반한 대정부투쟁에서 생명공동체운동으로의 전환을 모색해 나가도록 추동하였다. 또한 원주소비조합과 한살림농산, 한살림소협과 한살림생산자협의회를 설립해 나가도록 추동하였으며, 생명운동에 기반한 도농농산물직거래운동인 한살림운동을 전개하였다. 당시 생명운동에 기반한 도농농산물직거래운동은 각별한 의미를 가졌나. 이는 노농농산물직거래의 흐름과 협동조합의 흐름이 반조직을 통해 결합된 것을 의미하였다. 또한 상시적으로 운동을 추진할

수 있는 조직기반이 구축됨을 의미하였다. 당시 농림부·농협과 한가
농에서 산발적으로 시도하였던 농산물직거래사업이 도시소비자들을
단순히 농촌에서 생산한 농산물의 구매자이자 소비자로 인식하였다.
반면, 한살림운동은 유기농산물을 생산하는 농촌·농민을 도시·도시
소비자가 살릴 수 있다는 인식과 도시소비자를 생명운동의 주요한 주
체이자 동반자로 바라보는 '도농상생공동체'의 관점에 기반한 새로운
생협운동론의 창출을 의미하였다.

원주그룹의 생명협동운동은 도농농산물직거래운동에 기반한 새로
운 생협운동을 창출하는데 중요한 역할을 하였다. 방식에 있어서는 일
본생활클럽 등 일본생협의 조직방식에서 차용하였다. 그러나 그것을
한국적 방식으로 전개할 수 있었던 것은 1960~80년대 부락개발운동
과 협동조합운동의 추진이라는 현장경험 속에서 성찰과 노선전환의 과
정에서 형성된 원주그룹의 생명협동운동을 통해 이루어진 것이었다.
원주그룹의 생명협동운동은 원주소비조합과 한살림농산을 통해 유기
농산물에 기반한 도농직거래운동을 추진하게 되면서 한살림뿐만 아니
라 그것과 유사한 형태로 한국의 생협운동의 붐이 일어나도록 추동하
였다는 점에서 역사적 의미가 컸다.

1980년대 말 원주그룹은 '한살림연구회'의 결성을 주도하면서 근대
산업문명이 전 인류와 전 생명계를 위기로 몰아넣는 시대적 상황을 진
단하였다. 또한 그 대안을 찾기 위해 노력한 결과 한살림모임의 창립을
통해 '한살림선언'을 제창하는 것으로 나타났다. 한살림선언은 자본주
의뿐만 아니라 사회주의도 이원론적 기계론의 세계관이자 산업주의에
관한 한 자본주의와 다를 바 없이 미래가 없는 낡은 세계관이라는 인식

을 가지고 있었다. 인간과 자연의 생명을 소외·분열시키고 억압·파괴시키는 죽음의 질서인 근대 산업문명 전반에 대항하여 생명을 총체적으로 살리는 생명운동을 전개해야 한다고 선언하면서 새로운 사회운동의 비전을 제시하였다. 원주그룹은 사회혁명이라는 것이 새로운 삶과 변화를 전제하되, 혁명대상 조차도 '때리는 것'이 아니라 '따듯하게 보듬어 안는 것'이라는 긴 안목의 통찰 속에서 국가주의를 넘어선 민(民)의 자립과 자치를 지향하였다. 원주그룹은 '문명사적 통찰'을 통해 근대 산업문명에 기반한 자본주의·사회주의를 넘어서 인간과 자연이 공생하는 '생명평화공동체'라는 새로운 문명에 대한 비전과 대안사회의 꿈을 꾸면서 이를 '생활공동체운동'과 '생명문화운동'을 통해 실현코자 하였다.

1960~80년대 농촌·광산지역에서 전개된 원주그룹의 생명협동운동은 당시 적실성이 있는 운동이었다. 당시 민간협동조합은 농민과 광산노동자들의 바람과 활동을 담아낼 수 있는 하나의 그릇이었으며, 농민운동 및 노동운동과의 긴밀한 관련 속에서 전개된 특징이 있었다. 원주그룹이 생명협동운동을 전개하면서 실현하고자 하였던 것은 국가권력의 교체에 초점을 맞추었던 일종의 지식인 차원의 운동이 아니었다. 그것은 바로 우리사회의 가장 힘없는 약자의 삶에 천착해서 철저히 민중지향적이고 풀뿌리 지향적인 시선을 통해, 자신들이 딛고 서 있는 지역의 민중과 학습·토론하면서 지역사회의 현실을 보다 나은 지역자치 공동체로 만들어 나가고자 한 것이었다. 원주그룹은 사회운동적 측면에서 누구보다도 치열하게 반독재투쟁과 제반 협동운동을 전개한 후에 생명운동으로 전환하였다. 이는 정치와 제도 등의 정치투쟁·권력투쟁

에 몰두한 사회혁명만으로는 세상이 근본적으로 바뀌지 않는다는 자각 속에서, 생활에 기반한 협동체들을 기반으로 협동적인 방향으로 생활양식이 변화되지 않으면 사회가 바뀌지 않는다는 긴 안목의 통찰을 통해 '생명의 세계관'에 입각한 '새로운 생활양식의 창조'로의 전환을 의미하였다.

원주그룹의 생명협동운동은 한국사회 내에서 새로운 대안적 사회운동의 길을 열어주었으며, 생명공동체운동, 생명평화운동, 생명살림운동 등 각기 다른 이름을 가진 생명운동을 전개할 수 있는 사상적·운동적 기반을 제공하였다. 또한 '문명사적 통찰'을 통해 산업문명을 넘어서서 인간과 자연이 공생하는 '생명평화공동체'에 기반한 통일한국의 새로운 사회상을 제시해 주었다. 또한 '호혜'와 '연대', '협동'과 '살림', '공존'과 '평화'의 지향 속에서 국가주의의 틀을 넘어 동아시아와 전 지구적인 관점에서 '평화적·생명적 질서'를 마련해 나갈 수 있는 사상적 토대를 일정하게 제시해 준다는 점에서 중요한 역사적 의미를 가졌다.

참고문헌

1. 주요 참조 사료

재해대책사업위원회 생산자료(가톨릭원주사회복지회 소장자료)
사회개발위원회 생산자료(가톨릭원주사회복지회 소장자료)
사회개발부 생산자료(가톨릭원주사회복지회 소장자료)
사회선교국 생산자료(가톨릭원주사회복지회 소장자료)
진광학교 소장 협동교육연구소 관련 자료
태백 황지 한마음신협 소장자료
원주 밝음신협 소장자료
신협중앙회 강원도지부 소장자료
신협중앙회 소장자료
원주한살림 소장자료
원주YMCA 소장자료
김상범 소장자료
정인재 소장자료
박양혁 소장자료
윤석주 소장자료
경근호 소장자료
남옥현 소장자료
박정자 소장자료
최수자 소장자료
김순옥 소장자료
최혜성 소장자료
『매일신문』, 『경향신문』, 『동아일보』, 『강원일보』 등

2. 문헌자료

1) 자료, 회고(록)

가가이기념긴 편, 홍이표 역, 『일본협농소합의 아버지』, 다행, 2013.
가톨릭농민회 원주교구연합회, 『가톨릭농민회 원주교구연합회30년사』, 2009.
강정렬, 『누군가와 나누고 싶은 이야기』, 가톨릭출판사, 2003.

강희구, 『한국농협창립실록』, 사단법인 전국농업기술자협회출판부, 1995.
권태헌선생추모기념사업회, 『위대한 한알의 밀알이』, 1980.
꾸르실료한국협의회, 『한국꾸르실료30년사』, 1998.
고려대 노동문제연구소, 『광산근로자 실태조사 보고』, 1973.
______________________, 『고대노연30년사』, 1998.
김성환 편, 『세계의 협동운동』, 신협중앙회, 1991.
김지하, 『남녘땅 뱃노래-김지하 이야기모음』, 두레, 1985.
______, 『흰 그늘의 길-김지하 회고록』 1~3, 학고재, 2003.
내무부, 『새마을운동10년사』, 1980.
農林中金硏究센타 編, 『협동조합론의 신지평』, 일본경제평론사, 1987.
농수산부, 『새마을소득증대』, 1975.
농업협동조합중앙회, 『한국농협10년사』, 1971.
__________________, 『한국농협20년사』, 1982.
__________________, 『한국농협50년사』, 2011.
대한YMCA연맹 편, 『한국YMCA운동사(1895~1985)』, 路出版, 1986.
동력자원부 석탄산업합리화사업단, 『석탄통계연보』, 1989.
모심과살림연구소, 『스무살 한살림 세상을 껴안다-한살림20년의 발자취』, 그물코, 2006.
______________, 『죽임의 문명에서 살림의 문명으로-한살림선언 다시읽기』, 한살림, 2010.
______________, 『생명운동 30년, 역사와 전망-한살림을 중심으로』, 2011.
______________, 『모심의 눈, 살림의 눈』 제5호, 2012.
______________, 『모심과 살림-생명운동이론지』 제0호, 2012.
______________, 『모심과 살림-생명운동이론지』 제1호, 2013 여름.
______________, 『모심과 살림-생명운동이론지』 제2호, 2013 겨울.
______________, 『모심과 살림-생명운동이론지』 제3호, 2014 여름.
______________, 『모심과 살림-생명운동이론지』 제4호, 2014 겨울.
______________, 『모심과 살림-생명운동이론지』 제5호, 2015 여름.
______________, 『모심과 살림-생명·협동운동의 이론과 실천』 제6호, 2015.
______________, 『모심과 살림-생명·협동운동의 이론과 실천』 제7호, 2016.
______________ 편, 『한살림의 협동을 말하다』 I, II, 모심과살림연구소, 2013.
무위당을 기리는 모임, 『너를 보고 나는 부끄러웠네』, 녹색평론사, 2004.
__________________, 『나락 한알 속의 우주』, 녹색평론사, 2009.
새마을금고연합회, 『새마을금고25년사』 上卷·下卷, 1989.
신협연합회, 『신용협동조합사료집』, 1973.
__________, 『신협운동20년사』, 1980.
신협중앙회, 『한국신협운동사자료집』, 1989.
__________, 『신협운동30년사』, 1991.

________, 『한국신협운동50년사』, 2011.

신협중앙회연구소・구정옥 편, 『미국의 신협협동조합』, 신협중앙회, 1994.

신용협동조합연합회 부산시지부, 『신협부산20년사』, 1982.

원주밝음신용협동조합, 『더불어 살아온 밝음 30년』, 2001.

원주시사편찬위원회, 『原州市史』 제1권(역사편), 2000.

원주 노동과 생태영성 청년그리스도의 모임, 『1976년의 민중민주선언－원주에서 명동으로, 다시 원주로』, 2010.

원혜영, 『아버지, 참 좋았다』, 비타베아타, 2010.

윤형근, 『협동조합의 오래된 미래 선구자들』, 그물코, 2013.

이문영, 『겁 많은 자의 용기』, 삼인, 2008.

이상호, 『참된 용기는 희망을 낳고－신협운동40년회고록』, 덕산기획, 2003.

이용포, 『무위당 장일순－생명사상의 큰 스승』, 작은씨앗, 2011.

일본생협창립50주년기념역사편찬위원회, 『현대일본생협운동사』(전2권), 일본생협연합회, 2001.

장대익, 『남은 것은 당신뿐입니다－장대익신부 회고록』, 기쁜소식, 2001.

장명민, 『원주역사를 찾아서』, 경인문화사, 2004.

전국가톨릭농민회, 『한국가톨릭농민회30년사』, 1999.

전국광산노동조합연맹, 『광노62년사』, 2011.

정농회, 『정농, 새로운 생명운동(정농회보 선집)』, 1994.

_____, 『21세기와 정농정신(정농회보 선집 2)』, 2006.

정연수, 『탄광촌 풍속이야기』, 북코리아, 2010.

조용래, 『유인호 평전』, 인물과사상사, 2012.

지학순, 『정의가 강물처럼－지학순 주교 강론집』, 형성사, 1983.

지학순정의평화기금, 『그이는 나무를 심었다－지학순 주교의 삶과 사랑』, 공동선, 2000.

최성현, 『좁쌀 한 알』, 도솔, 2004.

천주교 부산교구 주교좌중앙성당, 『중앙성당50년사－1948~1998』, 1998.

천주교 원주교구, 『원주교구30년사』, 1995.

____________, 『초대 교구장 지학순 주교님 말씀』, 2003.

청주교구50년사편찬위원회, 『청주교구50년사－1958~2008』 I~III, 천주교 청주교구, 2013.

축산업협동조합중앙회, 『축협10년사』, 1992.

크리스티안 펠트만, 신동환 역, 『요한 23세－그의 사랑・그의 삶』, 분도출판사, 2004.

한국농촌경제연구원, 『한국농정50년사』 제2권, 1999.

한국천주교중앙협의회, 『제2차 바티칸공의회 문헌』, 2002.

한국협동조합연구소 출판부, 『레이들로 보고서－서기 2000년의 협동조합』, 2000.

한살림, 『한살림20년－햇살과 바람 정지한 땅의 기록』, 2006.

한살림모임, 『한살림선언－생명의 지평을 바라보면서』, 1989.

________, 「문명의 위기에서 생명의 질서로」, 『더불어 사는 한살림』, 1990.

협동교육연구원, 『협동교육연구원 10년의 역사』, 1972.

2) 연구문헌
(1) 단행본

가가와기념관, 홍이표 역, 『가가와 도요히코—일본 협동조합의 아버지』, 다행, 2013.
강준만, 『한국현대사 산책 —1980년대 편, 4권, 광주학살과 서울올림』, 인물과사상사, 2014.
곽창렬, 『소비자협동조합운동』, 협동연구원, 1989.
______, 『만인을 위하여 만년을 향하여』, 협동교육연구원, 1999.
기미야 다다시, 『박정희정부의 선택』, 후마니타스, 2008.
칼린디, 김문호 역, 『비노바 바베—명상과 혁명』, 실천문학사, 2000.
김기섭, 『깨어나라 협동조합』, 들녘, 2012.
김도형, 『대한제국기의 정치사상연구』, 지식산업사, 1994.
김득중, 『빨갱이의 탄생—여순사건과 반공국가의 형성』, 선인, 2009.
김보현, 『박정희정권기 경제개발』, 갈무리, 2006.
김선주, 『탐루』, 한울, 2005.
김성보, 『남북한 경제구조의 기원과 전개』, 역사비평사, 2000.
______ 외, 『한국 현대 생활문화사—1970년대』, 창비, 2016.
김성오, 『몬드라곤의 기적』, 역사비평사, 2012.
김예림 · 김성연 편, 『한국의 근대성과 기독교의 문화정치』, 혜안, 2016.
김영미, 『그들의 새마을운동』, 푸른역사, 2009.
김용섭, 『한국근현대농업사연구』, 일조각, 1992.
______, 『한국 근현대사농업사연구』(증보판), 지식산업사, 2000.
김정근, 『김범부의 삶을 찾아서—풍류정신의 사람』, 선인, 2010.
김지하, 『밥』, 분도출판사, 1984.
______, 『남녘땅 뱃노래』, 두레, 1985.
______, 『생명과 자치』, 솔, 1996.
______, 『사상기행-민중사상의 뿌리를 찾아서』 1-2, 실천문학사, 1999.
______, 『흰 그늘의 길 3』, 학고재, 2003.
______, 『大說 南』(水山), 창작과비평사, 1982.
______, 『제3세계-제3세계의 새로운 세계관 모색』, 두레, 1985.
______, 『五賊—김지하 譚詩모음집』, 동광출판사, 1985.
______, 『살림—김지하 수상록』, 동광출판사, 1987.
______, 『모로누운 돌부처』, 나남, 1992.
______, 『흰 그늘의 길 1~3』, 학고재, 2003.
김준헌 · 상무달, 『최신협동조합론』, 박영사, 1981.
김창진, 『사회주의와 협동조합운동』, 한울아카데미, 2008.

______, 『퀘백모델』, 가을의아침, 2015.

김형미 외, (재)아이쿱협동조합연구소 편, 『한국 생활협동조합운동의 기원과 전개』, 푸른나무, 2012.

나혜심, 『독일로 간 한인 간호여성』, 산과글, 2012.

노명환 외 지음, 『독일로 간 광부·간호사―경제개발과 이주 사이에서』, 대한민국역사박물관, 2014.

린 마굴리스·도리언 세이건, 김영 역, 『생명이란 무엇인가』, 리수, 2016.

루퍼트 셸드레이크 지음, 하창수 역, 『과학의 망상』, 김영사, 2016.

레이첼 카슨, 김은령 역, 『침묵의 봄』, 에코리브르, 2002.

무위당만인회 외, 『무위당20주기 기념 생명·협동 대화마당―지금 여기, 치유와 전환의 생명운동을 위하여』, 2014.

민주화운동기념사업회 연구소 편, 『한국민주화운동사』 1, 돌베개, 2008.

______________________, 『한국민주화운동사』 2, 돌베개, 2009.

박맹수, 『개벽의 꿈, 동아시아를 깨우다―동학농민혁명과 제국 일본』, 모시는사람들, 2011.

박태균, 『조봉암연구』, 창작과비평사, 1995.

______, 『원형과 변용―한국경제개발계획의 기원』, 서울대 출판부, 2007.

박현채, 『한국농업의 구상』, 한길사, 1981.

방기중, 『배민수의 농촌운동과 기독교사상』, 연세대 출판부, 1999.

______, 『근대 한국의 민족주의 경제사상』, 연세대 출판부, 2010.

______, 『근현대의 지식인과 경제사상』, 연세대 출판부, 2010.

______, 『분단한국의 사상사론』, 연세대 출판부, 2010.

배리 카머너, 고동욱 역, 『원은 닫혀야 한다―자연과 인간과 기술』, 이음, 2014.

백낙청, 『백낙청이 대전환의 길을 묻다』, 창비, 2015.

사이토 요시아키, 다나카 히로시 역, 『현대일본생협운동소사』, 그물코, 2012.

상지대 사회과학연구소, 『원주사회연구』 1, 한울아카데미, 1998.

서강대학교, 『서강대학교40년사』, 2000.

손종호, 『한국농정의 발전사』, 인성출판사, 1980.

송보경, 『한국신협운동에 관한 연구』, 협동교육연구원 조사부, 1976.

______·김재옥, 『소비자를 위한 협동사회』, 한국소비자연맹, 1981.

생명학연구회, 『생명학연구회 월례모임 자료모음(2015.3~2017.2), 2017.』

어수일, 『협동조합론』, 광림사, 1968.

에드워드 파머 톰슨, 윤효녕 외역, 『윌리엄 모리스』 1~2, 한길사, 2012.

와카츠키 다케유키, 이은선 역, 『꺼지지 않는 협동조합의 불꽃』, 그물코, 2012.

원불교중앙총부, 『종교·문명의 대전환과 큰적공』, 2016.

원주소비조합, 『제1차 정기총회 회의자료』, 1986.

____________, 『제3차 정기총회 회의자료』, 1987.

이영옥, 『새로운 생명운동 생태공동체』 부크크, 2017.

M. M. 코디, 유영 역, 『안티고니쉬운동』, 문왕사, 1968.

________, 정건일 역, 『그들 운명의 주인공들』, 신협중앙회, 1992.

W. F. 화이트, 김성오 역, 『몬드라곤에서 배우자』, 나라사랑, 1993.

우미숙 외, 『협동조합도시 볼로냐를 가다』, 그물코, 2010.

오영교 · 왕현종, 『원주독립운동사』(원주학술총서 제2권), 원주시, 2005.

이경숙 · 박재순 · 차옥숭, 『한국 생명사상의 뿌리』, 이화여대 출판부, 2001.

이만갑, 『한국 농촌사회의 구조와 변화』, 서울대 출판부, 1973.

_____, 『한국농촌사회 연구』, 다락원, 1981.

이와미 다카시, 한살림모임 역, 『제3세대 협동조합과 사회운동』, 한살림모임, 1989.

이우재, 『한국농민운동사연구』, 한울, 1991.

이원보, 『한국노동운동사 5－경제개발기의 노동운동(1961~1987)』, 지식마당, 2004.

이한옥, 『한국소비협동조합운동의 이론과 실제』, 자유문고, 1973.

임진창, 『신용협동조합론』, 신협중앙회 연수원, 1989.

장규식, 『일제하 한국기독교 민족주의 연구』, 혜안, 2001.

정성화 엮음, 『박정희시대와 파독한인들』, 선인, 2013.

정지웅, 『복지농촌건설과 지역사회개발－한국선명회 평창복지회 사례』, 교육과학사, 1991.

조규태, 『천도교의 민족운동 연구』, 선인, 2006.

조형근 · 김종배, 『섬을 탈출하는 방법』, 반비, 2015

주석균, 『남정주석균논총』 상 · 하, 열음사, 1988.

주요섭, 『전환이야기 － 열망의 유토피아가 온다』, 모시는사람들, 2015.

조지 제이콥 홀리요크, 정광민 역, 『로치데일 공정선구자 협동조합－역사와 사람들』, 그물코,
        2013.

존스턴 버첼, 장종익 역, 『21세기의 대안 협동조합운동』, 들녘, 2003.

최윤오, 『조선 후기 토지소유권의 발달과 지주제』, 혜안, 2006.

최재석, 『한국농촌사회 연구』, 일지사, 1975.

한규무, 『일제하 한국기독교 농촌운동(1925~1937)』, 한국기독교연사연구소, 1997.

한살림농산, 『한살림』 창간호, 1987.

________, 『더불어 사는 한살림』 제2호, 1987.

________, 『더불어 사는 한살림』 제3호, 1987.

한살림공동체소비자협동조합, 『창립총회 회의자료(1988.4.21.)』, 1988.

한살림모임, 『한살림』, 1990.

한상봉, 『농민이 된 신부 정호경』, 리북, 2013.

홍성찬, 『한국 근대농촌사회의 변동과 지주층－20세기 전반기 전남 화순군 동복면 일대의 사례』,
        지식산업사, 1993.

(2) 논문

김기봉, 「원주지역 시민사회운동의 역사와 전망」, 『평론원주』 통권 제1호, 1998.

김성보, 「해방 초기 북한에서의 양곡유통정책과 농민」, 『동방학지』 77·78·79호, 연세대 국학연구원, 1993.

______, 「북한농업협동화시기 농촌사회의 갈등과 변동」, 『한국현대사연구』, 한국정신문화연구원 현대사연구소, 1998.

______, 「이승만정권기(1948.8~1960.4) 양곡유통정책의 추이와 농가경제 변화」, 『한국사연구』 108호, 한국사연구회, 2000.

______, 「1960년대 초반 북한 농업협동조합 운영체계의 성립과 그 역사적 맥락」, 『충북사학』 제13집, 충북대 사학회, 2002.

______, 「강경숙교수 정년기념호―1950년대 이승만정권의 농정과 농업문제의 성격」, 『인문학지』, 충북대 인문학연구소, 2004.

______, 「전쟁과 농업협동화로 인한 북한 농민생활의 변화」, 『동방학지』 제143집, 연세대 국학연구원, 2008.

김성수, 『함석헌평전』, 삼인, 2001.

김성환 편, 『세계의 협동운동』, 신협중앙회, 1991.

김소남, 「1960~80년대 원주지역의 민간 주도 협동조합운동 연구―부락개발, 신협, 생명운동」, 연세대박사논문, 2014.

______, 「1970년대 원주지역의 부락개발사업 연구―재해위의 초기활동을 중심으로」, 『역사와 현실』 제82집, 한국역사연구회, 2011(a).

______, 「1970년대 원주지역 재해위의 원주원성수해복구사업」, 『사학연구』 제104호, 한국사학회, 2011(b).

______, 「1970년대 원주지역 사개위의 광산지역 장기구호사업 연구―신협운동을 중심으로」, 『동방학지』 제158집, 연세대 국학연구원, 2012(a).

______, 「1970~1980년대 원주지역 재해위의 소비조합운동 연구―강원도 광산지역 소비조합육성사업을 중심으로」, 『사학연구』 108호, 한국사학회, 2012(b).

______, 「원주지역의 협동운동과 장일순」, 『녹색평론』 제136집, 2014(a).

______, 「1970년대 원주지역 재해대책사업위원회의 농촌신협운동 연구」, 『동방학지』 제166호, 2014(b).

______, 「1970년대 원주그룹의 농촌소비조합운동 연구」, 『사학연구』 114호, 2014(c).

______, 「1970년대 원주그룹의 전답복구사업과 협업농장 사례 연구」, 『한국 근현대사 연구』 제72집, 2015(a).

______, 「1970년대 원주지역 부락개발운동과 농촌새마을운동 연구」, 『역사문제연구』 제33호, 2015(b).

______, 「1970~80년대 원주그룹의 생명운동 연구」, 『동방학지』 178집(2017.3), 2017.

김원, 「장일순, 원주에 살다」, 『고대문화』 3월호, 고려대, 2009.

김용우, 「생명운동 및 협동조합운동과 원주지역사회」, 『평론원주』 제8호, 2002.

______, 「한국생활협동조합의 역사와 이후 과제－협동조합·생협 실무와 활동가 강좌」, 2007.

______, 「원주지역의 생명운동과 협동조합운동의 전개과정 고찰」(미발표문), 2007.

______, 「생명사상 및 운동의 초기 형성과 전개－원주를 중심으로」(미발표문), 2009.

______, 「생명사상 및 운동의 초기 형성과 전개－원주를 중심으로」, 『생명운동 워크숍』 1, 2011.

______, 「생명운동과 탈근대 협동운동」, 『모심과 살림－생명운동이론지』, 모심과살림연구소, 2012.

김영호, 「비폭력 평화정신」, 『씨올 생명 평화』, 한길사, 2007.

김지하, 「도덕과 정치」, 『녹색평론』 제66호, 2002.

김종철, 「나락 한알 속의 우주－고 장일순선생 5주기에 부쳐」, 『월간 말』 통권 156호(1999.6), 1999.

김정권, 「1920~30년대 한국기독교의 농촌협동조합운동」, 『숭실사학』 제21권, 숭실대 사학회, 2008.

김정호, 「영동지역 천주교 수용에 관한 연구」, 『영동문화』 5, 관동대 영동문화연구소, 1994.

김재겸, 「생명운동과 생활협동운동」, 『생명운동 워크숍』 2, 2011.

김현숙, 「일제하 민간협동조합운동에 관한 연구」, 서울대 석사논문, 1987.

김호기, 「함석헌과 장일순」, 『신동아』 제626호(2011년 11월호), 2011

권인호, 「김지하－저항 정신과 후천개벽적 생명사상」, 『시대와 철학』(제7권 제2호), 1996.

남춘호, 「석탄광업 노동시장분절에 관한 연구」, 서울대 박사논문, 1991.

______, 「1960~1970년대 태백지역 탄광산업의 이중구조와 노동자 상태」, 『지역사회연구』 제13권 제3호, 한국지역사회학회, 2005.

노영택, 「일제하 농민의 계와 조합운동연구」, 『한국사연구』 42호, 한국사연구회, 1983.

모심과살림연구소, 『모심과 살림』 8호(2013년 여름), 2016.

문철상, 「신협조직의 목표와 조합원 욕구의 통합방안에 관한 연구－전북지역 조합원의 의식실태를 중심으로」, 전주대 석사논문, 1990.

민경배, 「한국기독교의 농촌사회운동－1925~1938년을 중심으로」, 『동방학지』 38호, 연세대 국학연구원, 1983.

박순금, 「장일순 생명사상의 생태유아교육적 함의」, 부산대 석사논문, 2003.

박재순, 「씨올의 생명사상」, 『씨올 생명 평화 - 함석헌의 철학과 사상』, 한길사, 2007

박현주, 「우리나라 소비자협동조합과 그 운동에 관한 연구」, 숙명여대 석사논문, 1991.

성희승, 「우리나라의 생활협동조합에 관한 연구」, 서울여대 석사논문, 1995.

손홍길, 「생활협동조합의 성과와 과제에 관한 연구」, 우석대 석사논문, 2013.

신병식, 「20세기 원주 100년－압제에 대한 저항의 도시」, 『평론원주』 통권 제3호, 2000.

안병무, 「비폭력 저항운동과 평화사상」, 『민족의 큰 사상가 함석헌 선생』, 한길사, 2001.

이병창, 「함석헌과 샤르뎅의 사상」, 『씨올 생명 평화』, 한길사, 2007.

이병철, 「조 한알 속의 온 우주를 담고」, 『무위당9주기 추모 모임 자료집』, 2003.

이창언, 「좁쌀 한 알 장일순선생의 삶과 사상」, 『진보평론』(64호), 2015.

이현주, 『장일순의 노자이야기』, 다산글방, 1998.

이현주, 「선생님 9주기 행사를 준비하시는 분들께」, 『무위당9주기 추모 모임 자료집』, 2003.

우춘희, 「살림여성주의로 본 먹거리 노동에 대한 연구-안양의 A생협과 B일공동체 사례를 중심으로」, 이화여대 석사논문, 2010.

유병규, 「농지에 대한 국가개입의 변화와 방향」, 경북대 박사논문, 1996.

유태춘, 「소비자협동조합운동의 현황과 그 발전방향」, 『경북대학교 논문집』 제38호, 1984.

윤충로, 「구술을 통해본 1970년대 새마을운동-새마을지도자 '만들기'와 '되기' 사이에서」, 『사회와 역사』 제90호, 한국사회사학회, 2011.

윤형근, 「언제나 생명 가진 모든 존재와 함께-박재일 선생님이 들려주는 무위당 이야기」, 무위당을 기리는 모임, 『너를 보고 나는 부끄러웠네』, 녹색평론사, 2004.

윤호창, 「1970·80년대 YMCA농촌운동의 전개와 성격」, 서울YMCA(미발표문).

여진천, 「천주교의 원주지역 정착과 발전 연구(1888년~1909년)을 중심으로」, 『원주학연구』 2, 연세대 매지학술연구소, 2001.

이경국, 「원주교구의 정의평화 운동사적 의미」, 『고 지학순(다니엘)주교 정의평화운동-교구설정40주년 기념세미나』, 2005.

이경란, 「1950년대 농업협동조합법 제정과정과 농업협동체론」, 『해방 후 사회경제의 변동과 일상생활』, 혜안, 2009.

_____, 「한국 근현대 협동운동의 역사와 생활협동조합」, 『역사비평』 제102호, 역사비평사, 2013.

_____, 「한국근현사에서 공생적 관점의 도입과 협동조합운동사」, 『사학연구』 제116호, 2014.

이경만, 「어느 광부의 생활체험 수기 1~3」, 『월간대화』, 크리스천아카데미, 1977.

이병철, 「전환, 생명중심 사회를 향하여」, 『모심과 살림』 3호(2014년 여름), 2014.

이영기, 「한국농업의 구조변화에 관한 연구-1970년대 후반~1980년대 말」, 서울대 박사논문, 1991.

이상록, 「『사상계』에 나타난 자유민주주의론 연구」, 한양대 박사논문, 2010.

이원희, 「원주·횡성지역의 천주교 전래와 정착 연구」, 강원대 석사논문, 2002.

_____, 「강원지역 천주교사 연구」, 강원대 박사논문, 2011.

이주호, 「1945~1948년 북한의 상업정책과 소비조합의 활동」, 고려대 석사논문, 2012.

이환규, 「1920년대 한국협동조합운동의 실태-협동조합운동사·함창협동조합·평안협동조합을 중심으로」, 『한국협동조합연구』 제3집, 한국협동조합학회, 1985.

이환병, 「모범농민·마을의 성장과 농촌새마을운동」, 성균관대 박사논문, 2011.

_____, 「새마을운동 시기 소득증대사업의 전개양상」, 『동국사학』 제55집, 2013.

이경국, 「원주교구의 정의평화 운동사적 의미」, 『고 지학순(다니엘)주교 정의평화운동-교구설정40주년 기념세미나』, 2005.

이영화, 「무위당 장일순(1928~1994)의 사상과 활동」, 강원대 석사논문, 2006.

이홍석, 「1960년대 전반 탄광촌의 현실과 탄광노동자의 대응」, 연세대 석사논문, 2008.

임재경, 「'중농입법'과 화폐개혁의 전말」, 『공동체문화』 제1집, 공동체, 1983.

임친창, 「한국신용협동조합에 관한 연구」, 『논문집』 제6호, 대구산업정보대학, 1992.

윤형근, 『협동조합의 오래된 미래 선구자들』, 그물코, 2013.

장일순, 『나락 한알 속의 우주』, 녹색평론사, 1997.

장종익, 「한국협동조합운동의 역사와 현황」(미발표문), 2003.

전호근, 『한국철학사』, 메멘토, 2015.

정지석, 「개혁적 반전 평화주의 사상」, 『씨올 생명 평화』, 한길사, 2007.

제현수, 「1970년대 원주지역 협동조합운동의 전개―천주교 원주교구의 재해대책사업을 중심으로」, 연세대 석사논문, 2008.

장정란, 「한국전쟁과 외국 가톨릭교회의 전재복구활동에 관한 연구」, 『한국천주교회사의 성찰과 전망』 2, 한국천주교중앙협의회, 2000.

전광진, 「제2차 바티칸공의회(1962~1965), 가톨릭교회를 구하다」, 『사목정보』 제2권 제7호, 2009.

정규호, 「도시공동체운동과 협동조합지역사회 만들기―원주 협동조합운동과 네트워크의 역할」, 『정신문화연구』 제36권 제4호, 2013.

정은미, 「산지 생협의 유통활동 분석―풀푸생협과 호저생협을 중심으로」, 고려대 석사논문, 1995.

______, 「우리나라 친환경농업정책의 전개과정과 성격」, 『한국유기농업학회지』 제14권 2호, 2006.

______, 「한국 생활협동조합의 특성」, 『농촌경제』 제29권 제3호, 2006.

______, 「친환경농산물 시장의 유통주체와 경쟁구조」, 『한국유기농업학회지』 제15권 2호, 2007.

정용서, 「일제하 천도교청년당의 정치·경제사상 연구」 연세대 석사논문, 1997.

______, 「1930년대 천도교세력의 농업문제 인식과 농업개혁론」, 『동방학지』 제117집, 연세대 국학연구원, 2002.

______, 「일제하·해방 후 천도교세력의 정치운동」 연세대 박사논문, 2010.

정원각, 「노동운동과 소비자 협동조합운동」, 『한국 생활협동조합운동의 기원과 전개』, 푸른나무, 2012.

정진아, 「제1공화국기(1948~1960) 이승만정권의 경제정책론 연구―국가주도의 산업화정책과 경제개발계획을 중심으로」, 연세대 박사논문, 2007.

조성운, 「일제하 영동지방 농민조합운동의 구조와 성격―참여자의 성격분석을 중심으로」, 『한국근현대사연구』 제18권, 한국근현대사연구회, 2001.

______, 「일제하 조선농민공생조합의 조직과 활동」, 『동학연구』 제13권, 한국동학학회, 2003.

조영탁, 「농업문제연구의 현황과 과제」, 『사회경제평론 2』, 한울, 1990.

______, 「1950년대 이후 농업정책의 전개과정」, 『한국 자본주의분석』, 일빛, 1991.

______, 「1980년대 농업구조조정정책의 전개와 그 성격―정책형성과정을 중심으로」, 『운중 김병태교수정년기념논문집―국제독점자본과 한국농업』, 백산서당, 1992.

______, 「1960년대 이후 양곡관리정책의 변화와 그 성격에 관한 연구―국가개입방식의 변화와 그 효과를 중심으로」, 서울대 박사논문, 1993.

조형근·김종배,『섬을 탈출하는 방법−각자도생의 경제에서 협력과 연대의 경제로』, 반비, 2015.

최인이,「근대적 시간관념과 이윤개념의 내면화−새마을부녀지도자의 노동활동 경험을 중심으로」,『사회와 역사』제90호, 한국사회사학회, 2011.

최종덕,「생명에는 권력이 없다−함석헌과 장일순에게 나타난 무위의 상상력」,『실천문학』(2008.11), 2008.

추교윤,「한국 민주화 과정에서의 천주교회의 역할−천주교회의 도덕적 권위를 중심으로」, 고려대 박사논문, 2004.

하재훈,「박정희체제의 대중통치−새마을운동의 구조·행위자 상호작용을 중심으로」, 경북대 박사논문, 2006.

한국농촌경제연구원(주용재 외 3인),「미곡유통에 관한 연구」, 한국농촌경제연구원, 1980.

한경호,「원주지역환경농업과 생협운동」,『무위당7주기세미나자료집』, 2001.

한도현,「1970년대 새마을운동에서 마을 지도자들의 경험세계−남성 지도자들을 중심으로」,『사회와 역사』제88호, 한국사회사학회, 2010.

한살림모임,「문명의 위기에서 생명의 질서로」,『더불어 사는 한살림』, 1990.

한상봉,『농민이 된 신부 정호경』, 리북, 2013.

함상훈,「조선협동조합운동소사」,『협동조합운동』제1권 3호, 개척사, 1933.

함석헌,『뜻으로 본 한국역사(함석헌전집 1)』, 한길사, 1983.

______,「생각하는 백성이라야 산다−6.25싸움이 주는 역사적 교훈」『생각하는 백성이라야 산다(함석헌저작집 5)』, 한길사, 2009.

______,「평화운동을 일으키자」,『평화운동을 일으키자(함석헌저작집 12)』, 한길사, 2009.

______,『수평선 너머(함석헌저작집 23)』, 한길사, 2009.

함석헌기념사업회 편,「비폭력 저항운동과 평화사상」『민족의 큰 사상가 함석헌선생』, 한길사, 2001.

허남혁,「근대화시대 농촌개발과 농민동원의 계보학−'이상농촌' 덴마크의 표상을 중심으로」(전기 사회학대회), 2008.

허신행,「충북 육우개발협회의 축산 및 부락개발사업 평가분석」, 한국농촌경제연구원, 1979.

황병주,「박정희체재의 지배담론−근대화담론을 중심으로」, 한양대 박사논문, 2008.

______,「새마을운동을 통한 농업생산과정의 변화와 농민 포섭」,『사회와 역사』제90집, 2011.

황종렬,「지학순 주교의 인권과 민주화운동에 대한 신학적 성찰−제2차 바티칸공의회의 영향 관계를 중심으로」,『고 지학순(다니엘)주교 정의평화운동−교구설정40주년 기념세미나』, 2005.

______,「한국교회의 전통종교 이해와 제2차 바티칸공의회」,『교회사연구』제25권, 한국교회사연구소, 2005.

홍성찬,「1920년대 농촌저축조합 연구」,『동방학지』137호, 연세대 국학연구원, 2007.

A.F. 레이드로우 지음·김동희 역, 2000 『서기 2000년의 협동조합』, 한국협동조합연구소.

G.D.H. Cole, 1944 『A Century of Co-operation』.

農林中金硏究센타 編, 1987 『협동조합론의 신지평』, 일본경제평론사.

3. 구술자료

연번	구술자	년	월	일	직책	장소	비고
1	정인재	2011	5	30	농촌지역 상담원	원주 무위당기념관	2011년도
2	이경국	2011	6	13	광산지역 상담원	원주 무위당기념관	2011년도
3	김영주	2011	7	2	재해위 집행위원장	원주 무위당기념관	2011년도
4	김상범	2011	7	3	농촌지역 상담원	원주 무위당기념관	2011년도
5	이긍래	2011	7	3	원주지역 활동가	원주 무위당기념관	2011년도
6	최기식	2011	7	22	원주교구 신부	원주 무위당기념관	2011년도
7	이경국	2011	9	3	광산지역 상담원	원주 무위당기념관	2011년도
8	정인재	2011	9	3	농촌지역 상담원	원주 무위당기념관	2011년도
9	김상범	2011	10	1	농촌지역 상담원	원주 무위당기념관	2011년도
10	김영주	2011	10	1	재해위 집행위원장	원주 무위당기념관	2011년도
11	Maria Sailer	2011	10	20	가톨릭농민회 국제부장·여성부장	원주 무위당기념관	●
12	박양혁	2011	11		농촌지역 상담원	원주 무위당기념관	2011년도
13	박양혁	2012	4	19	농촌지역 상담원	원주 무위당기념관	2012년도
14	강희균	2012	4	29	태영탄광지부 지부장, 신협 광산지구협의회 회장	태백 황지 메르디앙호텔	●
15	남해득	2012	4	29	함태탄광지부 부지부장, 태백 황지 한마음신협 이사장	태백 황지 메르디앙호텔	●
16	홍고광	2012	5	2	농촌지역 상담원	대전 서구 탐방동 자택	●
17	홍고광	2012	5	7	농촌지역 상담원	대전 서구 탐방동 자택	2012년도
18	김순옥	2012	5	26	영월 연당 협산신협 실무자, 가농 원주교구연합회 회원	원주 무위당기념관	2012년도
19	경근호	2012	6	29	여주 대신신협 이사장, 농촌소비조합협의회 회장	원주 무위당기념관	2012년도

연번	구술자	년	월	일	직책	장소	비고
20	김익호	2012	6	29	가톨릭농민회 원주교구연합회 회장	원주 무위당기념관	2012년도
21	최규택	2012	6	30	밝음신협 부이사장, 신협 강원지구평의회 홍보간사	원주 무위당기념관	2012년도
22	이경국	2012	8	8	광산지역 상담원	원주 밝음신협 이사장실	●
23	남원식	2012	10	10	단양 영춘 밤수동 부락지도자	단양 영춘면 하리 자택	2012년도
24	이한규	2012	10	10	농촌지역 상담원	원주 문막 자택	2012년도
25	윤석주	2012	10	26	평창대신신협 이사장, 농촌소비조합협의회 회장	평창 대화 신1리 자택	●
26	김헌일	2012	10	26	공소사목부 지도요원, 농촌지역 상담원	원주 반곡동 곰집	●
27	최규창	2012	11	6	한우지원사업 지도요원, 제일가축병원 원장	원주 학성동 자택	●
28	이상호	2013	4	3	협동조합교도봉사회 및 협동교육연구원 교도원, 신협중앙회 제6~11대 회장	용인 기흥구 보정동 지젤커피숍	●
29	강승희	2013	4	28	납부교도본부 경남교도원, 신협중앙회 연구소장, 신협중앙회 사무총장	성남 분당 자택	●
30	조희부	2013	4	29	충북 괴산 충북육우개발협회 전무, 현 눈비산마을 전무	충북 괴산 소수 눈비산마을 사무실	2013년도
31	이재화	2013	5	27	현 눈비산마을 대표	충북 괴산 소수 눈비산마을 사무실	2013년도
32	송영호	2013	5	27	제천 한수면 포탄부락 부락총회 회장, 현 괴산 한살림축산 대표	충북 괴산 (주) 한살림축산	2013년도
33	손영배	2013	7	2	신협 충북지구평의회 지도역, 충북도지부 회장, 청주신협 이사장	청주 상당구 탑동 자택	2013년도
34	손영배	2013	9	24	신협 충북지구평의회 지도역, 충북도지부 회장, 청주신협 이사장	청주 상당구 탑동 자택	2013년도
35	조희부	2013	9	24	충북 괴산 충북육우개발협회 전무, 현 눈비산마을 전무	충북 괴산 소수 눈비산마을 사무실	2013년도
36	최수자	2013	10	18	벽지보건사업 횡성 금대지역 담당	원주 무위당기념관	●
37	유재동 외	2013	10	18	벽지보건사업 요원	원주 무위당기념관	●
38	김병태	2014	7	18	농문연 상임위원, 건국대 교수	하남시 자택	●
39	서정희	2014	10	24	제천신협 · 소비조합 회계담당	원주 흥업 매지리 자택	●

연번	구술자	년	월	일	직책	장소	비고
40	김석호	2014	11	5	한가농 부회장, 한가농 경남연합회 회장	경남 창원	●
41	이경희	2014	11	5	한살림 경남 이사장	경남 창원	●
42	정동화	2014	11	5	가톨릭노동청년회 전국연합회 회장, 경암한살림 이사장	경남 창원	●
43	신석규	2014	11		창원신협 이사장	경남 창원	●
44	정현수	2015	5	22	횡성 공근신협 이사장, 공근소비조합 이사장	횡성 횡성읍 횡성지역자활센터	●
45	히다 유이치	2015	7	1	일본 고베청년학생센터장	일본 고베청년학생센터	●
46	야스다 시게루	2015	7	2	일본 고베대학 교수, 일본효고현농어촌연구소 소장	일본 고베시내의 선술집 봉꼬꼬린	●
47	쯔치다 다카시	2015	7	2	교토대학 교수 쓰고 버리는 시대를 생각하는 모임 회장	일본 교토 사테루카이 사무실	●
48	노부나가 타카코	2015	7	3	식품공해를 추방하고 안전한 먹거리를 추구하는 모임 임원	일본 고베청년학생센터	●
49	나카에 히데야키	2015	7	4	도토사요 야마기시즘 실현지 회원	일본 미에현 도요사토 야마기시즘 실현지	●
50	장화순	2015	10	23	재해위 중앙위원, 진광중고교 교장	원주 봉산동 자택	●
51	최해남	2015	11	2	여주 양화신협 실무자, 소협중앙회 강원도지부 회계실무자	여주 능서면 양화리 자택	●
52	김만웅	2016	2	28	수동마을금고 이사장, 소수신협 이사장	괴산 소수읍 자택	●
53	한백용	2016	3	23	신협연합회 충북지구평의회 회장, 영동신협 이사장	이천GGP종축장 사무실	●
54	성기남	2016	4	3	음성지역 가톨릭농민회 농민지도자, 음성소비조합 상무	음성 음성읍 자택	●
55	정만호	2016	4	4	한국기독교농촌개발원 총무	청주 자택	●
56	최기식	2016	5	20	원주교구 전 원동성당 신부 사회개발국 국장	원주 행구동 자택	●
57	성낙철	2016	5	27	원주민주화운동계승사업회 상임대표, 무위당사람들 이사장	원주 무위당만인회 사무실	●
58	이상국	2016	7	21	한가농 홍보부장, 한살림농산 실무자, 한살림 전 상임대표	서울 서초동 모심과살림연구소	●
59	윤석주	2016	8	6	평창대신신협 이사장, 농촌소비조합협의회 회장	평창 대화 신1리 자택	●

연번	구술자	년	월	일	직책	장소	비고
60	윤희진	2016	9	30	전 한살림농산 실무자, 한살림 실무자	안양 인덕원역 프라비다 커피숍	●
61	김지하	2016	11	15	원주교구 기획위원, '원주보고서' 기초자, 한살림모임 회원	원주 토지문학관 자택	●
62	최혜성	2016	12	14	한살림모임사업위원장, 한살림선언대표집필	용인 기흥구 공시동 자택	●

※ 비고에서 각 연도는 국사편찬위원회 구술사 연구지원사업의 일환으로 추진된 구술작업을 지칭하며, '●'는 본 연구자가 단독으로 추진한 구술작업을 뜻한다.

1. 원주그룹 교육사업 참여부락 현황

도	시군	동면	리	부락명
강원	원주	태장		우곡
		행구		신월랑
				석경
				거음대
				영랑
				오리현
		봉산2		본현
		관설		**세교**
				신촌
강원	원성	부론	**법천**	비덕
			홍호1	
			홍호2	대홍
			손곡1	평촌
			손곡3	
			정산1	솔미
			정산2	
			정산3	
			단강1	작실
			단강2	
		호저	무장2	**생담**
				장포
			대덕2	한터
			무장1	간무곡
			광격	영산
		소초	**홍양**	직산
			홍양2	**하초구**

도	시군	동면	리	부락명
강원	원성	홍업	**대안3**	
			매지2	미촌
			매지3	회촌
			사제	
		지정	**월송**	
			신평2	향평
			광격	샘골
			광격	동막
			판대	장지
			간현4	경장
강원	횡성	갑천	포동	부엄바위
			추동	
		청일	**유동3**	농거리
		안흥	**강림2**	
			강림5	
			월현1	
			월현2	
			부곡2	
			상안1	
		서원	금대	
			유현2	풍수원
			유현3	오상동
			창촌1	매남동
			매호	
			석화2	
			옥계1	

도	시군	동면	리	부락명
강원	평창	대화		주진
				상안미1
				상안미2
		봉평		**백옥포**
				유포
				화동
		미탄		마하
				도돈
				창3
				대하
		평창		**여만**
				천동
				종부1
				다수
				노론
				대상
	정선	임계	**낙천3**	혈천
			용산	월탄
		동	**화암**	천포
		북	남평	
충북	중원	앙성	**능암**	대평
		소태	**복탄**	
		산천	원월	
	제천	청풍	**읍상**	
			읍하	
			광의	

도	시군	동면	리	부락명
				상초구
			흥양3	황골
			평장2	
			학곡1	백교
				백동
				토정
				칠송
			둔둔1	
			둔둔2	
			교항2	
			교항1	
		판부	서곡4	후리사
				내동막
				외동막
		신림	성남2	
			성남1	청운
			신림2	언당
			송계1	도용
			송계2	계야
			황둔1	청용
			용암2	용소막
			구학1	
			구학2	
		귀래	귀래1	귀운
			운계1	
			운계2	
		문막	궁촌1	
			궁촌2	
			비두2	사흥
			반계3	
			동화1	
			동화2	
			동희3	미현
			후용2	

도	시군	동면	리	부락명
		우천	하궁2	
			상하가	
			정금2	
			우항	
			백달	
			두곡	
			상대	
			산현	
		둔내	현천1	
			현천2	
			둔방	
			하동	
			마암	
		공근	공근	
			창봉	
			부창	
		횡성	갈풍	
	영월	하동	각동	
		남	연당1	와룡
			연당2	아연
			북쌍3	후포
			창원1	
			연당4	새터
		영월	토교	
			방절1	
			문산	
	평창	평창	후평	
			계장	
			마지	
		대화	신1	
			신2	
			신3	
			신4	
			신5	

도	시군	동면	리	부락명
			북진	
			양평	
			진목	
			방흥	
			계산	
			한천	
			황강	
		한수	포탄	
			사기	
			성내	오산교회
		봉양	학산	
			원박	
			공전	
			구학1	
			구학2	배론
			옥전2	노목
		백운	방학1구	
			도곡2	
			평동2구	
			화당	
		덕산	도전2	후촌
			성암	
			도기	
	단양	단양	증도	
		가곡	덕천	
			여천1	
		적성	애곡	수양포
		매포	별곡	
		영춘	하	새마을
				밤수동
			상2	느티
		대강	올산	
			신구	
경기	여주	대신	보통3	양촌

도	시군	동면	리	부락명	도	시군	동면	리	부락명	도	시군	동면	리	부락명
		건등						**신6**				능서	**내양1**	양화
		흥업	**대안1**					**신7**			양평	개군	부	신촌

※ 굵은 글씨의 부락은 원주그룹이 주요하게 관계를 맺었던 농촌부락임.

2. 원주그룹 교육사업 참여 탄광지부 및 단체 현황

도	시군	읍	리	탄광지부 및 단체명	도	시군	읍	리	탄광지부 및 단체명
강원	삼척	황지	화전	**어룡탄광지부**	강원	삼척	장성	철암	강원6구탄광지부
			화전1	절골부락			도계	도계1	**도계지역지부**
				황지재건중학교				고한	정동탄광지부
				한성탄광지부				고한1	**백운지역지부**
			화전4	**대진탄광지부**			사북	고한3	**삼척탄좌지부**
			황지3	**한마음신협**					**동고탄광지부**
			황지10	**유창황지탄광지부**					고한지역
				태백지역지부				사북5	**동원탄좌지부**
			황지12	**장원탄광지부**				사북	**뿌리신협**
			소도2	**함태탄광지부**		명주	강동	산성우	**강릉광업소**
			소도3	**동해탄광지부**		영월	영월	덕포5	영월지역지부
		장성	장성	장성탄광지부			상동	화원1	한일탄광
			철암	**강원탄광지부**		강릉			강릉신협

※ 굵은 글씨의 부락은 원주그룹이 주요하게 관계를 맺었던 탄광지부 및 단체임.